SCHÜLER-
DUDEN

Die Wirtschaft

DUDEN für Schüler

Rechtschreibung und Wortkunde
Vom 4. Schuljahr an

Grammatik
Vom Aktiv bis zum zweiten Futur

Wortgeschichte
Sprachgeschichte und Etymologie für den modernen Sprachunterricht

Bedeutungswörterbuch
Weil viele Wörter mehrdeutig sind

Fremdwörterbuch
Von relaxed bis marginal

Die richtige Wortwahl
Auf einen Schlag den inhaltlich und stilistisch treffenden Ausdruck

Lateinisch-Deutsch
Die Neufassung des »Taschen-Heinichen«

Der Sport
Vom Fallrückzieher bis zur Trainingslehre

Die Kunst
Von der Farbenlehre bis zur Aktionskunst

Die Musik
Bach und Bebop, Farbenhören und farbiges Rauschen

Die Literatur
Absurdes Theater, Naturalismus, Hinkjambus: die Literatur in ihrer Vielseitigkeit

Die Chemie
Von der ersten Chemiestunde bis zum Abiturwissen

Die Ökologie
Klassische Ökologie und moderne Umweltproblematik

Die Pflanzen
Vom Gänseblümchen bis zum Mammutbaum: Antwort auf Fragen, die im Unterricht offenbleiben

Die Biologie
Auf dem neuesten Stand der Forschung

Die Tiere
Rötelfalken und Rötelmäuse. Für kleine und große Biologen

Die Physik
Die wichtigsten Begriffe und Methoden der Physik

Die Astronomie
Von hellen Sternen und schwarzen Löchern. – Stern-Stunden verständlich gemacht

Die Geographie
Von der Geomorphologie bis zur Sozialgeographie

Wetter und Klima
Vom Heidelberger Talwind bis zu den Passaten

Die Geschichte
Ob Merkantilismus oder UN: alles Wissenswerte leicht zugänglich

Die Wirtschaft
Vom Break-even-point bis zur Schattenwirtschaft

Politik und Gesellschaft
Vom Bruttosozialprodukt bis zur Pressefreiheit

Die Religionen
Aberglaube, Christentum, Zwölfgöttersystem: die Welt der Religion auf einen Blick

Die Philosophie
»Logik des Herzens« und kategorischer Imperativ: die wichtigsten Modelle und Schulen

Die Psychologie
Vom Alter ego bis zur Zwillingsforschung

Die Pädagogik
Alles zum Thema Schule, Ausbildung und Erziehung

Die Informatik
Algorithmen und Zufallsgenerator: das Informationszentrum für Anfänger und Fortgeschrittene

Die Mathematik I
5.–10. Schuljahr

Die Mathematik II
11.–13. Schuljahr

Das Wissen von A bis Z
Ein allgemeines Lexikon: die ideale Ergänzung zu den »Spezialisten«

DUDEN-Schülerlexikon
Ein Lexikon nicht nur für die Schule

SCHÜLER-DUDEN

Die Wirtschaft

2., überarbeitete
und aktualisierte Auflage
Herausgegeben
von Meyers Lexikonredaktion
unter der Leitung
von Werner Digel

Bearbeitet von
Professor Dr. Gerd Sackmann
und Oberstudiendirektor
Dr. Hans Weber sowie weiteren
Mitarbeitern

DUDENVERLAG
Mannheim/Leipzig/Wien/Zürich

Redaktion: Michael Bauer-Emmerichs, Klaus M. Lange,
Mathias Münter, Otto Reger

Mitarbeiter:
Herbert Beck, Aichwald
Roland Gemeinhardt, Möglingen
Jakob Gyarmati, Waiblingen
Christian Konold, Filderstadt
Ulrich Leimser, Fellbach
Walter Mall, Sindelfingen
Herbert Motz, Stuttgart
Wolfgang Pfender, Tübingen
Hans Renner, Stuttgart
Alfred Schäfer, Tamm
Bernd Scherber, Esslingen am Neckar
Eckart Schömbucher, Neu-Ulm

Die Deutsche Bibliothek - CIP-Einheitsaufnahme
Schülerduden Die Wirtschaft/hrsg. von
Meyers Lexikonredaktion unter der Leitung von
Werner Digel. Bearb. von Gerd Sackmann und Hans Weber
sowie weiteren Mitarb. [Mitarb.: Herbert Beck...]. -
2., überarb. und aktualisierte Aufl. -
Mannheim; Leipzig; Wien; Zürich: Duden-Verlag, 1992
ISBN 3-411-04892-1
NE: Digel, Werner [Hrsg.]; Sackmann, Gerd
[Bearb.]; Die Wirtschaft

Satz: Bibliographisches Institut und SCS Schwarz
Satz & Bild digital, L.-Echterdingen (DIACOS Siemens)
Druck und Einband: Klambt-Druck GmbH, Speyer
Printed in Germany
ISBN 3-411-04892-1

Vorwort zur 2. Auflage

Der Unterricht im Fach Wirtschaftskunde hat in der Bundesrepublik Deutschland – außer in den kaufmännischen Berufsschulen – noch keine sehr lange Tradition. Zwar gab es schon vor den Bildungsreformen zu Beginn der 1970er Jahre in den Bundesländern die Schulform des Wirtschaftsgymnasiums, doch wurde erst mit der Reform der Oberstufe auch in den traditionellen Gymnasien die Einführung des Faches Wirtschaftskunde möglich, so daß heute an allen Schulen, die mit dem Abitur abschließen, Wirtschaftskunde unterrichtet wird. Aber auch in den Fächern Geschichte, Geographie, Sozialkunde/Politik werden heute wirtschaftliche Grundkenntnisse zunehmend benötigt.

An die Schüler der kaufmännischen Berufsschulen, die Schüler der Oberstufen in den Gymnasien und Wirtschaftsgymnasien wendet sich der neue Schülerduden Wirtschaft. Herausgeber und Verlag hielten es aber gleichfalls für wichtig, dem Studienanfänger in den Fächern Betriebswirtschaft und Volkswirtschaft an Universitäten und Fachhochschulen ein zuverlässiges Nachschlagewerk an die Hand zu geben.

Die Stichwortauswahl orientiert sich daher zunächst an den Lehrplänen für die Schulen der Bundesländer, bezieht aber wichtige Begriffe und Theorien der Betriebswirtschaftslehre und der Volkswirtschaftslehre ein.

Verschiedene grundlegende Änderungen wie die Gesundheits- und Rentenreform, die Vereinigung Deutschlands, die Umbrüche in Osteuropa und der ehemaligen UdSSR sowie die Entwicklungen in der Europäischen Gemeinschaft machten schon nach kurzer Zeit eine Überarbeitung und Aktualisierung des Schülerduden Wirtschaft notwendig.

Soweit Anlaß zur Kritik gegeben sein sollte, sind die Bearbeiter für Anregungen dankbar. An der Ausarbeitung der Texte und Schaubilder waren zahlreiche Mitarbeiter, vor allem Lehrer, beteiligt. Ihnen und Dieter Kneifel, der die graphische Gestaltung übernahm, sind Herausgeber und Bearbeiter zu besonderem Dank verpflichtet.

Mannheim, im Januar 1992 Herausgeber und Bearbeiter

Zur Einrichtung des Buches

1. Alphabetisierung

Der Text ist nach Stichwörtern alphabetisch geordnet, die halbfett gedruckt am Anfang der ersten Zeile des Artikels stehen. Die Alphabetisierung berücksichtigt diakritische Zeichen grundsätzlich nicht und ordnet Umlaute wie die einfachen Selbstlaute ein: ä wie a, ö wie o usw. Komplexe Stichwörter, die mehrere halbfett gedruckte Wörter umfassen, werden ohne Rücksicht auf die Wortgrenze durchalphabetisiert.

2. Schreibung

Die Schreibung richtet sich grundsätzlich nach den Regeln der Duden-Rechtschreibung. Bei Begriffen aus Sprachen mit einer anderen Schrift als der lateinischen wurde eine vereinfachte Transkription verwendet, die die Laute annähernd in lateinischen Buchstaben wiedergibt. Zusätzlich werden beim Stichwort bzw. im Text die folgenden diakritischen Zeichen verwendet:

- ´ (Akzent auf Vokal): im Griechischen Betonung der Silbe; im Französischen accent aigu.
- ` (Akzent auf Vokal): im Griechischen Betonung der letzten Silbe, wenn ein weiteres griechisches Wort folgt; im Französischen accent grave.
- ˜ (Zirkumflex auf Vokal): im Griechischen Kennzeichnung einer langen, betonten Silbe, auf die nur eine kurze Silbe folgt.
- ˆ im Französischen accent circonflexe.

3. Betonung

Der untergesetzte Punkt unter Vokalen bedeutet, daß der Vokal kurz und betont ist; untergesetzter Strich unter Vokalen bedeutet, daß der Vokal lang und betont ist. Bei mehreren möglichen Betonungen erfolgt die Betonungsangabe nur in der Lautschrift in eckigen Klammern. Wenn das Stichwort neben der Aussprache noch eine Herkunftsangabe (Etymologie) erhält, erscheint die jeweilige Sprache nur einmal.

4. Ausspracheangaben in Lautschrift

In den Fällen, in denen die Aussprache nicht oder nur unvollkommen aus dem Stichwort erschlossen werden kann, wird in eckigen Klammern die Aussprache mit den folgenden Zeichen des Internationalen Phonetischen Alphabets (IPA) wiedergegeben:

a	helles bis mittelhelles a	hat [hat], Ra̱d [ra:t]	ç	Ich-Laut	ịch [ıç]
			d	d-Laut	Dạmpf [dampf]
ã	nasales a	Gourmand [gʊr'mã:]	dʒ	dsch-Laut („weich“)	Gịn [dʒın]
æ	sehr offenes ä	Catch *engl.* [kætʃ]			
aı	ei-Diphthong	re̱i̱t! [raıt]	e	geschlossenes e	le̱bt [le:pt]

ɛ	offenes e	hạtte ['hɛtə]
ə	Murmellaut	hạlte ['haltə]
f	f-Laut	fạst [fast]
i	geschlossenes i	Elịsa [e'li:za]
ɪ	offenes i	bịst [bɪst]
k	k-Laut	kạlt [kalt]
l	l-Laut	Lạst [last]
m	m-Laut	mạn [man]
n	n-Laut	Nẹst [nɛst]
ŋ	ng-Laut	lạng [laŋ]
o	geschlossenes o	Lọt [lo:t]
õ	nasales o	Bon [bõ:]
ɔ	offenes o	Pọst [pɔst]
r	r-Laut	Rạst [rast]
s	s-Laut („scharf")	Rạst [rast]
ʃ	sch-Laut	schạlt [ʃalt]
t	t-Laut	T<u>au</u> [taʊ]
ts	z-Laut	Zẹlt [tsɛlt]
u	geschlossenes u	Kụr [ku:r]

v	w-Laut	Wạrt [vart]
w	konsonantisches u	Wịnston *engl.* ['wɪnstən]
z	s-Laut („weich")	H<u>a</u>se ['ha:zə]
ʒ	~~sch~~-Laut („weich")	Gen<u>ie</u> [ʒe'ni:]
:	Längezeichen, bezeichnet Länge des unmittelbar davor stehenden Vokals	bạde ['ba:də]
'	Hauptbetonung, steht unmittelbar vor der betonten Silbe;	Ạcker ['akər], Apothẹke [apo'te:kə]
-	Bindestrich, bezeichnet Silbengrenze	Wịrtschaft ['vɪrt-ʃaft]

5. Herkunftsangabe (Etymologie)

Ist eine Information über die Herkunft und die ursprüngliche Bedeutung eines Stichworts nicht nur wortgeschichtlich, sondern auch inhaltlich bedeutsam, erhält das betreffende Stichwort eine Herkunftsangabe in eckigen Klammern. Die Herkunftsangabe wird im Normalfall mit der Sprache eingeleitet, aus der das Wort stammt, es folgt die Bedeutung des Wortes in dieser Sprache in Anführungszeichen. Sofern das Wort eine abgeleitete Bildung ist oder nicht mehr mit seiner ursprünglichen Lautung übereinstimmt, wird diese ebenfalls in einer vereinfachten Transkription eingeführt, gegebenenfalls unter Verwendung der unter 2. angegebenen diakritischen Zeichen.
Ist die Erschließung der ursprünglichen Lautung inhaltlich nicht von Bedeutung, erscheint nur die Sprache, der dieses Wort entstammt.

6. Bedeutungsgleiche oder bedeutungsähnliche Wörter (Synonyme)

Gibt es für einen Sachverhalt mehrere Begriffe, so werden diese in runden Klammern wiedergegeben.

7. Abkürzungen

In diesem Buch werden nur allgemein bekannte und gebräuchliche Abkürzungen verwendet, zum Beispiel:

z.T. = zum Teil, u.a. = unter anderem, und andere[s], u.ä. = und ähnliche[s], v.a. = vor allem, d.h. = das heißt, z.B. = zum Beispiel, svw. = soviel wie, v.Chr. = vor Christus, n.Chr. = nach Christus, usw. = und so weiter, Abb. = Abbildung, S. = Seite.

A

Abandon [französisch abã'dõ: „Verzicht"]: Preisgabe eines Rechts, um von einer Zahlungsverpflichtung befreit zu werden oder um die Zahlung einer Versicherungssumme zu erlangen. – Bei der Gesellschaft mit beschränkter Haftung kann jeder Gesellschafter, der seine Stammeinlage vollständig eingezahlt hat, sich einer Nachschußpflicht dadurch entziehen, daß er der Gesellschaft seinen Geschäftsanteil zur Verfügung stellt. Dieser Vorgang wird **Abandonierung** genannt.

Abbuchungsauftragsverfahren ↑Lastschriftverkehr.

ABC-Analyse: Methode zur Rationalisierung von Mengen- bzw. Entscheidungsproblemen durch Schwerpunktbildung im Wege der Dreiteilung. Beispiel aus dem Einkauf: Alle zu beschaffenden Artikel werden anhand der Merkmale mengenmäßiger Anteil an der Bestellung sowie Wertanteil in eine der Gruppen eingeteilt: A: geringer Mengen-, hoher Wertanteil, B: mittlerer Mengen-, mittlerer Wertanteil, C: hoher Mengen-, geringer Wertanteil. Die A-Gruppe kann z. B. 10% der Artikel umfassen, aber 70% des Einkaufswertes ausmachen, die B-Gruppe weitere 10% der Artikel mit 15% Einkaufswertanteil und die C-Gruppe 80% der Artikel, aber nur 15% des Einkaufswertes. Es empfiehlt sich bei Artikeln der A-Gruppe, besonders sorgfältig über Preise, Rabatte usw. zu verhandeln, weil hier ein großer Einsparungseffekt zu erzielen ist.

ab Fabrik ↑ab Werk.

Abfindung: einmalige Zahlung zur Ablösung von Rechtsansprüchen. 1. Im *Arbeitsrecht* vom Arbeitgeber an den Arbeitnehmer zu zahlender Betrag bei sozial ungerechtfertigter Kündigung, wenn das Arbeitsgericht a) auf Antrag des Arbeitnehmers das Arbeitsverhältnis auflöst, weil diesem die Fortsetzung des Arbeitsverhältnisses nicht zuzumuten ist; b) auf Antrag des Arbeitgebers, wenn eine den Betriebszwecken dienliche weitere Zusammenarbeit nicht zu erwarten ist. Ein Anspruch auf Abfindung kann auch durch gerichtlichen oder außergerichtlichen Vergleich begründet werden. Die Höhe der Abfindung hängt im allgemeinen ab von der Beschäftigungsdauer und vom Lebensalter des Arbeitnehmers. 2. In der *Sozialversicherung* können die Ansprüche aus der Kranken-, der Renten- und der Unfallversicherung in bestimmten Fällen durch einmalige Zahlung abgefunden werden.

Abgaben: Sammelbegriff für alle von Bund, Ländern und Gemeinden kraft ihrer Finanzhoheit erhobenen Pflichtzahlungen. Man unterscheidet spezielle Abgaben (Beiträge, Gebühren) die dem Pflichtigen bei Inanspruchnahme oder Veranlassung einer besonderen öffentlichen Leistung auferlegt werden, und generelle Abgaben (Abschöpfungen, Steuern, Zölle) ohne besondere Gegenleistung.

Abgabenordnung (AO): Gesetz, das die grundlegenden steuerrechtlichen Begriffsbestimmungen und Regelungen enthält, wie z. B. die Zuständigkeit der Finanzverwaltung, das Besteuerungsverfahren, das außergerichtliche Rechtsbehelfsverfahren, Straf- und Bußgeldvorschriften. Die AO gilt für alle Steuern.

Abgeld ↑Disagio.

abgestimmtes Verhalten: von Marktteilnehmern gezeigtes gleiches Verhalten, das besonders auf Märkten mit wenigen Wettbewerbern vorkommen kann und auf Wettbewerbsbeschränkung abzielt; ist auch ohne vertragliche Bindung verboten (§ 25 Gesetz gegen Wettbewerbsbeschränkungen). – ↑auch Kartell.

Abgrenzung: 1. in der *Buchführung* periodengerechte Zuordnung von Aufwendungen und Erträgen zum jeweiligen Wirtschaftsjahr **(zeitliche** oder **Rechnungsabgrenzung).** Führen diese erst im folgenden Geschäftsjahr zu Zahlungen, spricht man von **antizipativen Posten.** Erfolgen die Zahlungen in der laufenden Bilanzperiode, obwohl sie wirtschaftlich zum neuen Geschäftsjahr gehören, handelt es sich um **transitorische Posten.** 2. In der *Kalkulation* werden ↑außerordentliche Aufwendungen und ↑außerordentliche Erträge sowie ↑betriebsfremde Aufwendungen und Erträge von den Kosten und Betriebserträgen abgegrenzt **(sachliche Abgrenzung),** um ein reines Betriebsergebnis zu erhalten. 3. In der kurzfristigen *Erfolgsrechnung* werden auch für Perioden innerhalb eines Jahres Aufwendungen und Erträge der jeweiligen Periode zugerechnet, zu der sie wirtschaftlich gehören, z. B. Urlaubslöhne nicht dem Auszahlungsmonat, sondern über das Jahr verteilt.

abhängiges Unternehmen: rechtlich selbständiges Unternehmen, auf das ein anderes Unternehmen (↑herrschendes Unternehmen) mittelbar oder unmittelbar einen beherrschenden Einfluß ausüben kann. Es wird nach dem Aktiengesetz vermutet, daß abhängiges und herrschendes Unternehmen einen ↑Konzern bilden.

ab Kai: Handelsklausel (↑Incoterms), nach der sich der Verkäufer verpflichtet, alle erforderlichen Versandpapiere zu beschaffen sowie alle Kosten zu übernehmen, die anfallen, bis die Ware den vereinbarten Hafen erreicht hat (z. B. ab Kai Hamburg).

Ablage ↑Registratur.

ab Lager ↑ab Werk.

Ablaufanalyse ↑Arbeitsablaufstudie.

Ablauforganisation: die Organisation des Arbeitsablaufs (Prozeßstrukturierung), die alle zur Erfüllung einer Gesamtaufgabe erforderlichen Teilprozesse inhaltlich, räumlich und zeitlich so aufeinander abstimmen soll, daß ein Höchstmaß an Wirtschaftlichkeit erzielt wird. Die Ablauforganisation ergänzt die personell-institutionelle ↑Aufbauorganisation.

Abmahnung: Aufforderung, ein genau bezeichnetes Fehlverhalten zu ändern oder zu unterlassen. Praktiziert wird sie v. a. im Personalwesen (arbeitsvertragswidriges Verhalten) und im Wettbewerbsrecht (wettbewerbswidriges Verhalten).

Abnahme: die Entgegennahme der vom Verkäufer bzw. Hersteller geschuldeten Leistung durch den Käufer bzw. Besteller. Beim Kaufvertrag ist die Abnahme grundsätzlich nur Nebenpflicht, die bei Nichterfüllung zum Schuldnerverzug des Käufers führt. Beim ↑Werkvertrag ist die Abnahme eine Hauptpflicht und setzt die körperliche Entgegennahme und generelle Billigung des Werkes voraus.

Abrechnung: rechnerische Ermittlung und Rechenschaftslegung über die Ergebnisse einer wirtschaftlichen Tätigkeit (Beispiel: Kassenabrechnung). Unter Kaufleuten der periodische Ausgleich von Forderungen und Gegenforderungen durch Aufrechnung (Skontration), so daß nur die Spitzenbeträge (Salden) zu bezahlen sind. Im Bankwesen umfaßt der **Abrechnungsverkehr (Clearing)** die Verrechnung der täglich zwischen den Kreditinstituten eines ↑Bankplatzes entstehenden Forderungen und Verbindlichkeiten über eine zentrale Stelle (Landeszentralbank). Abrechnungspapiere sind Schecks, Wechsel, Lastschriften, Überweisungen.

Abruf ↑Kauf.

Absatz: Bezeichnung für 1. die Endphase betrieblicher Leistungserstellung im Anschluß an Beschaffung und Produktion, in der es darauf ankommt, die erstellte Leistung an Märkte heranzubringen und dort zu verwerten; 2. die Menge (z. B. Stückzahl) der in einer Periode verkauften Güter; 3. die in Geld ausgedrückte Verkaufsmenge (Umsatz); 4. die effektive Veräußerung einer Ware (Vertrieb); 5. ein zentrales Element im System des ↑Marketing, wobei die Höhe des Absatzes, seine Zusammensetzung nach Güterarten oder Kundengruppen sowie seine zeitliche Verteilung mit Hilfe des **absatzpolitischen Instrumentariums** (↑Absatzpolitik) beeinflußt werden.

Absatzanalyse: systematische Untersuchung eines bestimmten Absatzmarktes, um möglichst umfangreiche und zuverlässige Informationen über die Marktlage zu gewinnen. – ↑auch Marketingforschung.

Absatzelastizität: Verhältnis der relativen Veränderung der Absatzmenge zu der sie verursachenden relativen Veränderung des Absatzpreises. Die Absatzelastizität wird auch als **Preiselastizität der Nachfrage** bezeichnet. Verwendet man die Symbole *dm* für Absatzmengenänderung und *dp* für Preisänderung, dann gilt für die Absatzelastizität *e*:

$$e = \frac{dm\,(\%)}{dp\,(\%)}.$$

e gibt also an, um wieviel Prozent die abgesetzte Menge zunimmt (abnimmt), wenn der Preis um 1% sinkt (steigt). In der Regel nimmt mit steigendem (sinkendem) Preis die Absatzmenge ab (zu), daher ist *e* meist negativ; das Vorzeichen wird aber bei der Analyse vernachlässigt. Ist *e* größer als 1, spricht man von elastischem Absatz, weil eine Erhöhung des Preises um 1% zu einem mehr als einprozentigen Absinken des Absatzes und damit zu einer Umsatzminderung führt. Wenn *e* zwischen 0 und 1 liegt, spricht man von unelastischem Absatz. Eine Preiserhöhung ist in diesem Fall mit einer Umsatzsteigerung verbunden. Im Extremfall des völlig preisunelastischen Absatzes ($e=0$) reagieren die Abnehmer überhaupt nicht auf Preisänderungen, die Absatzmenge bleibt gleich.

Absatzformen: man unterscheidet zwischen betriebseigenem und betriebsfremdem Verkauf. Diese zwei Typen lassen sich auch kombinieren. Beim betriebseigenen Verkauf werden die Absatzaufgaben ganz oder überwiegend vom Hersteller wahrgenommen. Beim betriebsfremden Verkauf werden die Absatzaufgaben auf selbständige (fremde) Verkaufsorgane übertragen (↑auch Absatzweg). Die Absatzfunktionen können aber auch durch ↑Absatzvermittler wahrgenommen werden. Als weitere Absatzformen kommen spezielle Marktveranstaltungen wie Messen, Ausstellungen, Versteigerungen und Warenbörsen hinzu.

Absatzforschung ↑Marketingforschung.

Absatzhelfer ↑Absatzvermittler.

Absatzkette ↑Absatzweg.

Absatzmarkt: Gesamtheit der Wirtschaftsbeziehungen zwischen Anbietern und Nachfragern innerhalb eines geographisch abgegrenzten Gebietes.

Absatzmittler ↑Absatzvermittler.

Absatzorganisation (Verkaufsorganisation): Aufgliederung und Verteilung der Aufgaben innerhalb und außerhalb eines Unternehmens mit Blick auf den Absatzmarkt. Bei der Innenorganisation müssen die Aktivitäten der am Absatzprozeß beteiligten Abteilungen (z. B. Verkaufs-, Werbe-, Kundendienst-, Marktforschungs-, Rechnungswesenabteilung) aufeinander abgestimmt werden. Dabei muß auch geklärt werden, ob bestimmte Aufgaben im Unternehmen selbst durchgeführt oder anderen Unternehmen übertragen werden (↑auch Absatzformen). Bei der Außenorganisation steht die Wahl des ↑Absatzweges im Vordergrund.

Absatzplanung: Vorausbestimmung des in zukünftigen Perioden zu erzielenden Absatzes, Ausgangspunkt aller übrigen Planung im Unternehmen. Der zu erzielende Absatz wird nach Art (Quelle), Ort und Zeit seines Zustandekommens mengen- und wertmäßig bestimmt. Hierzu werden die allgemeine Wirtschaftsentwicklung, die Entwicklung des Branchenumsatzes, die eigenen Absatzerwartungen berücksichtigt, sowie die Aktionsvariablen (z. B. Produktgestaltung, Absatzmethoden, Werbeeinsatz, Verkaufspreise) und die anfallenden Absatzkosten festgelegt. Durch Prognosen versucht man, v. a. die zeitlichen Schwankungen beim Absatz eines Produktes, die potentielle Nachfrage nach dem Produkt und die auftretende Konkurrenz einzuschätzen.

Absatzpolitik: Gesamtheit aller auf den Absatzmarkt gerichteten Aktivitäten (Handlungsmöglichkeiten, Aktionsvariablen) eines Unternehmens, um für den Warenabsatz die bestmöglichen Voraussetzungen zu schaffen und die angestrebten Absatzziele zu erreichen. Hierzu steht dem Unternehmen das **absatzpolitische Instrumentarium** zur Verfügung. Es umfaßt die Instrumentbereiche *Produktpolitik* (Produktgestaltung, Sortimentpolitik und Diversifizierung, Kundendienst), *Distributionspolitik* (Distributionskanäle und -organe), *Kontrahierungspolitik* (Preis- und Rabattpolitik, Lieferungs- und Zahlungsbedingungen) sowie *Kommunikationspolitik* (Werbung, Verkaufsförderung und Öffentlichkeitsarbeit).

Ausgangsbasis für den Einsatz der absatzpolitischen Instrumente sind die Ergebnisse der ↑Marketingforschung. Wesentlich ist, daß die Instrumente miteinander kombiniert und aufeinander abgestimmt **(Marketing-mix)** eingesetzt werden.

Absatzvermittler (Absatzmittler): angestellte oder selbständige Verkaufsorgane eines Unternehmens. Hierzu zählen Reisende (Vertreter), Handelsvertreter, Kommissionäre und Makler. Von den Absatzvermittlern sind die **Absatzhelfer** (z. B. Werbeagenturen, Marktforschungsinstitute, Speditionen, Messen, Ausstellungen) zu unterscheiden, die mehr absatzfördernde, absatzvorbereitende und auftragserledigende Funktionen erfüllen.

Absatzweg (Vertriebsweg, Distributionskanal): Weg eines Produktes vom Hersteller zum Verwender (Verbraucher). Ein Unternehmen kann zwischen dem direkten und indirekten Absatzweg wählen. Vom **direkten Absatzweg** spricht man, wenn ein Unternehmen seine Erzeugnisse selbst an die Verwender (Verbraucher) absetzt. Hierzu zählen der Verkauf über eine eigene Versandabteilung, eigenes Verkaufspersonal (z. B. Reisende), eigene Verkaufsstellen (Filialen, Niederlassungen) sowie über Automaten. Beim **indirekten Absatzweg** wird der Handel dazwischengeschaltet. Es entstehen **Absatzketten,** so z. B. Hersteller – Großhandel – Einzelhandel – Verwender oder Hersteller – Handelsvertreter – Einzelhandel – Verwender. Der direkte Absatzweg wird bei Investitionsgütern bevorzugt, da diese meist hochwertig und technisch kompliziert sind und daher eine hohe Erklärungsbedürftigkeit haben. Er wird vereinzelt aber auch bei Konsumgütern gewählt (verderbliche Ware).

ab Schiff: Handelsklausel (↑Incoterms), wonach sich der Verkäufer verpflichtet, alle erforderlichen Versandpapiere zu beschaffen sowie alle Kosten zu übernehmen, bis die Ware an Bord des Schiffes im Bestimmungshafen zum Löschen bereitsteht. Der Käufer hat die Ware auf seine Kosten und Gefahr zu löschen, zu verzollen und weiterzutransportieren. – ↑auch ab Kai.

Abschlagszahlung (Akontozahlung, a-conto-Zahlung): Zahlung zur Begleichung eines Teils einer Geldschuld. Die Abschlagszahlung ist eine Teilleistung, zu welcher der

Schuldner von sich aus nicht berechtigt ist und die der Gläubiger nicht anzunehmen braucht (§ 266 BGB). Der Gläubiger kommt bei der Ablehnung einer Abschlagszahlung nicht in Annahmeverzug; anders bei Wechsel (Art. 39 Wechselgesetz) und Scheck (Art. 34 Scheckgesetz). Eine Abschlagszahlung unterbricht die ↑Verjährung, da sie als Schuldanerkenntnis gilt (§ 208 BGB).

Abschlußbogen ↑Betriebsübersicht.

Abschlußgliederungsprinzip ↑Industriekontenrahmen.

Abschlußzwang ↑Kontrahierungspflicht.

Abschöpfung ↑Agrarpreise.

Abschöpfungspolitik: zeitliche ↑Preisdifferenzierung mit anfänglich hohen Preisen bei Einführung eines neuen Produkts und später niedrigeren Preisen („Normalpreis"). Der Verkäufer will Kaufkraft bei solchen Käuferschichten abschöpfen, die bereit sind, einen höheren Preis als den „Normalpreis" zu bezahlen. Durch den anfänglich höheren Preis sollen beim Kunden der Eindruck besonderer Qualität des Produktes geweckt sowie das Prestige- und Statussymboldenken ausgenutzt werden.

Abschreibung: betriebswirtschaftliches und steuerrechtliches Verfahren zur Erfassung von Wertminderungen betrieblicher Vermögensgegenstände; im engeren Sinne die perioden- und leistungsgerechte Verteilung der Anschaffungs- oder Herstellungskosten des abnutzbaren ↑Anlagevermögens auf die Jahre der Nutzung. Bei Vermögensgegenständen des Umlaufvermögens sind Abschreibungen vorzunehmen, um diese an einen am Bewertungsstichtag niedrigeren Wert (z. B. Börsen- oder Marktpreis) anzupassen (↑Abschreibungen auf Forderungen). Die Notwendigkeit von Abschreibungen ergibt sich durch die Tatsache, daß die Gegenstände des Anlagevermögens über mehrere Jahre hinweg genutzt werden, also nur mit einem Teil ihres Nutzungswerts in die jeweilige Rechnungsperiode eingehen. Die Abschreibung erscheint gewinnmindernd als Aufwand in der ↑Gewinn- und Verlustrechnung. Sie berichtigt gleichzeitig den Wert des betreffenden Anlagegutes in der ↑Bilanz nach unten. Dabei ergibt sich das Problem, die Nutzungsdauer und den Buchwert von Anlagen sicher zu schätzen und genau zu ermitteln, wie hoch der auf die einzelne Rechnungsperiode entfallende Wertverzehr ist.

Die Abschreibung soll drei Funktionen erfüllen: 1. Als *Aufwandsfaktor* soll sie den tatsächlichen Wert des Vermögens ausweisen und so die Wertminderung richtig auf die Jahre verteilen, in denen der Wert des betreffenden Anlageguts verzehrt wird. 2. In der *Kostenrechnung* erscheinen die Wertminderungen periodengerecht als Kosten und gehen damit in die Kalkulation des Verkaufspreises ein. 3. Als *Finanzierungsfaktor* bewirken die Abschreibungen eine laufende Freisetzung des Betriebskapitals, das vorher in dem abgeschriebenen Anlagegegenstand gebunden war. Das hat zur Folge, daß dem Unternehmen am Ende der Nutzungsdauer der ursprüngliche Anschaffungsbetrag für die Neubeschaffung eines gleichartigen Anlagegutes zur Verfügung steht, sofern dem Unternehmen die Wertminderungen über die Preise abgesetzter Leistungen vergütet wurden. Will man erreichen, daß das durch die Abschreibung freigesetzte Kapital die Anschaffung gleichartiger Anlagegüter auch bei gestiegenen Preisen ermöglicht, muß vom voraussichtlichen Wiederbeschaffungswert und nicht von den Anschaffungs- oder Herstellungskosten abgeschrieben werden. Das ist aber nur im Rahmen der Preiskalkulation, nicht jedoch nach den Bewertungsvorschriften des Steuerrechts möglich. Die Abschreibung ist nicht nur bei der Ersatzbeschaffung wichtig, sondern auch bei der Kapazitätserweiterung (↑Lohmann-Ruchti-Effekt).

Ursachen für die Abschreibung sind Wertminderungen z. B. durch 1. Verschleiß (z. B. Gebäude, Maschinen, Fuhrpark, Geschäftsausstattung); 2. technische Überholung (z. B. durch Erfindung besserer Maschinen); 3. wirtschaftliche Überholung (z. B. Änderungen auf dem Absatzmarkt); 4. Substanzminderung (z. B. bei Bergbaubetrieben, Steinbrüchen); 5. Zeitablauf bei befristeten Rechten (z. B. Konzessionen, Patenten); 6. Fehlinvestitionen; 7. bilanzpolitische Zielsetzungen (z. B. Dividendenstabilisierung, Bildung stiller Reserven), bei denen die Abschreibung nicht Aufwandsrechnung, sondern Gewinnverwendung darstellt.

Man kann die Abschreibungsarten wie folgt einteilen: 1. Einteilung nach dem *betriebswirtschaftlichen Zweck* in bilanzielle und kalkulatorische Abschreibungen. Die **bilanzielle Abschreibung** erfolgt bei normaler Abnutzung als ordentliche (planmäßige) Abschreibung oder z. B. bei einer voraussichtlich dauernden Wertminderung als außerordentliche Abschreibung auf der Basis des Anschaffungs- oder Herstellungswerts zur Feststellung der Bilanzwerte. Die **kalkulatorische Abschreibung** erfaßt die Wertminderung in den Kosten und strebt den Ersatz über den Preis an. Sie soll die Ersatzbeschaffung eines gleichartigen Anlagegutes nach Ablauf der Nutzungsdauer sichern. Sie erfolgt in der Regel auf der Basis des voraussichtlichen Wiederbeschaffungswerts. 2. Einteilung nach dem *Abschreibungsobjekt* in Einzel- und Sammelabschreibung (Pauschalabschreibung). Grundsätzlich muß jedes Wirtschaftsgut einzeln bewertet werden. Dazu bedarf es einer Anlagenkartei aller Anlagegüter. § 240 HGB erlaubt jedoch, gleichartige oder annähernd gleichwertige bewegliche Vermögensgegenstände bei der Bewertung zu einer Gruppe zusammenfassen. Ferner dürfen Gegenstände des Sachanlagevermögens sowie Roh-, Hilfs- und Betriebsstoffe des Vorratsvermögens mit einer gleichbleibenden Menge und mit einem gleichbleibenden Wert angesetzt werden, wenn ihr Bestand in seiner Größe, seinem Wert und seiner Zusammensetzung nur geringen Veränderungen unterliegt und ihr Gesamtwert für das Unternehmen von nachrangiger Bedeutung ist. 3. Einteilung nach dem *Abschreibungsgrundwert.* Die Abschreibung kann erfolgen von den ↑Anschaffungskosten oder den ↑Herstellungskosten (Handels- und Steuerrecht), vom ↑Buchwert oder vom Wiederbeschaffungswert (kalkulatorisch, jedoch nicht handels- und steuerrechtlich). 4. Einteilung nach *steuerlichen Gesichtspunkten* in ↑Absetzung für Abnutzung, Absetzung für außergewöhnliche Abnutzung (z. B. durch ununterbrochene Nutzung einer Maschine im Schichtbetrieb oder durch technische Überholung), ↑Sonderabschreibung, Abschreibung ↑geringwertiger Wirtschaftsgüter, ↑Teilwertabschreibung. 5. Einteilung nach der *Abschreibungsmethode.* Mit regelmäßigen Quoten wird abgeschrieben bei der ↑linearen Abschreibung (konstante Quoten), der ↑degressiven Abschreibung und der ↑digitalen Abschreibung (fallende Quoten), der ↑progressiven Abschreibung (steigende Quoten). Mit unregelmäßigen Quoten erfolgt die ↑Mengenabschreibung. 6. Einteilung nach der *Buchungstechnik* in ↑direkte Abschreibung und ↑indirekte Abschreibung.

Abschreibung auf Forderungen: Verfahren zur Erfassung von Wertminderungen bei den Forderungen aus Lieferungen und Leistungen. Zweifelhafte Forderungen sind mit ihrem wahrscheinlichen Wert anzusetzen und uneinbringliche Forderungen abzuschreiben. Zweifelhaft sind Forderungen z. B. dann, wenn ein Kunde häufiger nicht termingerecht zahlt oder nicht mehr als kreditwürdig gilt. Als uneinbringlich gelten Forderungen, wenn der Kunde in Konkurs geht, er eine eidesstattliche Erklärung abgeben muß, Wechsel zu Protest gehen usw. Nach dem Aktienrecht ergeben sich drei Abschreibungsverfahren: 1. *Einzelwertberichtigung* durch ↑direkte Abschreibung: Die Güte (Bonität) der vor allem größeren Kundenforderungen wird überprüft. Falls notwendig, werden die nicht einwandfreien Forderungen auf das Konto „zweifelhafte Forderungen" umgebucht. Dann wird der erwartete Forderungsausfall direkt zu Lasten des Gewinns abgeschrieben. 2. *Pauschalwertberichtigung* durch ↑indirekte Abschreibung: Der Forderungsbestand enthält stets ein allgemeines Kreditrisiko, denn erfahrungsgemäß fällt ein gewisser Prozentsatz des Forderungsbestands aus. Die Finanzverwaltung erkennt in der Regel einen Satz von 3% der nicht einzelwertberichtigten Forderungen an. Höhere Prozentsätze sind in begründeten Fällen (bisherige Erfahrungen des Betriebs oder der Branche, zu erwartende schlechtere Zahlungsmoral, höhere Zahl an Insolvenzen) möglich. 3. *Gemischtes Verfahren:* Hier werden die Einzel- und Pauschalwertberichtigung nebeneinander verwendet. Ausgesonderte Einzelforderungen werden direkt abgeschrieben. Für den restlichen Bestand wird eine Pauschalwertberichtigung vorgenommen. Ist der Zahlungseingang nicht identisch mit dem Restwert der Forderung, führt dies zu ↑außerordentlichen Erträgen oder ↑außerordentlichen Aufwendungen. Dabei ist auch die Umsatzsteuer zu berichtigen.

Abschreibungsgesellschaft (Verlustzuweisungsgesellschaft): Personenvereinigung, die anstrebt, für eine gewisse Zeitdauer Verluste zu erzielen. Das geschieht durch die Ausnutzung von Sonderabschreibungen und ähnlichen Steuervergünstigungen und die Ausnutzung allgemeiner steuerlicher Vorschriften. Die Verluste werden dann auf die an der Gesellschaft beteiligten Personen verteilt und von diesen mit ihren positiven Einkünften aus anderen Einkunftsarten verrechnet. Auf diese Weise vermindert sich das zu versteuernde Einkommen. Die sich ergebende Steuerersparnis kann besonders für Bezieher hoher Einkommen größer sein als die einzubringende Gesellschaftereinlage. Durch Gesetzesänderungen und durch Rechtsprechung des Bundesfinanzhofs, besonders bezüglich der Gewinnerzielungsabsicht, hat dieses Instrument zur Steuerersparnis seine Bedeutung verloren (↑auch negatives Kapitalkonto).

Abschreibungsvergünstigungen ↑Sonderabschreibungen.

Abschwung ↑Konjunktur.

Absetzung für Abnutzung (AfA): steuerrechtliche Form der ↑Abschreibung, durch die die ↑Anschaffungskosten oder ↑Herstellungskosten von Gütern des abnutzbaren ↑Anlagevermögens, die erfahrungsgemäß länger als ein Jahr genutzt werden, (nicht dagegen ↑geringwertige Wirtschaftsgüter) auf die ↑betriebsgewöhnliche Nutzungsdauer verteilt werden. Bei Wirtschaftsgütern, die nicht der Abnutzung unterliegen, wie z. B. Grund und Boden, Beteiligungen, ist keine AfA, sondern nur die ↑Teilwertabschreibung möglich. Nach § 7 EStG sind verschiedene Methoden der AfA möglich: 1. AfA in gleichen Jahresbeträgen = lineare oder gleichbleibende AfA (↑lineare Abschreibung). 2. AfA in fallenden Jahresbeträgen. Diese Methode ist bei beweglichen Wirtschaftsgütern des Anlagevermögens neben der linearen AfA möglich; a) degressive AfA (↑degressive Abschreibung): Dabei darf der Prozentsatz, mit dem jährlich vom jeweiligen ↑Buchwert abgeschrieben wird, höchstens das Dreifache des bei der linearen AfA in Betracht kommenden Prozentsatzes betragen und 30% nicht übersteigen. b) digitale AfA (↑digitale Abschreibung): Die Anwendung ist an zwei Bedingungen geknüpft: Für das erste Jahr der Nutzung und für die ersten

drei Jahre der Nutzung insgesamt dürfen sich keine höheren AfA als bei der degressiven AfA ergeben. Diese Bedingungen werden in der Regel nicht erfüllt. Man kann von der degressiven und der digitalen AfA zur linearen AfA übergehen. Der Restwert wird dann auf die Restnutzungsdauer verteilt. Ein Übergang von der linearen AfA zur AfA in fallenden Jahresbeträgen ist jedoch nicht möglich. 3. AfA nach Maßgabe der Leistung (↑Mengenabschreibung) bei beweglichen Wirtschaftsgütern, wenn diese Methode wirtschaftlich begründet ist. 4. Absetzung für Substanzverringerung (AfS) bei Bergbauunternehmungen, Steinbrüchen und anderen Betrieben, bei denen die Substanz verbraucht wird.
Bei ordnungsgemäßer AfA entstehen steuerlich zulässige stille ↑Rücklagen, sofern der verbliebene Buchwert niedriger ist als der ↑Teilwert des betreffenden Wirtschaftsguts. Wenn der Buchwert höher ist, kann man den niedrigeren Teilwert ansetzen, der dann auf die Restnutzungsdauer zu verteilen und mit den entsprechenden Beträgen abzuschreiben ist.

Absonderung ↑Konkurs.

Abteilung ↑Aufbauorganisation.

Abtretung ↑Zession.

ab Werk (ab Fabrik, ab Lager; englisch ex works): Handelsklausel (↑Incoterms), nach der sich der Verkäufer lediglich verpflichtet, die Ware zum vereinbarten Zeitpunkt, gegebenenfalls in geeigneter Übergabeverpackung, im Werk zur Abnahme durch den Käufer zur Verfügung zu stellen. Der Käufer trägt alle Kosten des Transports einschließlich aller Gebühren für eventuell notwendige Dokumente, Zölle u. a. sowie alle Risiken ab dem vereinbarten Zeitpunkt, zu dem der Verkäufer die Ware zur Verfügung stellt.

Abwertung: 1. währungspolitische Maßnahme in einem System fester Wechselkurse, bei der die ↑Devisenkurse gegenüber den ausländischen Währungen (Wechselkursparität) vom Staat heraufgesetzt werden. Der Preis für 100 ausländische Währungseinheiten, ausgedrückt in inländischer Währung, steigt. Dadurch fällt der ↑Außenwert der inländischen Währung. Das hat zur Folge, daß die Einfuhren teurer, die Ausfuhren billiger werden. Eine Abwertung ist immer dann erforderlich, wenn die ↑Zahlungsbilanz über eine längere Zeit defizitär ist. Bei flexiblen Wechselkursen, die täglich durch Angebot und Nachfrage ermittelt werden, gibt es keine Abwertung durch Paritätsveränderung, sondern eine permanente Ab- bzw. Aufwertung durch die Wechselkursveränderung. – ↑auch Aufwertung.
2. Als Abwertung bezeichnet man auch die bei einer ↑Währungsreform vorgenommene Herabsetzung des Nominalwertes der Binnenwährung.

Abzahlungsgeschäft (Ratenkauf): Kaufvertrag, bei dem der Kaufpreis in Teilzahlungen **(Ratenzahlungen)** entrichtet werden soll. Der Verkäufer behält sich gewöhnlich das Eigentum bis zur vollständigen Bezahlung vor. Das *Abzahlungsgesetz* schreibt vor, daß der Verkäufer beim Abzahlungsgeschäft Barzahlungspreis, Teilzahlungspreis, Betrag, Zahl und Fälligkeit der Raten sowie den anfänglichen effektiven Jahreszins schriftlich angeben muß. Der Käufer hat ein Widerspruchsrecht, von dem er innerhalb einer Woche Gebrauch machen kann. Über dieses Recht ist der Käufer schriftlich zu belehren, die Belehrung muß gesondert unterschrieben werden.

Abzahlungshypothek ↑Tilgungshypothek.

Abzahlungswechsel: Wechsel, bei denen ein Abzahlungsgeschäft zugrunde liegt, wobei über die einzelnen Raten jeweils ein Wechsel ausgestellt und akzeptiert wird. Häufig wird dabei auch ein ↑Solawechsel verwendet.

Abzinsung: in der Zinseszinsrechnung die Berechnung 1. des Barwerts, d. h. des heutigen Werts künftiger Zahlungen; 2. des Anfangskapitals eines gegebenen Endkapitals. In beiden Fällen wird der gesuchte Wert errechnet, indem der Ausgangswert mit dem Abzinsungsfaktor

$$\frac{1}{\left(1+\frac{p}{100}\right)^n}$$

multipliziert wird (p = Zinssatz; n = Laufzeit in Jahren).

Abzinsungspapier: Wertpapier, bei dem der Zinsertrag bereits vom Kaufpreis abgezogen wird. Wenn z. B. bei einem bestimmten Zinssatz 112 DM Zinsen anfallen würden, müßten für ein Wertpapier mit dem Nennwert 1 000 DM nur 888 DM bezahlt werden.

a-conto-Zahlung ↑Abschlagszahlung.

ADV: Abk. für: **A**utomatische **D**aten**v**erarbeitung, ↑Datenverarbeitung.

AfA: Abk. für: ↑**A**bsetzung **f**ür **A**bnutzung.

AG Abk. für: ↑**A**ktien**g**esellschaft.

AGB Abk. für: ↑**A**llgemeine **G**eschäfts**b**edingungen.

Agio [italienisch 'a:ʒio] (Aufgeld): Differenz zwischen dem Nennwert und dem tatsächlich zu zahlenden höheren Kurswert eines Wertpapiers; der Begriff wird auch verwendet, wenn der Kurs einer Geldsorte über der Parität liegt. Gegensatz ↑Disagio (Abgeld).

Agrarmarkt: die Gesamtheit der Handelsbeziehungen aller Anbieter und Nachfrager von Agrarerzeugnissen. Der Agrarmarkt in der EG ist durch die ↑Agrarpolitik der EG stark reglementiert.

Agrarpolitik: Gesamtheit der Maßnahmen des Staates, die auf die Gestaltung der wirtschaftlichen, sozialen und rechtlichen Verhältnisse in der Land- und Forstwirtschaft ausgerichtet sind. Für die Bundesrepublik Deutschland und die EG-Mitgliedsstaaten wird Agrarpolitik großenteils nicht mehr national, sondern im Rahmen des gemeinsamen Agrarmarkts auf EG-Ebene betrieben. Dabei gelten folgende Ziele: 1. Erhöhung der Produktivität; 2. Einkommenssicherung der Landwirtschaft; 3. Versorgung der Bevölkerung (auch in Krisenzeiten); 4. Landschaftspflege. Die Problematik der Agrarpolitik in der EG, aber auch in anderen Industriestaaten liegt darin, daß aufgrund des technischen Fortschritts eine Ausweitung der Produktion ermöglicht wird, der keine entsprechende Nachfragesteigerung gegenübersteht. Das System fester ↑Agrarpreise, das die EG mit dem Ziel der Einkommenssicherung der Landwirtschaft errichtet hat, führt z. T. zur Überproduktion, die auf Kosten der EG vernichtet oder eingelagert und später billiger abgesetzt werden muß (z. T. auf dem Weltmarkt). Abhilfe wird mit Produktionsbeschränkungen versucht, doch ist hier – wie bei den festen Agrarpreisen – das Problem einer Benachteiligung der kleineren Betriebe noch nicht gelöst. Die EG strebt als eines ihrer wichtigsten Ziele eine Agrarunion an. Daraus ergibt sich ein Harmonisierungsproblem, d. h. die Abstimmung der Agrarinteressen der Mitgliedsländer. In den Entwicklungsländern muß sich die Agrarpolitik häufig zunächst mit Agrarreformen befassen (Auflösung des Großgrundbesitzes, Abschaffung von Monokulturen). Sie hat das Problem mangelnder Produktivität der Landwirtschaft zu lösen. Zur Mechanisierung fehlt das Kapital, auch aufgrund des wachsenden Bevölkerungsdrucks. Hier muß die ↑Entwicklungshilfe der Industriestaaten als Hilfe zur Selbsthilfe wirksam werden.

Agrarpreise: Preise für landwirtschaftliche Produkte. Die EG hat im Rahmen ihrer ↑Agrarpolitik ein System fester Agrarpreise eingerichtet. Sinken die Preise für wichtige landwirtschaftliche Produkte unter bestimmte Werte, werden sie zu festen **Interventionspreisen** von staatlichen Vorratsstellen aufgekauft. Die EG schützt sich vor landwirtschaftlichen Importen durch **Abschöpfungen,** d. h., die Produkte werden in Höhe der Differenz zwischen Einfuhrpreis und EG-Preis **(Schwellenpreis)** belastet. Ausfuhren werden durch **Erstattungen** (Differenz zwischen Binnenmarkt- und Weltmarktpreis) gefördert.

Agrarverfassung: die Summe der rechtlichen, ökonomischen und sozialen Grundgegebenheiten und Bestimmungsmerkmale der Landwirtschaft in einem enger oder weiter gefaßten räumlichen und zeitlichen Bereich, darunter vor allem Eigentumsverhältnisse und Sozialstruktur, Nutzungsrechte und -arten, Kulturbodenverteilung und Siedlungsform, Betriebsorganisation und Arbeitsverfassung.

Die wichtigsten Formen sind: Grundherrschaft mit Eigenwirtschaft abhängiger Grundholden; Plantagenwirtschaft mit unfreien Arbeitern; Gutsherrschaft mit erbuntertänigen Bauern; Gutswirtschaft, entweder im Eigenbetrieb des Bodenbesitzers oder unter Trennung von Bodenbesitz und Betrieb (mit Pacht); bäuerliche Besitzwirtschaft; Großfamilien-, Sippen- und Stammeswirtschaft; moderne Kollektivbetriebe, in verschiedenen Stadien der Unabhängigkeit bzw. zentralgeleiteter Wirtschaft; reine Staatswirtschaft.

à-jour-Prinzip [französisch a'ʒu:r „auf den Tag"]: Grundsatz, nach dem die Buchführung tagfertig sein soll. Das bedeutet zwar nicht eine tägliche Erfassung der Geschäftsfälle wie beim ↑Kassenbuch vorgeschrieben, aber eine Einmonatsfrist sollte nicht überschritten werden.

Akkord [französisch; zu accorder „ein Abkommen treffen"]: 1. ↑Akkordarbeit; 2. ↑Vergleichsverfahren.

Akkordarbeit: Tätigkeit, die (im Gegensatz zum Zeitlohn) nach Leistungseinheiten bezahlt wird **(Akkordlohn);** eingeteilt in **Stückgeldakkord** (Entgeltberechnung direkt nach den geleisteten Stückeinheiten) und in **Stückzeitakkord** (je geleisteter Stückeinheit wird eine Zeiteinheit-Vorgabezeit gutgeschrieben und am Ende der Verrechnungsperiode mit dem Geldfaktor multipliziert). Auch wird **Einzelakkord** (jeder Arbeiter ist für sich allein tätig), **Gruppenakkord** (die Leistung ist von einer Arbeitsgruppe, oft „Partie" genannt, zu erbringen) und **Akkordmeistersystem** (die Aufteilung der Löhne erfolgt durch den Meister als Vertragspartner) unterschieden. Bei allen Akkordarbeiten ist die Vereinbarung eines Grundlohnes in Form eines Zeitlohnes üblich. Die Ermittlung der Akkordunterlagen erfolgt im allgemeinen durch genaue ↑Arbeitszeitstudien. Die Vorteile der Akkordarbeit sind für den Arbeitnehmer v. a. in einer relativen Beeinflussung des persönlichen Einkommens zu sehen, für den Arbeitgeber in meist gleichbleibenden Stückkosten. Nachteilig wirkt für den Arbeitnehmer der Zwang zu einem auf die Dauer möglicherweise schädigenden Arbeitstempo, für den Arbeitgeber die mögliche Qualitätsminderung bzw. Ausschußerhöhung.

In arbeitsrechtlicher Hinsicht unterscheidet sich das Akkordarbeitsverhältnis nicht vom Zeitlohnverhältnis. Bei der Regelung der Akkord- und Stücklohnsätze hat der Betriebsrat ein obligatorisches Mitbestimmungsrecht.

Akkreditiv: vertragliche Verpflichtung eines Kreditinstituts, beim Vorliegen bestimmter Voraussetzungen nach Anweisung des Kunden an den im Akkreditiv genannten Begünstigten einen bestimmten Geldbetrag zu zahlen oder einen vom Begünstigten gezogenen Wechsel zu bezahlen oder zu akzeptieren oder ein anderes Kreditinstitut zur Zahlung zu ermächtigen. Voraussetzung kann die Vorlage von bestimmten Dokumenten (meist Orderpapieren) wie Frachtbrief, Konnossement sein **(Dokumentenakkreditiv).** Das Dokumentenakkreditiv ist im Außenhandel sehr verbreitet, wobei der Auftraggeber der inländische Importeur ist, Akkreditivbank die Bank des Importeurs, der Begünstigte der ausländische Exporteur; meist wird dabei die Bank des Exporteurs zur Zahlung ermächtigt. Akkreditive können während ihrer Gültigkeitsdauer widerruflich oder unwiderruflich sein, nicht bestätigt oder bestätigt sein, d. h. die Bank des Begünstigten verpflichtet sich diesem gegenüber zur Zahlung.

Akontozahlung ↑Abschlagszahlung.

Akquisition: persönliche Werbung beim Kunden durch Vertreter (Akquisiteure, Werber), um Aufträge zu gewinnen; üblich u. a. im Anzeigengeschäft, bei Zeitschriften- und Theaterabonnements.

Aktie [niederländisch; von lateinisch actio „Handlung, klagbarer Anspruch"]: börsenfähiges Kapitalwertpapier, das ein Gesellschafterrecht an einer ↑Aktiengesellschaft verbrieft: Recht auf Gewinnanteil (Dividendenpapier), auf Teilnahme an der Hauptversammlung mit Stimmrecht und auf Anteil am Liquidationserlös. Die Urkunde besteht aus Mantel und Dividendenscheinbogen und lautet auf einen bestimmten Geldbetrag (Nennwert), der mindestens 50 DM betragen muß. Höhere Beträge müssen durch 100 teilbar sein. Die Summe der Nennwerte aller ausgegebenen Aktien entspricht dem ↑Grundkapital.
Die Aktie kann **Inhaberaktie** (Eigentumsübertragung durch Einigung und Übergabe) oder **Namensaktie** sein (Eigentumsübertragung durch Abtretung mittels Indossament und Übergabe; außerdem Berichtigung des bei Namensaktien von der AG zu führenden Aktionärsbuches). **Vinkulierte Namensaktien** dürfen nur mit Zustimmung der AG veräußert werden und sind meist noch nicht voll eingezahlte Aktien **(Leeraktien). Vorzugsaktien (Prioritätsaktien)** gewähren dem Berechtigten Vorzüge gegenüber dem Stammaktionär, meist hinsichtlich des Dividendenbezugs (Vorzugsdividende). Werden nach schlechten Geschäftsjahren ausgefallene Dividendenzahlungen später nachgeholt, handelt es sich um **kumulative Vorzugsaktien.** Auf die Vorzugsaktien kann auch vorweg eine Dividende in bestimmter Höhe gezahlt werden (limitierte Dividende). Auch Vorzugsaktien ohne Stimmrecht sind möglich (stimmrechtslose Aktien). **Junge Aktien** werden bei Kapitalerhöhungen ausgegeben und zuerst den Inhabern von alten Aktien zum Kauf angeboten (↑Bezugsrecht). **Gratisaktien (Berichtigungsaktien)** sind junge Aktien, die an die Aktionäre ohne Gegenleistung ausgegeben werden, wenn die AG freie Rücklagen in Grundkapital umwandelt. Das Eigenkapital der AG bleibt somit unverändert, es wird nur auf eine größere Zahl von Aktien verteilt, was zu einer Senkung des Börsenkurses führt. Von **eigenen Aktien** spricht man, wenn eine AG an der Börse Aktien von sich selbst aufkauft (nur beschränkt zulässig). **Genußscheine** (börsenübliche Abk.: Genüsse) verbriefen nur ein Recht auf Dividende. **Belegschaftsaktien (Arbeitnehmeraktien)** werden zu besonders günstigen Konditionen mit dem Ziel ausgegeben, die Arbeitnehmer des Unternehmens zu Miteigentümern zu machen. Bei der Privatisierung von Bundesvermögen ausgegebene **Volksaktien** werden im Interesse einer breiten Streuung nur in beschränkter Anzahl an einzelne Personen verkauft.

Aktienausgabe ↑Emission.

Aktiengesellschaft (AG): Gesellschaft mit eigener Rechtspersönlichkeit, deren Gesellschafter (Aktionäre) an dem in Aktien zerlegten Grundkapital (Nominalkapital, Nennkapital, Aktienkapital, gezeichnetes Kapital) beteiligt sind, ohne persönlich für die Verbindlichkeiten der Gesellschaft zu haften. Die AG ist immer ↑Handelsgesellschaft, ihre Firma muß den Zusatz AG enthalten. Sie ist der Prototyp der Kapitalgesellschaft mit einer großen Zahl

anonymer, an der Geschäftsführung nicht beteiligter Gesellschafter.
Je nach der Einbringung von Bar- oder Sachmitteln unterscheidet man **Bargründung** oder **Sachgründung.** Die Gründer (mindestens 5) müssen das ganze Aktienkapital (mindestens 100 000 DM) übernehmen. Sie müssen außerdem die Satzung aufstellen und in beurkundeter Form feststellen. Werden Sacheinlagen gemacht, spricht man von einer **qualifizierten Gründung,** die einer besonderen Gründungsprüfung unterliegt. Mit der Übernahme der Aktien durch die Gründer ist die Gesellschaft errichtet, aber erst durch die konstitutive Wirkung der Eintragung ins Handelsregister ist die AG als ↑juristische Person entstanden. Unter dem Nennwert dürfen Aktien nicht übernommen oder ausgegeben werden. Gesetzliche Organe der AG sind Vorstand, Aufsichtsrat und Hauptversammlung (HV).
Der Vorstand ist das leitende Organ und für den geschäftlichen Erfolg der AG verantwortlich. Er wird vom Aufsichtsrat auf höchstens 5 Jahre bestellt. Besteht er aus mehreren Personen, gilt Gesamtgeschäftsführungsbefugnis (Innenverhältnis) und Gesamtvertretungsmacht (Außenverhältnis). Die Satzung kann auch Einzelbefugnisse vorsehen, die dann auch aus dem Handelsregister ersichtlich sein müssen. Bei Aktiengesellschaften der Montanindustrie und solchen mit mehr als 2 000 Arbeitnehmern gehört dem Vorstand als gleichberechtigtes Mitglied ein Arbeitsdirektor an (↑Mitbestimmung). Der Vorstand hat dem Aufsichtsrat regelmäßig über die Entwicklung des Unternehmens zu berichten, den ↑Jahresabschluß (Bilanz und Gewinn- und Verlustrechnung mit erläuterndem Anhang) sowie den Lagebericht zu erstellen und die ordentliche HV einzuberufen.
Der *Aufsichtsrat* wird bei Familiengesellschaften mit weniger als 500 Beschäftigten von der HV gewählt. Bei Aktiengesellschaften mit bis zu 2 000 Arbeitnehmern wird ein Drittel der Aufsichtsratsmitglieder von den Arbeitnehmern, zwei Drittel werden von der HV gewählt. Bei Aktiengesellschaften mit mehr als 2 000 Arbeitnehmern gilt paritätische Besetzung mit einer Zweitstimme für den Vorsitzenden bei Stimmengleichheit (↑Mitbestimmung; für die Montanindustrie gelten besondere Regelungen). Der Aufsichtsrat, dessen Mitglieder auf vier Jahre gewählt werden, überwacht den Vorstand, prüft und billigt den Jahresabschluß, den Lagebericht und den Vorschlag für die Verwendung des Jahresüberschusses und berichtet darüber der HV. Aufsichtsrat und Vorstand stellen somit den Jahresabschluß fest und verfügen dabei über einen großen Teil des Jahresüberschusses durch entsprechende Bewertung von Vermögen und Schulden und Einstellungen in Gewinnrücklagen. Der verbleibende Rest des Jahresüberschusses heißt Bilanzgewinn; nur über ihn kann die HV noch verfügen.
Die *Hauptversammlung* (HV) besteht aus den Aktionären der Gesellschaft; sie ist mindestens einmal im Jahr einzuberufen. Ihre Beschlüsse müssen beurkundet werden, abgestimmt wird nach Anteilen. Grundsätzlich gilt die einfache Mehrheit; bei Satzungsänderungen ist eine qualifizierte Mehrheit von 75% des in der HV vertretenen Grundkapitals erforderlich. Ein Aktionär, der über mehr als 25% des Grundkapitals verfügt, kann solche Beschlüsse verhindern (Sperrminorität). Die HV wählt die auf die Anteilseigner entfallenden Mitglieder des Aufsichtsrats sowie den Abschlußprüfer. Sie beschließt über die Entlastung des Vorstands und des Aufsichtsrats. Jeder Aktionär kann auf der HV Auskunft über die Angelegenheiten der Gesellschaft verlangen.
Der Jahresabschluß und der Lagebericht müssen mit dem Bestätigungsvermerk des von der HV gewählten Abschlußprüfers (Wirtschaftsprüfer

oder Wirtschaftsprüfungsgesellschaften) versehen zum Handelsregister des Sitzes der AG eingereicht werden (Offenlegung; ↑Publikationspflicht). Bei kleinen Aktiengesellschaften entfällt die Prüfung. Der Jahresabschluß muß den Vorschriften des Handelsgesetzbuches entsprechen und ein den tatsächlichen Verhältnissen entsprechendes Bild der Vermögens-, Finanz- und Ertragslage der AG vermitteln.
Die AG ist die für ein kapitalintensives Großunternehmen am besten geeignete Unternehmungsform, weil die erforderlichen großen Kapitalbeträge von vielen, auch kleinen Aktionären aufgebracht werden können. Einfluß auf das Unternehmen können allerdings nur Großaktionäre nehmen. Jeder Aktionär kann seine Beteiligung durch Verkauf der Aktien über die Vermittlung der Banken an der Börse jederzeit zum Kurswert liquidieren.

Aktiengesellschaft & Co.: eine ↑Kommanditgesellschaft oder andere Personengesellschaft ohne eigene Rechtspersönlichkeit, bei der die AG Vollhafter ist.

Aktiengesetz (AktG): die gesetzliche Regelung der ↑Aktiengesellschaft (AG). Das moderne, in seiner Grundstruktur noch heute gültige Aktienrecht wurde durch das Handelsgesetzbuch von 1897 begründet. Durch die Neuregelung von 1937 wurde die AG gesondert behandelt, wobei in dieser Neufassung des Gesetzes die Stellung des Vorstandes gegenüber Aufsichtsrat und Hauptversammlung gestärkt wurde. Im AktG vom 6. Sept. 1965, das zum 1. Jan. 1966 in Kraft trat, wurde die Stellung der Aktionäre verstärkt und eine umfangreichere Berichterstattung des Vorstands an den Aufsichtsrat verlangt. Das Erste Buch des AktG gliedert sich in acht Teile, die die Konstruktion der AG deutlich machen:
Der *erste Teil* (§§ 1–22) enthält: allgemeine Vorschriften und Grundsatzvorschriften über ↑Firma und Sitz der AG. Im *zweiten Teil* (§§ 23–53) sind die Vorschriften über die Gründung der AG; es gibt nur noch die Einheitsgründung, bei der alle Aktien durch die Gründer übernommen werden müssen. Der *dritte Teil* (§§ 53 a–75) regelt die Rechtsverhältnisse der Gesellschaft und der Aktionäre. Im *vierten Teil* (§§ 76–147) ist die Verfassung der AG enthalten. Der *fünfte Teil* (§§ 148–178) enthält die Vorschriften über Rechnungslegung und Gewinnverwendung. Im *sechsten Teil* (§§ 179–249) werden Satzungsänderungen (nur mit 3/4-Mehrheit der Aktionäre), Kapitalbeschaffung und Kapitalherabsetzung geregelt. *Siebenter Teil* (§§ 241–261) und *achter Teil* (§§ 262–277) behandeln in Spezialvorschriften die Nichtigkeit von Gesellschaftsbeschlüssen und die Auflösung der Gesellschaft.

Aktienindex: Kennziffer, die Auskunft über Entwicklung und Stand der Aktienkurse gibt. Zur Berechnung werden ausgewählte Aktien bestimmter Länder oder Wirtschaftsbereiche herangezogen (z. B. ↑Dow-Jones-Index, ↑Deutscher Aktienindex). Aktienindizes werden u. a. durch Börsen, Banken, die Wirtschaftspresse oder das Statistische Bundesamt errechnet.

Aktienkapital: das in Aktien aufgeteilte Grundkapital einer ↑Aktiengesellschaft.

Aktienkurs ↑Kurs.

Aktienpaket: erheblicher Anteil am Grundkapital einer ↑Aktiengesellschaft.

Aktionär: durch Aktienbesitz ausgewiesener Mitgesellschafter einer ↑Aktiengesellschaft.

Aktionsparameter (Entscheidungsparameter): Bezeichnung der Wirtschaftstheorie für solche veränderlichen Größen, die ein Wirtschaftssubjekt unabhängig von anderen festlegen kann. Gegensatz: **Erwartungsparameter,** für solche Größen, die sich als Konsequenzen der eingesetzten Aktionsparameter ergeben und die ein Wirtschaftssubjekt nicht genau vorausbestimmen kann. Für einen Monopolisten ist der Preis, den er festlegt, Aktionsparameter, die erwartete Absatzmenge ist Erwartungsparameter, da sie von den Kaufentscheidungen anderer Wirtschaftssubjekte abhängt.

Aktiva [zu lateinisch agere, actum „handeln"]: Bezeichnung für die Summe des einem Unternehmen zur Verfügung stehenden ↑Vermögens, das auf der linken (Soll-) Seite der ↑Bilanz ausgewiesen wird (↑Bilanzgliederung).

Aktivgeschäft der Banken: Tätigkeit der Kreditinstitute, die ihren Niederschlag auf der Aktivseite der Bankbilanz findet. Dazu gehört insbesondere das Kreditgeschäft mit den kurzfristigen Krediten (↑Diskontkredit, ↑Akzeptkredit, ↑Lombardkredit, ↑Kontokorrentkredit, ↑Avalkredit) und den langfristigen Krediten (u. a. ↑Realkredit) sowie Eigengeschäfte mit Wertpapieren.

Aktivierung: buchhalterischer Vorgang zur Erfassung von Vermögensgegenständen auf der Aktivseite der ↑Bilanz. Aktivierungsfähig sind v. a. die Vermögensgegenstände des Unternehmens, die aktiven Rechnungsabgrenzungsposten, das ↑negative Kapitalkonto und Wertberichtigungen zu Passivposten. Aktivierungswahlrechte gibt es v. a. im Handelsrecht. Das hängt damit zusammen, daß die Aktivierung eines Wirtschaftsguts den Gewinn eines Unternehmens erhöht, während Aufwendungen, die man nicht aktivieren muß, ↑Betriebsausgaben sind und somit den Gewinn, und damit die Besteuerungsgrundlage, mindern. Aus der Rechtsprechung ergeben sich folgende Grundsätze: 1. Da die Handelsbilanz maßgeblich ist für die Steuerbilanz, gelten handelsrechtliche Aktivierungsverbote auch steuerrechtlich. 2. In den Fällen, in denen das Handelsrecht ein Aktivierungswahlrecht vorsieht, besteht im Steuerrecht die Aktivierungspflicht. Aktivierungsverbote existieren z. B. bei ↑immateriellen Wirtschaftsgütern des Anlagevermögens, die nicht entgeltlich erworben wurden, und bei antizipativen Rechnungsabgrenzungsposten (↑Abgrenzung). – ↑auch Passivierung.

Aktivkonten: Konten, die aktive Bestände (Vermögen) buchen und deshalb unmittelbar aus der Aktivseite der ↑Bilanz hervorgehen. Aktivkonten buchen die Anfangsbestände und Zugänge im Soll, die Abgänge im Haben.

Akzelerationsprinzip [lateinisch]: Beschleunigungsprinzip, unterstellt einen Zusammenhang zwischen den Nettoinvestitionen einer Volkswirtschaft und einer Veränderung des volkswirtschaftlichen Konsums oder einer Veränderung des Volkseinkommens. Demnach bewirkt eine Zunahme des volkswirtschaftlichen Konsums Investitionen, weil in einer vollbeschäftigten Volkswirtschaft die Unternehmen ihr Produktionspotential der gestiegenen Nachfrage anpassen. Dieser Zusammenhang kommt in der *Investitionsfunktion*

$$I_{ind} = a \cdot \Delta C$$

zum Ausdruck, wobei der *Akzelerator (a)* die Höhe der induzierten Nettoinvestition in Abhängigkeit von einer *Änderung der volkswirtschaftlichen Konsumnachfrage* (ΔC) bestimmt. Das Akzelerationsprinzip dient in Verbindung mit dem ↑Multiplikator der Konjunkturerklärung.

Akzept [lateinisch]: 1. die Annahme eines gezogenen Wechsels durch den Bezogenen. Dadurch verpflichtet sich der Bezogene, zu dem im Wechsel genannten Zeitpunkt die im Wechsel genannte Geldsumme an den Wechselinhaber zu zahlen. Man unterscheidet **Kurzakzept** (Unterschrift des Bezogenen), **Vollakzept** (zusätzlich Ort, Datum), **Teilakzept** (der Bezogene akzeptiert nur einen Teilbetrag des Wechsels) und das ↑Avalakzept. 2. Als Akzept wird auch der gezogene und akzeptierte Wechsel selbst bezeichnet.

Akzeptkredit: Kredit, den ein Kreditinstitut gewährt, indem es vom Kreditnehmer ausgestellte Wechsel bis zu einem bestimmten Kreditlimit akzeptiert (Bankakzept). Durch die Akzeptierung stellt das Kreditinstitut seine Kreditwürdigkeit zur Verfügung (Kreditleihe). In den meisten Fällen diskontiert das akzeptierende Kreditinstitut diese Wechsel auch selbst (↑Diskontkredit). Der Kreditnehmer könnte das Akzept auch als Zahlungsmittel weitergeben. Am Verfalltag stellt der Kreditnehmer der akzeptierenden Bank den Wechselbetrag zur Einlösung zur Verfügung. Für den Kreditnehmer ist der Akzeptkredit vorteilhaft, da die Kreditkosten sehr niedrig sind und er keine zusätzlichen Sicherheiten stellen muß.

Akzessorietät [...i-e...; lateinisch]: Abhängigkeit eines Nebenrechts vom Bestand des zugrundliegenden Hauptrechts **(akzessorische Rechte).** So ist z. B. die Wirksamkeit der Kreditsicherungen ↑Bürgschaft, ↑Pfandrecht und ↑Hypothek vom Bestehen der dem Kreditvertrag zugrundeliegenden Forderung abhängig. Erlischt die Forderung, wird damit die Sicherheit rechtsunwirksam.

à la baisse ↑Baisse.

à la hausse ↑Hausse.

Algorithmus: eine endliche Folge von eindeutig bestimmten Verfahrensvorschriften, zur schrittweisen Lösung eines Problems. In der *EDV* sind diese Verfahrensvorschriften codierte Darstellungen in einer ↑Programmiersprache.

Allgemeine Geschäftsbedingungen (AGB): vorformulierte Geschäfts- oder Vertragsbedingungen, die eine Vertragspartei der anderen Vertragspartei bei Abschluß eines Vertrages stellt. Die neuzeitliche Entwicklung beim Umsatz von Waren und Leistungen hat zu einer starken Typisierung und Wiederholung der dabei verwendeten vertraglichen Bedingungen (Vertragsklauseln) geführt. Die Zulässigkeit von AGB ergibt sich aus dem Grundsatz der ↑Vertragsfreiheit. An die Stelle des im Bürgerlichen Gesetzbuch geregelten Vertragsrechts, das die Interessen beider Vertragsparteien berücksichtigt, treten häufig AGB, die vielfach überwiegend den Interessen der Hersteller und Lieferanten dienen. Gesetzliche Grundlage für die AGB ist das „Gesetz zur Regelung des Rechts der Allgemeinen Geschäftsbedingungen" von 1976. Nach diesem Gesetz (§ 9) sind Bestimmungen unwirksam, die den Vertragspartner entgegen den Geboten von Treu und Glauben unangemessen benachteiligen. Individuelle Vertragsabreden haben Vorrang vor den AGB.

Allgemeines Zoll- und Handelsabkommen ↑GATT.

Allgemeinverbindlichkeitserklärung ↑Tarifvertrag.

Allokation [lateinisch]: die Verteilung der begrenzten Produktionsfaktoren einer Volkswirtschaft auf die jeweiligen Verwendungszwecke, so daß sie bestmöglich genutzt werden können.

Allonge [französisch a'lõ:ʒə „Verlängerung"]: Blatt, das an einen Wechsel angeklebt wird, wenn die Rückseite des Wechsels für Indossamente bzw. den Wechselprotest nicht mehr ausreicht. Auf der Allonge müssen sämtliche Bestandteile des Wechsels wiederholt werden, die Verbindungsstelle muß mit dem Firmenstempel bzw. dem Dienstsiegel des Notars (beim Protest) versehen werden.

alternative Kosten ↑Opportunitätskosten.

alternative Ökonomie: mit der alternativen Bewegung im Zusammenhang stehende Wirtschaftsweise; sie wendet sich gegen die Ausbeutung des Menschen und der Natur und sieht Arbeit als Medium persönlicher Sinnerfüllung an. Die als „bürgerlich-kapitalistisch" bezeichnete Wirtschaftsgesellschaft sei von Großunternehmen und Großtechnologie geprägt, zerstöre zunehmend die natürlichen Lebensgrundlagen und mache den Menschen abhängig von Produktion und Konsum. Die geforderten neuen Produktionsziele,

-formen und -methoden sollen der Natur nur ein Minimum an Ressourcen entnehmen und Rückstände, Abfälle, Müll in mitzuplanende Prozesse des ↑Recycling einbeziehen. Alternative Unternehmen sind meist Kleinbetriebe mit arbeitsintensiven Fertigungsverfahren, vorwiegend in den Bereichen Landwirtschaft, Dienstleistungen, Handel und Handwerk.

Altersruhegeld: Barleistung der gesetzlichen ↑Rentenversicherung.

Altersteilzeit: die Möglichkeit für Arbeitnehmer ab dem 58. Lebensjahr die Arbeitszeit auf die Hälfte zu reduzieren, wobei vom Arbeitsamt u. a. das reduzierte Gehalt teilweise ersetzt wird, vorausgesetzt ein Arbeitsloser wird auf dem freigewordenen Arbeitsplatz eingesetzt. Grundlage ist das vom 1. 1. 1989 bis 31. 12. 1992 befristete Altersteilzeitgesetz.

amerikanisches Journal [französisch ʒʊr'nal „jeden Tag betreffend"]: Tabellentagebuch, das in der sog. amerikanischen Buchführung in einem Einheitsbuch das Grundbuch und das Hauptbuch vereint, indem es Konten in Spaltenform den Grundbuchspalten angliedert.

Amortisation [französisch; „Abtötung"]: 1. Tilgung von (langfristigen) Schulden. 2. Rückfluß der im Anlagevermögen eines Unternehmens investierten Beträge während der Nutzungsdauer durch Verkaufserlöse. Die in den Verkaufserlösen enthaltenen Abschreibungsbeträge des Investitionsguts dienen der Amortisation und somit der Kapitalerhaltung. Die Amortisationsrechnung berechnet die Dauer der Amortisation. Die Amortisationsdauer gilt mit als Maßstab für das mit Investitionen verbundene Risiko.

Amortisationsrechnung ↑Investitionsrechnung.

Amtsgericht ↑ordentliche Gerichtsbarkeit.

an Erfüllungs Statt: Begriff des Schuldrechts (§ 364 BGB): Der Gläubiger läßt statt der geschuldeten Leistung eine andere als Erfüllung gelten, z. B. eine Ware statt einer vereinbarten Geldleistung **(an Zahlungs Statt).** Er kann dann nicht wieder auf seinen ursprünglichen Anspruch zurückgreifen, weil dieser endgültig erloschen ist. Anders ist die Annahme einer Leistung **erfüllungshalber** zu beurteilen. Hier geht der Schuldner zur Befriedigung des Gläubigers eine neue Verbindlichkeit ein, gibt z. B. einen Wechsel oder tritt eine Forderung ab. Nimmt der Gläubiger einen Wechsel oder Scheck, ist er gehalten, zunächst daraus Befriedigung zu erlangen, kann aber auch wieder auf die alte Forderung zurückgreifen.

Anfangsbilanz ↑Eröffnungsbilanz.

Anfangskurs (Eröffnungskurs): ↑Kurs, der bei der Eröffnung des Börsenhandels als erster genannt wird. Dieser Kurs ändert sich während der Börsenzeit durch Angebot und Nachfrage mehrfach (mindestens Kassa- und Schlußkurs) und wird fortlaufend (variabel) notiert.

Anfechtung ↑Willenserklärung.

Angebot: 1. Summe gleichartiger Güter, die ein Verkäufer auf dem Markt absetzen will (individuelles Angebot) bzw. die Summe aller gleichartigen Güter, die auf einem Markt angeboten werden (Gesamtangebot). ↑auch Marktmechanismus, ↑Nachfrage.

2. Im *Zivilrecht* (gleichbedeutend mit **Antrag**) die auf den Abschluß eines ↑Vertrages gerichtete, vom Anbieter ausgehende ↑Willenserklärung, an die er rechtlich gebunden ist, es sei denn, er hat die Bindung durch eine **Freizeichnungsklausel** ganz (freibleibend) oder für Teilbereiche (soweit Vorrat reicht) ausgeschlossen. Das Angebot muß immer an einen bestimmten Adressaten gerichtet sein. Werbeanzeigen sind keine Angebote. An ein schriftliches Angebot per Brief ist ein Kaufmann etwa eine Woche gebunden. Das Zusenden unbestellter Ware gilt als Angebot und verpflichtet einen Empfänger ohne Kaufmannseigenschaft

zu nichts; ein Empfänger mit Kaufmannseigenschaft muß die Ware unverzüglich zurücksenden, sonst gilt das Angebot als angenommen. – ↑auch Bestellung.

Angebotselastizität: Meßziffer, die das Verhältnis zwischen einer relativen Änderung des Marktpreises für ein Gut und der davon abhängigen relativen Änderung der angebotenen Gütermenge ausdrückt. Drückt man die relative Änderung in % aus, so ergibt sich für die Angebotselastizität:

$$\varepsilon_A^P = \frac{\text{Änderung der Angebotsmenge in \%}}{\text{Änderung des Marktpreises in \%}}$$

Angebotsfunktion: Zusammenhang zwischen angebotener Gütermenge und dem Preis für das betreffende Gut. Die Angebotsfunktion gibt an, welche Gütermenge für einen bestimmten Preis angeboten wird. Man spricht von einem normalen *(anormalen)* Verlauf der Angebotsfunktion, wenn sie steigenden Preisen steigende *(sinkende)* Angebotsmengen zuordnet.

angebotsorientierte Wirtschaftspolitik (Angebotspolitik): wirtschaftspolitisches Konzept, mit dem Wachstumsschwäche und Massenarbeitslosigkeit in hochentwickelten Marktwirtschaften durch verbesserte Produktionsbedingungen und erhöhte Anpassungsfähigkeit des privatwirtschaftlichen Sektors bekämpft und überwunden werden sollen. Dieses Konzept setzt nicht bei der gesamtwirtschaftlichen Nachfrage an, sondern bei der Angebotsseite der Güter- und Faktormärkte, d. h. beim Produktionspotential der Volkswirtschaft. Darunter ist das bei Voll- oder Normalauslastung der vorhandenen Produktionsfaktoren Kapital und Arbeit produzierbare Sozialprodukt zu verstehen.
Durch veränderte politische Rahmenbedingungen, z. B. durch Steuerentlastung, Senkung des Staatsanteils am Sozialprodukt, Abbau hemmender Vorschriften und Bedingungen, Stetigkeit der Geld- und Fiskalpolitik, Verringerung der staatlichen Neuverschuldung, Flexibilisierung der Löhne, Arbeitszeiten und sonstigen Arbeitsbedingungen sollen die Rentabilitätserwartungen der Produzenten erhöht und stabilisiert sowie ihre wechselseitige Anpassung an Marktveränderungen (z. B. starke Preissteigerungen für Rohstoffe, technische Neuerungen) erleichtert werden. Dies soll die Innovations- und Investitionstätigkeit fördern, den Anstieg des Produktionspotentials und des Sozialprodukts beschleunigen, die ↑Schattenwirtschaft reduzieren und schließlich zu einem höheren Beschäftigungsniveau führen und den Preisauftrieb dämpfen.

Angestellte ↑Arbeitnehmer.

Angestelltenversicherung ↑Rentenversicherung, ↑Sozialversicherung.

Anhang (Anhang zum Jahresabschluß): Erläuterungsbericht, um welchen Kapitalgesellschaften den ↑Jahresabschluß erweitern müssen und der mit der ↑Bilanz und der ↑Gewinn- und Verlustrechnung eine Einheit bildet. Zusammen mit dem ↑Lagebericht ersetzt er den früher vorgeschriebenen **Geschäftsbericht.** In den Anhang sind diejenigen Angaben aufzunehmen, die zu den einzelnen Posten der Bilanz oder der Gewinn- und Verlustrechnung vorgeschrieben oder die im Anhang zu machen sind, weil sie in Ausübung eines Wahlrechts nicht in die Bilanz oder in die Gewinn- und Verlustrechnung aufgenommen wurden. Insbesondere sind anzugeben (§ 284 ff. HGB): a) die angewandten Bilanzierungs- und Bewertungsmethoden, etwaige Abweichungen und deren Einfluß auf die Vermögens-, Finanz- und Ertragslage; b) Erläuterungen und etwaige Aufgliederungen einzelner Posten, z. B. Verbindlichkeiten, Forderungen, Abschreibungen, Beteiligungen, Rückstellungen; c) alle Mitglieder des Geschäftsführungsorgans und eines Aufsichtsrats, die Summe ihrer Bezüge, Vorschüsse und Kredite; d) Darstellung der Entwicklung des ↑Anlagevermögens; e) Beeinflussung des Ergebnisses der gewöhnlichen Geschäftstätigkeit und des außerordentlichen Ergebnisses durch die Steuern vom Einkommen und Ertrag. Art und Umfang der vorgeschriebenen Angaben richten sich nach der Größe (↑Betriebsgröße) der Kapitalgesellschaft bzw. deren Rechtsform.

Anlageinvestition ↑Investition.

Anlagenintensität: betriebliche Kennzahl, die sich aus dem Verhältnis des ↑Anlagevermögens zum Gesamtvermögen (Bilanzsumme) ergibt. Eine große Anlageintensität läßt auf einen hohen Automatisierungsgrad und eine starke Produktionsbezogenheit des Betriebes schließen; das bedeutet jedoch im allgemeinen gleichzeitig eine hohe Belastung mit Fixkosten und geringere Mobilität.

Anlagevermögen: alle Vermögensgegenstände, die am Bilanzstichtag die Aufgabe haben, dauernd, d. h. mehrmalig, dem Geschäftsbetrieb eines Unternehmens zu dienen, die also nicht zur Veräußerung bestimmt sind. Ob ein Wirtschaftsgut dem Anlagevermögen zuzurechnen ist oder nicht, hängt von der Zweckbestimmung ab. Wertpapiere sind z. B. im Anlagevermögen auszuweisen, wenn sie der längerfristigen Anlage dienen; stellen sie dagegen eine kurzfristige Liquiditätsreserve dar, gehören sie zur zweiten Hauptgruppe der Aktiva, dem ↑Umlaufvermögen.

Die Gliederungsvorschriften des HGB (§ 266) sehen drei große Gruppen vor: 1. Immaterielle Vermögensgegenstände (z. B. Konzessionen, gewerbliche Schutzrechte und ähnliche Rechte und Werte sowie Lizenzen an solchen Werten und Rechten, Geschäfts- und Firmenwert); 2. Sachanlagen (v. a. Grundstücke, Maschinen, Betriebs- und Geschäftsausstattung); 3. Finanzanlagen (z. B. Anteile und Ausleihungen an verbundene Unternehmen, Beteiligungen, Wertpapiere, soweit sie der langfristigen Anlage dienen und keine Beteiligungen darstellen). Die Trennung in die genannten Gruppen ergibt sich daraus, daß die Positionen, die diesen Gruppen zugeordnet sind, einen unterschiedlichen Charakter haben: Immaterielle Anlagewerte und Sachwerte sind die Voraussetzung dafür, daß der Betrieb Leistungen erbringen kann; sie bestimmen die Struktur des Produktions- und Leistungsprozesses. Finanzanlagen dienen der Erzielung außerordentlicher Erträge durch die Anlage finanzieller Mittel in fremden Betrieben. Außer Grund und Boden, Geschäfts- und Firmenwert und Beteiligungen unterliegt das Anlagevermögen einer technischen und wirtschaftlichen Abnutzung (daher **abnutzbares Anlagevermögen**), die in der ↑Bilanz und in der ↑Kostenrechnung durch die ↑Abschreibungen berücksichtigt wird (↑Absetzung für Abnutzung).

Anleihe: Sammelbezeichnung für alle ↑Schuldverschreibungen mit einem festen Zinssatz, vereinbarter langfristiger Laufzeit (10–25 Jahre) und bestimmter Stückelung. Ihre Ausgabe dient der Beschaffung von langfristigen Finanzierungsmitteln am Kapitalmarkt des In- und Auslandes. Der Gesamtbetrag einer Anleihe ist gestückelt in Teilbeträge (↑Teilschuldverschreibung) zu mindestens 100 DM oder einem Vielfachen davon. Stücke mit Beträgen unter 100 DM werden als **Baby-bonds** bezeichnet (in der Bundesrepublik Deutschland selten). Anleihen können an der Börse gehandelt werden, ihr Kurs wird dann amtlich notiert. Ihr Ausgabekurs liegt im allgemeinen unter pari (z. B. 98%), der Rückkauf erfolgt zum Nennwert, manchmal auch darüber (über pari). Die Arten der Anleihen werden nach dem Emittenten (Schuldner) unterschieden: 1. öffentliche Anleihen (z. B. Anleihen des Bundes, von Ländern oder Städten, von Bundespost oder Bundesbahn); 2. Industrieanleihen (↑Industrieobligationen); 3.

Anleihen von Hypothekenbanken oder öffentlich-rechtlichen Kreditanstalten (↑ Pfandbriefe und ↑ Kommunalobligationen). Auch ausländische Emittenten (Staaten, Großstädte, Unternehmen) und übernationale Institutionen (z. B. EG) können Anleihen auflegen (↑ Auslandsanleihe).

Anlernverhältnis: Ausbildungsverhältnis, in dem anstelle einer umfassenden Berufsausbildung lediglich eine Unterweisung in bestimmten Arbeitsverfahren stattfindet (Ausbildung in einem Spezialgebiet). Der Anlernling wird im Berufsbildungsgesetz unter dem Begriff des ↑ Auszubildenden beschrieben. Sofern kein normales ↑ Arbeitsverhältnis vorliegt, gelten die Vorschriften dieses Gesetzes mit Einschränkungen insbesondere bei der Probezeit und der Vertragsniederschrift.

Annahme ↑ Vertrag.

Annahmeverzug ↑ Verzug.

Annonce [französisch a'nõ:sə] ↑ Anzeige.

Annuität [zu lateinisch annus; „Jahr"]: jährliche Summe der zu zahlenden Zins- und Tilgungsleistung zur Abtragung einer Geldschuld, z. B. bei Anleihen oder hypothekarisch gesicherten Krediten. Häufigste Form ist die **feste Annuität** mit gleichbleibenden Raten. Da durch die Tilgungszahlung der geschuldete Geldbetrag ständig sinkt, vermindert sich die Zinsbelastung; der Tilgungsanteil wird entsprechend größer („die Zinsen wachsen der Tilgung zu"). Bei der **fallenden Annuität** wird bei gleichbleibender Tilgungsleistung die Zinsbelastung immer geringer.

Annuitätenhypothek ↑ Tilgungshypothek.

Annuitätenmethode ↑ Investitionsrechnung.

an Order ↑ Orderklausel.

Anrechnungszeit: neue Bezeichnung für Ausfallzeiten aufgrund der ↑ Rentenreform.

Anschaffungskosten (Anschaffungswert): die Summe aller Kosten, die man zum entgeltlichen Erwerb eines Wirtschaftsguts aufwendet, das der Erzielung von Einkommen dient. Dazu gehören nicht nur der vertraglich geschuldete Kaufpreis, sondern auch sämtliche Nebenkosten, die entstehen, um das erworbene Wirtschaftsgut gemäß seiner Bestimmung nutzen zu können, z. B. Maklergebühren, Vermittlungsprovisionen, Transport- und Frachtkosten, Rollgeld, Zölle, Aufstellungskosten (z. B. bei einer Maschine), Grunderwerbsteuer und Erschließungskosten (bei einem Grundstück). Die Finanzierungskosten eines Kredits für die Anschaffung eines Wirtschaftsguts zählen nicht zu dessen Anschaffungskosten, sondern zu den ↑ Betriebsausgaben. Der Anschaffungswert vermindert sich um Skonti, Boni, Rabatte und – soweit bei manchen öffentlichen Zuschüssen nicht gesetzlich ausgeschlossen – Zuschüsse von dritter Seite, auch wenn sie nachträglich gewährt oder in Anspruch genommen werden. Bei Forderungen und Verbindlichkeiten ist als Anschaffungswert der Nennwert anzusetzen. Die Anschaffungskosten sind Grundlage für die ↑ Bewertung nach Handels- und Steuerrecht und für die ↑ Absetzung für Abnutzung.

Anschlußkonkurs: ↑ Konkurs im Anschluß an ein gescheitertes ↑ Vergleichsverfahren.

Anteilscheine: verbriefte Ansprüche von Anteilinhabern gegenüber einer Kapitalanlagegesellschaft. Deren Wert errechnet sich aus ↑ Sondervermögen der Kapitalanlagegesellschaft: Zahl der Anteile. Der Wert des Sondervermögens wird von der jeweiligen Depotbank ermittelt (u. a. aus den Kurswerten der zugehörigen Wertpapiere, aus Forderungen). Der Anteilswert darf im Zeitpunkt der ersten Ausgabe 100 DM nicht überschreiten (↑ auch Investmentzertifikat).

antizipative Posten: Erträge (antizipative Aktiva) und Aufwendungen (antizipative Passiva), die wirtschaftlich dem abgelaufenen Geschäftsjahr zuzurechnen sind, obwohl die Zahlung noch aussteht (↑auch Abgrenzung). Sie werden solange auf die Konten „sonstige Forderungen“ und „sonstige Verbindlichkeiten“ verbucht, bis die Einnahmen und Ausgaben erfolgen. Beispiel: 36 000 DM Löhne für die letzte Dezemberwoche werden erst Anfang Januar des nächsten Jahres bezahlt. Buchung zum 31. 12.: Löhne an sonstige Verbindlichkeiten 36 000 DM. – ↑auch transitorische Posten.

antizyklische Maßnahmen ↑Konjunkturpolitik.

lationsprogramm, Datenbanksystem.

Anzahlung: 1. Vorschußleistung auf geschuldeten Kaufpreis; 2. erste Rate eines Abzahlungsgeschäfts.

an Zahlungs Statt ↑an Erfüllungs Statt.

Anzeige (Inserat, Annonce): Veröffentlichung oder Ankündigung einer Werbebotschaft mittels Text und/oder Bild in Zeitungen, Zeitschriften, Fachblättern, Broschüren und anderen Druckschriften. Sie ist eines der wichtigsten ↑Werbemittel.

AO: Abk. für: ↑Abgabenordnung.

Äquivalenzziffernkalkulation:

Sorte	Produktionsmenge [hl]	Äquivalenzziffern *(4:2)*	Vergleichsmengen *(2 × 3)*	Gesamtkosten K in DM *(2 × 6)*	Stückkosten k in DM *(5:2)*
1	2	3	4	5	6
Exportbier	40 000	1	40 000	1 600 000,–	40,–
Bockbier	10 000	1,5	15 000	600 000,–	60,–
			55 000	2 200 000,–	

$$k = \frac{K}{M} = \frac{2\,200\,000}{55\,000} = 40,-$$

Antrag ↑Angebot.

Anwendungssoftware: eine ↑Software, die im Gegensatz zur Betriebssoftware zur Lösung spezieller betrieblicher Probleme dient. *Arten:* **1. betriebsindividuelle Software:** Programme, die durch einen Programmierer im Betrieb oder durch ein Unternehmen, das Software entwikkelt (Softwarehaus), erstellt werden und speziell auf betriebseigene Wünsche abgestimmt sind; **2. Standardsoftware:** bei einem Softwarehaus gekaufte Programme, die betriebsspezifische Wünsche bei der Programmausstattung noch offen lassen, aber bereits auf fertige Programmteile zurückgreifen; **3. Softwaretools:** Programmwerkzeuge für bestimmte Aufgaben des Betriebs. Der Benutzer kann sie auf seine eigenen Wünsche abstimmen, z. B. Tabellenkalku-

Verfahren der weiterentwickelten ↑Divisionskalkulation, das anwendbar ist bei Sortenfertigung (↑Fertigungsverfahren). Das Kostenverhältnis der einzelnen Sorten zueinander wird festgestellt, und die sich daraus ergebenden Verhältniszahlen sind die Äquivalenzziffern. Durch ihre Anwendung werden die einzelnen Kostenträger vergleichbar gemacht, so daß nach der Divisionskalkulation:

$$\text{Stückkosten (k)} = \frac{\text{Gesamtkosten (K)}}{\text{Menge (M)}}$$

gerechnet werden kann. Ausgangspunkt für die Äquivalenzziffernkalkulation ist gewöhnlich das Produkt, das den Hauptanteil an der Produktion hat (Äquivalenzziffer 1).

Arbeit: jede zielgerichtete, planmäßige Tätigkeit zur Befriedigung eines

Bedürfnisses, bei der geistige und/oder körperliche Kräfte eingesetzt werden. Tätigkeiten, die nicht in erster Linie wirtschaftlichen Zwecken dienen, z. B. Erziehungsarbeit und häusliche Pflege in der Familie, ehrenamtliche Tätigkeit im sozialen und politischen Bereich, gewinnen neuerdings in der gesellschaftspolitischen Diskussion an Bedeutung. Tätigkeiten mit wirtschaftlicher Zielsetzung können auf reine Bedarfsdekkung oder auf Gewinn- bzw. Einkommensmaximierung gerichtet sein. Steuerrechtlich wird unterschieden zwischen selbständiger Arbeit (in eigener Verantwortung und auf eigene Rechnung) und unselbständiger Arbeit (unter Aufsicht und Anweisung eines ↑Arbeitgebers, d. h. auf fremde Rechnung; ↑auch Arbeitnehmer).

Verglichen mit den anderen beiden Produktionsfaktoren, Kapital und Boden, hat der originäre Produktionsfaktor Arbeit eine Sonderstellung. Zunächst wären ohne sie die anderen Produktionsfaktoren unbrauchbar; Kapital und Boden müssen mit Arbeit kombiniert werden, damit sie eine Leistung erbringen können. Außerdem ist Arbeit im Vergleich zu Kapital ein „ursprünglicher" Faktor, da dieses erst mit Hilfe der Arbeit erstellbar ist. Arbeitsleistung kann von der Person des Arbeitenden nicht getrennt werden; daher beinhalten Art und Umstände der Erbringung der Leistung, die Arbeitsbedingungen, zugleich eine besondere soziale Problematik. Schließlich ist Arbeitsleistung nicht nur für unterschiedliche Zwecke nutzbar; vielmehr ist ihre Verwendbarkeit vielseitiger als die anderer Produktionsfaktoren, v. a. kann das Leistungsvermögen des Menschen durch eine Reihe von Lernvorgängen (Erfahrung, Ausbildung) verändert und verbessert werden.

Bei der Kombination mit anderen Produktionsfaktoren kann Arbeit einerseits ausführende, objektbezogene und andererseits planende, kontrollierende und leitende Funktionen (↑dispositiver Faktor) haben. In den meisten Betrieben als Produktionseinheiten wird die Arbeitskraft mehrerer Menschen benötigt, die mit unterschiedlichen Aufgaben betraut sind. Die Zahl der Arbeitskräfte, ihre Leistungsfähigkeit und ihre zeitliche Inanspruchnahme bestimmen den Bestand des Faktors Arbeit einer Volkswirtschaft (Arbeitsvermögen, Humankapital). Als ein Bestimmungsfaktor der Leistung wird die Arbeitszeit in der Regel in ↑Tarifverträgen festgelegt. V. a. durch größere Leistungsintensität und durch Überstunden ist die Inanspruchnahme des Faktors Arbeit begrenzt dehnbar. Durch Wandel der Nachfrage und technischen Fortschritt ergeben sich Veränderungen in der Produktionsstruktur, aus denen auch veränderte Anforderungen an die Qualifikation der Arbeitskraft resultieren. Anpassungsschwierigkeiten der Anbieter von Arbeitsleistungen können damit ebenso wie die Ersetzung menschlicher Arbeitskraft durch Maschinen zu ↑Arbeitslosigkeit führen.

Arbeiter ↑Arbeitnehmer.

Arbeiterbewegung: die über spontane Zusammenschlüsse hinausgehende Organisation der abhängigen Lohnarbeiter mit dem Ziel, die bestehenden ökonomischen, sozialen und politischen Verhältnisse evolutionär oder revolutionär zu verändern. Während des 19. Jahrhunderts wuchs mit der steigenden industriellen Produktion die Zahl der Lohnarbeiter, erhöhte sich die Arbeitszeit auf 14–16 Stunden täglich und vergrößerte sich – nicht zuletzt durch Frauen- und Kinderarbeit – das Elend der sich bildenden Arbeiterklasse. In Großbritannien kam es mit dem Chartismus, der das allgemeine Wahlrecht (niedergelegt in einer Charta) forderte, schon vor 1848 zu einem geschlossenen politischen Auftreten eines Teils der Arbeiterschaft. In Deutschland entwickelten zuerst in der Industrie beschäftigte

Handwerkergesellen Organisationsformen, in denen dann proletarische Schichten Aufnahme fanden. Die ursprünglichen Ziele der Arbeiterbewegung als Emanzipationsbewegung verbanden sich mit sozialistischen und kommunistischen Vorstellungen, die auf eine radikale Umwandlung des ökonomischen (Kapitalismus) und politischen Systems (Klassenstaat) abzielten. Daneben entwikkelte sich im 19. Jahrhundert eine konfessionell bestimmte christliche Arbeiterbewegung. Mit dem „Kommunistischen Manifest" (1848) schufen K. Marx und F. Engels das erste grundlegende politische Programm der Arbeiterbewegung und legten den Ansatz der Gesamtbewegung in der Notwendigkeit des Klassenkampfes fest. 1864 wurde unter ihrem Einfluß in London die Internationale Arbeiterassoziation gebildet. In Deutschland gründete F. Lassalle 1863 in Leipzig den „Allgemeinen Deutschen Arbeiterverein", der von der Durchsetzung des gleichen und allgemeinen Wahlrechts eine Vertretung der sozialen Interessen der Arbeiter und die Beseitigung der Klassengegensätze erwartete. 1869 entstand unter der Führung von A. Bebel und W. Liebknecht in Eisenach die „Sozialdemokratische Arbeiterpartei". 1875 verschmolzen beide Parteien trotz grundsätzlicher Differenzen in Gotha zur „Sozialistischen Arbeiterpartei Deutschlands" (SAPD), die 1890 in Sozialdemokratische Partei Deutschlands (SPD) umbenannt wurde. Parallel dazu entwickelte sich seit 1868 eine deutsche Gewerkschaftsbewegung, teils auf marxistisch-sozialistischer, teils auf liberal-christlicher Basis. In der SPD, an deren Vorbild sich die meisten mittel- und westeuropäischen Arbeiterparteien orientierten, wurde die marxistische Grundauffassung von der Revolution des Proletariats in der Praxis aufgegeben, und die Parteimehrheit entschied sich für den demokratischen Weg zur Macht über Wahlen und Parlament. Der 1. Weltkrieg führte zur Auflösung der internationalen und nationalen Einheit der sozialistischen Arbeiterbewegung. Zum Zentrum der sich seit 1919 bildenden kommunistischen Parteien wurde die Komintern unter sowjetischer Führung. In den romanischen Ländern gewann die revolutionäre Gewerkschaftsbewegung politischen Einfluß und bestimmte die Taktik der Arbeiterbewegung weitgehend. In Deutschland setzte die SPD, nach 1918 zunächst in der Regierung, zusammen mit den Gewerkschaften ihre Reformpolitik fort (u. a. Achtstundentag, Betriebsrätegesetz), ohne den Kapitalismus überwinden zu können. Die faschistischen Diktaturen wurden von der Arbeiterbewegung, aktivster Teil des Widerstandes, aus der Illegalität bekämpft. Nach der Zwangsvereinigung von KPD und SPD (1946) proklamierte die SED die Gründung der Deutschen Demokratischen Republik (1949) als Verwirklichung der Ziele der deutschen Arbeiterbewegung. In den Westzonen Deutschlands entstanden nach 1945 wieder Gewerkschaften, SPD und KPD; 1949 schlossen sich sozialistische und christliche Gewerkschafter im Deutschen Gewerkschaftsbund (DGB) zu einer Einheitsgewerkschaft zusammen. Die SPD vollzog im Godesberger Grundsatzprogramm (1959) den Schritt von der Arbeiter- zur linken Volkspartei. In den westlichen parlamentarischen Demokratien sind die Arbeiterparteien und Gewerkschaften heute fest in das sozioökonomische und politische System integriert, in den kommunistischen Ländern gelten sie als tragende Organisationen.

Arbeiterrentenversicherung ↑Rentenversicherung, ↑Sozialversicherung.

Arbeitgeber: derjenige, der einen anderen als ↑Arbeitnehmer beschäftigt und diesem für seine Tätigkeit eine Gegenleistung versprochen hat. Arbeitgeber kann eine natürliche, eine juristische Person oder auch ein nicht rechtsfähiger Personenverband wie z. B. eine offene Handelsgesellschaft sein. Der Arbeitgeber ist als Dienstherr im rechtlichen Sinne Vertragsparter des Arbeitnehmers im ↑Arbeitsvertrag. Kollektivrechtlich ist er Gegenüber des ↑Betriebsrats und der Belegschaft, im Falle eines Firmentarifvertrags ist er Tarifpartner der Gewerkschaft.

Aufgrund des Arbeitsverhältnisses hat der Arbeitgeber gegenüber dem Arbeitnehmer die Lohnzahlungs- und die Fürsorgepflicht (insbesondere: Schutz der Persönlichkeit, Gleichbehandlung).

In vielen Gesellschaften üben leitende Angestellte die Aufgaben des Arbeitsgebers aus (z. B. Vorstand in einer AG); sie werden als **funktionale Arbeitgeber** bezeichnet.

Arbeitgeberanteil ↑Sozialversicherung.

Arbeitgeberverbände: freiwillige Zusammenschlüsse von ↑Arbeitgebern zur Wahrung ihrer Interessen. Als Verhandlungs- und Vertragspartner der ↑Gewerkschaften vertreten sie in der Bundesrepublik Deutschland v. a. die sozialpolitischen Belange ihrer Mitglieder im Unterschied zu den wirtschaftspolitischen Aufgaben der Wirtschaftsverbände. Es handelt sich um Fachverbände der einzelnen Branchen (z. B. Metallindustrie, chemische Industrie, Einzelhandel), die sich vielfach zu Landes- und Bundesvereinigungen zusammengeschlossen haben. Nahezu alle Fachspitzenverbände sind Mitglieder des Spitzenverbandes der **Bundesvereinigung der Deutschen Arbeitgeberverbände e. V. (BDA)** mit Sitz in Köln, die ihrerseits in Landesverbände gegliedert ist. Die BDA ist Gesprächspartner der gewerkschaftlichen Dachorganisationen und Interessenvertretung im politischen Raum. Der Abschluß von ↑Tarifverträgen mit den Gewerkschaften liegt bei den einzelnen Fachverbänden.

Arbeitnehmer: jede natürliche

Ist-Arbeitsablaufstudie (Bestellung) bzw. Arbeitsablaufplan		Einkaufsabteilung			
		B	T	K	V
1.	Eingang der Bestellmeldung des Lagers	●			
2.	Auf dem Schreibtisch des Einkäufers				●
3.	Ermittlung der bisherigen Bezugsquellen	●			
4.	Neue Bezugsquellen erschließen	●			
5.	Anfrage	●			
6.	Auf Angebotseingang warten				●
7.	Angebote vergleichen	●			
8.	Bestellung schreiben	●			
9.	Rückmeldung an das Lager		●		
10.	Bestellung überwachen			●	●
11.	Wareneingang prüfen	●		●	
12.	Meldung an Lager		●		
13.	Rechnungseingang abwarten				●
14.	Rechnung sachlich und rechnerisch prüfen	●		●	
15.	Rechnung an die Finanzbuchhaltung leiten		●		

B = Bearbeiten; T = Transportieren; K = Kontrollieren; V = Verzögern

Arbeitsablaufstudie.
Beispiel für den Arbeitsablauf bei einem Bestellverfahren

Person, die sich durch ↑Arbeitsvertrag einer anderen (natürlichen oder juristischen) Person, dem ↑Arbeitgeber, zur Leistung bestimmter Dienste verpflichtet, unter Aufgabe der persönlichen Selbständigkeit, d. h. Einordnung in den Betrieb und Unterordnung unter die Weisungsbefugnis des Arbeitgebers. Arbeitnehmer sind Angestellte, Arbeiter, zum Zweck der Ausbildung beschäftigte Personen und Heimarbeiter, die in der Hauptsache für den gleichen Betrieb arbeiten. Keine Arbeitnehmer sind Beamte, Selbständige, Vorstandsmitglieder und arbeitnehmerähnliche Personen (z. B. Heimarbeiter, die nicht überwiegend für den gleichen Betrieb arbeiten, Hausgewerbetreibende).

Die überkommene Unterscheidung zwischen **Arbeitern** (überwiegend körperliche Tätigkeit) und **Angestellten** (überwiegend geistige Tätigkeit) verliert aufgrund der fortschreitenden technischen und wirtschaftlichen Entwicklung an Bedeutung, was sich zunehmend auch in den Tarifverträgen niederschlägt. Doch hat die Zugehörigkeit zu einer der beiden Gruppen nach wie vor rechtliche Bedeutung: Es bestehen getrennte Systeme der ↑Rentenversicherung, unterschiedliche Regelungen für die ↑Krankenversicherung sowie bei den gesetzlichen Kündigungsfristen; auch das Betriebsverfassungsgesetz unterscheidet Arbeiter und Angestellte hinsichtlich der betrieblichen Vertretung. Besondere Vorschriften gelten für ↑leitende Angestellte.

Arbeitnehmeranteil ↑Sozialversicherung.

Arbeitnehmer-Sparzulage ↑Vermögensbildung.

Arbeitnehmerüberlassung ↑Leiharbeitsverhältnis.

Arbeitsablaufstudie (Ablaufanalyse): Verfahren im Rahmen einer Arbeitsstudie, welches die zeitliche und räumliche Gestaltung von Arbeitsfolgen untersucht und deren rationelle Gestaltung zum Ziel hat. Ausgehend vom festgestellten Istzustand wird eine Arbeitsfolge in einzelne Arbeitsvorgänge oder Teilvorgänge zerlegt und auf Unzulänglichkeiten hin untersucht. Dann wird ein Sollzustand konzipiert. Die Arbeitsablaufstudie bildet die Grundlage für die anschließenden Verfahren (↑Arbeitszeitstudie, ↑Arbeitsbewertung). Abb. S. 31.

Arbeitsamt ↑Arbeitsverwaltung.

Arbeitsbeschaffungsmaßnahmen (ABM): arbeitsmarktpolitisches Instrument zur zeitlich befristeten Beschäftigung von Arbeitslosen mit dem Ziel, Dauerarbeitsplätze zu schaffen. Die Bundesanstalt für Arbeit übernimmt 50–75% der Bruttolohnkosten in der Regel für 1 Jahr, höchstens für 3 Jahre (in Ostdeutschland bis zu 90% und einen Teil der Sachkosten). Besondere Zielgruppen sind Arbeitslose über 55 Jahre, Jugendliche ohne abgeschlossene Berufsausbildung, arbeitslose Schwerbehinderte und Akademiker, Träger von ABM sind vor allem Städte und Gemeinden sowie gemeinnützige Einrichtungen.

Arbeitsbewertung (Arbeitsplatzbewertung, Arbeitswertstudie): Verfahren im Rahmen einer Arbeitsstudie, das eine objektive, d. h. vom einzelnen Arbeitnehmer unabhängige Erfassung der Anforderungen an einem Arbeitsplatz bezweckt. Der ermittelte Arbeitswert wird dann in einen Lohnsatz umgewandelt (↑auch Ecklohn). Zwei Hauptverfahren:

1. Die **summarische Arbeitsbewertung** bewertet die Arbeitsverrichtung als Ganzes: a) Beim *Rangfolgeverfahren* werden sämtliche in einem Betrieb vorkommenden Verrichtungen durch Vergleich nach ihrem Schwierigkeitsgrad geordnet (Rangfolge). b) Beim *Lohngruppenverfahren* werden Schwierigkeitsstufen summarisch beschrieben und mit einer bestimmten Lohngruppe verbunden. Den so näher bestimmten Lohngruppen werden die Arbeitsverrichtungen zugeordnet. Die nach ihrem Arbeitswert geordneten Arbeitsverrichtungen werden den nach

ihrer Höhe geordneten Arbeitsentgelten gegenübergestellt. Die summarische Arbeitsbewertung ist einfach durchzuführen, wird aber oft betrieblichen Besonderheiten nicht gerecht.
2. Die **analytische Arbeitsbewertung** unterteilt die Arbeitsverrichtungen entsprechend dem auf einer 16-Staaten-Konferenz über Arbeitsbewertung 1950 entwickelten **Genfer Schema** in einzelne Anforderungsarten: geistige Anforderungen, körperliche Anforderungen, Umgebungseinflüsse, Verantwortung (für Menschen, Material, Betriebsablauf). a) Beim *Rangreihenverfahren* werden nach Anforderungsarten getrennt die verschiedenen Arbeitsverrichtungen verglichen, in eine Rangreihe eingeordnet und entsprechend ihrer Stellung mit einer Prozentzahl (zwischen 0 und 100) versehen. Da die Bedeutung der Anforderungsart bei den verschiedenen Verrichtungen unterschiedlich ist, wird die Prozentzahl mit einem Gewichtungsfaktor multipliziert. Aus der Zusammenfassung der Prozentwerte der einzelnen Anforderungsarten ergibt sich der Arbeitswert der jeweiligen Arbeitsverrichtung. b) Beim *Stufenwertzahlverfahren* werden getrennt nach Anforderungsarten die verschiedenen Arbeitsverrichtungen verbal beschriebenen, jeweils mit einer Punktzahl versehenen Anforderungsstufen zugeordnet. Auch hier wird nach der Bedeutung der Anforderungsart für die jeweilige Arbeitsverrichtung die Punktzahl gewichtet. Die Summe der Punktzahlen aller Anforderungsarten einer Arbeitsverrichtung ergibt den Arbeitswert. Die analytische kommt zu exakteren Arbeitswerten als die summarische Arbeitsbewertung, verursacht aber einen höheren Untersuchungsaufwand.

Arbeitsdirektor ↑Mitbestimmung.

Arbeitseinkommen ↑Faktoreinkommen.

Arbeitsentgelt: sämtliche Einkünfte, die eine Entlohnung für unselbständige Arbeit darstellen; auch als Arbeitslohn, Lohn, Gehalt, Entgelt, Entlohnung, Vergütung oder Verdienst gezeichnet. Die Dienstbezüge der Beamten, Richter und Soldaten werden Besoldung genannt; sie werden durch Gesetz festgelegt. – Die Zahlung eines Arbeitsentgelts an den ↑Arbeitnehmer ist die Hauptpflicht des ↑Arbeitgebers. Ihre Abhängigkeit von der Arbeitsleistung („ohne Arbeit kein Lohn") ist durch sozialrechtliche Schutzvorschriften gemildert, die dem Arbeitgeber eine gewisse Daseinsvorsorge auferlegen.
Die *Höhe* des Arbeitsentgelts richtet sich nach dem Arbeitsvertrag, bei tarifgebundenen Arbeitsverhältnissen jedoch nur, falls die einzelvertragli-

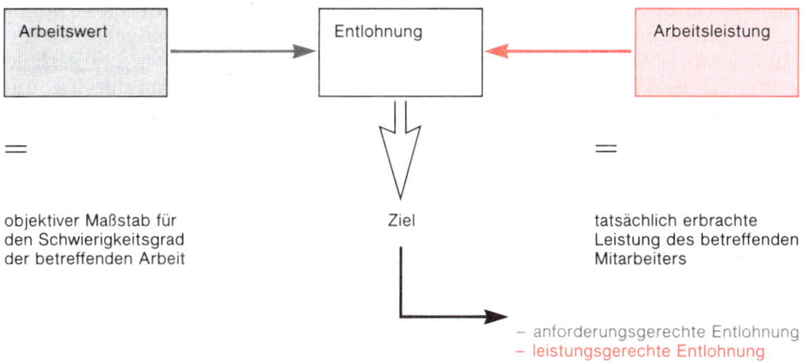

Arbeitsbewertung. Einflußfaktoren auf die Entlohnung

che Vereinbarung für den Arbeitnehmer günstiger als der ↑Tarifvertrag ist. Die Tarifverträge enthalten in der Regel Kataloge von Tätigkeitsmerkmalen, die für die Eingruppierung in bestimmte Lohn- bzw. Gehaltsgruppen maßgebend sind. Ist die Lohnhöhe weder vertraglich noch tariflich bestimmt, ist die übliche Vergütung geschuldet. Für Mehrarbeit (Überstunden) wird ein Zuschlag zum Normallohn vergütet, der sich nach Einzel- oder Kollektivvereinbarung richtet. Fehlt es an einer Vereinbarung, ist gemäß der Arbeitszeitordnung ein Zuschlag von 25% geschuldet. Der Arbeitgeber ist verpflichtet, die Lohnsteuer sowie den Arbeitnehmeranteil an der Sozialversicherung einzubehalten und abzuführen.

Ort und *Zeit* der Lohnzahlung sind in erster Linie Sache der Einzel- oder Kollektivvereinbarung. Der ↑Betriebsrat hat insoweit Mitbestimmungsrecht. Ist nichts besonderes bestimmt, ist die Lohnschuld Holschuld, Ort der Auszahlung die Betriebsstätte. Die Auszahlung erfolgt (falls nichts anderes vereinbart wurde) nach Ablauf bestimmter Zeitabschnitte, Gehälter (für Angestellte) in der Regel monatlich, Löhne (für Arbeiter) wöchentlich oder monatlich. Geldlohn ist die übliche Form des Arbeitsentgelts; besondere Formen sind Provision, Prämie, Tantieme, Gratifikation. Naturallohn dagegen besteht in Sachgütern. Zu den Begriffen Zeitlohn, Leistungslohn, Prämienlohn ↑Lohnformen (↑ auch Akkordarbeit).

Arbeitsförderungsgesetz: Bundesgesetz von 1969, das die Aufgaben und Leistungen der Bundesanstalt für Arbeit regelt. Es soll ein möglichst hoher Beschäftigungsstand erzielt und aufrecht erhalten und die Beschäftigungsstruktur ständig verbessert werden. Hierzu dienen Maßnahmen zur Berufsberatung, ↑Arbeitsvermittlung und -beratung, Förderung der beruflichen Bildung (Erstausbildung und Fortbildung), berufliche Umschulung, Leistungen zur Erhaltung und zur Schaffung von Arbeitsplätzen und Lohnersatzleistungen (↑Arbeitslosenversicherung). – ↑auch Beschäftigungsförderungsgesetz.

Arbeitsgemeinschaft (ARGE): vertragliche Verbindung mehrerer Unternehmen (v. a. im Baugewerbe) zur gemeinsamen Durchführung eines Auftrages. Rechtliche Ausprägung in der Regel als ↑Gesellschaft des bürgerlichen Rechts. Die Arbeitsgemeinschaft kann verschiedenen Steuern unterliegen: der Umsatzsteuer, wenn sie mit Dritten selbständige Verträge abschließt; wenn sie darüber hinaus eine gewisse Dauer besteht, kann sie als Unternehmergemeinschaft der Gewerbesteuer unterliegen.

Arbeitsgerichtsbarkeit: Gerichtsbarkeit für Streitigkeiten, die sich aus dem Arbeitsleben ergeben; geregelt im Arbeitsgerichtsgesetz von 1979. Die Arbeitsgerichtsbarkeit ist u. a. ausschließlich zuständig für bürgerliche Rechtsstreitigkeiten aus ↑Tarifverträgen und aus dem ↑Arbeitsverhältnis (Urteilsverfahren) sowie für Rechtsstreitigkeiten aus dem ↑Betriebsverfassungsgesetz und über die Tariffähigkeit und Tarifzuständigkeit einer Vereinigung (Beschlußverfahren). Beim **Arbeitsgericht,** das zunächst für alle Verfahren zuständig ist, brauchen die streitenden Parteien keinen Anwalt. Sie können sich selbst vertreten oder durch Gewerkschaften bzw. Arbeitgebervereinigungen vertreten lassen. Die Urteile bzw. Beschlüsse werden durch Kammern gefällt, die jeweils mit einem Berufsrichter als Vorsitzendem und je einem ehrenamtlichen Richter aus den Kreisen der Arbeitnehmer und der Arbeitgeber besetzt sind. Die mündliche Verhandlung beginnt mit dem Versuch einer gütlichen Einigung (Güterverhandlung nur vor dem Vorsitzenden). Gelingt diese nicht, so folgt die streitige Verhandlung vor der Kammer, welche mit einem Urteil bzw. Beschluß endet.

Das **Landesarbeitsgericht** (LAG) entscheidet im Berufungsverfahren über Urteile der Arbeitsgerichte und im Beschwerdeverfahren über Beschlüsse der Arbeitsgerichte. Die Kammern der Landesarbeitsgerichte sind ebenso besetzt wie die der Arbeitsgerichte. Das **Bundesarbeitsgericht** (BAG) in Kassel umfaßt sechs Senate mit jeweils fünf Richtern: einem Berufsrichter als Vorsitzendem, zwei Berufsrichtern und zwei ehrenamtlichen Richtern aus den Kreisen der Arbeitnehmer und der Arbeitgeber als Beisitzern. Das BAG entscheidet im Revisionsverfahren über das Urteil eines LAG und im Rechtsbeschwerdeverfahren über den Beschluß eines LAG.

arbeitsintensiv: überwiegend durch den Produktionsfaktor Arbeit bestimmt (↑auch lohnintensiv).

Arbeitskampf: kollektive Kampfmaßnahmen von Arbeitgebern bzw. Arbeitgeberverbänden und Arbeitnehmern bzw. Gewerkschaften um Löhne und sonstige Arbeitsbedingungen. Die wichtigsten Kampfmittel sind ↑Streik und ↑Aussperrung. Während der Laufzeit eines ↑Tarifvertrags besteht für alle Beteiligten ↑Friedenspflicht. Der Arbeitskampf ist in Artikel 9 des Grundgesetzes grundgesetzlich anerkannt, in seinen Einzelheiten jedoch nicht gesetzlich normiert. Der Staat hat im Arbeitskampf die Pflicht zur Neutralität. – Streik und Aussperrung bringen nach der Rechtsprechung die Arbeitsverhältnisse nicht zur Auflösung, sondern nur zum Ruhen.

Arbeitskosten ↑Lohnkosten.

Arbeitslose: Arbeitnehmer, die vorübergehend in keinem Beschäftigungsverhältnis stehen. **Registrierte Arbeitslose** sind Arbeitssuchende zwischen 15 und 65 Jahren, die sich beim Arbeitsamt gemeldet haben und der Arbeitsvermittlung zur Verfügung stehen, die in eine abhängige Beschäftigung von mindestens 18 Wochenstunden für länger als drei Monate vermittelt werden wollen, die ferner zum Zeitpunkt der Meldung weniger als 18 Stunden pro Woche oder gar nicht arbeiten und die schließlich arbeitswillig und v. a. vermittelbar sind. Nicht zu den Arbeitslosen zählen Arbeitssuchende, die berufsunfähig im Sinne der Rentenversicherung, arbeitsunfähig erkrankt oder Rentner sind, sowie diejenigen, die Arbeitsbeschaffungs- oder berufliche Bildungsmaßnahmen (z. B. Umschulung) beanspruchen, betriebliche Ausbildungsstellen suchen (Schulabgänger) oder besondere Leistungen der Arbeitslosenversicherung empfangen (Kurzarbeiter-, Schlechtwettergeld). Arbeitslose werden in der Arbeitsmarktstatistik der Bundesanstalt für Arbeit erfaßt. Die Bundesregierung ist durch das Stabilitätsgesetz verpflichtet, die ↑Arbeitslosigkeit so niedrig wie möglich zu halten. Im Falle der Arbeitslosigkeit greifen Leistungen der ↑Arbeitslosenversicherung.

Arbeitslosengeld (früher: Arbeitslosenunterstützung): finanzielle Unterstützung aus den Mitteln der ↑Arbeitslosenversicherung. *Anspruch* darauf haben ↑Arbeitslose, die der ↑Arbeitsvermittlung zur Verfügung stehen, d. h. eine zumutbare Beschäftigung ausüben können und dazu bereit sind, die Anwartschaftszeit erfüllt haben (in den letzten drei Jahren mindestens 360 Kalendertage beitragspflichtig beschäftigt waren), sich beim Arbeitsamt arbeitslos gemeldet und Arbeitslosengeld beantragt haben. Die *Bezugsdauer* richtet sich nach der Dauer der vorherigen beitragspflichtigen Beschäftigung und dem Alter des Arbeitslosen bei Entstehung des Anspruchs. Sie beträgt 156 bis 312 Tage (Beschäftigungszeit 360 bis 720 Tage) und erhöht sich nach Vollendung des 42. Lebensjahres auf maximal 468 Tage (Beschäftigungszeit 1080 Tage), nach Vollendung des 44. Lebensjahres auf maximal 572 Tage (Beschäftigungszeit 1320 Tage), des 49. bzw. 54. Lebensjahres auf maximal 676 bzw. 832 Tage (Beschäftigungszeit 1560 bzw. 1920 Tage). Arbeitslose nach Vollendung des 58. Lebensjahres erhalten auch dann Arbeitslosengeld, wenn sie der Arbeitsvermittlung nicht zur Verfügung stehen (befristet bis Ende 1995). Weigert sich der Arbeitslose, eine zumutbare Arbeit anzunehmen oder an einer notwendigen Fortbildungs- oder Umschulungsmaßnahme teilzunehmen, so ist das Arbeitslosengeld für 8 Wochen zu versagen, bzw. für 12 Wochen, wenn er ein Arbeitsverhältnis ohne wichtigen Grund aufgibt bzw. die Arbeitslosigkeit schuldhaft herbeiführt. Bei Arbeitnehmern, die durch Beteiligung an einem *Arbeitskampf* arbeitslos geworden sind, ruht der Anspruch auf Arbeitslosengeld bis zur Beendigung des Arbeitskampfes. Nach heftigen öffentlichen Auseinandersetzungen regelte die 1986 verabschiedete Gesetzesnovelle zum § 116 Arbeitsförderungsgesetz, daß (z. B. durch Produktionseinstellung in Zulieferbetrieben) mittelbar vom Arbeitskampf betroffene Arbeitnehmer der gleichen Branche außerhalb des umkämpften Tarifgebiets keinen Anspruch auf Arbeitslosengeld haben, wenn in ihrem Tarifgebiet eine Forderung erhoben ist, „die einer Hauptforderung des Arbeitskampfes nach Art und Umfang gleich ist, ohne mit ihr übereinstimmen zu müssen, und das Arbeitskampfergebnis aller Voraussicht nach in den räumlichen Geltungsbereich des nicht umkämpften Tarifvertrages im wesentlichen übernommen wird.“

Die Höhe des Arbeitslosengeldes richtet sich (bei einer jährlich festgesetzten Leistungsbemessungsgrenze) nach dem in den letzten 3 Monaten des Beschäftigungsverhältnisses durchschnittlich erzielten Arbeitsentgelt (ohne Mehrarbeitszuschläge und ohne einmalige oder wiederkehrende Zuwendungen), vermindert um die gesetzlichen, aber pauschalierten Abzüge. Von dem sich ergebenden Nettobetrag erhält der Arbeitslose 63%, der Arbeitslose mit mindestens einem Kind 68%.

Arbeitslosenhilfe: aus Steuermitteln finanzierte Leistung der Arbeitslosenversicherung an Arbeitslose, die keinen Anspruch auf ↑Arbeitslosengeld haben, weil die Bezugsdauer ausgeschöpft oder die Anwartschaftszeit nicht erfüllt ist. Die Zahlung von Arbeitslosenhilfe hängt aber von der Bedürftigkeit ab, d. h. es werden Einkommen und Vermögen (gegebenenfalls auch des Ehepartners und der Eltern) berücksichtigt. Arbeitslosenhilfe wird in der Regel längstens für ein Jahr bewilligt. Nach Ablauf des Bewilligungszeitraumes müssen die Anspruchsvoraussetzungen erneut nachgewiesen werden. Die Leistungssätze betragen gegenwärtig bei einem steuerlich zu berücksichtigenden Kind 58% des pauschalierten Nettoarbeitsentgelts, für die übrigen Arbeitslosen 56%.

Arbeitslosenquote: Anteil der registrierten Arbeitslosen an der Gesamtzahl der abhängigen Erwerbspersonen. Abhängige Erwerbspersonen sind abhängig Erwerbstätige sowie die registrierten Arbeitslosen.

Arbeitslosenversicherung: Zweig der ↑Sozialversicherung, dem die Sicherung von Arbeitsplätzen und die Zahlung finanzieller Leistungen an ↑Arbeitslose zukommt. Versicherungsträger ist die Bundesanstalt für Arbeit (↑Arbeitsverwaltung). Pflichtversichert sind alle Personen, die als Arbeiter oder Angestellte gegen Entgelt oder zu ihrer Berufsausbildung beschäftigt sind. Nicht erfaßt werden Selbständige, Rentner und Personen, für die bereits auf andere Weise gesorgt ist (z. B. Beamte). Beiträge der Arbeitnehmer und Arbeitgeber in Höhe von jeweils 3,15% (ab 1. 1. 1992) des Arbeitsverdienstes (bis zur ↑Beitragsbemessungsgrenze der Rentenversicherung), Umlagen zur Finanzierung der produktiven Winterbauförderung und des Konkursausfallgeldes und Mittel des Bundes bilden die Grundlagen des Finanzierungssystems. Die Arbeitslosenhilfe finanziert der Bund allein.

Leistungen: Zu unterscheiden sind Leistungen an Arbeitslose und Maßnahmen zur Sicherung von Arbeitsplätzen. Der finanziellen Sicherung von Arbeitslosen dienen das ↑Arbeitslosengeld und die ↑Arbeitslosenhilfe. Zur Erhaltung des Arbeitsplatzes und auch zum Ausgleich des Verdienstausfalles bei Arbeitsausfällen wird Kurzarbeitergeld gezahlt (↑Kurzarbeit). Durch die produktive Winterbauförderung (Förderungszeit ist die Zeit vom 1. Dezember bis 31. März) und das Schlechtwettergeld (bei witterungsbedingtem Arbeitsausfall in der Zeit vom 1. November bis 31. März) wird versucht, die ganzjährige Beschäftigung in der Bauwirtschaft zu erreichen. Im Rahmen von ↑Arbeitsbeschaffungsmaßnahmen (ABM) fördert die Bundesanstalt für Arbeit die Einrichtung von Dauerarbeitsplätzen für bisher arbeitslose Personen. Bei Zahlungsunfähigkeit ihres Arbeitgebers (z. B. ↑Konkurs) haben Arbeitnehmer Anspruch auf den ausgefallenen Arbeitsverdienst (Konkursausfallgeld), längstens bis zu drei Monaten vor Konkurseröffnung. Das Konkursausfallgeld wird auf Antrag vom Arbeitsamt gezahlt.

Arbeitslosigkeit: Ungleichgewicht auf dem Arbeitsmarkt, bei dem die angebotene Art und Menge von Arbeitsleistungen die nachgefragte Art und Menge von Arbeitsleistungen übersteigt, so daß ein Teil der Erwerbspersonen zeitweise ohne Beschäftigung ist. Arbeitslosigkeit bedeutet eine Unterauslastung des Produktionsfaktors Arbeit: das vorhandene Arbeitskräftepotential wird nicht vollständig zur Produktion von Gütern und Diensten genutzt (Unterbeschäftigung). Aus wirtschafts-, aber auch aus sozial- und gesellschaftspolitischen Gründen (materielle Not, Verlust an Selbstvertrauen als mögliche Auswirkungen) ist Vermeidung von Arbeitslosigkeit bzw. Gewährleistung eines hohen Beschäftigungsstandes (Vollbeschäftigung) eine politische Notwendigkeit. Gleichwohl können Konflikte mit anderen gesamtwirtschaftlichen Zielen auftreten.

Die *Ursachen* für Arbeitslosigkeit sind unterschiedlich. **Saisonale Arbeitslosigkeit** ist durch jahreszeitliche Produktions- und Nachfrageschwankungen bedingt (z. B. Landwirtschaft, Baugewerbe, Fremdenverkehr). **Konjunkturelle Arbeitslosigkeit** ist Folge eines Rückgangs der gesamtwirtschaftlichen Güternachfrage und damit auch der Nachfrage am Arbeitsmarkt. Dauerarbeitslosigkeit kann in einem zu geringen Wirtschaftswachstum oder strukturell oder durch beides begründet sein. **Strukturelle Arbeitslosigkeit** beruht auf regionalen Mißverhältnissen zwischen Arbeitsangebot und -nachfrage hinsichtlich Berufen, Qualifikationen, Branchen, Geschlecht und Alter in einer dynamischen Volkswirtschaft. Entscheidende Ursache sind Veränderungen in den Produktionsbedingungen infolge Strukturwandels (bei der Nachfrage nach Gütern und Dienstleistungen; Neuerungen der Produktionstechnik). So kann die unveränderte Steigerung der Arbeitsproduktivität zur Freisetzung von Arbeitskräften führen, die bei anhaltender Verlangsamung des gesamtwirtschaftlichen Wachstums nicht in anderen Bereichen der Volkswirtschaft Aufnahme finden können. – ↑auch Arbeitslose, ↑Arbeitslosenversicherung, ↑Arbeitslosenquote.

Arbeitsmarkt: Markt, auf dem das Angebot an Arbeitsleistungen unselbständiger Erwerbspersonen (Arbeitnehmer) und die Arbeitsnachfrage von Unternehmen, Staat und privaten Haushalten (Arbeitgeber) zusammentreffen. Arbeitsleistungen sind in Kombination mit den Produktionsfaktoren Boden und Realkapital die Grundlage einzel- und gesamtwirtschaftlicher Produktion und Wertschöpfung. Arbeit ist für die meisten Menschen Hauptquelle von Einkommen, Status und Selbstwertgefühl; sie ist nicht von der Person des Arbeitenden zu trennen; die freie Lohnfindung auf dem Arbeitsmarkt wird zudem durch gesetzliche Vorschriften und kollektive ↑Tarifverträge eingeschränkt. Hieraus ergibt sich eine gewisse Sonderstellung des Arbeitsmarkts im Vergleich zu anderen Faktormärkten. Für die ↑Arbeitsvermittlung liegt in der Bundesrepublik Deutschland das Monopol bei der Bundesanstalt für Arbeit (↑Arbeitsverwaltung).

Arbeitsmündigkeit ↑Geschäftsfähigkeit.

Arbeitsphysiologie: Teilgebiet der Physiologie und der Arbeitsmedizin; erforscht Bau, Funktion und Energetik des menschlichen Organismus im Hinblick auf die Arbeit; untersucht v. a. die Arbeitshaltung, das Arbeitsklima in seiner Auswirkung auf die Arbeitsleistung, berücksichtigt Ernährung und Kleidung des Arbeitenden und ermittelt die spezifischen Arbeitserschwernisse (Nachtarbeit, Schichtarbeit).

Arbeitsplatzbewertung ↑Arbeitsbewertung.

Arbeitsplatzschutz: nach dem Arbeitsplatzschutzgesetz von 1957 darf der Arbeitgeber das Arbeitsverhältnis von der Zustellung des Einberufungsbescheides bis zur Beendigung des Grundwehrdienstes sowie während einer Wehrübung nicht kündigen. Im übrigen darf der Arbeitgeber das Arbeitsverhältnis nicht aus Anlaß des Wehrdienstes kündigen. Wohnraum und Sachbezüge sind weiterhin zu gewähren.

Arbeitsproduktivität ↑Produktivität.

Arbeitspsychologie: mit der ↑Betriebspsychologie verwandter Bereich der angewandten Psychologie, der die Bedingungen menschlicher Arbeitsleistung erforscht mit dem Ziel, deren optimale Organisation zu erreichen. Nach Eignungsuntersuchungen, Anpassung der Arbeit an den Menschen durch zweckmäßige Arbeitsplatzgestaltung, werden Umgebungseinflüsse, Arbeitszeitfolgen, Monotoniewirkung und Ursachen von Arbeitsunfällen und Motivation zur Arbeit erforscht.

Arbeitsrecht: das Sonderrecht der Unselbständigen, d. h. der persönlich von einem Arbeitgeber abhängigen und dessen Weisungen unterstehen ↑Arbeitnehmer. Die beiden großen Bereiche sind das *Individualarbeitsrecht* (v. a. ↑Arbeitsvertrag, ↑Arbeitsschutz) und das *Kollektivarbeitsrecht* (v. a. ↑Tarifvertrag, ↑Arbeitskampf, ↑Betriebsrat). Quellen des Arbeitsrechts sind: Gesetze und Rechtsverordnungen, Gewohnheitsrecht, autonomes Recht, d. h. das durch Tarifverträge und Betriebsvereinbarungen gesetzte Recht, sowie das durch die Rechtsprechung der Arbeitsgerichte entwickelte sog. Richterrecht.

Die wichtigsten Gesetze für das Arbeitsrecht sind: 1. Grundgesetz mit den Bestimmungen über Koalitionsfreiheit, Berufsfreiheit und den Grundsatz der Gleichberechtigung; 2. BGB (Arbeitsvertrag als besondere Form des Dienstvertrages, Betriebsübergang, Lohnzahlung, Kündigungsfristen, Zeugniserteilung); 3. HGB (Konkurrenzverbot); 4. Gewerbeordnung (Regelung der Sonn- und Feiertagsarbeit, Betriebssicherheit); 5. Lohnfortzahlungsgesetz (↑Lohnfortzahlung); 6. Kündigungsschutzgesetz (↑Kündigungsschutz); 7. Arbeitsplatzschutzgesetz (↑Arbeitsplatzschutz); 8. Bundesurlaubsgesetz (↑Urlaub); 9. Arbeitszeitordnung (↑Arbeitszeit); 10. Mutterschutzgesetz (↑Mutterschutz); 11. Schwerbehindertengesetz; 12. Jugendarbeitsschutzgesetz; 13. Tarifvertragsgesetz (↑Tarifvertrag); 14. Betriebsverfassungsgesetz; 15. Mitbestimmungsgesetz.

Arbeitsschutz: im weitesten Sinn alle Maßnahmen gegen eine physische, seelische, geistige und sittliche Gefährdung des Menschen durch seine berufliche Beschäftigung. Das Recht des Arbeitsschutzes legt dem Arbeitgeber öffentlich-rechtliche Pflichten zum Schutz der Arbeitnehmer auf. Die Bestimmungen sind zwingend. Bei schuldhafter Verletzung der Normen ist der Arbeitgeber zum Schadenersatz verpflichtet. Die Einhaltung der Arbeitsschutzgesetze wird von der ↑Gewerbeaufsicht, den ↑Berufsgenossenschaften und den Technischen Überwachungs-Vereinen überprüft sowie von den Betriebsräten überwacht. 1. Kernstück des Rechts über den **technischen Arbeitsschutz** ist die Gewerbeordnung von 1869. Ihre nur sehr allgemein gehaltenen Bestimmungen sind durch eine Reihe von Verordnungen und Richtlinien verdeutlicht worden, die ganz bestimmte Arbeitsvorgänge regeln, wie den Umgang mit gefährlichen Arbeitsstoffen, die Aufstellung der Anlagen, von denen besondere Gefahren ausgehen, und die Sicherheitsausrüstung von Maschinen. Die Berufsgenossenschaften haben das Recht, die Betriebe anzuweisen, bestimmte Maßnahmen zur Unfallverhütung durchzuführen. Daneben haben sie die Pflicht, die Arbeitnehmer über Unfallverhütung aufzuklären und sie zu einem sicherheitsbewußten Verhalten bei der Arbeit zu veranlassen. Für Betriebe ab 20 Beschäftigte besteht die Pflicht, einen oder mehrere Sicherheitsbeauftragte zu bestellen. 2. Der **soziale Arbeitsschutz** soll vor allem gesundheitliche Schädigungen des Arbeitnehmers aus seiner Arbeit selbst verhindern. Jugendliche sollen z. B. grundsätzlich vor Arbeiten bewahrt werden, die ihre Leistungsfähigkeit übersteigen oder ihre Gesundheit gefährden **(Jugendarbeitsschutz).** Das Jugendarbeitsschutzgesetz enthält u. a. Regelungen über das Verbot gefährlicher Arbeiten, die Arbeitszeit, die Arbeitspausen, die täglichen Ruhezeiten sowie über den Erholungsurlaub. Weitere besondere Schutzbestimmungen bestehen u. a. für Frauen, werdende Mütter (↑Mutterschutz), Heimarbeiter und Schwerbehinderte. 3. In der Arbeitszeitordnung sind die Schutzbestimmungen im Hinblick auf die ↑Arbeitszeit verzeichnet.

Arbeitsstudien: Methoden zur Untersuchung von Arbeitsvorgängen (↑Arbeitsablaufstudie, ↑Arbeitsbewertung, ↑ Arbeitszeitstudie).

Arbeitsteilung: Spezialisierung bzw. Beschränkung einzelner oder ganzer Gruppen von Wirtschaftssubjekten (Menschen, Betriebe, Gebiete, Länder) jeweils auf bestimmte Tätigkeiten innerhalb des gesamtwirtschaftlichen Produktionsprozesses. Eine weit fortgeschrittene Arbeitsteilung ist Voraussetzung und Kennzeichen hochentwickelter Volkswirtschaften. Ursprünglich bestand eine Arbeitsteilung ausschließlich zwischen Mann und Frau. Dann kam es zur Ausbildung verschiedener Berufe. Später entstand eine territoriale Arbeitsteilung, die eng mit der Entwicklung des Handels verbunden ist. Nach Ansätzen in den Manufakturen entwickelte sich v. a. mit der Industrialisierung eine Arbeitsteilung als ↑Arbeitszerlegung. Auf internationaler Ebene ergibt sich aufgrund der geographischen Lage, der Rohstoffvorkommen und unterschiedlicher historisch-sozialer Entwicklungen Arbeitsteilung v. a. aus der Kostenstruktur und dem technischen Wissensstand. Vorteile der Arbeitsteilung sind v. a. Produktionssteigerungen und bessere Ausnutzung der Arbeitskraft; Nachteile sind mögliche Abhängigkeit von Lieferungen aus dem Ausland, Monotonie der Arbeit und zu starke berufliche Spezialisierung.

Arbeitsverhältnis, in der Regel durch einen ↑Arbeitsvertrag begründetes, personenrechtliches Dauerschuldverhältnis zwischen Arbeitgeber und Arbeitnehmer, das den Arbeitnehmer zur Leistung entgeltlicher Arbeit im Betrieb des Arbeitgebers verpflichtet. Das Arbeitsverhältnis endet durch Aufhebung im gegenseitigen Einverständnis, durch Kündigung oder durch Tod des Arbeitnehmers, bei ↑befristetem Arbeitsverhältnis nach Zeitablauf. Die Kündigung durch den Arbeitgeber wird erschwert durch den gesetzlichen ↑Kündigungsschutz. Der Inhalt des Arbeitsverhältnisses bestimmt sich in erster Linie nach den zwingenden gesetzlichen Vorschriften, nach den Tarifverträgen und den Betriebsvereinbarungen und erst in letzter Linie nach den Vereinbarungen im Einzelarbeitsvertrag. Die Hauptpflichten aus dem Arbeitsverhältnis sind: für den Arbeitnehmer die Pflicht zur Leistung der versprochenen Arbeit, die Gehorsamspflicht und die Treuepflicht; für den Arbeitgeber die Pflicht, den Lohn zu zahlen, die Fürsorgepflicht und die Pflicht, Erholungsurlaub unter Weiterzahlung des Lohnes zu gewähren. Daneben bestehen noch zahlreiche Nebenpflichten, z. B. für den Arbeitnehmer die Verschwiegenheitspflicht, für den Arbeitgeber die Pflicht, dem Arbeitnehmer bei Beendigung des Arbeitsverhältnisses ein schriftl. Zeugnis auszustellen. – ↑auch Arbeitsrecht.

Arbeitsvermittlung: Vermittlertätigkeit zwischen Arbeitgebern, die Arbeitskräfte suchen, und Arbeitnehmern, die Arbeit suchen. Die Arbeitsvermittlung sowie die Vermittlung beruflicher Ausbildungsplätze (gesetzliche Grundlage ist das ↑Arbeitsförderungsgesetz) gehört zur staatlichen Daseinsvorsorge, ist unentgeltlich und darf ausschließlich von der ↑Arbeitsverwaltung betrieben werden **(Arbeitsvermittlungsmonopol).** Die Arbeitsverwaltung hat allerdings das Recht, für die Vermittlung einzelner Berufe oder Personengruppen (z. B. Künstler) Einrichtungen oder Personen zu beauftragen. Ein Zwang zur Inanspruchnahme der Arbeitsvermittlung besteht nicht. Der eigentliche Abschluß von Arbeitsverträgen bleibt den Vertragspartnern selbst überlassen.

Arbeitsvertrag, privatrechtlicher Vertrag zwischen Arbeitgeber und Arbeitnehmer, der zur Begründung eines ↑Arbeitsverhältnisses führt. Der Arbeitsvertrag hat sich aus dem Dienstvertrag des BGB entwickelt, ist jedoch ein Vertrag eigener Art mit besonderen schuld- und personenrechtlichen Wirkungen. Grundsätzlich besteht Abschlußfreiheit. Die Gestaltungseinheit des Vertragsinhalts ist stark eingeschränkt durch zwingende gesetzliche Vorschriften, Tarifverträge und Betriebsvereinbarungen (↑Arbeitsrecht). Eine Form ist für den Arbeitsvertrag grundsätzlich nicht vorgeschrieben.

Arbeitsverwaltung: Gesamtheit der Einrichtungen, die die Aufgaben nach dem ↑Arbeitsförderungsgesetz wahrnehmen: Die Bundesanstalt für Arbeit (BA), die sich in die Hauptstelle (in Nürnberg), die Landesarbeitsämter und die Arbeitsämter gliedert. Die BA ist eine rechtsfähige Körperschaft des öffentlichen Rechts mit Selbstverwaltung unter Aufsicht des Bundesministers für Arbeit und Sozialordnung. Die Selbstverwaltung ist im Unterschied zu anderen Trägern der Sozialversicherung drittelparitätisch mit Arbeitnehmer- und Arbeitgebervertretern und Vertretern der öffentlichen Körperschaften (Bund, Länder, Gemeinden) besetzt, die nach Vorschlagslisten für 6 Jahre in die ehrenamtliche Tätigkeit berufen werden. Es finden also keine Sozialwahlen statt. Der Verwaltungsrat der Hauptstelle in Nürnberg ist für grundsätzliche Fragen (z. B. Regelung der Leistungen) zuständig. Er bildet Ausschüsse, z. B. für Arbeitsmarktfragen, Arbeitsvermittlung, Berufsberatung und Organisation der BA. Der Vorstand ist insbesondere für den Erlaß von Richtlinien für die laufenden Verwaltungsgeschäfte zuständig. Die Verwaltung untersteht dem Präsidenten der BA. Die Hauptstelle stellt durch Weisungen die Durchführung der Aufgaben im gesamten Bundesgebiet sicher. Die Landesarbeitsämter koordinieren die Arbeit der Arbeitsämter, denen die unmittelbare Erledigung der Aufgaben obliegt. Da ein Arbeitsamtsbezirk meistens mehrere Stadt- und Landkreise umfaßt, sind häufig Nebenstellen eingerichtet.

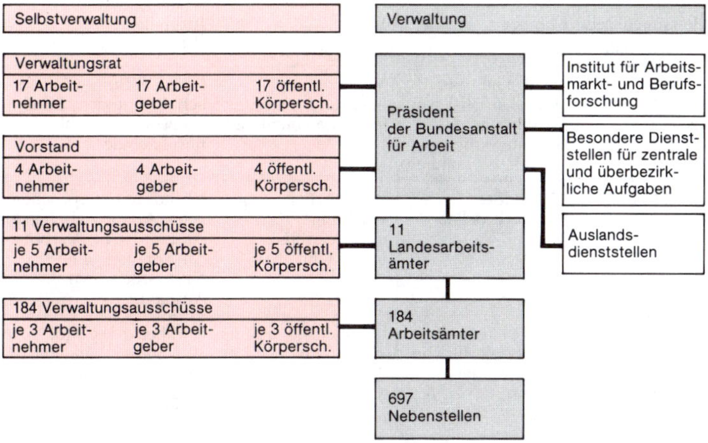

Arbeitsverwaltung. Strukturschema der Bundesanstalt für Arbeit

Im Auftrag des Bundes zahlt die BA das Kindergeld nach dem Kindergeldgesetz aus.

Arbeitsvorbereitung: planende (↑ Fertigungsplanung), steuernde (↑ Fertigungssteuerung) und der Überwachung des betrieblichen Produktionsprozesses dienende Maßnahmen mit dem Ziel, einen reibungslosen Materialfluß und Arbeitsgang bei möglichst geringen Kosten zu gewährleisten. Ausgehend von Konstruktionszeichnungen und Stücklisten plant die Arbeitsvorbereitung die Materialbereitstellung, den Personal- und den Maschineneinsatz und nimmt die Terminplanung im Fertigungsbereich wahr. Besondere Bedeutung kommt ihr bei der Verwirklichung von Rationalisierungsmaßnahmen zu, indem sie die Rationalisierungsüberlegungen in die Arbeitspläne einfließen läßt. In der Kostenrechnung wird die Arbeitsvorbereitung in der Regel als Fertigungshilfskostenstelle geführt.

Arbeitswert ↑ Arbeitsbewertung.

Arbeitswertstudie ↑ Arbeitsbewertung.

Arbeitszeit: diejenige Zeit, die für die Arbeit aufgebracht wird. Im engeren Sinne diejenige Zeit, in der ein Arbeitnehmer auf Grund eines Arbeitsvertrages für einen Arbeitgeber gegen Bezahlung arbeitet. Diese Arbeit ist hinsichtlich ihrer täglichen, wöchentlichen und jährlichen Dauer, ihres täglichen Beginns und Endes, ihrer Unterbrechungen durch (bezahlte oder unbezahlte) Pausen und Urlaub durch Gesetze, Tarifverträge, Betriebsvereinbarungen und Arbeitsverträge geregelt. Die Lebensarbeitszeit hängt von der Dauer der Schulpflicht und der übrigen Ausbildung sowie vom gesetzlichen Rentenalter ab.

Grundlegende Arbeitszeitschutzbestimmungen enthalten die **Arbeitszeitordnung** (AZO) vom 30. 4. 1938 (mit Änderungen) sowie das Mutterschutz-, das Jugendschutz-, das Schwerbehinderten und das Bundesurlaubsgesetz. Die meisten Arbeitsverhältnisse richten sich nach Tarifverträgen, die eine weit höhere Urlaubsdauer als die gesetzliche und eine geringere Wochenarbeitszeit (Fünftagewoche mit durchschnittlich 39,0 Wochenstunden) als die durch die AZO erlaubte vorsehen.

Neben der meist tarifvertraglich vorgeschriebenen Vollzeitarbeit gibt es zunehmend **Teilzeitarbeit,** bei der

Personenkreis Sachverhalt	Männer	Frauen	Jugendliche (14–18jährige)
Höchst-arbeits-zeit	8 Std. tägl. (bis 10 Std. an 30 Tagen im Jahr für bestimmte Arbeiten; 48 Std. wöchentlich)	Verlängerung höchstens bis zu 9 Std. an einem Tag	täglich 8 Std.; wöchentlich 40 Stunden; Fünftagewoche einschl. Berufsschule
Mindest-ruhezeit zwischen 2 Arbeits-tagen	11 Stunden ununterbrochen	keine Arbeit vor Sonn- und Feiertagen ab 17 Uhr	12 Std. ununterbrochen; keine Arbeit zwischen 20 und 7 Uhr; Verbot der Sonntags- und Nachtarbeit (evtl. Ausnahmen)
Mindest-ruhepausen während der Arbeitszeit	bei über 6stündiger Arbeitszeit 30 Min. oder zweimal 15 Min.	bei über 4,5–6 Std. 20 Min., 6–8 Std. 30 Min., 8–9 Std. 45 Min.	bei über 4,5–6 Std. 30 Min., bei längerer Arbeit 60 Min.; Mindestdauer einer Pause: 15 Min.

Arbeitszeit. Die wichtigsten Arbeitszeitschutzbestimmungen

die tägliche oder wöchentliche (selten die jährliche) Arbeitszeit und dementsprechend auch das Arbeitsentgelt gegenüber der Vollzeitarbeit verringert ist. Besondere Formen sind Mehrarbeit (Überstunden) und ↑Kurzarbeit zur meist vorübergehenden Anpassung des betrieblichen Personalstands an die Auftragslage. **Schichtarbeit** ist gegeben, wenn zur intensiveren Nutzung Arbeitsplätze von verschiedenen Arbeitnehmern in einem bestimmten Turnus mehrmals am Tag besetzt werden. Arbeitnehmer können auf bestimmte Schichten festgelegt sein oder z. B. wöchentlich wechseln **(Wechselschicht).** In vielen Bereichen hat sich die **gleitende Arbeitszeit** durchgesetzt, bei der die Arbeitnehmer innerhalb bestimmter Grenzen (Gleitzeit) Beginn und Ende ihrer täglichen Arbeitszeit selbst bestimmen. Einzuhalten ist in der Regel eine Kernzeit, während derer Anwesenheitspflicht besteht.
Ein für die betriebliche Kostenrechnung wichtiger Unterschied besteht zwischen der **Sollarbeitszeit,** die sich aus der vertraglichen Normalarbeitszeit nach Abzug der Urlaubs- und Feiertage ergibt, und der **effektiven Arbeitszeit,** die man erhält, wenn man von der Sollarbeitszeit die Fehlzeiten (z. B. Krankheit, Mutterschutz, Fortbildung) abzieht.
Seit 1975 wurde eine weitere **Arbeitszeitverkürzung** wegen ihres möglichen Beitrags zur Reduzierung der Arbeitslosigkeit diskutiert. Während die Gewerkschaften neben längerem Urlaub und einer Verkürzung der Lebensarbeitszeit (der Gesetzgeber bot zunächst die Vorruhestandsregelung und seit 1989 die ↑Altersteilzeit an) insbesondere die Verkürzung der Wochenarbeitszeit, die 35-Stunden-Woche, anstreben, setzen sich die Arbeitgeberverbände v. a. für die **Flexibilisierung** der Arbeitszeit ein, um die Auslastung des Produktionspotentials zu verbessern. Zu dieser Flexibilisierung gehören Ausdehnung von Teilzeit-, Schicht- und Samstagsarbeit, Arbeitsplatzteilung (↑Job-sharing), kapazitätsorientierte variable Arbeitszeit („Kapovaz"), Arbeit auf Abruf, nach Qualifikation unterschiedliche Regelarbeitszeiten innerhalb einer Belegschaft. Dem setzen einige Gewerkschaften mittlerweile Konzepte einer Flexibilisierung im Arbeitnehmerinteresse entgegen. V. a. 1984 sowie

1990 wurden in verschiedenen Branchen Tarifverträge abgeschlossen, die bei gleichzeitiger Flexibilisierung die Wochenarbeitszeit auf 38,5 bzw. 35 Stunden (ab Okt. 1995) verkürzten.

Arbeitszeitordnung ↑Arbeitszeit.

Arbeitszeitstudie: Verfahren im Rahmen einer Arbeitsstudie zur Messung der für die einzelnen Arbeitsverrichtungen benötigten Zeit mit Hilfe von Stoppuhren oder Registriergeräten. Die Arbeitszeitstudie dient insbesondere der Ermittlung der *Vorgabezeit,* die einer Arbeitskraft für die Durchführung eines Arbeitsauftrages bei ↑Normalleistung eingeräumt wird. Die Vorgabezeit wird unterteilt in die Rüst- und die Ausführungszeit. Die *Rüstzeit* wird benötigt für die Vorbereitung der Durchführung eines Arbeitsauftrages und für die Wiederherstellung des ursprünglichen Zustands des Arbeitsplatzes nach Ausführung des Arbeitsauftrages. Die *Ausführungs-*

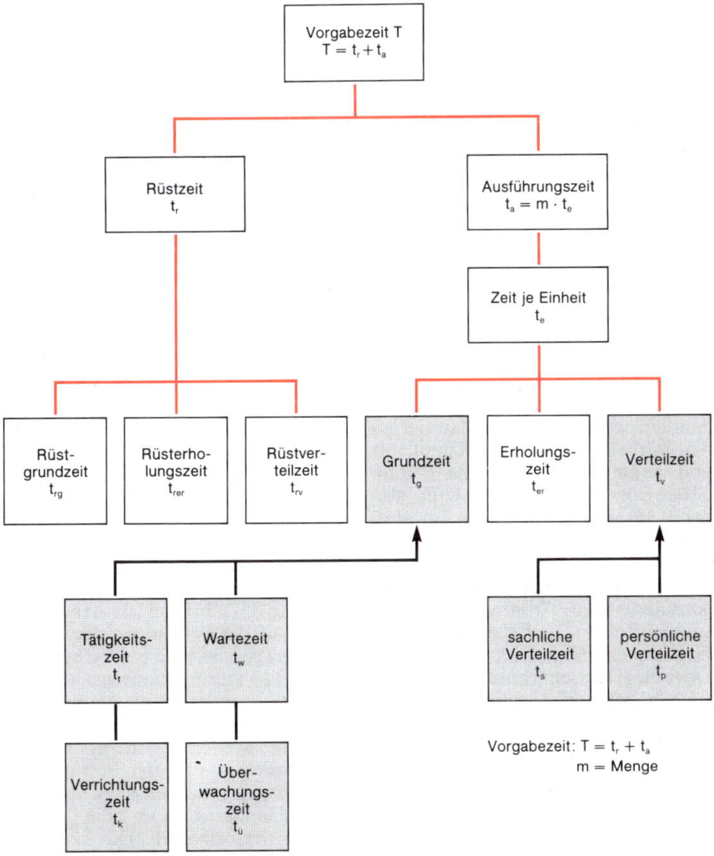

Arbeitszeitstudie. Einflußfaktoren auf die Vorgabezeit

zeit wird für den Arbeitsauftrag selbst benötigt. Sowohl Rüst- als auch Ausführungszeit werden in *Grundzeit* (regelmäßig benötigte Zeit) und *Verteilzeit* unterteilt. Verteilzeiten (unregelmäßig benötigte Zeiten) können persönlich (z. B. Toilettengang) oder sachlich (z. B. für Abschmierarbeiten) bedingt sein.

Arbeitszeitverkürzung ↑Arbeitszeit.

Arbeitszerlegung: extreme Form der ↑Arbeitsteilung. Ein Arbeitsvorgang wird in einzelne Handgriffe zerlegt, die entweder besonders leicht erlernbar oder auf die technischen Möglichkeiten des Maschinenparks (technische Arbeitsteilung) abgestimmt sind. Dem Vorteil der erhöhten Produktivität stehen als Nachteile die Monotonie der Arbeit und die Gefahr der leistungshemmenden Beziehungslosigkeit zum Endprodukt gegenüber. – ↑auch Automation.

Arbeitszeugnis ↑Zeugnis.

Arbitrage [französisch arbi'tra:ʒə „Schiedsspruch"]: Ausnutzung von Kurs- oder Preisunterschieden, die Wertpapiere oder andere Handelsobjekte zur selben Zeit an verschiedenen Börsen haben können. Arbitragegewinne erzielt ein Wertpapierhändler, wenn er Effekten an der einen Börse zum niedrigen Kurs kauft und sie am gleichen Tag an einer anderen Börse zum höheren Kurs wieder verkauft. Arbitrage ist im Vergleich zur Spekulation, bei der zeitliche Preis- und Kursschwankungen ausgenutzt werden, ohne Risiko. Gegenstand von Arbitragegeschäften sind Effekten (Effektenarbitrage), Geldkapital (Zinsarbitrage), Gold, Devisen (Devisenarbitrage) und sonstige börsenmäßig gehandelte Rohstoffe.

ARGE: Abk. für: ↑**Ar**beits**ge**meinschaft.

arglistige Täuschung: in betrügerischer Absicht wird bei einem anderen ein Irrtum erzeugt, der ihn zur Abgabe einer für ihn unvorteilhaften ↑Willenserklärung veranlaßt.

Armenrecht ↑Prozeßkostenhilfe.

Armut: die wirtschaftliche Situation einer Person oder Gruppe von Menschen, in der diese nicht aus eigener Kraft einen „angemessenen" Lebensunterhalt bestreiten kann *(objektive Armut)* oder ihre materielle Lage selbst als Mangel empfindet *(subjektive Armut).* Welcher Lebensunterhalt jeweils als angemessen betrachtet wird, verändert sich mit der kulturellen, wirtschaftlichen und sozialen Situation der Gesellschaft.

In der *Geschichte* begegnen verschiedene Wertungen der Armut. Im Alten Testament wird Armut als Ausdruck individueller Verschuldung gesehen, gibt aber auch Anlaß zur Klage über ungerechtfertigten Reichtum. Im Neuen Testament wird der Gegensatz zwischen Armut und Reichtum ethisiert; der materiellen Not steht der geistliche Reichtum der Armen gegenüber. Daraus leitet sich eine Einstellung zur Armut als geistigem Wert in der Nachfolge Christi ab, die ihren Ausdruck in der freiweilligen Armut von Mönchen findet. Das christliche Bewertungskriterium von Armut und Reichtum ist die grundsätzliche Bedeutungslosigkeit von materiellen Gütern für das [jenseitige] Heil des Menschen. Armut und Reichtum werden als von Gott „verordnet" und damit als weitgehend unabänderlich angesehen, zumal die Armut eng mit der generell in der Welt herrschenden Sünde verknüpft ist. Daraus erwuchs ein gewisser, religiös motivierter Fatalismus in der Haltung des Christen zur Armut, der nicht nur die Erkenntnis der Armut als eines gesellschaftspolitischen Problems blockierte, sondern auch von den Besitzenden ausbeuterisch genutzt werden konnte. Eine grundsätzliche Änderung dieser Einstellung brachten erst der bewußt sich am diesseitigen Menschen orientierende Humanismus und die [kalvinistische] Reformation. Die ökonomischen Ursachen der Armut rückten nun in den Vordergrund. Daß die vorhandene Armut als zu beseitigendes Übel betrachtet wurde, findet seinen Niederschlag auch in den zu dieser Zeit entstandenen gesellschaftskritischen Utopien, in denen Gesellschaften ohne Armut gezeichnet werden. Zugleich entwickelt sich ein neues protestantisch-kalvinistisches Arbeitsethos, das im (wirtschaftlichen) Erfolg ein Zeichen des Erwähltseins sieht. Im Zuge der industriellen Revolution und der damit einhergehenden Verarmung großer Bevölkerungsteile rückte das Phänomen der Armut in den Mittelpunkt des Interesses der politischen Ökonomie. Für Malthus, Darwin und Spencer war die Armut vorwiegend biologisch begründet durch die den Zuwachs an Nahrungsmitteln übertreffende Vermehrung der Menschen. Marx sah dagegen Armut als durch die kapitalistische Produktionsweise verursacht an. Heute wird Armut vorwiegend als Problem der unterentwickelten Länder (↑Entwicklungsländer) angesehen, dem zu begegnen Aufgabe auch der ↑Entwicklungshilfe der Industrieländer sei. Vorrangiges Problem ist dabei der Kampf gegen den Hunger. In jüngster Zeit wurden jedoch auch in Industrieländern, v. a. in den USA, Untersuchungen veröffentlicht, die zeigen, daß das Problem der Armut auch in diesen Ländern keineswegs gelöst ist, auch wenn es sich meist um subjektive Armut handelt und sie bei weitem nicht in der Schärfe auftritt wie in den Entwicklungsländern.

ASCII-Code ['aski]: Abk. für: **A**merican **S**tandard **C**ode for **I**nformation **I**nterchange; besonders auf Heimcomputern verwendeter ↑Code zur Darstellung von Ziffern, Buchstaben und Sonderzeichen.

atomistische Konkurrenz ↑Marktmechanismus.

auf Abruf ↑Kauf.

Aufbauorganisation: die strukturelle Organisation eines Betriebes (Gebildestrukturierung) durch eine bestimmte Aufgabenverteilung. Die Teilaufgaben werden festgelegten Stellen und Abteilungen zugeordnet. Die Aufbauorganisation, die durch die ↑Ablauforganisation ergänzt wird, ist aus dem ↑Organisationsplan des Betriebes ersichtlich.

Aufbewahrungsfristen ↑Registratur.

Aufbewahrungspflicht ↑Registratur.

Aufgebotsverfahren: eine öffentliche gerichtliche Aufforderung, Ansprüche oder Rechte, in der Regel zwecks Vermeidung des Ausschlusses, spätestens innerhalb der im öffentlichen Aufgebot enthaltenen Frist anzumelden (§§ 946–1024 Zivilprozeßordnung). Zweck ist die Klärung der Rechtslage zugunsten des Antragstellers durch Ausschluß unbekannter Berechtigter oder Kraftloserklärung von Urkunden (z. B. Schecks, Wechsel, Wertpapiere). Zuständig für das Aufgebotsverfahren ist das Amtsgericht.

Aufgeld ↑Agio.

Auflassung ↑Grundstückskaufvertrag.

auflösende Bedingung: die Wirkung eines Rechtsgeschäfts wird durch Parteiwillen von einem zukünftigen, ungewissen Ereignis abhängig gemacht. Der Eintritt des Ereignisses hebt die Rechtswirkung auf: Das bis zu diesem Zeitpunkt voll wirksame Rechtsgeschäft ist beseitigt. Beispiel: Sicherungsübereignung einer Maschine wegen eines Kreditgeschäfts mit der Abrede, daß das Eigentum bei Tilgung der Schuld auflösend bedingt an den früheren Eigentümer zurückfällt.

Aufrechnung: zwei Personen sind aus zwei Verträgen wechselseitig Schuldner und Gläubiger und bringen das Schuldverhältnis dadurch zum Erlöschen, daß sie Forderung und Schuld gegeneinander aufrechnen. Voraussetzung ist, daß jeder dem anderen etwas Gleichartiges schuldet und die Forderung des Aufrechnenden fällig ist. Die Aufrechnung wird durch einseitige, empfangsbedürftige ↑Willenserklärung vollzogen.

aufschiebende Bedingung: die Wirkung eines Rechtsgeschäfts wird durch Parteiwillen von einem zukünftigen, ungewissen Ereignis abhängig gemacht. Mit dem Eintritt des Ereignisses wird aus der bis dahin bestehenden Anwartschaft ein Vollrecht. Beispiel: Der Käufer hat eine unabdingbare Anwartschaft auf Übertragung des Eigentums an der unter ↑Eigentumsvorbehalt gelieferten Ware; bei vertragsgemäßer Bezahlung wird er Eigentümer.

Aufschwung ↑Konjunktur.

auf Sicht ↑Sichtwechsel.

Aufsichtsrat: Kontrollorgan in Unternehmen, zwingend vorgeschrieben für ↑Aktiengesellschaften, ↑Kommanditgesellschaften auf Aktien und ↑Genossenschaften sowie – bei mehr als 500 Beschäftigten – für ↑Gesellschaften mit beschränkter Haftung und ↑bergrechtliche Gewerkschaften.

Auftragsbestätigung ↑Bestellungsannahme.

Aufwand (Aufwendungen): der gesamte Verbrauch von Gütern und Dienstleistungen in einem Unternehmen ohne Rücksicht auf den Aufwandszweck. Man unterscheidet zwischen ↑neutralen Aufwendungen und ↑Zweckaufwand. In der Gewinn- und Verlustrechnung stehen den Aufwendungen die ↑Erträge gegenüber.

Aufwands- und Ertragsrechnung ↑Gewinn- und Verlustrechnung.

Aufwertung: währungspolitische Maßnahme des Staates, bei der die ↑Devisenkurse gegenüber der ausländischen Währung herabgesetzt werden. Der Preis für eine ausländische Währungseinheit, ausgedrückt in inländischer Währung, sinkt. Dadurch steigt der ↑Außenwert der inländischen Währung. Eine Aufwertung ist notwendig, wenn die ↑Zahlungsbilanz über einen längeren Zeitraum einen Überschuß ausweist. Durch die Aufwertung verbilligen sich die Einfuhren, die Ausfuhren werden teurer. Dies kann wiederum zum Abbau der Zahlungsbilanzüberschüsse führen. – ↑auch Abwertung.

Aufzinsung: in der Zinseszinsrechnung die Ermittlung eines (in der Zukunft liegenden) Endkapitals (K_n) aus den gegebenen Größen Anfangskapital (K_o), Zinsfuß (p) und Laufzeit (n Jahre) durch Multiplikation mit dem Aufzinsungsfaktor

$$q = 1 + \frac{p}{100}.$$

Es gilt: $K_n = K_o \cdot q^n$. – ↑auch Abzinsung.

Aufzinsungspapier: Wertpapier, bei dem der Rückzahlungspreis durch Aufzinsung des Ausgabekurses bestimmt wird (z. B. eine DM-Anleihe der Republik Österreich, die 1985 als ↑Zero-Bond zu 102% ausgegeben wurde und deren Rückzahlungskurs nach 15 Jahren Laufzeit 294% beträgt). Gegensatz ↑Abzinsungspapier.

Ausbildender: gemäß ↑Berufsbildungsgesetz derjenige, der mit dem ↑Auszubildenden einen ↑Berufsausbildungsvertrag abschließt. Der früher übliche Begriff „Lehrherr“ wird in der einschlägigen Gesetzessprache nicht mehr verwendet. Der Ausbildende muß *persönlich geeignet* sein. Bildet er selbst aus, d. h. bestellt er keine Ausbilder, muß er auch die *fachliche Eignung* des ↑Ausbilders besitzen. Persönlich nicht geeignet ist, wer Kinder und Jugendliche nicht beschäftigen darf oder wiederholt oder schwer gegen das Berufsbildungsgesetz oder die auf Grund dieses Gesetzes erlassenen Bestimmungen verstoßen hat.

Ausbilder: nach dem ↑Berufsbildungsgesetz derjenige, der tatsächlich ausbildet, und zwar unmittelbar, verantwortlich und im wesentlichen Umfang. Der Ausbilder muß fachlich geeignet sein. Dazu gehören der erfolgreiche Abschluß einer Prüfung, in der Regel in der Fachrichtung des Ausbildungsberufes, und der Nachweis der erforderlichen berufs- und arbeitspädagogischen Kenntnisse.

Ausbildungsabschlußprüfung: (früher: Lehrabschlußprüfung): Abschluß der Berufsausbildung in den anerkannten Ausbildungsberufen. In der Prüfung wird festgestellt, ob der Auszubildende die erforderlichen Fertigkeiten beherrscht, die notwendigen praktischen und theoretischen Kenntnisse besitzt. Dabei sind die Prüfungsanforderungen der jeweiligen ↑Ausbildungsordnung zugrundezulegen. Die Zulassung zur Abschlußprüfung ist u. a. davon abhängig, daß die erforderlichen Zwischenprüfungen abgelegt und vorgeschriebenen Berichtshefte geführt worden sind. Die Abschlußprüfung kann zweimal wiederholt werden. Dem Prüfling ist ein Zeugnis auszustellen. Der von der zuständigen Stelle errichtete Prüfungsausschuß besteht aus mindestens drei Mitgliedern; ihm müssen Beauftragte der Arbeitgeber und der Arbeitnehmer in gleicher Zahl sowie mindestens ein Lehrer einer berufsbildenden Schule angehören.

Ausbildungsbeihilfen: von öffentlicher und privater Seite gezahlte Leistungen zur Förderung von Personen, die sich in der (Berufs-)Ausbildung befinden. Die wichtigsten öffentlichen Hilfen sind die Förderung nach dem Bundesausbildungsförderungsgesetz (BAföG – Förderung von Schülern und Studenten) und nach dem ↑Arbeitsförderungsgesetz (Förderung der beruflichen Bildung). Hinzu kommen private Ausbildungsbeihilfen z. B. von der Studienstiftung des Deutschen Volkes und verschiedenen Stiftungen der Gewerkschaften, einzelner Unternehmen, der Arbeitgeberverbände, der politischen Parteien und der Kirchen.

Ausbildungsordnung: Grundlage für die geordnete und einheitliche Berufsausbildung in den staatlich anerkannten Ausbildungsberufen. Die Ausbildungsordnungen werden vom Bundesminister für Wirtschaft oder von dem sonst zuständigen Fachminister im Einvernehmen mit dem Bundesminister für Bildung und Wissenschaft als Rechtsverordnung erlassen. Sie enthalten mindestens: die Bezeichnung des Ausbildungsberufes; die Ausbildungsdauer; die Fertigkeiten und Kenntnisse, die Gegenstand der Berufsausbildung sind (Ausbildungsberufsbild); eine Anleitung zur sachlichen und zeitlichen Gliederung der Fertigkeiten und Kenntnisse (Ausbildungsrahmenplan); die Prüfungsanforderungen. Für einen anerkannten Ausbildungsberuf darf nur nach der dazu erlassenen Ausbildungsordnung ausgebildet werden. – Die Ausbildungszeit dauert in der Regel zwischen 3 und 3½ Jahre; sie kann bei Vorliegen bestimmter Voraussetzungen (z. B. Abitur) um ein halbes Jahr verkürzt werden.

Ausbildungsvergütung: Vergütung des ↑Auszubildenden während der Ausbildung. Sie soll angemessen sein und ist nach dem Alter des Auszubildenden so festzulegen, daß sie mit fortschreitender Berufsausbildung, mindestens jährlich, ansteigt. Sie muß spätestens am letzten Arbeitstag des Monats gezahlt werden. Im Krankheitsfall wird die Vergütung bis zu sechs Wochen weitergezahlt. Die Höhe der Vergütung wird im ↑Tarifvertrag festgelegt.

Ausfallbürgschaft ↑Bürgschaft.

Ausfuhr (Export): im weiteren Sinne die Warenlieferungen bzw. die Kapitalausleihen sowie die Dienstleistungen in bzw. für das Ausland. Das Außenwirtschaftsgesetz (§ 4) engt diesen Begriff auf das „Verbringen“ von Waren aus dem Zollgebiet ein. Grundsätzlich ist die Ausfuhr genehmigungsfrei, sie kann aber in bestimmten Fällen beschränkt werden, so z. B. bei Rüstungsgütern oder bei Gefährdung der inländischen Versorgung. Die Ausfuhr ist Teil des ↑Außenhandels und wird in der Außenhandelsstatistik und den Unterbilanzen der ↑Zahlungsbilanz erfaßt.

Die Bedeutung, die die Ausfuhr für ein Unternehmen, eine Branche oder die Volkswirtschaft hat, läßt sich an der **Exportquote** ablesen. Hinsichtlich der Volkswirtschaft ist die Exportquote definiert als das Verhältnis, in dem der Wert der Ausfuhr zum Bruttosozialprodukt zu Marktpreisen steht.

Ausfuhrförderung: alle Maßnahmen, die zu einer Steigerung der Ausfuhr eines Landes beitragen, um dadurch die Deviseneinnahmen zu erhöhen und den inländischen Beschäftigungsgrad zu verbessern. Die Ausfuhrförderung kann durch den Staat sowie durch die Wirtschaftsverbände oder die Industrie- und Handelskammern erfolgen. Letztere unterstützen die Unternehmen durch Gemeinschaftswerbung sowie durch Abhaltung von Messen und Ausstellungen. Staatliche Einrichtungen können die Ausfuhr direkt durch folgende Maßnahmen fördern: 1. Befreiung der Ausfuhr von Umsatz- und Verbrauchsteuern; 2. Zulassung hoher Abschreibungssätze bei Auslandsforderungen; 3. Einräumung günstiger Transporttarife bei Lieferungen ins Ausland; 4. Übernahme von Ausfuhrgarantien und Ausfuhrbürgschaften; 5. Schaffung günstiger Kreditbedingungen für Ausfuhrfinanzierungen sowie Übernahme des Währungs- und des Kreditrisikos; 6. Gewährung von Ausfuhrsubventionen und Investitionshilfen bei Gründung von Auslandsniederlassungen; 7. Schaffung günstiger Wechselkurse durch Abwertung, Intervention auf dem freien Devisenmarkt oder durch Festlegung spezieller Wechselkurse für die Ausfuhr; 8. Genehmigung von Ausfuhrkartellen. Indirekte Ausfuhrförderung bewirkt der Staat, indem er über Auslandsmärkte informiert oder Gemeinschaftsveranstaltungen der Wirtschaft (z. B. Fachmessen) unterstützt.

Ausfuhrüberschuß ↑Handelsbilanz.

Ausgabe: in der *EDV* der auf die Verarbeitung folgende Arbeitsschritt, der durch zur Hardware zählende Geräte **(Ausgabegeräte)** erfolgt: (Schnell-)Drucker, Bildschirm, Zeichenmaschine (Plotter), Lochstreifen- und Lochkartenstanzer.

Ausgabekurs ↑Emission.

Ausgaben: alle Zahlungen, die ein Unternehmen leistet (im Gegensatz zu den ↑Einnahmen); sie haben stets Geldabfluß zur Folge und sind daher nicht mit dem ↑Aufwand zu verwechseln, der an den Verbrauch anknüpft.

ausgabewirksame Kosten: ↑Kosten, für die gleichzeitig ↑Ausgaben anfallen (z. B. Personalkosten, Vertriebskosten).

aushilfsweise Beschäftigung (Aushilfe): Einstellung eines Arbeitnehmers bei Ausfall eines anderen Arbeitnehmers oder bei besonderem Arbeitsanfall in ein ↑befristetes Arbeitsverhältnis.

Auskunft: Mitteilung über die rechtliche, wirtschaftliche oder private Situation einer Person oder eines Unternehmens. Die Auskunft kann erfolgen auf Grund einer **Auskunftspflicht;** sie obliegt z. B. dem alten Gläubiger, der eine Forderung abtritt, gegenüber dem neuen Gläubiger, dem Verkäufer gegenüber dem Käufer über die gekaufte Ware, dem Vorstand einer AG gegenüber der Hauptversammlung, den Behörden gegenüber der Staatsanwaltschaft in einem strafrechtlichen Ermittlungsverfahren. Der Auskunftspflicht steht ein **Auskunftsrecht** gegenüber, z. B. das Recht der Aktionäre, in der Hauptversammlung einer AG vom Vorstand über Gegenstände der Tagesordnung Auskunft zu verlangen. Das **Auskunftsverweigerungsrecht** sichert einem Zeugen das Recht, auf Fragen die Antwort zu verweigern, wenn die Antwort ihn oder einen Angehörigen der Gefahr aussetzen würde, wegen einer Straftat verfolgt zu werden. **Auskunfteien** sind Unternehmen, die gewerbsmäßig Auskünfte über andere, insbesondere über deren Kreditwürdigkeit, erteilen. – ↑auch Bankgeheimnis.

ausländische Arbeitnehmer (Gastarbeitnehmer): Ausländer, Staatenlose und Personen mit ungeklärter Staatsangehörigkeit, die das eigene Land verlassen, um (vorübergehend) in der Bundesrepublik Deutschland zu arbeiten. In Anbetracht des häufig nicht nur kurzfristigen Aufenthalts und angesichts einer die Heimkehr erschwerenden Arbeitslosigkeit in den Herkunftsländern spricht man auch von Arbeitsemigranten. Bürger der EG-Staaten genießen Freizügigkeit, während Arbeitnehmer aus anderen Staaten Aufenthalts- und Arbeitserlaubnis benötigen. Asylbewerber erhalten erst nach mehrjährigen Wartezeiten eine Arbeitserlaubnis.

Im Zuge der Vollbeschäftigung Ende der 1950er Jahre, der versiegenden Zuwanderungen aus der DDR seit 1961 und im Gefolge des wirtschaftlichen Aufschwungs in der Bundesrepublik Deutschland nahm der Bedarf der Wirtschaft an ausländischen Arbeitnehmern seit Beginn der 1960er Jahre stark zu. Aufgrund besonderer Anwerbevereinbarungen mit Griechenland, Italien, Jugoslawien, Portugal, Spanien und der Türkei wurden von der Bundesanstalt für Arbeit in diesen Ländern Vermittlungsstellen eingerichtet, die in Zusammenarbeit mit den dortigen Behörden Arbeitnehmer an deutsche Unternehmen vermittelten. (Ende 1973 wegen sinkender Nachfrage eingestellt).

1990 waren in der Bundesrepublik Deutschland insgesamt 1,8 Mill. ausländische Arbeitnehmer beschäftigt, die größten Gruppen kamen aus der Türkei (594 586), aus Jugoslawien (312 974) und aus Italien (175 148). Mit rund 4,8 Mill. Menschen 1989 hatte die ausländische Wohnbevölkerung einen Anteil von 7,7% an der Bevölkerung der Bundesrepublik. Ausländische Arbeitnehmer sind überwiegend im verarbeitenden Gewerbe und im Baugewerbe, die Frauen im Dienstleistungsgewerbe tätig. Innerhalb dieser Sektoren konzentrieren sie sich in Wirtschaftszweigen mit schwerer körperlicher Arbeit bei ungünstigen Arbeitsbedingungen (Eisen- und Stahlerzeugung, Fließbandarbeit; Hotel- und Gaststättengewerbe, Gebäude- und Straßenreinigung, Abfallbeseitigung).

Auslandsanleihe: Bezeichnung für 1. Anleihen deutscher Kapitalaufnehmer (Emittenten), die im Ausland aufgelegt werden und auf ausländische Währung oder auf DM lauten. 2. Anleihen ausländischer Emittenten, z. B. Staaten, Städte, Unternehmen oder internationaler Organisationen, die in der BR Deutschland aufgelegt werden und auf DM oder auf ausländische Währung lauten.

Auslosung: Rückzahlungsverfahren (↑Tilgung) bei ↑ Schuldverschreibungen. Der rückzuzahlende Betrag wird nicht auf einmal fällig, sondern vom Schuldner regelmäßig in Teilquoten (Raten) der Schuld getilgt, meist nach einer Zahl von tilgungsfreien Jahren. Die zu tilgenden Wertpapiere werden nach Serienbuchstaben oder Endziffern ausgelost und öffentlich bekanntgegeben („aufgerufen“).

Ausrüstungsinvestition ↑ Investition.

Ausschreibung (Submission, Verdingung): öffentliche Bekanntgabe von Bedingungen, zu denen ein Vertragsangebot erwartet wird, z. B. für Bauarbeiten oder Beschaffungsaufträge der öffentlichen Hand. Bestimmungen für die Vergabe der Leistungen enthält die VOB (Verdingungsordnung für Bauleistungen) und die VOL (Verdingungsordnung für andere Leistungen).

Außenbeitrag: in der volkswirtschaftlichen Gesamtrechnung (Verwendungsrechnung) der Saldo zwischen den Ein- und Ausfuhren von Waren, Dienst- und Faktorleistungen. Der Außenbeitrag gibt an, in welchem Umfang das Ausland bei der Verwendung des Bruttosozialproduktes beteiligt ist. Bei einem positiven Außenbeitrag sind die Ausfuhren größer als die Einfuhren, ist er dagegen negativ, dann überwiegen die Einfuhren.

Außenfinanzierung: Form der Finanzierung, bei der Kapital von außen in ein Unternehmen fließt. Das Kapital wird von den seitherigen Eigentümern zur Aufstockung ihrer Eigenkapitalanlage aufgebracht oder durch Aufnahme neuer Gesellschafter in das Unternehmen; bei der AG durch die Ausgabe junger ↑Aktien.

Außenhandel: der grenzüberschreitende Warenverkehr des Inlandes mit dem Ausland. Er umfaßt sowohl die ↑Einfuhr als auch die ↑Ausfuhr. Die jährlichen Einfuhren und Ausfuhren werden in der Außenhandelsbilanz (↑Handelsbilanz) gegenübergestellt. Das Außenhandelsvolumen ergibt sich aus den Ein- und Ausfuhrmengen, die mit den jeweiligen Preisen eines Basisjahres bewertet werden, um den Einfluß von Preisveränderungen auszuschalten. Die Differenz zwischen Ausfuhren und Einfuhren pro Jahr (einschließlich des Dienstleistungsverkehrs) stellt den ↑Außenbeitrag des Außenhandels zum Sozialprodukt dar. Außenhandelsfreiheit besteht, wenn der Außenhandel weder mengenmäßig beschränkt noch auf andere Weise gelenkt wird (↑Freihandel), doch sind tarifäre (z. B. Zölle) und nichttarifäre (z. B. Mengenbeschränkungen) Maßnahmen gebräuchlich. Zur Unterstützung und Förderung des Außenhandels werden überstaatliche Gemeinschaften gebildet, die u. a. den Abbau von Zöllen und Handelshemmnissen zum Ziel haben. Wichtige europäische Zusammenschlüsse sind z. B. EG und EFTA. Außenhandelspolitische Zusammenarbeit wird auch durch multi- und bilaterale Vertragswerke (z. B. GATT) und als Entwicklungspolitik angestrebt (↑Weltwirtschaft).

Durch den Außenhandel können sich Volkswirtschaften mit Gütern versorgen, die sie selbst nicht besitzen oder herzustellen vermögen, und die wohlfahrtssteigernden Wirkungen der internationalen Arbeitsteilung in Anspruch nehmen.

Außenhandelsdokumente: zusammenfassende Bezeichnung für ↑Frachtbrief, ↑Ladeschein, ↑Konnossement, ↑Handelsrechnung, ↑Ursprungszeugnis, ↑Konsulatsfaktura, Policen eventuell notwendiger Versicherungen und gegebenenfalls erforderliche weitere Papiere.

Außenhandelspolitik: alle staatlichen Maßnahmen, die Einfluß auf den Waren- und Dienstleistungsverkehr mit dem Ausland nehmen, z. B. Förderung oder Beschränkung von Aus- bzw. Einfuhr, Abschluß von Handels- und Zahlungsabkommen mit anderen Staaten, Beitritt zu internationalen Vereinigungen, die für den Abbau von Handelsschranken eintreten (z. B. ↑GATT). In der Außenpolitik spielen neben wirtschaftlichen auch militärische und politische Gesichtspunkte eine Rolle.

Außenwert der Währung: Kaufkraft einer inländischen Währungseinheit (nach Umrechnung über den ↑Devisenkurs) im Ausland. – ↑auch Kaufkraft.

Außenwirtschaft: die Gesamtheit aller Wirtschaftsbeziehungen zwischen Staatsräumen. Ihre Bestandteile sind der Waren-, Dienstleistungs-, Kapital-, Zahlungs- und sonstige Wirtschaftsverkehr des Inlands mit dem Ausland.

außenwirtschaftliches Gleichgewicht: eines der vier im ↑Stabilitätsgesetz von 1967 genannten Hauptziele der Wirtschaftspolitik; häufig mit **Zahlungsbilanzgleichgewicht** gleichgesetzt. Eine Zahlungsbilanz ist im Gleichgewicht, wenn die Zahlungsströme vom Inland ins Ausland und vom Ausland ins Inland zumindest mittelfristig ausgeglichen sind. Eine weitergehende Definition des Sachverständigenrates bezeichnet als außenwirtschaftliches Gleichgewicht einen Zustand, in dem bei einer ausgeglichenen Zahlungsbilanz keine Gefahren für binnenwirtschaftliche Ziele von der Außenwirtschaft ausgehen.

außergewöhnliche Belastungen: nach § 33 Einkommensteuergesetz Aufwendungen eines Steuerpflichtigen, die außergewöhnlich, zwangsläufig und finanziell belastend sind. Dies ist dann der Fall, wenn größere Aufwendungen entstanden sind als der überwiegenden Mehrzahl der übrigen in gleichen Einkommens-, Vermögens- und Familienverhältnissen lebenden Steuerpflichtigen. Zwangsläufig sind Aufwendungen, denen man sich aus rechtlichen, tatsächlichen oder sittlichen Gründen nicht entziehen kann, die notwendig und in ihrer Höhe angemessen sind. Eine finanzielle Belastung liegt vor, wenn Aufwendungen nicht von dritter Seite erstattet werden. Treffen diese Voraussetzungen zu, werden die außergewöhnlichen Belastungen um den Betrag der zumutbaren Belastung (zwischen 1% und 7% des Gesamtbetrags der Einkünfte, je nach Familienstand, Kinderzahl und Höhe der Einkünfte) gekürzt. Der Restbetrag kann steuermindernd von den Einkünften abgezogen werden. Dadurch soll die Steuerbelastung der wirtschaftlichen Leistungsfähigkeit des einzelnen auch bei außergewöhnlichen Ereignissen angepaßt werden. Aufwendungen, die zu den ↑Betriebsausgaben, ↑Werbungskosten oder ↑Sonderausgaben gehören, stellen keine außergewöhnliche Belastung dar.

außerordentliche Aufwendungen: solche ↑neutralen Aufwendungen, die zwar betrieblich veranlaßt, aber ungewöhnlich sind, z. B. durch Versicherung nicht gedeckte Brandschäden, Maschinenausfälle. Sie werden abgegrenzt (↑Abgrenzung) und sind nicht kalkulationsfähig.

außerordentliche Erträge: solche ↑neutralen Erträge, die ungeplant und nicht auf die reguläre Betriebsleistung zurückzuführen sind, z. B. Buchgewinne bei der Auflösung zu hoch angesetzter Rückstellungen. Sie werden abgegrenzt (↑Abgrenzung) und dürfen das ↑Betriebsergebnis nicht beeinflussen.

außerordentliche Kündigung ↑Kündigung.

Aussonderung ↑Konkurs.

Aussperrung: umstrittene Maßnahme der Arbeitgeber im ↑Arbeitskampf durch teilweise oder vollständige Ausschließung der Belegschaft von der Arbeit unter Wegfall der Arbeitsvergütung. Die Aussperrung ist nach der Rechtsprechung in der Bundesrepublik Deutschland zulässig. Nach den vom Bundesarbeitsgericht entwickelten Grundsätzen zur Aussperrung werden die Arbeitsverhältnisse durch die Aussperrung nicht gelöst, sondern lediglich bis zur Beendigung des Arbeitskampfes suspendiert, d. h. zeitweilig aufgehoben. Damit ruhen die Rechte und Pflichten aus dem Arbeitsvertrag, leben aber nach Beendigung des Arbeitskampfes wieder auf. Ausnahmsweise kann nach dem Gebot der Verhältnismäßigkeit aber auch eine Aussperrung zulässig sein, durch die die Arbeitsverhältnisse der betroffenen Arbeitnehmer mittels einer Gesamtlösung beendet werden; nach Beendigung des Arbeitskampfes haben jedoch die Arbeitnehmer Anspruch auf Wiedereinstellung nach billigem Ermessen. Grundsätzlich sind alle Arbeitnehmer wieder einzustellen; diskriminierende Maßnahmen sind nicht zulässig. Nur in besonderen Fällen, wenn etwa der betreffende Arbeitsplatz inzwischen weggefallen oder anderweitig besetzt ist, darf der Arbeitgeber die Wiedereinstellung ablehnen. Dies unterliegt der gerichtlichen Nachprüfung.

Die Aussperrung ist nur dann zulässig, wenn sie sich entsprechend den Prinzipien des kollektiven Arbeitsrechts vollzieht, sie darf sich also nur auf Änderung der Arbeitsbedingungen beziehen. – ↑auch Streik.

Aussteller: der Aussteller eines ↑gezogenen Wechsels **(Trassant)** fordert den Bezogenen auf, zu einem bestimmten Zeitpunkt eine bestimmte Geldsumme zu zahlen. Der

Aussteller haftet für die Annahme und Bezahlung des Wechsels; das bedeutet, daß er die Verpflichtung übernimmt, beim Wechselregreß (↑ Regreß) den Wechsel einzulösen.

Austauschverhältnisse ↑ Terms of trade.

Auszubildender: jede Person, die mit einem ↑ Ausbildenden einen ↑ Berufsausbildungsvertrag abgeschlossen hat. Auszubildender (früher Lehrling) ist derjenige, der ausgebildet wird. Im ↑ Berufsbildungsgesetz sind die Pflichten des Auszubildenden aufgeführt: Er hat die ihm im Rahmen seiner Berufsausbildung aufgetragenen Verrichtungen sorgfältig auszuführen, die Berufsschule regelmäßig zu besuchen und an den betrieblichen und überbetrieblichen Ausbildungsmaßnahmen teilzunehmen, das Berichtsheft – soweit vorgeschrieben – in Form eines Tätigkeitsnachweises ordnungsgemäß zu führen, über die Geschäfts- und Betriebsgeheimnisse Stillschweigen zu wahren, die Ordnung seiner Ausbildungsstätte zu beachten (z. B. Sicherheits- und Unfallverhütungsvorschriften, Rauchverbote, Hausordnung), den Weisungen des Ausbildenden, Ausbilders oder anderer weisungsberechtigter Personen zu folgen. Rechte der Auszubildenden sind v. a. das Recht auf Fürsorge, auf eine ↑ Ausbildungsvergütung, auf Urlaub und zum Besuch der Berufsschule.

Autarkie [zu griechisch autarkēs „sich selbst genügend"; „Selbstgenügsamkeit"]: Zustand einer Volkswirtschaft, die nicht am internationalen Güter-, Faktor- und Dienstleistungsaustausch teilnimmt. In der Praxis ist Autarkie nicht anzutreffen, wenn auch der Grad der Selbstversorgung einer Wirtschaft recht hoch werden kann. Die Autarkiebestrebungen richten sich meist auf die Unabhängigkeit von der Einfuhr lebensnotwendiger Güter (partielle Autarkie).

Automation [von griechisch autómatos; „sich selbst bewegend"]: durch Automatisierung erreichte höchste Form der maschinellen Produktion. Gegenüber der ↑ Mechanisierung ist die Automation gekennzeichnet durch den Zusammenschluß der Maschinen eines ganzen Produktionsprozesses zu einer Anlage (z. B. einer Transferstraße), die Bearbeitung und Transport der Materialien übernimmt und in der die Arbeitsgänge selbsttätig nach einem bestimmten Plan ablaufen. Die Steuerung, Regelung und Kontrolle der Arbeitsgänge erfolgt dabei durch automatische Geräte, der Mensch selbst greift nicht mehr unmittelbar in den Ablauf ein, sondern setzt ihn nur in Gang und überwacht ihn. Aufgrund ihres hohen Kapitalbedarfs zwingt die Automation in der Regel zur Massenproduktion. Sie ermöglicht den Wegfall von monotonen sowie von gesundheitsgefährdenden Arbeiten, kann aber auch negative Wirkungen auf den Arbeitsmarkt haben (↑ auch Rationalisierung).

Automatisierung: Einrichtung von Arbeits- und Produktionsprozessen in einer Weise, daß der Mensch normalerweise nicht für ihren Ablauf tätig zu werden braucht. In engerem Sinne: Umstellung einer Fertigungsstätte auf ↑ Automation.

Avalakzept [zu französisch aval; „Wechselbürgschaft"] (Bürgschaftsakzept): Annahme eines Wechsels zusätzlich zum Bezogenen durch einen Bürgen. Der Bürge haftet selbstschuldnerisch für die Einlösung des Wechsels.

Avalkredit: Kreditgewährung aufgrund der Bürgschafts- bzw. Garantieübernahme einer Bank (daher auch **Bankaval**); meist in Form einer selbstschuldnerischen ↑ Bürgschaft, aber auch als ↑ Avalakzept. Die bürgende Bank stellt dabei kein Geld, sondern nur ihren „guten Namen" zur Verfügung; man spricht deshalb auch von Kreditanleihe. Als Entgelt wird Avalprovision erhoben. Avalkredite werden z. B. gewährt zur Sicherung gestundeter Steuern oder

Zölle, als Prozeß-, Gewährleistungs-, Anzahlungsbürgschaften, wie auch häufig bei Außenhandelsgeschäften als Leistungsgarantie.

Avis [französisch a'vi:(s)]: 1. Anzeige, Mitteilung an den Empfänger über eine bevorstehende Zahlung. Heute meist im Auslandsverkehr der Banken verwendet, wobei z. B. die Bank des Begünstigten (Exporteurs) diesem die Akkreditiveröffnung durch die Bank des Importeurs mitteilt. 2. Beim Wechselgeschäft **(Wechselavis)** die Benachrichtigung des Ausstellers an den Bezogenen über den Grund der Wechselziehung.

B

B: Abk. für: ↑**B**rief.

b: Abk. für: ↑**b**ezahlt.

BAB: Abk. für: ↑**B**etriebs**a**brechnungs**b**ogen.

Baby-bonds [englisch 'bɛɪbɪ 'bɔndz] ↑Anleihe.

Baisse [französisch 'bɛ:sə „Fallen"]: Rückgang der Börsenkurse auf breiter Front, meist längere Zeit anhaltend. In der Baisse können Aktien billig erworben werden. Spekuliert jemand **à la baisse** (was auch im Warengeschäft möglich ist), dann verkauft er zum Kurs des Abschlußtages Wertpapiere, die er noch gar nicht besitzt, sie jedoch vorher zu niedrigerem Kurs zu erwerben hofft. Gegensatz ↑Hausse.

Balkencode (Strichcode): Codierungsform für numerische Daten zur Kennzeichnung von Artikeln im Handel (↑auch EAN-System). Die Ziffern einer Artikelnummer werden durch senkrechte Striche dargestellt, die verschieden stark sind. Mit einem Lesestift werden die Ziffern des Balkencodes maschinell gelesen.

Bank ↑Kreditinstitute.

Bankakzept: auf eine Bank von einem Kunden gezogener und von dieser akzeptierter Wechsel, durch den dieser Kunde einen ↑Akzeptkredit erhält.

Bankaval ↑Avalkredit.

Bankenaufsicht ↑Kreditwesengesetz.

Bankenkonsortium ↑Konsortium.

Bankenstimmrecht ↑Depotstimmrecht.

Bank für Internationalen Zahlungsausgleich (BIZ): 1930 gegründetes Institut in der Rechtsform einer Aktiengesellschaft mit Sitz in Basel, das die Zusammenarbeit der Zentralbanken fördern, internationale Finanzgeschäfte erleichtern und als Treuhänder oder Agent bei internationalen Zahlungsgeschäften auftreten soll. Außerdem betreibt die

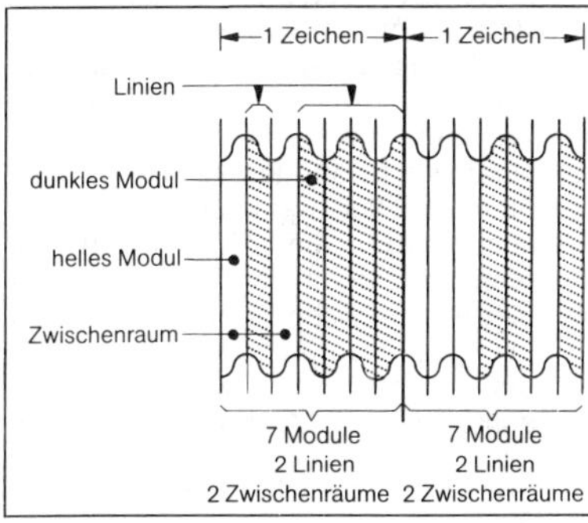

Balkencode. Aufbau des EAN-Systems mit den Ziffern „6" (links) und „0" als Beispielen; jede Ziffer ist aus sieben Modulen aufgebaut. Mehrere dunkle Module nebeneinander ergeben eine breite Linie, mehrere helle Module nebeneinander ergeben einen breiten Zwischenraum

BIZ Gold- und Devisengeschäfte für eigene Rechnung und auf Rechnung der Zentralbanken, Diskont- und Lombardgeschäfte mit den Zentralbanken und übernimmt die Verwaltung von Gold für die Zentralbanken. – Stimmberechtigt sind die Zentralbanken von 30 Staaten.

Bankgebühren: Aufwandsersatz für die von der Bank angebotenen Dienstleistungen. Bankgebühren werden u. a. verlangt im Effektengeschäft (z. B. Provision bei Kauf oder Verkauf von Wertpapieren, Depotgebühren für die Verwahrung und Verwaltung der Wertpapiere), für den Einzug von Wechseln (z. B. Inkassoprovision), für die Kontoführung bei Girokonten (z. B. Buchungsgebühren für die einzelnen Buchungsposten, Gebühren für Euroscheckvordrucke und Euroscheckkarte).

Bankgeheimnis: Pflicht der Kreditinstitute zur Verschwiegenheit über die persönlichen, wirtschaftlichen und finanziellen Verhältnisse ihrer Kunden, wie auch das Recht zur Auskunftsverweigerung über Belange ihrer Kunden. Ausnahmen bestehen im Strafverfahren und in Steuerangelegenheiten (Besteuerungsverfahren, Steuerfahndungsverfahren, Steuerstrafverfahren) beim Vorliegen konkreter Anhaltspunkte. Das Bankgeheimnis kann auch durch die Allgemeinen Geschäftsbedingungen (AGB) der Banken durchbrochen werden; entgegen ursprünglicher Absicht lassen allerdings nunmehr die weitgehend vereinheitlichten AGB konkrete Bankauskünfte an Dritte nur nach ausdrücklicher Zustimmung des Kunden zu.

Bankkredit: ↑Aktivgeschäft der Banken.

Bankleitzahl (BLZ): achtstellige Zahlenfolge zur numerischen Kennzeichnung aller Kreditinstitute (einschließlich aller Filialen und Zweigstellen) in der Bundesrepublik Deutschland, die den bargeldlosen Zahlungsverkehr erleichtert. Sie ist in drei Zahlengruppen gegliedert: a) 1. Ziffer: Clearinggebiet, 1. und 2. Ziffer: Clearingbezirk, Ziffer 1 bis 3: Kennzeichnung der Landeszentralbank(filiale) = Bankplatz; b) 4. Ziffer: Bezeichnung der Kreditinstitutsgruppe, Ziffer 4, 5 und 6: Kenzeichnung des einzelnen Kreditinstituts; c) Ziffer 7 und 8: interne Numerierung des einzelnen Kreditinstituts.

Banknote: von einer Notenbank ausgegebener Geldschein (↑auch Papiergeld). In der Bundesrepublik Deutschland hat die Deutsche Bundesbank das alleinige Recht, Banknoten auszugeben; sie sind das einzige unbeschränkte gesetzliche Zahlungsmittel. Stückelung: 1 000 DM, 500 DM, 200 DM, 100 DM, 50 DM, 20 DM, 10 DM, 5 DM.

Entwickelt haben sich die Banknoten im 17. Jahrhundert in London aus den „Goldsmith Notes“, die bei der Hinterlegung von Edelmetall und Edelmetallmünzen bei Goldschmieden als Quittung herausgegeben wurden. Nach einiger Zeit liefen diese Quittungen, da sie handlicher als das Edelmetall waren, als Zahlungsmittel um. Aus diesen Noten entwickelte sich in der Zeit der ↑Goldwährung die klassische, in Gold einlösbare Banknote.

Bankplatz: jeder Ort, an dem die Deutsche Bundesbank mit einer Hauptverwaltung (Landeszentralbank) oder einer Landeszentralbankfiliale vertreten ist. An Bankplätzen gelten höhere Mindestreservesätze. Wechsel, die bei der Bundesbank zum Rediskont eingereicht werden, müssen an einem Bankplatz zahlbar gestellt sein (↑Domizilwechsel).

Bankrate: der ↑Diskontsatz der Notenbank.

Bankregel ↑goldene Bankregel.

Bankrott [von italienisch banca rotta; „zerbrochener Tisch“ des Geldwechslers]: Zahlungsunfähigkeit eines Schuldners gegenüber seinen Gläubigern. **Betrügerischer Bankrott** liegt vor, wenn ein in ↑Konkurs geratener Schuldner die Konkursmasse absichtlich verringert, indem er z. B. Vermögenswerte verheimlicht oder beiseite schafft. **Einfacher Bankrott** liegt vor, wenn der Schuldner durch übermäßigen persönlichen Aufwand oder unkaufmännisches Verhalten den Konkurs herbeigeführt hat.

Bargeld: Bestand an Scheidemünzen und Banknoten, die als gesetzliche Zahlungsmittel in Umlauf sind. – ↑Buchgeld, ↑ auch Geldmenge.

bargeldloser Zahlungsverkehr (unbarer Zahlungsverkehr): Abwicklung von Zahlungen ohne Bargeld, nur durch Umbuchungen auf Konten bei Kreditinstituten aufgrund von Überweisungen, Lastschriften oder Schecks. Der Betrag wird dem Konto des Zahlungspflichtigen belastet und dem Konto des Zahlungsempfängers gutgeschrieben.
Da die Kreditinstitute durch Computernetze verbunden sind, erfolgen immer mehr Zahlungen über Computerterminals, ohne daß ein Beleg verschickt werden muß **(belegloser Zahlungsverkehr).**

Bargründung ↑Aktiengesellschaft.

Barlohnumwandlung ↑Direktversicherung.

Barrel [englisch 'bærəl; „Faß, Tonne"]: in Großbritannien und in den USA verwendetes Hohlmaß unterschiedlicher Größe; international wird für Petroleum, Erdöl, Benzin u. a. das **Petroleum-barrel** verwendet: 1 ptr. barrel = 42 gallons = 158,987 dm^3.

Barreserve: Kassenbestände der Kreditinstitute (einschließlich Devisen) und deren Sichteinlagen bei der Deutschen Bundesbank.

Barscheck: ↑Scheck.

Barwert: Gegenwartswert einer später fälligen Forderung oder Wechselforderung, ermittelt durch ↑Abzinsung oder Diskontierung. Bei Renten wird der Barwert versicherungsmathematisch unter Berücksichtigung von Zinsen und Zinseszinsen ermittelt, z. B. zur Errechnung von ↑Pensionsrückstellungen.

Barzahlung: Begleichung eines Kaufpreises a) bei Übergabe der Ware oder b) innerhalb einer vereinbarten Barzahlungsfrist (häufig mit Barzahlungsrabatt; ↑auch Skonto).

BASIC [englisch bɛɪsɪk]: Abk. für: **B**eginner's **a**ll purpose **s**ymbolic **i**nstruction **c**ode, problemorientierte ↑Programmiersprache.

Batteriesystem: Zusammenfassung mehrerer (kleinerer) gleichartiger Maschinen statt einer großen Maschine. Ermöglicht leichtere Anpassung der Kapazität an die gegebene Nachfrage, z. B. bei Dampfturbinen in einem Kraftwerk.

Baufinanzierung: Finanzierung der gesamten Baukosten von Gebäuden (einschließlich der Kosten für das Grundstück und der Nebenkosten). Die völlige Eigenfinanzierung ist – bis auf Industriebauten – unüblich. Im privaten Wohnungsbau ist eine gemischte Finanzierung aus Eigenmitteln (z. B. angespartes Guthaben auf einem Bausparvertrag) und Fremdfinanzierung die Regel (↑auch Bausparen). Die Fremdmittel können sein: a) Baudarlehen mit der Absicherung erstrangiger Hypotheken oder Grundschulden von Banken, Sparkassen oder Versicherungen; b) Darlehen von Bausparkassen gegen zweitrangige Hypotheken; c) öffentliche Förderungsdarlehen von Bund, Ländern oder Gemeinden für den sozialen Wohnungsbau; d) Landesbaudarlehen für besondere Bauprogramme; e) private Darlehen wie z. B. Arbeitgeberdarlehen.

Bauherrenmodell: Art der Finanzierungserleichterung für Bauherrengemeinschaften bei der Errichtung von Wohnungseigentum durch Ausnutzung von Steuervorteilen besonders im Bereich der Einkommen- und der Umsatzsteuer. Die Einkommensteuer wird dadurch vermindert, daß in der Bauphase Aufwendungen, die sofort als Werbungskosten abgesetzt werden können, entstehen bzw. Verluste aus Vermietung und Verpachtung, die der Bauherr mit den Einnahmen aus anderen Einkunftsarten verrechnen kann. Die Steuerersparnis ist besonders hoch für Kapitalanleger mit hohen Steuersätzen. Im Bereich der Umsatzsteuer läßt sich eine Steuerersparnis durch Rückerstattung der in den Bauleistungen enthaltenen Vorsteuer erzielen, indem zwischen Bauherrn und Bauunternehmen die Bauherrengemeinschaft als Unternehmerin eingeschaltet wird und damit Mieteinnahmen der Umsatzsteuer unterliegen.

Bauinvestition ↑Investition.

Bausparen: zweckgebundenes Sparen zur Finanzierung von Eigenheimen. Dabei zahlen alle Bausparer einer Bausparkasse monatlich Sparbeiträge ein; aus den geleisteten Einzahlungen erhält dann der einzelne nach einer Wartezeit (meist 18 Monate) und einer Mindestansparung (meist 40% bis 50% der Vertragssumme) den angesparten Betrag einschließlich Zinsen ausbezahlt und den Differenzbetrag zwischen Sparleistung und Vertragssumme als Baudarlehen zu einem günstigen Zinssatz. Bausparkassen sichern ihre Baudarlehen durch zweitrangige Hypotheken. Für Bausparbeträge kann bis zu einem zu versteuernden Jahreseinkommen pro Jahr von 54 000 DM (bei Verheirateten, bei Ledigen die Hälfte) eine staatliche Prämie beantragt werden, oder die Beiträge können als Sonderausgaben im Rahmen der Höchstbeträge der Vorsorgeaufwendungen bei der Berechnung des zu versteuernden Einkommens geltend gemacht werden (↑auch Vermögensbildung).

Bedarf: mit Kaufkraft ausgestattetes ↑Bedürfnis, das am Markt als ↑Nachfrage auftritt. Das Bedürfnis wird zum Bedarf durch den Entschluß und die Fähigkeit, die Mittel zu seiner Befriedigung am Markt nachzufragen.

bedingte Kapitalerhöhung: Erhöhung des Grundkapitals einer Aktiengesellschaft, die nur so weit durchgeführt wird, wie von einem Umtausch- oder Bezugsrecht Gebrauch gemacht wird, das die Gesellschaft auf die jungen Aktien einräumt (§§ 192–201 Aktiengesetz); bedarf des Beschlusses einer Dreiviertelmehrheit des auf der Hauptversammlung vertretenen Grundkapitals. Die bedingte Kapitalerhöhung, die höchstens die Hälfte des bisherigen Grundkapitals umfassen darf, dient der Gewährung von Umtausch- oder Bezugsrechten an Gläubigern von ↑Wandelschuldverschreibungen, der Vorbereitung einer Fusion oder der Gewährung von Bezugsrechten an Arbeitnehmer der AG gegen Einlage von Geldforderungen aus einer Gewinnbeteiligung.

Bedürfnis: die Empfindung eines Mangels und der daraus hervorgehende Wunsch, ihn zu beheben. Bedürfnisse sind subjektive Empfindungen, die Anlässe zu wirtschaftlichen Handlungen werden können (↑Bedarf).

Beförderungskosten: Transportkosten für eingehendes Material, ausgehende Ware und im innerbetrieblichen Bereich. Bei einigen Gütern, insbesondere Massengütern, können sie einen bedeutenden Anteil am Endpreis erreichen.

befristetes Arbeitsverhältnis: ↑Arbeitsverhältnis, das vereinbarungsgemäß ohne Kündigung nach einer bestimmten Zeit (festgelegtes Datum oder z. B. Ende einer Saison) endet. Läßt sich das Ende eines befristeten Arbeitsverhältnisses bei Beginn noch nicht genau absehen, muß der Arbeitgeber innerhalb eines angemessenen Zeitraumes auf das Auslaufen hinweisen. Wird das befristete Arbeitsverhältnis nach Ablauf der vereinbarten Zeit fortgesetzt, geht es in ein unbefristetes Arbeitsverhältnis über. Dies gilt auch, wenn der Arbeitnehmer nach Fristablauf die Arbeitsleistung mit Wissen des Arbeitgebers fortsetzt, soweit der Arbeitgeber nicht unverzüglich widerspricht. Der Abschluß mehrerer aufeinanderfolgender befristeter Arbeitsverhältnisse („Kettenverträge") darf nicht mit der Absicht erfolgen, Bestimmungen des ↑Kündigungsschutzes zu umgehen. – ↑auch Beschäftigungsförderungsgesetz.

Beglaubigung: amtliches Zeugnis für Echtheit und Zeitpunkt einer Unterschrift oder für die Richtigkeit einer Abschrift. Die *öffentliche Beglaubigung* durch einen Notar ist für die Gültigkeit verschiedener Rechtsgeschäfte die gesetzlich vorgeschriebene Form (z. B. Anmeldung zum Handelsregister). – ↑auch notarielle Beurkundung.

Begleitpapiere: im Frachtgeschäft die Papiere zur Erfüllung der Zoll-, Steuer- oder Polizeivorschriften, die der Absender der Fracht dem ↑Frachtführer zu übergeben hat (§ 427 HGB).

Beherrschungsvertrag: Unternehmensvertrag gemäß § 291 Aktiengesetz, durch den eine Aktiengesellschaft oder eine Kommanditgesellschaft auf Aktien die Leitung ihrer Gesellschaft einem anderen Unternehmen unterstellt. Durch einen Beherrschungsvertrag entsteht ein ↑Konzern.

bei Sicht: Fälligkeitsvermerk auf einem ↑Wechsel, wonach dieser Wechsel zum Zeitpunkt der Vorlage beim Bezogenen zahlbar ist (Sichtwechsel).

Beiträge: im engeren Sinn von einer öffentlichen Gebietskörperschaft einseitig festgesetzte ↑Abgaben, die als Gegenleistung für eine besondere öffentliche Leistung erhoben werden. Im Unterschied zu ↑Gebühren sind dies Leistungen, die einer Gruppe von Personen zugleich zugute kommen. Auf die tatsächliche Inanspruchnahme kommt es dabei nicht an. Im Gegensatz zu den Steuern gibt es also eine unmittelbare Gegenleistung des Gemeinwesens. Beispiele sind Erschließungsbeiträge für die Herstellung von Straßen oder Anschlußbeiträge für Herstellung und Erweiterung von Ver- und Entsorgungseinrichtungen. – Im weiteren Sinn werden die Abgaben aufgrund von Zwangsmitgliedschaft in berufsständischen Organisationen als Beiträge bezeichnet.

Beitragsbemessungsgrenze: in der Sozialversicherung die gesetzlich festgelegte Höchstgrenze, bis zu der das Arbeitsentgelt des Versicherten zur Beitragsleistung herangezogen wird. Sie wird jährlich entsprechend der allgemeinen Bemessungsgrundlage in der ↑Rentenversicherung festgesetzt. In der gesetzlichen Krankenversicherung ist sie auf 75% der Beitragsbemessungsgrenze der Rentenversicherung festgelegt. Für das Jahr 1992 betragen die Beitragsbemessungsgrenzen: in der Krankenversicherung 5 100 DM monatlich, in der Renten- und Arbeitslosenversicherung 6 800 DM monatlich (in Ostdeutschland voraussichtlich 2 925 DM bzw. 3 900 DM).

Die Entwicklung der Beitragbemessungsgrenze der Rentenversicherung zeigt die Grafik:

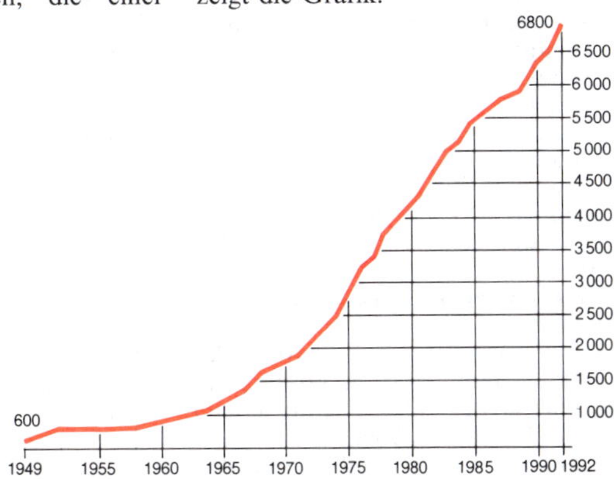

Beitragsbemessungsgrenze. Anstieg der Beitragsbemessungsgrenze in der Rentenversicherung 1949–92

Beleg: in der Buchführung das für jede Buchung als Unterlage und Beweis für die Richtigkeit dienende Schriftstück, z. B. Rechnungen, Überweisungen *(natürliche Belege)* oder Belege aus innerbetrieblichen Vorgängen, z. B. Materialentnahmescheine *(künstliche Belege).* Belege müssen numeriert, systematisch abgelegt und 6 Jahre aufbewahrt werden.

Belegleser: Sammelbegriff für EDV-Eingabegeräte, die selbständig Belege lesen können; z. B. Markierungsleser und Klarschriftleser.

Belegprinzip: Grundsatz des Belegzwangs „Keine Buchung ohne Beleg!" Seine Vernachlässigung führt zum Verwerfen der Ergebnisse der Buchführung mit nachfolgender Steuerschätzung.

Belegschaftsaktie ↑Aktie.

beleihen: 1. Verpfänden von (meist festverzinslichen) Wertpapieren: Beliehen werden z. B. bis zu 80% des Kurswertes lombardfähiger Schuldverschreibungen oder bis zu 60% des Kurswerts von Aktien. 2. Verpfänden von Grundstücken: Beliehen wird bis zu einem maximalen Prozentsatz (Beleihungssatz) des ↑Beleihungswerts, der Beleihungsgrenze. Der Beleihungssatz beträgt bei öffentlich-rechtlichen Realkreditinstituten maximal 60% des Beleihungswerts, bei Bausparkassen maximal 80% des Beleihungswerts.

Beleihungswert: Wert, der einem Grundstück von einem Kreditinstitut beigemessen wird; er soll grundsätzlich so hoch sein, wie der jederzeit erzielbare Erlös des Grundstücks. Er ergibt sich aus dessen Verwertbarkeit unter Berücksichtigung von Verkehrslage, Marktlage und weiteren wertbeeinflussenden Aspekten.

Benachrichtigungspflicht: Pflicht des letzten Wechselinhabers beim Wechselprotest, den Aussteller und den unmittelbaren Vormann in der Reihe der Indossanten innerhalb von 4 Werktagen über die Protesterhebung zu unterrichten *(Notifikation).* Die Indossanten müssen innerhalb von 2 Werktagen ihre Vormänner über die Protesterhebung und den Rückgriff benachrichtigen.

Bereicherung ↑ungerechtfertigte Bereicherung.

bergrechtliche Gewerkschaft: alte und selten gewordene Unternehmensform für Bergbaubetriebe, die nur bis 1986 zulässig war. Die bergrechtliche Gewerkschaft verfügt über kein bestimmtes nominelles Grundkapital wie die Aktiengesellschaft; das Kapital ist vielmehr in quotenmäßige Anteile *(Kuxe)* eingeteilt, die auf einen bestimmten Bruchteil des Kapitals lauten. Die Anteilsinhaber *(Gewerken)* sind zu Nachzahlungen *(Zubußen)* verpflichtet, die entsprechend dem sich ändernden Kapitalbedarf erhoben werden. Den Gewerken steht das Recht auf ↑Abandon zu.

Berichtigungsaktien ↑Aktie.

Berichtsheft: Nachweis über die betriebliche Ausbildung; muß vom Auszubildenden geführt und bei der praktischen Prüfung dem Prüfungsausschuß vorgelegt werden.

berufliche Bildung: zusammenfassende Bezeichnung für Maßnahmen der Berufsausbildung, der beruflichen Fortbildung und der beruflichen Umschulung. Im Mittelpunkt der beruflichen Bildung steht die **Berufsausbildung,** in der Fertigkeiten und Kenntnisse vermittelt werden, die für die darauf folgende Erwerbstätigkeit benötigt werden (berufliche Grund- und Fachbildung) und den Erwerb der erforderlichen Berufserfahrungen ermöglichen. Diese Erstausbildung teilt sich in die praktische Berufsausbildung in einem Betrieb und in die begleitende theoretische Unterweisung in öffentlichen Berufsschulen **(duales System),** deren Besuch während der Ausbildungszeit ohne Rücksicht auf Alter oder Schulvorbildung verpflichtend ist. Das ↑Berufsbildungsgesetz regelt die betriebliche Ausbildung; die schulische Ausbildung untersteht den Kultusministerien.

Die **berufliche Fortbildung** baut auf eine Berufsausbildung oder beruflichen Erfahrungen auf; sie soll es ermöglichen, die beruflichen Kenntnisse und Fertigkeiten zu erhalten und zu erweitern, der technischen Entwicklung anzupassen oder beruflich aufzusteigen. Die **berufliche Umschulung** ist eine Sonderform der Ausbildung und umfaßt alle Maßnahmen, die zu einer anderen beruflichen Tätigkeit befähigen sollen. Sie soll nach Inhalt, Art, Dauer und Ziel den besonderen Erfordernissen der beruflichen Erwachsenenbildung entsprechen. Von beruflicher Umschulung kann nur gesprochen werden, wenn bereits eine Berufsausbildung abgeschlossen wurde oder wenn eine berufliche Tätigkeit von längerer Dauer ausgeübt worden ist. Die berufliche Fortbildung und Umschulung überläßt das Berufsbildungsgesetz weitgehend der Wirtschaft und den Berufsorganisationen.

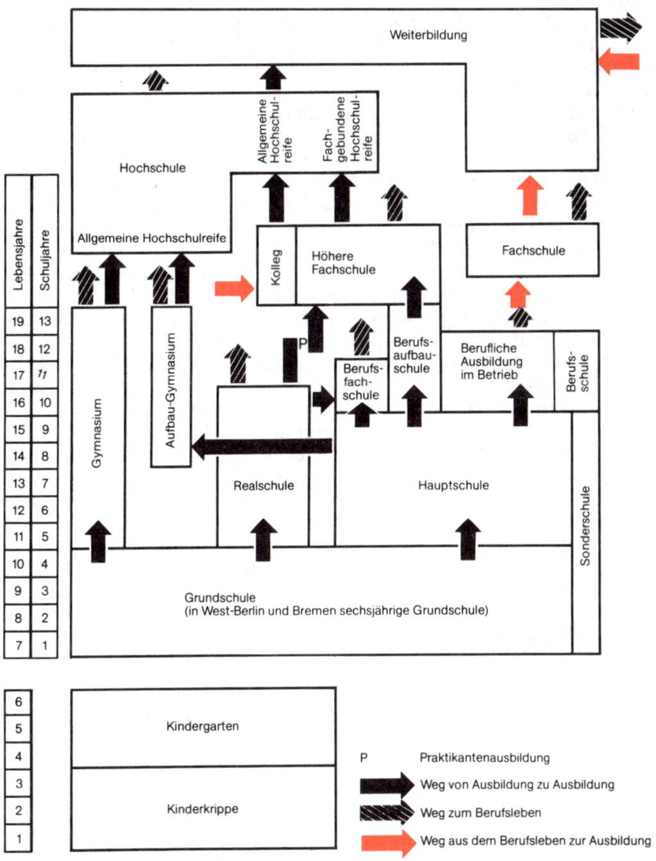

Berufliche Bildung. Der berufliche Bildungsweg im Bildungssystem der Bundesrepublik Deutschland

Berufsakademie (BA): In Baden-Württemberg eingerichteter berufsqualifizierender Bildungsgang im dualen System. An den staatlichen Akademien und in den betrieblichen Ausbildungsstätten wird eine wissenschaftsbezogene und zugleich praxisorientierte berufliche Ausbildung vermittelt. Zulassungsvoraussetzung: Hochschulreife und Ausbildungsvertrag mit einer an der BA beteiligten Ausbildungsstätte. Mit bestandener Abschlußprüfung nach zwei bzw. drei Jahren werden die Titel Wirtschaftsassistent (BA), Ingenieurassistent (BA), Erzieher (BA) bzw. Diplom-Betriebswirt (BA), Diplom-Ingenieur (BA), Diplom-Sozialpädagoge (BA) verliehen.

Berufsaufbauschule: einjährige Voll- oder zweijährige Teilzeitschule für Jugendliche mit Hauptschulabschluß. Sie baut auf dem Besuch einer Berufsschule oder Berufsfachschule und einer praktischen Berufsausbildung oder Tätigkeit auf und führt zur Fachschulreife (mittlerer Bildungsabschluß). Schulorganisatorisch sind die Berufsaufbauschulen den Berufsschulen oder den Berufsfachschulen angegliedert.

Berufsausbildungsverhältnis: Rechtsverhältnis, das durch den Abschluß eines ↑Berufsausbildungsvertrages begründet wird.

Im Mittelpunkt der bildungspolitischen Diskussion steht seit 1976 die berufliche Eingliederung der geburtenstarken Jahrgänge und die durch erhöhte Nachfrage nach betrieblicher Berufsausbildung geprägte Situation auf dem Ausbildungsstellenmarkt. Die Tabellen nach dem Berufsbildungsbericht 1991 der Bundesregierung zeigen Angebot und Nachfrage auf dem Ausbildungsstellenmarkt 1978–1990 (Tabelle 1) und die Verteilung der Berufsausbildungsverträge auf weibliche und männliche Auszubildende 1967–1989 (Tabelle 2).

Berufsausbildungsvertrag früher: Lehre, Lehrvertrag): privatrechtlicher Vertrag zwischen dem ↑Ausbildenden und dem ↑Auszubildenden, der vor Beginn der Berufsausbildung schriftlich niederzulegen und vom Ausbildenden, vom Auszubildenden und dessen gesetzlichem Vertreter zu unterzeichnen ist. Nach dem ↑Berufsbildungsgesetz muß er mindestens folgende Elemente enthalten: 1. Art, sachliche und zeitliche Gliederung sowie Ziel der Ausbildung, v. a. die Berufstätigkeit, für die ausgebildet werden soll; 2. Beginn und Dauer der Ausbildung; 3. Ausbildungsmaßnahmen außerhalb der Ausbildungsstätte; 4. Dauer der regelmäßigen täglichen Ausbildungszeit; 5. Dauer der Probezeit; 6. Zahlung und Höhe der ↑Ausbildungsvergütung; 7. Urlaubsdauer; 8. Voraussetzungen, unter denen der Vertrag gekündigt werden kann. Sofern sich aus dem Berufsbildungsgesetz nichts anderes ergibt, gelten für den Berufsausbildungsvertrag die gleichen Rechtsvorschriften wie für den ↑Arbeitsvertrag.

Jahr	Neuabgeschlossene Ausbildungsverträge (1) Anzahl	Unbesetzte Ausbildungsstellen (2)	Noch nicht vermittelte Bewerber (3)	Angebot an Ausbildungsplätzen (4) = (1) + (2)	Nachfrage nach Ausbildungsplätzen (5) = (1) + (3)	Angebotsüberhang (+) bzw. Nachfrageüberhang (−) (6) = (4) − (5)	(7) = (6) : (5) Prozent
1978	601 700	22 300	23 800	624 000	625 500	− 1 500	− 0,2
1980	650 000	44 600	17 300	694 600	667 300	+ 27 300	+ 4,1
1982	631 366	19 995	34 180	651 361	665 546	− 14 185	− 2,1
1984	705 652	21 134	58 426	726 786	764 078	− 37 292	− 4,9
1986	684 710	31 170	46 270	715 880	730 980	− 15 100	− 2,1
1988	604 002	61 962	24 791	665 964	628 793	+ 37 171	+ 5,9
1990	545 190	113 873	13 969	659 063	559 159	+ 99 904	+ 17,9

Berufsausbildungsverhältnis (Tab. 1)

Jahr	weiblich	männlich	Gesamtzahl
1967	523 114	879 351	1 402 465
1969	468 521	813 241	1 281 762
1971	455 502	816 110	1 271 612
1973	469 660	861 579	1 331 239
1975	469 946	858 979	1 328 925
1977	510 247	887 107	1 397 354
1979	621 615	1 023 004	1 644 619
1981	647 764	1 029 113	1 676 877
1983	676 867	1 045 549	1 722 416
1985	743 780	1 087 721	1 831 501
1987	732 043	1 006 644	1 738 687
1989	669 095	883 439	1 552 534

Berufsausbildungsverhältnis (Tab. 2)

Berufsbildungsgesetz: Bundesgesetz vom 14. 8. 1969, inzwischen mehrfach geändert, das die außerschulische ↑berufliche Bildung regelt. Es enthält in Anerkennung des dualen Systems Vorschriften zu Vertragsgestaltung, Ordnung, Überwachung und Institutionen der außerschulischen beruflichen Bildung, wobei das Schwergewicht auf der Regelung der Berufsausbildung liegt. Die Vorschriften betreffen u. a. die Gestaltung des ↑Berufsausbildungsvertrages, die Pflichten des ↑Ausbildenden und des ↑Auszubildenden, Eignungsvoraussetzungen der Ausbildenden und der ↑Ausbilder, das Prüfungswesen und die Zusammensetzung der Prüfungsausschüsse, den Erlaß von ↑Ausbildungsordnungen, das Prüfungswesen und die Zusammensetzung der Prüfungsausschüsse, besondere Regelungen für einzelne Wirtschafts- und Berufszweige; Verstöße gegen bestimmte Vorschriften können als Ordnungswidrigkeiten mit Bußgeld geahndet werden. Die Berufsbildungsforschung ist im Berufsbildungsförderungsgesetz vom 23. 12. 1981 geregelt.

Berufsfachschule: Vollzeitschule mit einer Dauer von einem bis zu drei Jahren. Die einjährige Berufsfachschule ersetzt in vielen Ausbildungsberufen die Grundstufe (1. Ausbildungsjahr) der Berufsschule. Die zweijährige Berufsfachschule verbindet in der Regel diese Grundstufenausbildung mit dem Erwerb eines mittleren Bildungsabschlusses. Die dreijährige Berufsfachschule vermittelt rein schulisch eine Berufsausbildung in einem anerkannten Ausbildungsberuf. – Zur kaufmännischen Berufsfachschule ↑kaufmännisches Schulwesen.

Berufsfeld: Zuordnung der einzelnen Ausbildungsberufe nach Schwerpunkten. Beispiele: Berufsfeld I: Wirtschaft und Verwaltung; III: Elektrotechnik; X: Gesundheit. Insgesamt werden 13 Berufsfelder unterschieden.

Berufsgenossenschaften: Träger der gesetzlichen ↑Unfallversicherung im Rahmen der Sozialversicherung. Zur Zeit gibt es 35 gewerbliche und 19 landwirtschaftliche Berufsgenossenschaften. Sie umfassen bundesweit oder regional jeweils Unternehmen gleicher oder verwandter Wirtschaftszweige. Die Berufsgenossenschaften sind Körperschaften des öffentlichen Rechts mit dem Recht der Selbstverwaltung und unterstehen staatlicher Aufsicht. Ihre Aufwendungen werden ausschließlich durch Beiträge der Unternehmen gedeckt. Aufgabe der Berufsgenossenschaften ist es, Arbeitsunfälle zu verhüten bzw. nach Eintritt eines Arbeitsunfalles den Verletzten und/ oder dessen Angehörige zu unterstützen durch Wiederherstellung der Erwerbsfähigkeit (Rehabilitation), durch Arbeits- und Berufsförderung, durch Erleichterung der Verletzungsfolgen und gegebenenfalls durch Rentengewährung.

Berufsgrundbildungsjahr (Berufsfindungsjahr): schulisches, betriebliches oder überbetriebliches Vorbereitungsjahr in einem ↑Berufsfeld. Es ist für Jugendliche ohne Ausbildungsplatz oder Arbeit gedacht, damit diese einen Einblick in das jeweilige Berufsfeld gewinnen und ihre Allgemeinbildung erweitern können.

Berufskolleg: Schultyp in Baden-Württemberg, der betriebliche (Praktika im 2., 4. und 5. Semester) und schulische Ausbildung miteinander verbindet. Voraussetzung ist die mittlere Reife. Nach dem 5. Semester Abschluß in einem Ausbildungsberuf, nach dem 6. Semester als „Assistent" einer bestimmten Fachrichtung.

Berufsschule: Pflichtschule für alle Absolventen allgemeinbildender Schulen, die in ein Ausbildungs- oder Arbeitsverhältnis eintreten oder arbeitslos sind und der ↑Berufsschulpflicht unterliegen. Sie vermittelt ihren Schülern an ein bis zwei Tagen in der Woche allgemeinbildende und berufliche Lerninhalte. Gelegentlich wird auch Blockunterricht erteilt. Die Schulaufsicht liegt bei den Kultusministern der Länder. Entsprechend den verschiedenen Berufszweigen unterscheidet man gewerbliche, kaufmännische, hauswirtschaftliche und landwirtschaftliche Berufsschulen oder Abteilungen bzw. Klassen. – ↑auch kaufmännisches Schulwesen.

Berufsschulpflicht: auf die Vollzeitschulpflicht folgende dreijährige Schulpflicht (bis zum 18. Lebensjahr). Der Besuch weiterführender Schulen oder berufsvorbereitender Schulen oder Klassen (z. B. einer Berufsfachschule) befreit von der Berufsschulpflicht während dieser Zeit.

Berufsunfähigkeit: durch Krankheit, Gebrechen bzw. körperliche oder geistige Schwäche verursachte Minderung der Erwerbsfähigkeit eines in der gesetzlichen Rentenversicherung der Arbeiter und Angestellten Versicherten auf weniger als die Hälfte der Erwerbsfähigkeit eines gesunden Versicherten mit ähnlicher Ausbildung und gleichwertigen Kenntnissen und Fähigkeiten. Berufsunfähigkeit begründet bei Erfüllung der Wartezeit einen Anspruch auf Berufsunfähigkeitsrente (↑auch Rentenversicherung). Von der Berufsunfähigkeit zu unterscheiden ist die ↑Erwerbsunfähigkeit.

Berufsverbände: Vereinigungen, deren Mitglieder die jeweiligen Interessen eines Berufsstandes vertreten. Hierzu gehören insbesondere die ↑Gewerkschaften als Interessenvertretung der Arbeitnehmer und die ↑Arbeitgeberverbände.

Berufung: das gegen die meisten erstinstanzlichen Urteile mögliche ↑Rechtsmittel. Die Berufung ist innerhalb eines Monats (bei Zivilsachen) nach Zustellung des Urteils durch Einreichung einer von einem Rechtsanwalt unterschriebenen Berufungsschrift beim Berufungsgericht einzulegen und innerhalb eines weiteren Monats nach Einlegung zu begründen. Die Einlegung der Berufung hemmt die Rechtskraft des erstinstanzlichen Urteils. Zuständiges Berufungsgericht ist im *Zivilprozeß* das Landgericht bzw. das Oberlandesgericht, im *Arbeitsrecht* das Landesarbeitsgericht, im *Verwaltungsprozeß* das Oberverwaltungsgericht. Das Berufungsgericht prüft das angefochtene Urteil in vollem Umfang, d. h. hinsichtlich des Sachverhalts und der Rechtsfragen, im Gegensatz zum Revisionsgericht (↑Revision).

Beschaffung: betriebliche Funktion, im weiteren Sinne gerichtet auf die Bereitstellung von Arbeitskräften, finanziellen Mitteln, Werkstoffen, Waren, Maschinen u. a.; im engeren Sinne: Beschaffung von Werkstoffen und Betriebsmitteln (↑Einkauf, ↑auch Materialwirtschaft).

Beschaffungskosten: im engeren Sinne die neben dem Preis für die Ware selbst zusätzlich zu entrichtenden Nebenkosten wie Frachtkosten, Rollgeld, Versicherungen u. a. **(Bezugskosten).** Warenpreis und Beschaffungskosten ergeben zusammen bei Handelsbetrieben den ↑Einstandspreis. Im weiteren Sinne wird unter Beschaffungskosten der Einstandspreis verstanden.

Beschaffungsplanung: Gesamtheit der Maßnahmen zur langfristigen Sicherung der Versorgung der Unternehmung mit sämtlichen Wirtschaftsgütern, insbesondere Sachgütern (↑Einkauf). Dabei können Schwerpunkte gebildet werden (↑ABC-Analyse). Neben der Ermittlung der Bezugsquellen werden die Beschaffungsmenge in Abhängigkeit von Produktions- und Absatzplan (↑optimale Bestellmenge), der Beschaffungszeitpunkt (↑Bestellpunktverfahren oder ↑Bestellrhythmusverfahren) und der höchstzulässige Bestellpreis im Wege der Rückwärtskalkulation (↑Kalkulationsschema) geplant.

Beschäftigung: in der Betriebswirtschaftslehre die Ausnutzung der Kapazität (↑Beschäftigungsgrad), in der Volkswirtschaftslehre der Einsatz der Produktionsfaktoren Kapital und Arbeit. Beschäftigung entspricht der tatsächlichen Auslastung des gesamtwirtschaftlichen ↑Produktionspotentials. Teilweise wird Beschäftigung nur auf den Produktionsfaktor Arbeit bezogen und als Gegensatz zur ↑Arbeitslosigkeit betrachtet. Hierbei ist die Erreichung eines hohen Beschäftigungsstandes (↑Vollbeschäftigung) ein wichtiges Ziel der Wirtschaftspolitik.

Beschäftigungsförderungsgesetz: am 1. Mai 1985 in Kraft getretenes, 1990 ergänztes Gesetz, das den Abbau von Überstunden und Neueinstellungen erleichtern soll. Den Kern des Gesetzes bildet die Regelung, nach der die Betriebe ohne weitere sachliche Begründung ↑befristete Arbeitsverhältnisse bis zu einer Dauer von 18 Monaten (unter bestimmten Voraussetzungen bis zu 24 Monaten) mit neu einzustellenden Arbeitnehmern oder Auszubildenden im Anschluß an die Berufsausbildung eingehen können. Weitere Regelungen betreffen u. a.: Gleichstellung der Teilzeitarbeit, Verbesserung der Arbeitsplatzsituation in Kleinbetrieben, verstärkte Förderung von Arbeitsbeschaffungsmaßnahmen, Freiheitsstrafen für illegale Ausländerbeschäftigungen.

Beschäftigungsgesellschaften: Kurzbezeichnung für **Gesellschaften zur Arbeitsförderung, Beschäftigung und Strukturentwicklung** in den neuen Bundesländern zur Arbeitsbeschaffung, zur Umschulung und Weiterbildung von Arbeitnehmern, die bisher in nicht konkurrenzfähigen Betrieben beschäftigt waren. An den Trägergesellschaften der B. auf Landesebene und an regionalen Untergliederungen beteiligen sich die öffentl. Hand, Arbeitgeberverbände, Treuhandanstalt und Gewerkschaften. Die Gründung von B. wird von der Treuhandanstalt durch Beratung, Koordinierung und die Bereitstellung von Geld- und Sachmitteln unterstützt. In den neuen Bundesländern schließen sich in der Regel Gemeinden, Betriebe und Bildungsträger zusammen, um Beschäftigungsgesellschaften zu gründen.

Beschäftigungsgrad: das Verhältnis von tatsächlicher Beschäftigung zur möglichen Beschäftigung bzw. Kapazitätsausnutzung als Prozentsatz: Beschäftigungsgrad in %:

$$\frac{\text{genutzte Kapazität} \times 100}{\text{mögliche Kapazität}}$$

Die technisch mögliche ↑Kapazität (Maximale oder Beschäftigung zu 100%) ist nicht der wirtschaftlich optimalen Kapazität (z. B. Vollbeschäftigung bei 85%) gleichzusetzen. Gemessen wird die Beschäftigung in Produktionsmengen, Arbeits- oder Maschinenstunden.

beschränkte dingliche Rechte: Rechte an einer Sache, die ihrem Inhaber (Berechtigter) nur einen Ausschnitt aus dem Eigentumsrecht gewähren. Der Anspruch bezieht sich auf eine bestimmte Einzelnutzung (z. B. Wohnungs- oder Wegerechte). Sie sind im BGB §§ 1018–1296 aufgeführt: u. a. ↑Grunddienstbarkeiten, ↑Nießbrauch, ↑beschränkte persönliche Dienstbarkeiten, ↑Vorkaufsrecht, ↑Reallast und ↑Grundpfandrechte.

beschränkte Geschäftsfähigkeit: Begriff des bürgerlichen Rechts für einen Zustand, in dem sich eine Person (Minderjährige, Entmündigte oder unter Vormundschaft gestellte) nur unter bestimmten Voraussetzungen rechtlich verpflichten kann; die beschränkt geschäftsfähige Person bedarf in der Regel der Zustimmung des gesetzlichen Vertreters.

beschränkte persönliche Dienstbarkeit: einer bestimmten (natürlichen oder juristischen) Person zustehendes, grundsätzlich nicht übertragbares, nicht vererbliches und unveräußerliches dingliches Recht zur bestimmten Einzelnutzung eines Grundstücks oder sonstiger Anspruch einer ↑Grunddienstbarkeit; insbesondere z. B. die Eintragung eines dinglichen Wohnrechts bei Mietvorauszahlung (↑auch Nießbrauch).

Beschwerde: 1. Rechtsmittel gegen Gerichtsentscheidungen, die nicht Urteile sind (z. B. Beschlüsse, Verfügungen, Anordnungen). Die Vollziehung der angefochtenen Entscheidung wird (im Gegensatz zur ↑Berufung) nicht gehemmt, kann aber ausgesetzt werden. 2. Eingabe an eine übergeordnete Stelle (z. B. im Betrieb, in der öffentlichen Verwaltung), durch die die Änderung einer von einer unteren Instanz getroffenen Maßnahme erstrebt wird.

Besitz: tatsächliche Herrschaft einer natürlichen oder juristischen Person über eine Sache. Vom Besitzer einer beweglichen Sache wird vermutet, daß ihm auch das Recht an der Sache, das ↑Eigentum, zustehe. Wer diese Vermutung bestreitet, muß das Gegenteil beweisen. Einen Besitz an Rechten kennt das BGB nicht. Wer eine Sache z. B. vermietet und übergibt, wird **mittelbarer Besitzer,** der Mieter wird unmittelbarer Besitzer.

Besitzkonstitut (Besitzmittlungsverhältnis): Rechtsverhältnis, aufgrund dessen der unmittelbare (tatsächliche) Besitzer ein zeitlich begrenztes Besitzrecht hat und der mittelbare Besitzer (in der Regel der Eigentümer) einen Herausgabeanspruch hat. Von Bedeutung ist das Besitzkonstitut bei der **Sicherungsübereignung** zur Absicherung von Krediten; dabei wird der Gläubiger Eigentümer der Sache, der Schuldner bleibt Besitzer der Sache.

Besitzsteuern: Gruppe von ↑Steuern, die auf einen Besitz oder einen werdenden Besitz (Einkommen) erhoben werden. Dazu gehören Steuern vom Einkommen (z. B. ↑Lohnsteuer, ↑Einkommensteuer, ↑Kirchensteuer, ↑Kapitalertragsteuer, ↑Körperschaftsteuer, Gewerbeertragsteuer) und Steuern vom Vermögen (z. B. ↑Vermögensteuer, ↑Erbschaft- und Schenkungsteuer, ↑Grundsteuer, Gewerbekapitalsteuer).

Besitzwechsel (Rimesse): gezogener Wechsel oder auch akzeptierter Wechsel, der im Besitz des Gläubigers ist; Bilanzierung im Umlaufvermögen.

Bestandskonten: ↑Sachkonten, welche die Bestände der Eröffnungsbilanz übernehmen und bei denen der Buchbestand mit dem Inventurbestand übereinstimmt. Es gibt aktive Bestandskonten (Vermögenskonten) und passive Bestandskonten (Eigen- und Fremdkapitalkonten), die über das Schlußbilanzkonto abgeschlossen werden.

Bestandsveränderungen: das Konto Bestandsveränderungen der fertigen und unfertigen Erzeugnisse korrigiert das ↑Betriebsergebnis. In der Abrechnungsperiode werden die gesamten Kosten der hergestellten Erzeugnisse auf das Konto Betriebsergebnis gebucht. Diesen Kosten stehen aber nur die Erlöse für die in dieser Periode verkauften Erzeugnisse gegenüber. Da selten alle produzierten Erzeugnisse sofort verkauft werden, bedarf es einer Korrektur: Werden mehr Erzeugnisse hergestellt als verkauft, d. h., es entsteht ein *Mehrbestand,* dann müssen die Kosten dieses Mehrbestands wieder ausgebucht werden, Konto Bestandsveränderungen bzw. Betriebsergebnis im Haben. Werden weniger Erzeugnisse hergestellt als verkauft, da noch ein Restbestand aus der

Vorperiode vorhanden war, entsteht ein *Minderbestand.* Die Kosten dieses Minderbestandes müssen nachgebucht werden, Konto Bestandsveränderungen bzw. Betriebsergebnis im Soll.

Bestellbestand ↑Bestellpunktverfahren.

Bestellmenge ↑optimale Bestellmenge.

Bestellpunktverfahren: Lagerhaltungssystem im Rahmen der ↑Beschaffungsplanung. Das Unterschreiten eines vorher festgelegten Lagerbestandes *(Bestellpunkt, Bestellbestand, Meldebestand)* wird an die Einkaufsabteilung gemeldet, womit eine Nachbestellung ausgelöst wird. Der Bestelltermin ist nicht von vornherein festgelegt. Dagegen ↑Bestellrhythmusverfahren.

Bestellrhythmusverfahren: Lagerhaltungssystem im Rahmen der ↑Beschaffungsplanung. Der Bestellzeitpunkt ist nicht mengenabhängig (↑Bestellpunktverfahren), sondern durch einen Terminplan, z. B. alle vier Wochen, festgelegt. Die Bestellmenge variiert in der Regel, je nach Lagerbestand im Bestelltermin.

Bestellung: auf den Abschluß eines Kaufvertrags gerichtete, vom Abnehmer ausgehende ↑Willenserklärung, an die er rechtlich gleichermaßen gebunden ist wie der Anbieter an das ↑Angebot. Rechtlich ist die Bestellung ein Antrag. Ging der Bestellung ein Angebot voraus, kommt durch die Bestellung bei Übereinstimmung der Kaufvertrag zustande.

Bestellungsannahme (Auftragsbestätigung): ausdrückliche ↑Willenserklärung des Verkäufers, die ohne vorausgegangenes ↑Angebot vom Kunden bestellte Ware im wesentlichen zu den vom Kunden genannten Bedingungen zu liefern. Eine Bestellungsannahme wäre für das Zustandekommen des Kaufvertrags bei unverzüglicher Warenlieferung nicht erforderlich, weil dann eine konkludente Handlung vorliegen würde. Unter Kaufleuten ist aber eine Bestellungsannahme allgemein üblich, weil der Verkäufer damit seine Nebenbedingungen (AGB) zur Geltung bringen kann, falls der Käufer nicht ausdrücklich widerspricht. Weicht die Bestellungsannahme von der Bestellung wesentlich ab, gilt sie als Angebot.

bestens: Auftrag zum Verkauf von Wertpapieren zu den am Verkaufstag bestmöglichen Bedingungen. Dabei wird vom Verkäufer auf die Vorgabe einer Preisgrenze (↑Limit) verzichtet. Gegensatz: ↑billigst.

Bestimmungskauf (Spezifikationskauf): Handelskauf, bei dem der Käufer nach Vertragsschluß noch Form, Maß oder andere Merkmale der gekauften Sache näher bestimmen muß (§ 375 HGB), z. B. in der eisen- oder der papierverarbeitenden Industrie. Durch den Bestimmungskauf kann sich der Käufer den Preis zum Zeitpunkt des Vertragsschlusses sichern, die endgültige Festlegung z. B. des Maßes kann später erfolgen.

Betrieb: organisierte Wirtschaftseinheit, welche durch Kombination von ↑Produktionsfaktoren vorwiegend für den Bedarf Dritter Sachgüter oder Dienstleistungen bereitstellt. Die betrieblichen Entscheidungen werden unter Beachtung des ↑ökonomischen Prinzips getroffen. Betriebe können nach verschiedenen Merkmalen eingeteilt werden, z. B. nach der Art der Betätigung in Sachleistungsbetriebe (Urproduktions-, Produktionsgüter- und Konsumgüterbetriebe) und in Dienstleistungsbetriebe (Handels- und Verkehrsbetriebe u. a.) oder nach Fertigungsverfahren in Betriebe mit Massen-, Sorten-, Serien- oder Einzelfertigung. Betriebsintern werden folgende Funktionsbereiche unterschieden: ↑Beschaffung (Materialwirtschaft, einschließlich Lagerhaltung, Transport, Logistik), Leistungserstellung (↑Produktion, Produktionswirtschaft, Fertigung), Leistungsverwertung (↑Absatz, Absatzwirtschaft, ↑Marketing) sowie ↑Investition und

↑Finanzierung (Kapital-, Finanzwirtschaft). Diesem Leistungssystem steht das Lenkungssystem mit den Bereichen Rechnungs-, Informations- und Personalwesen sowie ↑Management (Unternehmensführung) gegenüber. Die Stellung des Betriebes in der Volkswirtschaft hängt vom jeweiligen Wirtschaftssystem ab: In ↑Planwirtschaften ist der Betrieb ausführendes Organ von durch zentrale Behörden erstellten Plänen. In der ↑Marktwirtschaft ist der Betrieb eine selbständige Entscheidungseinheit, die im Rahmen ihrer ↑Unternehmensziele Entscheidungen trifft.

betriebliche Altersversorgung: Bestandteil der Alterssicherung neben der gesetzlichen Rentenversicherung. Die Zahlung von **Betriebsrenten** ist eine Arbeitgeberleistung, zu deren Finanzierung die Arbeitnehmer in der Regel nicht herangezogen werden. Sie wird im Arbeitsvertrag, über Betriebsvereinbarungen oder über Tarifverträge geregelt. In der Praxis bestehen im wesentlichen vier Modelle: 1. Auszahlung unmittelbar durch den Betrieb **(Direktzusage),** der hierfür Rückstellungen gebildet hat (etwa die Hälfte der Betriebsrenten). 2. Rechtlich selbständige, von den Arbeitgebern eingerichtete und unterhaltene **Unterstützungskassen,** die keinen Rechtsanspruch auf ihre Leistungen gewähren (etwa ein Drittel der Betriebsrenten). 3. Abwicklung über Versicherungsgesellschaften (**Direktversicherung;** etwa 10%). 4. Rechtlich selbständige **Pensionskassen,** die einen Rechtsanspruch auf ihre Leistungen gewähren (etwa 10% der Betriebsrenten).

Das Gesetz zur Verbesserung der betrieblichen Altersversorgung von 1974 hat u. a. Regelungen zur Unverfallbarkeit der Betriebsrentenansprüche geschaffen und alle Unternehmen, die Zusatzrenten unmittelbar oder über Unterstützungskassen zugesagt haben, zu Zwangsmitgliedern des durch Umlagen finanzierten Persions-Sicherungs-Vereins auf Gegenseitigkeit gemacht, der die Rentenzusagen zahlungsunfähiger Unternehmen einlöst.

Für die Festlegung der Leistungspläne gibt es derzeit vier Regelungen: 1. *Festbetragszusage* unabhängig von Lohnhöhe und Betriebszugehörigkeit; 2. *dienstzeitgestaffelte Festbetragszusage;* 3. *gehaltsabhängige Zusage* gestaffelt nach Betriebszugehörigkeit; 4. *Gesamtversorgungszusage;* hier wird nach einer bestimmten Zahl von Arbeitsjahren eine Gesamtversorgung unter Anrechnung gesetzlicher Rentenansprüche in Höhe von z. B. 75% des letzten Lohnes zugesagt.

Die Zahl der Anspruchsberechtigten stagniert in den letzten Jahren. Sie beträgt z. B. in der Industrie rund 70% und im Handel rund 25% der Beschäftigten.

betriebliche Eigenleistungen: innerbetriebliche Leistungen eines Unternehmens, die für den eigenen Betrieb bestimmt sind. Man unterscheidet: zu aktivierende Leistungen (z. B. selbsterstellte Maschinen und Werkzeuge), Leistungen, deren Kosten in der Kostenrechnung zeitlich abgegrenzt werden (z. B. Entwicklungsarbeiten), Leistungen, deren Kosten nach Fertigstellung den Kostenstellen belastet werden (z. B. Formulare, die eine Druckerei für den eigenen Gebrauch druckt) und ständig wiederkehrende Leistungen, z. B. die Kosten der ↑Hilfskostenstelle Eigenstromversorgung.

betrieblicher Leistungsprozeß: Beschaffung, Herstellung und Verkauf von Sachgütern und Dienstleistungen. Der betriebliche Leistungsprozeß vollzieht sich innerhalb des volkswirtschaftlichen Gesamtprozesses. So beschafft sich z. B. ein Industriebetrieb die benötigten Materialien und Anlagegüter. Materialien werden auf Lager genommen, bis sie zur Verarbeitung benötigt werden. Im Herstellungsprozeß werden die Materialien unter Einsatz von Arbeitskräften und Maschinen in neue Güter umgewandelt und an nachfol-

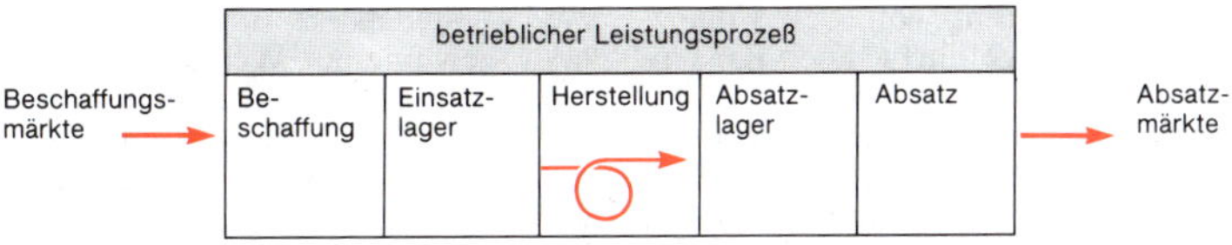

Betrieblicher Leistungsprozeß. Einteilung und Abfolge in der betrieblichen Leistungserstellung

gende Betriebe oder Haushalte weitergeleitet. Fertiggestellte Erzeugnisse werden dann bis zum Verkauf in ein Absatz- oder Verkaufslager übernommen. Der betriebliche Leistungsprozeß kann in *fünf Grundfunktionen* gegliedert werden: Beschaffung, Einsatz- oder Beschaffungslager, Herstellung, Verkaufs- oder Absatzlager, Absatz.

Betriebsabrechnung ↑Betriebsbuchführung.

Betriebsabrechnungsbogen (BAB): Kernstück der Betriebsabrechnung in statistischer Form. Der BAB führt in vertikaler Anordnung Art und Höhe der einzelnen Gemeinkostenarten und in horizontaler Anordnung die Kostenstellen auf. Der einstufige BAB enthält nur ↑Hauptkostenstellen, der mehrstufige BAB zusätzlich noch ↑Hilfskostenstellen. Der BAB erfüllt folgende Aufgaben: Verrechnung der ↑Gemeinkosten auf die Kostenstellen, Umlegung der Summen der Hilfskostenstellen auf die Hauptkostenstellen, Ermittlung der Gemeinkostenzuschläge für die Kostenträgerrechnung und die Errechnung statistischer Betriebskennzahlen.

Betriebsarten: in der EDV die verschiedenen Möglichkeiten des Betriebs eines Datenverarbeitungssystems. Dazu zählen: Stapelbetrieb, Dialog- oder Echtzeitbetrieb sowie Ein- und Mehrprogrammbetrieb. Ermöglicht das ↑Betriebssystem, daß mehrere voneinander unabhängige Programme scheinbar gleichzeitig laufen, so spricht man von einem Mehrprogrammbetrieb.

Betriebsaufspaltung ↑Doppelgesellschaft.

Betriebsausgaben: im Steuerrecht (§ 4 Abs. 4 Einkommensteuergesetz) die Aufwendungen (↑Aufwand), die durch den Betrieb des Steuerpflichtigen veranlaßt sind. Sie fallen nur an im Rahmen der Gewinnermittlung bei ↑Einkünften aus Land- und Forstwirtschaft, aus Gewerbebetrieb und aus selbständiger Tätigkeit. Bei den anderen Einkunftsarten entsprechen ihnen die ↑Werbungskosten. Durch abzugsfähige Betriebsausgaben mindert sich der steuerpflichtige Gewinn. Selbst bei kaufmännisch sinnlosen, unüblichen oder überhöhten Betriebsausgaben gilt grundsätzlich die steuerliche Abzugsfähigkeit. Wird ein Gut betrieblich und privat genutzt, ist der betrieblich veranlaßte Anteil Betriebsausgabe, sofern dies zuverlässig und objektiv nachprüfbar ist. Manche Betriebsausgaben sind sofort abzugsfähig (z. B. Anschaffungskosten der Wirtschaftsgüter des ↑Umlaufvermögens und der ↑geringwertigen Wirtschaftsgüter), andere sind nicht sofort abzugsfähig (z. B. die Anschaffungskosten abnutzbarer Anlagegüter); dort ist die ↑Absetzung für Abnutzung eine auf mehrere Jahre verteilte Betriebsausgabe. Bestimmte Betriebsausgaben, bei denen schwer zwischen betrieblicher und privater Bestimmung unterschieden werden kann, dürfen den Gewinn nicht mindern (§ 4 Abs. 5 Einkommensteuergesetz). Damit soll Mißbräuchen vorgebeugt werden.

Betriebsbuchführung (Betriebsbuchhaltung, Betriebsabrechnung): Erfassung und Verrechnung der betrieblichen Kosten und Leistungen,

zumeist getrennt von der Finanzbuchführung geführt (↑auch Kostenrechnung).
Als Kostenartenrechnung ermittelt sie, welche ↑Kostenarten (z. B. Personalkosten, Abschreibungen usw.) im Betrieb angefallen sind. In der Kostenstellenrechnung werden die ↑Gemeinkosten auf die Kostenstellen (z. B. Material, Fertigung, Verwaltung und Vertrieb) verteilt, um damit eine genaue Zurechnung der Kosten auf die Leistungen der Periode in der Kostenträgerzeitrechnung zu erreichen.

Betriebseinnahmen: im Steuerrecht alle Einnahmen, die einem Steuerpflichtigen im Rahmen seines land- und forstwirtschaftlichen Betriebs, seines Gewerbebetriebs oder aufgrund selbständiger Tätigkeit in Form von Geld oder Sachwerten (z. B. Warenentnahme für private Zwecke) zufließen. Beispiele sind Entgelte für Lieferungen und Leistungen, Einnahmen aus gelegentlichen Geschäften, die mit der betrieblichen Haupttätigkeit zusammenhängen (z. B. Versicherungsleistungen für betriebliche Ereignisse), öffentliche Zuschüsse (sofern nicht gesetzlich anders geregelt). Einlagen sind Betriebseinnahmen. Bei der Gewinnermittlung durch die ↑Einnahmen- und Ausgabenrechnung ist die Differenz zwischen Betriebseinnahmen und ↑Betriebsausgaben der steuerliche Gewinn.

Betriebsergebnis: auf dem Betriebsergebniskonto wird der **Betriebsgewinn** oder **Betriebsverlust** als Ergebnis der Kosten- und Leistungsrechnung (↑Kostenrechnung) festgehalten. Es handelt sich also um ein Gewinn- und Verlustkonto für die rein betriebliche Tätigkeit. Mit dem neutralen Ergebnis wird das Betriebsergebnis zum Gesamtergebnis der ↑Gewinn- und Verlustrechnung zusammengefaßt.

betriebsfremde Aufwendungen und Erträge: Erfolgsvorgänge, die in keinem unmittelbaren Zusammenhang mit dem eigentlichen Betriebszweck stehen, z. B. Kursverluste oder -gewinne aus Wertpapierspekulation in einem Industriebetrieb. Sie werden als ↑neutrale Aufwendungen und ↑neutrale Erträge sachlich abgegrenzt (↑Abgrenzung).

betriebsgewöhnliche Nutzungsdauer: der Zeitraum, in dem ein Wirtschaftsgut des abnutzbaren Anlagevermögens üblicherweise betrieblich genutzt und abgeschrieben wird. Tatsächliche Lebensdauer und betriebsgewöhnliche Nutzungsdauer müssen nicht notwendigerweise miteinander übereinstimmen, zumal letztere eine Schätzgröße ist.

Betriebsgröße: Einteilungskriterium für Betriebe aufgrund z. B. der Bilanzsumme, des Gesamtumsatzes, der Produktionszahlen, der Anzahl der Beschäftigten. Bei der **optimalen Betriebsgröße** entsprechend der betrieblichen Aufgabenstellung unterscheidet man die kosten- und die gewinnoptimale Betriebsgröße. Das HGB unterscheidet zwischen kleinen, mittelgroßen und großen Kapitalgesellschaften, bei denen zum Teil unterschiedliche Bestimmungen, z. B. im Bereich der Rechnungslegung, gelten. Es definiert in § 267: *Kleine Kapitalgesellschaften* sind solche, die mindestens zwei der drei nachfolgenden Merkmale nicht überschreiten: 3,9 Millionen DM Bilanzsumme; 8 Millionen DM Umsatzerlöse; durchschnittlich 50 Arbeitnehmer. Für *mittelgroße Kapitalgesellschaften* gelten als Höchstwerte: 15,5 Millionen DM Bilanzsumme; 32 Millionen DM Umsatzerlöse; 250 Arbeitnehmer. Werden zwei dieser Merkmale überschritten oder werden Wertpapiere einer Kapitalgesellschaft an einer Börse in der EG gehandelt, gilt diese als *große Kapitalgesellschaft.* – Tabelle S. 69.

Betriebsminimum: kritischer Kostenpunkt bei dem Umsatz, bei dem der Betrieb gerade noch seine variablen, aber nicht seine ↑fixen Kosten ersetzt bekommt, so daß ein Verlust in Höhe der fixen Kosten entsteht.

Als Preisuntergrenze kurzfristig denkbar, da der Fixkostenverlust bei Stillegung auch da wäre, und man so die Belegschaft noch halten kann. Man nennt das Betriebsminimum auch den Stillegungspunkt, weil bei weiterem Sinken des Verkaufspreises unter die durchschnittlichen ↑variablen Kosten durch eine Weiterproduktion ein zusätzlicher Verlust in Höhe der teilweise nicht gedeckten variablen Kosten anfallen würde.

Betriebsmittel: materielle Güter, mit deren Hilfe in Verbindung mit der menschlichen Arbeitsleistung Werkstoffe bearbeitet und verarbeitet werden. Zu den Betriebsmitteln zählen alle betrieblichen Anlagen und Einrichtungen (z. B. Maschinen, Werkzeuge, Fahrzeuge, Gebäude), die der Erfüllung des Betriebszweckes dienen.

betriebsnotwendiges Kapital: das Kapital, das zur Erreichung des Betriebszweckes notwendig ist, Eigenkapital und Fremdkapital. Für dieses Kapital muß ein kalkulatorischer Zins (↑kalkulatorische Kosten) angesetzt werden. Hilfsgröße für die Ermittlung des betriebsnotwendigen Kapitals ist das **betriebsnotwendige Vermögen,** das mit diesem Kapital finanziert wird: Von der Summe aus den Restwerten des kalkulatorisch abgeschriebenen betriebsnotwendigen Anlagevermögens und dem durchschnittlich gebundenen betriebsnotwendigen Umlaufvermögen wird das zinsfrei überlassene Fremdkapital (z. B. Kundenanzahlungen) abgezogen; es ergibt sich das betriebsnotwendige Kapital.

Betriebsobmann ↑Betriebsrat.

Betriebsoptimum (optimaler Kostenpunkt) ↑Kostenverlauf.

Betriebsorganisation: planvolle Gestaltung des inneren Betriebsgeschehens nach bestimmten Ordnungsprinzipien, v. a. das Verknüpfen von Einrichtungen, Funktionen und Abläufen in einem Betrieb durch generelle oder fallweise Regelungen. Zum organisatorischen Aufbau eines Betriebes gehören einerseits die Zuordnung der betrieblichen Funktionen zu Abteilungen

Betriebsart	**Betriebsmerkmal**	**Großbetrieb** (über DM)	**Mittelbetrieb** (über DM)	**Kleinbetrieb** (über DM)
Handelsbetriebe	Gesamtumsatz steuerl. Gewinn	9,27 Mill. 309 000	1,03 Mill. 62 000	190 000 36 000
Freie Berufe	Gesamtumsatz (Betriebseinnahmen) steuerl. Gewinn	5,15 Mill. 721 000	927 000 155 000	190 000 36 000
Andere Leistungsbetriebe	Gesamtumsatz steuerl. Gewinn	6,18 Mill. 309 000	824 000 62 000	190 000 36 000
Fertigungsbetriebe	Gesamtumsatz steuerl. Gewinn	5,15 Mill. 258 000	515 000 62 000	190 000 36 000
Kreditinstitute	Aktivvermögen steuerl. Gewinn	100 Mill. 600 000	30 Mill. 200 000	10 Mill. 50 000
Versicherungsunternehmen	Jahresprämieneinnahmen	30 Mill.	5 Mill.	2 Mill.
Land- und forstwirtschaftliche Betriebe	steuerl. Gewinn Wirtschaftswert der selbstbewirtschafteten Fläche	120 000 225 000	60 000 100 000	36 000 40 000

Quelle: Lexikon des Steuer- und Wirtschaftsrechts, Verlag Wirtschaft, Recht und Steuern.

und Arbeitsplätzen bzw. Stellen (inklusive Arbeitsplatz- bzw. Stellenbeschreibung), die Kompetenzabgrenzung im funktionalen Sinne, andererseits auch Regelungen der Leitungsbefugnisse, Delegations-, Mitsprache-, Mitbestimmungs- und Vorschlagsrechte sowie Informationsansprüche (Betriebshierarchie). Ohne eine entsprechende Betriebsorganisation sind die Unternehmensziele nicht oder nur sehr schwer erreichbar. Ein wichtiges Teilgebiet ist die Abstimmung von menschlichen Bedürfnissen und technischen Erfordernissen in der Art, daß eine optimale Kombination aller eingesetzten Produktionsfaktoren erreicht wird.

Betriebspsychologie: mit der ↑Arbeitspsychologie verwandter Bereich der angewandten Psychologie. Untersuchungsgegenstand sind Gruppenbeziehungen, Betriebs- und Sozialklima, Arbeitsmotivation und Emotionalität, Alters-, Geschlechts- und Herkunftsstruktur der Belegschaft.

Betriebsrat: Aufgrund des ↑Betriebsverfassungsgesetzes gewählte Vertretung der Arbeitnehmer in einem Betrieb. Bei Betrieben mit weniger als 20 Beschäftigten besteht er nur aus einer Person, dem **Betriebsobmann,** sonst aus einer in Abhängigkeit von der Zahl der Arbeitnehmer festgelegten ungeraden Anzahl von Mitgliedern. Bei einem aus mehreren Betrieben bestehenden Unternehmen ist ein **Gesamtbetriebsrat** zu bilden, der für das Unternehmen in seiner Gesamtheit oder für mehrere Betriebe betreffende Angelegenheiten zuständig ist. Die Betriebsräte von Betrieben eines Konzerns können einen **Konzernbetriebsrat** bilden.

Die Wahl der Betriebsrats erfolgt einheitlich in der Bundesrepublik Deutschland alle vier Jahre in der Zeit zwischen dem 1. März und dem 31. Mai. Erstmalige oder durch Rücktritt erforderliche Betriebsratswahlen können jederzeit stattfinden. Liegt zur Wahl nur eine Liste vor, erfolgt Mehrheitswahl; bei mehreren Listen verteilen sich die Sitze im Betriebsrat nach den Grundsätzen der Verhältniswahl. Arbeiter und Angestellte wählen ihre Vertreter getrennt (Gruppenwahl), können jedoch auch in einer gesonderten Abstimmung gemeinsame Wahl beschließen. Die Vertretung der Minderheitsgruppe ist besonders geregelt.

Der Betriebsrat ist weisungsfrei. Auch die ↑Betriebsversammlung kann dem Betriebsrat gegenüber lediglich Empfehlungen aussprechen. Die Mitglieder des Betriebsrats sind unter Fortzahlung der Bezüge für ihr Amt angemessen von der Arbeit freizustellen. Sie genießen einen besonderen Schutz gegen Benachteiligung und Kündigung. Die Kosten für die Amtsführung des Betriebsrats einschließlich erforderlicher Schulungen seiner Mitglieder sind vom Arbeitgeber zu tragen.

Die dem Betriebsrat zugewiesenen Beteiligungsrechte beziehen sich auf soziale Angelegenheiten, Personalplanung, personelle Einzelmaßnahmen (z. B. Versetzungen, Umgruppierungen), Arbeitsplatzsicherheit, bei Betriebsänderungen auch auf den Interessenausgleich und den ↑Sozialplan zugunsten der betroffenen Arbeitnehmer. Diese Beteiligungsrechte bestehen z. T. in erzwingbaren Mitbestimmungsrechten des Betriebsrats (u. a. in Fragen der Ordnung des Betriebes, der Arbeitszeit, der Urlaubsplanung, der Verhaltens- oder Leistungskontrolle mit technischen Einrichtungen, der Unfallverhütung, der Akkord- und Prämiensätze), z. T. in Informations-, Anhörungs- und Widerspruchsrechten. Rechtliche Gestaltungsmittel des Zusammenwirkens zwischen Arbeitgeber und Betriebsrat sind die ↑Betriebsvereinbarung und die formlose Regelungsabrede.

Der Betriebsrat hat zum Wohle der Arbeitnehmer und des Betriebs mit dem Arbeitgeber vertrauensvoll zusammenzuarbeiten. Ein Aufruf zu Arbeitskampfmaßnahmen ist ihm untersagt. Hinsichtlich vertraulicher Mitteilungen sowie Betriebs- und Geschäftsgeheimnissen unterliegt er der Schweigepflicht.

Betriebsrente ↑betriebliche Altersversorgung.

Betriebsstoffe: Materialien, die nur mittelbar der Fertigung dienen, also stofflich nicht in das Produkt eingehen, z. B. Schmiermittel, Büromaterial. Kalkulatorisch gehört der Betriebsstoffverbrauch zu den ↑Gemeinkosten, da er sich fast nie dem Produkt zurechnen läßt.

Betriebssystem (Systemsoftware): Sammelbezeichnung für alle Programme, die – meist vom Hersteller der EDV-Anlage mitgeliefert – den Betrieb der Datenverarbeitungsanlage erst ermöglichen. Die notwendigen Programme sind von der ↑Konfiguration und den ↑Betriebsarten abhängig. Zum Betriebssystem gehören im wesentlichen drei Programmgruppen: 1. *Steuerprogramme* steuern und überwachen den gesamten Ablauf der Datenverarbeitung. 2. *Übersetzungsprogramme* wandeln das in einer höheren Programmiersprache (z. B. BASIC) geschriebene Programm (Quellenprogramm) in die Sprache der Maschine (Binärdarstellung) um. 3. *Dienstprogramme* sind Hilfsprogramme für häufig auftretende Routinearbeiten wie Sortieren, Mischen, Kopieren.

Betriebsübersicht (Abschlußbogen, Bilanztabelle): in der Buchführung das Abschlußblatt in Tabellenform, das bis zu 8 Doppelspalten enthält: 1. Eröffnungsbilanz, 2. Umsatzbilanz, 3. Summenbilanz (1 + 2), 4. Saldenbilanz I, 5. Umbuchungen, 6. Saldenbilanz II (Saldenbilanz I ± Umbuchungen), 7. Schlußbilanz, 8. Erfolgsbilanz (Gewinn- und Verlustrechnung).

Betriebs- und Geschäftsausstattung: alle meist beweglichen Einrichtungsgegenstände eines Betriebs, soweit es sich nicht um die im technischen Bereich eingesetzten Maschinen, maschinelle Anlagen und Werkzeuge handelt. Zu der Geschäftsausstattung rechnen also Büromaschinen, nicht aber Büromaterial.

Betriebsvereinbarung: schriftlicher Vertrag, den im Rahmen des Betriebsverfassungsgesetzes der ↑Arbeitgeber und der ↑Betriebsrat zur Regelung betrieblicher Fragen abschließen. Arbeitsentgelte und sonstige Arbeitsbedingungen, die durch Tarifvertrag geregelt werden, können nicht Gegenstand von Betriebsvereinbarungen sein. Eine Betriebsvereinbarung kann auch durch Spruch der **Einigungsstelle** zustandekommen. Diese besteht aus einer Zahl von Beisitzern, die jeweils vom Arbeitgeber und vom Betriebsrat benannt werden, sowie einem neutralen Vorsitzenden, auf den sich beide Parteien einigen müssen (andernfalls wird er vom Arbeitsgericht bestellt). In Fragen, bei denen der Betriebsrat eine erzwingbare Mitbestimmung hat, ersetzt der Spruch der Einigungsstelle die fehlende Einigung zwischen Arbeitgeber und Betriebsrat.

Betriebsverfassungsgesetz: Bundesgesetz von 1972, das das Betriebsverfassungsgesetz von 1952 ablöste. Das Betriebsverfassungsgesetz gilt für Betriebe mit mindestens fünf ständig beschäftigten wahlberechtigten Arbeitnehmern. Wahlberechtigt zum ↑Betriebsrat sind alle Arbeiter und Angestellten (mit Ausnahme der leitenden Angestellten), die das 18. Lebensjahr vollendet haben. Das Betriebsverfassungsgesetz regelt Anhörungs- und Beschwerderechte der einzelnen Arbeitnehmer sowie das Recht auf Einsicht in die Personalakte. Weiter enthält das Betriebsverfassungsgesetz die Bestimmungen über Wahl, Zusammensetzung, Rechte und Pflichten des Betriebsrats und über die ↑Betriebsversammlung. – ↑auch Mitbestimmung.

Betriebsvergleich: systematischer Vergleich verschiedener wirtschaftlicher Größen aus allen Bereichen des Rechnungswesens zur Messung und

Beurteilung betrieblicher Entwicklungen und Veränderungen zum Zwecke der Rationalisierung (z. B. Lohnkostenanteil). 1. Der **interne Betriebsvergleich** (einbetrieblicher oder Selbstvergleich) untersucht als *Zeitvergleich* Bilanzen verschiedener Geschäftsjahre sowie Kosten, Umsätze und andere Kennziffern verschiedener Abrechnungsperioden. 2. Beim **externen** oder **zwischenbetrieblichen Betriebsvergleich** werden als *Zeitvergleich* und als *Strukturvergleich* zahlenmäßig erfaßbare Entwicklungen ähnlich gelagerter Unternehmen *(Branchenvergleich)* gegenübergestellt, um die Stellung innerhalb der Branche zu ermitteln (z. B. Umsatz, Investitionen). Grundlage bilden meist Jahresabschlüsse und Geschäftsberichte, die nur bei gleichem Aufbau des Rechnungswesens (↑ Kontenrahmen, ↑ Bilanzgliederung) vergleichbar sind, oder durch Aufbereitung vergleichbar gemacht werden müssen.

Betriebsversammlung: gemäß dem Betriebsverfassungsgesetz die Versammlung der ↑ Arbeitnehmer eines Betriebes. Sie ist vierteljährlich vom ↑ Betriebsrat einzuberufen, findet während der Arbeitszeit statt und wird vom Betriebsratsvorsitzenden geleitet. Der Arbeitgeber hat Teilnahme- und Rederecht. Die Betriebsversammlung ist nicht öffentlich. Im Betrieb vertretene Gewerkschaften können beratend an der Betriebsversammlung teilnehmen; der Arbeitgeber kann einen Beauftragten seines Arbeitgeberverbandes hinzuziehen. Die Betriebsversammlung hat kein Weisungsrecht gegenüber dem Betriebsrat, kann ihm aber Anträge unterbreiten.

Betriebswirt (BA) ↑ Berufsakademie.

Betriebswirt (grad.): früherer Hochschulgrad von Absolventen von Fachhochschulen mit bestandener Abschlußprüfung im Fachbereich Wirtschaft. Heute wird das Diplom verliehen.

Betriebswirtschaftslehre: Disziplin der Wirtschaftswissenschaften. In ihrem theoretischen Zweig werden der Aufbau von und die Vorgänge in Betrieben beschrieben, erklärt und Gestaltungsmöglichkeiten untersucht. In der angewandten (praktischen) Betriebswirtschaftslehre werden Mittel-Zweck-Relationen analysiert, verglichen und bewertet, somit Entscheidungsmodelle für die Gestaltung betriebswirtschaftlicher Prozesse im Hinblick auf bestimmte Ziele erarbeitet.

Betrug: durch Täuschung wird ein anderer zu einer für sein Vermögen nachteiligen Verfügung gebracht, die er in Kenntnis der wahren Sachlage nicht getroffen hätte. Der Täuschende handelt in Bereicherungsabsicht. Betrug ist eine Straftat.

Beurkundung ↑ öffentliche Beurkundung.

Bevölkerungsbewegung: Veränderung des Bestands einer Bevölkerung durch Geburten- und Sterbefälle *(natürliche Bevölkerungsbewegung)* oder durch Wanderungen und Umzüge *(räumliche Bevölkerungsbewegung)*. Die reale Bevölkerungsbewegung ist nur aus dem Zusammenwirken zahlreicher Einflußkomponenten zu erklären; dazu gehören unter anderem die Anzahl der Geburten in einer Periode im Verhältnis zur Gesamtbevölkerung, die Anzahl der Frauen in gebärfähigem Alter, die Anzahl der Eheschließungen.

Bevölkerungswachstum: absolute oder relative Veränderung des Bestands einer Bevölkerung infolge der natürlichen und/oder der räumlichen ↑ Bevölkerungsbewegung. Das natürliche Bevölkerungswachstum (absolut) wird definiert als Differenz zwischen der Anzahl der Geborenen und der Anzahl der Sterbefälle in einer Periode. Das extrem starke Wachstum der Weltbevölkerung in der 2. Hälfte des 20. Jahrhunderts wird als Bevölkerungsexplosion bezeichnet. Als Ursache werden vor allem Fortschritte in der medizinischen Versorgung und Änderungen der Sozialstruktur besonders in der dritten Welt angenommen. Die Bevölkerungsgeschichte zeigt jedoch, daß das Tempo des Bevölkerungswachstums nicht monokausal zu erklären ist. Das Gesamtbevölkerungswachstum schließt zusätzliche Wanderungsgewinne bzw. Wanderungsverluste ein.

Bevollmächtigter ↑Vollmacht, ↑Vertretungsmacht.

bevorrechtigte Forderungen ↑Konkurs.

Bewertung: geldmäßige Bezifferung von Vermögensgegenständen, Schulden, ganzen Unternehmen sowie von verbrauchten Gütern und Dienstleistungen. Die Wahl des jeweiligen Wertansatzes hängt vom Zweck der Bewertung ab. Wertmaßstäbe können sein die ↑Anschaffungskosten, die ↑Herstellungskosten, der ↑Teilwert, der ↑gemeine Wert, der ↑Substanzwert, der ↑Ertragswert, der ↑Einheitswert.

Bewertungszwecke sind 1. *in der Bilanz:* Ermittlung des erzielten, des ausschüttungsfähigen oder des zu versteuernden Gewinns; im Rahmen von ↑Sonderbilanzen z. B. Ermittlung des Abfindungsguthabens (Auseinandersetzungsbilanz), des Liquidationsvermögens (Liquidationsbilanz), des Konkursvermögens (Konkursbilanz), des Einbringungswertes (Umwandlungsbilanz); 2. *in der Unternehmensbewertung:* Abfindung ausscheidender oder Aufnahme neuer Gesellschafter, Umwandlung, Fusion, Sanierung, steuerliche Ermittlung des gemeinen Werts von Anteilen; 3. *in der Kostenrechnung:* Preisbildung, Betriebskontrolle, Ermittlung der Herstellungskosten für die Bilanzsätze.

Bewertungsvorschriften: Für alle Unternehmen gelten folgende Bewertungsgrundsätze (§ 252 HGB): 1. Wahrung der ↑Bilanzidentität und ↑Bilanzkontinuität; 2. bei der Bewertung ist von der Fortführung der Unternehmenstätigkeit auszugehen, sofern dem nicht tatsächliche oder rechtliche Gegebenheiten entgegenstehen; 3. ↑Einzelbewertung (siehe aber: ↑Durchschnittsbewertung, ↑Fifo-Methode); 4. vorsichtige Bewertung (↑Realisationsprinzip, ↑Höchstwertprinzip, ↑Niederstwertprinzip) unter Berücksichtigung aller bis zum Tag der Aufstellung des Jahresabschlusses vorhersehbaren Risiken und Verluste; 5. periodengerechte Erfassung der Aufwendungen und Erträge des Geschäftsjahres, unabhängig vom Zeitpunkt der entsprechenden Ausgaben und Einnahmen (↑Abgrenzung).

Im einzelnen gelten außerdem folgende Bewertungsvorschriften: a) Alle Vermögensgegenstände sind höchstens mit den Anschaffungs- bzw. Herstellungskosten abzüglich eventueller Abschreibungen anzusetzen, Verbindlichkeiten mit dem Rückzahlungsbetrag, das gezeichnete Kapital mit dem Nennwert, Rentenverpflichtungen in der Regel mit dem ↑Barwert. Rückstellungen sind so anzusetzen, wie es nach vernünftiger kaufmännischer Beurteilung notwendig ist. b) Beim abnutzbaren ↑Anlagevermögen sind planmäßige, auf der Grundlage der voraussichtlichen Nutzungsdauer berechnete Abschreibungen vorzunehmen. c) Beim gesamten Anlagevermögen können bei einem auch nur vorübergehend niedrigeren Wert am Bilanzstichtag außerplanmäßige Abschreibungen vorgenommen werden (bei Kapitalgesellschaften nur bei Finanzanlagen). Ist die Wertminderung voraussichtlich von Dauer, müssen sie vorgenommen werden. d) Beim Umlaufvermögen gilt das strenge Niederstwertprinzip. Auch bei voraussichtlich nur vorübergehenden Wertminderungen muß auf den niedrigeren Wert abgeschrieben werden. e) Außerdem darf abgeschrieben werden im Rahmen vernünftiger kaufmännischer Beurteilung. Dies gilt jedoch nicht für das Anlagevermögen von Kapitalgesellschaften. Ist der Grund für eine Abschreibung nach c) bis e) weggefallen, darf der niedrigere Wert beibehalten werden. Dies gilt nicht für

Kapitalgesellschaften, bei denen eine eventuelle spätere Werterhöhung wieder zuzuschreiben ist *(Wertaufholungsgebot).* Nach den steuerrechtlichen Bewertungsvorschriften, die eine möglichst richtige Vermögens- und Gewinnermittlung im Interesse der Gleichmäßigkeit der Besteuerung zum Ziel haben, besteht beim Anlagevermögen – soweit es in der Handelsbilanz zulässig ist – ein Wahlrecht zwischen den Anschaffungs- und Herstellungskosten und einem niedrigeren ↑Teilwert. Beim Umlaufvermögen muß ein niedrigerer Teilwert genommen werden. – ↑auch geringwertige Wirtschaftsgüter, ↑Kapitalerhaltung, ↑Firmenwert, ↑Anhang.

bezahlt (bez., bz., b): ↑Kurszusatz, der besagt, daß die Kaufaufträge und die Verkaufsaufträge für dieses Wertpapier sich die Waage hielten und erfüllt werden konnten. Die häufigste Form *bG (bezahlt Geld)* bedeutet, daß zwar alle auf der Kursbasis liegenden Verkaufsaufträge ausgeführt werden konnten, aber noch weitere Nachfrage bestand (↑Geld). *bB (bezahlt Brief)* bedeutet, daß zwar alle Kaufwünsche befriedigt werden konnten, es lagen aber noch weitere Verkaufsangebote vor (↑Brief).

bezogene Fertigteile: von Dritten bezogene Teile oder Fremdbauteile, die in die eigenen Erzeugnisse eingehen, z. B. Armaturen oder Motoren zum Einbau in Maschinen. Buchhalterisch sind sie wie Rohstoffe und in der Kalkulation als ↑Sondereinzelkosten zu behandeln.

Bezogener (Trassat): beim Scheck oder Wechsel derjenige, an den die Zahlungsaufforderung gerichtet ist (Zahlungspflichtiger). Bezogener eines Schecks kann nur ein Kreditinstitut sein. Bezogener eines Wechsels kann jede natürliche oder juristische Person sein. Der Aussteller eines Wechsels kann auch sich selbst als Bezogenen einsetzen. Ein solcher Wechsel heißt trassiert eigener Wechsel oder ↑Solawechsel.

Bezugskalkulation: Kalkulation des Bezugs- oder Einstandspreises, d. h., des um die Bezugs- oder ↑Beschaffungskosten vermehrten Einkaufspreises. Bei gemeinsamem Bezug verschiedener Waren können die Bezugskosten kalkulatorisch den einzelnen Erzeugnissen zugerechnet werden. Wichtig ist dabei die Trennung von Mengenkosten oder Gewichtsspesen (z. B. Frachtkosten) und Wertkosten oder Wertspesen (z. B. Versicherungsprämien, die meisten Zölle). Die Bezugskalkulation, zu der im weiteren Sinne auch die Einkaufskalkulation gehört, ist vor allem im Handel von Bedeutung. – ↑auch Kalkulationsschema.

Bezugskosten ↑Beschaffungskosten (im engeren Sinne).

Bezugskurs: Preis, der beim Bezug einer jungen ↑Aktie vom Käufer zu zahlen ist. Er wird von der AG (meist schon im Zusammenhang mit dem Kapitalerhöhungsbeschluß) festgelegt und darf nicht unter dem Nennwert liegen.

Bezugspreis ↑Einstandspreis.

Bezugsrecht: Recht auf Erwerb junger ↑Aktien, die bei der Erhöhung des Grundkapitals einer AG ausgegeben werden. Dieses Recht steht den Eigentümern alter Aktien gesetzlich zu und kann von diesen entweder selbst in Anspruch genommen oder zum Börsenpreis verkauft werden. Die Hauptversammlung kann mit Dreiviertelmehrheit das Bezugsrecht ganz oder teilweise ausschließen. Die Bezugsrechte können während der gesamten Bezugsfrist gehandelt werden, üblicherweise 8–15 Börsentage. Will ein Eigentümer sein Bezugsrecht ausüben, so ist entscheidend die Zahl seiner Altaktien. Beispiel: Beträgt das ↑Bezugsverhältnis 10 : 1, so benötigt er 10 Altaktien, um eine junge Aktie zu einem Vorzugspreis (Bezugskurs) erwerben zu können. Besitzt er nun 12 Altaktien, so kann er entweder das Bezugsrecht für 2 Altaktien verkaufen („die Bezugsrechtsspitze abstoßen“) oder 8 Bezugsrechte erwer-

ben, um dann 2 junge Aktien kaufen zu können.
Der *rechnerische Wert* des Bezugsrechts errechnet sich wie folgt: Der Bezugskurs wird dividiert durch die Summe aus 1 und der Zahl der für eine junge Aktie erforderlichen Altaktien. Dieser rechnerische Wert des Bezugsrechts wird am ersten Handelstag vom Börsenkurs der Altaktie abgezogen, der dann mit dem Zusatz *exB* (↑ex Bezugsrecht) versehen wird. Dem Altaktionär entsteht kein Schaden, weil der Bezugsrechtswert den Kursrückgang ausgleicht. Der *Börsenwert* des Bezugsrechts jedoch wird abhängig von Angebot und Nachfrage gebildet und kann ein Mehrfaches des rechnerischen Wertes sein (aber auch unter diesem liegen).

Bezugsverhältnis: Verhältnis des alten Grundkapitals einer ↑Aktiengesellschaft zum Betrag der Grundkapitalerhöhung. Es gibt an, auf welche Stückzahl alter Aktien eine oder mehrere junge ↑Aktien bezogen werden können (↑Bezugsrecht). Beispiel: Will eine AG ihr Grundkapital um 50 Mill. DM auf 250 Mill. DM erhöhen, dann beträgt das Bezugsverhältnis 200 (altes): 50 (Erhöhung) = 4:1. Dies würde bedeuten, daß ein Aktionär, der vier Altaktien besitzt, eine junge Aktie erwerben kann.

BfA: Abk. für ↑**B**undesversicherungsanstalt **f**ür **A**ngestellte.

BFH: Abk. für **B**undes**f**inanz**h**of (↑Finanzgerichtsbarkeit).

bfn (brutto für netto, b/n): Handelsklausel, nach der die Verpackung (↑Tara) wie die Ware berechnet wird, etwa: Gewicht der Ware zuzüglich Gewicht der Kiste mal Warenpreis pro Gewichtseinheit ergibt den Kaufpreis.

BGB: Abk. für ↑**B**ürgerliches **G**esetz**b**uch.

BGB-Gesellschaft ↑Gesellschaft des bürgerlichen Rechts.

BGH: Abk. für **B**undes**g**erichts**h**of (↑ordentliche Gerichtsbarkeit).

Bilanz [italienisch; zu lateinisch bilanx; „zwei Waagschalen habend"]: für jeden Kaufmann jährlich vorgeschriebene, summarisch gegliederte, kontenförmige Gegenüberstellung aller am ↑Bilanzstichtag in einem Unternehmen eingesetzten Werte nach ihrer Herkunft (↑Passiva) und ihrer Verwendung (↑Aktiva). Die Posten auf der Aktivseite geben Auskunft über das Vermögen, unterteilt nach ↑Anlagevermögen und ↑Umlaufvermögen, die auf der Passivseite über das Kapital, unterteilt nach Eigenkapital, Rückstellungen und Verbindlichkeiten. Da beide Seiten alle Werte eines Unternehmens umfassen, ist die Bilanzgleichung Vermögen (Aktivseite) = Kapital (Passivseite) stets erfüllt. Zusammen mit der ↑Gewinn- und Verlustrechnung bildet die Bilanz den ↑Jahresabschluß des Rechnungswesens eines Unternehmens für ein Geschäftsjahr.
Je nach der speziellen Aufgabe der Bilanz sind unterschiedliche *Bilanzarten* nötig. Jahresbilanzen (ordentliche Bilanzen) müssen aufgrund gesetzlicher Vorschriften und betriebswirtschaftlicher Notwendigkeit regelmäßig erstellt werden, während ↑Sonderbilanzen (außerordentliche Bilanzen) durch einmalig auftretende rechtliche und wirtschaftliche Vorgänge notwendig werden. Die Jahresbilanz kann ↑Handelsbilanz oder ↑Steuerbilanz sein, je nach den gesetzlichen Vorschriften, nach denen sie erstellt wird. Unterschiedliche Bilanzarten ergeben sich außerdem durch die Tatsache, daß es für verschiedene Rechtsformen von Unternehmen unterschiedliche Vorschriften gibt, z. B. über die Mindestgliederung, die ↑Bewertung, die Ausweisung des Haftungskapitals, die Bildung von Rücklagen usw. Werden die Bilanzen mehrerer rechtlich und wirtschaftlich selbständiger Unternehmen, z. B. bei einer Interessengemeinschaft, zusammengefaßt, spricht man von einer General- oder Gemeinschaftsbilanz. Sind Unternehmen rechtlich selbständig,

bilden aber wirtschaftlich eine Einheit, z. B. Konzernverbindungen, ergibt sich aus der Zusammenfassung der Einzelbilanzen die konsolidierte Bilanz.

Allgemeine Aufgabe der Bilanz ist die Rechenschaftslegung durch Feststellung der Höhe des Vermögens und der Schulden an einem Stichtag und der Ermittlung des Erfolges einer Abrechnungsperiode. Intern dient sie dabei der Unternehmensleitung z. B. zur Kontrolle und Überwachung des Betriebsprozesses; extern informiert sie die Bilanzempfänger, d. h. die Steuerbehörde, die Aktionäre, die Gläubiger und die sonstige interessierte Öffentlichkeit. Ferner soll die Bilanz Einblicke in die Vermögens- und Kapitalstruktur (↑Bilanzanalyse) und Auskünfte über die ↑Kapitalerhaltung des Unternehmens geben. – ↑Bilanzgliederung, ↑Bilanztheorien.

Bilanzanalyse: kritische Auswertung und Beurteilung der ↑Bilanz, entweder intern (z. B. zur Finanz- und Investitionsplanung) oder extern (z. B. für die Überprüfung der Kreditwürdigkeit oder die steuerliche Betriebsprüfung). Für eine **externe Bilanzanalyse** stehen im allgemeinen nur der ↑Jahresabschluß sowie frühere Abschlüsse desselben Unternehmens und Abschlüsse vergleichbarer Unternehmen zur Verfügung. Die Ergebnisse sind daher nur von beschränktem Wert, da die Untersuchenden nicht wissen, nach welchen Grundsätzen bilanziert wurde und welche Entwicklungen für das Ergebnis des Abrechnungszeitraums verantwortlich waren. Für **interne Bilanzanalysen** stehen dagegen die gesamten Buchführungsunterlagen und Rechenschaftsberichte zur Verfügung. Sie dienen v. a. der laufenden Kontrolle des Betriebes und können Anstoß für die Entwicklung neuer oder veränderter Strategien der Betriebspolitik sein. Für die Bilanzanalyse werden die Zahlen der Bilanz und der ↑Gewinn- und Verlustrechnung aufbereitet, in sinnvolle Beziehung gesetzt, dadurch Verhältniszahlen **(Bilanzkennziffern)** ermittelt und diese mit früheren Perioden und denen vergleichbarer Unternehmen verglichen.

Je nach den Gegebenheiten des einzelnen Betriebs und dem Zweck der Analyse sind unterschiedliche Kennziffern von Bedeutung; z. B. zur 1. *Kapitalstruktur:* Verhältnis der einzelnen Positionen zur Bilanzsumme; Verhältnis Eigenkapital zu Fremdkapital, langfristiges Fremdkapital zu kurzfristigem, kurzfristiges Fremdkapital zu liquiden Mitteln bzw. schnell veräußerbaren Warenvorräten oder kurzfristigen Forderungen usw.; 2. *Vermögensstruktur:* Verhältnis der einzelnen Positionen zur Bilanzsumme; Verhältnis Anlage- zu Umlaufvermögen; Zusammensetzung des Anlage- und Umlaufvermögens usw.; 3. *Finanzierungsstruktur* und *Liquiditätslage:* Verhältnis Anlagevermögen zum Eigenkapital, zum Eigenkapital + langfristigen Fremdkapital, zum langfristigen Fremdkapital; Verhältnis der ↑Betriebsmittel zu den kurzfristigen Fremdmitteln usw.; 4. ↑Rentabilität; 5. ↑Umsatz; 6. *Ertragslage:* Entwicklung z. B. der Lohnkosten, des Umsatzes, der Abschreibungen, der Steuern. – ↑auch Cash flow, ↑Return on investment, ↑Price-Earnings-Ratio, ↑Umschlagshäufigkeit, ↑Produktivität.

Bilanzgewinn: der in der ↑Gewinn- und Verlustrechnung und ↑Bilanz ausgewiesene Gewinn. Er errechnet sich aus dem ↑Jahresüberschuß zuzüglich Entnahmen aus den Gewinnrücklagen und eines eventuellen Gewinnvortrags aus dem Vorjahr oder vermindert um einen eventuellen Verlustvortrag aus dem Vorjahr und um Einstellungen in die Rücklagen. Ist das Ergebnis negativ, handelt es sich um einen **Bilanzverlust.**

Bilanzgliederung: gesetzlich vorgeschriebene Pflicht eines Kaufmanns, in der Bilanz das Anlage- und Umlaufvermögen, das Eigenkapital, die Schulden sowie die Rech-

Bilanz

Gliederung für große und mittelgroße Kapitalgesellschaften nach § 266 HGB

Aktivseite

A. Anlagevermögen:
- I. Immaterielle Vermögensgegenstände:
  - 1. Konzessionen, gewerbliche Schutzrechte und ähnl. Rechte und Werte sowie Lizenzen an solchen Rechten und Werten;
  - 2. Geschäfts- oder Firmenwert;
  - 3. geleistete Anzahlungen;
- II. Sachanlagen:
  - 1. Grundstücke, grundstücksgleiche Rechte und Bauten einschließlich der Bauten auf fremden Grundstücken;
  - 2. technische Anlagen und Maschinen;
  - 3. andere Anlagen, Betriebs- und Geschäftsausstattung;
  - 4. geleistete Anzahlungen und Anlagen im Bau;
- III. Finanzanlagen:
  - 1. Anteile an verbundenen Unternehmen;
  - 2. Ausleihungen an verbundene Unternehmen;
  - 3. Beteiligungen;
  - 4. Ausleihungen an Unternehmen, mit denen ein Beteiligungsverhältnis besteht;
  - 5. Wertpapiere des Anlagevermögens;
  - 6. sonstige Ausleihungen.

B. Umlaufvermögen:
- I. Vorräte:
  - 1. Roh-, Hilfs- und Betriebsstoffe;
  - 2. unfertige Erzeugnisse, unfertige Leistungen;
  - 3. fertige Erzeugnisse und Waren;
  - 4. geleistete Anzahlungen;
- II. Forderungen und sonstige Vermögensgegenstände:
  - 1. Forderungen aus Lieferungen und Leistungen;
  - 2. Forderungen gegen verbundene Unternehmen;
  - 3. Forderungen gegen Unternehmen, mit denen ein Beteiligungsverhältnis besteht;
  - 4. sonstige Vermögensgegenstände;
- III. Wertpapiere:
  - 1. Anteile an verbundenen Unternehmen;
  - 2. eigene Anteile;
  - 3. sonstige Wertpapiere;
- IV. Schecks, Kassenbestand, Bundesbank- und Postgiroguthaben, Guthaben bei Kreditinstituten.

C. Rechnungsabgrenzungsposten.

Passivseite

A. Eigenkapital:
- I. Gezeichnetes Kapital;
- II. Kapitalrücklage;
- III. Gewinnrücklagen:
  - 1. gesetzliche Rücklage;
  - 2. Rücklage für eigene Anteile;
  - 3. satzungsmäßige Rücklagen;
  - 4. andere Gewinnrücklagen;
- IV. Gewinnvortrag/Verlustvortrag;
- V. Jahresüberschuß/Jahresfehlbetrag.

B. Rückstellungen:
- 1. Rückstellungen für Pensionen und ähnliche Verpflichtungen;
- 2. Steuerrückstellungen;
- 3. sonstige Rückstellungen.

C. Verbindlichkeiten:
- 1. Anleihen, davon konvertibel;
- 2. Verbindlichkeiten gegenüber Kreditinstituten;
- 3. erhaltene Anzahlungen auf Bestellungen;
- 4. Verbindlichkeiten aus Lieferungen und Leistungen;
- 5. Verbindlichkeiten aus der Annahme gezogener Wechsel und der Ausstellung eigener Wechsel;
- 6. Verbindlichkeiten gegenüber verbundenen Unternehmen;
- 7. Verbindlichkeiten gegenüber Unternehmen, mit denen ein Beteiligungsverhältnis besteht;
- 8. sonstige Verbindlichkeiten, davon aus Steuern, davon im Rahmen der sozialen Sicherheit.

D. Rechnungsabgrenzungsposten.

nungsabgrenzungsposten gesondert auszuweisen und hinreichend zu gliedern. Für Kapitalgesellschaften werden in § 265 HGB eine Reihe zusätzlicher *Gliederungsgrundsätze* aufgeführt:
1. Die Form der Darstellung, insbesondere die Gliederung der aufeinanderfolgenden ↑Bilanzen und ↑Gewinn- und Verlustrechnungen, ist, von notwendigen Ausnahmen abgesehen, beizubehalten. 2. In der Bilanz und in der Gewinn- und Verlustrechnung sind die Vorjahreszahlen auszuweisen. 3. Bei Wirtschaftsgütern, die unter mehrere Bilanzposten fallen, muß diese Mitgehörigkeit dort, wo der Posten ausgewiesen wird, oder im ↑Anhang vermerkt werden, sofern die ↑Bilanzklarheit dies erfordert. 4. Ist wegen verschiedener Geschäftszweige der Jahresabschluß nach unterschiedlichen Gliederungsvorschriften zu erstellen, wird nach einer Gliederung verfahren, die durch die anderen Gliederungen ergänzt wird. 5. Eine weitergehende Gliederung ist möglich. 6. Wenn die Bilanzklarheit es erfordert, können Gliederung und Bezeichnung der im Gliederungsschema mit arabischen Ziffern versehenen Posten an die Besonderheiten des Unternehmens angepaßt werden. 7. die mit arabischen Ziffern versehenen Posten des Gliederungsschemas können u. U. zusammengefaßt ausgewiesen werden. 8. Posten, die keinen Betrag ausweisen, brauchen – sofern dies auch im Vorjahr der Fall war – nicht ausgewiesen zu werden.

Die in § 266 HGB aufgeführte Bilanzgliederung gilt, einschließlich der Bezeichnung und Reihenfolge der Posten, für große und mittelgroße Kapitalgesellschaften (↑Betriebsgröße). Kleine Kapitalgesellschaften brauchen nur die mit Buchstaben und römischen Zahlen versehenen Posten in einer verkürzten Bilanz auszuweisen.

Unter der Bilanz (bei Kapitalgesellschaften statt dessen auch im Anhang möglich) sind, sofern sie nicht auf der Passivseite ausgewiesen werden müssen, Verbindlichkeiten aus der Begebung und Übertragung von Wechseln, aus Bürgschaften, Wechsel- und Scheckbürgschaften und aus Gewährleistungsverträgen sowie Haftungsverhältnisse aus der Bestellung von Sicherheiten für fremde Verbindlichkeiten zu vermerken.

Für Aktiengesellschaften ist die Gliederung zu erweitern (§ 152 Aktiengesetz):

Zu dem Posten „Kapitalrücklage" sind in der Bilanz oder im Anhang gesondert anzugeben

1. der Betrag, der während des Geschäftsjahrs eingestellt wurde;
2. der Betrag, der für das Geschäftsjahr entnommen wird.

Zu den einzelnen Posten der Gewinnrücklagen sind in der Bilanz oder im Anhang jeweils gesondert anzugeben

1. die Beträge, die die Hauptversammlung aus dem Bilanzgewinn des Vorjahrs eingestellt hat;
2. die Beträge, die aus dem Jahresüberschuß des Geschäftsjahrs eingestellt werden;
3. die Beträge, die für das Geschäftsjahr entnommen werden.

Bilanzidentität (Bilanzkongruenz): die formelle und materielle Übereinstimmung der Schlußbilanz eines Geschäftsjahres mit der Eröffnungsbilanz des Folgejahres. Es kann also zwischen beiden Bilanzen keinen Geschäftsvorfall geben. Eine Durchbrechung dieses Grundsatzes ist nur begrenzt möglich: formell z. B. bei Hinzufügung neuer Konten, materiell z. B. bei Fehlerkorrektur. – ↑auch Grundsätze ordnungsgemäßer Buchführung und Bilanzierung, ↑Bilanzkontinuität.

Bilanzierungsgrundsätze ↑Grundsätze ordnungsgemäßer Buchführung und Bilanzierung.

Bilanzkennziffern ↑Bilanzanalyse.

Bilanzklarheit: Grundsatz der Bilanzierung, der einen klar und übersichtlich geordneten ↑Jahresabschluß verlangt, so daß ein möglichst sicherer Einblick in die Lage des Unternehmens gewährleistet ist (Mindestgliederung). Sachverhalte, die in ihren wesentlichen Merkmalen unterschiedlich sind, dürfen nicht zusammengefaßt werden (v. a. Verrechnungsverbot). Es dürfen keine unverständlichen, unbestimmten oder unüblich abgekürzten Bezeichnungen verwendet werden. Im ↑Anhang sind die Bewertungs- und Abschreibungsmethoden und Abweichungen vom letzten Jahresabschluß, die die Vergleichbarkeit beeinträchtigen, zu erläutern. Die Mißachtung dieses Grundsatzes, also die unklare und unübersichtliche Darstellung an sich richtiger Bilanzwerte führt zu einer u. U. strafbaren **Bilanzverschleierung.** – ↑auch Grundsätze ordnungsgemäßer Buchführung und Bilanzierung.

Bilanzkongruenz ↑Bilanzidentität.

Bilanzkontinuität: Grundsatz der Bilanzierung, der verlangt, daß aufeinanderfolgende Bilanzen formell und inhaltlich gleichartig, also auch vergleichbar sind und daß die Gewinnermittlung nach gleichen Grundsätzen erfolgt. *Formelle Bilanzkontinuität* verlangt gleiche Gliederung der Bilanzen und ↑Bilanzidentität. Zwingende wirtschaftliche Gründe (z. B. wesentliche Vergrößerung des Unternehmens, Änderung des Fertigungsprogramms) können zu einer Änderung der einmal gewählten Gliederung führen. *Materielle Bilanzkontinuität* bedeutet: 1. gleiche Positionen müssen den gleichen Inhalt haben; 2. Anwendung gleicher Bewertungsgrundsätze bei den Aktiv- und Passivposten; 3. Wahrung des Zusammenhangs der Wertansätze in zwei aufeinanderfolgenden Bilanzen. Eine Durchbrechung des Grundsatzes der Bilanzkontinuität ist im ↑Anhang zu erläutern.

Bilanzregel ↑goldene Bilanzregel.

Bilanzstichtag (Abschlußtag): letzter Tag des Geschäftsjahres, zu dem der ↑Jahresabschluß zu erstellen ist. Bei ↑Sonderbilanzen ist der Bilanzstichtag vertraglich oder gesetzlich festgelegt.

Bilanztabelle ↑Betriebsübersicht.

Bilanztheorien: in der Betriebswirtschaftslehre entwickelte Theorien über das Wesen und die Aufgaben der ordentlichen Bilanzen, die verschiedenen Konzepte der ↑Kapitalerhaltung und die Anforderungen, die an die Gliederungs- und die Bewertungsprinzipien zu stellen sind. In den *statischen Bilanztheorien* wird die Bilanz als stichtagsbezogener Übersichts- und Rechenschaftsbericht über die Verwendung des aufgenommenen Kapitals (Darstellung des Vermögensstatus) aufgefaßt. Die Vermögensteile sind zum Anschaffungswert auszuweisen. Wertminderungen werden durch Wertberichtigungen auf der Passivseite erfaßt. Die Differenz zwischen den ↑Aktiva und den ↑Passiva entspricht dem Gewinn bzw. Verlust. Nach den *dynamischen Bilanztheorien* ist die Feststellung des periodengerechten Erfolgs die Hauptaufgabe des Jahresabschlusses. Die Aufgabe der Bilanz ist es, eine zutreffende Gewinn- und Verlustrechnung zu ermöglichen. Sie nimmt neben den liquiden Mitteln und dem Kapital die „schwebenden Geschäfte" auf, d. h. Einnahmen, Aufwendungen, Ausgaben und Erträge späterer Perioden, während Ausgaben und Einnahmen, die in der Rechnungsperiode zu einem Aufwand bzw. Ertrag geführt haben, in der ↑Gewinn- und Verlustrechnung erscheinen. Die Bilanzpositionen sind wertmäßig so anzusetzen, daß die Erfolge mehrerer Perioden miteinander verglichen werden können. Neutrale Aufwendungen und Erträge müssen gesondert erfaßt werden. Die *organischen Bilanztheorien* entstanden aufgrund der Erfahrungen der Inflation. Die Bilanz dient der Erfolgs- und Vermögensermittlung. Der Gedanke der substantiellen Kapitalerhaltung steht deshalb im Vordergrund. Das Vermögen wird mit dem Wiederbeschaffungswert zum jeweiligen Stichtag bewertet (gleichzeitig Grundlage für die Abschreibungen). Ein Gewinn liegt nur dann vor, wenn unter Berücksichtigung von Kaufkraftänderungen am Schluß der Abrechnungsperiode eine Substanzmehrung gegenüber dem Anfangsbestand festzustellen ist. Die statischen Bilanztheorien haben sich v. a. in den Bestimmungen des HGB und des Aktienrechts über die Handelsbilanz niedergeschlagen, während die dynamischen Bilanztheorien besonders die Steuerbilanzen beeinflußt haben.

Bilanzverlust ↑Bilanzgewinn.

Bilanzwahrheit: Grundsatz der Bilanzierung, der verlangt, daß alle Vermögensteile und Schulden, mit zutreffender Bezeichnung, vollständig und wahr anzugeben sind, soweit keine Bilanzierungs- und Bewertungswahlrechte (im Steuerrecht weniger als im Handelsrecht) bestehen. Die objektiv wahre Ermittlung des Vermögens ist kaum möglich. Außerdem läßt sich dieser Grundsatz nicht immer in Einklang bringen mit dem handelsrechtlichen Grundsatz der vorsichtigen Bewertung. Eine strafbare **Bilanzfälschung** liegt vor, wenn jemand wissentlich unvollständig bilanziert oder entgegen den gesetzlichen Bestimmungen bewertet.

Bilanzwert: der rechnerische Wert einer Aktie, der sich gemäß Bilanz aus dem Verhältnis von Vermögen zu Grundkapital errechnet:

$$\frac{\text{Aktiva ./. Verbindlichkeiten}}{\text{Grundkapital}}$$

Der Bilanzwert ist nur theoretisch und von geringer Bedeutung, da die Bilanz keine genauen Aussagen über stille Reserven zuläßt.

Bildschirmtext (Btx): Informationssystem, bei dem Daten über die Telefonleitung übermittelt und durch ein Zusatzgerät auf dem Fernsehbildschirm sichtbar gemacht werden. Jeder Teilnehmer kann z. B. Daten von Unternehmungen abrufen, Waren bestellen, Bankgeschäfte abwickeln oder aktuelle Nachrichten auf dem Bildschirm lesen.

Bildungsurlaub: Urlaub, der einem Arbeitnehmer bei Lohnfortzahlung durch den Arbeitgeber zum Zweck der Weiterbildung, insbesondere im beruflichen Bereich, gewährt wird. Ein Anspruch auf Bildungsurlaub besteht aufgrund einzelner Ländergesetze und Tarifverträge.

billigst: Auftrag zum Kauf von Wertpapieren an der Börse zu den bestmöglichen Bedingungen am Kauftag, d. h. die Bank ist ermächtigt, für den Kunden zu dem gebildeten Börsenkurs zu erwerben. Der Kunde hat auf die Vorgabe einer Preisgrenze nach oben (↑Limit) verzichtet. Gegensatz: ↑bestens.

Binnenhandel: gewerbsmäßiger Güteraustausch innerhalb einer Volkswirtschaft (inländischer Handel) im Gegensatz zum ↑Außenhandel.

Binnenmarkt (EG-Binnenmarkt): Bezeichnung für den gemeinsamen Wirtschaftsraum der Staaten der ↑Europäischen Gemeinschaft.

Binnenschiffahrt: gewerbliche Beförderung von Gütern und Personen auf Binnenwasserstraßen (Flüsse, Seen, Kanäle), ohne Küstenschiffahrt. Die Bedeutung der Binnenschiffahrt liegt in ihrer Möglichkeit, große Gütermengen, besonders Massengüter wie Sand, Erz, Kohle, Mineralöl zu niedrigen Frachten zu transportieren. Die Personenbeförderung ist von untergeordneter Bedeutung. Nachteile der Binnenschiffahrt sind die Abhängigkeit von Klimaschwankungen (Hoch- und Niedrigwasser, Eisgang) und die niedrige Transportgeschwindigkeit.

Bit: Abk. für **b**inary dig**it**, eine Binärstelle, die die Werte 0 oder 1 annehmen kann (Binärzeichen). Die binäre 1 symbolisiert Strom fließt oder magnetisiert, die binäre 0 Strom fließt nicht oder nicht magnetisiert. Ein Bit ist die kleinste Einheit einer Speicherstelle im Hauptspeicher oder auf externen magnetischen Speichern. – ↑auch Byte.

BIZ: ↑Abk. für **B**ank für **I**nternationalen **Z**ahlungsausgleich.

blanko [von italienisch bianco; „weiß“ d. h. unbeschrieben]: nicht vollständig ausgefüllt (bei Urkunden, Schriftstücken).
Blankoakzept (Blankowechsel): Akzept auf einem nicht oder nicht vollständig ausgefüllten ↑Wechsel. Es wird oft verwendet, wenn der Wechselbetrag noch nicht feststeht.
Blankoindossament: ↑Indossament, das nur aus der Unterschrift des weitergebenden Wechselinhabers besteht. Ein solcher Wechsel kann wie ein Inhaberpapier weitergegeben werden; denn jeder Erwerber eines solchen Wechsels kann sich als Empfänger des Wechsels eintragen.
Blankokredit: Kredit, der durch keine Sicherheiten gedeckt ist (z. B. der Überziehungskredit).
Blankoscheck ↑Scheck.
blue chips [englisch blu: tʃɪps]: Bezeichnung für die Spitzenwerte des Aktienmarktes, meist die Aktien großer und bekannter Unternehmen mit stabiler Ertragslage (der Ausdruck ist von Spielchips der Kasinos übernommen, wo blaue besonders teuer sind).
Boden: Produktionsfaktor neben Arbeit und Kapital; Boden gilt wie Arbeit als originärer Produktionsfaktor (Kapital als abgeleiteter). Der Faktor Boden umfaßt die Erdoberfläche, die Bodenschätze als standortgebundene Rohstoffe, die naturgegebenen Energiequellen und – wegen der Unbeweglichkeit – auch das Klima. Die spezifische Einkommensart, die durch den wirtschaftlichen Einsatz des Bodens erzielt wird, heißt **Grundrente** oder **Bodenrente** (bzw. Pachtzins, wenn der Eigentümer den Boden nicht selber nutzt). Boden unterscheidet sich von anderen Produktionsfaktoren durch Unbeweglichkeit, grundsätzliche Unvermehrbarkeit (trotz Neulandgewinnung bzw. -erschließung durch Rodung, Entwässerung oder Eindeichung) und, in seiner Eigenschaft als Standort, durch die fehlende Abnutzung.
Bogen: grundsätzlicher Bestandteil von Effekten. Er enthält die ↑Zinsscheine (bei den festverzinslichen Wertpapieren) bzw. die ↑Dividendenscheine (bei Aktien), die zusammen als ↑Kupons bezeichnet werden. Sind die Kupons aufgebraucht, können mittels eines **Erneuerungsscheins,** auch **Talon** genannt, kostenlos neue Bogen angefordert werden.
Bonität [zu lateinisch bonus „gut“] ↑Kreditwürdigkeit.
Bonus [lateinisch „gut“; Mehrzahl: Boni]: 1. einmalige Gewinnausschüttung bei Aktiengesellschaften in Form einer Zusatzdividende. 2. Zusätzlich zu Lohn und Gehalt an die Belegschaft gezahlter Anteil am Jahresgewinn. 3. Nachträglich gewährter ↑Rabatt eines Lieferers an seinen Kunden nach Erreichen einer vereinbarten Umsatzhöhe, daher auch Umsatzbonus, Mengen- oder Treuerabatt genannt.
Boom [englisch bu:m] ↑Konjunktur.
Börse: Ort, an dem sich an den Börsentagen (Montag bis Freitag außer Feiertage) die zum Börsenhandel zugelassenen Personen (Makler, Händler) versammeln, um Wertpapiergeschäfte abzuschließen (Effektenbörse). Die wichtigsten weiteren Börsen sind die Devisenbörse (für Währungen) und die Produkten- oder Warenbörsen (↑auch Kapitalmarkt). Voraussetzung zum Börsenhandel ist, daß alle Waren fungibel, d. h. gegenseitig austauschbar sind.
In der Bundesrepublik Deutschland gab es 1990 acht **Wertpapierbörsen** (Börsenplätze), nämlich Berlin, Bremen, Düsseldorf, Frankfurt am Main, Hamburg, Hannover, München und Stuttgart, von denen Frankfurt mit einem Umsatz von 2 385 Mrd. DM (1990) bei weitem die bedeutendste ist.
Jede dieser Börsen hat eine **Börsenordnung** (Satzung) erlassen, die von der Landesregierung genehmigt sein muß. In ihr wird z. B. geregelt, wer die Börse leitet (z. B. Börsenvorstand), welche Geschäfte abgeschlos-

sen werden können und auf welche Weise die ↑Kurse der Wertpapiere festgesetzt werden.
Die deutschen Börsen unterliegen der Aufsicht der jeweiligen Landesregierung, die neben der Genehmigung der Satzung vor allem die amtlichen Kursmakler (↑Börsenmakler) bestellt und einen Staatskommissar ernennt, der den Geschäftsverkehr der Börse und die Einhaltung der einschlägigen Gesetze überwacht.

Börsenkurs ↑Kurs.

Börsenmakler: berufsmäßiger Vermittler von Börsengeschäften. Man unterscheidet 1. *vereidigte Makler* (Kursmakler), die von der Landesregierung bestellt werden und bei der amtlichen Kursfeststellung der Wertpapiere mitwirken; 2. *nicht vereidigte Makler* (freie Makler), die vom Börsenvorstand zugelassen werden. Ihnen obliegt die Geschäftsabwicklung im geregelten Markt und im ↑Freiverkehr.

Börsenumsatzsteuer ↑Kapitalverkehrsteuer.

Börsenzulassung: für die Zulassung von Wertpapieren zum **amtlichen Handel** müssen u. a. folgende Voraussetzungen erfüllt werden: 1. Das Gesamtvolumen der zuzulassenden Wertpapiere muß mindestens 500 000 DM betragen. 2. Die Wertpapiere müssen voll eingezahlt sein (Ausnahme: Aktien einer Versicherungs-AG). 3. Der Druck der Wertpapiere muß fälschungssicher sein. 4. Die Öffentlichkeit muß in einem Prospekt über die Verhältnisse des Emittenten (↑Emission) genau unterrichtet werden. Ist die Zulassung erfolgt, so wird sie durch Börsenaushang und im amtlichen ↑Kursblatt bekanntgegeben. Anschließend ist der Prospekt im Bundesanzeiger oder einer als Börsenpflichtblatt zugelassenen Tageszeitung zu veröffentlichen. – Weniger strenge Zulassungsbedingungen gelten für den geregelten Markt und den geregelten ↑Freiverkehr.

Boykọtt [wohl nach dem englischen Gutsverwalter Ch. C. Boycott, der wegen seiner Rücksichtslosigkeit gegen irische Landpächter 1880 durch die irische Landliga zum Verlassen Irlands gezwungen wurde]: Zwangsmaßnahme im politischen oder wirtschaftlichen Kampf, bei der die Beziehungen oder der Handel teilweise oder ganz abgebrochen werden, um ein bestimmtes Verhalten zu erzwingen; gesetzlich nicht geregelt. Als Mittel des *Arbeitskampfes* nur noch selten angewandt, gilt der Boykott im *wirtschaftlichen Wettbewerb* als wettbewerbsbeschränkend und daher verboten. In den *internationalen Beziehungen* wird der Boykott im Frieden wie im Krieg angewandt. Wird ein Boykottaufruf nicht befolgt, kann er durch Blockade oder ↑Embargo ersetzt werden.

Break-even-point [englisch brɛɪk'i:vnpɔɪnt] ↑Nutzenschwelle.

Bretton-Woods-Abkommen [englisch 'brɛtən 'wʊdz]: das am 23. Juli 1944 von 45 Staaten in Bretton Woods (New Hampshire, USA) im Rahmen einer Währungs- und Finanzkonferenz geschlossene Abkommen über die Errichtung der ↑Weltbank und des ↑Internationalen Währungsfonds (IWF). Das Abkommen trat am 27. Dezember 1945 in Kraft. Feste Wechselkurse bei möglichst freier ↑Konvertibilität der Währungen bildeten die Grundlage des in Bretton Woods geschaffenen Weltwährungssystems. Jeder Mitgliedsstaat war verpflichtet, für seine Währung eine Parität zum Gold oder zum US-Dollar, der selbst eine Goldparität besaß, mit dem Internationalen Währungsfonds zu vereinbaren. Die meisten Länder wählten den US-Dollar, der somit zur Leitwährung des Weltwährungssystems wurde. Von dieser Dollarparität durfte im freien Handel maximal 1% nach oben bzw. nach unten abgewichen werden. Beim Überschreiten dieser Bandbreite war die jeweilige Notenbank verpflichtet, auf dem Devisenmarkt zu intervenieren. Bis März 1973 konnte der internationale Zahlungs- und Kapitalverkehr nach dem Bretton-Woods-Abkommen abgewickelt werden. Danach führten fundamentale Zahlungsbilanzungleichgewichte zu freien ↑Devisenkursen (Floating) der EG-Währungen gegenüber dem US-Dollar und damit zur teilweisen Aufhebung dieses Abkommens.

Brief (B): ↑Kurszusatz, der besagt, daß sich bei dem veröffentlichten Kurs keine Käufer fanden, obwohl dieses Wertpapier zum Verkauf angeboten wurde. Gegensatz: ↑Geld.

Briefkurs: Kurs, zu dem ein Angebot an der Börse besteht (Brief = Angebot). Gegensatz: ↑Geldkurs.

Briefsendungen: postalische Bezeichnung für Briefe, Postkarten, Drucksachen, Briefdrucksachen, Massendrucksachen, Büchersendungen, Wertsendungen, Blindensendungen und Päckchen bis 1 kg Gewicht, für die in der Bundesrepublik Deutschland Rechteck- oder Rollenform mit bestimmten Mindest- und Höchstmaßen vorgeschrieben ist.

Bringschuld ↑Erfüllungsort.

brutto [italienisch]: roh, gesamt, ohne oder vor Abzug (besonders in Zusammensetzungen gebräuchlich).

Bruttoeinkommen: Begriff, den das Statistische Bundesamt bei der ↑volkswirtschaftlichen Gesamtrechnung und bei der Wirtschaftsrechnung der privaten Haushalte verwendet. *Bruttoeinkommen aus unselbständiger Arbeit* umfaßt alle Bruttolöhne und -gehälter zuzüglich der Arbeitgeberbeiträge zur Sozialversicherung. *Bruttoeinkommen aus Unternehmertätigkeit und Vermögen* enthält die entnommenen und die nicht entnommenen Gewinne sowie die direkten Steuern auf Einkommen aus Unternehmertätigkeit und Vermögen. Beide Bruttoeinkommensarten zusammen ergeben das *Bruttoeinkommen der privaten Haushalte* (= Erwerbs- und Vermögenseinkommen der privaten Haushalte).

brutto für netto ↑bfn.

Bruttoinlandsprodukt: Produktionsergebnis eines Landes innerhalb einer Periode; es umfaßt alle von In- und Ausländern in den einzelnen Wirtschaftsbereichen innerhalb der Landesgrenzen erstellten und zu Marktpreisen bewerteten Waren und Dienstleistungen. Zieht man vom Bruttoinlandsprodukt die Abschreibungen und die indirekten Steuern vermindert um die Subventionen ab, dann erhält man das Nettoinlandsprodukt. Diese Summe ist gleich dem Inlandseinkommen (= Summe aller inländischen Erwerbs- und Vermögenseinkommen):

Bruttoinlandsprodukt zu Marktpreisen
÷ Abschreibungen

= Nettoinlandsprodukt zu Marktpreisen
÷ indirekte Steuern
\+ Subventionen

= Nettoinlandsprodukt zu Faktorkosten
= Inlandseinkommen.

Das Bruttoinlandsprodukt wird im Rahmen der ↑volkswirtschaftlichen Gesamtrechnung ermittelt.

Bruttoinvestitionen: Begriff der ↑volkswirtschaftlichen Gesamtrechnung, der alle Sachinvestitionen einer Volkswirtschaft innerhalb einer bestimmten Periode umfaßt. Eingeteilt werden die Bruttoinvestitionen in Bruttoanlagen- und Lagerinvestitionen. Vermindert man die Bruttoanlageninvestitionen um die Abschreibungen, dann erhält man die Nettoanlageninvestitionen einer Volkswirtschaft:

Bruttoinvestitionen
÷ Lagerinvestitionen (Vorratsveränderungen)

= Bruttoanlageninvestitionen
÷ Abschreibungen

= Nettoanlageninvestitionen.

Bruttorechnung: 1. in der ↑Bilanz muß das Anlagevermögen zum vollen Anschaffungs- oder Herstellungswert verbucht werden. Die Berücksichtigung der Abnutzung erfolgt durch Wertberichtigungen auf der

Passivseite. 2. In der ↑Gewinn- und Verlustrechnung sind Saldierungen von Aufwendungen mit Erträgen nicht erlaubt **(Bruttoprinzip).** Ferner müssen Wareneinsatz und Verkaufserlöse getrennt ausgewiesen werden **(Bruttoverfahren).** 3. Im Hinblick auf die ↑Umsatzsteuer ist es z. B. im Einzelhandel oft einfacher, den Nettowert der Ware und die darauf entfallende Umsatzsteuer in einer Summe zu buchen **(Bruttobuchung).** Vor Abgabe der Umsatzsteuervoranmeldung müssen dann die Monatssummen der Warenkonten in Nettobetrag und Umsatzsteuer aufgeteilt werden.

Bruttosozialprodukt: Summe der wirtschaftlichen Leistung, die die Bewohner eines Landes innerhalb einer Periode erbringen; es stellt den international üblichen Gradmesser der wirtschaftlichen Leistungsfähigkeit eines Landes dar. Das Bruttosozialprodukt kann nach der Entstehungs-, der Verteilungs- und der Verwendungsrechnung ermittelt werden. Bei der *Entstehungsrechnung* geht man vom ↑Bruttoinlandsprodukt aus, zieht von diesem die Erwerbs- und Vermögenseinkommen (= Faktoreinkommen), die ans Ausland fließen, ab und fügt die inländischen Personen vom Ausland zufließenden Erwerbs- und Vermögenseinkommen hinzu. Bei der *Verteilungsrechnung* ermittelt man das Bruttosozialprodukt über das Volkseinkommen. Volkseinkommen ist die Summe aller Erwerbs- und Vermögenseinkommen, die Inländern innerhalb einer Periode zugeflossen sind. Es entspricht dem Nettosozialprodukt zu Faktorkosten. Addiert man zu dieser Summe die Abschreibungen und die indirekten Steuern vermindert um die Subventionen, dann erhält man das Bruttosozialprodukt zu Marktpreisen. Nach der *Verwendungsrechnung* setzt sich das Bruttosozialprodukt aus dem privaten Verbrauch, dem Staatsverbrauch, den Investitionen und dem Außenbeitrag zusammen.

Bei der Berechnung des Bruttosozialproduktes unterscheidet man zwischen dem nominalen und dem realen Bruttosozialprodukt. Während bei der Ermittlung des Bruttosozialproduktes zu den jeweiligen Marktpreisen *(nominales Bruttosozialprodukt)* die jährlichen Preissteigerungsraten enthalten sind, wird das um die Preissteigerungsraten bereinigte als *reales Bruttosozialprodukt* bezeichnet.

Buchführung (Buchhaltung): chronologisch und sachlich gegliederte Rechnung, die anhand lückenloser Aufzeichnungen (Belege) die Bestände sowie die Veränderungen der Vermögenswerte, des Fremd- und des Eigenkapitals sowie die positiven und negativen Erfolgsbeiträge (Aufwendungen und Erträge bzw. Kosten und Leistungen) einer Wirtschaftseinheit erfaßt. Sie ist der älteste Teil des betrieblichen Rechnungswesens und gliedert sich in die ↑Finanzbuchführung und die ↑Betriebsbuchführung. Die Buchführung geht aus von ↑Inventar und ↑Bilanz und mündet über die Konten als dem wichtigsten Organisationsmittel wieder in die Bilanz. Die Buchführung hat die Aufgabe, Stand und Entwicklung von Vermögen und Schulden festzustellen und den Erfolg des Unternehmens zu ermitteln. Sie liefert die Zahlen für die ↑Kostenrechnung, ist Grundlage zur Ermittlung der Steuern und Beweismittel gegenüber Behörden.

Bei der **Buchführung außer Haus** führt der Betrieb häufig nur buchhalterische Vorbereitungsarbeiten wie Belegsortierung und Belegkontierung aus. Die Verbuchung der Belege erfolgt in externen Servicebüros.

Buchführungspflicht: jeder ↑Kaufmann ist nach § 238 HGB verpflichtet, nach den ↑Grundsätzen ordnungsmäßiger Buchführung und Bilanzierung Bücher zu führen. Das Steuerrecht übernimmt diese allgemeine Buchführungspflicht nicht nur, sondern erweitert sie nach § 141

Abgabenordnung auf Gewerbetreibende mit einem Umsatz von mehr als 360 000 DM oder einem Betriebsvermögen von mehr als 100 000 DM oder einem Gewinn von mehr als 36 000 DM. Diese besondere Buchführungspflicht gilt v. a. für Minderkaufleute (↑Kaufmann), Handwerker und freiberuflich Tätige.

Buchführungssysteme: 1. die *einfache Buchführung* stellt eine reine Einnahmen- und Ausgabenrechnung dar. Der Jahreserfolg wird durch Vermögensvergleich am Anfang und Ende des Jahres ermittelt, ohne eine Ausgliederung in Aufwand und Ertrag. Das System, das sich für Kleinbetriebe mit Mindestbuchführung eignet, besteht in der Regel aus Hauptbuch, Kassenbuch und Wareneingangsbuch. 2. Die *doppelte Buchführung* bucht jeden Geschäftsfall doppelt **(Doppik),** und zwar auf einem Konto im Soll (links) und auf einem zweiten Konto im Haben (rechts). Auch der Erfolg wird doppelt ermittelt, einmal durch Kapitalvergleich in Anfangs- und Schlußbilanz und einmal durch eine eigenständige Erfolgsrechnung (Gewinn- und Verlustrechnung). Eine Variante der doppelten Buchführung ist die *amerikanische Buchführung,* die nur in Kleinbetrieben angewendet werden kann, weil bei ihr Grundbuch und Sachkontenbuch zum Journalhauptbuch zusammengefaßt werden. 3. Die *kameralistische Buchführung* oder Verwaltungsbuchführung verzeichnet Einnahmen und Ausgaben und ermittelt in Form eines Soll-Ist-Vergleichs die Abweichungen von den Haushaltsplänen.

Buchführungsverfahren: Methoden der Buchführung, nicht klar abgrenzbar vom Begriff der ↑Buchführungssysteme. 1. Bei der *Übertragungsbuchführung* werden die Geschäftsfälle chronologisch in ein Grundbuch, z. B. ein amerikanisches Journal eingetragen und die Summen dann auf die Hauptbuchkonten übertragen. 2. Überwunden wurde das veraltete und fehlerträchtige Übertragungsverfahren durch die *Durchschreibebuchführung,* bei der die Buchungen in Grundbuch und Hauptbuch in einem Arbeitsgang durch Durchschrift erfolgen. Dieses bei Klein- und Mittelbetrieben noch häufige Verfahren teilt meist das Journal in drei Kontenspalten für Kunden-, Lieferer- und Sachkonten auf (Dreispaltenverfahren). 3. Die *Offene-Posten-Buchführung* bewirkt eine Vereinfachung der Buchhaltungsarbeit. Die Grundbuchaufzeichnung wird durch eine geordnete und übersichtliche Belegablage ersetzt. Auf Führung der Personenkonten wird verzichtet. Über den Stand von Forderungen und Verbindlichkeiten sollen die offenen Posten, die geordnete Ablage der nicht ausgeglichenen Rechnungen unterrichten. 4. Im Zuge der Rationalisierung des Rechnungswesens wird zunehmend die elektronische Datenverarbeitung eingesetzt *(EDV-Buchführung).* Bei diesem modernsten Buchführungsverfahren werden die einzelnen Buchungen auf Datenträgern (Magnetbänder o. ä. Speicher) erfaßt und in der EDV-Anlage weiterverarbeitet.

Buchgeld: (Giralgeld, Bankengeld): Guthaben von Nichtbanken bei einem Kreditinstitut, die als täglich fällige Forderungen gegenüber einer Bank (Sichteinlagen) auf den Giro- bzw. Kontokorrentkonten ausgewiesen werden. Diese Einlagen dienen in erster Linie dem ↑bargeldlosen Zahlungsverkehr. Buchgeld entsteht durch Bareinzahlung oder im Wege der ↑Geldschöpfung und zusammen mit dem ↑Bargeld die ↑Geldmenge bildet.

Buchgrundschuld: nur im ↑Grundbuch eingetragene Grundschuld, bei der durch vertragliche Vereinbarung kein Grundschuldbrief ausgestellt wird.

Buchhaltung ↑Buchführung.

Buchhypothek: Hypothek, bei der durch vertragliche Vereinbarung die Ausstellung eines Hypothekenbrief ausgeschlossen wird, die also im ↑Grundbuch eingetragen ist (wie grundsätzlich die Sicherungshypothek).

Buchungssatz (Kontenanruf): knappe Kennzeichnung für die Buchung eines Geschäftsfalles in Form einer standardisierten Sprechweise: zuerst Nennung des Kontos der Sollbuchung; dann, verbunden mit dem Wort „an", die Habenbuchung, z. B. 10 Kasse an 80 Warenverkauf. Das Eintragen des Buchungssatzes in Form der Kontonummern (10 an 80) in einen Buchungsstempel auf dem zu buchenden Beleg heißt **Kontieren.**

Buchwert (Restwert): Wert, mit dem die einzelnen Wirtschaftsgüter in den aktiven und passiven Bestandskonten bzw. der Bilanz ausgewiesen werden, d. h. „zu Buch" stehen (↑auch Bewertung). Er ergibt sich aus den ↑Anschaffungskosten bzw. den ↑Herstellungskosten abzüglich der nach den handels- und steuerrechtlichen Bewertungsvorschriften erfolgten ↑Abschreibungen. Der Buchwert kann dem tatsächlichen Wert (↑Teilwert) des Wirtschaftsguts entsprechen (z. B. bei einwandfreien Forderungen, Darlehen). Aufgrund von z. B. Bewertungsfreiheiten, Preissteigerungen oder ↑Sonderabschreibungen kann er niedriger sein als der Teilwert. Dadurch entstehen stille Reserven. Nur in Ausnahmefällen kann vom Buchwert auf einen höheren Teilwert korrigiert werden. Liegt der Buchwert über dem Teilwert, ist es möglich, u. U. notwendig, über eine ↑Teilwertabschreibung oder außerordentliche ↑Absetzung für Abnutzung eine Korrektur vorzunehmen. Das entspricht dem ↑Imparitätsprinzip. Wenn ein Wirtschaftsgut zu einem Preis verkauft wird, der vom Buchwert abweicht, entsteht ein Buchgewinn oder -verlust, der als außerordentlicher Ertrag bzw. Aufwand zu buchen ist.

Budget [französisch bʏ'dʒe:; zu gallisch-lateinisch bulga „lederner Geldsack"]: Haushalt einer Körperschaft des öffentlichen Rechts (↑öffentlicher Haushalt); auch die einer Person, einem privaten Haushalt oder einer Institution für Ausgaben zur Verfügung stehenden Gelder.

Bundesanleihen: Anleihen der Bundesrepublik Deutschland, die an den deutschen Wertpapierbörsen ohne Prospekt zugelassen und amtlich gehandelt werden.

Bundesanstalt für Arbeit ↑Arbeitsverwaltung.

Bundesarbeitsgericht ↑Arbeitsgerichtsbarkeit.

Bundesbank ↑Deutsche Bundesbank.

bundesbankfähiger Wechsel (zentralbankfähiger Wechsel): Wechsel, der alle Anforderungen erfüllt, um von der Deutschen Bundesbank angekauft (diskontiert) zu werden. Das bedeutet: Ein Wechsel muß 1. Handelswechsel sein, 2. eine Restlaufzeit von maximal 3 Monaten und 3. mindestens drei „gute" Unterschriften haben, d. h. von Personen, die als zahlungsfähig bekannt sind, 4. an einem Bankplatz zahlbar sowie 5. akzeptiert sein.

Bundesfinanzhof ↑Finanzgerichtsbarkeit.

Bundesgerichtshof ↑ordentliche Gerichtsbarkeit.

Bundeskartellamt ↑Kartell.

Bundesobligation: Schuldverschreibung des Bundes mit fünfjähriger Laufzeit, die in aufeinanderfolgenden Serien ausgegeben und an der Börse gehandelt wird.

Bundesschatzbrief: mittelfristiges Finanzierungspapier des Bundes, das nicht an den Börsen gehandelt wird. Der Verkauf erfolgt durch die Bundesbank im Namen und für Rechnung des Bundes. Man unterscheidet zwei Formen, beide ausgestattet mit steigendem Zinssatz während der Laufzeit. *Typ A:* Erwerb und Rückzahlung zum Nennwert; kleinste Stückelung 100 DM; Zinszahlung jährlich nachträglich; Laufzeit 6 Jahre. *Typ B:* Erwerb zum Nennwert; Rückzahlung von aufgelaufenem Zins und Nennwert bei Fälligkeit; kleinste Stückelung 50 DM; Laufzeit 7 Jahre. Eine vorzeitige Rückgabe frühestens nach einem Jahr ist möglich. Von den Bundesschatzbriefen zu unterscheiden sind die **Finanzierungsschätze** der Bundesrepublik Deutschland, eine nicht an der Börse notierte, als ↑Abzinsungspapier ausgegebene Schuldverschreibung des Bundes mit Laufzeiten von einem oder zwei Jahren; kleinste Stückelung 1000 DM.

Bundesschatzanweisungen ↑Schatzanweisungen.

Bundessozialgericht ↑Sozialgerichtsbarkeit.

Bundesurlaubsgesetz ↑Urlaub.

Bundesvereinigung der Deutschen Arbeitgeberverbände ↑Arbeitgeberverbände.

Bundesversicherungsanstalt für Angestellte (BfA): Träger der gesetzlichen ↑Rentenversicherung der Angestellten; Körperschaft des öffentlichen Rechts mit dem Recht der Selbstverwaltung; Sitz: Berlin. Organe der BfA sind die Vertreterversammlung und der Vorstand, die sich je zur Hälfte aus Vertretern der Versicherten und der Arbeitgeber zusammensetzen.

Bürgerliches Gesetzbuch (BGB): die nach der Reichsgründung von 1871 erfolgte einheitliche Zusammenfassung des deutschen Zivilrechts; in Kraft seit 1. Januar 1900; seither vielfach geändert. *Aufbau:* Das BGB gliedert sich in 5 Bücher: 1. Der allgemeine Teil enthält die grundsätzlichen, für alle privatrechtlichen Rechtsverhältnisse geltenden Regeln (z. B. über Rechts- und Geschäftsfähigkeit, Willenserklärungen, Verträge, Vertretung, Verjährung). 2. Das Recht der Schuldverhältnisse regelt die Rechtsbeziehungen zwischen Gläubiger und Schuldner, und zwar in allgemeinen Vorschriften und besonderen, sich mit einzelnen Arten von Schuldverhältnissen befassenden Vorschriften (wie Kauf, Miete, Gesellschaft). 3. Das Sachenrecht handelt von Besitz, Eigentum und anderen Rechten an Sachen, insbesondere der Übertragung dieser Rechte. 4. Das Familienrecht ordnet die persönlichen und vermögensrechtlichen Beziehungen zwischen Ehegatten, Eltern und Kindern und Verwandten sowie das Vormundschafts- und Pflegschaftsrecht. 5. Das Erbrecht regelt den Vermögensübergang im Todesfall.

Bürgschaft: Vertrag, durch den sich ein Bürge gegenüber dem Gläubiger eines Dritten (des Hauptschuldners) verpflichtet, für bestehende und/oder künftige Verbindlichkeiten des Hauptschuldners aufzukommen. Die Höhe der Bürgschaft richtet sich nach der Höhe der Verbindlichkeit, d. h., Tilgungen ermäßigen die Verpflichtungen des Bürgen. Bürgschaftsverträge müssen schriftlich abgeschlossen werden, jedoch können sich Vollkaufleute mündlich verbürgen, wenn dies für sie ein Handelsgeschäft ist. Hat der Bürge die Forderung des Gläubigers gegenüber dem Hauptschuldner befriedigt, geht sie auf ihn über. Bei der **Ausfallbürgschaft** hat der Bürge dem Gläubiger gegenüber die *Einrede der Vorausklage,* d. h., der Bürge haftet für die Zahlungen des Schuldners erst, nachdem der Gläubiger beim Schuldner durch eine erfolglose Zwangsvollstreckung einen Forderungsausfall erlitten hat. Bei der **selbstschuldnerischen Bürgschaft** dagegen ist die Einrede der Vorausklage ausgeschlossen. Vollkaufleute können, wenn für sie die Bürgschaft ein Handelsgeschäft darstellt, nur selbstschuldnerische Bürgschaften übernehmen.

Byte [englisch baıt]: Zusammenfassung von 8 ↑Bits; bezeichnet eine Speicherstelle innerhalb des Hauptspeichers oder auf externen magnetischen Speichern. Durch die Kombination von Binärzeichen lassen sich $2^8 = 256$ unterschiedliche Zeichen (Ziffern, Buchstaben, Sonderzeichen) darstellen.

bz ↑bezahlt.

C

Cash and carry [englisch 'kæʃ ənd 'kærı „in bar bezahlen und mitnehmen"]: Betriebsform zunächst des Großhandels, die durch Selbstbedienung, Barzahlung, Selbstabholung, Konsumgütersortiment und Verzicht auf Serviceleistungen gekennzeichnet ist; zu den Märkten haben nur Wiederverkäufer, Weiterverarbeiter, gewerbliche Verwender und Großverbraucher Zutritt. In neuerer Zeit wurde das Konzept auch auf den Einzelhandel (z. B. Verbrauchermärkte) übertragen.

Cash flow [englisch 'kæʃ 'floʊ „Geldfluß"]: die von einem Unternehmen in einer Periode erarbeiteten verfügbaren Mittel. Er wird folgendermaßen errechnet: Jahresüberschuß + Erhöhung der langfristigen Rückstellungen + Abschreibungen auf Sachanlagen und Beteiligungen. Soweit Rückstellungen und Abschreibungen nicht ausgabewirksam sind, erhöhen sie die liquiden Mittel. Aus der Höhe des Cash flow lassen sich Ertragskraft und Finanzkraft eines Unternehmens abschätzen.

cf (c. & f.): Abk. für **c**ost and **f**reight [englisch „Kosten und Fracht"], Handelsklausel (↑Incoterms) wie ↑cif, jedoch ohne Übernahme der Seeversicherung durch den Verkäufer.

Chargenfertigung [französisch 'ʃarʒə „Bürde"]: grundsätzlich einheitliches Produktionsverfahren, bei dem die Produktion (z. B. Stahlerzeugung, Färberei) technisch bedingt in bestimmten Mengeneinheiten (Chargen) erfolgt. Zwischen den einzelnen Chargen können Qualitätsunterschiede auftreten aufgrund des nicht vollständig beherrschbaren Produktionsprozesses oder aufgrund naturbedingter Qualitätsschwankungen der Einsatzstoffe.

Chip [englisch tʃıp]: Bezeichnung für ein Plättchen aus dem Halbleitermaterial Silizium, auf dem integrierte Schaltungen untergebracht sind. Die Größe gegenwärtig hergestellter Chips liegt zwischen 3 mm × 3 mm und 10 mm × 10 mm. Häufig verwendet man den Begriff „Chip" auch zur Bezeichnung fertiger, d. h. im Gehäuse befindlicher integrierter Schaltungen.
Verwendet werden Chips als Speicherelement in EDV-Anlagen sowie als Mikroprozessor zur Steuerung von Geräten.

ci (c. & i.): Abk. für **c**ost and **i**nsurance [englisch „Kosten und Versicherung"], Handelsklausel (↑Incoterms) wie ↑fob, der Verkäufer übernimmt jedoch zusätzlich die Kosten der Seeversicherung.

cif: Abk. für **c**ost, **i**nsurance, **f**reight [englisch; „Kosten, Versicherung, Fracht"], Handelsklausel (↑Incoterms), nach der der Verkäufer die Verlade-, Versicheruns- und Frachtkosten bis zum vereinbarten Bestimmungshafen übernimmt. Das Risiko geht an den Käufer über, sobald die Ware im Versandhafen die Reling des Schiffes überschritten hat.

Clearing [englisch 'klıərıŋ] ↑Abrechnung.

COBOL: Abk. für **Co**mmon **b**usiness **o**rinted **l**anguage; eine problemorientierte ↑Programmiersprache.

Cobweb-Theorem ↑Spinnwebtheorem.

Code [ko:t; französisch und englisch, von lateinisch codex „Buch, Verzeichnis"]: System von Regeln und Übereinkünften, das die Zuordnung von Zeichen (oder auch Zeichenfolgen) zweier verschiedener Alphabete erlaubt: auch Bezeichnung für die konkreten Zuordnungsvorschriften selbst. Die Zeichen eines

Informationscodes werden als **Codeelemente** oder **Codezeichen,** ihre Kombinationen als **Codewörter** bezeichnet. Codes werden jeweils für spezielle Zwecke entwickelt.
Beispiele für Informationscodes zur *Nachrichtenübertragung* sind das Morsealphabet sowie die Telegrafenalphabete, nach denen in der Telegraphie die einem Text entsprechenden Telegraphiezeichen aus einer Anzahl *n* von Signalelementen gebildet, ausgesandt, empfangen und rückübersetzt werden. Kennzeichnend für einen Code ist die Anzahl *a* der Werte, die das Element annehmen kann; bei $a = 2$ liegt ein Binärcode vor. Neben den Codes zur Nachrichtenübertragung spielen heute Codes zur Informationsdarstellung und zur Datenverarbeitung eine große Rolle.
In der *Datenverarbeitung* benötigt man eine technisch leicht realisierbare Darstellung aller beim menschlichen Informationsaustausch üblichen Zeichen, insbes. von Zahlen, Ziffern, Buchstaben und Sonderzeichen. Wegen der heute üblichen binären Arbeitsweise von Digitalrechnern sind alle in der Datenverarbeitung benutzten Codes binärer Natur, d. h., sie bestehen aus einem Alphabet mit nur zwei Zeichen, meist als 0 und 1 oder O und L geschrieben. Jedem dieser beiden Zeichen entspricht genau ein Zustand eines Datenträgers.
Codes zur Darstellung von Zahlen nennt man numerisch, alle anderen alphamerisch. Alphamerische Codes sind der ASCII-Code (American standard code for information interchange) und der EBCDI-Code (Extended binary coded decimal interchange code). Letzterer ist ein 8-Bit-C. mit 256 möglichen Codewörtern (ein 9. Bit kommt als Prüfbit hinzu). Zahlreiche Codewörter sind nicht fest vergeben und haben in verschiedenen Varianten dieses Codes bestimmte Bedeutungen erhalten. Die ersten 64 Codewörter sind für Steuerzeichen vorgesehen, die anderen 192 für Schriftzeichen und einige spezielle Befehle.

Codierung (Verschlüsselung): in der EDV die Umsetzung des logischen Ablaufs einer Problemlösung in die Befehle einer Programmiersprache.

COMECON ↑Rat für gegenseitige Wirtschaftshilfe.

Computer [englisch kɔm'pju:tər, zu englisch to compute „rechnen, berechnen“] (Datenverarbeitungsanlage): universell einsetzbares Gerät zur automatischen Verarbeitung von Daten.
Arbeitsweise: Ein Computer nimmt Eingabewerte (Zahlen, Wörter, usw.) entgegen und wandelt sie nach bestimmten Regeln in Ausgabewerte um. Ein- und Ausgabe können auch abwechselnd ablaufen, d. h. der Computer liest einen Teil der Eingabe, liefert dann eine Ausgabe, liest wieder einen Teil der Eingabe usw. Die Regeln, nach denen die Eingaben verarbeitet und Ausgaben erzeugt werden, teilt man dem Computer durch Eingabe eines ↑Programms mit. Programme bestehen aus einer Folge von einfachen Arbeitsschritten (sog. Anweisungen), die vom Computer interpretiert und schrittweise nachvollzogen werden.
Da ein umgangssprachlich geschriebenes Programm keine eindeutige Handlungsvorschrift (↑Algorithmus) für den Computer ist, verwendet man für Computer besondere ↑Programmiersprachen anstelle natürlicher Sprachen. Alle Programme eines Computers faßt man unter dem Oberbegriff ↑Software (weiche, d. h. veränderbare Ware) zusammen.
Trotz des aus menschlicher Sicht sehr einfachen Aufbaus sind die Sprachelemente von Programmiersprachen zu komplex, um direkt von einem Computer verstanden und interpretiert zu werden:

a) Die Befehle, die ein Computer direkt ausführen kann, sind wesentlich primitiver als die Anweisungen einer Programmiersprache. So können viele Computer

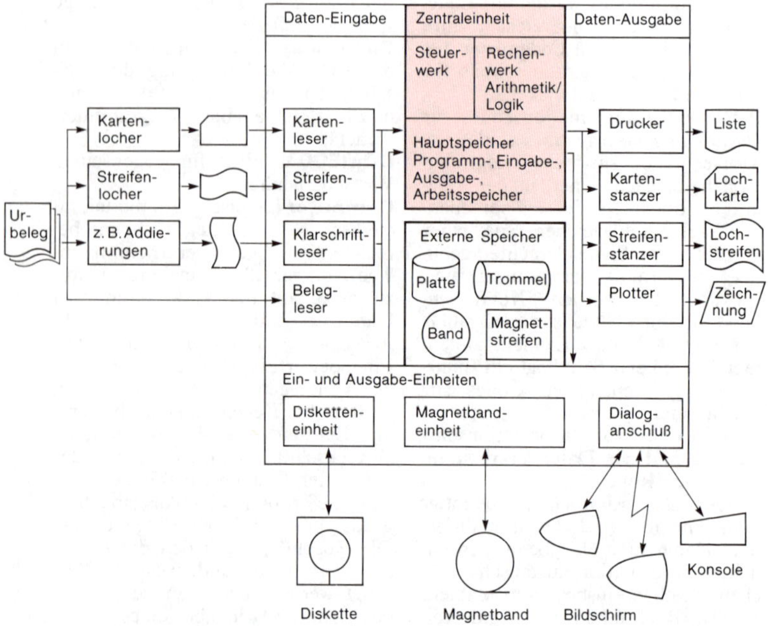

Computer. Übersicht über die Hardware und den Aufbau der Zentraleinheit

beispielsweise Zahlen nur addieren; Multiplikation, Division usw. müssen auf die Addition zurückgeführt werden.

b) Als elektronisches Gerät arbeitet ein Computer intern nur mit zwei Zuständen, die man sich als „Strom fließt/Strom fließt nicht", „Schalter offen/Schalter geschlosen", „Transistor leitet/ Transistor sperrt" oder einfach als 0 und 1 veranschaulichen kann. Alle Daten und Programme werden als Folgen von 0 und 1 verschlüsselt.

Bevor daher ein Computer ein Programm ausführen kann, muß es in eine Folge einfacher, dem Computer verständlicher Befehle (dargestellt als Folge von 0 und 1) übersetzt werden. Diese Arbeit übernimmt ein anderes Programm, der sogenannte Übersetzer. Er arbeitet wie ein Dolmetscher. Für jede Programmiersprache benötigt man einen eigenen Übersetzer.

Wenn ein Hersteller einen Computer gefertigt hat, d. h. die mechanischen und elektronischen Bauteile (die ↑Hardware = harte, d. h. unveränderbare Ware) produziert und zusammengeschaltet hat, so ist der Computer noch nicht betriebsbereit. Ein Computer weiß z. B. noch nicht, wo (d. h. über welche Geräte) und wann er Eingaben entgegennehmen soll, was er mit Programmen machen soll, in welcher Reihenfolge mehrere Programme abzuarbeiten sind, wohin Ergebnisse gehören usw. Diese Fähigkeiten werden ihm durch das ↑Betriebssystem mitgegeben. Das Betriebssystem ist ein umfangreiches Programm, das den Computer mit grundlegenden Steuerungsfunktionen versieht. Wie eine

Schale umschließt das Betriebssystem den Computer, so daß jeder Kontakt mit dem Rechner vom Betriebssystem kontrolliert wird.
Ein Betriebssystem muß letztlich stets die Kontrolle über den Computer zurückgewinnen können, auch wenn gerade ein Programm ausgeführt wird. Es muß also laufende Programme unterbrechen können; es muß mehrere Programme, die gleichzeitig rechnen wollen, in Warteschlangen einreihen; es muß Ein- und Ausgabegeräte für die Programme verwalten und bereitstellen und vieles mehr. Den Computer zusammen mit einem Betriebssystem und Hilfs- und Anwendungsprogrammen nennt man auch Datenverarbeitungssystem.
Aufbau eines Computers: Ein Computer besteht aus einem oder mehreren Eingabegeräten, einer Zentraleinheit (mit Speicher) und einem oder mehreren Ausgabegeräten. Über die Eingabegeräte versorgt man den Computer mit Programmen und Daten, über die Ausgabegeräte liefert der Computer die von Programmen berechneten Resultate ab. Typische Eingabegeräte sind Tastatur und Lochkartenleser, typische Ausgabegeräte sind Drucker und Bildschirm. Die Zentraleinheit (englisch central processing unit) ist das „Gehirn" (besser: die Schaltzentrale) eines Computers. In ihrem Innern werden Programme ausgeführt. Die Zentraleinheit besteht aus einem oder mehreren Prozessoren und einem Speicher, dem Hauptspeicher oder Arbeitsspeicher.
Im Hauptspeicher werden das auszuführende Programm, die Eingabedaten und bei der Berechnung auftretende Zwischenergebnisse abgelegt. Der Hauptspeicher arbeitet sehr schnell, d. h. man kann in Bruchteilen von Sekunden viele Informationen entnehmen und hereingeben (z. B. 1 Million Zahlen pro Sekunde), er kann aber im allgemeinen nicht alle benötigten Informationen aufnehmen.
Man ergänzt die Zentraleinheit daher meist um externe (außerhalb der Zentraleinheit befindliche) Speicher, die zwar langsamer arbeiten, aber sehr viel mehr Informationen speichern können und geeignet sind, Programme und Daten dauerhaft aufzubewahren. Typische externe Speichereinheiten sind Magnetplattenspeicher, Floppy discs und in Zukunft Bildplatten.
Die Prozessoren sind die aktiven Elemente eines Computers. Sie interpretieren Programme, führen Berechnungen durch und steuern die externen Speicher und die Ein-/Ausgabegeräte. Ein Prozessor unterteilt sich in das Steuerwerk oder Leitwerk, in dem die einzelnen Befehle eines Programms interpretiert und ausgeführt und Geräte gesteuert werden, und das Rechenwerk, das alle Arten von Rechenoperationen durchführt. Seine Rechenaufträge erhält das Rechenwerk ebenfalls

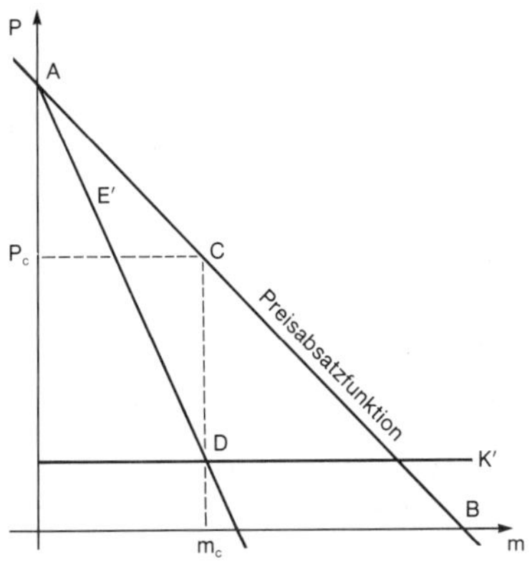

Cournotscher Punkt. Ermittlung der gewinnmaximalen Preismengenkombination: Die Grenzerlöskurve E' schneidet die Grenzkostenkurve K' in Punkt D; die zugehörige ergebnisoptimale Preismengenkombination (p_c, m_c) liegt senkrecht über D im Schnittpunkt mit der Preisabsatzfunktion ($\overline{AB}$) im Cournotschen Punkt C

vom Steuerwerk. Meist besitzen Prozessoren noch kleinere Speichereinheiten.

Controlling [englisch kən'trəʊlɪŋ] *das,* -s: Teilfunktion der Unternehmensführung, die zur Steuerung des Unternehmens Planungs-, Kontroll- und Koordinationsaufgaben wahrnimmt, um die betriebl. Entscheidungsträger mit den notwendigen Informationen zu versorgen. Der Controllinggedanke geht auf die Zeit der industriellen Revolution in den USA zurück, als einem **Controller** (anfängliche Schreibweise: Comptroller) die finanzielle Überwachung des Betriebs übertragen wurde.

cost and freight [englisch 'kɔst ənd 'frɛɪt] ↑cf.

cost and insurance [englisch 'kɔst ənd ɪn'ʃʊərəns] ↑ci.

Coupon [französisch ku'põ] ↑Kupon.

Cournotscher Punkt [französisch kur'no; nach A. A. Cournot (* 1801, † 1877), französischer Nationalökonom]: Angebotsmenge, bei der ein Angebotsmonopolist den größten Gewinn erzielt.

Der Anbieter kann aufgrund seiner Marktstellung als Monopolist den Preis festsetzen. Die Nachfrager werden mehr oder weniger elastisch reagieren, also z. B. bei einem zu hohen Preis weniger nachfragen. Der Monopolist wird diejenige Menge anbieten, bei der er den maximalen Gewinn erzielt (Cournotsches Theorem).

Courtage [französisch kʊr'ta'ʒe] ↑Handelsmäkler.

CPU: Abk. für: **C**entral **p**rocessing **u**nit, Zentraleinheit einer EDV-Anlage (↑Computer).

Culpa in contrahendo [lateinisch „Verschulden beim Vertragsabschluß"], schuldhafte Pflichtverletzung bei Vertragsverhandlungen; gewohnheitsrechtlich anerkannter, eine Schadensersatzpflicht begründender, außergesetzlicher Haftungstatbestand. – ↑auch Verschulden.

D

Dachgesellschaft ↑Holdinggesellschaft.

DAG ↑Gewerkschaften.

Damnum: Abschlag (↑Disagio) vom Nenn- und gleichzeitig Rückzahlungsbetrag eines Darlehens bei seiner Auszahlung; ist auf der Aktivseite der Bilanz aufzunehmen und über die Laufzeit des Darlehens abzuschreiben.

Darlehen: entgeltliche oder unentgeltliche Überlassung von ↑vertretbaren Sachen oder Geld durch Vertrag mit der Verpflichtung für den anderen zur Rückerstattung von Sachen gleicher Art, Güte und Menge. – ↑auch Kredit.

Datei: Bezeichnung für eine nach bestimmten Gesichtspunkten geordnete Menge von ↑Daten. Eine Datei besteht aus einer Folge gleichartig aufgebauter Datensätze, gekennzeichnet durch einen Dateinamen (z. B. Artikeldatei). Jeder Datensatz setzt sich aus mehreren Datenfeldern (z. B. Artikelnummer, Artikelbezeichnung) zusammen. Die Datei hat einen gleichartigen Aufbau wie eine Kartei. Je nach Art der Daten handelt es sich um eine Stammdatei oder Bewegungskartei.

Daten: in Schriftform oder elektronisch gespeicherte Informationen, die sich auf Personen, Sachen oder Sachverhalte beziehen. In der elektronischen Datenverarbeitung wird der Dateninhalt durch eine Folge von Zeichen (Ziffern, Buchstaben, Sonderzeichen) dargestellt. Man unterscheidet:

1. je nach der Art der verwendeten Zeichen *numerische Daten* (nur Ziffern), *alphabetische Zeichen* (nur Buchstaben) oder *alphanumerische Zeichen* (Kombination aus Ziffern und Buchstaben);
2. je nach der Aufgabe im Verarbeitungsprozeß *Ordnungsdaten* (Ordnungsbegriffe und Schlüsselnummern zum Sortieren und Klassifizieren von Daten [z. B. Artikelnummern, Artikelbezeichnung]), *Mengen-* und *Rechnungsdaten* (Daten, mit denen gerechnet wird [z. B. Preis, Gehalt]), *Anweisungsdaten* (Befehle an die Datenverarbeitungsdaten [z. B. suche!, berechne!]);
3. je nach der Häufigkeit der Veränderung *Stammdaten* (Daten, die über einen längeren Zeitraum unverändert bleiben [Anschriften, Personaldaten von Beschäftigten]), *Bewegungsdaten* (Daten, die sich ständig ändern [z. B. Preise, Anzahl geleisteter und vergüteter Überstunden]);
4. je nach der Richtung des Datenflusses *Eingabedaten* (Daten, die zur Verarbeitung in die EDV-Anlage eingegeben werden) und *Ausgabedaten* (die gewünschten Zieldaten, die für die weitere Arbeit über Ausgabegeräte [Drucker, Bildschirm] der EDV-Anlage entnommen werden).

Datenbank (Datenbanksystem): System zur Beschreibung, Speicherung und Wiedergewinnung von umfangreichen Datenmengen, die von mehreren Anwendungsprogrammen benutzt werden. Es besteht aus der *Datenbasis,* in der die Daten abgelegt werden, und den *Verwaltungsprogrammen (Datenbanksoftware, Datenbankmanagementsystem),* die die Daten entsprechend den vorgegebenen Beschreibungen abspeichern, auffinden oder weitere Operationen mit Daten durchführen.
Eine Datenbank ist meist Bestandteil eines umfassenden ↑Informationssystems, das die Daten von der Datenbank anfordert, auswertet, nach Anwendungskriterien verarbeitet und Daten an die Datenbank zum Speichern abgibt.
Datenbanken sind von zentraler Bedeutung für die Datenverarbeitung. Zum einen können viele verschiedene Programme mit dem gleichen Datenbestand arbeiten, und die Programme können gewartet und verändert werden, ohne daß die Daten ebenfalls neu organisiert werden müssen. Zum anderen werden die Anwendungen unabhängiger von dem Aufbau und der Struktur der Datenbestände, da man Daten mit Hilfe ihrer Beschreibung erweitern, neu interpretieren und für andersartige Anwendungen einsetzen kann. Datenbanken erleichtern den Einsatz von Rechenanlagen daher erheblich; ihre Verwendung muß in manchen Bereichen jedoch strengen Kontrollen unterliegen, insbesondere bei der Speicherung personenbezogener Daten (↑Datenschutz).

Datenerfassung: Bezeichnung für alle Arbeitsvorgänge, mit denen anfallende Daten in eine maschinenlesbare Form gebracht und auf Datenträgern gespeichert werden.
Maschinen, die Daten auf Datenträger aufbringen, heißen *Datenerfassungsgeräte.* Das bisher übliche Eintippen über Tastaturen wird zunehmend von der automatischen Erfassung mit Hilfe von Klarschriftlesern (Klarschriftbeleg) oder Markierungslesern (Markierungsbeleg) verdrängt.
Unter organisatorischen Gesichtspunkten spricht man auch von zentraler und dezentraler Datenerfassung. *Zentrale Erfassung* ist gegeben, wenn die Daten an einem Ort (Zentrale) zusammenlaufen und dort erfaßt werden, *dezentrale Datenerfassung,* wenn bereits am Ort der Entstehung der Daten (z. B. in den einzelnen Abteilungen) die Daten erfaßt werden.

Datenfernverarbeitung: Form der Datenverarbeitung, bei der Eingabe, Verarbeitung und Ausgabe von Daten räumlich beliebig weit voneinander entfernt durchgeführt werden können. Man unterscheidet zwischen der Off-line- und der On-line-Datenfernverarbeitung. **Off line** besagt, daß die Daten-ein- und -ausgabegeräte nicht unmittelbar über Leitungen mit der Rechenanlage verbunden sind. Die Daten werden zunächst auf ↑Datenträgern zwischengespeichert, die zwischen Ein- bzw. Ausgabegerät und Rechenanlage hin und her transportiert werden. Bei der **On-line-Datenfernverarbeitung** sind Ein-Ausgabegeräte und Rechenanlage direkt über Leitungswege miteinander verbunden. Die Zwischenspeicherung auf Datenträger entfällt. Ein typisches Anwendungsbeispiel der Datenfernverarbeitung sind Buchungs- und Reservierungssysteme von Flug- oder Hotelgesellschaften. Die Eingabegeräte (z. B. für Buchungswünsche) und die Ausgabegeräte (z. B. für Buchungsbestätigungen) befinden sich in Reisebüros, die sich räumlich weit entfernt vom Buchungsrechner befinden. Jedes Büro steht jedoch in ständiger Verbindung zum Rechner, in dem alle Buchungen gespeichert werden.

Datenschutz: im weitesten Sinn der Schutz von Daten vor unbefugtem Zugriff oder ihrer Vernichtung durch Schadenereignisse. Unterschieden wird zwischen dem technisch-organisatorischen Datenschutz, z. B. durch Zugangskontrollen, Zugriffsrechte u. ä. (↑Datensicherung) und dem Schutz personenbezogener Daten vor Mißbrauch im Sinne des Bundesdatenschutzgesetzes. Datenschutz im engeren Sinn und damit im eigentlichen Sinn bezieht sich immer auf den Schutz der Personen und Gegenstände, deren Daten gespeichert werden.

Durch die fortschreitende Technisierung ist es möglich geworden, große Datenmengen auf relativ kleinem Raum unterzubrinen und mit Hilfe von Programmen gezielt Auswertungen vornehmen zu können. So steht der wachsenden Bedeutung von Informationssystemen und ↑Datenbanken in Wirtschaft und Verwaltung mit ihren enormen Datenbeständen die Frage gegenüber, wie sich diese Datenbestände vor Mißbrauch schützen lassen.

Rechtliche Grundlage für den Datenschutz in der Bundesrepublik Deutschland ist das am 1. Jan. 1978 in Kraft getretene **Bundesdatenschutzgesetz** (Abk. BDSG). Es beschreibt die Vorschriften für die Zulässigkeit der Verarbeitung personenbezogener Daten; dabei wird unterschieden nach

- Datenverarbeitung bei Behörden und sonstigen öffentlichen Stellen,
- Datenverarbeitung nichtöffentlicher Stellen für *eigene* Zwecke,
- Datenverarbeitung nichtöffentlicher Stellen für *fremde* Zwecke.

In den jeweiligen Abschnitten des Gesetzes sind unter anderem die Anwendungsbereiche, Straf- und Bußgeldbestimmungen sowie die Handhabung der vier Grundrechte der Betroffenen, d. h. derjenigen Personen, deren personenbezogene Daten zu schützen sind, aufgeführt:

Recht auf Auskunft
Jeder Bürger hat das Recht, jederzeit eine Auskunft über die von ihm gespeicherten personenbezogenen Daten zu erhalten (Ausnahme: öffentlicher Sicherheitsbereich).

Recht auf Berichtigung von Daten
Alle unrichtig gespeicherten Daten müssen kostenlos berichtigt werden, wobei die Beweislast beim Betroffenen liegt.

Recht auf Sperrung von Daten
Läßt sich nicht eindeutig feststellen, ob Daten richtig oder unrichtig sind, so können sie gesperrt werden. Gesperrte Daten dürfen zwar gespeichert, jedoch nicht weiterverarbeitet werden.

Recht auf Löschung von Daten
Unzulässig gespeicherte Daten müssen gelöscht werden.

Ferner beschreibt das Bundesdatenschutzgesetz die Aufgaben des Bundesbeauftragten für den Datenschutz, der in erster Linie als Kontrollinstanz für die öffentliche Datenverarbeitung dienen soll und von

jedem Bürger in Anspruch genommen werden kann.
Der Sicherheitsbereich (z. B. Polizei, Geheimdienste, Bundeswehr) ist hierbei ausgeklammert. Für die nichtöffentliche Datenverarbeitung sind unter bestimmten Voraussetzungen sogenannte betriebliche Datenschutzbeauftragte zu ernennen.
Auf Landesebene können über das Bundesdatenschutzgesetz hinaus zusätzlich Landesdatenschutzgesetze die Vorschriften für die öffentliche Datenverarbeitung regeln.
Besondere Aufmerksamkeit wird dem Datenschutz gewidmet, seit Institutionen Daten untereinander elektronisch austauschen. Hierbei geht in der Regel der Grund, warum die Daten erhoben wurden, und das Umfeld, in dem die Daten zu interpretieren sind, verloren. Zum Beispiel speichert eine Firma über einen Kunden, daß er zahlungssäumig ist, weil der Kunde die gelieferten Produkte beanstandet hat. Gehen diese Daten dann in zentrale Auskunftsdateien, so wird dem Kunden möglicherweise ein Kredit verweigert, weil die Bank, die solche Daten erhalten hat, den Grund der säumigen Zahlungsweise nicht kennt und daher der Kunde als nicht kreditwürdig gilt. Auszutauschende Daten müssen daher auf ein notwendiges Minimum beschränkt werden, und jeder einzelne muß die über ihn gespeicherten Daten erhalten und gegebenenfalls korrigieren können.

Datensicherung: Sammelbezeichnung für alle Maßnahmen, die die Daten und Programme der einzelnen Benutzer wechselseitig vor zufälligen oder auch beabsichtigten Zugriffen schützen und gegen Zerstörung durch Fehlfunktionen der Rechenanlage oder Fehlbedienungen des Benutzers absichern und zugleich Anforderungen des ↑Datenschutzes gewährleisten.
Die Maßnahmen zur Erhaltung des Rechnerbetriebs lassen sich in Gruppen einteilen: *bauliche* Maßnahmen (z. B. feuersichere Schränke, Lichtschranken); *organisatorische* Maßnahmen (z. B. Zugangskontrollen der Mitarbeiter, Kopieren von Daten, Nutzung von Parallelrechnern); die vom Hersteller der EDV-Anlage bereits eingebauten *technischen* Maßnahmen und Sicherheitsvorkehrungen (z. B. Prüfbit, Schreibschutz); die vom Benutzer als Sicherung vorgesehenen *programmtechnischen* Maßnahmen (z. B. Plausibilitätskontrollen, Prüfziffernverfahren, Kennsatzprüfungen, Einbau von Wiederanlaufpunkten).
Das einfachste und in der Praxis gebräuchlichste Verfahren zur Sicherung von Daten gegen Fehlfunktionen des Systems oder Fehlbedienungen des Benutzers ist die *Sicherungskopie.* In regelmäßigen Zeitabständen (täglich, wöchentlich) werden alle in dieser Zeit geänderten Dateien gesichert, d. h. auf eine andere Speichereinheit, meist ein Magnetband, kopiert. Wird eine Datei versehentlich zerstört, so steht immer noch eine frühere Version der Datei zur Verfügung.

Datenträger: Medien, auf denen Daten in maschinenlesbarer Form dauerhaft gespeichert sind. Man kann unterscheiden: *gelochte* Datenträger (Lochkarte, Lochstreifen), *magnetische* Datenträger (Magnetband, Magnetplatte, Diskette) und *maschinenlesbare* Urbelege (Markierungsbelege und Klarschriftbelege).
Darüber hinaus unterscheiden sich Datenträger in der Speicherkapazität (Lochkarte sehr geringe, magnetische Datenträger sehr hohe Speicherkapazität).

Datenverarbeitung (automatisierte Datenverarbeitung, elektronische Datenverarbeitung): im weiteren Sinne jeder Prozeß, bei dem aus gegebenen Eingangsdaten durch Erfassung, Aufbereitung, Speicherung und Bearbeitung Ausgangsdaten gewonnen werden; im engeren Sinne die Gesamtheit der in einem ↑Computer aufgrund logischer bzw. mathematischer Verknüpfungen ablaufenden Prozesse, bei denen die Eingangsdaten sowohl von numerischem als auch von nichtnumerischem Charakter sein können. Man unterscheidet ferner zwischen **maschineller Datenverarbeitung,** bei der z. B. mechanische oder elektromechanische Büromaschinen bzw. Lochkartenmaschinen eingesetzt werden, und **elektronischer Datenverarbeitung,** die mit Hilfe elektronischer Datenverarbeitungsanlagen erfolgt.

Die Ein- bzw. Ausgangsdaten können jede darstellbare Information (z. B. Zahlenwerte, Texte, Bilder, elektrische Signale, physikalische Meßwerte) beschreiben. Der Ablauf der Verarbeitung der Eingangsdaten hängt von der Informationsdarstellung ab. Werden diese Informationen durch kontinuierlich veränderliche physikalische Größen dargestellt, so spricht man von **analoger Datenverarbeitung,** die v. a. bei der Lösung von Eigenwertproblemen, bei der Simulation technisch-physikalischer Prozesse (z. B. Simulation des zeitlichen Verhaltens eines Kernreaktors) und bei der Analyse zeitlich veränderlicher physikalischer

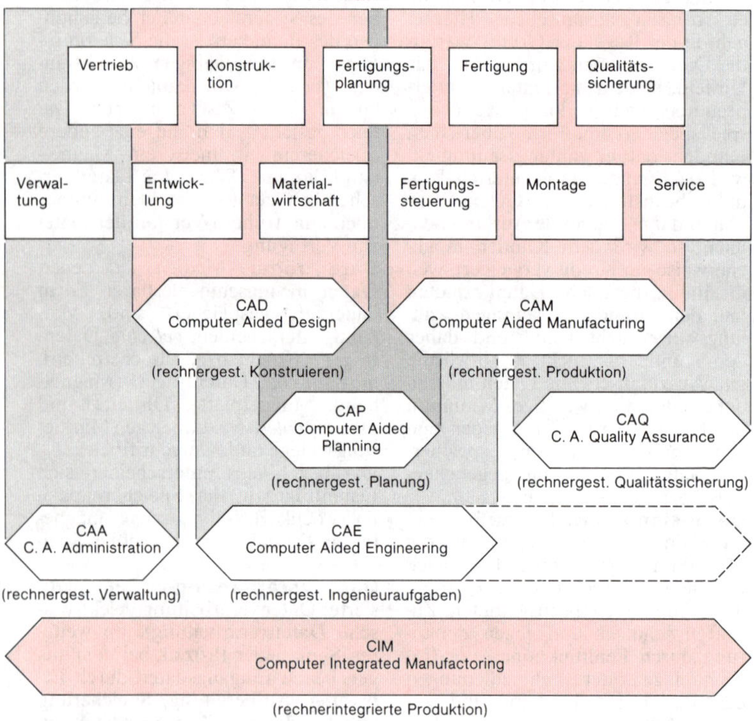

Datenverarbeitung. Einsatz der Datenverarbeitung in den verschiedenen Stufen der Produktion und der Verwaltung eines Unternehmens. Die einzelnen Bereiche Verwaltung, Konstruktion, Planung, Produktion, Qualitätssicherung werden durch Rechner zu einem integrierten Informations- und Kommunikationssystem zusammengeschlossen

Größen (z. B. Schwingungen) angewendet wird.
Bei der **digitalen Datenverarbeitung** wird die Information durch Folgen von Zeichen aus einem endlichen Zeichenvorrat dargestellt. Dabei wird jedes Datenelement, das nur endlich viele Werte (z. B. 0, 1, 2, ..., 9) annehmen kann, durch digital dargestellte Infomation, d. h. durch endliche Zeichenfolgen beschrieben. Sind dagegen für ein Datenelement unendlich viele Werte möglich, so werden endlich viele repräsentative herausgegriffen, die dann auf dieselbe Art darstellbar sind. Die Vorschrift, die die Zuordnung festlegt, wird als Codierungsvorschrift bzw. Code (z. B. Binärcode) bezeichnet. Die zu verarbeitenden Daten können auf geeigneten Geräten (Datenerfassungsgeräte) manuell erfaßt werden oder ergeben sich aus geeigneten Meß- und Aufzeichnungsgeräten. Werden diese Meßwerte unmittelbar verwertet und greifen die Ergebnisse steuernd in einen Vorgang ein, so spricht man von Prozeßdatenverarbeitung **(Real-time-Verarbeitung).** Die *Durchführung* der Verarbeitungsvorschrift erfolgt auf der Datenverarbeitungsanlage (↑Computer).
Bei den *Anwendungen* der Datenverarbeitung unterscheidet man zwischen Verarbeitung sehr großer Datenmengen, z. B. im betrieblichen Rechnungswesen (quantitative Datenverarbeitung) und Automatisierung komplexer Informations- und Entscheidungsprozesse (qualitative Datenverarbeitung). In der *Wissenschaft* kann man im wesentlichen zwei Verwendungsarten unterscheiden: einerseits die Anwendung der Datenverarbeitung zur modellmäßigen Erfassung und Simulation der Wirklichkeit, andererseits den Einsatz von Computern bei der Steuerung, Überwachung, Kontrolle und Auswertung von Experimenten. Die Anwendungen in der *Technik* bestehen vor allem in der Regelung und Steuerung von Produktionsabläufen und anderen Automatisierungsprozessen. Darüber hinaus sind durch den Einsatz der Datenverarbeitung die Möglichkeiten gegeben, besonders hochentwickelte technische Produkte, z. B. in der Halbleitertechnik und Mikroelektronik, herzustellen. Gegenstand der *kommerziellen* Datenverarbeitung ist die Rationalisierung informationsverarbeitender Prozesse in Unternehmen und Organisationen. Im Bereich der *Ausbildung* wird die Datenverarbeitung zunehmend in Form von Lern- und Prüfungssystemen eingesetzt, wobei im Unterschied z. B. zu Fernsehkursen eine unmittelbare Rückkopplung zwischen Wissensstand und Inhalt des Lernsystems möglich ist.
Eine erhebliche Erweiterung der Anwendungsmöglichkeiten der Datenverarbeitung wurde durch den Aufbau von ↑Datenbanken erzielt, die v. a. im administrativen Bereich, im Finanz- und Bibliothekswesen (z. B. in der Buchhaltung im Rahmen der Maschinenbuchführung), im Rechtswesen und in der Nachrichtenverarbeitung eingesetzt werden.
Die Anwendungen der Datenverarbeitung werden begrenzt durch die Gegebenheiten der jeweils verwendeten Technologie und durch den ↑Datenschutz.

Datowechsel: Wechsel, der eine bestimmte Zeitspanne (z. B. 3 Monate) nach Ausstellung fällig ist.

Dauerauftrag: Auftrag eines Kontoinhabers an ein Kreditinstitut oder die Postbank, von seinem Konto in regelmäßigen Abständen (monatlich, vierteljährlich, halbjährlich, jährlich) immer denselben Betrag auf das Konto eines bestimmten Zahlungsempfängers zu überweisen. Für den Dauerauftrag eignen sich z. B. Zahlungen für Miete, Versicherungsprämien, Beiträge. Im Gegensatz dazu ↑Lastschriftverkehr.

Debitoren [lateinisch „Schuldner“]: Außenstände, d. h. ↑Forderungen in der Regel an Kunden, die Warenlieferungen oder sonstige Leistungen auf Kredit erhalten haben. **Debito-**

renkonten sind Kundenkonten, bezeichnen aber auch das Sachkonto Forderungen.

Deckungsbeitragsrechnung (Grenzkostenrechnung): Form der ↑Teilkostenrechnung, bei der auf die einzelnen Bezugsobjekte (z. B. Produkte, Produktgruppen) nur die von diesen verursachten und somit zurechenbaren Kosten (↑variable Kosten) verrechnet werden. Die jeweilige Differenz von Erlösen und zurechenbaren Kosten bildet den **Deckungsbeitrag** des Bezugsobjekts und dient der Deckung der nicht zurechenbaren Kosten (↑fixe Kosten). Das Unternehmen erzielt einen Gewinn, wenn die Summe der Dekkungsbeiträge größer ist als die der nicht zurechenbaren Kosten.
Die Deckungsbeitragsrechnung tritt neben die traditionelle ↑Vollkostenrechnung als Hilfe für unternehmerische Entscheidungen vor allem bei freien Kapazitäten. Solange noch ein Deckungsbeitrag erzielt werden kann, lohnt sich die Aufnahme eines neuen Erzeugnisses oder die Hereinnahme zusätzlicher Aufträge, bzw. eine Preisdifferenzierung. Man bezeichnet den Mindestabsatz auch als Nutzenschwelle (Break-even-point).

Deckungskauf: befindet sich der Verkäufer im ↑Verzug, kann sich der Käufer, nachdem eine angemessene Nachfrist ohne Leistung verstrichen ist, die Ware anderweitig beschaffen und die Mehrkosten dieser Beschaffung von dem sich im Lieferungsverzug befindlichen Verkäufer als Schadensersatz verlangen.

deckungsstockfähige Wertpapiere: bestimmte, besonders sichere Wertpapiere wie Anleihen des Bundes oder Pfandbriefe, die von Versicherungsunternehmen dazu verwendet werden dürfen, einen gesetzlich vorgeschriebenen Teil ihrer jährlichen Prämieneinahmen verzinslich anzulegen (Deckungsstock). Die Deckungsstockfähigkeit ergibt sich kraft Gesetzes oder durch Entscheidung des Bundesaufsichtsamts für das Versicherungswesen.

Deficit-spending [englisch 'dɛfɪsɪt spɛndɪŋ] (**Defizitfinanzierung**): Steuerung der Konjunktur mit Hilfe der öffentlichen Finanzen. Zur Schaffung zusätzlicher Nachfrage sollen in Rezessionsphasen mit Arbeitslosigkeit und unterausgelasteten Kapazitäten Mehrausgaben getätigt oder Steuern gesenkt werden. Das entstehende Haushaltsdefizit ist durch Auflösung von Guthaben bei der Notenbank (↑Konjunkturausgleichsrücklage) oder durch Kreditaufnahme bei der Notenbank oder am Kapitalmarkt zu finanzieren. Bei einer Finanzierung über den Kapitalmarkt wird die vorhandene Geldmenge nicht erhöht; andere Wirtschaftsbeteiligte müssen in diesem Fall auf eine Kreditaufnahme verzichten. Dagegen erhöht sich die Geldmenge, wenn das Haushaltsdefizit durch eine Kreditaufnahme bei der Notenbank finanziert wird. V. a. durch zusätzl. Geldschöpfung getätigte Ausgaben, z. B. für öffentl. Investitionen, sollen die Konjunktur beleben.

Deflation: Prozeß ständiger Preisniveausenkungen (Gegensatz: ↑Inflation). Sie entsteht, wenn bei einem herrschenden Preisniveau die Gesamtnachfrage geringer ist als das gesamtwirtschaftliche Angebot (deflatorische Lücke). Der zeitlich verzögerte Anpassungsprozeß hin zu einem neuen Gleichgewicht geschieht über Preissenkungen. Da diese meist mit Einkommenssenkungen und mit Entlassungen von Arbeitskräften verbunden sind, kommt es zu weiteren Nachfragerückgängen.
Bei einer Deflation steigt der Geldwert; Besitzer von Geld und Geldforderungen werden begünstigt, Schuldner und Sachwertbesitzer benachteiligt. Nach dem 2. Weltkrieg ist in keinem industrialisierten Land eine Deflation aufgetreten.

degressive Abschreibung (Restwertabschreibung): Methode der ↑Abschreibung mit fallenden Quoten, bei der ein gleichbleibender Abschreibungsprozentsatz, der sich

nach der ↑betriebsgewöhnlichen Nutzungsdauer richtet, vom jeweiligen Restwert (↑Buchwert) abgeschrieben wird. Diese Methode trägt der Tatsache Rechnung, daß der Wert eines gebrauchten Wirtschaftsguts in den ersten Nutzungsjahren schneller sinkt als in späteren. Sie ist vor allem bei längerer Nutzungsdauer gegenüber der ↑linearen Abschreibung von Vorteil.
Berechnungsbeispiel: Anschaffungswert 100 000 DM; Abschreibungssatz 30 % vom Buchwert:

1. Jahr: Anschaffungswert	100 000,–
– 30 % von 100 000,–	30 000,–
Restwert	70 000,–
2. Jahr: – 30 % von 70 000,–	– 21 000,–
Restwert	49 000,–
3. Jahr: – 30 % von 49 000,–	– 14 700,–
Restwert	34 300,–
usw.	

Das Steuerrecht läßt diese geometrisch-degressive ↑Absetzung für Abnutzung (AfA) an Stelle der linearen zu bei beweglichem ↑Anlagevermögen und bestimmten Gebäuden und Eigentumswohnungen.
Dabei darf gegenwärtig der dreifache Satz der üblichen linearen AfA, höchstens aber 30%, nicht überschritten werden. Ein Wechsel von der degressiven zur linearen AfA ist möglich, nicht aber umgekehrt. – ↑auch digitale Abschreibung.

degressive Kosten: fallende Kosten bzw. im Verhältnis zum steigenden Beschäftigungsgrad abnehmende Kostenbestandteile (↑Kostenverlauf). *Degressive Gesamtkosten* liegen solange vor, wie die ↑Grenzkosten mit zunehmender Ausbringung sinken. *Degressive Stückkosten* ergeben sich nach dem ↑Massenproduktionsgesetz durch den Degressionseffekt der fixen Kosten, da sich die fixen Gesamtkosten auf eine größere Produktionsmenge verteilen.

deklaratorische Wirkung ↑Handelsregister.

Deliktfähigkeit: zivilrechtliche bzw. strafrechtliche Verantwortlichkeit (Strafmündigkeit) für ein rechtswidriges, schuldhaftes Verhalten (ab dem 7. Lebensjahr beschränkte, ab dem 18. volle Deliktfähigkeit), welches eine Schadensersatzpflicht nach sich zieht. Sie ist neben der ↑Geschäftsfähigkeit ein Teil der Handlungsfähigkeit.

Delkredere: eine vertraglich übernommene Garantie für die Erfüllung einer Forderung; es kommt vor allem bei Kommissionären und Handelsvertretern vor. Bei Handelsvertretern bedarf das Delkredere der Schriftform. Das Delkredere begründet einen zusätzlichen Anspruch auf die ↑Delkredereprovision. – Im Rechnungswesen ist das Delkredere eine ↑Wertberichtigung, die auf dem **Delkrederekonto** verbucht wird.

Delkredereprovision: Vergütung an denjenigen, der die Haftung für den Zahlungseingang aus einer Forderung übernommen hat; gesetzlich geregelt bei Handelsvertretern und Kommissionären, aber auch in den Gebühren für das ↑Factoring enthalten.

Depositen: Bezeichnung für verzinsliche, kurz- und mittelfristige Einlagen von Kunden bei Kreditinstituten, soweit sie nicht auf Spar- oder Kontokorrentkonten verbucht werden.

Depot: Bezeichnung für die bei einer Bank zur Verwahrung hinterlegten Sachen, vor allem Wertpapiere. Man unterscheidet 1. das *offene Depot:* Wertgegenstände werden der Bank offen übergeben; Depotverwaltung (↑Depotgeschäft) möglich; 2. das *geschlossene Depot:* Wertgegenstände werden der Bank verschlossen übergeben; keine Kenntnis der Bank vom Inhalt; Depotverwaltung nicht möglich.
Im Wertpapiergeschäft unterscheidet man folgende Verwahrungsarten: a) *Sonderverwahrung (Streifbanddepot):* Die Bank verwahrt die Wertpapiere jedes Hinterlegers gesondert auf. Der Name des Eigentümers (Hinterlegers) wird auf einem

die Wertpapiere umgebenden Papierstreifen vermerkt. b) *Sammelverwahrung:* Die hinterlegten Wertpapiere werden mit gleichartigen Stükken anderer Hinterleger zusammen aufbewahrt ohne Bezeichnung des Eigentümers. c) *Girosammelverwahrung:* Die Wertpapiere werden bei bestimmten Sammelbanken aufbewahrt (Drittverwahrung), wozu eine besondere Ermächtigung des Kunden erforderlich ist, da dieser nur noch Miteigentümer an einer bestimmten Wertpapiergattung ist und keine Ansprüche mehr auf genau bezeichnete Stücke hat.

Depotgeschäft: gewerbsmäßige Verwahrung und meist auch Verwaltung von Sachen, v. a. von Wertpapieren. Hauptsächliche Aufgabe ist die Überwachung der Fälligkeitstermine von ↑Zinsscheinen und deren weitere Bearbeitung (Abtrennen vom ↑Bogen, Einzug und Gutschrift der Erträge auf dem Konto des Depotinhabers). Das Depotgeschäft ist für die Banken sehr kostenintensiv. Sie verlangen daher jährlich Depotgebühren, die je nach Wertpapier- und Verwahrungsart zwischen 0,05% und 0,5% schwanken und bei den festverzinslichen Wertpapieren vom Nennwert, bei Aktien u. a. vom Kurswert berechnet werden.

Depotstimmrecht (Bankenstimmrecht, Vollmachtstimmrecht): Ausübung des Stimmrechts durch Banken für die in ihrem Depot liegenden Aktien aufgrund einer besonderen Kundenvollmacht. Diese bedarf der schriftlichen Form und gilt höchstens 15 Monate. Die Banken sind verpflichtet, bei der Ausübung des Depotstimmrechts die Interessen des Aktionärs zu vertreten. In der Praxis ist diese „Stimmrechtsvertretung" von großer Bedeutung und gewährt Banken einen starken Einfluß bei den Hauptversammlungen von Aktiengesellschaften.

Depotwechsel (Kautionswechsel): Wechsel, der als Sicherheit für einen Bankkredit beim Kreditinstitut hinterlegt wird. Er soll der Bank bei Rückzahlungsschwierigkeiten des Schuldners durch einen Wechselprozeß schnell zu ihrem Geld verhelfen. Der Depotwechsel wird häufig von Kreditgenossenschaften bei Personalkrediten verwendet. Er wird in der Regel als ↑Solawechsel ausgestellt, kann aber auch als gezogener Wechsel verwendet werden, wobei der Kreditnehmer den Wechsel als Bezogener akzeptiert und ein Dritter als Aussteller für den Kredit mithaftet.

Depression ↑Konjunktur.

derivativer Firmenwert ↑Firmenwert.

Desinvestition: Freisetzung der in Vermögenswerten gebundenen finanziellen Mittel und ihre Umwandlung in flüssige Mittel; der umgekehrte Vorgang der ↑Investition. Die Desinvestition vollzieht sich einmal durch den Rückfluß der in die Verkaufserlöse einkalkulierten Kosten (z. B. Abschreibungen, Rohstoffverbrauch), andererseits durch den Verkauf von Vermögenswerten (Grundstücke, Sachvermögen, Beteiligungen, Rechte).

Deutsche Angestellten-Gewerkschaft ↑Gewerkschaften.

Deutsche Bundesbank: zentrale Notenbank der Bundesrepublik Deutschland mit der Aufgabe, die Geld- und die Kreditversorgung der Wirtschaft zu gewährleisten und den Binnen- und Außenwert der Währung zu sichern sowie den inländischen Zahlungsverkehr mit dem Ausland bankmäßig abzuwickeln. Jährlich legt die Deutsche Bundesbank ein Geldmengenziel fest, das aussagt, um wieviel Prozent in dieser Zeit die Zentralbankgeldmenge im Hinblick auf die Entwicklung des Gütervolumens steigen darf. Um die Geldmenge zu steuern, stehen der Bundesbank eine Reihe geldpolitischer Befugnisse zur Verfügung: alleiniges Recht der Notenausgabe, Diskontpolitik, Lombardpolitik, Mindestreservenpolitik, Offenmarktpolitik und Einlagenpolitik. Diese Politik der Bundesbank darf nicht isoliert betrachtet werden, sie ist Teilbereich der allgemeinen ↑Wirtschaftspolitik.

ZENTRALBANKRAT (Präsident und Vizepräsiden der Bundesbank, übrige Mitglieder des Direktoriums, Präsidenten der LZB) bestimmt die Währungs- und Kreditpolitik der Bundesbank.	
↑ DIREKTORIUM ist für die Durchführung der Zentralbankratsbeschlüsse verantwortlich. Leitet, verwaltet und führt die Geschäfte der Bundesbank.	↑ VORSTÄNDE DER LZB führen die Geschäfte der Hauptverwaltungen der Deutschen Bundesbank (LZB)

Deutsche Bundesbank. Organe

Der Deutschen Bundesbank sind folgende Geschäfte erlaubt: 1. nur mit Banken: An- und Verkauf von Wechseln und Schatzwechseln, Gewährung von Lombardkrediten; 2. Geschäfte mit Jedermann: Annahme unverzinslicher Giroeinlagen, Depotgeschäft, Inkassogeschäft, An- und Verkauf von Devisen und Sorten, Bankgeschäfte mit dem Ausland; 3. mit öffentlichen Verwaltungen zusätzlich die Gewährung kurzfristiger Kredite (Kassenkredite).

Deutsche Industrienorm ↑DIN Deutsches Institut für Normung.

Deutsche Mark (DM): Währungseinheit der Bundesrepublik Deutschland; 1 DM hat 100 Deutsche Pfennige. Mit der Währungsreform vom 20. Juni 1948 als gesetzliches Zahlungsmittel eingeführt, löste sie die Reichsmark ab, im Rahmen der Wirtschafts- und Währungsunion mit der ehemaligen DDR vom 2. 7. 1990 auch die Mark der DDR.

Deutscher Aktienindex (DAX): seit 1988 errechneter Aktienindex, der die Kursentwicklung der Aktien von 30 Aktiengesellschaften widerspiegelt, die gemäß des an der Börse zugelassenen Aktienkapitals gewichtet sind. Der DAX repräsentiert rund 60% des Grundkapitals inländischer börsennotierter Aktiengesellschaften. Für den Rentenmarkt wird seit 1991 der **Deutsche Rentenindex** (REX) berechnet.

Deutscher Gewerkschaftsbund ↑Gewerkschaften.

Deutscher Zollverein: Zusammenschluß deutscher Bundesstaaten mit dem Ziel einer wirtschaftlichen Einigung durch Abbau von Zöllen und anderen wirtschaftlichen Hemmnissen. Nach Vorstufen (preußisches Zollgesetz 1818, bayrisch-württembergischer Zollverein, Zollverein zwischen Preußen und Hessen-Darmstadt, Mitteldeutscher Handelsverein zwischen Sachsen, Hannover, Kurhessen und den thüringischen Staaten [alle 1828]) trat 1834 der Deutsche Zollverein in Kraft. Mitglieder waren Preußen, Hessen-Darmstadt, Württemberg, Kurhessen, Sachsen und die thüringischen Staaten; Hannover trat 1854 bei. Der Deutsche Zollverein wurde zu einer Vorstufe des Deutschen Reichs von 1871.

Devisen: im weiteren Sinne alle Zahlungsmittel in ausländischer Währung; im engeren Sinne die von Inländern unterhaltenen, auf fremde Währung lautenden Guthaben einschließlich in ausländischer Währung ausgestellter Wechsel und Schecks, die an den Devisenbörsen gehandelt werden. Ausländische Banknoten und Münzen werden dagegen als ↑Sorten bezeichnet.

Devisenbewirtschaftung: alle staatlichen Maßnahmen, die die ↑Konvertierbarkeit und die freie Verfügbarkeit über ↑Devisen einschränken, da diese nicht im gewünschten Ausmaß zur Verfügung stehen. Staatliche Gebote und Verbote greifen in den Zahlungs- und Kapitalverkehr mit dem Ausland ein, so werden z. B. bei Auslandsreisen und bei Einfuhren den Inländern Devisen zugeteilt, Exporterlöse müssen an den Staat abgeführt werden.

Devisenbilanz: eine Teilbilanz der ↑Zahlungsbilanz, die die Veränderungen der Gold- und Devisenbestände der Deutschen Bundesbank innerhalb einer Periode ausweist. Ermittelt werden diese Veränderungen durch Saldierung aller Devisentransaktionen der Notenbank. Aus dieser Bilanz ist zu entnehmen, ob ein Zahlungsbilanzgleichgewicht vorliegt.

Devisenkurs (Wechselkurs): der Preis für ↑Devisen. Bei der in den meisten Ländern üblichen *Preisnotierung* ist der Devisenkurs der in inländischer Währung ausgedrückte Preis für eine feststehende ausländische Währungseinheit (1 Einheit bei £ und $, 1 000 Einheiten bei der italienischen Lira und 100 Einheiten bei den übrigen Währungen, z. B. 120 DM für 100 sfr.). Bei der in Großbritannien üblichen *Mengennotierung* gibt der Devisenkurs die Menge ausländischer Währungseinheiten an, die man für eine inländische Währungseinheit erhält. Der Devisenkurs wird entweder vom Staat festgelegt oder auf dem Devisenmarkt durch das freie Spiel von Angebot und Nachfrage täglich ermittelt. Im letzteren Fall spricht man von freien **Devisenkursen** (flexible Wechselkurse). Bei Änderungen der staatlich fixierten Devisenkurse (feste Wechselkurse) spricht man von ↑Aufwertung bzw. von ↑Abwertung.

DGB ↑Gewerkschaften.

Dialogbetrieb: Betrieb einer Rechenanlage in der Weise, daß die Benutzer aufgrund von Zwischenergebnissen den weiteren Verlauf der Rechenarbeit in flexibler Weise bestimmen können. Beim Dialogbetrieb stehen Datenstationen zur Verfügung, bei denen Programmeingabe und Datenein- und -ausgabe (z. B. Fernschreibmaschinen oder Datensichtgeräte) räumlich vereint sind; die Ein- und Ausgabe ist so organisiert, daß umständliche Umcodierungen zum Verständnis der Ergebnisse für den Menschen nicht anfallen. Das Betriebssystem ermöglicht den Benutzern, jederzeit on line in den Rechenprozeß einzugreifen. Das System gewährleistet eine Reaktionszeit, die unter der psychologischen „Geduldsschwelle" des Benutzers liegt (zwischen Sekundenbruchteilen und 3 bis 5 Minuten).
Der Dialogbetrieb wird v. a. bei der Bearbeitung komplexer Probleme angewendet. Schwerpunkte liegen bei der Entwicklung graphischer Entwurfs- und Konstruktionsverfahren, beim computerunterstützten Planen und Entscheiden sowie auf dem Gebiet der Textverarbeitung und des programmierten Unterrichts.

Dienstleistungen: ökonomische Güter, die wie Waren (Sachgüter) der Befriedigung menschlicher Bedürfnisse dienen. Im Unterschied zu den Sachgütern sind Dienstleistungen jedoch nicht lagerfähig; Produktion und Verbrauch fallen zeitlich zusammen. Diese „unsichtbaren" Leistungen werden von privaten Unternehmen und öffentlichen Stellen erbracht **(Dienstleistungsbetriebe).** Im Rahmen der volkswirtschaftlichen Gesamtrechnung werden Dienstleistungen neben den Sektoren Land- und Forstwirtschaft und warenproduzierendes Gewerbe als dritter Wirtschaftsbereich erfaßt **(tertiärer Sektor).** Zu den Dienstleistungen gehören Handel und Verkehr, private Dienstleistungen (z. B. Banken, Versicherungen, Beherbergungsgewerbe, Wissenschaft, Kunst, Gesundheitswesen, Sport) und die öffentliche Verwaltung.

Dienstleistungsbilanz: Teilbilanz der ↑Zahlungsbilanz, in der die Einnahmen einer Volkswirtschaft aus Dienstleistungsverkäufen an ausländische Wirtschaftssubjekte („unsichtbare Exporte") und die Ausgaben der Volkswirtschaft für Dienstleistungskäufe von ausländischen Wirtschaftssubjekten („unsichtbare Importe") für eine Periode erfaßt werden.

Dienstvertrag: zivilrechtliches Vertragsverhältnis, in dem sich der eine Partner zur Leistung der versprochenen Dienste, der andere Partner zur Zahlung der vereinbarten Vergütung verpflichtet (§§ 611–630 BGB). Im Unterschied zum ↑Werkvertrag wird eine Arbeitsleistung, nicht ein durch Arbeitsleistung erzielter Erfolg versprochen. Der Dienstleistende kann zu selbständiger oder abhängiger Arbeit verpflichtet sein; im letzteren Fall handelt es sich um den ↑Arbeitsvertrag, der den Regelungen des ↑Arbeitsrechts unterliegt.

Differentialkosten ↑Grenzkosten.

Differenzkosten: der Kostenzuwachs, der durch den Übergang zu einem höheren ↑Beschäftigungsgrad entsteht.

digitale Abschreibung (arithmetisch-degressive Abschreibung): Methode der ↑Abschreibung, bei der vom Anschaffungswert (eventuell auch vom Buchwert) in arithmetischer Reihe fallende Beträge abgesetzt werden. Diese werden nicht über Prozentsätze, sondern Bruchteile des Anschaffungswerts ermittelt. Dabei wird der Anschaffungswert durch die Summe der jeweils noch verbleibenden Jahre der geschätzten ↑Nutzungsdauer dividiert und dann mit der weiteren Nutzungsdauer multipliziert.

Beispiel:
Anschaffungswert 30 000 DM;
Nutzungsdauer fünf Jahre;
Summe der jeweils verbleibenden Jahre: 5 + 4 + 3 + 2 + 1 = 15;
Abschreibungsquote $^1/_{15}$,
also 30 000 DM: 15 = 2 000 DM.
Abschreibungsbeträge:
1. Jahr: 2 000 DM · 5 = 10 000 DM
2. Jahr: 2 000 DM · 4 = 8 000 DM
3. Jahr: 2 000 DM · 3 = 6 000 DM
4. Jahr: 2 000 DM · 2 = 4 000 DM
5. Jahr: 2 000 DM · 1 = 2 000 DM

Diese Methode ist steuerlich nur zulässig (und damit in der Regel nicht anwendbar), wenn sich sowohl im ersten Jahr als auch in den ersten drei Jahren zusammen kein höherer Betrag ergibt als bei der ↑degressiven Abschreibung.

DIN Deutsches Institut für Normung e. V.: erarbeitet zusammen mit den interessierten Kreisen (Hersteller, Handel, Wissenschaft, Verbraucher, Behörden) Normen, die der Rationalisierung, der Sicherheit, Qualitätssicherung u. a. in Wirtschaft, Technik und Wissenschaft dienen, und ist federführend für die deutsche Vertretung bei internationalen Normungsarbeiten. Die Normungsarbeit erfolgt in rund 120 Normenausschüssen mit rund 2 000 Arbeitsausschüssen. Die Arbeitsergebnisse werden als **DIN-Normen** in das Deutsche Normenwerk aufgenommen. Das Verbandszeichen DIN, Kennzeichen der Gemeinschaftsarbeit, darf unter bestimmten Voraussetzungen auch zur Kennzeichnung genormter Gegenstände verwendet werden. – Heutige Bezeichnung seit 1975, vorher „Deutscher Normenausschuß e. V."

dingliches Recht: Recht an einer Sache (↑Sachenrecht), weil es die Sache (das Ding) unmittelbar umfaßt, gegen jedermann wirkt und von jedem respektiert werden muß. Es handelt sich um ein absolutes Recht, im Gegensatz zum Forderungsrecht, das sich nur gegen eine bestimmte Person richtet (z. B. Geldforderungen, Ansprüche aus Kaufvertrag). Die dinglichen Rechte sind im 3. Buch des BGB (Sachenrecht) zusammengefaßt: Besitz, Eigentum, Dienstbarkeiten, Vorkaufsrecht, Reallasten, Hypothek, Grund- und Rentenschuld, Pfandrecht an beweglichen Sachen und an Rechten. – ↑auch beschränkte dingliche Rechte.

Direct costing [englisch daɪ'rekt 'kɔstɪŋ „direkte Kalkulation"] ↑Kostenrechnung.

direkte Abschreibung: buchungstechnisches Verfahren, bei dem die jährliche ↑Abschreibung direkt auf dem Anlagekonto (Gebäude, Fuhrpark, Geschäftsausstattung) erfaßt wird. Buchungssatz: Abschreibungskonto an Anlagekonto. Das Anlagegut erscheint dann mit dem um die Abschreibung verminderten Wert in der Schlußbilanz. Nach dem Aktiengesetz müssen einzelne Forderungen direkt abgeschrieben werden (↑Abschreibungen auf Forderungen). – ↑auch indirekte Abschreibung, ↑Erinnerungswert.

direkte Kosten ↑Einzelkosten.

direkte Steuern (unmittelbare Steuern): ↑Steuern, bei denen Steuerschuldner (Steuerpflichtiger) und Steuerträger (die Person, die die Steuer aus ihrem Einkommen oder Vermögen tatsächlich zahlt) in der Regel identisch sind, während **indirekte Steuern** (mittelbare Steuern) in der Regel vom Steuerschuldner auf einen anderen Steuerträger (über die Preiskalkulation) „abgewälzt" werden. Direkte Steuern sind z. B. ↑Einkommensteuer, ↑Vermögensteuer, ↑Gewerbesteuer, ↑Kirchensteuer, ↑Erbschaft- und Schenkungsteuer; indirekte Steuern sind z. B. ↑Umsatzsteuer, ↑Verbrauchsteuern, ↑Zölle. Die Einteilung in direkte und indirekte Steuern ist wissenschaftlich umstritten.

Direktorialsystem: Entscheidungssystem, bei dem die oberste Leitung eines Unternehmens oder einer Behörde aus einer Person besteht, welche die alleinige Entscheidungsgewalt besitzt; entspricht dem patriarchalischen Führungsprinzip. *Vorteile:* rasche, eindeutige Entscheidungen; klare Führungsbefugnis. *Nachteile:* die Meinungen und Kenntnisse von Fachleuten werden nicht ausreichend berücksichtigt. – Gegensatz: ↑Kollegialsystem.

Direktversicherung: Form der Zukunftssicherung des Arbeitnehmers durch den Arbeitgeber. Dabei schließt der Arbeitgeber mit einem Versicherungsunternehmen eine Lebensversicherung zugunsten des Arbeitnehmers ab und leistet die Prämienzahlungen direkt an die Versicherung. Die Lohnsteuer beträgt dann pauschal 15% der Prämien, deren Höhe auf in der Regel höchstens 3 000 DM pro Jahr begrenzt ist. Der Arbeitgeber kann die Prämien als Betriebsausgaben steuermindernd absetzen. Ein Arbeitnehmer kann statt dessen auch selbst von seinem Gehalt bis zu 3 000 DM für die Direktversicherung aufwenden. Übernimmt der Arbeitgeber dann die pauschalierte Lohnsteuer, spart der Arbeitnehmer Steuern für 3 000 DM in Höhe seines Spitzensteuersatzes. Man kann auch vereinbaren, den Barlohn soweit herabzusetzen **(Barlohnumwandlung)**, daß der Arbeitgeber daraus sowohl die Prämien als auch die pauschale Lohnsteuer aufbringen kann. Die Direktversicherung kann für beide Seiten günstiger sein als eine entsprechende Gehaltserhöhung.

Disagio [italienisch dɪsˈadʒo] (Abgeld): Unterschied zwischen dem Nennwert (bzw. Rückzahlungsbetrag) und dem niedrigeren Kurswert (bzw. Ausgabekurs) eines Wertpapiers. Beispiel: Ein Pfandbrief mit Nennwert 100 DM würde wegen der schlechten Kapitalmarktlage für 98 DM ausgegeben, so ergäbe sich für den Ausgebenden ein Disagio von 2 DM oder 2%, weil er 100 DM zurückzahlen muß. Bei der Aktienemission ist ein Disagio nicht zulässig, bei der Ausgabe von festverzinslichen Wertpapieren dagegen üblich. Bei Hypothekendarlehen wird das Disagio als ↑Damnum bezeichnet. Gegensatz: ↑Agio.

Diskont (Diskontierung): Zinsabzug beim Ankauf noch nicht fälliger Forderungen, insbesondere von ↑Wechseln, für die Zeit vom Verkaufstag bis zur Fälligkeit der Forderungen bzw. des Wechsels. Die Berechnung des Diskonts erfolgt nach der kaufmännischen Zinsformel (↑Zinsrechnung). Dem Verkäufer wird der um die Zinsen verminderte Forderungs- bzw. Wechselbetrag gutgeschrieben (↑Barwert). – ↑auch Diskontgeschäft.

Diskontgeschäft: Ankauf von Wechseln vor dem Verfallstag unter Abzug des ↑Diskonts. Angekauft werden von den Kreditinstituten in erster Linie ↑bundesbankfähige Wechsel, da sie diese an die Deutsche Bundesbank weiterverkaufen können (↑ Rediskontierung). Die Diskontierung stellt für das Kreditinstitut eine Kreditgewährung (↑ Diskontkredit) dar; sie ist wegen der Wechselstrenge und der Haftung aller Wechselbeteiligter ein sehr sicherer Kredit. Das Diskontgeschäft ist daher auch eines der wichtigsten ↑ Aktivgeschäfte der Banken.

Diskontkredit: Kredit, den der Kreditnehmer durch den Verkauf von Wechseln (↑ Diskontgeschäft) an die Bank bis zu einem bestimmten, festgesetzten Höchstbetrag (Wechselkontingent) in Anspruch nehmen darf; für Unternehmen ein sehr günstiger und daher sehr wichtiger Betriebsmittelkredit.

Diskontpolitik: Teil der Geldpolitik der Deutschen Bundesbank, mit dem Ziel, die umlaufende ↑ Geldmenge zu steuern. Die von der Bundesbank vorgenommenen Veränderungen des ↑ Diskontsatzes beeinflussen die Refinanzierungskosten der Geschäftsbanken und damit indirekt das allgemeine Zinsniveau. Diskontsatzerhöhung zielt auf eine Verringerung, Diskontsatzsenkung auf eine Erhöhung der Kreditnachfrage. Ob dies gelingt, hängt u. a. von den ↑ Liquiditätsreserven der Geschäftsbanken (bei Diskontsatzerhöhung) bzw. dem zusätzlichen Kreditbedarf (bei Diskontsatzsenkung) ab. Von der Veränderung des Diskontsatzes geht in jedem Falle eine geldpolitische Signalwirkung an die Volkswirtschaft aus.

Diskontsatz: Im weitesten Sinne der Zinssatz, der beim Ankauf von Wechseln für die Berechnung des ↑ Diskonts zugrundegelegt wird; im engeren Sinne der Zinssatz, den die Deutsche Bundesbank beim Ankauf von Wechseln von den Kreditinstituten für die Berechnung des Diskonts zugrundelegt. Der von der Deutschen Bundesbank autonom festgelegte Diskontsatz hat für alle übrigen Zinssätze eine gewisse Leitfunktion und ist ein wichtiges Mittel der Geldpolitik (↑ Diskontpolitik).

Dispositionskredit: häufig ungesicherter, teilweise auch gesicherter Personalkredit auf einem ↑ Girokonto. Der Dispositionskredit wird ohne große Antragsformalitäten genehmigt. Er besagt, daß der Kreditnehmer auf seinem Girokonto (laufendem Konto) einen Sollstand bis zum vereinbarten Höchstbetrag (häufig das zwei- bis dreifache des Monatsgehalts bei Gehaltsempfängern) erreichen darf. Dieser Kredit kann in seiner Höhe (im Gegensatz zum Darlehen) ständig schwanken; durch einen Habensaldo erlischt der Dispositionskredit (im Gegensatz zum Darlehen) nicht, er kann erneut in Anspruch genommen werden.

dispositiver Faktor: nach dem Wirtschaftswissenschaftler E. Gutenberg (* 1897) diejenige betriebliche Instanz, die die Kombination der ↑ Elementarfaktoren vollzieht, in der betrieblichen Wirklichkeit die Betriebs- und Geschäftsleitung, welche sich dabei der Hilfsmittel Planung und Organisation bedient. Wichtigste Aufgabe des dispositiven Faktors ist es, die betrieblichen Zielsetzungen und die langfristigen unternehmenspolitischen Strategien festzulegen.

Distributionskanal ↑ Absatzweg.

Diversifikation (Diversifizierung): gezielte Aufnahme neuer Produkte in die Angebotspalette, um neue Absatzmärkte zu schaffen. Dabei werden v. a. Sicherheitsziele (Risikostreuung, weniger Krisenanfälligkeit), Wachstumsziele und eine bessere Auslastung der Kapazitäten (z. B. bei saisonabhängigen Betrieben) verfolgt. Die D. kann *horizontal* (gleiche Wirtschaftsstufe, gleiche Branche, gleiches technisches Wissen), z. B. eine Brauerei stellt alkoholfreie Getränke her, *vertikal* (Erzeugnisse der vor- oder nachgelagerten Wirtschaftsstufe werden übernommen), z. B. eine Konservenfabrik betreibt Obstplantagen, oder *lateral* sein (die neuen Produkte stehen in keinerlei sachlichem Zusammenhang mehr zu den bisherigen, es entstehen Mischkonzerne), z. B. ein Lebensmittelproduzent gliedert eine Schiffswerft an.

Dividende: Gewinnanteil auf eine ↑Aktie. Die Höhe richtet sich nach dem Beschluß der Hauptversammlung (↑Aktiengesellschaft) über die Verwendung des Bilanzgewinns und wird in DM je 50 DM Nennwert angegeben. Das Verhältnis von Dividende zu Börsenkurs der Aktie heißt **Dividendenrendite.**

Dividendenschein (Gewinnanteilschein): Teil des ↑Bogens einer ↑Aktie; dient zur Auszahlung der ↑Dividende und anderer Ausschüttungen sowie zur Ausübung des Bezugsrechts und zum Erwerb von Berichtigungsaktien. Der Nennwert des Wertpapiers ist auf dem Dividendenschein angegeben. Er hat kein festes Fälligkeitsdatum und verkörpert keinen in Geldeinheiten ausgedrückten Anspruch (wie der Zinsschein).

Divisionalisierung (Spartenorganisation): Bildung selbständiger und eigenverantwortlicher Teilbereiche in einem Unternehmen. Diese erfolgt häufig dann, wenn ein großes Unternehmen mit verschiedenen Produkten bzw. Produktgruppen die Entwicklung, die Fertigung, den Einkauf und den Verkauf eines Produkts bzw. einer Produktgruppe verantwortlich unter einer Bereichsleitung zusammenfaßt. Jeder so entstehende Unternehmensbereich soll führungsmäßig überschaubar sein. Dadurch soll erreicht werden, daß unternehmerische Entscheidungen schneller getroffen werden können. Wird für die einzelnen Unternehmensbereiche jeweils eine besondere Gewinn- und Verlustrechnung erstellt, spricht man auch von Ergebnisbereichen **(Profit-Center).**

Divisionskalkulation: Verfahren der Industriekalkulation, das grundsätzlich die Fertigung von Gütern gleicher Art voraussetzt. 1. **Einstufige Divisonskalkulation:** Berechnung der Selbstkosten pro Stück durch Division der Gesamtkosten des Abrechnungszeitraums durch die entsprechende Produktionsmenge. Nur anwendbar in Betrieben mit einheitlicher und kontinuierlicher Massenfertigung, z. B. bei Elektrizitätswerken und in der Grundstoffindustrie. 2. **Mehrstufige Divisionskalkulation:** Die Gesamtkosten jeder Fertigungsstufe werden durch die Anzahl der in ihr erzeugten Zwischenfabrikate dividiert; die so errechneten Stückkosten übernimmt die jeweils nachfolgende Fertigungsstufe. Anwendbar bei nicht vergleichbaren Stufenleistungen bzw. der Notwendigkeit von Zwischenlagern. 3. ↑Äquivalenzziffernkalkulation.

Dokumentation: in der Datenverarbeitung Bezeichnung für die genaue Beschreibung des fertiggestellten Programms. Die Dokumentation setzt sich zusammen aus verbaler Beschreibung des Problems (Problemstellung), Beschreibung des Lösungsverfahrens (Algorithmus), graphischen Darstellungen (z. B. Datenflußplan), Codierung, Programmtest und Kommentaren. Sie dient als eine Art Gebrauchsanweisung und ist Grundlage für Kontrollen.

Dokumentenakkreditiv ↑Akkreditiv.

Dollar ($) [englisch-amerikanisch von niederdeutsch, niederländisch daler „Taler"]: Währungseinheit in den USA und verschiedenen anderen Ländern (z. B. Kanada, Australien, Neuseeland, Hongkong usw.). Ein Dollar hat 100 cent. Heute ist der US-Dollar die bedeutendste Währung der Welt und Leitwährung für andere Währungen.

Domizilwechsel: Wechsel, der an einer besonderen Zahlstelle (Domizil) zahlbar gestellt ist. Diese Zahlstelle ist (fast) immer eine Bank, in der Regel mit Geschäftssitz an einem ↑Bankplatz. Dadurch kann der Wechsel ein ↑bundesbankfähiger Wechsel werden.

Doppelbesteuerung: mehrfache Besteuerung eines Steuerpflichtigen durch verschiedene Staaten aufgrund desselben Steuertatbestands

(v. a. bei Steuern von Einkommen und Vermögen). Auch im Ausland erzielte Einkünfte müssen im Inland versteuert werden (Welteinkommensprinzip). Einkünfte, die bereits im Ausland der Besteuerung unterlagen, werden im Inland ein zweites Mal besteuert, was zu einer erheblichen Behinderung der internationalen wirtschaftlichen Aktivitäten führt. Durch einseitige Maßnahmen, wie z. B. die Anrechnung der bereits im Ausland entrichteten Steuern, oder durch zwischenstaatliche Vereinbarungen **(Doppelbesteuerungsabkommen)** wird versucht, diese Behinderung zu vermeiden.

Doppelgesellschaft: entsteht durch Spaltung eines Unternehmens nach verschiedenen Betriebsfunktionen **(Betriebsaufspaltung)** aufgrund steuerlicher Überlegungen, zur Risikobegrenzung oder auch im Zusammenhang mit Erbauseinandersetzungen. Folgende Aufspaltungen sind gebräuchlich: 1. in Vermögensverwaltungs- (Rechtsform Personengesellschaft) und Produktionsgesellschaft (Rechtsform Kapitalgesellschaft); 2. in Produktionsgesellschaft (Personengesellschaft) und Vertriebsgesellschaft (Kapitalgesellschaft).

doppelte Buchführung ↑Buchführungssysteme.

Dow-Jones-Index [englisch 'daʊ 'dʒoʊnz]: ↑Aktienindex, der seit 1897 als Durchschnitt der Aktienkurse von ausgewählten umsatzstarken Unternehmen Aktien an der New Yorker Börse berechnet wird. Die Aussagefähigkeit dieses Index wird wegen seiner geringen Basis heute stark kritisiert (nur 65 Werte sind erfaßt, nämlich 30 Industrie-, 20 Transport-, 15 Versorgungswerte), gilt aber trotzdem als sehr aussagekräftig für die Entwicklung am US-Aktienmarkt und der amerikanischen Wirtschaft.

Draufgabe: 1. bei Warengeschäften die Menge, die ohne Berechnung *zusätzlich* zur vereinbarten Liefermenge geliefert wird (dagegen ↑Dreingabe). 2. Zahlung beim Abschluß eines Vertrages, gilt als Zeichen des Vertragsabschlusses (§ 336 BGB).

Dreingabe: bei Warengeschäften der *Teil der vereinbarten Liefermenge,* der dem Käufer nicht berechnet wird, wie ↑Rabatt (dagegen ↑Draufgabe).

Dreisatz: Rechenverfahren, bei dem man aus drei bekannten Größen eine vierte unbekannte Größe bestimmt. Dabei schließt man von einer Mehrheit auf *eine* Einheit (deshalb auch Schlußrechnung), mit der man eine neue Mehrheit errechnet:

120 kg kosten 300 DM

1 kg kostet $\frac{300}{120}$ DM

75 kg kosten $\frac{300 \cdot 75}{120}$ DM
= 187,50 DM

= **gerades Verhältnis**
(je weniger desto weniger)

5 Maurer arbeiten 12 Tage
1 Maurer arbeitet $12 \cdot 5$ Tage

6 Maurer arbeiten $\frac{12 \cdot 5}{6} = 10$ Tage

= **ungerades Verhältnis**
(je weniger desto mehr)

Drittwiderspruchsklage (Interventionsklage): Rechtsbehelf (Klage), mit dem jemand im Falle der ↑Zwangsvollstreckung gegen einen anderen die Beschlagnahme und Veräußerung ihm gehöriger Gegenstände abwenden kann (§ 771 ZPO). Sie steht jedem zu, der ein die Veräußerung hinderndes Recht an einem von der Zwangsvollstreckung betroffenen Gegenstand hat. Im ↑Konkurs tritt an die Stelle der Drittwiderspruchsklage die Aussonderung.

duales System (der Berufsausbildung) ↑berufliche Bildung.

Dualsystem: Bezeichnung für ein Zahlensystem auf der Basis 2, im Gegensatz zum Dezimalsystem auf der Basis 10. Den Wert einer Dualzahl, z. B. 1 0 0 1 1, erhält man, indem man den Ziffern 0 und 1 den Stellenwert aus den Potenzen der Basis 2 zuordnet.

Beispiel:

2^4	2^3	2^2	2^1	2^0	2er Potenz
16	8	4	2	1	Stellenwert
1·16	0·8	0·4	1·2	1·1	= 19 (16 + 2 + 1)
1	0	0	1	1	

Von Bedeutung ist das Dualsystem in der elektronischen Datenverarbeitung, hier symbolisieren die Ziffern 0 und 1 die Zustände „Strom fließt" (1) und „Strom fließt nicht" (0).

Dubiosen ↑zweifelhafte Forderungen.

Dumping [ˈdʌmpɪŋ; zu englisch to dump „verschleudern"]: Form der regionalen ↑Preisdifferenzierung, bei der Produkte im Ausland zu niedrigeren Preisen als im Inland verkauft werden, um die Konkurrenz vom Markt zu drängen.

Durchgriffshaftung: verpflichten die Organe einer juristischen Person diese in einer gegen Treu und Glauben verstoßenden Weise gegenüber Dritten, können sie auch persönlich für die Verpflichtung haftbar gemacht werden. Beispiel: Kauft der Vorstand eines eingetragenen Vereins ein teures Sportgerät, obwohl er weiß, daß diese finanzielle Verpflichtung nicht aus der Vereinskasse erfüllt werden kann, hat der Verkäufer die Möglichkeit, den Vorstand auch persönlich auf Erfüllung zu belangen.

Durchschnittsbewertung: Bewertungsmethode für Wirtschaftsgüter des Vorratsvermögens, die im Verkehr nach Maß, Zahl oder Gewicht bestimmt werden (vertretbare Sachen) und bei denen die Anschaffungs- oder Herstellungskosten wegen Schwankungen der Einstandspreise im Laufe des Wirtschaftsjahrs im einzelnen nicht mehr feststellbar sind. Der Wert dieser Wirtschaftsgüter wird im Schätzwege ermittelt. Die Einkommensteuerrichtlinien lassen dafür grundsätzlich die Lifo- und ↑Fifo-Methode nicht zu, sondern verlangen die Bewertung nach dem gewogenen Durchschnitt der im Laufe des Wirtschaftsjahrs erworbenen und gegebenenfalls zu Beginn des Wirtschaftsjahrs vorhandenen Wirtschaftsgüter.

Duty-free-Shop [englisch ˈdju:tɪˈfri: ˈʃɔp „Zollfreiladen"]: Geschäft an einem Flughafen, auf international verkehrenden Schiffen usw., das abgabenfreie Waren für Reisende anbietet, insbesondere solche Waren, die im Steuerinland mit hohen Abgaben belastet sind, wie Alkoholika, Tabakwaren, Parfüm usw. Die Einfuhr so erworbener Waren ins Steuerinland ist – von gewissen Freigrenzen abgesehen – abgabenpflichtig.

dynamische Rente: Renten werden jährlich der Entwicklung der Durchschnittsbruttolöhne angepaßt. Auf diese Weise ist die Rente dynamisiert und folgt der allgemeinen wirtschaftlichen Entwicklung. Die Anpassung findet seit 1983 regelmäßig zum 1. Juli eines jeden Jahres statt. Seit 1. Juli 1983 werden die Rentner auch an den Kosten ihrer Krankenversicherung direkt beteiligt. So entfiel 1983 1% der angepaßten Rente auf die Krankenversicherung. – ↑Rentenversicherung.

E

EAN-System (Europäische Artikel-Numerierung): aus 13 Stellen bestehendes System zur Numerierung von Konsumartikeln aller Art. Die beiden ersten Stellen kennzeichnen das Herkunftsland (für die Bundesrepublik Deutschland die Zahlen 40 bis 43), die fünf folgenden den Hersteller der Ware. Fünf weitere Stellen können für die eigentliche Artikelnumerierung genutzt werden, die 13. Stelle enthält eine Prüfziffer. Neben der 13stelligen EAN-Nummer kann auch eine achtstellige Kurzform verwendet werden. Zur Produktkennzeichnung verwendet das EAN-System einen maschinell lesbaren ↑Balkencode.

Easy-money-policy [englisch 'i:zɪ 'mʌnɪ 'pɔlɪsɪ „Politik des billigen Geldes"]: eine Maßnahme im Rahmen der ↑Konjunkturpolitik zur Erreichung von Vollbeschäftigung. Die Senkung der ↑Leitzinsen der Zentralbank und verstärkte Erhöhung des Geldumlaufes durch Offenmarktkäufe (↑Offenmarktpolitik) sowie die Senkung der Mindestreserven sollen eine Senkung des Zinsniveaus auf den Geld- und Kapitalmärkten herbeiführen. Sinkende Zinsen und eine erhöhte Geldmenge sollen zu einer Kreditausweitung bei den Geschäftsbanken und somit zu einer wirtschaftlichen Belebung führen. In einer Rezession kann diese Politik Erfolg haben, bei ausgelasteten Kapazitäten und Vollbeschäftigung hat sie jedoch eine inflationistische Wirkung.

EBCDI-Code: Abkürzung für **E**xtended **B**inary **C**oded **D**ecimal **I**nterchange-Code, ↑Code.

Ecklohn: in vielen Tarifverträgen der für eine bestimmte mittlere Lohngruppe festgesetzte Normalstundenlohn, z. B. die Vergütung für einen gelernten Facharbeiter. Die Stundenlöhne anderer Lohngruppen können sich dann in Prozentsätzen aus diesem Ecklohn errechnen lassen, z. B. für ungelernte Arbeiter 75%, für Vorarbeiter 110 % des Ecklohns.

ECU ↑Europäisches Währungssystem.

EDV: Abk. für **e**lektronische **D**aten**v**erarbeitung, ↑Datenverarbeitung.

Effekten: Bezeichnung für die am Kapitalmarkt handelbaren vertretbaren Wertpapiere. Vertretbar (oder fungibel) sind Wertpapiere einer Gattung bei gleichem Nennwert oder gleicher Stückelung. Sie können gegeneinander ausgetauscht und daher an der Börse gehandelt sowie in Sammelverwahrung (↑Depot) genommen werden. Die Wertpapierbörsen werden deshalb auch als Effektenbörsen bezeichnet (keine Effekten sind Banknoten und Geldersatzmittel wie Scheck und Wechsel). Die Effekten bestehen grundsätzlich aus ↑Mantel und ↑Bogen, wodurch sowohl die Gläubiger- bzw. Teilhaberrechte als auch das Recht auf Zins bzw. Gewinnanteil verbrieft ist. Für sie bestehen sehr umfangreiche Druckvorschriften, um sie fälschungssicher zu machen und eine kostengünstige Aufbewahrung und Verwaltung zu ermöglichen.
Die Unterscheidung der Effekten erfolgt 1. nach der *Rechtsstellung des Inhabers* in Gläubiger- und Teilhabereffekten. Erstere verbriefen Forderungsrechte. Der Eigentümer eines solchen Papiers hat Anspruch auf Rückzahlung und Verzinsung gemäß den Vertragsbedingungen. Gläubigereffekten sind in der Regel festverzinsliche Wertpapiere, als deren Emittenten vorwiegend öffentliche Institutionen wie Bund, Länder u. a. (↑Anleihen), aber auch private Unternehmen (z. B. Banken) auftreten. Die Teilhabereffekten verbriefen Anteilsrechte, d. h. der Eigentümer einer Aktie wird Miteigentümer der emittierenden ↑Aktiengesellschaft; 2. nach der *Art des Ertrags* in festverzinsliche Wertpapiere, das sind Effekten mit über die Besitzzeit festem Ertrag, und Dividendenpapiere, die einen von der Gewinnhöhe bzw. vom Ausschüttungsbeschluß der Hauptversammlung abhängigen variablen Ertrag haben; 3. nach der *Art der Eigentumsübertragung* in Inhaber-, Order- und Rektaeffekten (↑Wertpapiere).

Effektenbörse ↑Börse.

Effektengeschäft: Bezeichnung für eine bankgeschäftliche Tätigkeit,

die den An- und Verkauf von Wertpapieren, die Emission von Wertpapieren sowie die Verwahrung und Verwaltung der ↑Effekten umfaßt. Im Sinne des Kreditwesengesetzes ist ein Effektengeschäft allerdings nur die Anschaffung und Veräußerung von Wertpapieren im eigenen Namen, aber für fremde Rechnung (der berufsmäßige Handel mit Wertpapieren an der Börse wird als **Effektenhandel** bezeichnet).
Um das Übergeben und Versenden von Wertpapieren überflüssig zu machen, haben die Kreditinstitute Wertpapiersammelbanken eingerichtet, bei denen sie ihre Wertpapierbestände lagern können (Voraussetzung: Girosammelverwahrung, ↑Depot). Die Eigentumsübertragung kann nun stückelos erfolgen, d. h. ohne die Übergabe von Effektenurkunden. Die Verrechnung erfolgt ähnlich der beim bargeldlosen Zahlungsverkehr im **Effektengiroverkehr.**

Effektenkurs ↑Kurs.

Effektenrechnung ↑Wertpapierrechnung.

Effektenverwahrung ↑Depotgeschäft.

Effektivverzinsung: die tatsächliche Verzinsung (↑Rendite) der eingesetzten Mittel, im Gegensatz zur ↑Nominalverzinsung. Bei Darlehen ist die Angabe des **Effektivzinses** heute zwingend vorgeschrieben. Beim Kauf von festverzinslichen Wertpapieren ist die effektive Verzinsung abhängig vom ↑Agio bzw. ↑Disagio, von Anleihelaufzeit, Zinsterminen und Tilgungsplan. Die genaue Berechnung der Effektivverzinsung erfolgt oft nach komplizierten Formeln der Zinseszinsrechnung bzw. nach Annäherungstabellen. Bei allen ↑Effekten sind außerdem Kursgewinne oder -verluste und die Spesen zu berücksichtigen. Eine Dividende von 16% auf den Nennwert einer Aktie von 100 DM bei einem Kurswert von 320 DM ergibt ohne Berücksichtigung von Spesen und Kapitalertragsteuer eine Effektivverzinsung von 5% (16 DM = 5 % von 320 DM).

EFTA ↑Europäische Freihandelsassoziation.

EG ↑Europäische Gemeinschaften.

e. G. ↑Genossenschaften.

eheliches Güterrecht: gesetzliche Regelung der vermögensrechtlichen Beziehungen der Ehegatten untereinander sowie gegenüber Dritten (§§ 1363–1563 BGB). Das BGB kennt das gesetzliche und das vertragsmäßige Güterrecht. Weiter können Eheleute durch Ehevertrag beliebige Vereinbarungen über ihre güterrechtlichen Verhältnisse treffen (Vertragsfreiheit). Bei fehlender Abmachung gilt der *gesetzliche* Güterstand der **Zugewinngemeinschaft,** bei der die Vermögen der Ehegatten getrennt bleiben, d. h. jeder Ehegatte verwaltet sein Vermögen selbständig und auf eigene Rechnung. Nur der Zugewinn während der Ehe wird nach Aufhebung der Zugewinngemeinschaft (Tod, Scheidung) ausgeglichen. Über das jeweilige Vermögen im ganzen und über den Hausrat darf nur mit Zustimmung des anderen Ehegatten verfügt werden. *Vertragsmäßiges* Güterrecht nach BGB sind die **Gütertrennung,** die bei Ausschluß oder Aufhebung des gesetzlichen Güterstands eintritt, und die durch Ehevertrag vereinbarte **Gütergemeinschaft,** bei der die Vermögen von Mann und Frau Gesamtgut werden. Vertragliche Änderungen des gesetzlichen Güterstandes müssen zur Wirkung gegenüber Dritten im Güterrechtsregister eingetragen werden.

eidesstattliche Versicherung: eine gegenüber dem Eid schwächere Form der Beteuerung, daß eine Tatsachenbehauptung wahr sei. Im *Zivilprozeß* hat sie besondere Bedeutung bei der Glaubhaftmachung von Parteibehauptungen, wenn wegen der Eilbedürftigkeit eine Beweisaufnahme (Zeugen u. a.) nicht erfolgen kann.
Bei der *Zwangsvollstreckung* muß der Schuldner eine eidesstattliche

Versicherung (früher **Offenbarungseid** genannt) abgeben, wenn die Zwangsvollstreckung in das bewegliche Vermögen fruchtlos ausgefallen ist oder voraussichtlich ausfallen wird. Der Schuldner muß ein Verzeichnis seines gesamten pfändbaren und unpfändbaren Vermögens beim zuständigen Amtsgericht vorlegen und die eidesstattliche Versicherung abgeben, daß er die Angaben nach bestem Wissen richtig und vollständig gemacht habe. Erscheint der Schuldner zum Termin nicht oder verweigert er ohne Angabe von Gründen die eidesstattliche Versicherung, so ist auf Antrag des Gläubigers Haft anzuordnen. Das Amtsgericht trägt den Schuldner in das **Schuldnerverzeichnis** ein, in das jeder Einsicht nehmen kann. Die Eintragung ist zu löschen, wenn drei Jahre vergangen sind oder die Befriedigung des Gläubigers nachgewiesen wird.

eigene Aktien ↑Aktie.

eigene Leistungen ↑betriebliche Eigenleistungen.

eigener Wechsel ↑Solawechsel.

Eigenfinanzierung: Finanzierung von Unternehmen durch Bildung von Eigenkapital, entweder durch Beteiligungsfinanzierung (Aufnahme neuer Gesellschafter; Einbringung zusätzlicher Mittel der seitherigen Kapitaleigner z. B. in Form der Ausgabe junger ↑Aktien) oder durch ↑Selbstfinanzierung (Einbehaltung von Gewinnen). Die Eigenfinanzierung hat gegenüber der Fremdfinanzierung den Vorteil, daß die Mittel unbegrenzt zur Verfügung stehen und in Krisensituationen eine Verzinsung (z. B. in Form der Dividendenzahlung) vorübergehend entfallen kann.

Eigenkapital: Mittel, die – im Gegensatz zum ↑Fremdkapital – den Eigentümern eines Unternehmens gehören. In der Bilanz wird das Eigenkapital folgendermaßen ausgewiesen: bei *Personengesellschaften* (OHG, KG) als Einlagen der Gesellschafter einschließlich der Gewinngutschriften auf den Eigenkapitalkonten der persönlich haftenden Gesellschafter; bei *Kapitalgesellschaften* (AG, GmbH) als festes Grundkapital bzw. Stammkapital zuzüglich der ↑gesetzlichen Rücklagen und ↑freien Rücklagen und dem Gewinnvortrag bzw. abzüglich eines Verlustvortrags. Stille Rücklagen gehören ebenfalls zum Eigenkapital, sind jedoch aus der Bilanz nicht ersichtlich, sie können nur geschätzt werden. Eigenkapital entsteht durch ↑Eigenfinanzierung.

Eigenleistungen ↑betriebliche Eigenleistungen.

Eigentum: Recht der vollständigen und ausschließlichen Herrschaft über eine Sache, soweit keine Gesetze oder Rechte Dritter entgegenstehen. An Rechten gibt es kein Eigentum im technischen Sinn; der Eigentumsbegriff des Grundgesetzes umfaßt jedes Vermögensrecht. Entzug des Eigentums (Enteignung) ist nur zum Wohle der Allgemeinheit durch Gesetz zulässig, das Art und Ausmaß der Entschädigung regelt. Vom Eigentum ist der ↑Besitz zu unterscheiden.

Die **Übertragung von Eigentum** an beweglichen Sachen geschieht durch **Einigung** (Veräußerer und Erwerber wollen den Eigentumsübergang) und Übergabe, die an einem Grundstück durch Auflassung (Einigung heißt hier so) und Eintragung ins Grundbuch. Diese abstrakten Rechtsgeschäfte sind von den zugrundeliegenden schuldrechtlichen Verpflichtungsgeschäften unabhängig, in aller Regel aber die Erfüllung schuldrechtlicher Verpflichtungen, z. B. durch einen Kaufvertrag begründet. Außerdem kann der Eigentumserwerb kraft Gesetzes erfolgen durch Vermischung, Verarbeitung, Aneignung eines herrenlosen Gutes, ↑Ersitzung sowie unter Umständen durch Fund. Der Erwerber wird auch Eigentümer, wenn der Veräußerer nicht Eigentümer war und dem Erwerber dieser Mangel nicht bekannt war und diese Unkenntnis nicht auf grober Fahrlässigkeit beruhte **(gutgläubiger Erwerb).** Kein Eigentum erwirbt selbst der Gutgläubige an gestohlenen, verlorenen oder abhanden gekommenen Sachen, es sei denn, er erwirbt sie über eine öffentliche Versteigerung.

Eigentümergrundschuld: eine für den Grundstückseigentümer bestellte ↑Grundschuld zum Zwecke der Freihaltung der besseren Rangstelle für spätere Belastungen. Diese Eigentümergrundschuld entsteht ferner durch Rückzahlung einer ↑Hypothek. Der Eigentümer kann die Grundschuld jederzeit abtreten oder verpfänden, wofür die gleichen Bestimmungen gelten wie bei der Hypothek. Die Briefgrundschuld kann z. B. auch ohne Eintragung im ↑Grundbuch abgetreten werden, so daß die Kreditaufnahme nach außen hin verborgen bleibt.

Eigentumsübertragung ↑Eigentum.

Eigentumsvorbehalt: Vertragliche Vereinbarung, nach der beim Kaufvertrag das Eigentum erst mit der restlosen Bezahlung des Kaufpreises auf den Käufer übergehen soll, nicht schon, wie gesetzlich vorgesehen, mit der Übergabe **(einfacher Eigentumsvorbehalt).** Der Käufer wird also zunächst nur Besitzer und hat eine unabdingbare Anwartschaft auf das Eigentum. Der Eigentumsvorbehalt dient zur Sicherung des Warengläubigers bei Zielgeschäften, der im Falle des Zahlungsverzugs neben dem klagbaren Anspruch auf Erfüllung dann auch das Recht auf Rücktritt vom Vertrag hat und die gelieferte Sache, wenn sie sich noch im Besitz des Käufers befindet, mit oder ohne Geltendmachung einer Wertminderung zurückverlangen kann. Ist der Vorbehaltskäufer kein Kaufmann, darf er die Vorbehaltsware nicht weiterverkaufen. Verkauft er dennoch, ist unter Umständen der Straftatbestand der Unterschlagung erfüllt; der gutgläubige Erwerber wird Eigentümer.
Ist der Vorbehaltskäufer Kaufmann, kommt meist der **erweiterte Eigentumsvorbehalt** zur Geltung. Der Käufer ist berechtigt, die Vorbehaltsware im Rahmen seines ordnungsgemäß geführten Handelsgewerbes zu veräußern, wodurch regelmäßig der Eigentumsvorbehalt des Vorbehaltsverkäufers erlischt. Ebenso erlischt der Eigentumsvorbehalt durch Verarbeitung, Vermischung oder Verbrauch und dann, wenn die Sache wesentlicher Bestandteil einer anderen Sache wird, z. B. Beschlagteile und Schlösser an einem Schrank. Der Vorbehaltsverkäufer kann sich gegen den Verlust des Eigentumsvorbehalts durch eine mit dem Vorbehaltskäufer vereinbarte Vorausabtretung der durch den Weiterverkauf entstehenden Forderung gegenüber dem Zweiterwerber und einen Herausgabeanspruch des Erlöses sichern. Auch ein Miteigentumsrecht an hergestellten Gütern kann vereinbart werden. In diesen beiden Fällen besteht ein **verlängerter Eigentumsvorbehalt.** Der erweiterte Eigentumsvorbehalt soll so lange gelten, als der Verkäufer aus der laufenden oder künftigen Geschäftsbeziehung mit dem Käufer Ansprüche irgendwelcher Art hat. Ein Vermerk auf der Rechnung, der den Eigentumsvorbehalt betrifft, hat nur bei einer schon bestehenden, längeren Geschäftsverbindung die Wirkung einer vertraglichen Vereinbarung.

Eigenverbrauch: Begriff des Umsatzsteuerrechts für a) die Entnahme von Gegenständen des Unternehmens durch den Unternehmer für private Zwecke (Lieferung des Unternehmers an sich selbst); b) die Erbringung von sonstigen Leistungen für Zwecke, die außerhalb des Unternehmens liegen (z. B. private Nutzung eines Gegenstandes der Unternehmung); c) bestimmte Aufwendungen, die nach dem Einkommensteuergesetz (§ 4 Abs. 5 Ziff. 1–7 und Abs. 6 EStG) den Gewinn nicht mindern dürfen. Der Eigenverbrauch im Erhebungsgebiet unterliegt der ↑Umsatzsteuer. Dadurch soll ein Ausgleich dafür geschaffen werden, daß der Unternehmer für den Kauf bzw. Unterhalt der Gegenstände des Eigenverbrauchs Vorsteuer geltend machen kann, was einen Vorteil gegenüber anderen Steuerpflichtigen darstellt.

Eigenwechsel ↑Solawechsel.

Eilzustellung: im Postwesen die beschleunigte Zustellung von Briefen, Postkarten und Postanweisungen (durch Eilboten) sowie von Päckchen (↑auch Postschnellgut) gegen besondere Gebühr in der Regel von 6 bis 22 Uhr.

einfache Buchführung ↑Buchführungssysteme.

Einfuhr (Import): im weiteren Sinne die Warenlieferungen und Kapitalausleihungen vom Ausland ins Inland sowie ausländische Dienstleistungen für Inländer. Das Außenwirtschaftsgesetz engt diesen Begriff auf das Verbringen von Waren, Strom, Gas und Fernwärme von fremden Wirtschaftsgebieten ins Inland ein. Die Einfuhr ist Teil des ↑Außenhandels und wird statistisch in der ↑Zahlungsbilanz erfaßt.

Einfuhrüberschuß ↑Handelsbilanz.

Einfuhrumsatzsteuer: Sonderform der ↑Umsatzsteuer für aus dem Ausland bezogene Erzeugnisse, die von den Zollämtern erhoben wird. Sie kann als Vorsteuer geltend gemacht werden. Steuerbemessungsgrundlagen und Steuersätze entsprechen in der Regel denen der Umsatzsteuer. Die Vorschriften für ↑Zölle gelten – von wenigen Ausnahmen abgesehen – sinngemäß. Sinn dieser ↑Verbrauchsteuer ist es, zur Sicherstellung gleicher Wettbewerbsbedingungen ausländische Erzeugnisse mit den gleichen Abgaben zu belasten wie inländische. Entsprechend wird bei der Ausfuhr eine Entlastung von den inländischen Abgaben vorgenommen. Möglichkeiten der Steuerbefreiung sind vorgesehen.

Einfuhrzoll: Zoll auf für ins ↑Zollgebiet eingeführte Waren.

eingetragener Verein (e. V.): ↑Verein, der seine ↑Rechtsfähigkeit durch die Eintragung ins Vereinsregister beim zuständigen Amtsgericht erlangt (↑juristische Person). Er muß aus mindestens 7 Mitgliedern bestehen und einen Vorstand haben; er kann unter seinem Namen klagen und verklagt werden und haftet nur mit dem Vereinsvermögen.

Einheitskurs (auch Kassakurs): Kurs, der im amtlichen Verkehr am Börsentag nur einmal festgestellt wird. Zu diesem Kurs werden die Mehrzahl aller Wertpapiergeschäfte abgewickelt. Er gilt 1. für Wertpapiere, die nicht zur variablen Notierung (↑Anfangskurs) zugelassen sind; 2. für alle Aufträge aus der variablen Notierung, die die vorgeschriebenen Mindeststückzahlen (meist 50 Stück) nicht erreichen.

Einheitswert (Steuerwert): Wert einer wirtschaftlichen Einheit, der für mehrere Steuerarten („Einheitswertsteuern") wie z. B. ↑Vermögensteuer, ↑Grundsteuer, ↑Gewerbesteuer, ↑Erbschaft- und Schenkungsteuer als einheitliche Besteuerungsgrundlage für das land- und forstwirtschaftliche Vermögen, das Grundvermögen und das Betriebsvermögen dient und unabhängig vom Steuerfestsetzungsverfahren (↑Veranlagung) zu dessen Entlastung und als dessen verbindliche Grundlage festgestellt wird (§§ 19–109 Bewertungsgesetz).

Land- und forstwirtschaftliches Vermögen wird mit dem ↑Ertragswert bewertet, der sich aus dem 18fachen des durchschnittlich erzielbaren Jahresertrags ergibt. Grundlage ist ein Vergleichsertragswert ausgewählter Betriebe. Beim *Grundvermögen* werden unbebaute Grundstücke mit dem ↑gemeinen Wert bewertet. Bei bebauten Grundstücken gibt es zwei Verfahren. Beim *Ertragswertverfahren* geht man von der Jahresrohmiete aus, die mit einem von Einwohnerzahl und Grundstücksart abhängigen Faktor multipliziert wird. Beim *Sachwertverfahren,* das in der

Regel angewandt wird, wenn eine Miete weder ermittelt noch geschätzt werden kann, geht man von der Summe aus Bodenwert (Quadratmeterpreis), Gebäudewert (Kubikmeterpreis) und Wert der Außenanlagen aus und gleicht den ermittelten an den gemeinen Wert an. Beim *Betriebsvermögen* wird die Summe der Werte (in der Regel ↑Teilwerte) der einzelnen betrieblichen Wirtschaftsgüter (Rohbetriebsvermögen) ermittelt und um die Summe der Schulden und sonstiger zulässiger Abzüge gekürzt. Grundstücke werden wie beim land- und forstwirtschaftlichen Vermögen bzw. Grundvermögen bewertet.

Einigung ↑Eigentum.

Einigungsstelle ↑Betriebsvereinbarung.

Einkauf: betriebliche Funktion bzw. Abteilung eines Unternehmens, die für die ↑Beschaffung von Werkstoffen, Betriebsmitteln und/oder Handelswaren zuständig ist. Die Aufgabe des Einkaufs umfaßt nicht nur die Entscheidung, was bei wem, zu welchem Preis, zu welchen Lieferungs- und Zahlungsbedingungen einzukaufen ist, sondern es muß auch darauf geachtet werden, daß die zur Produktion benötigten Wirtschaftsgüter in ausreichender Menge, in der erforderlichen Qualität und zur festgesetzten Zeit am richtigen Ort zum Einsatz gelangen können. Einkauf löst demnach nicht nur ein kaufmännisches Preis-Mengen-Problem, sondern ist Teil der betriebswirtschaftlichen ↑Logistik.

Zur Bewältigung dieser weitreichenden Aufgabe dienen die verschiedenen Verfahren der ↑Beschaffungsplanung und geeignete Maßnahmen betreffend den organisatorischen Aufbau des Einkaufs (gegliedert nach Warengruppen sowie nach den Funktionen: Analyse des Beschaffungsmarktes und der Bezugsquellen, Führen der ↑Lieferantenkartei, Durchführung und Überwachung der Bestellungen) und seines Arbeitsablaufs: Auslösung der Bestellung (↑Bestellpunktverfahren, ↑Bestellrhythmusverfahren), Erteilung des Auftrags an den günstigsten Lieferanten, Überwachung des Liefertermins, Warenannahme und Prüfung von Qualität und Menge anhand des ↑Lieferscheins und der ↑Bestellung, Preisprüfung anhand von Rechnung und Bestellung.

Einkommen: Vermögenszuwachs einer Wirtschaftseinheit innerhalb eines bestimmten Zeitraumes. Einkommen kann in Form von Gütern, Forderungen, Dienstleistungen und Geld entstehen, wobei in einer Marktwirtschaft das Geldeinkommen das übliche ist. Einkommen entsteht durch Beteiligung am volkswirtschaftlichen Produktionsprozeß (↑Faktoreinkommen). So werden die Einkommen aus unselbständiger Tätigkeit **(Arbeitseinkommen)** und die Einkommen aus selbständiger Tätigkeit **(Gewinneinkommen)** als Erwerbseinkommen bezeichnet; die Einkommen aus Vermögen heißen **Besitzeinkommen**. Man unterscheidet auch **Kontrakteinkommen,** deren Höhe aufgrund eines Vertrages im voraus festgelegt wird (z. B. Gehalt), und **Residualeinkommen,** die sich erst am Ende eines Abrechnungszeitraums als Restgröße ergeben (z. B. Unternehmergewinn). Einkommen, die durch Umverteilung unmittelbar durch den Produktionsprozeß entstandener Einkommen entstehen, nennt man **abgeleitete Einkommen** (z. B. staatliche und private Unterstützungszahlungen, Renten, Pensionen; ↑Transfereinkommen). Weitere Einkommensbegriffe sind das ↑Bruttoeinkommen, nach Abzug von Steuern und Sozialabgaben das Nettoeinkommen, das ↑Nominaleinkommen und das ↑Realeinkommen, das Einkommen eines Wirtschaftssubjekts (Individual- oder Haushaltseinkommen) und das Einkommen der Gesamtwirtschaft (↑Volkseinkommen).

Einkommenselastizität (genauer Einkommenselastizität der Nachfrage): eine Kennziffer (ε_N^E), die das

Verhältnis ausdrückt zwischen einer relativen Änderung des Einkommens und der davon abhängigen relativen Änderung der Nachfrage (bei unveränderten Preisen):

$$\varepsilon_N^E = \frac{\text{Änderung der Nachfrage in \%}}{\text{Änderung des Einkommens in \%}}$$

Ist $\varepsilon_N^E = 0{,}5$, so bewirkt z. B. eine Einkommenserhöhung von 4% eine Erhöhung der Nachfrage um 2%.

Einkommenspolitik ↑Lohnpolitik.

Einkommensteuer: ↑Steuer der natürlichen Personen (bei juristischen Personen ↑Körperschaftsteuer). Bei Personengesellschaften wird jeder einzelne Gesellschafter als natürliche Person besteuert. Grundlagen sind das Einkommensteuergesetz (EStG), die Einkommensteuer-Durchführungsverordnung und die Einkommensteuerrichtlinien. Die Einkommensteuer knüpft an die Einkommensentstehung an, bemißt sich nach der Höhe des Gesamteinkommens und berücksichtigt die Leistungsfähigkeit des einzelnen Steuerpflichtigen (Leistungsfähigkeitsprinzip). So wird ein Existenzminimum steuerfrei gelassen; die zu zahlende Steuer nimmt nicht im Verhältnis zur Einkommenserhöhung zu, sondern steigt überproportional **(Steuerprogression).** Andererseits kann der Steuerpflichtige im Rahmen seiner ↑Steuererklärung individuelle Belastungen steuermindernd geltend machen. Auf die Bemessungsgrundlage wird der Steuertarif angewendet, der (1991) aus vier Tarifzonen besteht: 1. Nullzone (›Grundfreibetrag‹) bis 5 616 DM (Verheiratete 11 232 DM); 2. untere Linearzone: Steuersatz 19% auf Einkommensteile von 5 617 bis 8 100 DM (11 233 bis 16 200 DM); 3. Progressionszone: linearer Anstieg des Grenzsteuersatzes von 19% bis auf 53% auf Einkommenstufe von 8 101 DM bis 120 000 DM (16 200 DM bis 240 000 DM); 4. obere Linearzone: Steuersatz 53 % (Spitzensteuersatz) auf Einkommenstufe über 120 000 DM (240 000 DM). Die Einkommensteuer einschließlich der ↑Lohnsteuer ist mit etwa 40% die bedeutendste Einnahmequelle der öffentlichen Haushalte; als ↑Gemeinschaftssteuer fließt das Aufkommen Bund (42,5%), Ländern (42,5%) und Gemeinden (15%) zu.

Das zu versteuernde Einkommen eines Kalenderjahres als Bemessungsgrundlage der Einkommensteuer wird folgendermaßen ermittelt:

Summe der Einnahmen aus den sieben Einkunftsarten
– Ausgaben (↑Betriebsausgaben, ↑Werbungskosten, gewisse ↑Freibeträge)

= Summe der ↑Einkünfte
– Altersentlastungbetrag

= Gesamtbetrag der Einkünfte
– ↑Sonderausgaben
– ↑außergewöhnliche Belastungen

= Einkommen
– Sonderfreibeträge (z. B. Altersfreibetrag, Haushaltsfreibetrag)

= zu versteuerndes Einkommen (= Bemessungsgrundlage der Besteuerung).

Einkommensverteilung: die Zuordnung des ↑Volkseinkommens auf die ↑Produktionsfaktoren (funktionale Einkommensverteilung). Sie zeigt, in welchem Ausmaß sie Einkommen in Form von Lohn, Zins, Miete, Pacht und Gewinn erzielen konnten. Von besonderem gesellschaftlichem Interesse ist hierbei der Anteil der Löhne am Volkseinkommen (↑Lohnquote) im Verhältnis zum Einkommen aus Unternehmertätigkeit. Die Zuordnung des Volkseinkommens auf die Wirtschaftssubjekte nach Einkommensgrößenklassen (personelle Einkommensverteilung) zeigt, „wer wieviel“ verdient. Dieser Sachverhalt wird gewöhnlich mit der ↑Lorenz-Kurve dargestellt. Die Verteilung der unmittelbar aus dem volkswirtschaftlichen Produktionsprozeß hervorgehenden Einkommen wird als primäre Einkommensverteilung bezeichnet, die der Staat durch Maßnahmen der Einkommensumverteilung (z. B. Steuern, Transferzahlung, Vermögensbildung) zur Sekundärverteilung korrigiert (›gerechte‹ Verteilung).

Einkünfte: Begriff des Einkommensteuerrechts für die durch Land- und Forstwirtschaft, Gewerbebetrieb, selbständige Arbeit erzielten Gewinne **(Gewinneinkünfte)** und für die durch nichtselbständige Arbeit, Kapitalvermögen, Vermietung und Verpachtung, sonstige Einkünfte (wiederkehrende Bezüge, z. B. Renten, Spekulationsgewinne, Einkünfte aus sonstigen gelegentlichen Leistungen, Unterhalt des geschiedenen oder getrennt lebenden Ehegatten) erzielten Überschüsse der Einnahmen über die ↑Werbungskosten **(Überschußeinkünfte).** Es ist nicht immer möglich, eine richtige Zuordnung zu den einzelnen Einkunftsarten vorzunehmen. Diese Zuordnung ist aber für die Besteuerung von Bedeutung, da z. T. unterschiedliche Besteuerungsvorschriften gelten. – ↑auch Einkommensteuer.

Einlagen: 1. Bar- und Sachleistungen der Gesellschafter von Personen- und Kapitalgesellschaften bei Neugründung der Gesellschaft. Die Einlagen der Gesellschafter bilden das ↑Eigenkapital des Unternehmens. Bei Personengesellschaften ist die Höhe der Einlagen im Gesellschaftsvertrag festgelegt, bei Kapitalgesellschaften bestimmt sich die Höhe der Einlagen nach dem Nennwert bzw. dem höheren Ausgabebetrag der Aktien.

2. Bei Banken die von den Kunden auf ihre Konten eingezahlten oder überwiesenen Geldbeträge. Man unterscheidet a) *nach Art der Einlagen* in ↑Sichteinlagen, ↑Termineinlagen, ↑Spareinlagen; b) *nach den Einlegern* in Einlagen von Kreditinstituten, von öffentlichen Haushalten, von sonstigen Nichtbanken (Unternehmen und Haushalten).

Einliniensystem: eine besondere Form des betrieblichen ↑Weisungssystems, bei der jede Stelle Weisungen nur von einer unmittelbar übergeordneten ↑Instanz bezieht. *Vorteile:* Einfachheit und Übersichtlichkeit der ↑Aufbauorganisation sowie klare Abgrenzung der Zuständigkeiten. *Nachteile:* Die Übermittlung der Anweisungen ist oft wegen des langen Instanzenwegs umständlich und zeitraubend. – ↑auch Mehrliniensystem, ↑Stabliniensystem.

Einmann-GmbH ↑Gesellschaft mit beschränkter Haftung.

Einnahmen: alle geldmäßigen Eingänge eines Unternehmens im Gegensatz zu den ↑Ausgaben. Die Tatsache, daß Einnahmen und Ausgaben nicht zugleich ↑Ertrag und ↑Aufwand sein müssen, führt zu schwierigen Bilanzierungsproblemen (↑Bilanztheorien).

Einnahmen- und Ausgabenrechnung (Überschußrechnung): vereinfachte Form der Gewinnermittlung nach § 4 Abs. 3 EStG. Dabei wird der Gewinn durch Gegenüberstellung der ↑Betriebseinnahmen und ↑Betriebsausgaben ermittelt (entsprechend der Ermittlung der ↑Einkünfte bei den Überschußeinkünften). Nur tatsächlich erfolgte Geldein- und -ausgänge werden berücksichtigt, nicht aber Forderungen und Verbindlichkeiten. So werden auch die Bestände nicht berücksichtigt, so daß sich z. B. Wareneinkäufe wie ↑Aufwand auswirken. Nach dieser Methode dürfen nur diejenigen Steuerpflichtige ihren Gewinn ermitteln, die nicht verpflichtet sind, Bücher zu führen und regelmäßig Abschlüsse zu machen, und dies auch nicht freiwillig tun. Das ist der Fall v. a. bei Kleingewerbetreibenden, Angehörigen der freien Berufe und nichtbuchführenden Land- und Forstwirten.

Einrede ↑Bürgschaft, ↑Verjährung.

Einschreiben: Postsendungen (Briefe, Postkarten, Päckchen, Blindensendungen, außerdem im Auslandsverkehr Drucksachen, Warenproben und Phonopostsendungen), die gegen besondere Gebühr bei der Einlieferung von der Post quittiert und dem Empfänger persönlich oder seinem Vertreter gegen Empfangsbescheinigung zugestellt werden. Den Zugang und dessen Zeitpunkt hat die Post im Zweifelsfall nachzuweisen.

Einspruch: Ein ↑Rechtsmittel gegen die Verfügung oder den Bescheid einer Behörde oder eines Gerichts. Im *Zivilprozeß* ist er ein Rechtsbehelf gegen Versäumnisurteile, die eine Zwangsvollstreckung nach sich ziehen. Der Einspruch hat auf den Ablauf der Zwangsvollstrekkung keinen Einfluß, das Gericht kann aber auf Antrag die Einstellung anordnen. Bei zulässigem Einspruch wird der Prozeß fortgesetzt, bei der Entscheidung wird das Versäumnisurteil aufrechterhalten oder aufgehoben. Im *Verwaltungsrecht* entspricht er dem Widerspruch.

Einstandspreis (Bezugspreis): der aus Einkaufspreis und Bezugskosten zusammengesetzte Preis der eingekauften Erzeugnisse und Stoffe. Sie müssen zum Einstandspreis verbucht werden, d. h. die Bezugskosten müssen aktiviert werden. Bei der Verbuchung des Warenübertrags spielt der Einstandspreis der verkauften Waren als ↑Wareneinsatz eine Rolle, da beim Bruttoverfahren (↑Bruttorechnung) der Wareneinsatz aus dem Einkaufskonto direkt über die Gewinn- und Verlustrechnung abgeschlossen wird.

einstweilige Kostenbefreiung ↑Prozeßkostenhilfe.

Einzelbewertung: Bewertungsgrundsatz, nach dem jedes Wirtschaftsgut einzeln zu bewerten und zu bilanzieren ist. Das ist die Grundlage für die Einzelabschreibung. In Ausnahmefällen ist eine Zusammenfassung von Wirtschaftsgütern möglich (↑Abschreibung, ↑Fifo-Methode, ↑Durchschnittsbewertung).

Einzelfertigung ↑Fertigungsverfahren.

Einzelhandel: Handelsbetrieb, der Waren grundsätzlich an private Haushalte (Letztverbraucher), meist in kleinen Mengen, verkauft. Der Einzelhandel erbringt für die Verbraucher bestimmte Dienstleistungen, nämlich an Ort und Stelle einkaufen und aus einer Produktpalette (Sortiment) auswählen zu können sowie Lagerung, Beratung, Service.

Einzelkosten: direkte Kosten, die unmittelbar für jedes Produkt erfaßbar und ohne Verrechnung über Zuschlagssätze (↑Gemeinkosten) kalkulierbar sind. Zu den Einzelkosten im Industriebetrieb gehören Fertigungsmaterial, Fertigungslöhne und die Sondereinzelkosten.

Einzelprokura ↑Prokura.

Einzelunternehmen (Einzelkaufmann): ins Handelsregister eingetragenes Handelsgewerbe, das nur von *einer* natürlichen Person betrieben wird. Diese ist allein für den geschäftlichen Erfolg verantwortlich, hat das ganze Eigenkapital aufzubringen und haftet für die im Handelsgewerbe eingegangenen Verbindlichkeiten den Gläubigern gegenüber auch mit ihrem Privatvermögen unbeschränkt.

Einzugsermächtigungsverfahren ↑Lastschriftverkehr.

eiserner Bestand: Reserve an Roh-, Hilfs- und Betriebsstoffen, die mindestens vorhanden sein muß *(Mindestbestand),* damit bei unvorhergesehenen Verbrauchsschwankungen oder Lieferverzögerungen ein störungsfreier Produktionsablauf gesichert ist.

Elastizität: Meßziffer für das Verhältnis zwischen der relativen (prozentualen) Änderung einer wirtschaftlichen Größe und der sie verursachenden relativen Änderung einer anderen wirtschaftlichen Größe; z. B. ↑Absatzelastizität, ↑Angebotselastizität, ↑Einkommenselastizität, Substitutions- und Produktionselastizität (↑Produktionsfunktion).

Elektronische Datenverarbeitung (EDV) ↑Datenverarbeitung.

Elementarfaktoren: nach dem

Wirtschaftswissenschaftler E. Gutenberg (* 1897, † 1984) alle ↑Produktionsfaktoren mit Ausnahme des ↑dispositiven Faktors, also menschliche Arbeitsleistung, Betriebsmittel und Werkstoffe. In der optimalen Kombination der Elementarfaktoren liegt die Aufgabe des dispositiven Faktors.

Embargo [zu spanisch embargar „in Beschlag nehmen, behindern"]: das von einem Staat ausgesprochene Verbot, bestimmte Waren ins gesamte Ausland oder in einzelne Länder zu exportieren (z. B. Computer, militärische Güter) bzw. von dort zu importieren (Handelsembargo). Ein totales Embargo liegt vor, wenn ein Staat jeglichen Handel mit einem anderen Land untersagt, wie dies z. B. von einigen Staaten gegenüber der Republik Südafrika angestrebt wird.

Emission: Ausgabe neuer ↑Effekten, wozu die Schaffung, Übernahme und Unterbringung (Plazierung) der Wertpapiere gehört. Der Ausgebende wird als **Emittent** bezeichnet. Die Emission erfolgt entweder auf direktem Weg als Selbstemission (selten) oder durch Vermittlung von Banken als Fremdemission, wobei alle Emissionen festverzinslicher Wertpapiere der Wirtschaft (nicht der öffentlichen Stellen) vom Bundesfinanzministerium genehmigt werden müssen.

Für den Vertrieb der neuen Effekten gibt es folgende Möglichkeiten: 1. *öffentliche Zeichnung* zu einem festen oder beweglichen Emissionskurs; 2. *freihändiger Verkauf* (heute üblich), d. h. die an der Emission beteiligten Banken erhalten bestimmte Quoten der Gesamtemission und bieten sie den Kunden an; 3. *underwriting,* d. h. die beteiligten Banken (meist als ↑Konsortium) übernehmen auch die Garantie für die Plazierung der Emission gegen eine Vergütung, die der Emittent bezahlt.

Die Papiere können zu einem **Emissionskurs** (Ausgabekurs) von 100% des Nennbetrags (zu pari), mit einem Agio (Überpari-Emission) oder einem Disagio (Unterpari-Emission, bei Aktien verboten, bei Schuldverschreibungen üblich) ausgegeben werden.

empfohlene Richtpreise: unverbindliche, nicht auf vertraglicher Bindung beruhende Empfehlungen des Herstellers oder Händlers an die Abnehmer einer Ware, bei der Weiterveräußerung an Dritte bestimmte Preise zu fordern oder anzubieten (hingegen ↑Preisbindung der zweiten Hand). Nach der (umstrittenen) Rechtsprechung des Bundesgerichtshofes verstoßen solche *vertikalen Preisempfehlungen* gegen die §§ 15,38 Kartellgesetz, wenn der Hersteller bei Händlern und Verbrauchern bewußt solche Umstände ausnutzt, welche die Durchsetzung der Preise begünstigen. Bedenken bestehen zumindest dann, wenn durch gleichförmiges Verhalten der Marktteilnehmer im Ergebnis eine Preisbindung erzielt wird, welche grundsätzlich unzulässig ist (Ausnahme bei Verlagserzeugnissen) und eine Ordnungswidrigkeit darstellt. Die Mißbrauchsaufsicht liegt beim Bundeskartellamt.

Endkostenstellen ↑Hauptkostenstellen.

Energiepolitik: Gesamtheit der Maßnahmen, mit denen ein Staat Einfluß auf den Umfang des inländischen Energiebedarfs und auf die Form der Energieversorgung durch die in- und ausländische Energiewirtschaft nimmt, um angesichts der natürlichen Begrenztheit des Angebots an Energieträgern (v. a. Kohle, Erdöl, Erdgas, Wasserkraft) die Versorgung mit Energie zu sichern. Energiepolitik ist Teil der allgemeinen Wirtschaftspolitik und ist mit anderen wirtschaftspolitischen Bereichen, v. a. der Außen-, Forschungs-, Sozial- und Umweltpolitik verwoben, wobei – gerade mit letzterer – komplizierte Zielkonflikte auftreten können. Die am Erdöl orientierte Energiepolitik der Bundesrepublik Deutschland und anderer westlicher Industriestaaten erhielt mit der

Energiekrise, die 1973 durch die auch politisch motivierten Preiserhöhungen der Ölförderländer ausgelöst wurde, eine neue Richtung: Nunmehr ging es darum, den Anteil des Erdöls an den Primärenergieträgern zurückzudrängen und es durch Nutzung v. a. von Kernenergie zu ersetzen. Daneben wird versucht, mit Hilfe staatlich geförderter Energieforschung wirtschaftlichere und gegenüber der Kernenergie unproblematischere Energiequellen (z. B. Sonnen- und Windenergie) nutzbar zu machen. Die öffentliche Diskussion über einen Ausstieg aus der Kernenergienutzung hat nach der Kernkraftwerkskatastrophe in Tschernobyl (UdSSR) im April 1986 die gesamte Bevölkerung erfaßt. Zu den Instrumenten der Energiepolitik gehören eine Vielzahl spezieller ordnungspolitischer Regelungen und interventionspolitischer Eingriffe. So wurden in der Bundesrepublik Deutschland seit 1973 zahlreiche Gesetze, Verordnungen, Richtlinien und Programme verabschiedet, die großenteils auf der Nachfrageseite ansetzen und Energiesparmaßnahmen veranlassen sollen. Der wichtigen internationalen Dimension der Energiepolitik wird durch Zusammenarbeit mit internationalen Organisationen Rechnung getragen.

Energiewirtschaft: Wirtschaftszweig, der im weiteren Sinne alle Bereiche umfaßt, die der Deckung des Energiebedarfs dienen, im engeren Sinne die Produktion Verarbeitung und Verteilung von Energie **(Energieversorgung).** Die Energiewirtschaft gehört neben dem Bergbau und der Eisen- und Stahlindustrie zur Grundstoffindustrie. Die Energieversorgung weist spezifische Bedingungen auf, vor allem hinsichtlich der hohen Kapitalintensität und Langfristigkeit der Erstellung von Produktions- und Verteilungsanlagen (z. B. Kraftwerke und Fernleitungen). Daraus und durch den aller Voraussicht nach steigenden Bedarf an Primärenergie ergibt sich das Problem der Deckung des Energiebedarfs zu erträglichen Preisen. Die Dringlichkeit der Energieversorgung für das öffentliche und private Leben, die der Energiewirtschaft eine besondere Stellung gibt, sowie die Standortgebundenheit der Energieproduktion, die den Anbietern ein natürliches Monopol verleihen könnte, haben in allen Ländern einen starken Einfluß des Staates auf die Energiewirtschaft zur Folge. In der Bundesrepublik Deutschland besteht die Energiewirtschaft aus privaten, gemischtwirtschaftlichen und öffentlichen Energieversorgungsunternehmen, die zur Sicherung von Wegen für Leitungen, von Konzessionen und Gebietsabgrenzungen mit den Gemeinden Verträge schließen, in denen die Bedingungen für Lieferung und Verteilung von Energie geregelt sind. Durch das Energiewirtschaftsgesetz wurden die Energieversorgungsunternehmen staatlicher Aufsicht unterstellt und verpflichtet, Kapazitätsveränderungen anzuzeigen; außerdem unterliegen sie der Mißbrauchsaufsicht durch das Bundeskartellamt. Die wichtigsten Energiequellen sind Kohle, Mineralöle, Erdgas und Wasserkraft; gestiegen ist die Bedeutung der Kernenergie. Der Ausbau dieses Zweigs der Energiewirtschaft ist jedoch wegen der mit der Kernenergie verbundenen Umweltrisiken umstritten.

Als ein Zweig der Energiewirtschaft umfaßt die **Elektrizitätswirtschaft** die gesamte Erzeugung und Verteilung von elektrischer Energie. Im Vergleich zum Gesamtenergieverbrauch stieg der Stromverbrauch in den letzten Jahren überdurchschnittlich stark an. Ursachen dafür sind der gewachsene Energieverbrauch in der Industrie und in den zunehmend mit elektrischen Geräten ausgestatteten privaten Haushalten.

Engelsches Gesetz: von dem Statistiker Ernst Engel (* 1821, † 1896) formulierter Zusammenhang zwischen steigendem Einkommen eines Haushalts und der damit verbundenen Veränderung in der Zusammensetzung der Konsumausgaben: Mit steigendem Einkommen sinkt der prozentuale Anteil für Nahrungsmittel und Mietausgaben innerhalb des Gesamtkonsums. Der Verbrauch mancher Güter nimmt dann auch absolut ab, da sie durch höherwertige Güter substituiert werden.

Enteignung: die behördliche Entziehung des privaten Eigentums zugunsten des gemeinen Wohls (Art. 14 GG), z. B. für Straßenbau, Eisenbahn. Sie ist nur durch Gesetz oder aufgrund eines Gesetzes zulässig, das Art und Ausmaß der Entschädigung regelt. Die Entschädigung ist unter gerechter Abwägung sämtlicher Interessen der Allgemeinheit und der Beteiligten zu bestimmen.

Entlastung: wer als Organ einer juristischen Person regelmäßig (meist jährlich) einem anderen Organ Rechenschaft über seine Tätigkeit zu geben hat, z. B. der Vorstand eines Vereins der Mitgliederversammlung, muß von diesem die Entlastung (Billigung) verlangen und erhalten. Die gewährte Entlastung hat zur Folge, daß über den gleichen Zeitraum nicht nochmals Rechenschaft verlangt werden kann, der Rechenschaftspflichtige nicht mehr wegen Schadensersatzes belangt werden kann (Ausnahme: die Entlastung von Vorstand und Aufsichtsrat einer AG schließt dieses Recht nicht aus) und gegen eine weitere Ausübung der rechenschaftspflichtigen Tätigkeit keine Bedenken bestehen.

Entmündigung: durch gerichtlichen Beschluß erfolgende Beschränkung oder Aufhebung der ↑Geschäftsfähigkeit. Der Entmündigte erhält als gesetzlichen Vertreter einen Vormund.

Entscheidungsparameter ↑Aktionsparameter.

Entwicklungshilfe (Entwicklungszusammenarbeit): Unterstützung der ↑Entwicklungsländer durch private und öffentliche, nationale und internationale Organisationen mit dem Ziel, materielle Armut zu beseitigen, Einkommensunterschiede zu mildern, ein menschenwürdiges Dasein zu sichern und Voraussetzungen für wirtschaftliche, soziale und politische Stabilität und Wohlstand zu schaffen. Sie wird in Form von *personelle Hilfe* (Beratungshilfe) und *technischer Hilfe* (technische Hilfsmittel, Material), *Kapitalhilfe* (Kredite, Bürgschaften), *Nahrungsmittel*hilfe, humanitäre Hilfe in Notsituationen (Medikamente) und *Handelshilfe* (Abbau von Zöllen, Kontingenten, internationale Handelsabkommen) geleistet.

Bei der staatlichen Entwicklungshilfe überwiegen die technische Hilfe und die Gewährung von Krediten, häufig für genau bestimmte Maßnahmen zur Verbesserung der Infrastruktur (Projekthilfe). Die UN haben den Industrieländern empfohlen, 0,7% ihres Bruttosozialprodukts als Entwicklungshilfe zu leisten. Dies wird jedoch nur von wenigen Staaten tatsächlich erreicht. Nur ein geringer Teil der Entwicklungshilfe wird über internationale Fonds und Entwicklungsbanken abgewickelt, der größte Teil geht direkt an die Empfängerländer, deren Auswahl meist nach politischen, strategischen, kommerziellen und traditionellen Bindungen erfolgt. Häufig mit wirtschaftlichen (und politischen) Auflagen verknüpft, zielt Entwicklungshilfe letztlich auf „Hilfe zur Selbsthilfe“.

Entwicklungsländer: Länder mit vergleichsweise niedrigem ökonomischem Entwicklungsstand, der sich meist in geringem Pro-Kopf-Einkommen ausdrückt: v. a. die Länder Afrikas (außer Republik Südafrika), Asiens (außer Japan, UdSSR), Mittel- und Südamerikas, Ozeaniens (außer Neuseeland), in ihrer Gesamtheit auch als **dritte Welt** bezeichnet.

Allgemeine Merkmale von Entwicklungsländern sind: mangelnde medizinische Vorsorge und Behandlung der Bevölkerung, hohes Bevölkerungswachstum, ungenügende Versorgung mit Lebensmitteln, geringe

Bildungsmöglichkeiten, hohes Analphabetentum und niedriger Lebensstandard (Armut) bei extrem ungleicher Verteilung vorhandener Güter und Dienstleistungen.
Unter den Entwicklungsländern sind verschiedene Gruppen zu unterscheiden: Die **Schwellenländer** sind so weit fortgeschritten, daß sie aufgrund ihrer wirtschaftlichen Eigendynamik die typischen Merkmale eines Entwicklungslandes selbst überwinden können. Für die Gruppe der **am wenigsten entwickelten Länder** wird auch die Bezeichnung **vierte Welt** verwendet. Eine weitere Gruppe sind die erdölexportierenden Staaten (↑OPEC).
Ausgehend von der zu geringen Industrialisierung sind *Hauptprobleme* der Entwicklungsländer: das Überwiegen einer (rückständigen) landwirtschaftlichen Produktion, die z. T. auch noch auf einige wenige für den Export geeignete Produkte beschränkt ist, und die damit verbundene Abhängigkeit von Importen, die zu chronischen Handelsbilanzdefiziten führen; das hohe Bevölkerungswachstum mit Unterernährung großer Teile der Bevölkerung; hohe Arbeitslosigkeit und ein aufgeblähter tertiärer Sektor; die aufgrund der schlechten Infrastruktur fehlenden Voraussetzungen für eine Industrialisierung. Eine Milderung des **Nord-Süd-Konflikts** zwischen Industrie- und Entwicklungsländern wird auf zahlreichen Konferenzen (z. B. Welthandels-Konferenz) und von internationalen Organisationen (z. B. Weltbank) angestrebt.

Erbbaurecht: grundstücksgleiches Recht an einem Grundstück, das dem Erbbauberechtigten erlaubt, auf diesem Grundstück zu bauen. Das Erbbaurecht kann wie ein Grundstück belastet, verkauft oder vererbt werden. Es wird in einem besonderen ↑Grundbuch geführt und ist buchhalterisch unter „grundstücksgleichen Rechten“ zu aktivieren. Das Erbbaurecht wird meist langfristig, z. B. für 100 Jahre vereinbart; es erlischt nach Ablauf des Vertrages, wodurch auch das Eigentum an dem Bauwerk an den Grundstückseigentümer übergeht.

Erbschaft- und Schenkungsteuer: Steuer für den Erwerb von Todes wegen (Erbschaft), für Zuwendungen unter Lebenden (Schenkung) und für Zweckzuwendungen (Zuwendungen, die mit einer Auflage zugunsten eines bestimmten Zwecks verbunden sind). Die Schenkungsteuer soll verhindern, daß über Schenkungen als vorweggenommene Erbfolge die Erbschaftsteuer umgangen wird. Die Maßstäbe der Besteuerung sind vergleichbar. Besteuerungsgrundlage ist der steuerpflichtige Erwerb, d. h. die Bereicherung des Erben/Beschenkten, soweit sie nicht steuerfrei ist. Die Höhe der Steuerbefreiung (kann alle 10 Jahre in Anspruch genommen werden) und der Steuersätze richtet sich nach dem Verwandtschaftsgrad des Erben/Beschenkten zum Erblasser/Schenker und nach der Größe (Nettowert) der Erbschaft bzw. Schenkung.

Erfinderschutz ↑Patent.

Erfolgskonten ↑Gewinn- und Verlustrechnung.

Erfolgsrechnung ↑Gewinn- und Verlustrechnung.

Erfüllungsgehilfe: die Person, die mit Willen des Schuldners bei der Erfüllung seiner Verbindlichkeit, d. h. in seinem Pflichtenkreis tätig wird. Für das schuldhafte Verhalten des Erfüllungsgehilfen haftet der Schuldner gegenüber dem Gläubiger wie für eigenes Verschulden (§ 278 BGB). – ↑auch Verrichtungsgehilfe.

Erfüllungsgeschäft: abstraktes, d. h. von keinem Rechtsgrund abhängiges Rechtsgeschäft. So ist beim Kaufvertrag zwischen dem schuldrechtlichen Verpflichtungsgeschäft und dem abstrakten Erfüllungsgeschäft (Einigung und Übergabe; ↑Eigentum) zu unterscheiden. War der Kaufvertrag nichtig, etwa wegen Formmangels, bleibt das vollzogene Erfüllungsgeschäft trotzdem gültig.

erfüllungshalber ↑an Erfüllungs Statt.

Erfüllungsort (Leistungsort): Ort, an dem die Leistung durch den Schuldner bewirkt werden muß. Der Erfüllungsort kann sich aus der Natur des Schuldverhältnisses ergeben (Grundstück beim Hausbau) oder vertraglich vereinbart sein; einseitige Willenserklärung genügt nicht. Ist der Erfüllungsort weder aus den Umständen zu entnehmen noch bestimmt, gilt der Ort als Erfüllungsort, an dem der Schuldner seinen Wohn- oder Geschäftssitz hat (gesetzlicher Erfüllungsort).

Haben beim Kaufvertrag Verkäufer und Käufer ihren Geschäftssitz am gleichen Ort **(Platzkauf)**, geht die Gefahr des zufälligen Untergangs oder der Verschlechterung der Ware mit der Übergabe auf den Käufer über **(Gefahrenübergang)**. Dabei muß sich der Käufer zum Empfang der Ware zum Verkäufer begeben, weil Warenschulden im Zweifel immer **Holschulden** sind. Haben Verkäufer und Käufer ihren Geschäftssitz an verschiedenen Orten und versendet der Verkäufer auf Verlangen des Käufers die Ware an einen anderen Ort **(Versendungskauf)**, trägt der Käufer alle Transportrisiken. Der Verkäufer hat mit der Übergabe der ordnungsgemäß verpackten Ware an ein Transportunternehmen seine Vertragsverpflichtung erfüllt. Übernimmt allerdings der Verkäufer den Transport selbst, hat er eine Wertminderung der Ware wegen eines Transportschadens durch Verschulden in gleicher Weise wie jeder Frachtführer dem Käufer gegenüber zu vertreten. Für die Bezahlung der Ware (Geldschuld) gilt der Geschäftssitz des Käufers als Erfüllungsort mit der Besonderheit, daß eine Geldschuld auf Kosten und Gefahr des Zahlungspflichtigen dem Gläubiger übermittelt werden muß **(Schickschuld)**. Der Schuldner hat erst geleistet, wenn das Geld beim Gläubiger eingetroffen ist. Bei der Frage, ob der Käufer eine vereinbarte Skontofrist eingehalten hat, kommt es auf den Zeitpunkt der Veranlassung der Geldübermittlung durch den Käufer an, nicht auf das Eintreffen des Geldbetrags beim Verkäufer. Bei einer vertraglichen Vereinbarung des Erfüllungsorts in den Allgemeinen Geschäftsbedingungen wird er an den Ort des Verkäufers gelegt. Dadurch wird die Geldschuld des Käufers zu einer **Bringschuld:** auch ein nicht termingerechter Geldeingang ist vom Käufer zu vertreten.

Der Erfüllungsort ist auch **Gerichtsstand**, d. h. für Streitigkeiten aus einem Schuldverhältnis ist ein Gericht, in dessen Geschäftsbereich der Erfüllungsort liegt, örtlich zuständig. Für Privatleute und Minderkaufleute gilt immer der Gerichtsstand des gesetzlichen Erfüllungsorts.

Ergebnisrechnung ↑Gewinn- und Verlustrechnung.

Ergonomie: Wissenschaft von der Anpassung der Arbeit (und der Arbeitsbedingungen) an den Menschen, ein Teilbereich der Arbeitswissenschaft (neben Arbeitsmedizin und Arbeitssoziologie), auch Arbeitswissenschaft im engeren Sinn. Sie versucht unter Nutzung der Erkenntnisse anderer Wissenschaften (z. B. Medizin, Psychologie) die optimale Arbeitsleistung im Spannungsfeld zwischen maximaler Produktivität und Schutz des arbeitenden Menschen zu bestimmen.

Erhaltungsaufwand: bestimmte Aufwendungen für Gebäude und andere körperliche Wirtschaftsgüter, v. a. Aufwendungen für die Instandhaltung und Instandsetzung: Als ↑Betriebsausgaben bzw. ↑Werbungskosten sind sie in voller Höhe in dem Kalenderjahr anzusetzen, in dem sie geleistet werden. Bei größeren Aufwendungen für Gebäude, die überwiegend Wohnzwecken dienen, kann der Erhaltungsaufwand gleichmäßig auf zwei bis fünf Jahre verteilt werden.

Erhaltungsinvestition ↑Investition.

Erinnerungswert (Erinnerungsposten): ↑Buchwert in Höhe von 1 DM für diejenigen Wirtschaftsgüter des ↑Anlagevermögens (manchmal auch bei uneinbringlichen Forderungen), die zwar völlig abgeschrieben sind, aber noch weiterhin betrieblich genutzt werden. Ein völliges Weglassen des betreffenden Wirtschaftsguts verstieße gegen die ↑Grundsätze ordnungsgemäßer Buchführung und Bilanzierung. Für ↑geringwertige Wirtschaftsgüter braucht kein Erinnerungswert aktiviert zu werden, wenn sie im Jahr der Anschaffung voll abgeschrieben werden.

Erlaubniskartell ↑Kartell.

Erlöse: Umsatzerlöse oder Verkaufserlöse erfassen den Wert der verkauften Waren, Erzeugnisse und anderer Leistungen einschließlich der Erlöse aus Nebengeschäften (z. B. Verpackungserlöse und Transporterlöse). Erlöse aus Handelswaren, also von Waren, mit denen der Industriebetrieb handelt, ohne daß sie bearbeitet oder verarbeitet worden sind, werden zu gesonderter Beurteilung auf einem eigenen Erlöskonto verbucht. – ↑auch Gewinn- und Verlustrechnung.

Erlösschmälerungen: alle Posten, durch die Erlöse gemindert werden. So mindern z. B. ↑Rabatte, Boni (↑Bonus), Gutschriften und Preisnachlässe aller Art letztlich immer den Verkaufsumsatz. Sogenannte Sofortrabatte, also ein vom Lieferer schon auf der Rechnung abgezogener Wiederverkäuferrabatt, werden nicht mehr gebucht. Die Verbuchung der Erlösschmälerungen erfolgt in der Regel gesondert auf Unterkonten zu den Konten des Einkaufs oder Verkaufs. Die Skonti werden häufig als Zinsaufwendungen verbucht und zunächst neutral behandelt. Umsatzsteuerlich führen Erlösschmälerungen als Entgeltminderung zu einer Umsatzsteuer- bzw. Vorsteuerkorrektur.

Erneuerungsschein ↑Bogen.

Eröffnungsbilanz: ↑Bilanz eines Unternehmens bei der Gründung (als Sonderbilanz) oder zu Beginn eines neuen Geschäftsjahres (ordentliche Bilanz). Die Beträge der einzelnen Bilanzposten ergeben die Anfangsbestände auf den Konten des ↑Hauptbuchs, wo sie auf derselben Seite erscheinen wie in der Eröffnungsbilanz. Um den Grundsatz der doppelten Buchführung zu wahren, daß jeder Sollbuchung eine Habenbuchung entsprechen muß, wird ein Eröffnungsbilanzkonto zwischengeschaltet, das die ↑Aktiva im Haben und die ↑Passiva im Soll aufnimmt. Nach dem Grundsatz der ↑Bilanzidentität entspricht die Eröffnungsbilanz bei bestehenden Unternehmen der Schlußbilanz des Vorjahres.

Eröffnungskurs ↑Anfangskurs.

ERP: Abk. für **E**uropean **R**ecovery **P**rogram (Europäisches Wiederaufbauprogramm, Marshallplanhilfe), vom amerikanischen Außenminister George C. Marshall 1947 angeregtes, am 3. April 1948 vom US-Kongreß beschlossenes und 1957 ausgelaufenes Hilfsprogramm der USA für die vom Kriege zerstörten Länder Westeuropas. Die Hilfe bestand in erster Linie in Sachlieferungen, vornehmlich in Lebensmitteln und Rohstoffen, aus den USA; Importeure dieser Güter mußten den Gegenwert in inländischer Währung auf einen ERP-Fonds einzahlen, der in der Bundesrepublik Deutschland bei der Bank deutscher Länder bestand. Diese Fondsgelder wurden zum Wiederaufbau an die Wirtschaft ausgeliehen; v. a. kamen diese Mittel der Montanindustrie, der Landwirtschaft, dem Verkehrswesen, dem Wohnungsbau und der Exportförderung zugute. Die Bundesrepublik Deutschland erhielt Lieferungen in Höhe von insgesamt 1,7 Mrd. $, wovon 1 Mrd. $ innerhalb von 30 Jahren zurückgezahlt werden mußten.

Durch Zusammenfassung der DM-Gegenwerte entstand das **ERP-Sondervermögen,** dessen Mittel zur Vergabe langfristiger zinsgünstiger Darlehen an die deutsche Wirtschaft eingesetzt werden (z. B. zur Förderung

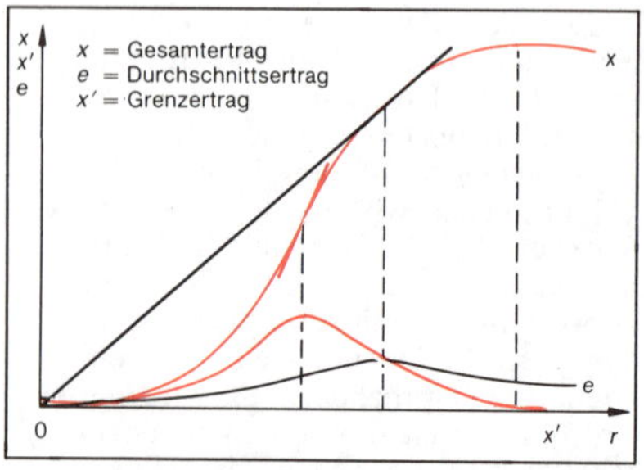

Ertragsgesetz. Graph. Darstellung

kleiner und mittlerer Unternehmen, von Existenzgründungen, Umweltschutzmaßnahmen, Investitionen in Berlin und Ostdeutschland).

Ersatzinvestition: ↑Investition.

Ersatzkassen ↑Krankenversicherung (gesetzliche).

Ersitzung: wer eine Sache eine bestimmte Zeit in Eigenbesitz (↑Besitz) hatte, wird kraft Gesetzes ihr Eigentümer. Bei beweglichen Sachen beträgt die Frist 10 Jahre, bei Grundstücken 30 Jahre.

Ertrag: der von einer Unternehmung durch Erstellung von Gütern oder Dienstleistungen erwirtschaftete Bruttowertzuwachs, im Gegensatz zum ↑Aufwand. Die Erfolgsrechnung unterscheidet: 1. **Betriebsertrag,** der im Gegensatz zu den ↑Kosten den in Erfüllung des Betriebszwecks erzielten Umsatz erfaßt, korrigiert um die Bestandsveränderungen des Lagers; 2. **neutralen Ertrag,** der aufgrund betriebsfremder und außerodentlicher Geschäftsvorfälle anfällt (z. B. Buchgewinn bei Verkauf von Anlagegegenstände, Steuerrückerstattungen usw.). In den Kontenrahmen sowie in der aktienrechtlichen Gewinn- und Verlustrechnung werden oft Erträge und ↑Erlöse sinngleich aufgeführt.

Ertragsgesetz: eine in der Landwirtschaft entdeckte und zuerst (1766) von dem französischen Wirtschaftstheoretiker und Staatsmann J. Turgot formulierte Gesetzmäßigkeit, die in ihrer allgemeinen Form besagt, daß auf einem gegebenen Stück Land der Ertragszuwachs je zusätzlich eingesetzter Faktoreinheit zunächst zunimmt, ab einem bestimmten Punkt aber abnimmt. Voraussetzung ist, daß die Einsatzmenge eines Produktionsfaktors (bzw. eine gleichbleibende Kombination von Produktionsfaktoren) verändert wird und alle anderen an der Produktion beteiligten Faktoren konstant bleiben. Die Gültigkeit dieses Gesetzes des abnehmenden Ertragszuwachses des Bodens ist für die landwirtschaftliche Produktion unbestritten.
Dieser Zusammenhang wurde verallgemeinert und auf die industrielle Produktion übertragen. Demnach wächst der Ertrag je zusätzlich eingesetzter Faktoreinheit (Grenzertrag) zunächst überproportional bis zu einem Maximum und nimmt dann ständig ab. Voraussetzung ist, daß nur ein Produktionsfaktor variiert wird, bei Konstanz aller übrigen und gleichbleibenden Produktionsbedingungen. Die Gültigkeit des Ertragsgesetzes für die industrielle Produktion ist in der Wissenschaft umstritten.

Ertragsteuern: ↑Steuern, die als Bemessungsgrundlage das wirtschaftliche Ergebnis (den Ertrag, Gewinn, Erfolg, Überschuß) zugrundelegen (im Gegensatz zu ↑Substanzsteuern und ↑Verkehrsteuern). Die wichtigsten Arten sind ↑Einkommensteuer, ↑Kirchensteuer, ↑Körperschaftsteuer, Gewerbeertragsteuer (↑Gewerbesteuer). Einkommen- und Körperschaftsteuer sind ↑Personensteuern, die Gewerbeertragsteuer eine ↑Objektsteuer. Bei einem Steuerpflichtigen können nie alle drei Ertragsteuerarten gleichzeitig anfallen; bei einem gewerblichen Unternehmen sind es in der Regel zwei: die Einkommen- oder Körperschaftsteuer und die Gewerbeertragsteuer.

Ertragswert: auf der Grundlage des ↑Ertrags berechneter Wert von Wirtschaftsgütern, wie z. B. Grundstücken und Aktien, sowie ganzen Unternehmen. Bei der Berechnung werden die erwarteten zukünftigen durchschnittlichen Jahresreinerträge für die restlichen Nutzungsjahre unter Verwendung des branchenüblichen Kapitalisierungszinsfußes (= landesüblicher Zinsfuß + branchenüblicher Risikozuschlag) zugrundegelegt.

Erwartungsparameter ↑Aktionsparameter.

Erwerbstätige: Personen, die in einem Arbeitsverhältnis stehen, selbständig tätig sind oder einen freien Beruf ausüben. Zusammen mit den Personen, die eine auf Erwerb gerichtete Tätigkeit suchen, bilden sie die **Erwerbspersonen**. Das Verhältnis der Erwerbspersonen oder der Erwerbsfähigen (15–65jährige) zur Gesamtbevölkerung wird als **Erwerbsquote** bezeichnet.

Erwerbsunfähigkeit: Zustand, in dem ein Versicherter infolge Krankheit, Gebrechen oder besonderer Schwäche eine dauernde regelmäßige Erwerbstätigkeit nicht mehr ausüben oder nur noch ein geringes Arbeitseinkommen erzielen kann. Die Erwerbsunfähigkeit bezeichnet gegenüber der ↑Berufsunfähigkeit ein sehr viel größeres Maß an Leistungseinbuße. Bei der Beurteilung der Erwerbsunfähigkeit werden die Verhältnisse des allgemeinen Arbeitsmarktes berücksichtigt, d. h. wenn innerhalb eines bestimmten Zeitraumes die Arbeitsvermittlung für den Versicherten nicht gelingt, ist aus diesen Gründen Erwerbsunfähigkeit anzunehmen. Erwerbsunfähigkeit ist Voraussetzung für die Erwerbsunfähigkeitsrente (↑Rentenversicherung). Sowohl Erwerbsunfähigkeit als auch Berufsunfähigkeit werden im allgemeinen zunächst durch einen Arzt festgestellt; danach durch den ärztlichen Dienst des Versicherungsträgers oder einen beauftragten Arzt geprüft.

Erziehungsgeld: nach dem Bundeserziehungsgeldgesetz vom 6. Dezember 1985 aus dem Bundeshaushalt geleistete monatliche Zahlung von 600 DM an Mütter bzw. Väter, die nicht oder nur teilsweise erwerbstätig sind und sich der Betreuung und Erziehung des Kindes widmen. Anders als die frühere Regelung über den Mutterschaftsurlaub, bei der nur Mütter berücksichtigt wurden, die vor der Geburt des Kindes in einem Arbeitsverhältnis standen, bezieht die Regelung über das Erziehungsgeld wahlweise alle Mütter oder Väter der nach dem 31. Dezember 1985 geborenen Kinder ein. Der Anspruch auf Erziehungsgeld besteht ab dem 1. Januar 1988 für das erste Lebensjahr des Kindes sowie ab dem 1. 7. 1989 bzw. 1. 7. 1990 für seine ersten 15 bzw. 18 Lebensmonate. Vom siebten Lebensmonat ab hängt die Gewährung von der Höhe des Einkommens ab. Mütter bzw. Väter, die vor der Geburt des Kindes in einem Arbeitsverhältnis stehen, haben Anspruch auf **Erziehungsurlaub** von gleicher Dauer wie die Zahlung von Erziehungsgeld. Sie werden in dieser Zeit vor einer Kündigung des Arbeitsverhältnisses geschützt. Das Erziehungsgeld wird ab 1992 3 Jahre lang gezahlt. Ab 1993 soll ein zweijähriger Erziehungsurlaub möglich sein.

Euroanleihen (Eurobonds): Anleihen von bonitätsmäßig guten Ausgebern am ↑Eurokapitalmarkt in einer Währung, die nicht der des Plazierungslandes entspricht (Unterschied: ↑Auslandsanleihe). Die Plazierung erfolgt meist durch ein internationales Bankenkonsortium.

Eurocheque (Euroscheck): ↑Scheck, bei dem die bezogene Bank die Einlösung bis zu einem Betrag von 400 DM garantiert, wenn bei der Zahlung mit dem Euroscheck bzw. bei der Einlösung des Schecks die **Scheckkarte,** welche Bankverbindung, Kontonummer, Unterschrift des Ausstellers und eine Scheckkartennummer enthält, vorgelegt und die Scheckkartennummer auf der Rückseite des Schecks eingetragen wird.

Eurodollarmarkt (Eurogeldmarkt, Euromarkt): Geldmarkt, auf dem US-Dollarguthaben, aber auch Guthaben anderer konvertierbarer Währungen (↑Konvertibilität) gehandelt werden, die bei Banken außerhalb der USA bzw. des betreffenden Landes unterhalten werden, z. B. Dollar- oder DM-Guthaben bei einer Londoner oder Luxemburger Bank, die diese Gelder wieder als Devisenkredite an diesen Finanzplätzen ausleihen. Entstanden ist dieser Markt Ende der 1950er Jahre, als die Ostblockländer aus politischen Gründen ihre Dollars nicht in New York, sondern in Europa, vor allem in London anlegten. Hinzu kamen restriktiv wirkende amerikanische Regelungen, die eine Geldanlage in den USA wenig attraktiv machten. Euromärkte für konvertierbare Währungen gibt es heute rund um die Erde. Zentren sind London, Luxemburg, Singapur, Hongkong, die Bahamas usw. Die Ausleihefrist ist kurz: von einem Tag bis zu einem Jahr, z. T. auch darüber hinaus. Für internationale Anleihen existiert daneben der ↑Eurokapitalmarkt.

Eurokapitalmarkt: Kapitalmarkt für internationale Anleihen (↑Euroanleihen), der 1963 als Folge der Zinsausgleichssteuer der USA entstand. Er unterliegt keiner Aufsicht und gewinnt durch die steigenden finanziellen Ungleichgewichte im internationalen Handel ständig an Bedeutung. Seine Problematik besteht darin, daß durch ihn die nationale Geldpolitik der Zentralbanken unterlaufen werden kann.

Europäische Freihandelsassoziation (Abk. EFTA, für englisch European Free Trade Association; auch Europäische Freihandelszone genannt): 1960 gegründeter handelspolitischer Zusammenschluß, dem Island (seit 1970), Finnland (seit 1986 Vollmitglied), Liechtenstein (seit 1991), Norwegen, Österreich, Schweden und die Schweiz angehören. Die früheren Mitglieder Dänemark, Irland und Großbritannien wurden 1973, Portugal 1986 Vollmitglieder der EG. Die EFTA ist als sogenannte kleineuropäische Lösung eine Reaktion auf das Scheitern von Verhandlungen zwischen den Mitgliedsländern der OEEC über eine Europäische Freihandelszone, die nach Gründung der EWG geführt worden waren. Das im EFTA-Vertrag enthaltene Ziel des Abbaus der Handelsschranken wurde – wie vorgesehen – mit der völligen Abschaffung der Zölle auf Industrieerzeugnisse bis Ende 1969 erreicht. Da in der EFTA keine gemeinsamen Außenzölle bestehen, handelt es sich nicht um eine Zollunion: im Binnenhandel werden keine Zölle oder mengenmäßige Beschränkungen auferlegt. Allerdings sind Agrarprodukte von der Liberalisierung des Warenverkehrs ausdrücklich ausgeschlossen. Bis 1977 erreichte die EFTA auch ihr Ziel, den Freihandel mit Industrieerzeugnissen auf die Mitgliedsstaaten der EG auszuweiten. Die EFTA hat mit der EG die Schaffung eines ↑Europäischen Wirtschaftsraums vereinbart.

Europäische Gemeinschaften (EG): Sammelbezeichnung für die Europäische Wirtschaftsgemeinschaft (EWG), die Europäische Atomgemeinschaft (EURATOM) und die Europäische Gemeinschaft für Kohle und Stahl (EGKS, auch **Montanunion** genannt). Mitgliedsländer sind Belgien, die Bundesrepublik Deutschland, Dänemark, Frankreich, Griechenland, Großbritannien, Irland, Italien, Luxemburg, die Niederlande, Portugal und Spanien; die Türkei stellte 1987, Österreich 1989, Malta und Zypern 1990 sowie Schweden 1991 einen offiziellen Aufnahmeantrag.

Ziele der EG sind die schrittweise Annäherung der Wirtschaftspolitiken ihrer Mitgliedsländer, die gerechtere Verteilung der Wirtschaftsgüter und eine neue Ordnung in den Beziehungen der Staaten untereinander. Fernziel ist die Zusammenarbeit in einer Europäischen Union. Die

EG haben weitgehende Selbstverwaltungsrechte, einschließlich des Haushaltsrechts, sowie Beratungskompetenzen. Bei ihnen liegen ein allgemeines Informations- und Prüfungsrecht und die alleinige Kompetenz bei der Anwendung und Auslegung des Gemeinschaftsrechts. Die Organe der EG können als supranationale Instanzen Rechtsnormen beschließen, die unmittelbar in jedem Mitgliedsland gelten, ohne daß es noch der Mitwirkung nationaler Instanzen bedarf. Damit wird eine (formale) Rechtseinheit erreicht. Diese Form der europäischen Rechtssetzung vollzieht sich z. Z. allerdings noch ohne hinreichende parlamentarische Kontrolle, deshalb heißen die Rechtsakte auch lediglich Verordnungen, obwohl sie innerstaatlichen Gesetzen entsprechen. Die Richtlinien dagegen schreiben einzelnen oder allen Mitgliedsstaaten verbindlich vor, welches Ziel die nationalen Instanzen erreichen müssen, läßt jedoch die Wahl der Mittel zur Durchsetzung frei; Richtlinien bedürfen daher eines nationalen Übernahmeaktes.

Die Aufgaben und Kompetenzen der EG werden durch *gemeinsame Organe* wahrgenommen. Oberstes Organ ist der (Minister-)Rat, der sich aus je einem Mitglied der Regierungen der Mitgliedsstaaten zusammensetzt. Bei ihm liegen im wesentlichen das Budgetrecht, die Repräsentation der EG nach außen und – als Legislative – die Gesetzgebung zur Ergänzung des Gemeinschaftsrechts. Exekutive der EG ist die EG-Kommission. Ihre Mitglieder (17 EG-Kommissare) werden von den Regierungen im gegenseitigen Einvernehmen für vier Jahre ernannt. Deutschland, Frankreich, Großbritannien, Italien und Spanien entsenden jeweils zwei Mitglieder, die übrigen Länder stellen je ein Mitglied. Die Kommissare sind von ihren Regierungen unabhängig und dürfen keine Weisungen entgegennehmen. Das Europäische Parlament, dessen Mitglieder seit 1979 in den Mitgliedsstaaten direkt gewählt werden, hat Kompetenzen bei der Gesetzgebung, der Kontrolle und im Haushalt, jedoch kein Budgetrecht. Die Sicherung und Wahrung des Rechts und seine Auslegung obliegt dem Europäischen Gerichtshof. Der Wirtschafts- und Sozialausschuß nimmt als beratendes Gremium zu allen Gesetzesvorhaben Stellung. Die Europäische Investitionsbank regelt die Vergabe von Darlehen und Bürgschaften an die Mitgliedsstaaten. Die Finanzkontrolle übt der Europäische Rechnungshof aus. Für die Entwicklungspolitik spielt der Europäische Entwicklungsfonds, für die Regionalpolitik die Strukturfonds (Europäischer Regionalfonds, Europäischer Sozialfonds, Europäischer Ausrichtungs- und Garantiefonds für die Landwirtschaft) eine wichtige Rolle. Im Zug der europäischen Einigungsbewegung nach dem 2. Weltkrieg entstand auf Anregung des französischen Außenministers R. Schuman 1952 die EGKS. Über diesen Zusammenschluß sollte die europäische Integration vorangetrieben werden. 1957 wurden mit den Römischen Verträgen die EWG und die EURATOM gegründet. Der EWG oblag vor allem die Schaffung eines gemeinsamen Marktes, EURATOM sollte die friedliche Nutzung der Atomenergie vorantreiben. Jede der drei Gemeinschaften besaß einen Ministerrat, eine Kommission (bei der EGKS Hohe Behörde genannt) und eine parlamentarische Versammlung. 1967 erfolgte die Verschmelzung dieser Institutionen und der Aufbau der gemeinsamen Organe. Der bis 1970 erfolgte Abbau der Binnenzölle und der Aufbau eines gemeinsamen Zolltarifs waren die Grundlagen für die Europäische Zollunion. Nachdem 1973 der Abschluß von Handelsverträgen mit Drittländern in die alleinige Kompetenz der EG übergegangen war, entwickelte sich auch die gemeinsame Außenwirtschaftspolitik. Mit Unter-

Die gemeinsamen Organe von EWG, EGKS und Euratom

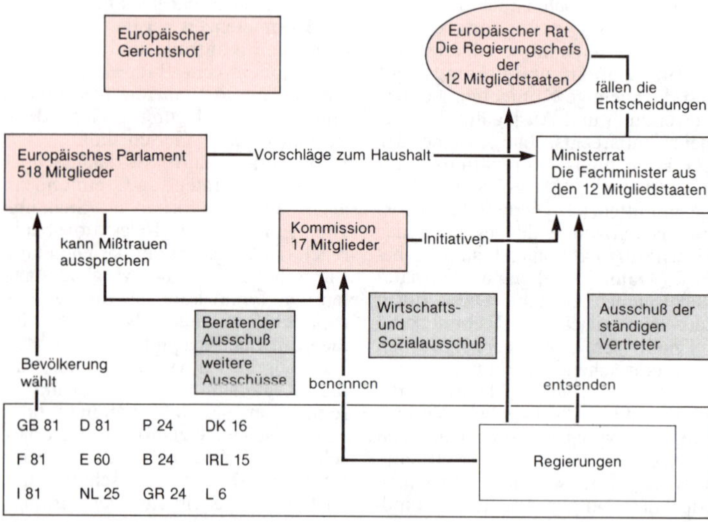

Europäische Gemeinschaften. Aufbau der Organe

zeichnung der Einheitlichen Europäischen Akte (1986) haben sich die EG-Staaten verpflichtet, bis Ende 1992 den freien Verkehr von Personen, Waren, Dienstleistungen und Kapital durch Angleichung von Rechtsvorschriften zu verwirklichen (Europäischer Binnenmarkt). Ende 1991 haben sich die Staats- und Regierungschefs der EG-Staaten u.a. auf einen Stufenplan zur Verwirklichung der Europäischen Wirtschafts- und Währungsunion geeinigt. In drei Stufen sollen z.B. das Europäische Währungssystem ausgebaut, die Unabhängigkeit der nationalen Zentralbanken gesichert und die Wirtschaftspolitik besser aufeinander abgestimmt werden. Nach Erfüllung bestimmter wirtschafts- und finanzpolitischer Konvergenzkriterien sollen frühestens ab dem 1.1.1997 das Europäische System der Zentralbanken und die Europäische Zentralbank gegründet werden.

Europäischer Wirtschaftsraum (EWR): Vertrag zwischen den Mitgliedsstaaten von EG und EFTA mit den langfristigen Zielen einer vollständigen Integration der beiden Zusammenschlüsse.

Europäisches Währungssystem (EWS): am 13. März 1979 in Kraft getretenes System für eine währungspolitische Zusammenarbeit der EG-Staaten; löste den Europäischen Wechselverbund ab. Ziel des EWS ist, die ↑Devisenkurse zwischen den Währungen der EG-Länder zu stabilisieren und eine Zwischenstufe zu einer „Europäischen Währungsunion" zu bilden. Griechenland und Portugal sind zwar Mitglieder, haben aber die Interventionsverpflichtungen noch nicht übernommen. Das EWS besteht aus folgenden Elementen:

1. Aus dem **ECU** (**E**uropean **C**urrency **U**nit) als europäische Währungseinheit. Der ECU ist eine Kunstwährung, die sich aus allen Währungen der EG-Länder zusammensetzt. Dabei gehen die einzelnen Währungen mit einer unterschiedli-

beteiligte Staaten	Währungsbeträge	%-Anteile am Währungskorb	Währungsbeträge	%-Anteile am Währungskorb
	Stand 13. 3. 1979		Stand 8. 10. 1990	
Deutschland	0,828 DM	33,0 %	0,6242 DM	30,36 %
Frankreich	1,15 FF	19,8 %	1,332 FF	19,32 %
Großbritannien	0,0885 £	13,3 %	0,08784 £	12,61 %
Niederlande	0,286 hfl	10,5 %	0,2198 hfl	9,49 %
Belgien	3,66 bfr	9,6 %	3,301 bfr	8,09 %
Luxemburg	0,14 lfr		0,130 lfr	
Italien	109,0 Lit	9,5 %	151,8 Lit	9,87 %
Dänemark	0,217 dkr	3,1 %	0,1976 dkr	2,52 %
Irland	0,0075 Ir£	1,2 %	0,008552 Ir£	1,11 %
Griechenland	–	–	1,440 Dr	0,70 %
Portugal	–	–	1,393 Esc	0,78 %
Spanien	–	–	6,885 Pta	5,15 %

chen Gewichtung, die aufgrund der wirtschaftlichen Leistungsfähigkeit jedes Landes ermittelt wird, in den Währungskorb ein. Der ECU dient als Bezugsgröße für die Festlegung der ↑Devisenkurse. Am Tage der Einführung des EWS wurden die einzelnen Währungen im gewichteten Währungskorb zum Tageskurs bewertet und der für jede EG-Währung ermittelte ECU-Kurs als **Leitkurs** festgeschrieben (1 ECU entsprach 2,51064 DM).
Über diese Leitkurse wurden dann die bilateralen Währungsparitäten der EG-Währungen untereinander ermittelt (Paritätengitter). Änderungen in der Gewichtung und zahlreiche Aufwertungen und Abwertungen haben mit der Zeit die Leitkurse verändert. Der ECU-Leitkurs der DM beträgt seit dem 8. Okt. 1990 2,05586. Ferner dient der ECU als Indikator für Wechselkursabweichungen, als Recheneinheit in fast allen EG-Bereichen sowie als Zahlungsmittel zwischen den Zentralbanken in den EG. Beistandskredite der Notenbanken werden in ECU gewährt, Währungsreserven der EWS, die vom „Europäischen Fonds für währungspolitische Zusammenarbeit" verwaltet werden, in ECU bewertet.

2. Ein weiteres Element ist die Verpflichtung der Zentralbanken zur Intervention. Dazu sind sie immer dann verpflichtet, wenn der Devisenkurs von der bilateralen Parität zweier Währungen mehr als je 2,25% nach oben und nach unten von dieser Parität abweicht (Spanien 6%). Diese Bandbreite von 4,5% wird durch An- und Verkaufskurse begrenzt, auch unterer bzw. oberer Interventionspunkt genannt. 3. Fehlen den Zentralbanken für die Intervention die erforderlichen Devisen, so sind sie verpflichtet, sich kurz- und mittelfristige Beistandskredite zu gewähren. Die Abwicklung dieser Kredite erfolgt über den „Europäischen Fonds für währungspolitische Zusammenarbeit" oder direkt zwischen den beteiligten Notenbanken.
4. Wird das Ziel stabiler Wechselkurse durch Interventionen und Beistandskredite nicht erreicht, dann müssen die Regierungen die Leitkurse und die bilateralen Währungsparitäten durch Auf- bzw. Abwertung ändern.
Das EWS soll zu einer Währungsunion mit gemeinsamer Zentralbank und dem ECU als gemeinsamer Währung weiterentwickelt werden.

Euroscheck ↑Eurocheque.

e. V. ↑eingetragener Verein.

ex Bezugsrecht („exB“; = ausschließlich Bezugsrecht): ↑Kurszusatz im ↑Kursblatt ab dem ersten Handelstag des ↑Bezugsrechts, der anzeigt, daß der rechnerische Bezugsrechtswert vom Aktienkurs abgezogen wurde und der Erwerber der Aktie keinen Anspruch mehr auf das Bezugsrecht hat.

ex Dividende („exD“; = ausschließlich Dividende): ↑Kurszusatz im ↑Kursblatt am Tag des Dividendenabschlags. Er bedeutet, daß an diesem Tag der ↑Dividendenschein abgetrennt wurde und ein Erwerber der Aktie keinen Anspruch auf diese Dividende hat.

Export ↑Ausfuhr.

ex quai ↑ab Kai.

externe Effekte: die Wirkungen (Vor- und Nachteile), die von der ökonom. Aktivität eines Wirtschaftssubjektes (Produzent oder Konsument) auf die Produktions- und Konsummöglichkeiten anderer Wirtschaftssubjekte ausgehen, ohne daß diese Wirkungen vom Preissystem berücksichtigt werden: Im Falle **positiver externer Effekte** (externe Nutzen, externe Ersparnisse) erhält der Verursacher der Vorteile (z. B. Klimaverbesserung durch Baumanpflanzung) kein Entgelt von den Begünstigten, im Falle **negativer externer Effekte** (externe Kosten) muß der Urheber der Nachteile (z. B. Umweltbelastung durch Schadstoffemissionen von Kraftfahrzeugen) den Betroffenen keine Entschädigung leisten.

F

Fabrik: die vorherrschende Form des Industriebetriebes, die durch die Be- und Verarbeitung von Werkstoffen mit Hilfe mechanischer und maschineller Hilfsmittel bei räumlicher Zentralisierung der Arbeitsplätze innerhalb einer Fertigungsstätte gekennzeichnet ist (im Gegensatz zur Heimarbeit). Maschinisierung und Automation erfordern weitgehende Spezialisierung der Maschinen und Arbeitskräfte (innerbetriebliche Arbeitsteilung), wobei Planung und Arbeitsvorbereitung den Produktionsablauf gewährleisten. Das Fabriksystem ging historisch aus den weniger leistungsfähigen Formen Verlagssystem und Manufaktur hervor. Nach den IHK-Regeln ist die Bezeichnung Fabrik nur für einen industriellen Herstellungsbetrieb zulässig.

Fachgeschäft: Betriebsform des ↑Einzelhandels mit tief gegliedertem Sortiment (spezialisiert auf Waren einer bestimmten Branche, Gattung oder Bedarfsgruppe), fachkundiger Bedienung u. gutem Kundendienst.

Fachoberschule ↑kaufmännisches Schulwesen.

Factoring [englisch 'fæktərɪŋ]: Methode der Absatzfinanzierung. Die Hersteller- oder Händlerfirma verkauft ihre Forderungen aus Warenlieferungen an ein Finanzierungsinstitut, z. B. Banken oder besondere Verrechnungsstellen, den **Factor.** Außer der Finanzierungsfunktion übernimmt die Factoringgesellschaft oft auch das volle Kreditrisiko und das Risiko von Forderungsausfällen (Delkrederefunktion) neben Servicefunktionen (Fakturierung, Buchhaltung, Beitreibung von Außenständen). – Factoring ist v. a. für kurzfristige Geschäfte gedacht (Laufzeit der Forderung unter 90 Tagen) und wird von kleineren und mittleren Unternehmen beansprucht. Besondere Bedeutung hat diese Finanzierungsmethode im Exportgeschäft.

Fahrlässigkeit: wer die im Verkehr erforderliche Sorgfalt außer acht läßt, handelt fahrlässig. Fahrlässigkeit und ↑Vorsatz sind schuldhafte Verhaltensweisen, die Zivil- und/oder strafrechtlich vertreten werden müssen. *Grobe* Fahrlässigkeit liegt vor, wenn nicht einmal die allermindesten Sorgfaltspflichten wahrgenommen wurden; bei *leichter* Fahrlässigkeit liegt nur geringes Verschulden vor.

Faktoreinkommen: Einkommen, die durch eine ökonomische Gegenleistung den Produktionsfaktoren zugerechnet werden, also z. B. Löhne und Gehälter dem Faktor Arbeit (Arbeitseinkommen), Gewinn dem Faktor Kapital und Miete bzw. Pacht dem Faktor Boden. Aus Sicht der Unternehmen sind Faktoreinkommen Kosten. Diese **Faktorkosten** sind mit der Nettowertschöpfung identisch. Man spricht auch von Nettosozialprodukt bzw. Nettoinlandsprodukt zu Faktorkosten.

Falschlieferung ↑ Sachmängel.

fas: Abk. für **f**ree **a**longside **s**hip; eine international übliche Handelsklausel: Der Verkäufer hat die Ware auf seine Kosten und Gefahr am Kai/Pier des genannten Hafens längsseits des vom Käufer zu bestimmenden Schiffes anzuliefern.

Faustpfand: die im unmittelbaren Besitz des Gläubigers befindliche Sache, an der ein ↑ Pfandrecht besteht; grundsätzlich gehört die Übergabe der Sache an den Gläubiger zum Wesen des Pfandrechts.

Fehlinvestition ↑ Investition.

Fernschreiber: einer elektrischen Schreibmaschine ähnliches Telegrafiegerät, das als Sende- und Empfangsanlage arbeitet. Der direkt über eine Tastatur oder – zur Erzielung höherer Übermittlungsgeschwindigkeiten – über einen Lochstreifen eingegebene Text wird vom Senderteil in eine Folge elektrischer Rechteckimpulse (Codierung gemäß dem Internationalen Telegrafenalphabet) umgewandelt, die über das öffentliche Telexnetz, das Gentexnetz (zur Übermittlung von Telegrammen durch die Deutsche Bundespost) oder ein Sonder-Fernschreibnetz (privates, militärisches oder Behörden-Fernschreibnetz) dem Empfänger zugeleitet werden. Dessen Fernschreiber druckt den empfangenen Text direkt (ohne Bedienungspersonal) als Klartext aus oder liefert einen entsprechenden Lochstreifen. Die Übertragungsgeschwindigkeit beträgt rund 400 Zeichen pro Minute. – ↑ auch Telekommunikation.

Fertigerzeugnis (Fertigfabrikat): in einem Betrieb hergestelltes Erzeugnis, das das Ende des Produktionsprozesses erreicht hat und zum Verkauf bzw. Selbstverbrauch bereitsteht. Im Gegensatz dazu steht das **Halberzeugnis (Halbfabrikat),** bei dessen Produktion zwar schon Aufwendungen angefallen sind (Material, Löhne), das aber noch nicht Fertigerzeugnis geworden ist. Die Bewertung erfolgt in beiden Fällen zu den ↑ Herstellungskosten bzw. einem niedrigeren Teilwert. Die Abgrenzung zwischen Fertig- und Halberzeugnis ist nicht immer einfach. Selbstproduzierte Einzelteile eines Gesamtprodukts sind im allgemeinen Halberzeugnisse; werden sie aber als Einzelteile auch getrennt verkauft, handelt es sich um Fertigerzeugnisse.

Fertigung: Bezeichnung für den industriellen Produktionsprozeß, der durch die vorgelagerte Beschaffung (der erforderlichen Materialien) und den nachgelagerten Absatz (des Produkts) abgegrenzt wird; begrifflich z. T. auf die mechanische Erzeugung von Gütern eingeschränkt.

Fertigungsgemeinkosten: Gemeinkosten, die im Fertigungsbereich entstehen, z. B. Hilfslöhne, Abschreibungen, Raumkosten, Energie- und Werkzeugkosten. Sie werden im ↑ Betriebsabrechnungsbogen auf die Fertigungsstellen verteilt und in Prozenten der Fertigungslöhne zu einem *Gemeinkostenzuschlagsatz* zusammengefaßt. In Betrieben mit großem Maschinenanteil werden die Fertigungsgemeinkosten aufgeteilt in *maschinenabhängige Kosten* (↑ Maschinenstundensatzrechnung) und in *Restgemeinkosten,* die in Prozenten der Fertigungslöhne erfaßt werden.

Fertigungskontrolle ↑Qualitätskontrolle.

Fertigungskosten: Kosten, die durch die Be- und Verarbeitung der Roh- und Hilfsstoffe zu fertigen Erzeugnissen entstehen. Sie umfassen die Fertigungslöhne als Einzelkosten, die Fertigungsgemeinkosten sowie in besonderen Fällen die Sondereinzelkosten der Fertigung (z. B. Konstruktionskosten). Mit den Materialkosten werden die Fertigungskosten zu den Herstellkosten zusammengefaßt. Nach dem Verfahren der Zuschlagskalkulation werden dann die Selbstkosten und der Verkaufspreis ermittelt.

Fertigungslöhne: Löhne für direkt am Werkstück verrichtete Arbeitsleistungen, die im Gegensatz zu den Hilfslöhnen oder Gemeinkostenlöhnen unmittelbar erfaßt und direkt in den Produktpreis als Einzelkosten eingerechnet werden können.

Fertigungsmaterialkosten (Fertigungsmaterialverbrauch, Stoffeinzelkosten): dazu rechnet der Verbrauch von Rohstoffen und ↑bezogenen Fertigteilen als Einzelkosten. Zusammen mit dem Verbrauch von Hilfs- und Betriebsstoffen bilden sie die Materialkosten.

Fertigungsplanung: der Teil der ↑Arbeitsvorbereitung, der alle planerischen Maßnahmen zur langfristigen Vorbereitung einer wirtschaftlichen Fertigung umfaßt. Dazu gehören: die Mitwirkung bei der fertigungsgerechten Gestaltung des Erzeugnisses, die Auswahl wirtschaftlicher Herstellungsverfahren, die Festlegung der Reihenfolge der einzelnen Bearbeitungsschritte und deren Dauer aufgrund von ↑Arbeitszeitstudien (Arbeitsplan), die Festlegung der benötigten Materialien, Arbeitskräfte und Betriebsmittel. Neben dem Arbeitsplan erstellt die Fertigungsplanung weitere Unterlagen: Laufkarten, Arbeitsanweisungen, Lohnzettel, Materialentnahmescheine, Terminkarten (enthalten den genauen zeitlichen Ablauf der Fertigung eines Auftrags). An die Fertigungsplanung schließt sich die ↑Fertigungssteuerung an.

Fertigungsstellen: Begriff der Kostenstellenrechnung; mit Hilfe des Betriebsabrechnungsbogens werden die Fertigungsgemeinkosten an der Entstehungsstelle gesammelt. Dies geschieht am Ort der Fertigung selbst, den *Fertigungshauptstellen* (z. B. Gießerei, Dreherei, Montage) und an den für diese Hauptkostenstellen tätigen *Fertigungshilfsstellen* (z. B. Arbeitsvorbereitung, Lohnbüro, Reparaturwerkstatt). Die Kosten dieser Fertigungshilfsstellen oder besonderen Hilfskostenstellen werden auf die Fertigungshauptstellen umgelegt.

Fertigungssteuerung (Fertigungslenkung): an die Fertigungsplanung anschließender Teil der Arbeitsvorbereitung, der alle Maßnahmen zur Durchführung eines Auftrages entsprechend den Vorgaben der Fertigungsplanung umfaßt. Die Fertigungssteuerung koordiniert bei mehreren, gleichzeitig durchzuführenden Aufträgen die Verteilung der Aufträge auf die einzelnen Maschinen und legt die Losgrößen (Anzahl der für einen Auftrag in einem Zug hergestellten Stücke) fest.

Fertigungsverfahren: die Art des industriellen Erzeugungsprozesses unter Berücksichtigung verschiedener Merkmale. Man unterscheidet:

1. Nach dem Umfang des Einsatzes menschlicher Arbeit: **manuelle Fertigung** (die Arbeit erfolgt von Hand, eventuell unter Benutzung motorgetriebener Werkzeuge); **mechanische/maschinelle Fertigung** (die Maschine übernimmt einige einfache/alle Arbeiten, der Arbeiter bedient die Maschine und kontrolliert den Arbeitsgang); wird der gesamte Arbeitsgang maschinell kontrolliert und korrigiert, spricht man von ↑Automation.

2. Nach der Anordnung der Betriebsmittel: **Werkstattfertigung** (alle

gleichartigen Arbeitsvorgänge werden in einer speziellen Werkstatt [z. B. Bohrerei, Fräserei] durchgeführt); **Gruppenfertigung** (die zur Herstellung eines Bauteils erforderlichen Maschinen werden zu einer Gruppe räumlich zusammengefaßt und innerhalb der Gruppe nach dem Arbeitsablauf geordnet); **Reihenfertigung** (die Maschinen sind in der Reihenfolge der auszuführenden Arbeiten angeordnet, die entstandene Fertigungsstraße wird von den Werkstücken ohne zeitliche Feststellung durchlaufen). Ist der Arbeitsablauf zeitlich gebunden (Arbeitstakt oder Taktung) und erfolgt der Werkstücktransport zwangsläufig mittels eines ↑Fließbandes, so spricht man von **Fließ(band)fertigung.** Beide Fertigungsverfahren sind zur Fertigung großer Stückzahlen gleicher Erzeugnisse geeignet; **Baustellenfertigung** (Maschinen und Werkstoffe werden zum Ort der Herstellung gebracht, z. B. im Baugewerbe).

3. Nach der Stückzahl des hergestellten Produkts: **Einzelfertigung** (in der Regel auf Bestellung. Herstellung von Einzelstücken, z. B. im Anlagenbau); **Sortenfertigung** (aus denselben Ausgangsmaterialien werden verwandte Produkte neben oder nacheinander hergestellt, z. B. Bier-, Stahlsorten); **Serienfertigung** (gleiche Erzeugnisse einer Erzeugnisart werden in bestimmter Stückzahl) hergestellt, danach wird die Produktion umgestellt, z. B. Handbohrmaschinen und Stichsägen); **Massenfertigung** (gleiche Erzeugnisse werden über eine längere Zeit hinweg in großen Stückzahlen unverändert hergestellt, z. B. Ziegel, Papiertaschentücher).

feste Wechselkurse ↑Devisenkurs.

Festgeld (feste Gelder): 1. Bankeinlagen (meist ab 10 000 DM) mit einer festen Laufzeit von mindestens einem Monat. Sie gehören mit den Kündigungsgeldern zu den ↑Termineinlagen. 2. Geldanlagen der Banken am Geldmarkt der Börse, die mit längeren Fristen (z. B. Dreimonatsgeld) und mit festem Verfalltag angelegt werden.

festverzinsliche Wertpapiere (Rentenpapiere, Rentenwerte, Renten): mittel- oder langfristige ↑Schuldverschreibungen, die von der öffentlichen Hand, Banken oder Industrieunternehmen ausgegeben und am Rentenmarkt gehandelt werden. Sie garantieren für die gesamte Laufzeit (meist 6–15 Jahre) einen gleichbleibenden Zinsertrag (heute auch als ↑Floating Rate Notes mit variablem Zins möglich). Sie verbriefen Gläubigerrechte (↑Effekten) und werden meist ab 100 DM Nennwert (oder ein Vielfaches) ausgegeben. Die Zinszahlungen erfolgen in der Regel jährlich oder halbjährlich nachträglich. Die Tilgung geschieht durch ↑Auslosung oder ↑freihändigen Rückkauf.

Fibor: Abk. für „**F**rankfurt **I**nter**b**ank **O**ffered **R**ate“, Referenz-/Basiszinssatz der deutschen Kreditwirtschaft seit dem 12. 8. 1985 für die Begebung von Anleihen mit variabler Verzinsung (↑Floating Rate Notes). Zwölf deutsche Geldinstitute (unter ihnen die Großbanken sowie die öffentlich-rechtlichen und genossenschaftlichen Spitzeninstitute) melden täglich ihre Zinssätze, zu denen sie anderen Banken für 3 bis 6 Monate Geld ausleihen würden, an die vom Kreditgewerbe getragene Privatdiskont AG. Nach Streichung des höchsten und niedrigsten Satzes ergibt sich als Durchschnittssatz „Fibor“, der in der Frankfurter Börse veröffentlicht wird.

Fifo-Methode: Abk. für **F**irst **i**n – **f**irst **o**ut, Methode der ↑Bewertung gleichartiger Vermögensgegenstände des Vorratsvermögens. Die Wirtschaftsgüter des Vorratsvermögens, die im Jahresendbestand erfaßt werden, sind im Laufe des Jahres in der Regel zu unterschiedlichen Preisen erworben oder hergestellt worden. Das führt zu dem Problem der Bewertung am Bilanzstichtag. Die Fifo-Methode geht davon aus, daß die zu-

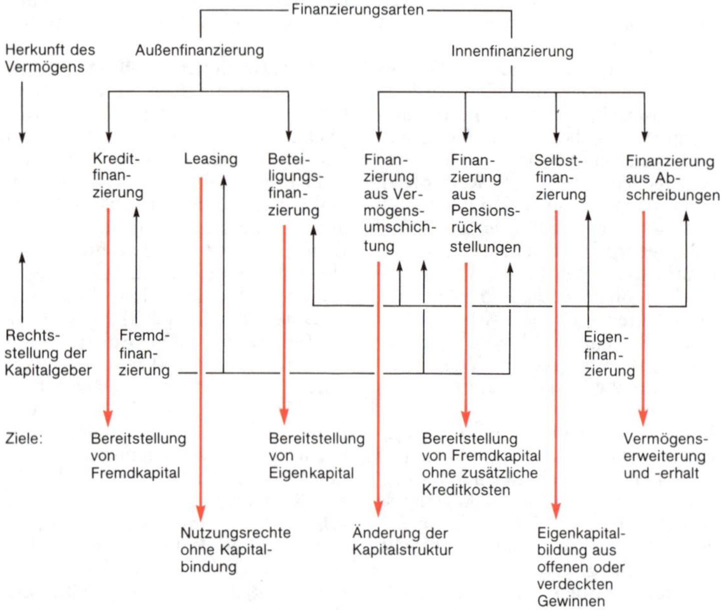

Finanzierung. Finanzierungsarten nach Herkunft des Kapitals und Rechtsstellung der Kapitalgeber

erst erworbenen Wirtschaftsgüter auch zuerst verbraucht oder weiterveräußert werden. Der Endbestand wird also mit den Anschaffungskosten der zuletzt beschafften Wirtschaftsgüter bewertet. Weitere Verfahren der Bewertung haben sich herausgebildet: Die **Hifo-Methode** (**Hi**ghest **in** – **f**irst **o**ut) unterstellt, daß die am teuersten erworbenen Wirtschaftsgüter zuerst verbraucht werden. So ergibt sich eine Bilanzierung zum niedrigst möglichen Wertansatz. Die **Lifo-Methode** (**L**ast **in** – **f**irst **o**ut) ist das Gegenstück zur Fifo-Methode. Es werden also die ersten Anschaffungskosten zugrundegelegt. Bei der Bewertung zu durchschnittlichen Anschaffungskosten wird ein Mittelwert gebildet, der in die Bilanz einfließt.

Das HGB (§ 256) läßt die Fifo- und die Lifo-Methode, nicht jedoch die Hifo-Methode zu, sofern sie den Grundsätzen ordnungsgemäßer Buchführung entsprechen und nicht gegen das ↑Niederstwertprinzip verstoßen. Die Einkommensteuer-Richtlinien verlangen jedoch grundsätzlich die Bewertung nach dem gewogenen Mittel der im Laufe des Wirtschaftsjahres erworbenen Wirtschaftsgüter (↑Durchschnittsbewertung).

Finanzamt ↑Finanzverwaltung.

Finanzbuchführung (Finanzbuchhaltung): erfaßt den *außerbetrieblichen* Werteverkehr mit den Geschäftsbeziehungen zur Umwelt, also zu Lieferern und Kunden, Gläubigern und Schuldnern. Sie verfolgt Bestand und Entwicklung aller Vermögens- und Kapitalverhältnisse eines Unternehmens und bildet die Grundlage für die Erstellung der Bilanz sowie der Gewinn- und Verlustrechnung (GuV). Ergänzt wird die Finanzbuchhaltung durch die Betriebsbuchführung, die die *innerbetriebliche* Abrechnung mit der Kosten- und Leistungsrechnung erstellt.

Finanzgerichtsbarkeit: Gerichtsbarkeit zur Entscheidung über Abgaben-, insbesondere Steuer- und verwandte Angelegenheiten, geregelt in der Finanzgerichtsordnung (FGO) vom 6. Okt. 1965. Die Finanzgerichtsbarkeit ist zweistufig: In den Ländern bestehen Finanzgerichte, die über alle Streitigkeiten entscheiden, für die der Finanzrechtsweg gegeben ist, soweit nicht der **Bundesfinanzhof** (BFH; Sitz: München) zuständig ist. Zuständig ist in der Regel das Finanzgericht, in dessen Bezirk die Behörde ihren Sitz hat, die den ursprünglichen Verwaltungsakt erlassen hat, oder von der ein Verwaltungsakt begehrt wird. Die Klage muß schriftlich eingereicht werden und ist nur möglich, wenn die übrigen außergerichtlichen Rechtsmittel – Einspruch (bei Steuerbescheiden) und Beschwerde (bei anderen Verwaltungsakten) – ergebnislos geblieben sind. Das Finanzgericht erforscht den Sachverhalt von Amts wegen und entscheidet im Rahmen der gestellten Anträge in der Regel aufgrund mündlicher Verhandlung durch Urteil. Revision an den BFH ist nur möglich, wenn der Streitwert 1 000 DM übersteigt, das Gericht die Revision zugelassen hat oder das Verfahren wesentliche Mängel aufweist. Der BFH entscheidet als Gericht erster und letzter Instanz über bestimmte Klagen, z. B. gegen Verwaltungsakte des Bundesfinanzministeriums auf dem Gebiet der Eingangsabgaben.

Finanzierung: im engen Sinn die Beschaffung von Kapital, im weiteren Sinn wird darunter die Gesamtheit aller Entscheidungen über Beschaffung und Verwendung von Kapital (sowohl eigenes als auch fremdes) verstanden. Man unterscheidet die Finanzierung nach der *Herkunft* der Mittel und nach den *Eigentumsverhältnissen* an den Mitteln. Von **Außenfinanzierung** wird gesprochen, wenn die benötigten Mittel auf dem Geld- oder Kapitalmarkt aufgenommen werden; **Innenfinanzierung** ist die Erschließung der Kapitalmittel durch den betrieblichen Umsatzprozeß. Erfolgt die Finanzierung mit Eigenkapital, handelt es sich um ↑Eigenfinanzierung, bei Fremdkapital um ↑Fremdfinanzierung. Die ↑Finanzierungsgrundsätze sind Faustregeln für die optimale Finanzierung. Nach der *Verwendung* der Finanzmittel kann man unterscheiden: 1. Finanzierung der laufenden Geschäfte (Einkauf, Verkauf) durch kurzfristige Mittel (z. B. ↑Kontokorrentkredit, ↑Wechseldiskontierung); 2. Anlagenfinanzierung für Investitionen der Ersatzbeschaffung, Erweiterung, Rationalisierung durch langfristige Mittel (z. B. Eigenkapital, langfristige Kredite); 3. Finanzierung außergewöhnlicher Vorhaben wie der Beteiligung an anderen Unternehmen oder Fusionen. Finanzierungsmaßnahmen müssen stets berücksichtigen, daß 1. die Höhe der Finanzierungsmittel dem tatsächlich benötigten Kapitalbedarf entsprechen; 2. kurzfristige Mittel nur für den kurzfristigen Geldbedarf verwendet werden; 3. die Verzinsung der eingesetzten Finanzmittel mit der Unternehmensrentabilität verglichen werden.

Finanzierungsgrundsätze: wissenschaftliche oder aus der Praxis abgeleitete Regeln für die Finanzierung eines Unternehmens. Sie sind für das Unternehmen Entscheidungshilfen bei der Wahl der Finanzierungsart, für Kreditinstitute eines von mehreren Entscheidungskriterien bei der Kreditvergabe. Die Finanzierungsgrundsätze lassen sich unterscheiden in 1. *vertikale* Finanzierungsregeln, die sich mit dem Verhältnis von Eigenkapital zu Fremdkapital befassen (Verschuldungsgrad); am häufigsten wird dabei ein Verhältnis von Eigen- zu Fremdkapital von 1 : 1 genannt, teilweise auch von 2 : 1; 2. *horizontale* Finanzierungsregeln, die die Beziehungen zwischen Vermögens-(Aktiv-)seite und Kapital-(Passiv-)seite der Bilanz herstellen: a) Anlagevermögen = Eigenkapital (↑goldene Bilanzregel), b) Anlagevermögen = Eigenkapital + langfristiges Fremdkapital, c) Umlaufvermögen = Fremdkapital, d) Umlaufvermögen soll zur Hälfte aus kurzfristigen Verbindlichkeiten finanziert werden. Die Finanzierungsregeln berücksichtigen nicht Rechtsform, Struktur, Größe des Unternehmens, Rentabilitätsgesichtspunkte und die jeweilige Konjunktur.

Finanzierungsschätze der Bundesrepublik Deutschland ↑Bundesschatzbrief.

Finanzkapital ↑Kapital.

Finanzplan: 1. von der Finanzbehörde aufgestellte mittelfristige Planung von (Steuer-)Einnahmen und Finanzbedarf. Das Stabilitätsgesetz schreibt eine fünfjährige sogenannte mittelfristige Finanzplanung des Bundes und der Länder vor.

2. Die Aufgabe der Finanzplanung in einem Betrieb ist es, für den Erhalt der Zahlungsfähigkeit im Zeitablauf zu sorgen. Die Größen, auf denen ein Finanzplan aufgebaut wird, sind neben Einnahmen und Ausgaben auch ein Kreditplan, der die erforderlichen Kredite und deren Fälligkeiten aufzeigt. Den Sollzahlen werden später die von der Buchhaltung gelieferten Istzahlen gegenübergestellt, um die laufende Anpassung zu sichern. Finanzpläne enthalten in der Regel kurzfristige Vorschaurechnungen für den Geldbedarf des normalen Betriebsablaufs. Die benötigten Zahlen werden stichtagsgebunden bereitgestellt und aufgearbeitet und führen zu Wochen-, Monats-, Quartals- und Jahresplänen. Langfristige Finanzplanungen, z. B. für Investitionen, erfaßt die ↑Kapitalbedarfsrechnung. Da bei Investitionen großer Kapitalbedarf entsteht, muß der Finanzplanung eine ↑Investitionsrechnung vorausgehen.

Finanzpolitik (Budgetpolitik): Gesamtheit aller staatlichen Maßnahmen, die gewollt und direkt auf die Finanzwirtschaft einwirken. Die Theorie der Finanzpolitik ist ein Teilgebiet der Finanzwissenschaft. Die praktische Finanzpolitik umfaßt die Maßnahmen, die eine öffentliche Körperschaft ergreift, um durch Veränderungen in Höhe und Zusammensetzung der Einnahmen, Ausgaben und Schulden verteilungs-, konjunktur- bzw. stabilitäts-, wachstums- und strukturpolitische Ziele zu erreichen. Heute verfolgt die Finanzpolitik auch die (nichtfiskalischen) Ziele des Wohlstandes, der (Verteilungs-)Gerechtigkeit und der sozialen Sicherheit. Die staatliche Interventionen richten sich dabei auf die Höhe des Volkseinkommens, auf seine Verteilung und auf die Stabilität des Einkommens, der Preise und der Beschäftigung. Die Mittel des Staates sind die öffentlichen Einnahmen (↑auch Steuerpolitik) und Ausgaben sowie deren Kombination im öffentlichen Haushalt. Bei der Finanzpolitik als Mittel der Stabilisierung des Volkseinkommens (Fiskalpolitik), der Beschäftigung und des Preisniveaus (↑Konjunkturpolitik) sollte der Staat nach der klassischen Lehre nur einen Haushaltsausgleich anstreben; dagegen nimmt die moderne Haushaltspolitik Defizite und Überschüsse bewußt in Kauf, um durch antizyklische Finanzpolitik die Konjunkturausschläge zu verringern (↑auch Deficit spending).

Finanzverwaltung, der Teil der öffentlichen Verwaltung, der sich v. a. mit der Festsetzung und Erhebung von Steuern **(Steuerverwaltung),** der Vermögensverwaltung der öffentlichen Hand und der Einziehung von Strafen, Beiträgen und Gebühren befaßt. Nach Art. 108 GG ist die Steuerverwaltung zwischen Bund und Ländern aufgeteilt. Zölle, Finanzmonopole, die bundesgesetzlich geregelten Verbrauchsteuern und die Abgaben im Rahmen der

EG werden durch Bundesfinanzbehörden verwaltet. Die übrigen Steuern (z. B. Einkommensteuer, Körperschaftsteuer, Umsatzsteuer) werden durch Landesfinanzbehörden verwaltet, soweit sie ganz oder teilweise dem Bund zufließen, in dessen Auftrag. Für die den Gemeinden allein zufließenden Steuern (z. B. Gewerbesteuer, Grundsteuer) kann die den Landesfinanzbehörden zustehende Verwaltung durch die Länder ganz oder z. T. den Gemeinden übertragen werden. *Bundesfinanzbehörden* sind: der Bundesminister der Finanzen als oberste Behörde, das Bundesamt für Finanzen als Oberbehörde, die Oberfinanzdirektionen als Mittelbehörden und die Hauptzollämter und Zollfahndungsämter als örtl. Behörden. *Landesfinanzbehörden* sind: das Landesfinanzministerium als oberste Behörde, die Oberfinanzdirektionen als Mittelbehörden und die **Finanzämter** als örtliche Behörden. Die **Oberfinanzdirektion** ist sowohl Bundes- als auch Landesbehörde, sie leitet die Finanzverwaltung des Bundes und des Landes in ihrem Bezirk. Sie gliedert sich in Bundes- und Landesabteilungen. Die Kosten der Oberfinanzdirektion werden zwischen Bund und Land geteilt.

Finanzwechsel (Leerwechsel): ein ↑Wechsel, der nur der Geld-(Kredit-)beschaffung dient und dem kein Warengeschäft zugrunde liegt (im Gegensatz zum Handelswechsel). Finanzwechsel werden von den Notenbanken nicht diskontiert.

Firma [ursprünglich = bindende, rechtskräftige Unterschrift (eines Geschäftsinhabers); zu lateinisch-italienisch firmare „befestigen, bekräftigen"]: der Handelsname des Vollkaufmanns, d. h. derjenige Name, unter dem ein Vollkaufmann seine Handelsgechäfte betreibt sowie klagen und verklagt werden kann (§ 17 HGB). Die Firma kann sein: **Personalfirma** (in der ein Familienname enthalten ist), **Sachfirma** (die auf den Gegenstand des Unternehmens hinweist, z. B. Feuerversicherungs-AG), **gemischte Firma** (Familienname und Hinweis auf den Gegenstand des Unternehmens, z. B. Möbelhaus Hans Maier). Wie der bürgerliche Name bezeichnet die Firma eine [natürliche oder juristische] Person, nämlich den Inhaber des Handelsunternehmens. Dieser (nicht etwa die Firma) ist Träger der unter der Firma erworbenen Rechte und Pflichten. Sein Recht an der Firma stellt nach herrschender Auffassung ein Personenrecht mit vermögensrechtlichem Gehalt oder ein Immaterialgüterrecht dar. Es entsteht mit der Kaufmannseigenschaft (↑Kaufmann), kann mit dem Handelsunternehmen übertragen werden und erlischt, wenn der Handelsbetrieb eingestellt wird. Ähnlich dem Namensrecht genießt es absoluten Schutz **(Firmenschutz).** Von der Firma zu unterscheiden sind: bürgerlicher Name (häufig mit der Firma übereinstimmend), Geschäftsbezeichnung (wie Löwenapotheke), Markenname (Warenzeichen).

Jeder Vollkaufmann ist verpflichtet, eine Firma zu führen. Dabei sind folgende Grundsätze zu beachten: 1. **Firmenwahrheit:** Die Firma muß bezeichnen: bei einem Einzelkaufmann den Familiennamen mit mindestens einem ausgeschriebenen Vornamen (§ 18 HGB), bei einer OHG den Namen wenigstens eines Gesellschafters mit einem das Gesellschaftsverhältnis andeutenden Zusatz, bei einer KG den Namen wenigstens eines haftenden Gesellschafters mit einem das Gesellschaftsverhältnis andeutenden Zusatz (§ 19 HGB), bei einer Kapitalgesellschaft in der Regel den Gegenstand des Unternehmens und die Gesellschaftsform. Lediglich die mit einem Handelsunternehmen übernommene (abgeleitete) Firma braucht – im Interesse der **Firmenbeständigkeit** – diesen Regeln nicht zu entsprechen (§ 22 HGB). Ebenso kann bei einer Namensänderung des Geschäftsinhabers oder bei einem teilweisen Inhaberwechsel die bisherige Firma unverändert fortgeführt werden (§§ 21, 24 HGB). 2. **Firmeneinheit:** Für dasselbe Unternehmen darf nur eine Firma geführt werden, auch wenn mehrere Niederlassungen bestehen (diese können aber durch einen Zusatz gekennzeichnet werden). 3. **Firmenausschließlichkeit:** Jede neue Firma muß sich von allen an demselben Ort bereits bestehenden Firmen durch einen Zusatz **(Firmenzusatz)** derart unterscheiden, daß nach allgemeiner Verkehrsauffassung Verwechslungen ausgeschlossen sind. 4. **Firmenöffentlichkeit:** Die Firma, ihre Änderung, die Änderung ihrer Inhaber und ihr Erlöschen sind beim zuständigen Amtsgericht (Registergericht) zur Eintragung in das Handelsregister anzumelden.

Firmenausschließlichkeit ↑Firma.

Firmenbeständigkeit ↑Firma.

Firmenmantel: rechtlicher Rahmen eines Unternehmens, einer Kapitalgesellschaft (AG oder GmbH); er kann z. B. nach Liquidation ohne den Geschäftsbetrieb veräußert werden. Ein anderes Unternehmen spart durch Übernahme des Firmenmantels Gründungskosten.

Firmenwahrheit ↑Firma.

Firmenwert (Geschäftswert, Goodwill): immaterielles Wirtschaftsgut, das den Betrag angibt, um den der Wert eines Unternehmens höher ist als der Tageswert aller aktivierbarer Wirtschaftsgüter, abzüglich der Schulden, dem sogenannten Substanzwert. Der Firmenwert setzt sich zusammen aus Faktoren wie Ruf und Name eines Unternehmens, Kundenkreis, Standort, Marktstellung, Betriebsorganisation, Fertigungsverfahren, Sicherheit der Absatz- und Beschaffungsmärkte usw. Dieser Firmenwert entsteht im Laufe der Zeit; er wird als selbstgeschaffener oder *originärer Firmenwert* bezeichnet. Der abgeleitete oder *derivative Firmenwert* ist der Unterschiedsbetrag zwischen Substanzwert und dem tatsächlich gezahlten Kaufpreis für ein Unternehmen. Der originäre Firmenwert darf nicht bilanziert werden, da er nicht realisiert werden kann. Der derivative Firmenwert hingegen ist in der Handelsbilanz zu aktivieren und muß innerhalb von vier Jahren getilgt werden (durch Abschreibung). Bei entsprechender Begründung im Anhang zum Jahresabschluß kann die Abschreibung aber auch planmäßig auf die Geschäftsjahre verteilt werden, in denen der Firmenwert voraussichtlich genutzt wird. In der Steuerbilanz besteht Aktivierungspflicht. Für die Abschreibung gilt eine betriebsgewöhnliche Nutzungsdauer von 15 Jahren.

Firmenzusatz ↑Firma.

Fiskalpolitik: alle Maßnahmen des Staates, die geeignet sind, die öffentlichen Einnahmen und die öffentlichen Ausgaben (öffentlicher Haushalt) gezielt zu gestalten und damit die volkswirtschaftliche Gesamtnachfrage zu beeinflussen. Sie wird hauptsächlich im Rahmen der Konjunkturpolitik eingesetzt.

Fiskus [lateinisch „Korb, Geldkorb"]: der Staat in seinen vermögensrechtlichen, dem bürgerlichen Recht unterliegenden Beziehungen (im Gegensatz zum Staat als Träger hoheitlicher Gewalt). Häufig gleichgesetzt mit den Begriffen Staatskasse und Staatsvermögen.

fixe Kosten (auch zeitabhängige Kosten): Bezeichnung für den Teil der ↑Gesamtkosten, der sich mit dem ↑Beschäftigungsgrad nicht ändert.

1. *Absolut fixe Kosten* entstehen durch die Betriebsbereitschaft, unabhängig davon, ob produziert wird oder nicht. Dazu gehören vor allem Miete, Zinsen (kalkulatorische) und nicht verbrauchsbedingte Abschreibungen. Als Stückkosten verhalten sich die Fixkostenanteile mit zunehmendem Beschäftigungsgrad (Menge) **degressiv** (↑degressive Kosten) und mit abnehmender Produktionsmenge **progressiv** (↑progressive Kosten).

Beispiel:

Produktionsmenge (m) in Stück	Fixe Kosten als Gesamtkosten (K) in DM	Fixe Kosten als Stückkosten (k) in DM
50 000	50 000,–	1,00
100 000	50 000,–	0,50
150 000	50 000,–	0,33
→ 200 000	→ 80 000,–	→ 0,40
250 000	80 000,–	0,32
300 000	80 000,–	0,27

2. *Relativ fixe Kosten* **(Sprungkosten,** stufenfixe oder intervall-fixe Kosten) bleiben bis zu einem bestimmten Beschäftigungsgrad unverändert, springen dann aber nach oben, um treppenförmig immer wieder bis zu einem bestimmten Beschäftigungsgrad fix zu bleiben. Auch **beschäftigungsfixe** und **betriebsgrößenfixe** Kosten erfahren mit zunehmender Produktion eine Erhöhung durch Ausweitung des Verwaltungsapparates, Neuinvestition in Gebäude und Maschinen, Werbekampagnen usw.
Die Bedeutung der fixen Kosten liegt darin, daß 1. durch Umlegung auf große Produktionsmengen (↑Massenproduktionsgesetz) eine Verbilligung des Kostenanteils pro Stück entsteht (↑degressive Kosten); 2. hohe Fixkosten in anlageintensiven Betrieben bei rückläufiger Beschäftigung erhalten bleiben, was zu einem steigenden Fixkostenanteil pro Stück führt. Durch differenzierte Preis- und Absatzpolitik auf der Basis der ↑Deckungsbeitragsrechnung sucht man einen Teil der fixen Kosten **(Deckungsbeitrag)** hereinzubekommen.

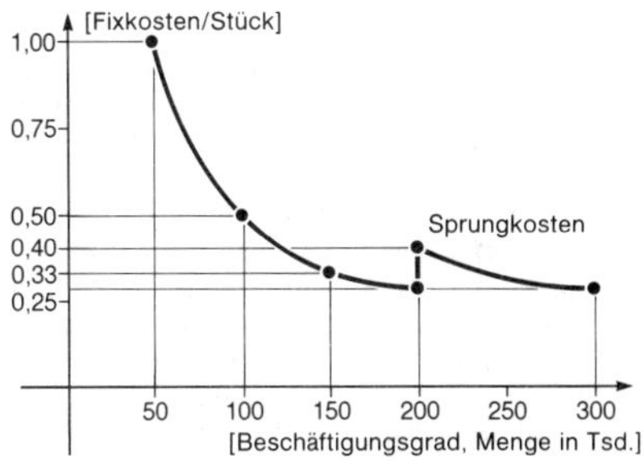

fixe Kosten. Gebrochen degressive Kosten

Fixkauf (Fixgeschäft): ↑Handelskauf, bei dem ausdrücklich eine Vereinbarung getroffen wird, daß die Lieferung an oder bis zu einem bestimmten Termin erfolgen soll (die Lieferung „steht und fällt" an einem bestimmten Termin). Wird die Leistung nicht termingerecht erbracht, kann der Gläubiger ohne Mahnung vom Vertrag zurücktreten. Bei Verschulden des Verkäufers gerät dieser ohne Mahnung in Leistungsverzug, der andere Teil kann dann statt Erfüllung (die beim Fixkauf ausdrücklich verlangt werden muß) Schadensersatz wegen Nichterfüllung verlangen (§ 376 HGB). Handelt es sich nicht um einen Handelskauf, so gilt § 361 BGB, das Recht auf Schadensersatz wegen Nichterfüllung entfällt.
Fixum: festes Entgelt (Grundgehalt), das ein Handlungsreisender monatlich unabhängig von seiner Verkaufsleistung bezieht.
Flexibilisierung ↑Arbeitszeit.
flexible Wechselkurse ↑Devisenkurs.
Fließband: ein Förderband oder eine ähnliche Einrichtung, auf der die zu bearbeitenden Teile von Arbeitsplatz zu Arbeitsplatz kontinuierlich, bei gleichzeitiger Bearbeitung, langsam weitertransportiert werden, z. B. als Montageband.
Fließfertigung ↑Fertigungsverfahren.
Floating [englisch 'floʊtɪŋ; zu englisch to float „schwimmen, schwe-

ben, schwanken"]: das freie Bilden der ↑Devisenkurse auf dem Markt durch Angebot und Nachfrage.

Floating Rate Notes [englisch 'floʊtɪŋ reɪt noʊts „schwankende Zinsnotierung"] (Abk. FRN): Anleihen mit variabler Verzinsung, wobei der Zins alle 3 bis 6 Monate an einen sogenannten Referenzzinssatz angepaßt wird. Dieser kann ↑Fibor oder ↑Libor sein. Die FRN sind ein Wertpapier, bei dem mit dem Zinstrend spekuliert wird. Nachteilig für die Geldanlage wirkt sich in der Bundesrepublik Deutschland (FRN seit dem 1. Mai 1985 erlaubt) die am ↑Eurokapitalmarkt entfallende Börsenumsatzsteuer aus.

Fluktuation: im weiteren Sinn die Summe aller zwischenbetrieblichen Arbeitsplatzwechsel, im engeren Sinn der Arbeitsplatzwechsel innerhalb eines Unternehmens. Ein Teil entsteht durch Tod, Ruhestand oder Umzug aus besonderen Gründen. Bei besonders hoher Fluktuation ist nach den Gründen (z. B. Betriebsklima) zu forschen, da hohe Arbeitsnebenkosten (Stellenanzeigen, Bewerberauswahl, Einarbeitung usw.) anfallen.

fob: Abk. für **f**ree **o**n **b**ord; häufig benutzte ↑Handelsklausel; der Verkäufer hat die Formalitäten zu erledigen, die für die Ausfuhr erforderlichen Papiere zu beschaffen, die handelsübliche Verpackung und die Fracht mit dem dabei entstehenden Risiko zu besorgen und alle damit verbundenen Kosten zu tragen, bis die Ware im Verschiffungshafen die Reling des vom Käufer zu besorgenden Schiffes überschritten hat. – ↑auch Incoterms.

Forderungen: Außenstände, die hauptsächlich aus Warenlieferungen und Leistungen an Kunden stammen und in der Kontokorrentbuchhaltung als ↑Debitoren bezeichnet werden. Das Aktiengesetz schreibt neben der Angabe der Forderungen aus Warenlieferungen und Leistungen den gesonderten Ausweis der Forderungen an verbundene Unternehmen, Vorstand und Aufsichtsrat vor. Zweifelhafte oder dubiose Forderungen sind nach § 40 HGB mit ihrem wahrscheinlichen Wert anzusetzen. Die Abschreibung auf Forderungen bewertet die uneinbringlichen Forderungen.

Forderungsabtretung ↑Zession.

Forfaitierung [...ɪɛ...; zu französisch à forfait „in Bausch und Bogen"]: Art der Exportfinanzierung, bei der ein Exporteur Forderungen aus einem Exportgeschäft an ein Kreditinstitut **(Forfaiteur)** verkauft. Damit wird aus dem Zielgeschäft für den Exporteur ein Bargeschäft. Durch Ausschluß des Rückgriffs auf den Exporteur geht das Risiko (Delkredere-, politisches Kursrisiko) auf den Forfaiteur über, der Exporteur haftet nur noch für den Bestand der Forderung. Voraussetzung ist das Vorliegen entsprechender Sicherheiten. Die Kosten einer à-forfait-Finanzierung bestehen aus den Geldkosten und dem Kompensationssatz für politische und währungstechnische Risiken, die im Diskontsatz zusammengefaßt und als Vorausdiskont gleich von der Forderung abgezogen werden.

Formkaufmann ↑Kaufmann.

Fortbildung ↑berufliche Bildung.

fortlaufende Notierung ↑Anfangskurs.

Fracht: der Preis für den gewerblichen Transport einer Ware durch einen ↑Frachtführer.

Frachtbasis: zwischen Käufer und Verkäufer vereinbarter fiktiver Versandort, von dem aus die Fracht berechnet wird, auch wenn dieser Ort mit dem tatsächlichen Versandort nicht übereinstimmt.

Frachtbrief: die vom Absender eines Transportgutes entsprechend § 426 HGB ausgestellte Urkunde über Abschluß und Inhalt eines Frachtvertrages. Er unterrichtet den Frachtführer über Gut und Empfänger, begleitet das Gut auf dem Transport und wird dem Empfänger ausgehändigt, dessen Zahlungspflicht gegenüber dem Frachtführer sich nach dem Inhalt des Frachtbriefes bestimmt (§ 436 HGB). Anders als ↑ Ladeschein und ↑ Konnossement ist der Frachtbrief kein Wertpapier, sondern Beweisurkunde. Vom im Eisenbahnfrachtverkehr zwingend vorgeschriebenen **Frachtbriefdoppel,** der Quittung für die Auflieferung einer Sendung bei der Güterabfertigung der Bahn, muß der Frachtbrief unterschieden werden.

frachtfrei: Handelsklausel gemäß ↑ Incoterms. Der Verkäufer trägt die Beförderungskosten (Anfuhr, Verladung, Fracht) bis zum Bestimmungsort. Gefahrübergang mit der ersten Übergabe an einen Frachtführer.

Frachtführer: ein Kaufmann, der gewerbsmäßig Güter zu Lande oder auf Binnengewässern befördert (§ 425 HGB); steht dem ↑ Spediteur nahe. Bei der Beförderung zur See entspricht dem Frachtführer der **Verfrachter.** Der Frachtführer verpflichtet sich im Frachtvertrag, das Frachtgut innerhalb der vereinbarten oder üblichen Zeit zum Bestimmungsort zu befördern und gegen Zahlung der Fracht dem Empfänger auszuliefern (§ 428 HGB). Der Frachtführer haftet bei Verschulden für Schäden aus Verlust, Beschädigung und verzögerter Lieferung des Gutes (§ 429–431 HGB). Wegen seiner Forderung aus dem Frachtgeschäft steht dem Frachtführer ein gesetzliches Pfandrecht aus dem Frachtgut zu (§ 440 HGB).

Frachtgut: Gut im Eisenbahngüterverkehr, das als ↑ Stückgut oder Wagenladung in normalen Güterzügen befördert wird; beschleunigte Beförderung von Stückgut als ↑ Expressgut oder im Auslandsverkehr und bei Wagenladungen als Eilgut.

Frachtstundung: Verfahren zur bargeldlosen Abrechnung von Frachten und Gebühren im Bahnverkehr.

Franchising [engl. 'fræntʃaɪzɪŋ; zu französisch franc „frei“]: vertraglich geregelte Lizenzpartnerschaft (Vertriebssystem) zwischen zwei rechtlich selbständigen Unternehmen, dem Franchisegeber (Hersteller) und dem Franchisenehmer (Händler). Gegen Lizenzgebühren vertreibt der Franchisenehmer die Produkte des Franchisegebers unter Verwendung von bestimmten Schutzrechten (Namen, Marken, Gebrauchs- und Geschmacksmuster, Patenten, Urheberrechten, Ausstattungen). Die Vorteile dieses Systems liegen für den Franchisegeber v. a. in der vertraglich festgelegten Einflußnahme auf die Absatzpolitik des Franchisenehmers, einem festen Absatzkontingent, der Sicherheit und Gewähr, daß sich der ausgewählte Händlerkreis intensiv für die Produkte einsetzt, für den Franchisenehmer in den Informations-, Finanzierungs-, Organisations- und Schulungshilfen, der Verwendung sämtlicher Zeichen und dem meist eingeräumten Gebietsschutz (Alleinverkaufsrecht). Beispiele für Franchising sind die Coca-Cola-Organisation, Schnellrestaurantketten, Automobilhandel.

franko (frei Grenze): Handelsklausel gemäß ↑ Incoterms, nach der der Verkäufer die Transportkosten (bis zum angegebenen Ort) übernimmt, v. a. bei Postsendungen gebräuchlich.

Frauenarbeit: die gegen Entgelt geleistete Arbeit der Frau im Sinne von (außerhäuslicher) Erwerbstätigkeit. Die Lohnarbeit der Frau hat seit Beginn der Industrialisierung ständig zugenommen. Gründe für die Frauenarbeit sind neben dem volkswirtschaftlichen Bedarf an Arbeitskräften vor allem die Notwendigkeit für Frauen, den eigenen Lebensunterhalt zu verdienen oder zum Familieneinkommen beizutragen, ihr Bestreben nach ökonomischer Unabhängigkeit sowie ihr Bedürfnis nach einer von Mann und Kind losgelösten Betätigung (außerhalb des Haushalts). In der Bundesrepublik Deutschland stellen die Frauen 39,8% aller Erwerbspersonen (Stand 1989; 1980: 37,8%). Die zunehmende wirtschaftliche Selbständigkeit der Frau ist eng verbun-

den mit ihrer Emanzipation im sozialen, politischen und kulturellen Bereich. Doch wurde bisher in keinem Industriestaat eine Neuverteilung der Aufgaben in Beruf, Haushalt und Erziehung zwischen Männern und Frauen angestrebt – mit der Folge, daß die berufstätige Frau durch den Konflikt mit ihrer geschlechtsspezifischen Rolle als Ehefrau und Mutter ständig Gefahr läuft, überfordert zu werden bzw. sich selbst zu überfordern.
Erwerbsfähige Frauen sind überproportional in Dienstleistungsberufen, den typisch weiblichen Berufen zu finden, nämlich in den gewerblichen und kaufmännischen, in den Büro- und Verwaltungsberufen sowie in den Sozial- und Lehrberufen. Der Anteil der Frauen in landwirtschaftlichen Berufen (mithelfende weibliche Famlienangehörige) nimmt ab. Rund 30% aller weiblichen Erwerbstätigen arbeiten als Teilzeitbeschäftigte (d. h. weniger als 40 Stunden wöchentlich).
Frauen verrichten überwiegend untergeordnete Arbeiten. Ihre Schul- und Berufsausbildung ist (weil angeblich weniger notwendig) oft schlechter, bei gleicher Ausbildung erreichen sie seltener als Männer gehobene und leitende Positionen. Sie sind vorwiegend in einfachen und mittleren Berufspositionen beschäftigt. Fortbildung und Aufstiegschancen werden meist Männern eingeräumt. Die sogenannten typisch männlichen Berufe (Dreher, Kfz-Schlosser) sind ihnen in der Regel verschlossen. Gegenüber ihren männlichen Kollegen wird Frauen häufig durch Eingruppierung (z. B. durch besonders für Frauen eingerichtete Lohngruppen) und anderen Maßnahmen der gleiche Lohn für gleiche Arbeit vorenthalten.

Frauenarbeitsschutz: die Gesamtheit der Vorschriften, die, über den auch für den Mann geltenden ↑Arbeitsschutz hinaus, ausschließlich Frauen vor möglichen Schädigungen durch die Erwerbsarbeit schützen sollen. Einen besonderen gesetzlich verankerten Frauenarbeitsschutz gibt es seit der Novelle zur Gewerbeordnung vom 17. Juli 1878. Heute findet der Frauenarbeitsschutz seine Grundlage in der Gewerbeordnung, einer Vielzahl von Erlassen, Rechtsverordnungen, den Unfallverhütungsvorschriften der Berufsgenossenschaften und insbes. in der Arbeitszeitordnung (AZO). Nach § 17 AZO dürfen Frauen in betrieblichen und öffentlichen Ausnahmesituationen grundsätzlich höchstens 10 Stunden (Männer: 12 Stunden), vor Sonn- und Feiertagen höchstens 8 Stunden täglich arbeiten. Ausnahmen gelten u. a. für das Gaststättengewerbe, Bade- und Krankenpflegeanstalten und Theatervorstellungen. Nachtarbeit von 20 (in mehrschichtigen Betrieben von 23 bzw. 24) bis 6 Uhr war bis 1992 Frauen grundsätzlich verboten (§ 19 AZO). Ferner dürfen Frauen täglich höchstens viereinhalb Stunden ohne Pause arbeiten. Bestimmte, besonders gefährliche und schwere Tätigkeiten sind Frauen generell untersagt. Frauen dürfen u. a. in Bergwerken, Salinen, Brüchen, Kokereien, Stahlwerken, an Hochöfen, bei Walz-, Preß- und Hammerwerken sowie bei der Förderung von Roh- und Werkstoffen nicht beschäftigt werden (§ 16 AZO). Minderjährige Frauen dürfen nicht bei der Herstellung von Präservativen, Pessaren und Suspensorien beschäftigt werden.

free alongside ship [englisch fri: a'lɔŋ'saɪd ʃip „frei am Schiff"] ↑fas.

free on bord [englisch fri: on bɔ:d „frei an Bord"] ↑fob.

Freibetrag: steuerrechtlicher Begriff für eine Steuerbefreiung in Höhe von in der Regel feststehenden Beträgen, durch die die Steuerbemessungsgrundlage verringert wird. Freibeträge gibt es z. B. bei der Einkommensteuer (u. a. Ausbildungs-, Haushalts-, Kinder-, Sparerfreibetrag), der Vermögensteuer, der Erbschaft- und Schenkungsteuer (z. B. Ehegatten-, Kinder-, Versorgungsfreibetrag), der Gewerbesteuer (Gewerbeertrag und Gewerbekapital), der Umsatzsteuer. Nur die den Freibetrag übersteigende Summe unterliegt der Besteuerung; im Gegensatz zur **Freigrenze,** bei der festgelegt ist, bis zu welcher Höhe Beträge steuerfrei bleiben. Bei Überschreitung der Freigrenze entfällt diese, und der gesamte Betrag unterliegt der Besteuerung, z. B. bei Gewinnen aus Spekulationsgeschäften – ↑auch Pauschbetrag.

freibleibend ↑Angebot.

freier Makler ↑Börsenmakler.

freie Rücklagen: Gewinnrücklagen bei Kapitalgesellschaften, die über die gesetzliche oder satzungsmäßige Mindesthöhe hinaus gehen. Sie stehen in der Position „andere Gewinnrücklagen" und müssen vorrangig gegen eventuelle Verluste aufgerechnet werden.

frei Grenze ↑franko.

Freigrenze ↑Freibetrag.

Freihandel: im Rahmen der klassischen *Außenhandelstheorie* entwickeltes Prinzip der vollkommenen Handelsfreiheit.

Die Entstehung des Freihandels ist auf der Grundlage des Wirtschaftsliberalismus in Abkehr vom Protektionismus der Merkantilisten zu sehen. Nach der Freihandelslehre führt die Befreiung des internationalen Güteraustauschs von Kontrollen und Regulierungen (z. B. Zölle, Kontingente, Devisenbewirtschaftung) und die Durchsetzung des freien Wettbewerbs zu einer internationalen Arbeitsteilung mit optimaler Produktion und größtmöglichen Wohlstand. Theoretische Grundlage dabei ist die **Theorie der komparativen Kosten** von D. Ricardo (* 1772, † 1823), nach der sich die einzelnen Länder bei freier internationaler Konkurrenz auf die Produktion der Güter mit den – international gesehen – relativ größten Kostenvorteilen spezialisieren.

Der Freihandel war der sich entfaltenden Marktwirtschaft des Frühkapitalismus als herrschende Wirtschaftsdoktrin angemessen. Er entsprach Mitte des 18. Jahrhunderts hauptsächlich den Interessen der den Weltmarkt beherrschenden Wirtschaftsmacht Großbritannien, die mit der Abschaffung der Kornzölle 1846 den entscheidenden Schritt zum Freihandel tat. Als Folge der 1873 beginnenden weltweiten wirtschaftlichen Depression setzte schon in den 70er Jahren eine Gegenbewegung ein, die in vielen Ländern zum Protektionismus durch Schutzzölle führte. Die Abwendung vom Freihandel, die der Forderung nach staatlichen Eingriffen entsprang, kennzeichnete eine neue Phase staatlicher Intervention und des organisierten Kapitalismus und gehörte zur Frühphase des Imperalismus der europäischen Großmächte. Nach protektionistischen Gegenströmungen entstanden erst ab 1945 neue Ansätze in den Liberalisierungsbemühungen des ↑GATT und der OECD, in der wirtschaftlichen Integration der EG und EFTA, die jedoch den Feihandel nur in regionaler Beschränkung und unterschiedlich konsequent verwirklichen. So werden verschiedene Integrationsgrade unterschieden: Präferenz-, Freihandelszone, Zollunion, gemeinsamer Markt, Wirtschafts- und Währungsunion.

Freihandelszone: eine Integrationsform zur Förderung des internationalen Handels; sie liegt vor, wenn die die Freihandelszone bildenden Staaten ihre Außenhandelsbeschränkungen gegenüber Mitgliedsstaaten abbauen, dagegen ihre außenhandelspolitische Souveränität gegenüber Drittländern behalten. Dies kann dazu führen, daß Einfuhren aus Drittländern über das Mitgliedsland mit dem niedrigsten Außenzoll erfolgen und dann in andere Mitgliedsstaaten weitergeleitet werden. Um eine solche Umgehung der Zollschranken zu verhindern, ist für den grenzüberschreitenden Warenverkehr innerhalb der Freihandelszone der Nachweis des Freihandelszonenursprungs durch ein Ursprungszeugnis erforderlich. Die EFTA ist die wichtigste Freihandelszone.

freihändiger Rückkauf: Tilgung von festverzinslichen Wertpapieren durch Käufe des Emittenten an der ↑Börse. Dies wird er dann tun, wenn der Tageskurs niedriger als der Rückzahlungskurs ist und er über genügend liquide Mittel verfügt.

freihändiger Verkauf (Selbsthilfeverkauf): Verkauf der Ware an Dritte bei Annahmeverzug (↑Verzug) des Käufers (§ 373 HGB).

frei Haus: eine ↑Handelsklausel, nach der der Verkäufer alle Kosten trägt, bis die Ware den Käufer erreicht hat. – ↑auch Incoterms.

Freiverkehr: Handel mit Wertpapieren, die nicht oder noch nicht zum amtlichen Handel an der Börse zugelassen sind (↑Börsenzulassung) und deren Kurse nicht amtlich notiert werden. Im *geregelten* Freiverkehr wurden Wertpapiere gehandelt, die wegen geringer Umsätze oder eines zu geringen Kapitals der AG nicht amtlich notiert werden. Der geregelte Freiverkehr wurde 1988 vom **geregelten Markt** mit weniger strengen Zulassungsbestimmungen als beim amtlichen Handel abgelöst. In den *ungeregelten* Freiverkehr (auch Telefonverkehr), v. a. zwischen Banken, werden Papiere einbezogen, die die Voraussetzungen für den amtlichen Börsenverkehr nicht oder noch nicht erfüllen.

Freizeichnungsklausel ↑Angebot.

Fremdeffekten (Loroeffekten): die einer Bank zur Verwahrung übergebenen Wertpapiere von Kunden; Gegensatz: ↑Nostroeffekten.

Fremdfinanzierung: Finanzierung eines Unternehmens durch Aufnahme von Fremdkapital. Fremdkapital steht im Gegensatz zum Eigenkapital (beschafft durch ↑Eigenfinanzierung) nur begrenzte Zeit zur Verfügung, da es zum vereinbarten Zeitpunkt bzw. in regelmäßigen Raten zurückzuzahlen ist. Fremdkapitalzinsen müssen auch in Verlustjahren bezahlt werden (dagegen entfällt in Verlustjahren die Eigenkapitalverzinsung). Der Kapitalgeber ist bei der Fremdfinanzierung Gläubiger; er hat dadurch keinen direkten Einfluß auf die Geschäftsführung (im Gegensatz zur Eigenfinanzierung). *Arten:* 1. kurzfristiges Fremdkapital mit einer Laufzeit bis zu 6 Monaten in Form von Lieferantenkrediten, Diskontkrediten, Kontokorrentkrediten; 2. mittelfristiges Fremdkapital mit einer Laufzeit von 6 Monaten bis zu 4 Jahren in Form von persönlich oder dinglich abgesicherten Darlehen; 3. langfristiges Fremdkapital mit einer Laufzeit von über 4 Jahren in Form von in der Regel grundpfandrechtlich abgesicherten Bankdarlehen (Abzahlungsdarlehen, Annuitätendarlehen), Anleihen, Obligationen, Pfandbriefen.

Fremdkapital: zusammenfassende Bezeichnung für die auf der Passivseite der Bilanz ausgewiesenen Schulden eines Unternehmens. Fremdkapital dient (wie auch das ↑Eigenkapital) der Finanzierung des Unternehmens (↑Fremdfinanzierung). Es steht im Gegensatz zum Eigenkapital dem Unternehmen nur begrenzte Zeit zur Verfügung.

Friedenspflicht: während der Gültigkeitsdauer eines Tarifvertrages dürfen keine ↑Arbeitskampfmaßnahmen (↑Arbeitskampf) ergriffen werden. Die Friedenspflicht kann über die Laufzeit eines Tarifvertrages hinaus bestehen, wenn Kampfmaßnahmen erst nach einem Schlichtungsverfahren erlaubt sind (tarifvertragliche Friedenspflicht). Im Betrieb leitet sich die Friedenspflicht des Arbeitgebers und des Betriebsrates aus dem Betriebsverfassungsgesetz (§ 74 Abs. 2 BetrVG) her (betriebliche Friedenspflicht). Danach haben beide Parteien jede Betätigung zu unterlassen, durch die der Arbeitsablauf oder der Frieden des Betriebes beeinträchtigt werden.

fristlose Kündigung ↑Kündigung.

Frühstückskartell ↑Kartell.
Führung ↑Management.
Fungibilität: die aufgrund ihrer Gleichartigkeit mögliche Austauschbarkeit von Waren (z. B. Getreide) oder Wertpapieren (z. B. Aktien); Voraussetzung für den Börsenhandel.
Funktionensystem ↑Mehrliniensystem.
Fusion [zu lateinisch fusio „Gießen, Schmelzen"]: die Vereinigung zweier oder mehrerer Unternehmen (Personen- oder Kapitalgesellschaften, Genossenschaften gleicher Haftungsart, Versicherungsvereine auf Gegenseitigkeit). Die Fusion (zweier Kapitalgesellschaften) kann dadurch erfolgen, daß eine Gesellschaft das gesamte Vermögen der übertragenden Gesellschaft (diese geht unter) übernimmt und dafür den bisherigen Kapitaleignern einen Teil ihrer Kapitalanteile überläßt *(Aufnahme)* oder daß beide Gesellschaften ihr Vermögen auf eine neugegründete Gesellschaft übertragen und von ihr entsprechende Anteile erhalten *(Neubildung).* Das Oberziel der fusionierenden Unternehmen, ihre Marktmacht zu stärken, soll erreicht werden durch Sicherung des Beschaffungs- und/oder Ausbau des Absatzmarktes, leichtere Durchführung von Rationalisierungsmaßnahmen, Straffung der Unternehmensorganisation, Erhöhung der Kreditmöglichkeiten und Verbreiterung der Kapitalbasis, Ausnutzung steuerlicher Vorteile, Erzielung eines Gründungsgewinns, Bildung stiller Reserven, günstigere Preis- und Sortimentspolitik und Erschließung neuer Märkte. – ↑auch Konzern.
Aufgrund des Gesetzes gegen Wettbewerbsbeschränkungen (§§ 23, 24 b) übt das Bundeskartellamt eine **Fusionskontrolle** aus, wonach die Fusion von Unternehmen ab einer bestimmten Größenordnung anmelde- oder gar zustimmungspflichtig ist.

G

G: Abk. für ↑Geld.
Garantie [französisch]: vertragliche Verlängerung der Gewährleistungspflicht des Verkäufers für Sachmängel (↑Mängelhaftung). Garantie wird oft auch im Sinne von ↑Bürgschaft gebraucht, v. a. in Zusammensetzungen, z. B. Bankgarantie.
GATT [gat; englisch gæt]: Abk. für englisch **G**eneral **A**greement on **T**ariffs and **T**rade, „Allgemeines Zoll- und Handelsabkommen", besteht seit dem 1. Jan. 1948 mit (1990) 100 Vertragsparteien (Mitgliedsländer), davon zwei Drittel Entwicklungsländer, einer vorläufigen Partei und 30 Ländern, die das Abkommen de facto anwenden.
Ziel des GATT ist es, über eine Liberalisierung des Welthandels dazu beizutragen, Vollbeschäftigung, die Erhöhung des Lebensstandards, der Realeinkommen und der Nachfrage, eine Steigerung der Produktion und des Warenaustausches sowie die Erschließung der Hilfsquellen der Welt zu erlangen. Erreicht werden soll dies: 1. durch den schrittweisen Abbau der Zölle; 2. durch Beseitigung von mengenmäßigen Beschränkungen, d. h. eine Vertragspartei darf die Ein- oder Ausfuhr von Waren weder verbieten, noch durch Kontingentierung oder über Einfuhr- oder Ausfuhrbewilligungsverfahren beschränken; 3. durch Gewährung der

allgemeinen ↑Meistbegünstigung muß jede Vertragspartei in den Genuß des günstigsten Zollsatzes kommen, den eine Vertragspartei irgendeinem anderen Land bei der Ein- oder Ausfuhr einräumt, es sei denn, daß Ausnahmeregeln, wie z. B. bei Freihandelszonen, zum Zuge kommen; 4. durch besondere Förderung des Handels mit den Entwicklungsländern.

Von Zeit zu Zeit treten die GATT-Mitglieder zu Verhandlungen über Zollsenkungen zusammen. Die 7. GATT-Runde endete mit der Deklaration von Tokio, die am 1. Jan. 1980 in Kraft trat. – Große Erfolge hat der GATT auf dem Gebiet der Zollsenkung für Industrieprodukte erreicht, dagegen war er beim Abbau von Handelshemmnissen auf dem Agrarmarkt bisher weniger erfolgreich.

Gattungskauf: Kauf einer nur der Gattung nach bestimmten Sache (z. B. Getreide, Obstsorten); Gegensatz: Stückkauf (↑Kauf). Der Verkäufer ist verpflichtet, eine mittlere Qualität der Ware zu liefern; bei fehlerhafter Lieferung hat der Käufer das Recht, statt Wandelung oder Minderung die Nachlieferung einer mängelfreien Sache zu verlangen.

Gebietskartell ↑Kartell.

Gebietskörperschaft: eine Körperschaft des öffentlichen Rechts, deren Gebietshoheit einen räumlich abgegrenzten Teil des Staatsgebietes sowie dessen Bewohner als gesetzliche Mitglieder ihrer Organisation umfaßt (z. B. Gemeinden, Landkreise).

Gebrauchsmuster ↑Musterschutz.

Gebühren: spezielle Form der Abgaben, die öffentlich-rechtliche Einrichtungen als Entgelt für die Inanspruchnahme öffentlicher Dienstleistungen unmittelbar von denjenigen erheben, denen diese erbracht werden. Es kann sich um *Verwaltungsgebühren* (z. B. für die Ausstellung von Pässen) oder *Benutzungsgebühren* (z. B. für Kindergarten, Müllabfuhr) handeln. Als Finanzmittel bilden die Gebühren eine wichtige Einnahmequelle der Gemeinden.

Der Begriff wird auch verwendet im Bereich des Rechts, der Gesundheitspflege und anderen im öffentlichen Interesse liegenden Bereichen, z. B. Gebühren für Rechtsanwälte, Ärzte, Wirtschaftsprüfer (↑auch ↑Abgaben, ↑Beiträge, ↑Steuern).

Gefahrenübergang ↑Erfüllungsort.

Gefälligkeitsakzept: im Wechselrecht ein aus Gefälligkeit, d. h. ohne rechtliche Verpflichtung abgegebenes Akzept. Der Aussteller verpflichtet sich dem Bezogenen gegenüber, ihm den Wechselbetrag bei Fälligkeit des Wechsels zur Verfügung zu

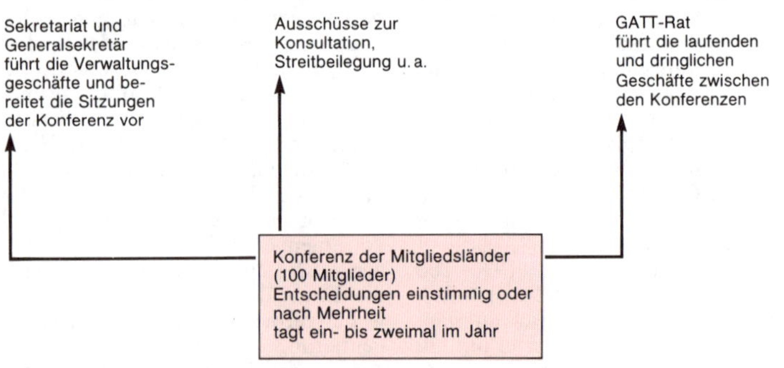

GATT. Organe und Aufgaben

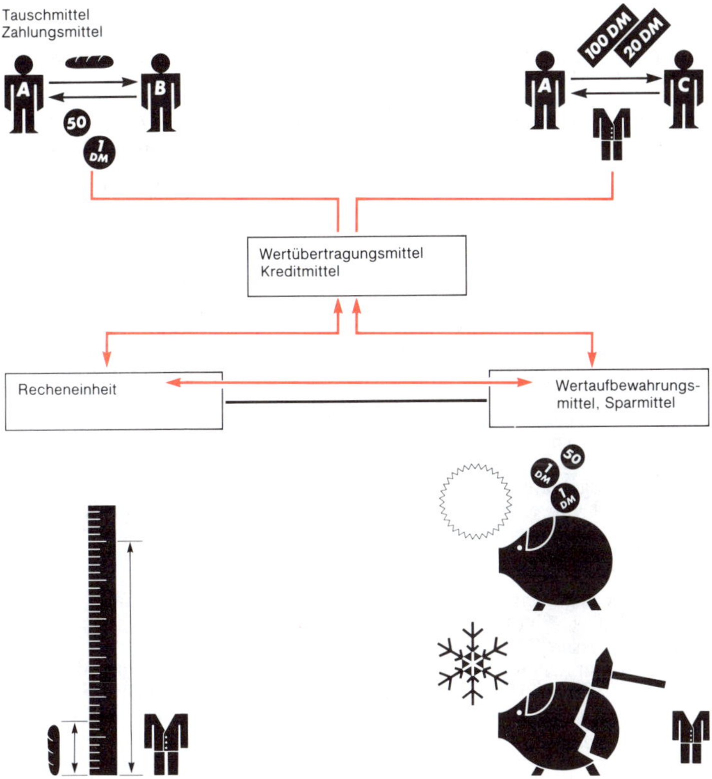

Geld. Funktionen des Geldes

stellen **(Gefälligkeitswechsel).** Durch diese Gefälligkeit kann sich der Aussteller kurzfristig einen (günstigen) Diskontkredit beschaffen. Für spätere Wechselinhaber ist eine solche Gefälligkeitsvereinbarung ohne rechtliche Bedeutung, der Bezogene ist ihnen gegenüber zur Einlösung verpflichtet.

Gehalt ↑Arbeitsentgelt.

Gehaltspfändung ↑Lohnpfändung.

Geld [von althochdeutsch gelt „Zahlung, Vergütung", heutige Bedeutung seit dem 14. Jh.]: allgemeines Tauschmittel, das durch seine Funktion, gegen alle Waren austauschbar zu sein, in einer arbeitsteiligen Wirtschaft unentbehrlich für die Vermittlung der Tauschakte ist. Diese Funktion setzt voraus, daß das jeweilige Geld auch allgemein als *Zahlungsmittel* anerkannt wird. Diese Anerkennung wird durch die Festlegung gesetzlicher Zahlungsmittel gesichert. Darüber hinaus fungiert Geld auch 1. als *Recheneinheit,* indem die Geldeinheit das gemeinsame Maß ist, in dem alle anderen Güter gemessen werden. Der in Geldeinheiten ausgedrückte Wert ist der Preis, zu dem ein Gut im wirtschaftlichen Verkehr veranschlagt wird. Geld als Recheneinheit gestattet es, die

Werte der verschiedensten Güter miteinander zu vergleichen; 2. als *Wertspeicherungsmittel,* da seine allgemeine Anerkennung als Tauschmittel es ermöglicht, mit ihm potentielle Werte aufzubewahren. Werte, die durch Geld repräsentiert werden, können zu jedem beliebigen Zeitpunkt verbraucht werden.
Geldarten sind: 1. **Hart-** oder **Münzgeld,** das aus Metall geprägt ist, 2. **Zeichen-** oder **Papiergeld,** das aus von der Zentralnotenbank ausgegebenen Scheinen (Banknoten) besteht, und 3. **Buch-** oder **Giralgeld,** das durch Guthaben bei Banken oder anderen Kontostellen durch Geldschöpfung gebildet wird. Dabei ist die Buchgeldmenge wesentlich höher als die von der Summe des Münzgeldes und des Zeichengeldes gebildete Bargeldmenge.
Neben Geld im eigentlichen Sinn stehen **Geldsurrogate,** d. h.: 1. Zahlungsmittel, die ergänzend zu den gesetzlichen treten und dann keinem Annahmezwang unterliegen (z. B. nichtstaatliches ↑Notgeld), 2. gesetzlich zulässige Behelfszahlungsmittel vorübergehenden Charakters (↑Scheck, ↑Wechsel). Bei der Unterscheidung verschiedener *Geldsysteme* sind folgende Kriterien zu beachten: 1. der Materialwert des Geldes, 2. der staatlich festgelegte Nennwert, 3. der im Verkehr ausgebildete Kurswert. Je nach dem Verhältnis dieser drei Größen zueinander entstehen verschiedene Geldsysteme. Fallen sie zusammen, herrscht **vollwertiges Geld;** bleibt der Materialwert hinter dem Nennwert zurück, entsteht **unterwertiges Geld;** sinkt der Nennwert unter den Materialwert (z. B. infolge steigenden Marktpreises eines Münzmetalls), so entsteht **überwertiges Geld,** dessen Kurswert sich der neuen Situation anzupassen pflegt; ist der Materialwert gleich Null (wie beim modernen Buch- oder/Giralgeld), so kann von **stoffwertlosem Geld** gesprochen werden.

Geldinstitute ↑Kreditinstitute.

Geldkapital ↑Kapital.

Geldkurs: Kurs, zu dem an der Börse Nachfrage besteht (Geld = Nachfrage). Gegensatz: ↑Briefkurs. – ↑auch Geld.

Geldmarkt: im engeren Sinn Markt für Zentralbankgeld und notenbankfähige Geldmarktpapiere. Im weiteren Sinn Markt für kurzfristige Kredite, der neben Zentralbankgeld und notenbankfähigen Geldmarktpapieren auch kurzfristige Bankkredite, Konsumentenkredite u. a. umfaßt. Die Preise für Zentralbankgeld und notenbankfähige Geldmarktpapiere bezeichnet man als **Geldmarktsätze** (z. B. Diskont- und Lombardsatz). Die Geldmarktsätze sind Instrumente der Geldpolitik.

Geldmarktpapiere: Wertpapiere mit kurzer Laufzeit (bis 24 Monate) ohne festen Zinssatz, die am festgelegten Fälligkeitstermin zum Nominalwert eingelöst werden. Die Verzinsung liegt im Diskont, dessen Höhe durch die Abgabesätze bestimmt ist. Zu den Geldmarktpapieren gehören u. a. Schatzwechsel (des Bundes, der Bundesbahn, der Bundespost), unverzinsliche Schatzanweisungen des Bundes, Privatdiskonten.

Geldmenge (Geldvolumen): der Bestand an Zahlungsmitteln, der zum Erwerb von Gütern und finanziellen Forderungen oder zur Schuldentilgung verwendbar ist. Geht man davon aus, daß das Bankensystem (Geschäftsbanken und Zentralbank) selbst kein Geld zu Transaktionszwecken nachfragt, so umfaßt die Geldmenge 1. den Bargeldumlauf und 2. die Sichtguthaben inländischer Nichtbanken bei Banken. Die so definierte Geldmenge abzüglich der Sichtguthaben öffentlicher Haushalte bei der Zentralbank ergibt das Geldvolumen der Statistik der Deutschen Bundesbank, abgekürzt M 1. Werden darüber hinaus Forderungen berücksichtigt, die rasch in Geld umwandelbar sind und damit zu kaufkräftiger Nachfrage werden können (geldnahe Forderungen), ergibt sich das als M 2 bezeichnete Geldvolumen. Werden die Spareinlagen mit gesetzlicher Kündigungsfrist einbezogen, erhält man das Geldvolumen M 3. Weitere Geldmengenbegriffe umfassen auch längerfristige Einlagen. Mit der Zentralbankgeldmenge (Geldbasis) bezeichnet man bestimmte Passiva der Zentralbank v. a. den Bargeldumlauf und die Zentralbankeinlagen von Banken.

Geldpolitik: Gesamtheit der Maßnahmen zur Beeinflussung und Kontrolle des Geldvolumens (↑Geldmenge) und der Zinssätze einer Volkswirtschaft. Träger der Geldpolitik ist in der Bundesrepublik Deutschland in erster Linie die von der Bundesregierung unabhängige ↑Deutsche Bundesbank. Die wichtigsten der Bundesbank zur Verfügung stehenden Instrumente der G. sind 1. Mindestreservepolitik: Veränderung des Prozentsatzes (Mindestreservesatzes) der Guthaben der Kreditinstitute, der von ihnen bei der Bundesbank als unverzinsliches Guthaben unterhalten werden muß; 2. Diskontpolitik: Veränderung des Diskontsatzes; 3. Offenmarktpolitik: Veränderung der Geldmenge durch den Verkauf und Ankauf von Wertpapieren durch die Bundesbank auf eigene Rechnung am Geldmarkt. Probleme für die Geldpolitik ergeben sich auch aus außenwirtschaftlichen Einflüssen (↑Devisenkurs; ↑auch Währungspolitik). Die Zielsetzungen der Geldpolitik ergeben sich aus dem Stabilitätsgesetz, wobei Zielkonflikte mit anderen dort festgeschriebenen Aufgaben der Wirtschaftspolitik unvermeidlich sind.

Geldschöpfung: der zu einer Ausweitung der Geldmenge führende Prozeß der Gewährung von Krediten und der Bildung von Einlagen. In der Bundesrepublik Deutschland sind der Bund, die Deutsche Bundesbank und die Geschäftsbanken an der Geldschöpfung beteiligt. Die Geldschöpfung geschieht entweder durch Umwandlung vorhandener Vermögenstitel in Geld (z. B. Verkauf von Gold an eine Bank gegen Gutschrift auf ein Sichtguthaben [sogenannte *primäre* Geldschöpfung]) oder indem durch Kreditgewährung Buch- oder Giralgeld geschaffen wird (**Kreditschöpfung,** *sekundäre* Geldschöpfung). In welchem Umfang diese Geldschöpfung auf dem Kreditweg geschehen kann, hängt von der Höhe der Mindestreservesätze, der Zahlungsgewohnheiten der Wirtschaftssubjekte und der Kreditnachfrage ab. Die Geschäftsbanken müssen bei ihrer Geldschöpfung darauf achten, daß sie jederzeit ihr Giralgeld in Zentralbankgeld umtauschen können.

Geldtheorie: Disziplin der Wirtschaftswissenschaften, in der Wesen und Funktionen, Wert sowie Wirkungen des Geldes untersucht werden.

1. *Theorien zur Definition des Begriffs Geld:* Zunächst wurde das Wesen des Geldes allein aus einzelnen Funktionen erklärt: Die **Wertaufbewahrungsmittelfunktion** betonen solche Theorien, die den Warencharakter des Geldes hervorheben. Danach wird als Geld nur eine Ware mit Eigenwert geschätzt. Dieser Metallismus ist die Geldlehre der Merkantilisten, der Physiokraten, der englischen Klassiker, der deutschen historischen Schule. Für die Theorien, die die Funktionen des **gesetzlichen Zahlungsmittels** hervorheben, ist im Gegensatz zum Metallismus die rechtliche Setzung entscheidend. Es ist die Geldlehre der Scholastik und der Konventionalisten. Aus der **Tauschmittelfunktion** leiten die Funktionswerttheorien und die Anweisung- oder Zeichentheorien das Wesen des Geldes ab. Das Wesen des Geldes wird heute aus der Gesamtheit der Funktionen bestimmt: Geld ist, was wie Geld funktioniert.

2. *Theorien über den Wert des Geldes:* Nach der **Produktionstheorie** hängt der Wert des Geldes von dem Aufwand an Arbeit ab, der zur Er-

zeugung des Geldes erforderlich ist. Nach der subjektiven Wertlehre (F. von Wieser) ergibt sich der Wert des Geldes aus dem Grenznutzen, den es dem stiftet, der darüber verfügen kann. Der Grenznutzen des Geldes wird aus dem Gebrauchswert der für das Geld anschaffbaren Güter abgeleitet. Die **(makroökonomische) Markttheorie** bestimmt den Geldwert aus dem Verhältnis von gesamtwirtschaftlicher Geldnachfrage und gesamtwirtschaftlichem Geldangebot. In der Geldlehre ist diese Theorie unter der Bezeichnung Quantitätstheorie eingeführt. Nach der **(mikroökonomischen) Markttheorie** bestimmt sich der Geldwert nach der Vorliebe der Wirtschaftssubjekte, Geld in Kasse zu halten, zur Synchronistation von Ausgaben und Einnahmen und zur Sicherheit als Alternative zu anderen Formen des Vermögens. Nach der **Einkommenstheorie** ergibt sich der Wert des Geldes aus dem Prozeß der Entstehung und Verwendung des Einkommens. Als Wert des Geldes wird heute im allgemeinen die reale Kaufkraft einer Geldeinheit angesehen.

3. *Theorien über die Wirkung des Geldes:* Im Merkantilismus sind vor allem die Wirkungen auf das Wirtschaftswachstum von Interesse. In der Zeit der englischen Klassik gilt, als Reaktion auf die Überbetonung des Geldes zur Zeit des Merkantilismus, die These von der Neutralität des Geldes. Danach hat das Geld keinen Einfluß auf die gütermäßigen Vorgänge in der Volkswirtschaft. Als Vorläufer der modernen Geldtheorie die einen aktiven Einfluß des Geldes auch auf die realen Vorgänge der Wirtschaft behauptet, ist H. Thornton zu nennen; dann v. a. J. M. Keynes, bei dem die Verbindung zwischen Geld- und Güterbereich allein durch den Zinssatz hergestellt wird. In der Geldtheorie von M. Friedman führt eine Zunahme der Geldmenge zu steigenden Ausgaben.

Geldwert: die ↑Kaufkraft des Geldes im innerstaatlichen Bereich (Binnenwert), gemessen über Preisindizes (↑Preisindex), die die ständigen Preisveränderungen wiedergeben. Der äußere Geldwert wird durch den Devisen- bzw. Wechselkurs bestimmt. Geldwertstabilität (Preisniveaustabilität) ist ein gesamtwirtschaftliches Ziel der Konjunktur-, Geld- und Stabilitätspolitik. Eine anhaltende Verringerung des Geldwerts heißt ↑Inflation.

Gelegenheitsgesellschaft: für die Durchführung einzelner Geschäfte gebildeter, zeitlich begrenzter Zusammenschluß einzelner Personen bzw. Unternehmen zu einer ↑Gesellschaft des bürgerlichen Rechts. – ↑auch Konsortium.

gemeiner Wert: im Steuerrecht der Preis, der im gewöhnlichen Geschäftsverkehr nach der Beschaffenheit des Wirtschaftsguts bei einer Veräußerung zu erzielen wäre. Dabei sind alle Umstände, die den Preis beeinflussen (z. B. Lage eines Grundstücks, Auflagen) zu berücksichtigen, sofern sie nicht ungewöhnlicher oder persönlicher Natur sind. Der gemeine Wert entspricht damit den Begriffen **Tageswert, Marktwert, Verkehrswert, Zeitwert.** Er ist bei steuerlichen Bewertungen immer zugrunde zu legen, soweit nichts anderes vorgeschrieben ist (z. B. ↑Einheitswert, ↑Ertragswert, ↑Teilwert).

Gemeinkosten: Kosten, die sich im Gegensatz zu den ↑Einzelkosten nicht unmittelbar dem einzelnen Produkt bzw. der einzelnen Leistungseinheit (↑Kostenrechnung) zurechnen lassen; sie müssen nach einem Verteilungsschlüssel **(Schlüsselkosten)** auf die jeweiligen Kostenstellen verteilt werden (↑auch Betriebsabrechnungsbogen). Pro Hauptkostenstelle zu **Kostenstellengemeinkosten** zusammengefaßt, können sie dann als **Gemeinkostenzuschlagsatz** in einem Prozentzuschlag den Einzelkosten des jeweiligen Produkts zugeschlagen (↑Zuschlagskalkulation) werden.

Gemeinkostenlöhne ↑Hilfslöhne.

Gemeinkostenmaterial: Hilfs- und Betriebsstoffe, die als **Gemeinkostenmaterialverbrauch** dem Fertigungsmaterialverbrauch gegenüberstehen und zusammen die ↑Materialkosten bilden.

Gemeinlastprinzip: Grundsatz der Umweltpolitik, wonach die Kosten der Vermeidung oder Beseitigung von Umweltbelastungen oder -schäden gesellschaftlichen Gruppen (z. B. in Form von Fonds zur Sanierung von Altlasten) oder den öffentlichen Gebietskörperschaften und damit der Allgemeinheit zugerechnet werden (z. B. Ausgaben für öffentl. Einrichtungen wie Klärwerke und Mülldeponien).

Gemeinschaftskonten: von mehreren Kontoinhabern in Form von oder-Konten bzw. und-Konten gemeinschaftlich geführte Konten.

Gemeinschaftskontenrahmen der Industrie: Abk. GKR; 1951 vom Bundesverband der deutschen Industrie (BDI) herausgegebener ↑Kontenrahmen der Industriebuchführung. Der GKR will das gesamte Rechnungswesen ordnen, und spiegelt deshalb den Prozeß der betrieblichen Leistungserstellung wider: Kontenklasse 0 Anlagevermögen und langfristiges Kapital, 1 Finanzumlaufvermögen und kurzfristige Verbindlichkeiten, 2 neutrale Aufwendungen und Erträge, 3 Stoffe-Bestände, 4 Kostenarten, 5 und 6 Kostenstellen, 7 Bestände an unfertigen und fertigen Erzeugnissen, 8 Erträge und 9 Abschluß. Zur Vereinfachung und internationalen Harmonisierung des Rechnungswesens wurde 1971 vom BDI der ↑Industriekontenrahmen veröffentlicht.

Gemeinschaftsteuern: diejenigen Steuern, deren Aufkommen Bund und Ländern gemeinsam zusteht. Das sind vor allem Lohn- und Einkommensteuer (mit Gemeindeanteil), Körperschaftsteuer, Kapitalertragsteuer, Umsatzsteuer.

Gemeinschaftsunternehmen: Unternehmen, das durch zwei oder mehr Unternehmen gegründet wird. Dem Gemeinschaftsunternehmen werden neue Aufgabenbereiche oder aus den Muttergesellschaften ausgegliederte Funktionen übertragen. Ziele sind z. B. die Erschließung neuer Märkte oder die gemeinsame Übernahme von Risiken bei technischen Großprojekten. ↑auch Jointventure.

Gemeinschuldner: Schuldner, über dessen Vermögen der ↑Konkurs eröffnet worden ist oder der das gerichtliche ↑Vergleichsverfahren zur Abwendung des Konkursverfahrens beantragt hat.

Gemeinwirtschaft: Wirtschaftsform, die das Ziel der volkswirtschaftlich kostendeckenden Bedarfsdeckung verfolgt und bei der Festsetzung ihrer Preise für Güter und Dienstleistungen neben wirtschaftlichen Zielsetzungen insbesondere sozialpolitische Zielsetzungen verfolgt. Die Gemeinwirtschaft wird von dem Gemeinwesen getragen und ist durch besondere Formen des Eigentums gekennzeichnet; in der Bundesrepublik Deutschland können die Deutsche Bundespost, die Deutsche Bundesbahn sowie sonstige öffentliche Versorgungsunternehmen als Gemeinwirtschaftsunternehmen bezeichnet werden.

gemischtwirtschaftliche Unternehmen: privatrechtliche Unternehmen, deren Eigenkapital durch öffentliche Körperschaften und durch Privatpersonen aufgebracht wird; neben der Eigenkapitalbeteiligung wird z. T. zusätzlich das Kriterium der Beteiligung beider Gruppen an der Verwaltung des Unternehmens genannt, z. T. wird auch eine bestimmte Mindestbeteiligung der öffentlichen Hand (z. B. 25%) als Merkmal angeführt. Zur Gründung gemischtwirtschaftlicher Unternehmen kommt es insbesondere dann, wenn (große) Projekte finanziert werden müssen, zu deren Verwirklichung auch auf private Kapitalgeber zurückgegriffen werden muß. Gemischtwirtschaftliche Unternehmen finden sich v. a. in der

Energieversorgung und im Verkehrswesen. Als Genossenschaften treten sie u. a. im Wohnungsbau- und Kreditwesen sowie als sogenannte Zwangsgenossenschaften kraft Gesetzes auf (Deich-, Wasserwirtschafts-, Feuer-, Siedlungsgenossenschaften).

genehmigtes Kapital: Betrag, um den der Vorstand einer Aktiengesellschaft das ↑Grundkapital durch Ausgabe neuer (junger) Aktien erhöhen darf. Die Ermächtigung gilt für fünf Jahre nach Eintragung der Gesellschaft oder kann durch Satzungsänderung für den gleichen Zeitraum festgelegt werden. Das genehmigte Kapital darf nicht höher sein als die Hälfte des Grundkapitals zur Zeit der Ermächtigung.

Generalversammlung ↑Genossenschaften.

Generalvertreter: ↑Handelsvertreter, der seinen Bezirk nicht selbst bearbeitet, sondern damit Untervertreter beauftragt, die von ihm angestellt und bezahlt werden.

Generalvollmacht ↑Vollmacht.

Genfer Schema ↑Arbeitsbewertung.

Genossenschaften (eingetragene Genossenschaften [e. G.].): Vereinigungen ohne geschlossene Mitgliederzahl mit dem Ziel der Förderung des Erwerbs oder der Wirtschaft ihrer Mitglieder (Genossen) mittels gemeinschaftlichem Geschäftsbetrieb. Die Genossenschaften müssen in das beim Amtsgericht geführte Genossenschaftsregister eingetragen sein, sie sind als Handelsgesellschaft juristische Person und führen im Namen den Zusatz „e. G.“. Die Genossenschaft wird als Vollkaufmann behandelt (§ 17 Genossenschaftsgesetz [GenG]), obwohl sie kein (auf Gewinnerzielung gerichtetes) Gewerbe betreibt, sondern in erster Linie dazu dient, ihre Mitglieder zu unterstützen, z. B. durch Gewährung von Krediten, durch gemeinsamen Verkauf, Einkauf, Herstellung und Veräußerung von Waren, Errichtung von Bauten. Sie ist ein Personalverein, dessen Mitgliederzahl und Betriebsvermögen sich durch Ein- und Austritt von Mitgliedern ändern können.

Rechtliche Grundlage ist das GenG vom 20. Mai 1898, grundlegend geändert durch ein Bundesgesetz vom 9. Okt. 1973 (in Kraft seit 1. Jan. 1974). Rechtsform der Genossenschaft ist seitdem die eingetragene Genossenschaft (e. G.); die frühere Unterscheidung zwischen eingetragener Genossenschaft mit beschränkter (eGmbH) bzw. mit unbeschränkter Haftpflicht (eGmuH) wurde dadurch abgeschafft. Die Genossenschaft haftet im Falle des Konkurses mit ihrem Vermögen. Die Nachschußpflicht der Genossen ist, bei entsprechender Regelung im Statut, beschränkt, unbeschränkt oder kann ausgeschlossen werden; in jedem Fall muß der Umfang der Haftung im Genossenschaftsregister eingetragen werden.

Mindestens sieben Gründer müssen schriftlich eine Satzung aufstellen sowie Vorstand und Aufsichtsrat wählen. Durch Eintragung ins Genossenschaftsregister erlangt die Genossenschaft Rechtsfähigkeit.

Nach dem GenG muß die Satzung der Genossenschaft **(Statut)** drei Organe vorsehen: Vorstand, Aufsichtsrat und Generalversammlung.

Der *Vorstand* besteht aus mindestens zwei Personen, die Genossen sein müssen (§ 9 GenG) und besoldet oder ehrenamtlich tätig sein können. Er wird von der Generalversammlung gewählt und ist für den geschäftlichen Erfolg, die Buchführung und den Jahresabschluß verantwortlich. Er muß die Liste der Genossen führen und bei Änderungen die Eintragung ins Genossenschaftsregister veranlassen. Der *Aufsichtsrat* besteht aus mindestens drei von der Generalversammlung zu wählenden Genossen, die ebenfalls ehrenamtlich tätig sein können. Eine gewinnabhängige Vergütung dürfen sie nicht beziehen. Bei großen Genossenschaften sind Betriebsverfassungs-

und Mitbestimmungsgesetz zu beachten.
Die *Generalversammlung* beschließt über den Jahresabschluß und die Gewinnverwendung. Jeder Genosse hat eine Stimme, Ausnahmen bis zu 3 Stimmen sind möglich. Bei Genossenschaften mit mehr als 1 500 Mitgliedern kann, bei solchen mit mehr als 3 000 Mitgliedern muß sie durch eine *Vertreterversammlung* (indirekte Wahrnehmung der Mitgliederrechte) ersetzt werden.
Jede Genossenschaft muß einem *Prüfungsverband* angehören und wird mindestens alle zwei Jahre oder jährlich auf Vermögenslage und Geschäftsführung geprüft (Mitgliederschutz). Mitglied einer Genossenschaft wird man durch schriftliche Beitrittserklärung an den Vorstand und Eintragung in die Liste der Genossen beim Genossenschaftsregister. Jeder Genosse muß einen Geschäftsanteil übernehmen, je nach Statut können auch mehrere Anteile übernommen werden. Auf diesen Geschäftsanteil ist eine Mindesteinlage (nach Gesetz $^1/_{10}$ des Geschäftsanteils) zu leisten, die durch Gewinn- bzw. Verlustanteile zum Geschäftsguthaben fortgeschrieben wird, dessen Höhe für künftige Gewinn- bzw. Verlustanteile maßgebend ist. Der Genosse haftet den Gläubigern der Genossenschaft niemals direkt. Im Konkursfall kann das Statut eine begrenzte Nachschußpflicht vorsehen **(Haftsumme).**
Die (vererbbare) Mitgliedschaft endet durch Tod eines Genossen, Austritt infolge schriftlicher Kündigung, schriftlicher Abtretung des Geschäftsguthabens oder Ausschließung durch Beschluß des Vorstandes. Dem Ausgeschiedenen ist sein Geschäftsguthaben auszuzahlen.
Arten der Genossenschaften: Zu **Förderungsgenossenschaften** gehören die **Beschaffungsgenossenschaft** (Bezugsgenossenschaft, Einkaufsgenossenschaft, Genossenschaftsbanken) und die **Verwertungsgenossenschaft** (Absatzgenossenschaft, Fischerei- und Fischverwertungsgenossenschaft), in den **Produktivgenossenschaften** sind die Mitglieder gleichzeitig Unternehmer und Arbeitnehmer; **Spezial-** und **Universalgenossenschaften** (letztere erfüllen alle genossenschaftlichen Funktionen in einer Region, erstere nur besondere); **Markt-** und **Instrumentalgenossenschaften** (erstere treten in kaufmännischer Weise am Markt auf, letztere sind meist Betriebs-, z. B. Dreschgenossenschaften); **Erwerbs-** und **Wirtschaftsgenossenschaften** (erstere fördern ihre Mitglieder, letztere dienen dem Wohl der Verbraucher).
Zur besseren Durchführung ihrer Aufgaben und zur Vermeidung der Einführung einer staatlichen Aufsicht schlossen sich einzelne Genossenschaften schon früh zu **Genossenschaftsverbänden** zusammen. Dabei spielten die von den beiden führenden Persönlichkeiten in der Genossenschaftsbewegung, H. Schulze-Delitzsch (1859 Centralkorrespondenzbüro der Deutschen Vorschuß- und Kreditvereine) und F. W. Raiffeisen (1877 Anwaltschaftsverband ländlicher Genossenschaften), gebildeten Verbände die wichtigste Rolle. Die Nachfolgeorganisationen dieser beiden Verbände entstanden nach dem 2. Weltkrieg neu, wobei der **Deutsche Raiffeisenverband e. V.** (gegr. 1948, Sitz Bonn) die Interessenvertretung, Förderung und Beratung der ländlichen und der **Deutsche Genossenschaftsverband (Schulze-Delitzsch) e. V.** (gegr. 1949, Sitz Bonn) die der gewerblichen Genossenschaften verfolgte. Im Zuge der Neuordnung des deutschen Genossenschaftswesens fusionierten die beiden Verbände 1972 zum **Deutschen Genossenschafts- und Raiffeisenverband e. V.** (DGRV), Sitz Bonn. Der in drei fachlich ausgerichtete Bundesverbände (Bundesverband der Deutschen Volksbanken und Raiffeisenbanken e. V., Deutscher Raiffeisenverband e. V., Zentralverband der genossenschaftlichen Großhan-

dels- und Dienstleistungsunternehmen e. V. [ZENTGO]) gegliederte DGRV vertritt die Interessen von rund 10 700 gewerblichen und ländlichen Genossenschaften mit etwa 10,6 Mill. Mitgliedern.

Genußschein ↑Aktie.

geregelter Markt ↑Freiverkehr.

Gerichte: unabhängige Organe der Rechtspflege, die Rechtsverhältnisse regeln, gestalten oder aus rechtswidrigem Verhalten die rechtlichen Konsequenzen ziehen. Zu unterscheiden sind die Gerichte als organisatorische Einheit (Amts-, Landgericht) und als Spruchkörper (Einzelrichter, Schwurgericht). Sie verkörpern die rechtsprechende Gewalt, die nach Art. 92 GG den Richtern, sachlich und persönlich unabhängigen, unversetzbaren und unabsetzbaren Beamten, anvertraut ist. Laien haben als Schöffen oder Geschworene unter dem Vorsitz von Berufsrichtern ein gesetzlich garantiertes Mitwirkungsrecht. Träger der Gerichte sind der Bund und die Länder. Berufs- und Ehrengerichte werden teilweise von Selbstverwaltungskörperschaften (berufsständische Kammern) unterhalten. Ihre Verfassungen und Verfahren werden aber ebenfalls durch staatliche Gesetze geregelt. Neben den staatlichen Gerichten existieren kirchliche, Verbands- und Schiedsgerichte, die auf Kirchengesetzen, Vereinssatzungen oder Vereinbarungen beruhen.

Die **Gerichtsbarkeit** gliedert sich einerseits in die streitige und freiwillige Gerichtsbarkeit, andererseits in die sonstige und ordentliche Gerichtsbarkeit (Zivil- und Strafsachen) mit dem Bundesgerichtshof (BGH) in Karlsruhe als oberster Instanz. Die streitige Gerichtsbarkeit umfaßt u. a. die Verwaltungsgerichtsbarkeit mit dem Bundesverwaltungsgericht (BVG) in Berlin (West), die ↑Finanzgerichtsbarkeit mit dem Bundesfinanzhof in München, die Arbeitsgerichtsbarkeit mit dem Bundesarbeitsgericht in Kassel und die ↑Sozialgerichtsbarkeit mit dem Bundessozialgericht in Kassel. Die Entscheidungen (Urteile) der unteren Gerichte sind in der Regel mit einem Rechtsmittel anfechtbar. Der Rechtsmittelzug sieht im allgemeinen zwei weitere Instanzen, die Berufungsinstanz (rechtliche und tatsächliche Nachprüfung) und eine Revisionsinstanz (nur rechtliche Nachprüfung), vor. Der Aufbau innerhalb der Gerichtszweige ist verschieden. Die ordentliche Gerichtsbarkeit ist vierstufig (Amts-, Land-, Oberlandesgericht, Bundesgerichtshof), Arbeits- und Sozialgerichtsbarkeit dreistufig und die Finanzgerichtsbarkeit zweistufig. In jedem gerichtlichen Verfahren sind grundsätzlich zwei Fragenbereiche zu klären: 1. die sachliche Richtigkeit (Begründung) des Antrags (Klage oder Anklage) mit dem Ziel einer verbindlichen Entscheidung (Urteil, Beschluß); 2. die Zuständigkeit, ob also über diesen Antrag vor diesem Gericht zwischen diesen Parteien überhaupt prozessiert werden darf.

Gerichtsstand ↑Erfüllungsort.

geringwertige Wirtschaftsgüter: bewegliche Wirtschaftsgüter des ↑Anlagevermögens, die selbständig genutzt und bewertet werden können, einer technischen oder wirtschaftlichen Abnutzung unterliegen und deren Anschaffungs- oder Herstellungskosten 800 DM ausschließlich Umsatzsteuer nicht übersteigen. Sie sind nicht gleichzusetzen mit *kurzlebigen Wirtschaftsgütern,* die auch bei höheren Kosten nicht aktiviert werden, wenn ihre Nutzungsdauer kürzer ist als ein Jahr. Zur Entlastung der Buchführung dürfen geringwertige Wirtschaftsgüter im Jahr der Anschaffung bzw. Herstellung in voller Höhe als ↑Betriebsausgaben (ohne Erinnerungswert) abgesetzt werden. Dies gilt auch für den Fall, daß geringwertige Wirtschaftsgüter dem Betriebsvermögen durch eine Einlage oder bei der Betrieberöffnung zugeführt werden. Sie müssen, wenn ihre Anschaffungs- bzw. Herstellungskosten 100 DM überschreiten, in einem besonderen Verzeichnis bzw. in besonderen Konten einzeln erfaßt werden.

Gesamtbetriebsrat ↑Betriebsrat.

Gesamtergebnis ↑Gewinn- und Verlustrechnung.

Gesamtkosten: Summe aller Kosten einer Abrechnungsperiode im Gegensatz zu den ↑Stückkosten.

Gesamtkostenverfahren: Verfahren der industriellen Erfolgsrechnung, bei dem die gesamten Kosten für die in der Abrechnungsperiode erstellten Leistungen den in dieser Periode abgesetzten Leistungen gegenübergestellt werden. Durch Einsetzen der Bestandsveränderungen an unfertigen und fertigen Erzeugnissen werden die Kosten der hergestellten auf die der abgesetzten Leistungen zurückgeführt, und damit ein periodengerechter Betriebserfolg ausgewiesen. Im Gegensatz dazu gilt das ↑Umsatzkostenverfahren als aussagefähiger.

Gesamtprokura ↑Prokura.

Gesamtschuldner: mehrere Personen schulden gemeinsam eine teilbare Leistung in der Weise, daß der Gläubiger von jedem Schuldner zwar die ganze Leistung verlangen, aber insgesamt nur einmal erhalten kann. Wer die ganze Leistung erbracht hat, hat einen Ausgleichsanspruch gegenüber den anderen Schuldnern.

Gesamtvertretung ↑Vertretung.

Geschäft: 1. das Ladengeschäft des Einzel- oder Großhandels (auch Filialgeschäft); 2. das Rechtsgeschäft.
Bei *schwebenden* Geschäften hat noch keine der Vertragsparteien ihre Verpflichtungen erfüllt, sie sind daher nicht buchungsfähig. Etwaigen Verlusten ist jedoch durch eine Rückstellung für Verluste aus schwebenden Geschäften Rechnung zu tragen. Im Bankwesen unterscheidet man *indifferente* Geschäfte (vor allem Dienstleistungen wie z. B. die Abwicklung des Zahlungsverkehrs), die weder den Aktiv- noch den Passivgeschäften zuzurechnen sind, sowie *irreguläre* Geschäfte. Diese sind nicht mit einer Kreditaufnahme oder -gewährung verbunden (z. B. Gründungstätigkeit).

Geschäftsausstattung ↑Betriebs- und Geschäftsausstattung.

Geschäftsbericht ↑Anhang.

Geschäftsfähigkeit: die Fähigkeit, rechtswirksam Rechtsgeschäfte vorzunehmen, ein Unterfall der Handlungsfähigkeit. *Unbeschränkt geschäftsfähig* ist der volljährige Mensch, der weder geistesgestört noch entmündigt ist. Dies wird als Regelfall angenommen, deshalb muß der Mangel der Geschäftsfähigkeit von dem bewiesen werden, der sich darauf beruft. *Beschränkt geschäftsfähig* sind Personen zwischen 7 und 18 Jahren, wegen Geistesschwäche, Verschwendung und Trunksucht Entmündigte und unter vorläufige Vormundschaft gestellte Personen. Ein beschränkt Geschäftsfähiger kann ohne Zustimmung des gesetzlichen Vertreters rechtlich wirksam vornehmen: Rechtsgeschäfte, die ihm lediglich rechtlichen Vorteil bringen (Schenkungsannahme); Geschäfte, die er mit seinem Taschengeld abwickelt (§ 110 BGB, Taschengeldparagraph); bei Ermächtigung zum selbständigen Betrieb eines Erwerbsgeschäfts Geschäfte, die er in diesem Rahmen abschließt **(Handelsmündigkeit);** Geschäfte zur Eingehung oder Aufhebung vom gesetzlichen Vertreter generell erlaubter Arbeitsverhältnisse **(Arbeitsmündigkeit).** *Geschäftsunfähig* ist der Minderjährige, der das 7. Lebensjahr noch nicht vollendet hat, und Personen, die infolge krankhafter Geistesstörung, die nicht nur vorübergehend ist, entmündigt sind. Rechtswirksam handeln kann der Geschäftsunfähige nur durch seinen gesetzlichen Vertreter (Eltern, Vormund, Pfleger).

Geschäftsführer ↑Gesellschaft mit beschränkter Haftung.

Geschäftsführung ohne Auftrag: die Geschäftsbesorgung, die dem Geschäftsherrn gegenüber weder aus Auftrag noch aus einem an-

deren rechtsgeschäftlichen oder gesetzlichen Grund gerechtfertigt ist (§§ 677 ff. BGB). Der Geschäftsführer muß das Bewußtsein und den Willen haben, ein fremdes Geschäft zu besorgen.
Berechtigte Geschäftsführung ohne Auftrag liegt vor, wenn die Übernahme der Geschäftsführung dem Interesse und dem wirklichen oder mutmaßlichen Willen des Geschäftsherrn entspricht, ferner, wenn der Geschäftsherr die Geschäftsbesorgung genehmigt. Der Geschäftsführer hat grundsätzlich für jedes Verschulden einzustehen, der Geschäftsherr ist verpflichtet, dem Geschäftsführer Aufwendungsersatz zu leisten. Bei **unberechtigter Geschäftsführung ohne Auftrag,** die dem wirklichen oder mutmaßlichen Willen des Geschäftsherrn widerspricht, ist die Geschäftsführung rechtswidrig und begründet Schadensersatzansprüche des Geschäftsherrn.

Geschäftsjahr: Zeitraum, der nicht länger als zwölf Monate sein darf und zu dessen Ende Vollkaufleute den Jahresabschluß aufzustellen haben. Es stimmt in der Regel mit dem Kalenderjahr überein.

Geschäftsunfähigkeit ↑Geschäftsfähigkeit.

Geschäftswert ↑Firmenwert.

geschlossener Fonds ↑Investmentfonds.

Geschmacksmuster ↑Musterschutz.

Gesellschaft des bürgerlichen Rechts (GbR, BGB-Gesellschaft): auf einem Gesellschaftsvertrag beruhende, nichtrechtsfähige Personenvereinigung zur Förderung eines von den Gesellschaftern gemeinsam verfolgten ideellen oder materiellen Zwecks. Betreibt die Gesellschaft ein vollkaufmännisches Handelsgeschäft, so ist sie offene Handelsgesellschaft (OHG) oder Kommanditgesellschaft (KG). Die Gesellschafter sind einander verpflichtet, den gemeinsamen Zweck zu fördern, v. a. die vereinbarten Beiträge zu leisten und sich der Gesellschaft gegenüber treu zu verhalten. Enthält der Gesellschaftervertrag keine Bestimmungen über Geschäftsführungsbefugnis (Innenverhältnis) und Vertretungsmacht (Außenverhältnis), gelten die gesetzlichen Regelungen, nach denen für jedes Geschäft ein Gesellschafterbeschluß erforderlich ist. Das Gesellschaftsvermögen ist gemeinschaftliches Vermögen; der Gewinn ist zu gleichen Teilen zu verteilen, aus Verbindlichkeiten haften die Gesellschafter als Gesamtschuldner. Die Auflösung der Gesellschaft erfolgt, wenn ihr Zweck erreicht ist, durch einstimmigen Auflösungsbeschluß der Gesellschafter, durch Kündigung, durch Tod eines Gesellschafters oder durch Konkurs.

Gesellschafterversammlung: Organ der ↑Gesellschaft mit beschränkter Haftung.

Gesellschaft mit beschränkter Haftung (GmbH): diejenige rechtsfähige Kapitalgesellschaft, für deren Verbindlichkeiten nur das Gesellschaftsvermögen, d. h. die GmbH als juristische Person allein, haftet. Sie ist Handelsgesellschaft, auch wenn sie kein Handelsgewerbe betreibt. Ihr Stammkapital (seit Januar 1981 mindestens 50 000 DM) wird durch die Stammeinlagen der Gesellschafter (Mindestbetrag 500 DM) aufgebracht. Das Stammkapital wird in der Bilanz als gezeichnetes Kapital ausgewiesen. Die GmbH ist rechtlich geregelt im GmbH-Gesetz.
Zur *Gründung* notwendig sind Gründer, die in notarieller Urkunde einen Gesellschaftsvertrag (= Satzung) errichten, darin die Stammeinlagen übernehmen und sogleich oder später einen Geschäftsführer bestellen. Ferner setzt die Entstehung der GmbH Einlagen von mindestens 25 000 DM sowie eine Anmeldung und Eintragung in das Handelsregister voraus. Die GmbH kann auch durch eine Person **(Einmann-GmbH)** gegründet und geleitet werden. Durch die Eintragung ins Handelsregister erlangt die Gesellschaft Rechtsfähigkeit. Aus Geschäften,

die in ihrem Namen vor der Eintragung eingegangen worden sind, haften die Handelnden persönlich als Gesamtschuldner.
Einem oder mehreren **Geschäftsführern** obliegt die Geschäftsführung und Vertretung der GmbH. Ihre Vertretungsmacht ist unbeschränkt und unbeschränkbar. Die Gesamtheit der Gesellschafter, die ihre grundsätzlich formlosen Beschlüsse meist in einer Gesellschafterversammlung faßt, ist oberstes Geschäftsführungsorgan. Zu dessen Aufgaben gehören: Feststellung des Jahresabschlusses, Bestellung, Prüfung, Überwachung, Abberufung und Entlastung der Geschäftsführer, Bestellung von Prokuristen und Handlungsbevollmächtigten. Je 100 DM Geschäftsanteil gewähren eine Stimme. Ein Aufsichtsrat muß nur ausnahmsweise (z. B. in Betrieben mit mehr als 500 Arbeitnehmern) bestellt werden.
Gründe für die Auflösung einer GmbH sind: 1. Gesellschafterbeschluß, 2. Auflösungsurteil aufgrund einer aus wichtigem Grund erhobenen Auflösungsklage, 3. Konkurs, 4. gerichtliche oder behördliche Auflösungsverfügung.
Mitglied einer GmbH wird man durch Übernahme eines Geschäftsanteils. Die Mitgliedschaft gewährt ein Mitverwaltungs- (Stimm-, Auskunfts-)Recht und einen Anspruch auf einen Gewinnanteil, verpflichtet aber auch zur Erbringung der Stammeinlage (Haftungserweiterungen bei Rückständen), ferner (falls im Gesellschaftsvertrag vorgesehen) zur Leistung von beschränkten oder unbeschränkten Nachschüssen. Die Mitgliedschaft endet durch 1. Veräußerung des Geschäftsanteils, 2. (falls im Gesellschaftsvertrag vorgesehen) Einziehung des Geschäftsanteils, 3. Ausschluß und Austritt des Gesellschafters aus wichtigem Grund.

Gesellschaftsformen ↑Unternehmensformen.

Gesellschaftsvertrag: mehrere Personen binden sich vertraglich zur Erreichung eines gemeinsamen Zwecks, z. B. in einer ↑Gesellschaft des bürgerlichen Rechts.

Gesetz der Massenproduktion: es besagt, daß bei steigender Ausbringungsmenge die Stückkosten sinken. Dabei wird von einem linearen Gesamtkostenverlauf und folgender Formel für die Stückkosten ausgegangen:

$$\text{Stückkosten} = \frac{\text{fixe Kosten}}{\text{Ausbringungsmenge}} + \text{variable Kosten}$$

Der Wert des Quotienten und damit die Stückkosten werden mit zunehmender Ausbringungsmenge kleiner, während (wegen des linearen Gesamtkostenverlaufs) die variablen Stückkosten konstant bleiben. Durch eine Produktionsausdehnung können die Stückkosten gesenkt und ein eventueller Preissenkungsspielraum geschaffen werden, der je nach Markterfordernis genutzt werden kann. Muß die Ausbringungsmenge gesenkt werden, kehrt sich die Kostensenkung in einen Kostenanstieg um, der bei fehlender Preiserhöhungsmöglichkeit zur Kostenunterdeckung führen kann. Beide Kostenveränderungen wirken sich um so stärker aus, je höher der Anteil der Fixkosten an den Gesamtkosten ist.

Gesetz gegen den unlauteren Wettbewerb ↑unlauterer Wettbewerb.

Gesetz gegen Wettbewerbsbeschränkungen ↑Kartellgesetz.

gesetzliche Rücklage: bei der Aktiengesellschaft gemäß § 150 AktG zu bildende Rücklage. Der gesetzlichen Rücklage ist danach zuzuführen: 1. jährlich 5% des um einen Verlustvortrag aus dem Vorjahr verminderten Jahresüberschusses, und zwar so lange, bis die gesetzliche Rücklage 10% des Grundkapitals erreicht hat; 2. das gesamte bei der Ausgabe junger Aktien erzielte Aufgeld (Agio).

Gewährleistungsansprüche: Rechte aus dem Kaufvertrag, wenn Rechts- oder Sachmängel auftreten.

Rechtsmängelhaftung ist beim Kaufvertrag die Gewährleistung für die Freiheit von rechtlichen Mängeln, die den Verkäufer daran hindern, dem Käufer das volle lastenfreie Eigentum an der verkauften Sache zu verschaffen (z. B. die Sache steht im Eigentum eines Dritten oder ist mit einem Pfandrecht belastet). Der Käufer kann dann vom Vertrag zurücktreten oder auch Schadensersatz wegen Nichterfüllung verlangen. Bei der *Sachmängelhaftung* haftet der Verkäufer einer Sache dem Käufer dafür, daß 1. bei Gefahrübergang die Sache nicht mit Mängeln behaftet ist, die ihren Wert oder ihre Tauglichkeit zu dem gewöhnlichen oder zu dem im Vertrag vorausgesetzten Gebrauch aufheben oder nicht unerheblich mindern; 2. der Sache keine vom Verkäufer zugesicherte Eigenschaft fehlt. – ↑auch Mängelhaftung.

Gewerbeaufsicht: die staatliche Überwachung der Einhaltung der zum Schutz der Arbeitnehmer erlassenen Vorschriften (u. a. Gewerbeordnung, Arbeitszeitordnung, Ladenschlußgesetz, Heimarbeitsgesetz) sowie der Einhaltung der gewerberechtlichen Vorschriften. Sie wird durch die **Gewerbeaufsichtsämter,** eine Sonderbehörde, die in den Bereich des Ministeriums für Arbeit und Sozialordnung gehört, ausgeübt. Nach dem Betriebsverfassungsgesetz (§ 80) hat sich der Betriebsrat ebenfalls für die Durchführung der Arbeitsschutzvorschriften einzusetzen.

Gewerbebetrieb: ein Unternehmen des Handels, des Handwerks, der Industrie oder des Verkehrs zur Ausübung eines Gewerbes. *Merkmale:* selbständige Tätigkeit (d. h. auf eigene Rechnung, eigene Verantwortung und eigenes Risiko), nachhaltige Ausübung (wiederholte, gleichartige Handlungen zur Erzielung von Einnahmen), Gewinnabsicht (auch wenn dies nicht Hauptzweck ist), Beteiligung am allgemeinen wirtschaftlichen Verkehr (d. h. die Zielgruppe ist die Allgemeinheit), Betätigung weder als Land- oder Forstwirt noch als freier Beruf noch in anderer selbständiger Tätigkeit im Sinne des Einkommensteuerrechts. Die Voraussetzungen für den Betrieb eines Handelsgewerbes sind im Handelsgesetzbuch, für den Betrieb eines anderen Gewerbes in der Gewerbeordnung und zahlreichen Nebengesetzen geregelt. Die Gewerbeordnung unterscheidet zwischen dem Betrieb eines stehenden Gewerbes und dem eines Reisegewerbes. Das Recht auf den eingerichteten und ausgeübten Gewerbebetrieb ist besonders geschützt.

Gewerbeertrag: der nach den einkommen- bzw. körperschaftsteuerlichen Bestimmungen für den Veranlagungszeitraum ermittelte Gewinn eines inländischen Gewerbebetriebes, der um Hinzurechnungen vermehrt und um Kürzungen vermindert wird. Soweit sie bei der Ermittlung des Gewinns abgesetzt wurden, sind v. a. folgende Beträge dem Gewinn wieder hinzuzurechnen: 1. 50% der Zinsen für Dauerschulden; 2. Renten und dauernde Lasten; 3. Gewinnanteile stiller Gesellschafter; 4. die Hälfte der Miet- und Pachtzinsen für die Benutzung von Wirtschaftsgütern des Anlagevermögens (außer Grundbesitz); 5. Verlustanteile an Personengesellschaften; 6. Spenden an Parteien (bei Kapitalgesellschaften). Zu kürzen ist der Gewinn v. a. um: 1. 1,2% des Einheitswerts der betrieblichen Grundstücke; 2. Gewinnanteile an Personengesellschaften; 3. Gewinnanteile an inländischen Kapitalgesellschaften bei mindestens 25% Beteiligung; 4. (beim Vermieter/Verpächter) Miet- und Pachtzinsen für die Überlassung von Wirtschaftsgütern des Anlagevermögens (außer Grundbesitz), soweit sie dem Gewerbeertrag eines anderen gewerblichen Betriebs (Mieter/Pächter) hinzugerechnet worden sind; 5. Spenden an Parteien (bei natürlichen Personen oder Personengesellschaften). Sinn der Hinzurechnungen und Kürzungen ist es, bei manchen Ertragsteilen eine doppelte steuerliche Erfassung zu vermeiden und nur das zu besteuern, was der Betrieb wirklich erwirtschaftet hat, unabhängig davon, ob er z. B. mit Fremd- oder Eigenkapital arbeitet. Der Gewerbeertrag ist neben dem Gewerbekapital Bemessungsgrundlage für die ↑Gewerbesteuer.

Gewerbefreiheit: das in Art. 12 GG und in § 1 der Gewerbeordnung niedergelegte Recht jedes Deutschen, ein Gewerbe zu betreiben und fortzuführen, soweit nicht durch Gesetz Ausnahmen oder Beschränkungen vorgeschrieben oder zugelassen sind. Die Gewerbefreiheit wurde in Deutschland erst mit der Gewerbeordnung von 1869 eingeführt; bis ins 19. Jahrhundert war der Betrieb eines Gewerbes von einer behördlichen Genehmigung (Konzession) oder von der Mitgliedschaft in einer ↑Zunft abhängig. Die nach dem 2. Weltkrieg in der amerikanischen Besatzungszone unbeschränkt eingeführte Gewerbefreiheit wurde im folgenden durch die Handwerksordnung und das Gaststättengesetz sowie andere berufsregelnde Gesetze wieder eingeengt. Eine Bedürfnisprüfung für die Zulassung von Gewerbebetrieben ist nach der Rechtsprechung des Bundesverfassungsgerichts nur ausnahmsweise zulässig.

Gewerbekapital: der nach dem Bewertungsgesetz vom Finanzamt festgesetzte Einheitswert, der um Hinzurechnungen bzw. Kürzungen nach den im Gewerbesteuergesetz (§ 12) genannten Kriterien festgelegt wird. Die Kürzungen und Hinzurechnungen werden für denselben Stichtag wie der Einheitswert ermittelt. Das so berechnete Gewerbekapital bleibt so lange gleich, bis der Einheitswert fortgeschrieben oder neu ermittelt wird; es ist neben dem Gewerbeertrag Basis für die Berechnung der Gewerbesteuer.

Hinzugerechnet werden bei der Ermittlung des Gewerbekapitals, sofern bei der Feststellung des Einheitswerts abgezogen: 1. die Verbindlichkeiten, die den Schuldzinsen, den Renten und dauernden Lasten und den Gewinnanteilen beim Gewerbeertrag entsprechen (Schuldzinsen nur mit 50% des Betrags, der 50 000 DM übersteigt); 2. die Teilwerte der gemieteten und gepachteten Wirtschaftsgüter (außer Grundbesitz), sofern sie nicht zum Gewerbekapital des Vermieters/Verpächters gehören. Der Einheitswert wird gekürzt um: 1. die Einheitswerte, mit denen die Betriebsgrundstücke im Einheitswert des gewerblichen Betriebs enthalten sind; 2. den Wert (Teilwert) der Beteiligung an Personengesellschaften und (bei mindestens 25%iger Beteiligung) inländischen Kapitalgesellschaften; 3. den Wert (Teilwert) der vermieteten/verpachteten Wirtschaftsgüter (außer Grundbesitz), die ausnahmsweise dem Gewerbekapital des Mieters/Pächters hinzugerechnet wurden, soweit sie im Einheitswert des Betriebs des Vermieters/Verpächters enthalten sind. Sinn der Hinzurechnungen ist vor allem die Ermittlung des objektiven Betriebsvermögens, der Sinn der Kürzungen vor allem die Vermeidung der doppelten Besteuerung.

Gewerbesteuer: vom Bund einheitlich geregelte Objektsteuer für im Inland tätige stehende Gewerbebetriebe; sie wird auf der Grundlage von ↑Gewerbeertrag und ↑Gewerbekapital berechnet. Nicht gewerbesteuerpflichtig sind v. a. Betriebe der Land- und Forstwirtschaft, die freien Berufe, gemeinnützige Unternehmen und z. B. Bundespost, Bundesbahn und Bundesbank. *Berechnung:* Vom auf volle Hundert DM abgerundeten Gewerbeertrag wird bei natürlichen Personen und Personengesellschaften ein Freibetrag von 36 000 DM abgezogen. Das Gewerbekapital wird auf volle Tausend DM abgerundet und unabhängig von der Rechtsform um einen Freibetrag von 120 000 DM gekürzt. Von den jeweils verbleibenden Beträgen, die nicht negativ sein dürfen, werden mit Hilfe des im Gewerbesteuergesetz festgelegten Anteils, der **Steuermeßzahl** (beim Gewerbeertrag 5%, beim Gewerbekapital 2‰), die beiden **Steuermeßbeträge** errechnet. Ihre Summe ist der einheitliche Steuermeßbetrag, der vom zuständigen Finanzamt durch den **Steuermeßbescheid** festgestellt wird. Die Gemeinde, in der die Betriebsstätte unterhalten wird, setzt einen für alle ansässigen Unternehmen gleichen Prozentsatz **(Hebesatz)** fest, der sich nach dem Finanzbedarf und der Wirtschaftsstruktur richtet; er liegt im Durchschnitt zwischen 300 und 400%. Ausgehend vom einheitlichen Steuermeßbetrag wird dann mit Hilfe des Hebesatzes die zu entrichtende Gewerbesteuer errechnet und dem Steuerschuldner im **Gewerbesteuerbescheid** mitgeteilt. Die Gewerbesteuer stellt eine der Haupteinnahmequellen der Gemeinden dar. Vor der Gemeindefinanzreform 1969 betrug der Anteil der Gewerbesteuer an den kommunalen Steuereinnahmen über 70%. Nach der Reform müssen die Gemeinden einen Teil der Gewerbesteuereinnahmen an Bund und Länder abführen (Gewerbesteuerumlage), erhalten dafür als Ausgleich einen Teil der Einkommensteuer. Nach Abzug der Gewerbesteuerumlage beträgt der Anteil der Gewerbesteuer an den kommunalen Steuereinnahmen 1990 44,5%, der Gemeindeanteil an der Einkommensteuer 42,6%.

Gewerkschaften: im weitesten Sinne alle Organisationen, in denen sich Arbeitnehmer zur Vertretung und Durchsetzung ihrer Interessen zusammenschließen. Nach Gesetzgebung und Rechtsprechung in der Bundesrepublik Deutschland gelten Gewerkschaften ebenso wie ↑Arbeitgeberverbände als Koalitionen, die vom Mitgliederwechsel unabhängig, also Vereine sind. Diese Koalitionen sind freiwillig gebildet, vom Staat, von Parteien und Kirchen unabhängig und auf überbetrieblicher Grundlage organisiert; ihre wichtigste Aufgabe ist der Abschluß von ↑Tarifverträgen; zu diesem Zweck müssen sie in der Lage sein, Druck auf den Verhandlungspartner (Arbeitgeber bzw. Arbeitgeberverbände) auszuüben.

Organisationsformen: Gewerkschaften bildeten sich zunächst nach dem **Berufsverbandsprinzip,** d. h. die Arbeitnehmer organisieren sich getrennt nach Berufsgruppen, so daß in einem Betrieb mehrere Gewerkschaften vorhanden sind, die unabhängig voneinander verhandeln und Kampfmaßnahmen durchführen. Dieses Prinzip ist heute noch in Großbritannien (z. T. mit Einzelgewerkschaften auf Betriebsebene) und in den USA vorherrschend.

In West- und Mitteleuropa entwikkelte sich dagegen bereits um die Jahrhundertwende das **Industrieverbandsprinzip,** nach dem Arbeitnehmer einer oder mehrerer verwandter Branchen sich jeweils in einer Einzelgewerkschaft organisieren. Nach diesem Prinzip sind auch die Mitgliedsgewerkschaften des DGB – wie auch die deutschen Arbeitgeberverbände – organisiert.

Sind Gewerkschaften auf bestimmte weltanschaulich-politische Strömungen festgelegt, spricht man von **Richtungsgewerkschaften.** Unterschieden werden hierbei v. a. die freien und die sozialistischen Gewerkschaften, kommunistische, syndikalistische, christliche sowie liberal orientierte Gewerkschaften. Bis zu ihrer Zerschlagung 1933 war die deutsche Gewerkschaftsbewegung von Richtungsgewerkschaften bestimmt, in Frankreich und Italien z. B. ist sie es bis heute. In Deutschland liegt das die verschiedenen weltanschaulich-politischen Richtungen übergreifende und alle Berufsgruppen umfassende Prinzip der **Einheitsgewerkschaft** dem Deutschen Gewerkschaftsbund zugrunde.

Im Zuge der Industrialisierung im 19. Jahrhundert entstanden Gewerkschaften im Protest gegen unzumutbare Arbeitsbedingungen (12- bis 17-Stunden-Tag, Niedriglöhne usw.)

und soziale Verhältnisse (Arbeitslosigkeit, keine Sicherung bei Krankheit und Alter). Das Recht zur Vereinigung der Arbeiter (Koalitionsrecht) wurde im Norddeutschen Bund erst 1869 erreicht (Deutsches Reich 1871). Die endgültige Anerkennung als Tarifvertragspartei erlangten die deutschen Gewerkschaften erst 1918. Die Nationalsozialisten zerschlugen die Gewerkschaften im Mai 1933 und überführten ihre Mitglieder in die Deutsche Arbeitsfront; Gewerkschaften und Arbeitgeber verloren die Tarifhoheit; diese wurde einem Reichstreuhänder der Arbeit, d. h. dem Staat übertragen.

In der Bundesrepublik Deutschland umfaßt der 1949 als Einheitsgewerkschaft gegründete **Deutsche Gewerkschaftsbund (DGB)** heute 16 nach dem Industrieverbandsprinzip organisierte Einzelgewerkschaften (Mitgliedsgewerkschaften). Diese haben jeweils einen eigenen – demokratisch strukturierten – organisatorischen Aufbau von der Orts- bis zur Bundesebene. In den Betrieben stützen sie sich auf die bei ihnen organisierten ↑Betriebsräte und die gewerkschaftlichen Vertrauensleute. Die Einzelgewerkschaften entscheiden selbständig über ihre Tarifpolitik, auch über Arbeitskampfmaßnahmen wie Urabstimmung und Streiks. Dachorganisation dieser 16 Einzelgewerkschaften ist der DGB. Er vertritt die über die einzelgewerkschaftlichen Interessen hinausgehenden gewerkschaftlichen Positionen im politischen und gesellschaftlichen Raum – auch auf internationaler Ebene. Er betreibt (neben den Einzelgewerkschaften) Bildungs- und Pressearbeit und unterhält den Rechtsschutz für Gewerkschaftsmitglieder. Der DGB ist in Ortskartelle und DGB-Kreise gegliedert, die in neun Landesbezirken zusammengefaßt sind. Oberstes Organ des DGB ist der alle vier Jahre stattfindende Bundeskongreß („Parlament der Arbeit"), der sich aus den gewählten Delegierten der Einzelgewerkschaften zusammensetzt; er wählt den geschäftsführenden Bundesvorstand (8 Mitglieder), der zusammen mit den Vorsitzenden der Einzelgewerkschaften den Bundesvorstand bildet.

Mitglieder der Gewerkschaften
(Stand: 31. 12. 1990, ohne die neuen Bundesländer)

IG Bau – Steine – Erden	462 751
IG Bergbau und Energie	322 820
IG Chemie – Papier – Keramik	675 949
IG Medien	184 720
Gewerkschaft der Eisenbahner Deutschlands	312 353
Gewerkschaft Erziehung und Wissenschaft	189 155
Gewerkschaft Gartenbau, Land- und Forstwirtschaft	44 054
Gewerkschaft Handel, Banken und Versicherungen	404 695
Gewerkschaft Holz und Kunststoff	152 731
Gewerkschaft Leder	42 615
IG Metall	2 726 705
Gewerkschaft Nahrung – Genuß – Gaststätten	275 203
Gewerkschaft Öffentliche Dienste, Transport und Verkehr	1 252 599
Gewerkschaft der Polizei	162 780
Deutsche Postgewerkschaft	478 913
Gewerkschaft Textil – Bekleidung	249 880
Deutscher Gewerkschaftsbund insgesamt	7 937 923
Deutsche Angestellten-Gewerkschaft	573 398
Christlicher Gewerkschaftsbund Deutschlands	309 364
Deutscher Beamtenbund	793 607

In seinem Grundsatzprogramm von 1981 fordert der DGB u. a. Humanisierung der Arbeit, Vollbeschäftigung, bessere Kontrolle wirtschaftlicher Macht, Investitionslenkung, Ausbau der sozialen Sicherung und Beseitigung von Umweltschäden nach dem Verursacherprinzip.

Zusammen mit den Einzelgewerkschaften ist der DGB an der Beteiligungsgesellschaft für Gemeinwirtschaft AG (BGAG) beteiligt. Im Zuge der Bereinigung des Finanzskandals um die Neue Heimat verkaufte die BGAG einen Großteil von deren Wohnungsbestand ebenso wie die Beteiligungen an Volksfürsorge und Bank für Gemeinwirtschaft.

Neben dem DGB bestehen in der Bundesrepublik Deutschland weitere Arbeitnehmerverbände, so die DAG, der DBB und der CGB. Die **Deutsche Angestellten-Gewerkschaft (DAG),** 1949 gegründet, ist in 11 Berufsgruppen kaufmännische Angestellte der Industrie, Banken und Sparkassen, öffentlicher Dienst, technische Angestellte und Beamte, Versicherungen, Meister, Luftfahrt, Schiffahrt, Bergbau, Handel, Verkehr und private Dienste, Kunst und Medien und 12 Landesverbände gegliedert. Wiederholte Versuche einer Fusion mit dem DGB blieben bisher ergebnislos.

Gewerkschaftlicher Spitzenverband des öffentlichen Dienstes ist der 1949 gegründete **Deutsche Beamtenbund (DBB),** dem zahlreiche Fachgewerkschaften angehören. Der DBB hält an den „hergebrachten Grundsätzen des Berufsbeamtentums" fest und lehnt ein Streikrecht für Beamte strikt ab.

Als christlich soziale Richtungsgewerkschaft wurde 1955 die Christliche Gewerkschaftsbewegung Deutschlands (CGD) gegründet, seit 1959 **Christlicher Gewerkschaftsbund Deutschlands (CDB).** Der CGB umfaßt 16 Einzelgewerkschaften.

Gewinn: Überschuß der Erlöse für verkaufte Waren oder Dienstleistungen über die Kosten für die zur betrieblichen Leistungserstellung aufgewendeten Produktionsfaktoren. Die *Ermittlung* kann auf unterschiedliche Weise erfolgen: 1. durch Vermögensvergleich: Gewinn ist der Unterschiedsbetrag zwischen dem Betriebsvermögen am Schluß des Wirtschaftsjahrs und dem Betriebsvermögen am Schluß des vorangegangenen Wirtschaftsjahrs, vermehrt um den Wert der Entnahmen und vermindert um den Wert der Einlagen; 2. durch Überschußrechnung: Gewinn ist der Überschuß der Betriebseinnahmen über die Betriebsausgaben (↑ Einnahme- und Ausgabenrechnung); 3. auf der Basis ordnungsgemäßer Buchführung und Bilanzierung: Das gilt für Gewerbetreibende, die aufgrund gesetzlicher Vorschriften verpflichtet sind, Bücher zu führen und regelmäßig Abschlüsse zu machen oder dieses tun, ohne dazu verpflichtet zu sein; 4. durch Schätzung auf der Basis von Durchschnittssätzen, wenn keine Bücher geführt werden müssen oder wenn trotz Buchführungspflicht Bücher nicht oder nicht ordnungsgemäß geführt wurden und die Finanzbehörde somit die Besteuerungsgrundlagen nicht ermitteln oder berechnen kann. Der steuerliche Gewinn liegt verschiedenen Steuern (z. B. Einkommensteuer, Körperschaftsteuer) als Bemessungsgrundlage zugrunde. – ↑ auch Gewinn- und Verlustrechnung.

Gewinnabführungsvertrag: aktienrechtlicher Unternehmensvertrag, durch den sich eine Aktiengesellschaft oder eine Kommanditgesellschaft auf Aktien verpflichtet, ihren ganzen Gewinn an das beherrschende Unternehmen abzuführen.

Gewinnmaximierung: Ziel einer Unternehmensstrategie, die Differenz zwischen Erlösen und Kosten für einen bestimmten Zeitraum möglichst groß zu gestalten.

Gewinn- und Verlustrechnung (Erfolgsbilanz, Erfolgsrechnung, Ergebnisrechnung): neben der ↑ Bilanz und dem Anhang im Rahmen der doppelten Buchführung Teil des Jahresabschlusses, in dem das Ergebnis (Gewinn oder Verlust) einer Abrechnungsperiode durch Gegenüberstellung der **Erfolgskonten,** also der Aufwands- und der Ertragskonten ermittelt wird. Während sich in der Bilanz das Ergebnis als Saldo zwischen Vermögen (↑ Aktiva) und Kapital (↑ Passiva) ergibt, soll die Gewinn- und Verlustrechnung einen Einblick in das Zustandekommen des Betriebsergebnisses vermitteln und so die Bilanz ergänzen. Außerdem spielt sie eine Rolle bei der Bilanzanalyse. Die Aussagekraft der Gewinn- und Verlustrechnung hängt davon ab, wie detailliert und zweckmäßig die Gliederung ist; § 275 HGB schreibt deshalb eine Mindestgliederung vor. Es besteht ein Verrechnungsverbot von Aufwendungen und Erträgen (Bruttorechnung).

§ 275
Gliederung

(1) Die Gewinn- und Verlustrechnung ist in Staffelform nach dem Gesamtkostenverfahren oder dem Umsatzkostenverfahren aufzustellen. Dabei sind die in Absatz 2 oder 3 bezeichneten Posten in der angegebenen Reihenfolge gesondert auszuweisen.

(2) Bei Anwendung des Gesamtkostenverfahrens sind auszuweisen:

1. Umsatzerlöse
2. Erhöhung oder Verminderung des Bestands an fertigen und unfertigen Erzeugnissen
3. andere aktivierte Eigenleistungen
4. sonstige betriebliche Erträge
5. Materialaufwand:
   a) Aufwendungen für Roh-, Hilfs- und Betriebsstoffe und für bezogene Waren
   b) Aufwendungen für bezogene Leistungen
6. Personalaufwand:
   a) Löhne und Gehälter
   b) soziale Abgaben und Aufwendungen für Altersversorgung und für Unterstützung,
   davon für Altersversorgung
7. Abschreibungen:
   a) auf immaterielle Vermögensgegenstände des Anlagevermögens und Sachanlagen sowie auf aktivierte Aufwendungen für die Ingangsetzung und Erweiterung des Geschäftsbetriebs
   b) auf Vermögensgegenstände des Umlaufvermögens, soweit diese die in der Kapitalgesellschaft üblichen Abschreibungen überschreiten
8. sonstige betriebliche Aufwendungen
9. Erträge aus Beteiligungen, davon aus verbundenen Unternehmen
10. Erträge aus anderen Wertpapieren und Ausleihungen des Finanzanlagevermögens,
    davon aus verbundenen Unternehmen
11. sonstige Zinsen und ähnliche Erträge, davon aus verbundenen Unternehmen
12. Abschreibungen auf Finanzanlagen und auf Wertpapiere des Umlaufvermögens
13. Zinsen und ähnliche Aufwendungen, davon an verbundene Unternehmen
14. Ergebnis der gewöhnlichen Geschäftstätigkeit
15. außerordentliche Erträge
16. außerordentliche Aufwendungen
17. außerordentliches Ergebnis
18. Steuern vom Einkommen und vom Ertrag
19. sonstige Steuern
20. Jahresüberschuß/Jahresfehlbetrag.

(3) Bei Anwendung des Umsatzkostenverfahrens sind auszuweisen:

1. Umsatzerlöse
2. Herstellungskosten der zur Erzielung der Umsatzerlöse erbrachten Leistungen
3. Bruttoergebnis vom Umsatz
4. Vertriebskosten
5. allgemeine Verwaltungskosten
6. sonstige betriebliche Erträge
7. sonstige betriebliche Aufwendungen
8. Erträge aus Beteiligungen, davon aus verbundenen Unternehmen
9. Erträge aus anderen Wertpapieren und Ausleihungen des Fi-

nanzanlagevermögens, davon aus verbundenen Unternehmen
10. sonstige Zinsen und ähnliche Erträge, davon aus verbundenen Unternehmen
11. Abschreibungen auf Finanzanlagen und auf Wertpapiere des Umlaufvermögens
12. Zinsen und ähnliche Aufwendungen, davon an verbundene Unternehmen
13. Ergebnis der gewöhnlichen Geschäftstätigkeit
14. außerordentliche Erträge
15. außerordentliche Aufwendungen
16. außerordentliches Ergebnis
17. Steuern vom Einkommen und vom Ertrag
18. sonstige Steuern
19. Jahresüberschuß/Jahresfehlbetrag.

Kleine und mittelgroße Kapitalgesellschaften (↑ Betriebsgröße) dürfen die Posten § 275 Abs. 2 Nr. 1 bis 5 oder Abs. 3 Nr. 1 bis 3 und 6 zu einem Posten unter der Bezeichnung **„Rohergebnis"** zusammenfassen. Im Aktiengesetz (§ 158) sind folgende Ergänzungen vorgesehen: Die Gewinn- und Verlustrechnung ist nach dem Posten „Jahresüberschuß/Jahresfehlbetrag" in Fortführung der Numerierung um die folgenden Posten zu ergänzen:

1. Gewinnvortrag/Verlustvortrag aus dem Vorjahr
2. Entnahmen aus der Kapitalrücklage
3. Entnahmen aus Gewinnrücklagen
   a) aus der gesetzlichen Rücklage
   b) aus der Rücklage für eigene Aktien
   c) aus satzungsmäßigen Rücklagen
   d) aus anderen Gewinnrücklagen
4. Einstellungen in Gewinnrücklagen
   a) in die gesetzliche Rücklage
   b) in die Rücklage für eigene Aktien
   c) in satzungsmäßige Rücklagen
   d) in andere Gewinnrücklagen
5. Bilanzgewinn/Bilanzverlust

Die Angaben nach Satz 1 können auch im ↑ Anhang gemacht werden.

Gewinnvergleichsrechnung ↑ Investitionsrechnung.

Gewinnverteilung: Ausschüttung von Gewinnen an die Gesellschafter. 1. *OHG:* Falls der Gesellschaftsvertrag keine andere Regelung vorsieht, gilt die Regelung des Handelsgesetzbuches: jedem Gesellschafter steht zunächst 4% Vordividende (Verzinsung des Jahresanfangskapitals) zu, der Rest wird gleichmäßig (nach Köpfen) verteilt. Privatentnahmen sind von den Gewinnanteilen abzuziehen. Der Gewinn wird den Kapitalkonten der Gesellschafter gutgeschrieben, kann aber auch entnommen werden. 2. *KG:* (gesetzliche Regelung) 4% Vordividende, der Rest ist in angemessenem Verhältnis zu verteilen; als angemessen gilt, sofern der Gesellschaftsvertrag keine Regelung vorsieht, das Verhältnis der Kapitalanteile zueinander. Der Gewinnanteil des Komplementärs wird seinem Kapitalkonto gutgeschrieben, der des Kommanditisten ausbezahlt, sofern die Kapitaleinlage vollständig einbezahlt ist, wenn nicht, wird der Gewinnanteil zur Auffüllung der Einlage verwendet. 3. *GmbH:* Auszahlung direkt an die Gesellschafter. 4. *AG:* Auszahlung (über die Banken) des Bilanzgewinns an die Aktionäre im Verhältnis ihres Anteils am Grundkapital gegen Einreichen des fälligen Dividendenscheins. 5. *Genossenschaft:* Verteilung auf die Genossen im Verhältnis der (auf ihren Geschäftsanteil) geleisteten Einlagen. Ist der Geschäftsanteil voll einbezahlt, wird der Gewinnanteil ausbezahlt, sonst dem Geschäftsanteil zugeschrieben.

Gewinnverwendung: Verwendung des Jahresüberschusses (Gewinns) bei Aktiengesellschaften. Das

Vorschlagsrecht für die Verwendung liegt beim Vorstand, die endgültige Beschlußfassung bei der Hauptversammlung; gesetzliche Bestimmungen und Auflagen durch die Satzung der Aktiengesellschaft müssen daher beachtet werden.

Jahresüberschuß	
– Verlustvortrag bzw. + Gewinnvortrag – Einstellung in die gesetzlichen Rücklagen	gesetzlich vorgeschrieben
– Einstellung in freie Rücklagen (max. 50 % des um einen Verlustvortrag und den um den in die gesetzlichen Rücklagen einzustellenden Betrag verminderten Jahresüberschuß)	Entscheidung der Hauptversammlung bzw. von Aufsichtsrat und Vorstand
= Bilanzgewinn	
– Einstellung weiterer Beträge in die freien Rücklagen – Dividendenzahlung	Beschluß der Hauptversammlung
= Gewinnvortrag (für das nächste Jahr)	

Gewohnheitsrecht: ungeschriebene, durch Rechtstradition und andauernde gleichmäßige Übung innerhalb einer Gemeinschaft entwikkelte Rechtsgrundsätze.

gezeichnetes Kapital: das in der Bilanz auszuweisende Grundkapital der ↑Aktiengesellschaft bzw. das Stammkapital der Gesellschaft mit beschränkter Haftung. Im Konkurs der Gesellschaft verliert jeder Gesellschafter die seinem gezeichneten Kapitalanteil (Aktie, Stammeinlage) entsprechende Vermögenseinlage. War die Vermögenseinlage nicht voll geleistet, muß die Differenz in die Konkursmasse eingebracht werden. Die Haftung für diese Einzahlung ist unbeschränkt.

gezogener Wechsel (Tratte): der Aussteller weist den Bezogenen an, einen bestimmten Geldbetrag bei Verfall (Fälligkeit) des Wechsels an einen Dritten (Wechselnehmer) oder dessen Order zu zahlen; der Bezogene verpflichtet sich durch das Akzept zur Zahlung. – ↑auch Wechsel.

Giro [italienisch ʒi:ro „Kreis, Umlauf" (v. a. von Geld oder Wechseln), von griechisch gỹros „Kreis"] ↑Indossament.

Girokonto [ʒ...]: Konto, das der Verbuchung von Sichteinlagen (Habenseite) und Kontokorrentkrediten (Sollseite) dient, über das insbesondere jedoch der bargeldlose Zahlungsverkehr abgewickelt wird (Verfügungen mittels Überweisung oder Scheck) und kurzfristige Kredite (Dispositionskredite) ohne besonderen Antrag eingeräumt werden. Aufgrund früherer Vereinbarungen konnten Girokonten nur im Haben geführt werden; Girokonten führt in dieser Form nur noch die Deutsche Bundesbank.

Gironetz [ʒ...]: weitverzweigtes Überweisungssystem gleichartiger Kreditinstitute, wodurch diese über die zentrale Verrechnungsstelle (Girozentrale) einander Geld überweisen können, sowie Lastschriften, Schecks und Wechsel einziehen können.

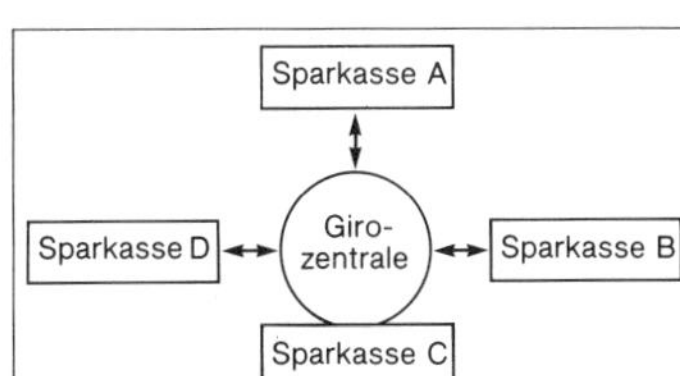

In der Bundesrepublik Deutschland gibt es 7 Gironetze: der Deutschen Bundesbank, der Postgiroämter (Deutsche Bundespost), der Sparkassen (Spargironetz), der Genossenschaftsbanken (Deutscher Genossenschaftsring) und der drei Großbanken (Deutsche Bank AG, Dresdner Bank AG, Commerzbank AG). Die Gironetze sind untereinander verbunden und ermöglichen so Überweisungen von einem Gironetz in das andere.

Girosammelverwahrung [ʒ...] ↑Depot.

Giroverkehr [ʒ...] ↑Überweisungsverkehr.

GKR: Abk. für ↑**G**emeinschafts**k**onten**r**ahmen der deutschen Industrie.

Gläubiger ↑Schuldverhältnis.

Gläubigerpapiere: Wertpapiere, bei denen der Inhaber Gläubiger der ausgebenden Stelle des Wertpapiers ist. Er hat dadurch 1. den Anspruch auf Rückzahlung und 2. den Anspruch auf Verzinsung (bei Gläubigereffekten spricht man daher auch von ↑festverzinslichen Wertpapieren). Gläubigerpapiere sind z. B. ↑Anleihen und das Sparbuch.

Gläubigerversammlung: Zusammenkunft der Gläubiger eines sich im ↑Konkurs befindlichen Unternehmens, in der sie ihre Rechte auf Mitwirkung am Konkursverfahren ausüben. Hauptaufgaben: Endgültige Ernennung des Konkursverwalters, Bestellung eines Gläubigerausschusses, Genehmigung besonderer Geschäfte des Konkursverwalters.

Gläubigerverzug ↑Verzug.

Gleichgewichtspreis: in der Volkswirtschaft der Preis, bei dem sich Angebot und Nachfrage über einen längeren Zeitraum ausgleichen. – Abb. S. 167.

gleitende Arbeitszeit (Gleitzeit) ↑Arbeitszeit.

Globalsteuerung: Bezeichnung für die Beeinflussung makroökonomischer Größen wie Geldmenge, Investitionsvolumen, Konsum und Volkseinkommen durch den Einsatz wirtschafts- und finanzpolitischer Instrumente zur Erreichung eines **gesamtwirtschaftlichen Gleichgewichts.** Diese Maßnahmen sind nach dem Stabilitätsgesetz so durchzuführen, daß sie im Rahmen der marktwirtschaftlichen Ordnung gleichzeitig zur Stabilität des Preisniveaus, zu einem hohen Beschäftigungsstand und außenwirtschaftlichen Gleichgewicht bei stetigem und angemessenem Wirtschaftswachstum führen.

Globalzession: Abtretung von Forderungen (meist zur Absicherung eines Bankkredits), durch die der abtretende Kreditnehmer (Zedent) der Bank eine allgemein bestimmte Zahl von bestehenden und in der Zukunft entstehenden Forderungen abtritt (als stille Zession). An die Stelle der zurückbezahlten Forderungen treten automatisch (anders als bei der ↑Mantelzession) neu entstandene Forderungen, damit die Kreditsicherungsfunktion erhalten bleibt. Eine der Bank eingereichte Forderungsliste hat lediglich Kontrollfunktion. Die betroffenen Forderungen müssen hinreichend individualisiert sein, so daß ein Außenstehender erkennen kann, welche Forderungen von der Globalzession erfaßt sind. Fehlt dieses Erfordernis oder verstößt die Globalzession gegen die guten Sitten, ist sie unwirksam (die Globalzession „aller künftigen Forderungen" z. B. ist wegen der umfänglichen Beschränkung der wirtschaftlichen Bewegungsfreiheit des Abtretenden sittenwidrig).

GmbH: Abk. für ↑**G**esellschaft **m**it **b**eschränkter **H**aftung.

GmbH & Co. KG: eine ↑Kommanditgesellschaft, bei der die GmbH Vollhafter ist; daher haften alle Gesellschafter nur beschränkt. Bei der typischen Form sind die Gesellschafter der GmbH gleichzeitig die Kommanditisten. Bei dieser Unternehmungsform kann Eigenkapital durch die Aufnahme von Kommanditisten beschafft werden, ohne daß ein wesentliches Mitwirkungsrecht bei der Unternehmensführung entsteht.

GoB: Abk. für ↑**G**rundsätze **o**rdnungsgemäßer **B**uchführung und Bilanzierung.

goldene Bankregel: Liquiditätsgrundsatz der Banken: Die gewährten Kredite sollen nach Umfang und Fälligkeit den der Bank zur Verfü-

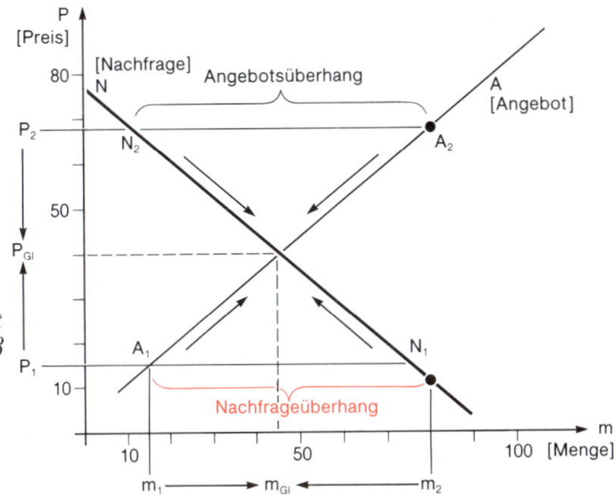

Gleichgewichtspreis. Der Marktpreis bildet sich in der Höhe, daß angebotene und nachgefragte Menge sich angleichen, der Gleichgewichtspreis „räumt den Markt“

gung gestellten Einlagen entsprechen. Dieser Grundsatz kann von den Banken in dieser strengen Form auch aus Rentabilitätsgründen nicht eingehalten werden. Die Befristung der Einlagen ist in bestimmtem Umfang rein formaler Natur, d. h. sie stehen den Banken tatsächlich länger zur Verfügung, wodurch die Banken in der Lage sind, diese auch längerfristig auszuleihen (= Fristentransformation). Es kommt für die Banken nur darauf an, jederzeit genügend Bargeld für Auszahlungswünsche ihrer Kunden zur Verfügung bzw. Möglichkeiten der Bargeldbeschaffung (z. B. Rediskontierung von Wechseln) zu haben.

goldene Bilanzregel: Finanzierungsgrundsatz (eher: Faustregel), der besagt, daß das langfristig gebundene Vermögen (das Anlagevermögen) durch langfristig verfügbares Kapital (das Eigenkapital) gedeckt sein soll, während das kurzfristig gebundene Vermögen (das Umlaufvermögen) durch kurzfristig zur Verfügung stehendes Fremdkapital finanziert sein darf. Eine modifizierte goldene Bilanzregel fordert die Finanzierung des betriebsnotwendigen Vermögens mit lanfristigem (Eigen- und Fremd-)Kapital. – ↑auch Bilanzanalyse.

Goldwährung: ein Währungssystem, in dem das Geld an das Gold gebunden oder in dem das Gold Münzmetall ist. Die Notenbank verpflichtet sich zur Einlösung des Geldes in Gold und umgekehrt in der Regel zu einem festen Preis **(Goldparität).** Die wichtigsten Goldwährungen sind: 1. **Goldumlaufswährung:** Das Geld besteht aus Goldmünzen. Nominalwert der Münzen und Metallwert der Münzen sind identisch. 2. **Goldkernwährung:** Geld- und Goldmenge in einem Lande stimmen nicht mehr überein. Papiergeld besteht neben dem Währungsmetall, ist aber jederzeit in Gold einlösbar zur festgesetzten Goldparität. In den meisten Fällen wird dabei eine Goldreservehaltungspflicht in einer bestimmten Relation zur Geldmenge verlangt **(Golddeckung).** 3. **Golddevisenwährung:** Die Notendeckung erfolgt durch Gold und Golddevisen, das sind Forderungen in einer anderen Währung, die bei den ausländischen Notenbanken in Gold eingelöst werden können.
Die genannten Goldwährungssysteme besitzen heute nur noch theoretische Bedeutung, nachdem sich 1971 auch die USA (letzter Staat mit Goldeinlösepflicht) dieser Verpflichtung entledigten. Auch im Wäh-

rungssystem des IWF hat die Goldwährung ihre Funktion eingebüßt, nachdem der IWF seit seiner Statutenänderung 1978 die Preise der angeschlossenen Währungen nicht mehr in Gold, sondern in Sonderziehungsrechten ausdrückt.

Goodwill [englisch 'gʊdwɪl] ↑Firmenwert.

Gossensche Gesetze: von dem Nationalökonomen H. H. Gossen (* 1810, † 1858) formulierte Regeln. 1. *Gesetz vom abnehmenden Grenznutzen:* Der ↑Grenznutzen eines Gutes nimmt mit zunehmendem Konsum ab. 2. *Gesetz vom Ausgleich der Grenznutzen:* Beim Konsum mehrerer Güter ist das Nutzenmaximum (maximale Bedürfnisbefriedigung) dann erreicht, wenn die Grenznutzen der zuletzt beschafften Gütereinheiten gleich sind.

Gratifikation: Sonderzuwendung im Rahmen eines Dienst- oder Arbeitsverhältnisses, die vom Arbeitgeber an den Arbeitnehmer zu bestimmten Anlässen erbracht wird (Weihnachtsgeld, Urlaubsgeld, Treueprämie, Jubiläumsgabe usw.) als Anerkennung für geleistete oder Anreiz für künftige Dienste. Gratifikationen sind Bestandteile des (Arbeits-)Entgelts und unterliegen der Lohn- und Einkommensteuerpflicht; teilweise werden Freibeträge gewährt.

Gratisaktie ↑Aktie.

Grenzbetrieb: Betrieb, dessen durchschnittliche Stückkosten dem Marktpreis entsprechen, bzw. dessen Gesamterlös mit den Gesamtkosten übereinstimmt. Der Grenzbetrieb kann bei gleichbleibendem Marktpreis langfristig am Markt existieren, ohne jedoch Gewinn oder Verlust zu erzielen.

Grenzkosten: Bezeichnung für den Zuwachs der Gesamtkosten, der entsteht, wenn die Produktion auf einem bestimmten Produktionsniveau um eine Gütereinheit erhöht wird. Im Betrieb lassen sich die Grenzkosten nur durchschnittlich errechnen als Differenz (↑Differenzkosten) zwischen zwei Beschäftigungsgraden (Produktionsmengen, Produktionsschichten), bezogen auf die Erzeugniseinheit **(Differentialkosten).**
In der *Kostentheorie* ergeben sich die Grenzkosten als Differential über die 1. Ableitung der Gesamtkostenfunktion nach der Produktmenge. Die Grenzkosten stellen als Funktion der Produktmenge die individuelle Angebotsfunktion eines gewinnmaximierenden Unternehmens dar. Solange die Grenzkosten unter dem Marktpreis bzw. Grenzerlös liegen, bringt eine Produktionssteigerung einen Grenzgewinn. Ein Unternehmen erreicht demnach seine gewinnmaximale Angebotsmenge (↑Cournotscher Punkt), bei der Produktions- bzw. Absatzmenge, bei der Grenzkosten und Grenzerlös übereinstimmen. Die Grenzkosten als Vollkostenbegriff umfassen die gesamten Selbstkosten des Grenzbetriebs, der zur Marktdeckung noch benötigt wird, aber keinen Gewinn mehr erzielt. Mit den Grenzkosten als ↑Teilkosten kalkuliert die Grenzkostenrechnung, Grenzplankostenrechnung oder ↑Deckungsbeitragsrechnung, wo mindestens die variablen Kosten der zusätzlichen Einheit erfaßt werden und der Deckungsbeitrag äußerstenfalls gegen Null sinkt.

Grenznutzen: Nutzenzuwachs, den ein Haushalt beim Konsum einer zusätzlichen Gütereinheit erfährt und der bei steigendem Konsum immer geringer wird (↑Gossensche Gesetze).

Gros: alte deutsche Zähleinheit: entspricht 12 Dutzend oder 144 Stück.

Großhandel: Sammelbezeichnung für die Gruppe von Handelsunternehmen, die als Bindeglied zwischen Herstellern und Einzelhandel fungiert. Die Aufgaben des Großhandels sind insbesondere die Konzentration und Vereinfachung der Vertriebswege, Zusammenfassung bestimmter Produktgruppen und Senkung der Warenbezugskosten für den Einzelhandel. Man unterscheidet zwischen funktionalem und institutionalem Großhandel. Zu dem Bereich des *institutionalen* Großhandels zählen sowohl unabhängige Großhandelsunternehmen als auch Unternehmen, die wirtschaftlich oder vertraglich an einen bestimmten Hersteller gebunden sind. Eine besondere Form der Großhandelsunternehmen sind die genossenschaftlich betriebenen Ein- und Verkaufsorganisationen. Unter *funktionalem* Großhandel versteht man die Erfüllung von Großhandelsaufgaben, z. B. die herstellereigenen Auslieferungslager, die Verkaufsaufgaben erfüllen.

Grundbuch: 1. in der *Buchhaltung* Verzeichnis aller Geschäftsvorfälle bevor sie auf die Konten übertragen werden. 2. öffentliches *Verzeichnis aller Grundstücke* innerhalb eines Amtsgerichtsbezirks (in Baden-Württemberg einer Gemeinde). Alle Rechte an einem Grundstück sind ins Grundbuch einzutragen, vorher werden sie nicht wirksam. Das Grundbuch genießt öffentlichen Glauben, d. h. eingetragene Tatbestände gelten als richtig. Jeder, der ein berechtigtes Interesse nachweist, kann das Grundbuch einsehen. Das Grundbuch hat folgende einheitliche Gliederung: Bestandsverzeichnis aller Grundstücke (mit Lage, Größe, Fläche), Abteilung 1: die Eigentumsverhältnisse, Abteilung 2: Lasten und Beschränkungen des Eigentumsrechts (↑Grunddienstbarkeit), Abteilung 3: grundpfandrechtliche Belastungen des Grundstücks (z. B. ↑Hypotheken). Die Reihenfolge der Eintragungen in Abteilung 3 bestimmt den Rangplatz der Belastung und damit auch die Reihenfolge, in der Gläubiger aus dem Grundstück befriedigt werden.

Grunddienstbarkeit: im Grundbuch eingetragene Belastungen eines Grundstücks zugunsten eines anderen Grundstückseigentümers. Dieser darf das belastete Grundstück in bestimmter Weise nutzen, der Eigentümer muß die Nutzung dulden (z. B. Wegerecht, um ein anderes, nicht zugängliches Grundstück zu erreichen).

Grunderwerbsteuer: den Ländern und Gemeinden zufließende ↑Verkehrsteuer, die den Eigentumsübergang von bebauten und unbebauten Grundstücken, Erbbaurechten, Erbpachtrechten, Gebäuden auf fremden Boden bzw. den Erwerb von Ansprüchen darauf erfaßt. Bemessungsgrundlage ist in der Regel die Gegenleistung des Erwerbers an den Veräußerer bzw. eine andere Person (z. B. der Kaufpreis eines Gebäudes); der Steuersatz beträgt 2%. Als Voraussetzung für die Eintragung ins Grundbuch muß der Erwerber die Zahlung der vom Finanzamt festgesetzten Steuer nachweisen.

Grundkapital: der dem Nennwert der ausgegebenen Aktien entsprechende Teil des Eigenkapitals einer ↑Aktiengesellschaft.

Grundkosten (Zweckaufwand): aufwandsgleiche Kosten, wo im Gegensatz zu den Zusatzkosten in Kalkulation und Buchhaltung dieselben Werte berücksichtigt werden.

Grundlohn: 1. der den einzelnen Lohngruppen *tarifvertraglich* zugeordnete Mindestlohn. 2. in der gesetzlichen *Krankenversicherung* das auf den einzelnen Kalendertag umgerechnete Arbeitsentgelt; bildet die Bemessungsgrundlage für die Beiträge zur Krankenversicherung und für die baren Leistungen der Krankenkassen.

Grundpfandrechte: in Abteilung 3 des ↑Grundbuchs eingetragene pfandrechtliche Belastungen eines Grundstücks in Form von ↑Hypotheken, ↑Grundschulden, ↑Rentenschulden.

Grundrente: 1. Einkommen, das aus dem *Eigentum an Grund und Boden* bezogen wird. Die Grundrente hat die volkswirtschaftliche Funktion, den Produktionsfaktor Boden der produktivsten Verwendungsart zuzuführen. 2. im *Sozialrecht* der feste Rentenbestandteil der Kriegsopferrenten nach dem Bundesversorgungsgesetz, unabhängig von der

Einkommenshöhe des Rentenempfängers.

Grundsätze ordnungsgemäßer Buchführung und Bilanzierung (GoB): Ordnungsregeln für die Durchführung der Buchführung und die Aufstellung des ↑Jahresabschlusses. Für die ↑Bilanz gelten insbesondere die Grundsätze der Bilanzidentität, Bilanzklarheit, Bilanzkontinuität, Bilanzwahrheit, Vorsicht (↑Realisationsprinzip) und der Maßgeblichkeit der Handels- für die Steuerbilanz. Für die ↑Buchführung gilt als Grundsatz (§ 238 HGB, § 145 AO), daß sie so beschaffen sein muß, daß sie einem sachverständigen Dritten innerhalb angemessener Zeit einen Überblick über die Geschäftsvorfälle und über die wirtschaftliche Lage des Unternehmens vermitteln kann. Die Geschäftsvorfälle müssen sich in ihrer Entstehung und Abwicklung verfolgen lassen. Die einzelnen Grundsätze sind z. T. aus Gesetzen zu entnehmen (z. B. HGB, AO). Die Rechtsprechung der Gerichte, herrschende Meinungen in der Fachliteratur, gutachterliche Stellungnahmen des Instituts der Wirtschaftsprüfer, des DIHT und der Industrie- und Handelskammern sowie die Buchführungsanschauungen und in der betrieblichen Praxis angewendete Buchführungsregeln ehrenwerter und ordentlicher Kaufleute stellen ebenfalls Inhalte und Leitlinien der GoB dar. Als *einzelne Grundsätze* sind z. B. zu nennen: Aufzeichnungen in einer lebenden Sprache (Jahresabschluß in deutsch), Verwendung nur eindeutiger Abkürzungen und Symbole usw., keine Buchung ohne Beleg, keine Veränderungen in der Art, daß der ursprüngliche Inhalt nicht mehr feststellbar ist, Eintragungen müssen vollständig, richtig, zeitgerecht und geordnet vorgenommen werden, keine Konten auf falsche oder erdichtete Namen, a-jour Prinzip, fortlaufende Numerierung der Seiten der Bücher, keine Bleistifteintragungen, Entwertung leerer Räume zwischen den Buchungen, tägliche Erfassung der Kasseneinnahmen und -ausgaben, Aufstellung von Inventar und Jahresabschluß entsprechend den gesetzlichen Bestimmungen usw.
Eine nicht ordnungsgemäße Buchführung und Bilanzierung kann führen 1. zur Berichtigung oder Verwerfung der Buchführung und Schätzung durch das Finanzamt, 2. zur Verweigerung steuerlicher Vergünstigungen, die vom Vorliegen einer ordnungsgemäßen Buchführung abhängen, 3. zu einem Ordnungswidrigkeiten- oder Strafverfahren wegen Steuerverkürzung bzw. Steuerhinterziehung, 4. zur Haftung gegenüber den Gläubigern, 5. bei Betrugsabsicht oder im Konkursfall zur Bestrafung, 6. zur Verweigerung des Bestätigungsvermerks bei prüfungspflichtigen Unternehmen, 7. zur Entlassung des Vorstands bei Aktiengesellschaften.

Grundschuld: Belastung eines Grundstücks in der Weise, daß an den Begünstigten eine bestimmte Geldsumme zu zahlen ist. Grundschulden dienen der Sicherung langfristiger Kredite zur Finanzierung von Grundstücken und Gebäuden. Der Grundschuldgläubiger (Kreditgeber, zu dessen Gunsten die Grundschuld eingetragen ist) braucht im Gegensatz zur ↑Hypothek das Bestehen einer Forderung nicht nachzuweisen; für die Wirksamkeit der Grundschuld genügt die Eintragung in Abteilung 3 des Grundbuchs (Buchgrundschuld) bzw. der Besitz des Grundschuldbriefs (Briefgrundschuld), sofern ein solcher ausgestellt wurde. Die Grundschuld kann auch für den Grundstückseigentümer selbst ausgestellt werden (Eigentümergrundschuld).

Grundsteuer: Realsteuer (↑Objektsteuer) auf den Wert und die Beschaffenheit von bebauten und unbebauten Grundstücken und Eigentumswohnungen. Bemessungsgrundlage ist der ↑Einheitswert zu Beginn des Kalenderjahres. Das Finanzamt multipliziert diesen mit der Steuermeßzahl, die bei Betrieben der Land- und Forstwirtschaft 6 ‰ (Grundsteuer A), bei Einfamilienhäusern für die ersten 75 000,– Einheitswert 2,6 ‰ und 3,5 ‰ für den Rest, bei Zweifamilienhäusern 3,1 ‰ und bei allen anderen Grundstücken 3,5 ‰ beträgt (Grundsteuer B). Dadurch ergibt sich der *Steuermeßbetrag,* der mit dem durch die Gemeinde festgesetzten Hebesatz (häufig zwischen 200 und 300%) multipliziert wird und dann die Grundsteuerschuld ergibt, die der Gemeinde zufließt.

Grundstück: 1. im Sinne des BGB und der Grundbuchordnung ein räumlich abgegrenzter Teil der Erdoberfläche, der im Bestandsverzeichnis eines Grundbuchblatts (↑Grundbuch) unter einer besonderen Nummer geführt wird, ohne Rücksicht auf die Art seiner Nutzung; 2. in den Bau- und Bodengesetzen die eine Nutzungseinheit bildenden Bodenflächen (Grundstück im wirtschaftlichen Sinn, unter Umständen bestehend aus mehreren Grundstücken).

Grundstücksbewertung ↑Bewertung, ↑Einheitswert.

Grundstückskaufvertrag: Vertrag, der nach § 313 BGB der notariellen Beurkundung bedarf, sofern sich der Verkäufer wirksam zur Übereignung verpflichten will. Die Einigung zwischen Käufer und Verkäufer über den Eigentumsübergang **(Auflassung)** muß von beiden Parteien vor dem Notar erklärt werden.

Gruppenakkord: Form des Akkordlohns, bei der Vorgabezeit und Minutenfaktor nicht für den einzelnen Arbeitnehmer, sondern für eine Gruppe von Arbeitnehmern gemeinsam festgelegt wird. Über einen Verteilungsschlüssel kann dann der Lohnanteil des einzelnen ermittelt werden. Die Auswahl eines gerechten Verteilungsschlüssels ist schwierig und daher ein Nachteil des Gruppenakkords; Vorteil: Förderung des Teamgeistes, gegenseitige Motivation der Gruppenmitglieder. – ↑auch Akkordarbeit.

Gruppenfertigung ↑Fertigungsverfahren.

Güter: Mittel zur Befriedigung menschlicher Bedürfnisse. Es werden unterschieden: 1. freie und wirtschaftliche Güter: wirtschaftliche Güter sind durch Knappheit gekennzeichnet, freie stehen in beliebiger Menge zur Verfügung; 2. Real- und Nominalgüter: Nominalgüter sind Geld oder Ansprüche auf Geld, ihnen stehen alle anderen Güter als Realgüter gegenüber; 3. materielle und immaterielle Güter: materielle Güter sind körperlich, immaterielle unkörperlich, materielle Realgüter sind die sogenannten Sachgüter, die unbeweglicher (Immobilien) oder beweglicher Natur (Mobilien) sein können, immaterielle Realgüter sind z. B. Arbeitsleistungen und Dienste sowie Informationen, Nominalgüter sind stets immaterielle Güter; 4. Konsum- und Investitionsgüter: Konsumgüter dienen unmittelbar der Bedürfnisbefriedigung, Investitionsgüter der Herstellung von Konsumgütern, wobei ein und dasselbe Gut sowohl als Konsum- als auch als Investitionsgut verwendet werden kann; 5. Gebrauchs- und Verbrauchsgüter: Verbrauchsgüter sind Güter für den einmaligen Verbrauch, wogegen Gebrauchsgüter für eine längere Nutzungsdauer bestimmt sind; 6. private und öffentliche Güter: private Güter können unter Ausschluß anderer Wirtschaftssubjekte individuell genutzt bzw. konsumiert werden, während bei öffentlichen (auch: kollektiven) Gütern die Möglichkeit gemeinsamer Nutzung besteht; 7. komplementäre und substitutive Güter: komplementäre Güter ergänzen einander, z. B. Pkw und Reifen, substitutive Güter ersetzen einander, z. B. Süßstoff und Zucker.

Güterfernverkehr: nach dem Güterkraftverkehrsgesetz die Beförderung von Gütern für andere mit Kraftfahrzeugen über die Grenzen der Nahzone (↑Güternahverkehr) hinaus. Zugelassene Lastzüge tragen ein Genehmigungsschild, gegebenenfalls mit farbigem Schrägstrich, z. B. rot: allgemeiner Güterfernverkehr, zugelassen für In- und Ausland.

Gütergemeinschaft ↑eheliches Güterrecht.

guter Glaube: bei einer *Rechtshandlung* (vielfach einem Rechtsgeschäft) die Überzeugung eines Beteiligten vom Vorhandensein eines in Wirklichkeit fehlenden rechtserheblichen Umstandes. Je nach der gesetzlichen Regelung sind die Anforderungen an den guten Glauben verschieden. Manchmal genügt die Unkenntnis des wirklichen Sachverhalts, gleichgültig, ob sie verschuldet oder unverschuldet ist, manchmal wird Gutgläubigkeit nur dann angenommen, wenn die Unkenntnis nicht auf grober Fahrlässigkeit beruht.

Güternahverkehr: nach dem Güterkraftverkehrsgesetz die Beförderung von Gütern für andere mit Kraftfahrzeugen in der **Nahzone,** das heißt innerhalb eines Umkreises von 50 km um den Standort des Fahrzeuges. Der Standort ist der Sitz des Unternehmens, ein davon abweichender, sogenannter *angenommener Standort* ist möglich.

Güterrecht ↑eheliches Güterrecht.

Gütertrennung ↑eheliches Güterrecht.

gute Sitten: alles, was dem Anstandsgefühl aller billig und gerecht Denkenden entspricht. In der *Werbung* das Unterlassen geschmackloser, unwahrer, herabsetzender, irreführender und marktschreierischer Werbung.

Gütezeichen ↑Markenschutz.

gutgläubiger Erwerb ↑Eigentum.

H

Haben: Bezeichnung für die rechte Seite eines Kontos, unabhängig davon, ob es sich um Bestands- oder Erfolgskonten handelt. Die ursprüngliche Bedeutung von ↑Soll und Haben (der Kunde „soll" bezahlen und er „hat" bezahlt) ist mit Einführung der ↑Sachkonten verloren gegangen.

Haftpflichtversicherung, diejenige Schadenversicherung, die den Versicherungsnehmer davor schützt, daß er aus seinem eigenen Vermögen in bestimmten Haftpflichtfällen von einem geschädigten Dritten auf Schadensersatz in Anspruch genommen wird, z. B. bei einem Unfall als Kraftfahrzeughalter, Betriebsinhaber, Grundstückseigentümer. Im Versicherungsfall muß der Versicherer den Versicherungsnehmer von (begründeten) Schadensersatzansprüchen durch Leistung an den geschädigten Dritten freistellen und ihm Rechtsschutz gewähren. Bei vorsätzlichem Handeln des Versicherungsnehmers ist der Versicherungsschutz jedoch ausgeschlossen. Der Versicherungsnehmer hat das schädigende Ereignis, das eine Haftpflicht zur Folge haben könnte, binnen einer Woche dem Versicherer anzuzeigen, ebenso die Geltendmachung von Ansprüchen durch Dritte, ferner unverzüglich eine gegen ihn erhobene Klage und die Einleitung eines Ermittlungsverfahrens. Er hat den Versicherer bei der Schadensermittlung und -regulierung zu unterstützen, seine Weisungen zu beachten und ihm die Führung eines Haftpflichtprozesses zu überlassen.

Haftsumme ↑Genossenschaft.

Haftung: 1. *allgemeine* Haftung hat ein Schuldner für eigenes Verschulden sowie das seines gesetzlichen Vertreters und seiner Erfüllungsgehilfen zu vertreten. Verschulden kann in Vorsatz oder Fahrlässigkeit bestehen (§§ 276, 278 BGB). Der

Kaufmann hat bei Handelsgeschäften außerdem für die „Sorgfalt eines ordentlichen Kaufmanns" einzustehen, die häufig über die „im Verkehr erforderliche Sorgfalt" hinausgeht (§ 347 HGB); 2. eine *besondere* Haftung besteht für öffentliche Körperschaften für Amtspflichtverletzungen ihrer Bediensteten gemäß Art. 34 GG und für die Eisenbahn im Frachtverkehr.

Handel: 1. die Beschaffung von Waren und deren Verkauf, ohne daß eine nennenswerte Veränderung dieser Waren stattfindet; 2. die Gesamtheit der ↑Handelsbetriebe.

Aufgabe bzw. Funktionen des Handels sind vor allem: der zeitliche Ausgleich (da Produktion und Verwendung der Waren zeitlich auseinanderfallen), der räumliche Ausgleich (da sich Käufer und Verkäufer in der Regel an unterschiedlichen Orten befinden), der quantitative Ausgleich (da Produktions- und Verbrauchsmenge erheblich auseinanderfallen können), der qualitative Ausgleich (da der Industriebetrieb nach produktionstechnischen Gesichtspunkten arbeitet, der Handel aber nach Kundenwünschen), die Informationsfunktion (wenn der Handel die Übersicht über die Vielzahl der auf dem Markt angebotenen Artikel herstellt). Als Folge der Marktübersicht kann die Angleichung der Preise erfolgen (Preisausgleichsfunktion). Aus volkswirtschaftlicher Sicht wird die Bedeutung des Handels für die Güterverteilung betont.

Handelsagent ↑Handelsvertreter.

Handelsauskunft ↑Auskunft.

Handelsbetrieb: Träger des Warenaustauschs bzw. der Handelsfunktionen. Nach dem Merkmal der Abnehmergruppe und der Absatzmenge je Verkaufsakt wird zwischen ↑Großhandel und ↑Einzelhandel unterschieden. Großhandelsbetriebe setzen ihre Waren an Wiederverkäufer oder Weiterverarbeiter (Produzenten) ab, Einzelhandelsbetriebe verkaufen ihre Waren an Verbraucher oder Produzenten in relativ kleinen Mengen. Nach dem Kriterium des Absatzgebiets wird zwischen ↑Binnenhandel und ↑Außenhandel unterschieden. Das Absatzgebiet des Binnenhandels ist auf das Land beschränkt, in dem der Handelsbetrieb seinen Standort hat, während das Absatzgebiet des Außenhandelsbetriebs außerhalb dieses Landes liegt.

Handelsbilanz: 1. der Teil der ↑Zahlungsbilanz, der die Gegenüberstellung der Warenaus- und -einfuhren eines Landes enthält; 2. die durch § 39 HGB vorgeschriebene und nach handelsrechtlichen Vorschriften aufgestellte Jahresbilanz. Die Handelsbilanz dient (im Gegensatz zur Steuerbilanz) u. a. der Gewinnverteilung.

Handelsbrauch (Usance): Handelsbräuche sind geltende Gewohnheiten und Gebräuche beim zweiseitigen Handelsgeschäft. Der Handelsbrauch kann zum Gewohnheitsrecht werden, obwohl er keine eigene Rechtsquelle darstellt und nur durch tatsächliche, einverständliche Übung entsteht. Eindeutige Parteiabreden (Vertragsabmachungen) haben aber stets den Vorrang. Handelsbräuche gehen in der Regel dem nachgiebigen Recht vor, sind aber nur im Rahmen des zwingenden Rechts zu beachten. Die Industrie- und Handelskammern zeichnen Handelsbräuche auf und erteilen darüber Auskünfte. Insbesondere bei Auslegung von Erklärungen, Bedeutung des Schweigens und Art und Weise der Leistung sind Handelsbräuche zu beachten.

Handelsfaktura ↑Handelsrechnung.

Handelsgesellschaft: Gesellschaft, für die die Vorschriften über Kaufleute gelten („die Kaufmann ist"), und zwar deshalb, weil sie entweder ein ↑Handelsgewerbe betreibt (OHG, KG) oder weil das Gesetz ihr ohne Rücksicht auf den Gegenstand ihres Unternehmens die Kaufmannseigenschaft beilegt (AG, KGaA, auch GmbH). Keine Handelsgesellschaften, obgleich so behandelt, sind ↑Genossenschaften und Versicherungsvereine auf Gegenseitigkeit sowie Zusammenschlüsse von Handelsgesellschaften wie Kartelle, Konsortien und Interessengemeinschaften.

Handelsgesetzbuch (HGB): regelt das deutsche Handelsrecht und ist als Allgemeines Deutsches Handelsrecht seit 1861 in Kraft. 1897 durch Einführung des Bürgerlichen Gesetzbuchs geändert und in dieser neuen Fassung am 1. Jan. 1900 gemeinsam mit dem BGB in Kraft getreten. Es beinhaltet Vorschriften über Handelsstand, Handelsgesellschaften, Handelsgeschäfte und weitere Einzelbestimmungen über handelsrechtliche Beziehungen. Neben dem HGB gelten handelsrechtliche Sondergesetze, wie z. B. ↑Aktiengesetz, Wechselgesetz, Scheckgesetz und GmbH-Gesetz. Ergänzend kommen die Vorschriften des BGB zur Anwendung.

Handelsgewerbe: im Sinne des HGB 1. Gewerbe, die ein Grundhandelsgeschäft (§ 1 Abs. 2 HGB) zum Gegenstand haben oder 2. nach Art und Umfang einen in kaufmännischer Weise eingerichteten Geschäftsbetrieb erfordern und ins Handelsregister eingetragen sind oder 3. in einer bestimmten Rechtsform betrieben werden. – (↑auch Kaufmann, ↑Kaufmannseigenschaft).

Handelskauf: Kauf von Waren oder Wertpapieren, wenn dies ein Handelsgeschäft ist. Das HGB regelt in den §§ 373 bis 382 einige Abweichungen vom allgemeinen Kaufrecht (das im übrigen auch dem Handelskauf zugrunde liegt). Die Pflichten der Parteien werden verstärkt, die Abwicklung der Verträge wird vereinfacht und beschleunigt. Ist der Gegensatz ein beiderseitiges Handelsgeschäft (im Gegensatz zum Fixgeschäft), so hat der Käufer die Ware unverzüglich zu untersuchen und etwaige Mängel zu rügen. Unterläßt er die Mängelanzeige, so gilt die Ware als genehmigt, es sei denn, daß der Mangel nicht erkennbar oder vom Verkäufer arglistig verschwiegen war. Die Rügepflicht besteht auch dann, wenn eine andere als die bedungene Ware geliefert wird, sofern nicht eine ganz offensichtliche Abweichung von der Bestellung vorliegt. – Der kombinierten Regelung aus BGB und HGB gehen Parteiabreden vor. Von dieser Möglichkeit wird insbesondere durch ↑allgemeine Geschäftsbedingungen häufig Gebrauch gemacht.

Handelskette: Bezeichnung für 1. den Weg eines Produktes vom Erzeuger zum Verwender (indirekter ↑Absatzweg, Absatzkette); 2. eine Vertriebsorganisation, dic cin cinheitliches Erscheinungsbild aufweist, z. B. Supermarktkette (unter anderem durch gleiche Farbgebung, gemeinsame Werbung, einheitliche Verkaufsstrategie).

Handelsklauseln (handelsübliche Vertragsklauseln): Abreden in Kaufverträgen, die die Willensentscheide der Vertragsparteien festlegen und die Lieferungs- und Zahlungsbedingungen zwischen Käufern und Verkäufern bei nationalen und internationalen Handelsgeschäften regeln. Handelsklauseln sind für den internationalen Geltungsbereich geregelt in den ↑Incoterms.

Handelskompanien: Gesellschaften, die mit Privilegien, Monopolen und oft mit Territorialhoheitsrechten ausgestattet, den Welthandel beherrschten. In ihren Anfängen waren sie Schöpfungen kommerzieller Selbsthilfe. Die Kaufleute, die nach einer bestimmten Richtung Handel trieben, schlossen sich zu Genossenschaften, Gilden und Hansen zusammen, um gemeinsam Handelsprivilegien an fremden Orten zu erstreben. Die Mitglieder einer solchen Kompanie reisten zwar gemeinsam, blieben aber Einzelkaufleute und handelten auf eigene Rechnung und eigenes Risiko, während die **Joint stock company** mit gemeinsamem Kapital arbeitete. Die Zusammenlegung der Einzelkapitalien erwies sich als so vorteilhaft, daß die englische Levantekompanie 1591, die Ostindische Kompanie 1600 und eine Afrikakompanie 1618 auf dieser Basis gegründet wurden. Bedeutend wurde auch die 1602 entstandene niederländische Vereinigte Ostindische Kompanie.

Handelsmakler: selbständiger Kaufmann, der von Fall zu Fall für seine Auftraggeber auf deren Rechnung Handelsgeschäfte vermittelt; z. B. Waren (Warenmakler), Wertpapiere (Börsenmakler), Versicherungen (Versicherungsmakler), Schiffsmiete (Schiffsmakler). Als Vermittler wird er für zwei Auftraggeber tätig. Er erhält als Vergütung eine Gebühr (Maklergebühr, Courtage). – ↑auch Handelsvertreter.

Handelsmündigkeit ↑Geschäftsfähigkeit.

Handelsrechnung (Handelsfaktura): wichtiges ↑Außenhandelsdokument für zoll- und devisenrechtliche Vorschriften bei der Einfuhr von Waren; dient der Bestätigung des Kaufpreises und der Warenherkunft.

Handelsrecht: Sonderrecht der Kaufleute als Teil des besonderen Privatrechts, hauptsächlich im ↑Handelsgesetzbuch sowie in mehreren Nebengesetzen, wie Aktien-, GmbH-, Scheck- und Wechselgesetz, geregelt. Traditionell werden auch das Seehandelsrecht und Teile des Binnenschiffahrtsrechts zum Handelsrecht gezählt. Daneben gilt Gewohnheitsrecht sowie als Rechtsquelle im weiteren Sinn der ↑Handelsbrauch. Eine große Bedeutung haben ↑allgemeine Geschäftsbedingungen. Das Handelsrecht stellt keine abgeschlossene, erschöpfende Regelung dar, sondern ist aus dem allgemeinen Privatrecht (= bürgerlichen Recht im engeren Sinn) zu ergänzen. Anknüpfungspunkt für das Handelsrecht sind die Zentralbegriffe des HGB (↑Kaufmann, ↑Handelsgeschäft).

Handelsregister: vom Amtsgericht geführtes öffentliches Verzeichnis, in dem die Inhaber vollkaufmännischer Gewerbebetriebe eines Bezirks und bestimmte, für ihre Haftung bedeutsame Tatsachen eingetragen werden (z. B. Erteilung einer Prokura). Eintragungen in das Handelsregister können *rechtserzeugend* sein, das heißt, die Rechtswirkung tritt erst mit der Eintragung ein (z. B. die Rechtsform der Kapitalgesellschaften), oder sie können *rechtsbezeugend* sein, das heißt, die Rechtswirkung ist schon vor der Eintragung eingetreten (z. B. Erteilung einer Prokura) und wird durch die Eintragung lediglich veröffentlicht. Ähnlich dem Grundbuch genießt das Handelsregister öffentlichen Glauben. 1. Die Richtigkeit einer eingetragenen Tatsache wird vermutet (vgl. § 9 Abs. 3 HGB); 2. für den Geschäfts- und Prozeßverkehr mit Dritten (nicht bei unerlaubten Handlungen des Geschäftsinhabers oder seiner Leute) gilt: a) Vor Eintragung und Bekanntmachung kann eine einzutragende Tatsache einem Dritten nur entgegengehalten werden, wenn er sie kannte (§ 15 Abs. 1 HGB *[negative Publizität]*); b) eine richtig eingetragene und richtig bekanntgemachte Tatsache muß ein Dritter – ohne Rücksicht auf Kenntnis oder Unkenntnis – gegen sich gelten lassen. Nur bei Rechtshandlungen innerhalb von 15 Tagen nach der Bekanntmachung steht ihm der Nachweis offen, daß er die Tatsache weder kannte noch kennen mußte (§ 15 Abs. 2 HGB *[positive Publizität]*); c) auf eine unrichtig bekanntgemachte Tatsache kann sich ein Dritter berufen, es sei denn, er kannte die Unrichtigkeit oder die Bekanntmachung kann dem durch sie Benachteiligten nicht zugerechnet werden (§ 15 Abs. 3 HGB).
Vielfach bestehen *Anmeldepflichten* (vgl. §§ 29, 31, 34 HGB), deren Erfüllung durch Ordnungsstrafen erzwungen werden kann. Eingetragen werden in Abteilung A des Handelsregisters Einzelkaufleute und Personengesellschaften, in Abteilung B

Kapitalgesellschaften. Jede Eintragung wird dem Antragsteller mitgeteilt und im Bundesanzeiger öffentlich bekanntgemacht. Das Handelsregister und die Handelsregisterakten kann jedermann einsehen und daraus Abschriften verlangen (§ 9 HGB).

Handelsschule ↑kaufmännisches Schulwesen.

Handelsspanne: Unterschied zwischen Bezugspreis und Verkaufspreis, ausgedrückt in Prozenten des Verkaufspreises; z. B.

Bezugspreis	100 DM
Verkaufspreis	150 DM = 100%
Differenz (Rohgewinn)	50 DM = x%

$$x = \frac{100 \cdot 50}{150} = 33\frac{1}{3}\%$$

Handelsspanne (↑Kalkulationszuschlag).

Handelsvertreter (Handelsagent): derjenige selbständige Gewerbetreibende, der für einen oder mehrere andere Unternehmer ständig Geschäfte vermittelt **(Vermittlungsvertreter)** oder in deren Namen Geschäfte abschließt **(Abschlußvertreter).** Der Handelsvertreter ist Kaufmann kraft ↑Handelsgewerbes. Als selbständiger Gewerbetreibender bestimmt er im wesentlichen frei über seine Tätigkeit und seine Arbeitszeit. Er wird jedoch nicht, wie der ↑Handelsmakler, nur von Fall zu Fall tätig, vielmehr steht er zum Unternehmer in einem dauernden Vertragsverhältnis. Vom Kommissionär und vom Eigenhändler unterscheidet er sich dadurch, daß er erkennbar im Interesse des Unternehmers handelt. Der Vertrag zwischen Handelsvertreter und Unternehmer ist ein Dienstvertrag, der eine Geschäftsbesorgung zum Gegenstand hat. Er verpflichtet den Handelsvertreter, sich um die Vermittlung oder den Abschluß von Geschäften zu bemühen, dabei die Interessen des Unternehmers wahrzunehmen, dessen Weisungen zu beachten und den Unternehmer über seine Tätigkeit zu unterrichten. Der Unternehmer andererseits hat den Handelsvertreter zu unterstützen, insbesondere ihm die erforderlichen Unterlagen und Nachrichten zukommen zu lassen. Die einem Abschlußvertreter erteilte Vollmacht ist stets Handlungsvollmacht, die jedoch zur Änderung abgeschlossener Verträge und zur Entgegennahme von Zahlungen nicht berechtigt. Als Vergütung erhält der Handelsvertreter regelmäßig eine Provision für alle auf seine Tätigkeit zurückzuführenden Geschäfte, unter Umständen auch eine Auslagenpauschale. Bei Beendigung des Vertragsverhältnisses hat er einen Ausgleichsanspruch für künftige Geschäfte des Unternehmers mit den von ihm geworbenen Stammkunden.

Handelswechsel ↑Warenwechsel.

Handlungsbevollmächtigter: handelt nicht im eigenen, sondern im Namen des Unternehmensinhabers (§ 164 BGB). Er hat mit einem Zusatz zu seinem Namen zu zeichnen, der die Vollmacht ausdrückt. Üblich sind die Zusätze i. V. (in Vollmacht) für die Gesamt- und Artvollmacht und i. A. (im Auftrag) für die Einzelvollmacht. – ↑auch Vollmacht.

Handlungsgehilfe: kaufmännischer Angestellter, der in einem Handelsgewerbe gegen Entgelt kaufmännische Dienste leistet.

Handlungskosten ↑fixe Kosten.

Handlungsreisender: entweder Angestellter (Handlungsgehilfe) eines Unternehmens im Außendienst oder selbständiger ↑Handelsvertreter.

Handlungsvollmacht: die Befugnis, alle Geschäfte und Rechtshandlungen vornehmen zu dürfen, die der Betrieb eines Handelsgewerbes gewöhnlich mit sich bringt. Während der ↑Prokurist Kredite aufnehmen, Wechselverbindlichkeiten eingehen und die Unternehmung gerichtlich vertreten darf, benötigt der ↑Handlungsbevollmächtigte hierzu eine zusätzliche, besondere ↑Vollmacht. Die Handlungsvollmacht muß vom Arbeitgeber nicht ausdrücklich erteilt werden; sie kann bereits entstehen, wenn er entsprechende Geschäfte seines Angestellten stillschweigend duldet. Sie kann auch von Prokuristen des Unternehmens erteilt werden und wird nicht in das ↑Handelsregister eingetragen.

Handwerk: 1. *ein Gewerbe,* das handwerksmäßig betrieben wird. Wesentliche Merkmale des Handwerks im Vergleich zur Industrie: geringere Betriebsgröße, geringerer Grad der Technisierung, persönliche Mitarbeit des Inhabers, Überwiegen der Einzelfertigung aufgrund individueller Bestellung; 2. Bezeichnung für die Gruppe der *Handwerksberufe,* wenn ein amtliches Berufsbild als Grundlage für die Ausbildung vorliegt; 3. ein *Betriebssystem* bzw. eine *Produktionsweise,* bei der die Arbeit mit Werkzeug(maschinen) im Vordergrund steht und die Verantwortung für den Produktionsablauf überwiegend bei einer Person, dem Meister liegt; 4. ein *Wirtschaftszweig,* in dem die handwerkliche Produktionsweise überwiegt. Abgrenzungsmerkmal ist die Eintragung in die Handwerksrolle.

Geschichte: Bereits in der Antike findet man die Ausbildung bestimmter Handwerkszweige (Schmiedekunst, Töpferei). Die mittelalterliche Stadt mit dem sie umgebenden Land begünstigte die Entwicklung des Handwerks, weil dort, in einem geschlossenen Wirtschaftskreis, die Bedingungen für Herstellung auf Bestellung erfüllt waren. Im 12. Jahrhundert entstanden die Zünfte, in denen das Handwerk zu höchster Blüte gelangte. Das Vordringen von Technik und Industrie im 19. Jahrhundert führte zum Verschwinden einiger Handwerkszweige, jedoch entwickelten sich seitdem viele neue Handwerkszweige (z. B. Elektroinstallation, Kraftfahrzeugmechanik).

Unter dem Schlagwort „Mittelstandspolitik“ wird den größeren Handwerksbetrieben u. a. eine zentrale Rolle innerhalb der deutschen Wirtschaft beigemessen. Die *Interessenvertretung* des Handwerks sind als Körperschaften des öffentlichen Rechts organisiert. Auf Kreisebene die Handwerksinnungen, die die Kreishandwerkerschaft bilden, und auf Bezirks- oder Regionalebene die Zusammenfassung der Kreishandwerkerschaften zu den **Handwerkskammern.** Sie sind Körperschaften des öffentlichen Rechts, regeln die Berufsausbildung, erlassen die Prüfungsordnungen und führen die **Handwerksrollen,** in die jeder selbständige Handwerker eingetragen werden muß.

Hardware [englisch 'hɑ:dwɛə „harte Ware“]: die Menge aller technischen Geräte einer Rechenanlage. Dazu zählen die Zentraleinheit, die Ein- und Ausgabegeräte, die Drukker und die Verbindungsleitungen. Bei der Hardware handelt es sich um die unveränderlichen Komponenten einer Datenverarbeitungsanlage. – ↑auch Computer.

harte Währungen: Währungen, die sich durch volle Konvertibilität auszeichnen, sich als wertstabil erwiesen haben, deshalb als sicher angesehen und als Währungsreserven benutzt werden. Länder mit harter Währung besitzen in der Regel eine aktive Handelsbilanz; sie verfügen über ausreichende Mengen an internationalen Liquiditätsreserven, um am Devisenmarkt zugunsten der Stabilität ihrer Währungen intervenieren zu können.

Hauptbuch: in der doppelten ↑Buchführung die systematische Zusammenfassung der im **Grundbuch** (chronologische Aufzeichnung aller Geschäftsvorfälle) enthaltenen Informationen. Im Hauptbuch werden die ↑Sachkonten geführt. In der einfachen Buchführung dient das Hauptbuch der Erfassung der Geschäftsvorfälle mit Kunden und Lieferanten (Debitoren, Kreditoren), es entspricht dem Kontokorrentbuch der doppelten Buchführung.

Hauptkostenstellen (Endkostenstellen): Kostenstellen, auf denen im ↑Betriebsabrechnungsbogen die ↑Gemeinkosten zu Stellengemeinkosten zusammengefaßt werden. Die vier gängigen Hauptkostenstellen sind **Materialstelle,** ↑Fertigungsstelle, **Verwaltungsstelle** und **Vertriebsstelle.** Die Hauptkostenstellen übernehmen stufenweise im Umlageverfahren die Gemeinkosten aus den ↑Hilfskostenstellen.

Hauptversammlung ↑Aktiengesellschaft.

Haushalt: 1. Lebensgemeinschaft auf gemeinsamer wirtschaftlicher Basis: als Konsum-, Wohn- und Einkommensgemeinschaft; als Produktionsgemeinschaft fast ausschließlich nur noch in der Landwirtschaft. 2. In der Wirtschaftstheorie die Bezeichnung für eine Wirtschaftseinheit (privater Haushalt), die ausschließlich konsumiert im Unterschied zum ↑Unternehmen (↑auch Wirtschaftskreislauf). 3. Begriff der Finanzwissenschaft für die Einnahmen- und Ausgabenrechnung öffentlich-rechtlicher Gemeinwesen (↑öffentlicher Haushalt).

Hausse [französisch 'o:sə „Steigerung"]: starker Anstieg der Börsenkurse, tritt vor allem im Zug eines konjunkturellen Aufschwungs auf. Wird **à la hausse** spekuliert, so werden in der Hoffnung auf weitere Kurssteigerungen Käufe getätigt. Gegensatz: ↑Baisse.

Havarie [italienisch-französisch-niederländisch, zu arabisch awar „Fehler, Schaden"] (Haverei): Schäden eines See- oder Binnenschiffes oder seiner Ladung während einer Reise. – *Kleine Havarie* werden die gewöhnlich während der Fahrt entstehenden Kosten genannt (Hafengebühren, Lotsengeld, Schlepplohn). Sie werden vom Verfrachter getragen. *Große Havarie* werden diejenigen Schäden genannt, die zur Errettung von Schiff oder Ladung vorsätzlich herbeigeführt wurden, z. B. durch Seewurf oder Notstranden. Sie werden von den Eigentümern von Schiff, Fracht und Ladung gemeinsam getragen. *Besondere Havarien* sind alle übrigen Unfallschäden; sie werden von den Eigentümern von Schiff und Ladung getrennt getragen.

Hebesatz: Vomhundertsatz zur Ermittlung der Gewerbe- und Grundsteuerschuld. Die zu zahlende Steuer ergibt sich aus der Multiplikation des Steuermeßbetrags (↑Gewerbesteuer, ↑Grundsteuer) mit diesem Prozentsatz. Der Hebesatz wird von der zuständigen Gemeinde selbständig für die Dauer von einem oder mehreren Kalenderjahren festgesetzt.

Heimarbeiter: arbeitnehmerähnliche Personen, die an selbstgewählter Arbeitsstätte (z. B. Wohnung) allein oder mit ihren Familienangehörigen im Auftrag von Gewerbetreibenden arbeiten, jedoch die Rohstoffe nicht selber beziehen und die Verwertung des Arbeitsergebnisses den auftraggebenden Gewerbetreibenden überlassen. Wegen ihrer persönlichen Unabhängigkeit sind Heimarbeiter keine ↑Arbeitnehmer, wegen ihrer wirtschaftlichen Abhängigkeit gelten sie als arbeitnehmerähnlich. Für die H. gewährt das *Heimarbeitsgesetz* vor allem Arbeitszeit-, Gefahren-, Entgelt- und Kündigungsschutz, außerdem enthält es Bestimmungen über den Urlaub. H. müssen Lohnsteuer zahlen und sind arbeitslosenversicherungspflichtig. – Durch Ausnutzung neuer Techniken, die eine Verlagerung von Arbeitsplätzen in die Wohnung der Arbeitnehmer ermöglichen (Teleheimarbeit, elektronische Heimarbeit), kann künftig die Heimarbeit wieder an Bedeutung gewinnen. Die Grenze zum **Hausgewerbetreibenden,** bei dem eine persönliche Abhängigkeit zum Auftraggeber nicht vorliegt und der deshalb auch kein Arbeitnehmer ist, ist fließend.

heißes Geld [englisch hot money]: Gelder von internationalen Konzernen und Geldanlegern, die in großen Beträgen kurzfristig auf den internationalen Finanzmärkten immer dort angelegt werden, wo die Anleger sich die größten Kurs- und Zinsgewinne versprechen (z. B. auf dem Eurogeldmarkt). Wegen der oft großen Geldsummen kann es zu unerwünschten Einflüssen auf den Wertpapiermarkt bzw. die Zahlungsbilanz des Anlegerlandes kommen.

herrschendes Unternehmen: Unternehmen, das z. B. aufgrund einer Mehrheitsbeteiligung einen beherrschenden Einfluß auf ein anderes Unternehmen (abhängiges Unternehmen) ausüben kann. – ↑auch Holdinggesellschaft, ↑Konzern, ↑verbundene Unternehmen.

Herstellkosten: Begriff der ↑Kalkulation, der die durch die Herstellung eines Produktes entstandenen gesamten Kosten umfaßt:

Fertigungsmaterial + Materialgemeinkosten	Materialkosten
Fertigungslöhne + Fertigungsgemeinkosten + Sondereinzelkosten der Fertigung	Fertigungskosten
	Herstellkosten

In der Kostenträgerzeitrechnung sind dies die **Herstellkosten des Abrechnungszeitraums,** die durch Berücksichtigung der ↑Bestandsveränderungen (+ Minderbestand, – Mehrbestand) auf die **Herstellkosten des Umsatzes** gebracht werden.

Herstellung: die Erzeugung von Wirtschaftsgütern (↑Produktion).

Herstellungskosten (Herstellungsaufwand): ein Bilanzbegriff; nach § 255 HGB die Aufwendungen, die durch den Verbrauch von Gütern und die Inanspruchnahme von Diensten für die Herstellung eines Vermögensgegenstands, seine Erweiterung oder für eine über seinen ursprünglichen Zustand hinausgehende wesentliche Verbesserung entstehen. Dazu gehören die Materialkosten, die Fertigungskosten und die Sonderkosten der Fertigung. Bei der Berechnung der Herstellungskosten dürfen auch angemessene Teile der notwendigen Materialgemeinkosten, der notwendigen Fertigungsgemeinkosten und des Wertverzehrs des Anlagevermögens, soweit er durch die Fertigung veranlaßt ist, eingerechnet werden. Kosten der allgemeinen Verwaltung sowie Aufwendungen für soziale Einrichtungen des Betriebs, für freiwillige soziale Leistungen und für betriebliche Altersversorgung brauchen nicht eingerechnet zu werden. Vertriebskosten dürfen nicht in die Herstellungskosten einbezogen werden.
Zinsen für Fremdkapital gehören nicht zu den Herstellungskosten. Zinsen für Fremdkapital, das zur Finanzierung der Herstellung eines Vermögensgegenstands verwendet wird, dürfen angesetzt werden, soweit sie auf den Zeitraum der Herstellung entfallen.
Die Herstellungskosten sind die Grundlage für die ↑Bewertung nach Handels- und Steuerrecht und die ↑Absetzung für Abnutzung. – ↑auch Anschaffungswert.

Hifo ↑Fifo-Methode.

Hilfskostenstellen (Vorkostenstellen): sie werden eingeteilt in **allgemeine Hilfskostenstellen,** z. B. Fuhrpark, Sozialwesen, Heizung, deren Gemeinkostensummen auf alle übrigen Kostenstellen umgelegt werden, und in **besondere Hilfskostenstellen** (Konstruktion, Lehrwerkstatt und Werkstattschreiberei), die als Fertigungshilfsstellen auf die übergeordneten ↑Hauptstellen der Fertigung umgelegt werden.

Hilfslöhne (Gemeinkostenlöhne): Löhne, die im Gegensatz zu den ↑Fertigungslöhnen nur über die Kostenstellen erfaßt und als Gemeinkostenzuschläge in den Produktpreis eingerechnet werden können.

Hilfsstoffe (Hilfsmaterial): Stoffe, die bei der Fertigung in das Erzeugnis eingehen, ohne wie die ↑Rohstoffe wesentlicher Bestandteil des Produkts zu sein (z. B. Lacke, Leim, Schrauben, Nieten). Kalkulatorisch rechnet der Verbrauch von Hilfsstoffen zusammen mit den ↑Betriebsstoffen in der Regel zu den ↑Gemeinkosten und wird im ↑Betriebsabrechnungsbogen auf die entsprechenden Kostenstellen umgelegt.

hinkende Inhaberpapiere: qualifizierte Legitimationspapiere, in denen der Aussteller dieser Papiere dem namentlich genannten Gläubiger die Auszahlung der darin genannten Geldsumme verspricht, sich jedoch vorbehält, auch an jeden anderen Vorleger des Papiers auszuzahlen. Ein hinkendes Inhaberpapier ist z. B. das ↑Sparbuch: 1. der Inhaber des Sparbuchs gilt als Berechtigter, an den ausbezahlt werden kann (Legitimationsfunktion des Sparbuchs = qualifiziertes Legitimationspapier), 2. das Kreditinstitut kann somit an den Besitzer des Sparbuchs auszahlen, es ist jedoch dazu nicht verpflichtet, sondern kann vom Besitzer verlangen, daß er sich als Eigentümer ausweist (hinkendes Inhaberpapier).

Höchstwertprinzip: aus dem Bilanzierungsgrundsatz der Sicherheit und Vorsicht abgeleiteter Bewertungsgrundsatz (§ 253 Abs. 1 HGB), der vorschreibt, daß Verbindlichkeiten zu ihrem Rückzahlungsbetrag anzusetzen sind (Rentenverpflichtungen, für die eine Gegenleistung nicht mehr zu erwarten ist, jedoch zu ihrem Barwert). Das Höchstwertprinzip entspricht dem ↑Niederstwertprinzip auf der Aktivseite der ↑Bilanz.

Hochzinspolitik: eine „Politik des teuren Geldes“, um konjunkturelle Überhitzung und die damit verbundenen Preissteigerungen zu bekämpfen. Dies geschieht durch Erhöhung der ↑Leitzinsen, Erhöhung der ↑Mindestreserven sowie durch Verkäufe auf dem offenen Markt und soll zu einer Kreditverringerung und damit zu einem Nachfragerückgang führen.

Holdinggesellschaft [englisch 'hoʊldɪŋ „das Halten, der Besitz“]: zur einheitlichen Leitung und Verwaltung eines ↑Konzerns gegründete Obergesellschaft, die selbst keine Produktions- oder Handelsfunktionen ausübt, sondern nur die Verwaltung des Konzerns wahrnimmt (rechtliche Verselbständigung der Konzernhauptverwaltung). Die Holdinggesellschaft übernimmt die Mehrheit der Aktien der Unternehmen des Konzerns gegen Hingabe eigener Aktien an die Aktionäre der „Tochterunternehmen“ (Effektensubstitution). Diese Unternehmen bleiben rechtlich selbständig, wirtschaftlich jedoch verlieren sie ihre Selbständigkeit an die Holdinggesellschaft. Je nach Umfang des wirtschaftlichen Einflusses unterscheidet man die **Kontroll-** oder **Beteiligungsgesellschaft,** die nur die Finanzierungsfunktion wahrnimmt, und die **Dachgesellschaft,** von der weitere Leitungsfunktionen zur wirtschaftlichen Koordination der zugehörigen Unternehmen übernommen werden.

Holschulden ↑Erfüllungsort.

hot money [englisch hɔt 'mʌni] ↑heißes Geld.

Humankapital ↑Kapital.

Hypothek [griechisch-lateinisch; eigentlich „Unterlage“, „Unterpfand“]: ein zu den Grundpfandrechten gehörendes beschränktes dingliches Grundstücksrecht zur Sicherung einer Geldforderung. Im Unterschied zur Grundschuld ist sie in ihrem Bestand, Inhalt und Umfang mit der zu sichernden Forderung verknüpft. Die zu sichernde Geldforderung kann sich gegen den Grundstückseigentümer oder einen Dritten richten. Forderungs- und Hypothekengläubiger sind notwendig identisch.

Arten: 1. die Verkehrshypothek, die Regelform der Hypothek. Sie kommt vor als lediglich im Grundbuch eingetragene Buchhypothek oder als Briefhypothek, über die ein Hypothekenbrief ausgestellt ist; 2. die Sicherungshypothek, eine Buchhypothek, bei deren Geltendmachung der Gläubiger den Bestand der Forderung nachweisen muß, wozu die Eintragung im Grundbuch nicht genügt; 3. die Gesamthypothek, die für die selbe Forderung an

mehreren Grundstücken besteht; 4. die Tilgungshypothek, deren Rückzahlung durch gleichbleibende Annuität erfolgt u. a.
Inhalt, Umfang: Dem Hypothekengläubiger haftet das belastete Grundstück, das er bei Fälligkeit zur Befriedigung der gesicherten Forderung im Wege der Zwangsvollstrekkung verwerten kann.
Begründung, Übertragung: 1. Die rechtsgeschäftliche Begründung einer Hypothek erfordert: a) Einigung zwischen dem Gläubiger der zu sichernden Forderung und dem Grundstückseigentümer; b) Eintragung der Hypothek ins Grundbuch; c) bei der Briefhypothek Übergabe des Hypothekenbriefes oder Vereinbarung, daß der Gläubiger berechtigt sein solle, sich den Brief vom Grundbuchamt aushändigen zu lassen, bei der Buchhypothek (ausgenommen die Sicherungshypothek) Einigung über den Ausschluß des Hypothekenbriefes und Eintragung des Briefausschlusses ins Grundbuch; d) Entstehung der zu sichernden Forderung. 2. Wegen ihrer Akzessorietät kann die Hypothek nur gemeinschaftlich mit der Forderung übertragen werden.
Befriedigung des Gläubigers: Bei Fälligkeit der gesicherten Forderung kann der Gläubiger sein Forderungsrecht geltend machen und in das gesamte Schuldnervermögen vollstrecken. Er kann außerdem das der Hypothek innewohnende Grundstücksverwertungsrecht ausüben. Die Vollstreckungsverwertung erfolgt im Wege der Zwangsvollstreckung, der Zwangsverwaltung oder der Pfändung. Mit der Befriedigung des Gläubigers durch Zwangsvollstreckung erlischt die Hypothek. Bei freiwilliger Erfüllung der Hypothekenforderung durch den mit dem persönlichen Schuldner identischen Grundstückseigentümer oder durch den vom persönlichen Schuldner verschiedenen Grundstückseigentümer erlischt die Hypothek nicht, sondern wird zur **Eigentümerhypothek** bzw. mangels zugrundeliegender Forderung zur Eigentümergrundschuld. Gleiches gilt bei Tilgung der Hypothekenforderung durch den vom Grundstückseigentümer verschiedenen Schuldner, es sei denn, der Schuldner hat Ersatzansprüche gegen den Grundstückseigentümer; in diesem Fall geht die Hypothek auf ihn über. Für den Grundstückseigentümer bedeutet dies, daß er den Rang des Grundstücksrechts zur weiteren Verwendung behält und ein Nachrücken der übrigen Grundstücksgläubiger verhindern kann. Die Eigentümerhypothek sowie die Eigentümergrundschuld spielen vor allem eine Rolle bei der Zwischenfinanzierung z. B. von Bauwerken.

I

IDA ↑Weltbank.
IFC ↑Weltbank.
IG: Abk. für ↑**I**nteressen**g**emeinschaft und **I**ndustrie**g**ewerkschaft.
IHK: Abk. für ↑**I**ndustrie- und **H**andels**k**ammer.
immaterielle Wirtschaftsgüter (immaterielle Vermögenswerte): nichtstoffliche, unkörperliche Vermögenswerte eines Unternehmens. Dazu gehören z. B. der ↑Firmenwert, Konzessionen, Patente, Lizenzen, Marken-, Urheber- und Verlagsrechte, Gebrauchsmuster, Warenzeichen, Belieferungs-, Options-, Nutzungs-, Brenn- und Braurechte, Erfindungen, Fabrikationsverfahren. Handels- und steuerrechtlich dürfen

immaterielle Wirtschaftsgüter des Anlagevermögens nur aktiviert werden, wenn sie entgeltlich erworben wurden. Unterliegen sie der Abnutzung, ist ↑Absetzung für Abnutzung möglich, sonst Abschreibung auf einen niedrigeren ↑Teilwert. Immaterielle Wirtschaftsgüter haben einen wesentlichen Einfluß auf den Gesamtwert der Unternehmung.

Immissionsschutz [lateinisch „das Hineinlassen"]: der gesetzliche Schutz vor rechtswidrigen Einwirkungen auf die Person oder das eigene Grundstück durch Zuführung von Luftverunreinigungen, Geräuschen oder Erschütterungen. Der traditionelle Immissionsschutz ist als Nachbarrecht im Sachenrecht des BGB geregelt und befaßt sich mit dem Schutz vor Einwirkungen, die von Nachbargrundstücken auf das eigene Grundstück übergreifen (z. B. Gase, Dämpfe). Umfassender geregelt ist der Immissionsschutz im Bundesimmissionsschutzgesetz vom 15. März 1974, das die Umwelt vor schädlichen Einwirkungen durch beeinträchtigende Immissionen schützen und ihnen vorbeugen soll.

Das Gesetz enthält für Anlagen, die mögliche Quellen erheblicher schädlicher Umwelteinwirkungen sind, Vorschriften über das Genehmigungsverfahren, die Pflichten der Betreiber sowie über Emissions- und Immissionsmessungen. Die Bundesregierung wird ermächtigt, allgemeine Produktnormen zu erlassen (z. B. geschehen bei Heizöl und bei Dieselkraftstoff), die Länder werden ermächtigt, bei austauscharmen Wetterlagen (Inversionen) Smog-Verordnungen zu erlassen. Nach einheitlichen Kriterien werden in von den Ländern bestimmten besonderen Belastungsgebieten Verzeichnisse angelegt über Art, Menge, räumliche und zeitliche Verteilung von luftverunreinigenden Anlagen (Emissionskataster).

Immobilien [von lateinisch immobilia (bona) „unbewegliche (Güter)"]: alle unbeweglichen Vermögensteile wie Grundstücke und grundstücksgleiche Rechte, vor allem ↑Erbbau und Erbpachtrechte. Gegensatz: ↑Mobilien.

Den Grundstücken sind hinsichtlich der rechtlichen Behandlung (Übereignung, Belastung) weitestgehend gleichgestellt: im Schiffsregister eingetragene Schiffe, in die Luftfahrzeugrolle eingetragene Luftfahrzeuge und, je nach Landesrecht, das Bergwerkseigentum.

Immobilienfonds [-fɔ̃]: Form des Investmentsparens, die durch die gemeinschaftliche Anlage von Geldmitteln in Immobilien gekennzeichnet ist. Über das aus Gebäuden und Grundstücken bestehende Vermögen eines Immobilienfonds werden Zertifikate (Anteilscheine) ausgegeben. Bei offenen Immobilienfonds („open-end-funds") ist der Umfang der ausgegebenen Zertifikate unbegrenzt. Sie unterliegen hinsichtlich ihrer Anlagenpolitik, Überwachung und Prüfung dem Gesetz über Kapitalanlagegesellschaften. Dagegen nicht die geschlossenen Immobilienfonds („closed-end-funds"); sie werden zur Finanzierung des Erwerbs oder der Bebauung bestimmter Grundstücke errichtet. Die Höhe des Zertifikatskapitals ist in der Regel begrenzt und richtet sich nach dem für das Objekt benötigten Eigenkapital. Steuerrechtlich gelten die Zertifikatszeichner im Gegensatz zu den offenen Immobilienfonds als Grundstückseigentümer und haben Abschreibungsmöglichkeiten nach dem Einkommensteuergesetz.

Imparitätsprinzip [von lateinisch impari „ungleich"]: aus dem Bilanzierungsgrundsatz der Sicherheit und Vorsicht abgeleiteter Bewertungsgrundsatz, der besagt, daß Gewinne erst dann angesetzt werden dürfen, wenn sie durch Umsatz realisiert sind, während Verluste schon dann berücksichtigt werden müssen, wenn sie zwar noch nicht realisiert, aber bereits erkennbar sind. Das Imparitätsprinzip geht somit weiter als das ↑Realisationsprinzip. Die Bezeichnung leitet sich aus der ungleichen Behandlung von Gewinnen und Verlusten her.

Import [von lateinisch importare „hineintragen"] ↑Einfuhr.

Importeur [französisch ...'tø:r]: Kaufmann, der aus dem Ausland Waren in das Inland zur unbehandelten Weiterveräußerung (Einfuhr- oder Importhändler) oder zur eigenen Be- oder Verarbeitung einführt.

importierte Inflation ↑Inflation.

Incoterms: Abk. für **In**ternational **Co**mmercial **Terms.** Zusammenstellung der im internationalen Warenverkehr gebräuchlichen Vertragsklauseln (Handelsklauseln) in der Fassung von 1990. Sie dienen der kurzen, eindeutigen Formulierung von Vertragsinhalten, z. B. ↑ab Kai.

Indifferenzkurve: der geometrische Ort aller Güterkombinationen, die einem Haushalt nach dessen subjektiven Einschätzung denselben Nutzen stiften. Indifferenzkurven lassen sich graphisch für zwei Güter in einem Koordinatensystem darstellen. Sie verlaufen im 1. Quadranten konvex zum Ursprung und können sich nicht schneiden. Je weiter sie vom Ursprung entfernt sind, desto höher ist das Nutzenniveau, das sie wiedergeben.

indirekte Abschreibung: buchungstechnisches Verfahren, bei dem das abzuschreibende Wirtschaftsgut bis zur völligen ↑Abschreibung unverändert mit dem ↑Anschaffungswert bzw. den ↑Herstellungskosten in der Buchführung und in der ↑Bilanz erscheint. Die Wertminderung wird „indirekt" auf einem eigenen Konto für das entsprechende Wirtschaftsgut erfaßt; dieses Wertberichtigungskonto wird über die Passivseite der Bilanz abgeschlossen.

Buchungssätze: a) Abschreibungskonto an Wertberichtigungskonto; b) GuV-Konto an Abschreibungskonto; c) Schlußbilanzkonto an aktives Bestandskonto; d) Wertberichtigungskonto an Schlußbilanzkonto.

Die indirekte Abschreibung bewirkt, daß der Anschaffungswert während der gesamten Nutzungsdauer ersichtlich ist, alle bisherigen Abschreibungen aus dem Wertberichtigungskonto hervorgehen und somit anzeigen, welche Beträge für Reinvestitionen bereitstehen sowie Rückschlüsse auf das Alter der Wirtschaftsgüter möglich sind. Der ↑Buchwert ergibt sich aus dem Anschaffungswert abzüglich der Wertberichtigung.

indirekte Steuern ↑direkte Steuern.

Individualversicherung ↑Privatversicherung.

Indossament [italienisch-französisch, zu italienisch in dosso „auf der Rückseite"] (Giro): die Anweisung auf einem ↑Orderpapier, daß der Schuldner der verbrieften Forderung nicht an den bisherigen Gläubiger **(Indossant),** sondern an einen Dritten **(Indossator)** leisten solle. Das Indossament wird meist auf die Rückseite des Papiers gesetzt, kann aber auch auf die Vorderseite oder auf einen mit dem Papier verbundenen Anhang (Allonge) gesetzt werden und muß vom Indossanten unterschrieben werden. Eine Datierung ist nicht erforderlich. Das Indossament lautet üblicherweise (Vollindossament): „[für mich/uns] an [die Order des] Herrn X (Indossatar)", Unterschrift des Indossanten.

Ein **Teilindossament** über einen Teil der verbrieften Forderung ist nichtig. Durch Indossament und Begebung (meist Übereignung) des Orderpapiers werden die Rechte aus dem Papier auf den Indossatar übertragen (*Transportfunktion* des Indossaments). Der Indossatar gilt als rechtmäßiger Inhaber der verbrieften Forderung, sofern er das Papier besitzt und durch eine ununterbrochene Reihe von Indossamenten ausgewiesen ist *(Legitimationsfunktion).* Der Indossant übernimmt durch das Indossament die Haftung für die Zahlung (*Garantiefunktion* des Indossaments).

Arten des Indossaments sind **Blankoindossament** ohne namentliche Bezeichnung des Indossatars (z. B. „an den Inhaber“), **Pfandindossament,** das der Verpfändung des Papiers dient, **Prokura-, Inkasso-** und **Vollmachtsindossament,** die den Indossatar ermächtigen, Forderungen aus dem Papier im Namen des Indossanen geltend zu machen, **Nachindossament,** das nach der Protestfrist oder Protestierung erfolgt, und **Rückindossament** an den Aussteller, Bezogenen oder früheren Indossanten.

Industrialisierung: im engeren Sinn die Ausbreitung der ↑Industrie in einer Volkswirtschaft im Verhältnis besonders zu Handwerk und Landwirtschaft. Dabei hat sich gezeigt, daß der produktive Beitrag der Industrie, gemessen am Nettoproduktionswert, schneller wächst als der des Handwerks und der Landwirtschaft.

Industrialisierung im weiteren Sinn bedeutet zugleich die Expansion aller Bereiche, in denen moderne technische Verfahren eingesetzt werden. Insofern kann auch von einer Industrialisierung der Landwirtschaft gesprochen werden, worunter u. a. der Übergang zu spezialisierter Produktion verstanden werden kann. Jede Industrialisierung ist abhängig von Arbeitskräften, die Kenntnisse und Fähigkeiten im Umgang mit modernen technischen Verfahren besitzen (z. B. Facharbeiter), ferner von Kapital, Verkehrseinrichtungen (↑Infrastruktur) und Rohstoffen sowie von aufnahmebereiten Absatzmärkten.

Die durch die Industrialisierung bewirkte Änderung der Produktionsstrukturen hat auch tiefgreifenden Einfluß auf die Sozialstrukturen, die Arbeits- und Lebensbedingungen und das Normen- und Wertsystem einer Gesellschaft. An die Stelle relativ statischer, traditionsbestimmter, agrarisch-feudaler, ständischer Gesellschaften tritt die Industriegesellschaft. Sie ist charakterisiert u. a. durch verstärkten Einsatz von produzierendem Kapital, hochentwikkelte Technologie, starke Arbeitsteiligkeit, hohe Mobilität der Bevölkerung, starke Konzentration der arbeitenden Menschen in Ballungsgebieten (Großstädte) bei räumlicher Trennung von Arbeitsplatz und Wohnung, Leistungs- und Wachstumsorientierung, Massenproduktion, neue Herrschafts- und Organisationsstrukturen (Bürokratie). – Die Industriegesellschaft entstand als Folge der ↑industriellen Revolution.

Industrie [französisch, von lateinisch industria „Fleiß, Betriebsamkeit“]: die gewerbliche Gewinnung von Rohstoffen sowie die Be- und Verarbeitung von Rohstoffen und Halbfabrikaten. Merkmale der Industrie sind Arbeitsteilung und Spezialisierung, Mechanisierung und Rationalisierung der Produktion. Vom ↑Handwerk unterscheidet sich die Industrie durch eine stärkere Trennung von Leitung und Produktion, größere Betriebsstätten und die Möglichkeit, verschiedene Arten der Produktion in einem Unternehmen zu betreiben. Allerdings ist der Übergang zwischen Industrie und produzierendem Handwerk (Handwerksbetriebe mit 20 und mehr Beschäftigten) fließend. Die amtliche Statistik benutzt anstelle von Industrie die Bezeichnung **produzierendes Gewerbe.** Darunter werden drei Wirtschaftsabteilungen verstanden: 1. Bergbau, Energie- und Wasserversorgung; 2. verarbeitendes Gewerbe (Grundstoff-, Produktionsgüter-, Investitionsgüter-, Verbrauchsgüter-, Nahrungs- und Genußmittelgewerbe); 3. Baugewerbe.

Die Entwicklung der Industrie in der Bundesrepublik Deutschland ist gekennzeichnet durch eine abnehmende Anzahl der (v. a. kleinen und mittleren) Betriebe bei steigenden Umsätzen und steigender Anzahl der Beschäftigten (Konzentration). Hinzu kommt der Strukturwandel: Der relative Anteil der Industrie (sekundärer Sektor) an den Erwerbstätigen und der Bruttowertschöpfung nimmt zugunsten des tertiären Sektors ab (↑Dienstleistungen).

Industriebetrieb: Betriebstyp innerhalb der Produktionswirtschaft, der zur Gruppe der Sachleistungsbetriebe zählt und zusammen mit dem Handwerksbetrieb der Stoffgewinnung und -verarbeitung (z. B. Bergbau, Erdölgewinnung, Metall-, Holz-, Textilverarbeitung) dient. Der Industriebetrieb unterscheidet sich vom Handwerksbetrieb durch große Beschäftigtenzahl (weitgehende Spezialisierung und Arbeitsteilung, viele un- und angelernte Arbeitskräfte), großen Kapitalbedarf infolge der Anlageintensität, Produktionsmenge, -anlagen und -stufen und Absatzstruktur. Rechnungswesen, Arbeitsvorbereitung, Rationalisierung erlangen durch die Größe des Betriebs zusätzliche Bedeutung.

Industriegewerkschaft (IG): Gewerkschaft, die nach dem Industrieverbandsprinzip die Interessen aller in einem Wirtschaftszweig beschäftigten Arbeitnehmer vertritt. – ↑Gewerkschaften.

Industriekontenrahmen (IKR): vom Bundesverband der Deutschen Industrie entwickelter und empfohlener Kontenrahmen, der den seit Beginn der 1950er Jahre benutzten Gemeinschaftskontenrahmen der Industrie abgelöst hat.

Ziele des IKR waren eine Anpassung an die Erfordernisse der EDV, die Vereinfachung des Rechnungswesens sowie das Herstellen der Vergleichbarkeit vor allem auch im Rahmen der Europäischen Gemeinschaften. Der IKR bietet den Rahmen für individuelle Kontenpläne der Industriebetriebe aller Branchen und Größen.

Aufbau: Der IKR trennt nach dem sogenannten **Zweikreisprinzip** zwischen Geschäftsbuchführung (Rechnungskreis I) sowie der Kosten- und Leistungsrechnung (Rechnungskreis II). Im Rechnungskreis I werden die Konten nach dem **Abschlußgliederungsprinzip** des Aktiengesetzes (§§ 151–157 AktG) klassifiziert. In den Klassen 0 bis 4 stehen die Bestandskonten getrennt nach Aktivkonten (Klassen 0 bis 2), und Passivkonten (Klassen 3 und 4). In die Gewinn- und Verlustrechnung münden die Erfolgskonten getrennt nach Erträgen (Klasse 5) und Aufwendungen (Klassen 6 und 7). Klasse 8 enthält Eröffnungs- und Abschlußkonten. Klasse 9 enthält nach dem **Prozeßgliederungsprinzip,** also nach dem Produktionsprozeß, die Kosten- und Leistungsrechnung sowie die sachliche Abgrenzung des Rechnungskreises II. Dabei wird davon ausgegangen, daß die Betriebsbuchführung zunächst in statistischer Form differenziert wird.

industrielle Revolution: im weiteren Sinne Bezeichnung für den durch wissenschaftlich-technischen Fortschritt bewirkten Übergang von der Agrar- zur Industriegesellschaft, den wichtigsten Umbruch seit Entstehung der Landwirtschaft und der Städte. Im engeren Sinne Bezeichnung für die Periode des „großen Spurts" im Verlauf der Industrialisierung (in Großbritannien etwa ab 1820, in Deutschland ab 1850), der zunächst mit jährlichen Investitions- und Wachstumsraten von rund 10% eine rasche quantitative Veränderung der Gesellschaftsstruktur herbeiführte, die subjektiv als qualitativer Wandel erfaßt wurde und zu dem die Industriegesellschaft kennzeichnenden, permanent expandierenden, ungleichmäßig verlaufenden Wachstum führte.

Der Begriff der industriellen Revolution wurde im frühen 19. Jahrhundert von L. A. Blanqui und F. Engels geprägt, gewann aber erst seit A. Toynbee („Industrial revolution", postum 1884) seine heutige Bedeutung.

Heute bezeichnet industrielle Revolution hauptsächlich jene Phase beschleunigter technologischer, ökonomischer und gesellschaftlicher Veränderungen, in der etwa seit 1760 Großbritannien und seitdem fast alle europäischen, die nordamerikanischen Staaten und Japan den Schritt aus einer statisch-agrarischen Gesellschaft zur Industriegesellschaft getan haben. Zu den wichtigsten Resultaten der industriellen Revolution in Europa gehörten die Beseitigung der Massenarmut, die auf der agrarrevolutionären Vorstufe der Industrialisierung durch Bevölkerungswachstum und Bauernbefreiung entstanden war, die sprunghafte Vergrößerung des realen Sozialprodukts insgesamt und pro Kopf, die Entstehung neuer, aus dem industriell-kapitalistischen Produktionsprozeß folgender Klassengegensätze, eine Erosion traditioneller Wert- und Gesellschaftsysteme, langfristig schließlich die Verfestigung der ungleichmäßigen Entwicklung industrieller Sektoren sowie der Industrieländer und der Entwicklungsländer. Die moderne Diskussion geht v. a. von makroökonomischer Betrachtung des Kapitalbildungs- und Wachstumsprozesses aus, jedoch kann industrielle Revolution nicht allein als ökonomische Wachstumsphase begriffen werden, sondern muß nach ihren kulturellen und gesellschaftlichen Voraussetzungen wie auch nach ihren sozial- und geistesgeschichtlichen Begleitumständen und Folgeerscheinungen als unabdingbare historische Kategorie für die Standortbestimmung der Gegenwart gesehen werden.

Neuerdings wird mitunter (einleuchtend) von einer zweiten industriellen Revolution gesprochen; gemeint ist damit das Zeitalter der Automation. Als dritte industrielle Revolution bezeichnet man die durch die Miniaturisierung eingeleitete Phase technisch-wirtschaftlicher Entwicklung.

Industrieobligation: Anleihe von Industrieunternehmen zur Beschaffung von langfristigem Fremdkapital; auch als Wandelschuldverschreibung oder Optionsanleihe ausgestaltet.

Industriepolitik: die Gesamtheit der auf eine Erhöhung des Wachstums durch Erhaltung, Anpassung, Gestaltung und Förderung der Industrie gerichteten staatlichen Maßnahmen der ↑Strukturpolitik.

Industrie- und Handelskammer (IHK): nach dem Bundesgesetz vom 18. Dez. 1956 eine Körperschaft des öffentlichen Rechts, die das Gesamtinteresse der gewerblichen Wirtschaft (ohne ↑Handwerk) auf regionaler Ebene wahrnimmt. Die IHK ist eine Selbstverwaltungskörperschaft, der alle Gewerbetreibenden ihres Bezirks obligatorisch angehören. Ihre Organe sind Vollversammlung, die Präsidium und Präsident wählen; der Präsident ist Vorsitzender der Vollversammlung und des Präsidiums. Zusammen mit der Vollversammlung bestellt er den Hauptgeschäftsführer (Syndikus) der Kammer. Präsident und Hauptgeschäftsführer vertreten gemeinsam die IHK nach außen.

Die Aufgaben der IHK sind die Regelung der beruflichen Ausbildung der gewerblichen und kaufmännischen Berufe (unter anderem das Führen des Verzeichnisses der Berufsausbildungsverträge [„Lehrlingsrolle"], die Abnahme der Abschlußprüfungen, Prüfung der Bilanzbuchhalter usw.), Erstellung von Gutachten, Gesetzesanregungen, Zusammenarbeit mit Behörden, Beratung der Mitgliedsfirmen. Die Aufsicht über die Industrie- und Handelskammern obliegt den Wirtschaftsministern bzw. -senatoren der Bundesländer und Stadtstaaten.

Die Industrie- und Handelskammern sind auf Bundesebene im **Deutschen Industrie- und Handelstag** (DIHT) zusammengeschlossen. Daneben bestehen deutsche Auslandshandelskammern und eine Ständige Konferenz der Handelskammern der EG-Länder.

Inflation [lateinisch „das Sichaufblasen, das Aufschwellen"]: der anhaltende Prozeß der Geldentwertung, der seinen Ausdruck in einem Anstieg des allgemeinen Preisniveaus findet (Gegensatz: ↑Deflation). Nicht als Inflation gelten einmalige, durch ungewöhnliche Vorkommnisse (z. B. Mißernten) verursachte Preisniveauerhöhungen sowie

Preissteigerungen für einzelne Produktionsfaktoren und Güter. Die Inflation wird gemessen z. B. am prozentualen Anstieg des Preisindex der Lebenshaltung oder des Bruttosozialprodukts (↑Inflationsrate). Nach der Höhe der Preissteigerungen unterscheidet man **schleichende** (Inflationsrate bis etwa 10%), **trabende** (beschleunigte, bis etwa 20%) und **galoppierende Inflation,** die sich zur Hyperinflation (Inflationsraten über 50%) ausweiten kann. Diese Definition deckt nicht den Sonderfall der **zurückgestauten (verdeckten) Inflation** (Kassenhaltungsinflation), bei der man durch Zwangsmaßnahmen (Lohn- und Preisstopp, Rationierung von Gütern, Produktions-, Kapitalmarkt- und Devisenkontrollen) versucht, die (offenen) Preissteigerungen zu verhindern.

Andere Definitionen und Unterscheidungen berücksichtigen die vermeintlichen Ursachen. Aus der historischen Erfahrung, daß alle bisher beobachteten Inflationen im Gefolge von Kriegen und/oder Revolutionen aufgetreten sind, ist die These entstanden, Inflationen (Preissteigerungen = Geldwertverschlechterungen) seien die Folge einer übermäßigen (gemessen am Gütervorrat) kreditfinanzierten Ausweitung der Geldmenge. Die Vertreter der Einkommenstheorie des Geldes (K. Wicksell, J. M. Keynes) und ihre Nachfolger vertreten die These, eine Ausweitung der effektiven Nachfrage über das verfügbare Angebot (ein Nachfrageüberhang) sei die wahre Ursache einer Inflation; die Ausweitung der Geldmenge selbst bewirke keine Preissteigerung. Aus dieser Inflationstheorie ergeben sich die Unterscheidungen in eine **Nachfrageinflation,** wenn die Preissteigerungen von der Nachfrage ausgehen, eine **Angebots-** oder **Kosteninflation,** wenn die Preissteigerungen gewinn- oder kostenbestimmt sind, und eine **Einkommensinflation,** wenn der Verteilungskampf für die Preissteigerungen verantwortlich ist.

Bei einem jüngeren (M. Friedman, K. Brunner) Ansatz werden zur Erklärung der Inflation die Geldnachfrage und die Preiserwartungen herangezogen: Wie für alle Güter bei gegebener Nachfrage der Wert (= Preis) mit zunehmendem Angebot sinkt, sinkt auch der Wert des Geldes (d. h., die Preise aller anderen Güter steigen, gemessen in Geld) mit der Ausweitung der Geldmenge. Die Zuwachsrate des Geldangebots bestimmt dann die Inflationsrate. Nach dem Ansatz der **sektoralen** oder **strukturellen Inflation** ergeben sich Zunahmen des Preisniveaus auch bereits als Folge von sektoralen Verschiebungen der Nachfrage im Zuge des Wachstumsprozesses; weil die Preise nur nach oben flexibel sind, Lohnsteigerungen aber in allen Bereichen gleichmäßig auftreten, stehen den Preissteigerungen in einzelnen Sektoren keine Preissenkungen anderer Sektoren gegenüber. Die internationale Verflechtung der Wirtschaft fördert über den direkten internationalen Preiszusammenhang und die internationalen Kapitalbewegungen die in allen westlichen Industrieländern vorhandenen inflationären Tendenzen **(importierte Inflation).**

Generell äußern sich die schädlichen Wirkungen einer Inflation auf das Wirtschaftsleben im schwindenden Vertrauen in das Geld (Flucht in Sachwerte), das bis zum Rückfall in Formen des Naturaltausches reichen kann. Die Folgen einer Inflation auf die Verteilung der Einkommen und Vermögen sind eindeutig negativ, da durch die besonders stark verteuerten Konsumgüter v. a. die ärmeren Teile der Bevölkerung getroffen werden. Außerdem sind die Besitzer von Sachwerten (Grundstücke, Produktionsmittel) im Gegensatz zu den Sparern nicht von einer Vermögensschmälerung durch den Kaufkraftverlust des Geldes betroffen.

Die Erscheinung der Inflation ist bereits seit der Antike (im 2./3. Jahrhundert n. Chr. im Röm. Reich) bekannt. Die bislang schwerste Inflation trat im Gefolge des 1. Weltkriegs auf. Die nach dem 2. Weltkrieg in allen westlichen Industrieländern auftretende schleichende Inflation hat bisher – v. a. bei gleichzeitiger wirtschaftlicher Stagnation (↑auch Stagflation) – keine befriedigende Erklärung gefunden und konnte mit nationalen Maßnahmen nicht bekämpft werden.

Inflationsrate: Prozentsatz, der den Anstieg des Preisniveaus in einem bestimmten Zeitraum (meist ein Jahr) ausdrückt. Dazu werden z. B. die Preisveränderungen, die ein festgelegter Warenkorb (Güter und Dienstleistungen) innerhalb eines festgelegten Zeitraums erfährt, mit den Preisen eines Basisjahres verglichen (↑Preisindex).

inflatorische Lücke: der Unterschied zwischen monetärer Gesamtnachfrage und güterwirtschaftlichem Gesamtangebot auf Güter- und Faktormärkten. Der Nachfrageüberhang am Güter- und Faktormarkt bei Vollbeschäftigung führt zu einem Anstieg der Preise, wodurch die inflatorische Lücke wieder geschlossen wird.

Informatik [von lateinisch informare „unterrichten, bilden"]: die Wissenschaft von den elektronischen Datenverarbeitungsanlagen und den Grundlagen ihrer Anwendung.

Die *technische* Informatik umfaßt die Technik der Datenverarbeitungsanlagen im engeren Sinne, also den Entwurf der Schaltwerke, Rechenwerke, Speicherelemente und aller sonstigen Bausteine (Hardware). Dieser Bereich stand bei der Entwicklung funktionsfähiger Anlagen ursprünglich im Vordergrund, hat sich aber inzwischen mehr zu speziellen Arbeits- und Forschungsgebieten der Ingenieurwissenschaften entwickelt.

In der *theoretischen* Informatik sind der ↑Algorithmus und die Datenstruktur zentrale Begriffe. Anordnungsweisen von Daten spielen bei der Konstruktion effizienter Berechnungsverfahren eine wesentliche Rolle (Listen, Bäume, Felder usw.). Große Informationsmengen werden strukturiert zu ↑Datenbanken zusammengefaßt. Aufbau, Veränderung, Zugriffsmethoden, Sicherungsfragen sind aktuelle Forschungsprobleme der Informatik.

Das Betätigungsfeld der *angewandten* Informatik ist überaus groß. Als betriebswirtschaftliche Anwendungen seien das kaufmännische Rechnungswesen (Buchhaltung, Betriebsabrechnung, Lagerhaltung) genannt sowie die Methoden der Produktions-, Transport- und Absatzplanung. Die Erstellung der hierfür notwendigen Software-Pakete ist Teilgebiet der Informatik.

Informationssystem: System zur Speicherung, Wiedergewinnung, Verknüpfung und Auswertung von Informationen. Ein Informationssystem besteht aus einer Datenverarbeitungsanlage, einem Datenbanksystem (↑Datenbank) und den Auswertungsprogrammen. Informationssysteme, deren vorrangige Aufgabe nur die Speicherung und die schnelle und gezielte Bereitstellung gesuchter Informationen umfaßt, bezeichnet man als Informationswiedergewinnungssysteme.

Einen Spezialfall bilden die **Managementinformationssysteme,** in denen alle Größen und Kenndaten gespeichert sind, die zur optimalen Führung eines Unternehmens notwendig und sinnvoll sind.

Infrastruktur: im engeren Sinn die Gesamtheit der staatlichen und privaten Einrichtungen, die für eine ausreichende Daseinsvorsorge und die wirtschaftliche Entwicklung eines Raumes erforderlich sind. Diese **materielle Infrastruktur** gliedert sich in **technische Infrastruktur** (Einrichtung von Verkehr- und Nachrichtenwesen, Energie- und Wasserversorgung, Entsorgung) und **soziale Infrastruktur** (z. B. Kindergärten, Schulen, Krankenhäuser, Sportanlagen, kulturelle Einrichtungen, Einkaufsstätten). Im weiteren Sinn zählen zur

Infrastruktur auch das Humankapital (↑Kapital) und die gesellschaftlichen Normen, Einrichtungen und Verhaltensweisen (institutionelle Infrastruktur).

Inhaberpapier: Wertpapier, dessen verbrieftes Recht der Inhaber des Wertpapiers geltend machen kann. Es wird wie bewegliche Sachen durch Einigung und Übergabe weitergegeben. Inhaberpapiere sind z. B. Inhaberaktie (↑Aktie), Inhaber-(Überbringer-)scheck (↑Scheck).

Inkassobüro [italienisch]: gewerbliches Unternehmen, das sich mit der Einziehung fremder, auch zweifelhafter oder zu Einziehungszwecken abgetretener Forderungen befaßt. Die Tätigkeit der Inkassobüros ist anzeige- und erlaubnispflichtig. Ist sie mit Kreditgeschäften verbunden, unterliegen sie bankrechtlichen Vorschriften.

Inkassoprovision [italienisch]: Vergütung für die Übernahme des Geldeinzugs (Inkasso) beim Schuldner des Auftraggebers.

in Liquidation (i. L.): Firmenzusatz, der bei ↑Liquidation geführt wird.

Innenfinanzierung ↑Finanzierung.

innerbetriebliche Leistungen ↑betriebliche Eigenleistungen.

innerbetriebliche Stellenausschreibung: an die eigene Belegschaft gerichtetes Stellenangebot, das am Schwarzen Brett oder über Mitteilungsblätter bekanntgegeben wird. Der Inhalt umfaßt, ähnlich wie bei der außerbetrieblichen Insertion z. B. in der Tagespresse, vor allem eine klare Bezeichnung und erforderlichenfalls eine kurze Beschreibung der Tätigkeit (↑Stellenbeschreibung). Die innerbetriebliche Stellenausschreibung dient, wie die Erstellung von Förderungs- und Personalersatzplänen, der Verwirklichung des zunehmend Anerkennung findenden Prinzips der Mitarbeiterförderung: „Aufstieg vor Einstieg".

innerdeutscher Handel: bis zur Vereinigung beider deutscher Staaten 1990 der Austausch von Waren und Dienstleistungen und der Zahlungsverkehr zwischen der Bundesrepublik Deutschland einschließlich Berlin (West) und der DDR. Den rechtlichen Rahmen bildeten das Interzonenhandelsabkommen (Berliner Abkommen) vom 20. Sept. 1951 und die Interzonenhandelsverordnung vom 22. Mai 1968, zuletzt bestätigt durch den „Grundvertrag". Der innerdeutsche Handel galt nicht als Außenhandel; er wurde daher nicht in der Außenhandelsstatistik, sondern getrennt erfaßt. Anstatt der sonst üblichen Bezeichnung Import und Export, wurden die Begriffe „Bezüge" und „Lieferungen" gebraucht. Er war auch kein Binnenhandel und mußte, da er unterschiedliche und selbständige Währungsgebiete betraf, nach besonderen Regeln abgewickelt werden. Die Bundesrepublik Deutschland hatte für den innerdeutschen Handel aus politischen Gründen auch in der EG eine Sonderstellung angestrebt, wonach die Grenze zwischen der Bundesrepublik Deutschland und der DDR keine Zollgrenze (keine Außenzollgrenze der EG) darstellte.

Innovation [von lateinisch innovatio „Neuerung"]: die Planung, Erzeugung und Durchsetzung neuer Produkte und Produktqualitäten **(Produktinnovation),** neuer Herstellungs- und Leistungsverfahren **(Prozeßinnovation, Verfahrensinnovation),** neuer Methoden für Organisation und Management (**organisatorische Innovation** und **personale Innovation**), die Erschließung neuer Beschaffungs- und Absatzmärkte **(marktmäßige Innovation)** sowie die Einführung von Planungs-, Informations- und Kontrollsystemen in den Bereichen Finanzierung und Rechnungswesen (finanzwirtschaftliche Innovation). Nach dem Grad der Neuerung lassen sich Basisinnovation und Verbesserungsinnovation unterscheiden. Im Gegensatz zu den Basisinnovationen oder Schlüsselinnovationen (z. B. Kernenergie, Lasertechnik, Elektronik), für die große Aufwendungen für Forschung und Entwicklung erforderlich sind und deren grundlegende Bedeutung für viele Wirtschaftsbereiche auch Chancen für eine Wachstumsbeschleunigung bietet, sind Verbesserungsinnovation oder Folgeinnovation eventuell schneller zugkräftig und risikoärmer. Basisinnovationen, die heute eine kaum zu überschätzende Rolle spielen, führen zu völlig neuen, komplexen Systemen (neue Waffensysteme, Kommunikationsnetze u. a.) oder ändern ganze Wirtschaftszweige (Mikroelektronik, Bildschirmeinsatz). Innovation im güterwirtschaftlichen Bereich werden als Realinnovation, Innovation im monetären oder finanzwirtschaftlichen Bereich als Finanzinnovation bezeichnet. Generell können Innovationen als autonom (Konsequenz einer zufälligen Erfindung oder Entdeckung) oder durch Machtprozesse, betriebswirtschaftliche Planungsprozesse sowie durch öffentliche und private Forschung induziert angesehen werden.

Innovationen tragen dazu bei, neue Märkte zu schaffen und Bedürfnisse besser zu befriedigen. Zumindest in Marktwirtschaften kann der Innovator, der als erster mit Neuheiten auftritt, meist einen überdurchschnittlich hohen Preis am Markt erzielen und das Marktvolumen so lange weitgehend alleine ausschöpfen, bis andere Wettbewerber durch Imitation oder ›Konkurrenzinnovation‹ die zeitweilige Monopolstellung gefährden. Gesamtwirtschaftlich werden Effizienz und Produktivität des wirtschaftlichen Leistungsprozesses durch die Innovation gesteigert.

Innungen: freiwillige Zusammenschlüsse der selbständigen Handwerker des gleichen Handwerks. Innungen sind in der Bundesrepublik Deutschland fachlich gegliederte Verbände, die die unterste Stufe der Handwerksorganisation bilden und Ausgangspunkt sowohl für die überfachlichen Verbände (Kreishandwerkerschaft, Handwerkskammern, Deutscher Handwerkskammertag) als auch für den fachlichen Zweig der Handwerksorganisation (Landesinnungsverbände, Bundesinnungsverbände, Bundesvereinigung der Zentralfachverbände des Deutschen Handwerks) sind. Mit Genehmigung ihrer Satzung werden sie öffentlich-rechtliche Körperschaften. Zwangsmitgliedschaften sind ausgeschlossen; es besteht jedoch der Zwang zur Aufnahme aller beitrittswilligen selbständigen Handwerker. Die Staatsaufsicht wird von den Handwerkskammern ausgeübt.

Aufgaben: Förderung gemeinsamer gewerblicher Interessen und der beruflichen Fortbildung der Mitglieder, Unterstützung von Behörden durch Bereitstellung von Informationen, Überwachung der Ausbildung der Auszubildenden und – mit Ermächtigung der Handwerkskammer – Abnahme von Gesellenprüfungen.

Organe: Innungsversammlung, Vorstand und Ausschüsse. Die Bildung eines Ausschusses zur Förderung der Berufsausbildung der Auszubildenden und eines Gesellenausschusses sind vorgeschrieben.

Innungen sind seit dem 11. Jahrhundert in Mittel- und Niederdeutschland als freiwillige, durch die Stadtherren genehmigte Vereinigungen freier Handwerker bekannt. Unter der Bezeichnung Innungen entstanden erst zu Beginn des 19. Jahrhunderts gewerbliche Vereinigungen; ab 1879 entwickelten sie sich zunehmend zu Organen der gewerblichen Selbstverwaltung.

Input [englisch 'ɪnpʊt „hinein tun"]: in der Produktionstheorie der mengenmäßige Einsatz von Produktionsfaktoren im Leistungserstellungsprozeß.

Input-Output-Analyse [englisch 'ɪnpʊt 'aʊtpʊt]: von dem russisch-amerikanischen Wirtschaftswissenschaftler W. W. Leontief entwickelte Theorie der industriellen Verflechtung. Sie versucht, über die Beziehungen zwischen dem Einsatz von

Leistungen (Input) und dem Produktionsergebnis (Output) Aussagen darüber zu machen, wie sich Änderungen der Endnachfrage auf die Produktion der einzelnen Wirtschaftszweige und andere volkswirtschaftliche Größen auswirken. Die Input-Output-Tabelle ist so aufgebaut, daß Zeilensummen (Lieferungen) und Spaltensummen (Empfänge) übereinstimmen. Die Beziehungen zwischen Lieferungen und erhaltenen Lieferungen zeigen die industrielle Marktverflechtung auf. In Form einer Matrix wird dargestellt, welche Inputs ein Wirtschaftsbereich brauchte, um eine Einheit des Outputs herzustellen (Input-Output-Koeffizienten).

Insolvenz ↑Zahlungsunfähigkeit.

Instanz [von lateinisch instare „darin stehen"]: innerhalb der ↑Aufbauorganisation eines Betriebes mit Leitungsbefugnissen ausgestattete Stelle. *Instanzentiefe* ist die Entfernung der obersten von der untersten Stelle; *Instanzenbreite* ist die Zahl der Stellen, die einer anderen Stelle untergeordnet sind.

Interessengemeinschaft (IG): ein Unternehmenszusammenschluß, bei dem die angeschlossenen Unternehmungen rechtlich selbständig bleiben, ihre wirtschaftliche Selbständigkeit jedoch dort aufgeben, wo die gemeinsamen Interessen liegen, ohne daß eine einheitliche Leitung, wie beim ↑Konzern, vorliegen muß. Häufigste Formen sind: *Gewinngemeinschaft* (der gesamte Gewinn wird zusammengelegt und nach einem bestimmten Schlüssel auf die Mitglieder der IG verteilt), *Forschungs- und Entwicklungsgemeinschaft* (gemeinsame Forschung und Austausch der Ergebnisse untereinander), sowie *Produktionsgemeinschaft* (gemeinsame Produktion bestimmter Bauteile, z. B. LKW-Achsen und -Motoren und deren Einbau). Die Grenzen zum ↑Kartell und zum ↑Konzern und damit auch zu Wettbewerbsbeschränkungen sind z. T. fließend.

Internationale Entwicklungsorganisation ↑Weltbank.

Internationale Finanz-Corporation ↑Weltbank.

Internationaler Währungsfonds (IWF): Weltwährungsfonds, Sonderorganisation der UN, Sitz Washington (D. C.); gegründet 1944 auf der internationalen Wirtschaftskonferenz von Bretton Woods; das Abkommen über den IWF, dem ein Plan der amerikanischen Regierung zugrunde lag, trat am 27. Dez. 1945 in Kraft. Die Bundesrepublik Deutschland ist seit 1952 Mitglied.

Ziele: 1. Förderung der internationalen Zusammenarbeit auf dem Gebiet der Währungspolitik; 2. Erleichterung des Welthandels, Entwicklung der Produktivkraft der Mitglieder (Vollbeschäftigung und Wachstum); 3. Sicherung stabiler Währungen, geordneter Währungsbeziehungen, Verhinderung von Abwertungskonkurrenzen; 4. Schaffung eines multilateralen Zahlungssystems und Beseitigung von Beschränkungen im Devisenverkehr; 5. Stärkung des Vertrauens durch Kreditgewährung an die Mitgliedsländer zur Erleichterung des Zahlungsbilanzausgleichs; 6. Verkürzung und Verringerung von Störungen des Zahlungsbilanzgleichgewichts.

Die Mitgliedsländer des IWF (1. Juni 1991: 155) verpflichten sich, ein System vereinbarter Wechselkurse anzuerkennen und die Preise ihrer Währungen nicht willkürlich zu ändern; der Fonds gewährt Unterstützung durch kurzfristige Kredite, wenn ein Mitglied in Zahlungsbilanzschwierigkeiten gerät; außerdem stellt er den Rat von Experten und technische Hilfe zur Verfügung (längerfristige Kapitalhilfe gewährt z. B. die Weltbank). Die Währungsparitäten der Mitgliedsländer werden in ↑Sonderziehungsrechten (SZR) festgelegt.

Organe: Jedes Mitgliedsland entsendet einen Gouverneur in das oberste Gremium des IWF, den Gouverneursrat. Die laufenden Geschäfte

führt das Exekutivdirektorium, dem sechs von den Ländern mit den höchsten Quoten (USA, Großbritannien, Frankreich, Bundesrepublik Deutschland, Japan) bzw. von den beiden größten Gläubigerländern (USA – das jedoch schon zu den erstgenannten gehört –, Saudi-Arabien) ernannte und 16 von den anderen Ländern gewählte Exekutivdirektoren angehören. Das Stimmrecht der Mitglieder bei Abstimmungen richtet sich nach ihrem Anteil am Fonds. Die Bundesrepublik Deutschland besitzt 5,16% der Stimmen; die USA hat mit 20% der Stimmen eine Sperrminorität, da wichtige Beschlüsse einer Mehrheit von 85% bedürfen.
Die jedem Mitgliedsland zugewiesene Quote (Subskription) ist Grundlage für seine finanziellen Beziehungen zum IWF. Der Fonds erhält seine Währungsreserven dadurch, daß jedes Land in der Regel ein Viertel seiner Quote in SZR, den Rest in eigener Währung einzahlt. Dieser Reservepool steht den Mitgliedern bei nachweisbarem Devisenbedarf innerhalb festgelegter Grenzen und für eine bestimmte Zeit im Austausch gegen eigene Währung zur Verfügung. Seit den 1980 vom IWF beschlossenen Grundsätzen für den erweiterten Zugang kann ein Mitgliedsland in einem Jahr bis zu 150% seiner Quote bzw. in einem Dreijahreszeitraum bis zu 450% seiner Quote ziehen. Die gegen eine Gebühr erworbenen Fremdwährungen müssen so bald wie möglich zurückgezahlt werden. Der Rückkauf der eigenen Währung erfolgt gegen konvertible Währungen.

interner Zinsfuß: die Effektivverzinsung oder die interne Rendite einer Investition. Als Begriff der ↑Investitionsrechnung wendet man ihn bei der internen Zinsfußmethode an.

Interventionismus: System wirtschaftspolitischer Maßnahmen zur Beeinflussung volkswirtschaftlicher Globalgrößen (z. B. Beschäftigung). Die Vertreter des Interventionismus sind der Ansicht, daß ohne staatliche Eingriffe die Marktwirtschaft volkswirtschaftliche Ziele (z. B. Vollbeschäftigung) nicht verwirklichen könne. Seine Gegner befürchten, daß der Interventionismus immer weitergehende staatliche Eingriffe notwendig mache und somit die Marktwirtschaft allmählich zerstöre. – Die Epoche des Interventionismus in den Industrieländern um die Jahrhundertwende war durch Staatseingriffe in die verschiedenen Wirtschaftssektoren ohne Einsicht in gesamtwirtschaftliche Zusammenhänge (punktueller Interventionismus) gekennzeichnet.

Interventionsklage ↑Drittwiderspruchsklage.

Interventionspunkt [zu lateinisch intervenire „hineingehen“]: Begriff aus der Währungspolitik; erreicht der frei ermittelte ↑Devisenkurs einen Interventionspunkt, dann muß in einem System fester Wechselkurse die Zentralbank in den Devisenhandel als Käufer bzw. Verkäufer eingreifen, um ein Über- bzw. Unterschreiten dieser Punkte zu verhindern. Beim unteren Interventionspunkt muß sie Devisen ankaufen (Ankaufskurs), beim oberen verkaufen (Verkaufskurs). – ↑auch Europäisches Währungssystem.

Invalidenversicherung ↑Sozialversicherung.

Inventar [zu lateinisch invenire „etwas vorfinden, erwerben“]: im allgemeinen Sprachgebrauch sämtliche beweglichen Einrichtungsgegenstände eines Betriebes im Sinne der ↑Betriebs- und Geschäftsausstattung. Im engeren Sinn ist das Inventar das bei Geschäftsbeginn und für den Schluß jeden Geschäftsjahres vom Kaufmann aufzustellende Verzeichnis seiner Vermögensgegenstände und seiner Schulden mit Angabe ihrer Werte (§ 39 HGB, § 160 Abgabenordnung). Die Verzeichnisse sind, da Grundlage der Bilanz, zehn Jahre aufzubewahren. – ↑auch Inventur.

Inventur [zu lateinisch invenire „etwas vorfinden, erwerben“]: Bestandsaufnahme der tatsächlichen Istbestände von Vermögens- und Schuldteilen zur Kontrolle der in den Konten ausgewiesenen Sollbestände. Grundsätzlich haben die Inventurarbeiten des Messens, Zählens und Wiegens oder der Vergleich mit natürlichen Belegen wie Saldenbestätigungen, Bankauszügen und Vertragsunterlagen den Charakter einer *körperlichen* Bestandsaufnahme *(effektive Inventur).* Sie ist im ↑Inventar schriftlich festzuhalten und bildet die Grundlage der ↑Bilanz.

Die Inventur kann auf verschiedene Weise durchgeführt werden: Als **Stichtagsinventur** (§ 39 Abs. 1 und 2 HGB); da die Inventur grundsätzlich für den (nicht am!) Abschlußstichtag zu erfolgen hat, erlaubt Abschnitt 30, Abs. 1 Einkommensteuer-Richtlinien eine *zeitlich ausgeweitete* Stichtagsinventur innerhalb Zehntagesfrist vor oder nach Stichtag.

Seit 1965 ist zur Entlastung der Verwaltung am Abschlußstichtag auch die zeitlich *vor-* oder *nachverlegte Inventur* (§ 39 Abs. 4 HGB) zulässig. Die Bestandsaufnahme kann innerhalb der letzten drei Monate vor oder der ersten zwei Monate nach dem Abschlußstichtag liegen, wenn eine ordnungsgemäße Bestandsfortschreibung der Lagerbuchhaltung garantiert ist. Wenn die Lagerbuchführung, z. B. durch elektronische Datenverarbeitung, alle Bestände und ihre Veränderungen einzeln nach Tag, Art und Menge festhält und auf die Belege verweist, besteht die Möglichkeit einer laufenden oder **permanenten Inventur** (§ 39 Abs. 4 HGB). Dabei werden die Bestände während des ganzen Jahres in unregelmäßigen Abständen kontrolliert und die Lagerbuchführung berichtigt. Eine Ausnahme von der körperlichen Bestandsaufnahme bildet die **Stichprobeninventur** nach § 39 Abs. 2 a HGB. Hierbei ist es seit 1971 möglich, mit Hilfe von anerkannten mathematisch-statistischen Verfahren von der Vollerhebung abzuweichen, wenn diese bei z. B. umfangreichen Vorräten unzumutbar wäre.

Nur im Fall der Festbewertung (§ 40 Abs. 4, Ziff. 2 HGB), z. B. bei gleichbleibendem ↑Anlagevermögen, kann von einer jährlichen Inventur abgegangen und der Zeitraum auf 3 Jahre ausgedehnt werden.

Investition [zu lateinisch investire, investitum „bekleiden“]: langfristige Anlage von Kapital in Sachgütern. Die Gesamtheit der Investitionen einer Periode wird **Bruttoinvestition** genannt, der Teil der Bruttoinvestition, der zur Erhaltung bzw. zum Ersatz der verbrauchten Teile des Produktionsapparates dient, wird **Erhaltungs-, Ersatz-** oder **Reinvestition** genannt; **Erweiterungs-** oder **Nettoinvestition** heißt derjenige Teil, der zur Erweiterung des Produktionsapparates dient. Investitionen in dauerhafte, sachliche und reproduzierbare Produktionsmittel sind **Anlageinvestitionen.** Investitionen in Beständen sind **Lager-** oder **Vorratsinvestitionen.** In der **Investitionsstatistik** wird bei den Anlageinvestitionen unterschieden zwischen **Ausrüstungs-** (Maschinen, Fahrzeuge, Betriebsausstattung) und **Bauinvestitionen** (Wohn-, Verwaltungs- und gewerbliche Bauten, Verkehrswege). Als **Investitionsquote** wird der Anteil der Bruttoinvestitionen (Nettoinvestitionen) am Brutto-(Netto-)Sozialprodukt zu Marktpreisen bezeichnet; sie zeigt, welcher Teil der in einer Periode produzierten Güter einer Volkswirtschaft der Investition (also nicht dem Konsum und nicht dem Export) zugeführt wurden. Die **Investitionsrate** ist das Verhältnis der Investitionen einer Periode zum bestehenden Kapitalstock.

Als *Investitionswirkungen* werden vor allem genannt: Einkommenseffekte aufgrund der Nachfrage nach Investitionsgütern, Kapazitätseffekte infolge der Ausweitung der Produktionskapazität, Rationalisierungseffekte infolge einer technischen Verbesserung des Produktionsapparates, Erschließungseffekte, die den Einsatz bisher nicht oder weniger intensiv genutzter Produktivkräfte ermöglichen, und Konsumeffekte infolge der Bereitstellung neuer Leistungen. Betriebswirtschaftlich ist die Investition eine periodische Veränderung des Sachvermögens und/oder des Finanzvermögens.

Volkswirtschaftlich ist Investition die Summe aller Nettoinvestitionen einer Periode, die definitionsgemäß am Ende der Periode („ex post") gleich der Ersparnis ist. Da jedoch die Pläne der Wirtschaftssubjekte für die Ersparnis und die Investitionen der nächsten Periode keineswegs von vornherein („ex ante") mengenmäßig übereinstimmen müssen, ergibt sich die Übereinstimmung „ex post" entweder durch Zwangsinvestition (z. B. ungeplante Lagerinvestition), wenn die Sparsumme größer (und damit die Konsumsumme kleiner) ist, oder im umgekehrten Fall durch Zwangssparen. Investitionen, die nicht zu dem erwarteten Erfolg führten, heißen **Fehlinvestitionen.** Wegen der zentralen volkswirtschaftlichen Bedeutung der Investitionen ist die Frage der Entscheidungsgewalt über Investitionen immer wieder Gegenstand ordnungspolitischer Diskussionen.

Investitionsgüter: Güter, die zur Erhaltung, Erweiterung oder Verbesserung der Produktionsausrüstung bestimmt sind.

Investitionslenkung: alle Maßnahmen des Staates, die darauf abzielen, die Investitionsentscheidungen privater Unternehmer – unabhängig vom Marktgeschehen – zu beeinflussen. Dabei reicht die Skala der Maßnahmen von z. B. steuerlichen Anreizen bis zu Ge- und Verboten. Investitionslenkung im engeren Sinne ist die verstärkte Beobachtung und Beeinflussung privatwirtschaftlicher Investitionen, wobei die Maßnahmen über den vorhandenen ordnungspolitischen Rahmen hinausgehen. Ziel ist hierbei eine verstärkte Orientierung privatwirtschaftlicher Interessen an den sogenannten gesellschaftlichen Bedürfnissen.

Zur Durchführung dieser Form der Investitionslenkung ist ein umfassendes öffentliches Planungskonzept und die Einrichtung geeigneter Institutionen und Träger erforderlich. – ↑auch Planwirtschaft.

Investitionsquote ↑Investition.

Investitionsrate ↑Investition.

Investitionsrechnung: Berechnung der zu erwartenden Kosten und Erträge einer geplanten oder durchgeführten Investition. Zu den Kosten rechnen auch Abschreibungen, Zinsen und Erhaltungsaufwand. Die Erträge bestimmen sich durch die aus der Investition erwarteten Mehrerlöse, zu deren Berechnung aber Abzinsung nötig ist.

Zu unterscheiden sind die (einfacher zu handhabenden) statischen Verfahren von den die Zeit berücksichtigenden dynamischen Verfahren. *Statische Investitionsrechnung:* Bei der **Gewinnvergleichsrechnung** wird die Investition mit dem maximalen (durchschnittlichen) Gewinn gewählt und den Erlösen alle Kosten gegenübergestellt, die sich infolge der Investition ändern. Die **Kostenvergleichsrechnung** wählt die Investition mit den minimalsten (durchschnittlichen) Kosten. Dieses Verfahren ist bei Ersatzinvestitionen sinnvoll, da hier die Erlöse der alternativen Investitionen nahezu identisch sind. Die **Rentabilitätsvergleichsrechnung** wählt die Investition mit der maximalen (durchschnittlichen) Rentabilität. Die **Amortisationsrechnung** („pay-off-period") wählt die Investition mit der kürzesten Amortisationsdauer, d. h. in wieviel Jahren sich die Investition von selbst bezahlt macht.

Dynamische Investitionsrechnung: Hierbei wird auf die Einnahmen und Ausgaben abgestellt, die über die Nutzungsdauer einer Investition erzielt werden. Der unterschiedliche

Anfall der Zahlungen wird durch Ab- oder Aufzinsung berücksichtigt. Bei der **Kapitalwertmethode** wird die Investition mit dem höchsten Barkapitalwert gewählt. Der Barkapitalwert wird ermittelt als Differenz zwischen dem Barwert der erwarteten Einnahmen und den Ausgaben zum Investitionszeitpunkt. Die Abzinsung erfolgt mit dem für die Finanzierung erforderlichen Kapitalisierungszinsfuß. Bei der **Annuitätenmethode** wird die Investition mit der größten Annuität gewählt, d. h. diejenige Investition ist am vorteilhaftesten, deren Überschuß der durchschnittlichen jährlichen Einzahlungen über die Auszahlungen am größten ist. Mit Hilfe der **internen Zinsfußmethode** wird die tatsächliche Verzinsung einer Investition ermittelt. Am vorteilhaftesten ist die Investition mit dem höchsten internen Zinsfuß gegenüber dem Kalkulationszinsfuß (Mindestzins).

Investivlohn: derjenige Teil des Arbeitsentgelts, der dem Arbeitnehmer nicht zur freien, z. B. konsumtiven, Verwendung überlassen, sondern von dem Unternehmen einbehalten und (zwangsweise) investiven Zwecken (z. B. vermögenswirksame Anlage) zugeführt wird. Durch den Investivlohn soll 1. die Kapitalbildung in Arbeitnehmerhand gefördert werden und 2. gegebenenfalls, z. B. durch Belegschaftsaktien, das Interesse des Arbeitnehmers an der Unternehmensentwicklung gestärkt werden. Pläne zum Investivlohn stammen von Gewerkschaften, Unternehmen und Kirchen, wobei die Gewerkschaften die Anlage in überbetrieblichen Investmentgesellschaften favorisieren.

Investmentfonds [von englisch investment „Anlage"]: zweckgebundenes Vermögen (Sondervermögen), das nach dem Grundsatz der Risikomischung in handelbaren und vertretbaren Werten angelegt ist, in der Bundesrepublik Deutschland vor allem nationale und internationale Aktien (Aktienfonds) und festverzinsliche Wertpapiere (Rentenfonds), gemischte Fonds für Aktien und Renten, Immobilien (Immobilienfonds). Das Fondsvermögen wird angelegt und verwaltet von einer Investmentgesellschaft. Die Erträge aus den Anlagen (Zinsen, Dividenden, Kursgewinne, Mieten) werden meist an die Käufer ausgeschüttet. Sie können aber auch im Fondsvermögen belassen werden (↑Thesaurierung). Beim **offenen Investmentfonds** ist die Ausgabe der Investmentzertifikate nicht beschränkt, für den **geschlossenen Investmentfonds** wird die Anzahl der auszugebenden Zertifikate *festgelegt*.

Investmentgesellschaft (Kapitalanlagegesellschaft): Gesellschaft, die einen oder mehrere Investmentfonds bildet. In der Bundesrepublik Deutschland sind es größtenteils Gründungen von Banken, die neben der Verwaltung auch die Anlage des Fondsvermögens übernehmen. Über kleingestückelte Anteilscheine (Investmentzertifikate) erfolgt der Verkauf an Anleger, die dadurch zu Miteigentümern am Fondsvermögen werden.

Investmentzertifikat: von Investmentgesellschaften ausgegebene Wertpapierurkunde, die ein Miteigentumsrecht begründen. Durch eine geringe Stückelung ist auch die Anlage kleiner Kapitalbeträge sinnvoll. Die Zertifikate verbriefen die Ansprüche des Inhabers, sind auf diesen ausgestellt und somit auch fähig zur Girosammelverwahrung (↑Depot). Die Ausschüttung ist (ähnlich wie bei den Aktien) abhängig vom Ertrag des Fondsvermögens. Erfolgt keine Ausschüttung, sondern dafür eine Werterhöhung des Zertifikats, spricht man von ↑Thesaurierung.

irreführende Werbung: Werbung mit unrichtigen Angaben, z. B. über Qualität, Preisbemessung, Anlaß des Verkaufs. Hierzu zählen auch Übertreibung, Superlativ- und Alleinstellungswerbung. Irreführende Werbung ist ↑unlauterer Wettbewerb.

Irrtum ↑Willenserklärung.

Istkosten: die tatsächlich entstandenen Kosten im Gegensatz zu den ↑Sollkosten oder Normalkosten, mit denen man normalerweise in der Vorkalkulation nur rechnen kann. Durch die Differenz zwischen Soll- und Istkosten entstehen Kostenüberdeckungen und -unterdeckungen. Die Istkostenrechnung dient der Nachkalkulation. – ↑auch Kalkulation.

Istkostenrechnung ↑Kostenrechnung.

IWF: Abk. für ↑Internationaler Währungsfonds.

J

Jahresabschluß: Bezeichnung für die ↑Bilanz und die ↑Gewinn- und Verlustrechnung eines Unternehmens zum Abschluß eines Geschäftsjahres. Bei Kapitalgesellschaften ist er um einen Anhang zu erweitern, der mit ihm zusammen eine Einheit bildet, und durch einen Lagebericht zu ergänzen (Geschäftsbericht). Er muß nach Schluß des Geschäftsjahres innerhalb der einem ordnungsgemäßen Geschäftsgang entsprechenden Zeit (bei kleinen Kapitalgesellschaften 6 Monate, bei mittelgroßen und großen 3 Monate) nach den ↑Grundsätzen ordnungsgemäßer Buchführung aufgestellt werden, klar und übersichtlich sein und sämtliche Vermögensgegenstände, Schulden, Rechnungsabgrenzungsposten, Aufwendungen und Erträge enthalten, soweit gesetzlich nichts anderes bestimmt ist. Er ist zu unterzeichnen vom Kaufmann bzw. allen persönlich haftenden Gesellschaftern bzw. den gesetzlichen Vertretern einer Kapitalgesellschaft. Je nach Rechtsform und Größe des Unternehmens ist der Jahresabschluß durch einen Abschlußprüfer zu prüfen und zu veröffentlichen (Jahresabschlußprüfung). Falls nichts zu beanstanden ist, wird das durch einen Bestätigungsvermerk (Testat) dokumentiert. Nur ein Jahresabschluß mit Bestätigungsvermerk kann vom Aufsichtsrat einer Kapitalgesellschaft gebilligt und damit festgestellt werden.

Jahresüberschuß: der ↑Reingewinn eines Geschäftsjahres vor der Berücksichtigung eines eventuellen Gewinn- bzw. Verlustvortrags aus dem Vorjahr und von Veränderungen der Kapital- und Gewinnrücklagen (↑auch Aktiengesellschaft, ↑Bilanzgewinn, Gewinn- und Verlustrechnung).

Jahreswirtschaftsbericht: Bericht zur Darstellung und Begründung der Wirtschaftspolitik der Bundesregierung. Er ist im Januar jeden Jahres vorzulegen. Gesetzliche Grundlage ist das Gesetz zur Förderung der Stabilität und des Wachstums der Wirtschaft vom 8. 6. 1967. Der Bericht besteht aus drei vorgeschriebenen Bestandteilen: 1. der Stellungnahme zum Jahresgutachten des ↑Sachverständigenrates zur Begutachtung der gesamtwirtschaftlichen Entwicklung; 2. der Jahresprojektion, in der die für das laufende Jahr angestrebten wirtschafts- und finanzpolitischen Ziele darzustellen sind und 3. der Darlegung der für das laufende Jahr geplanten Wirtschafts- und Finanzpolitik.

Job-rotation [englisch 'dʒɔb rəʊ'teɪʃn „turnusmäßiger Arbeits(platz)wechsel"]: geregelter und planmäßiger Arbeitsplatztausch zwischen den Mitarbeitern eines Unternehmens zur Erweiterung und Verbesserung ihrer Kenntnisse und Qualifikation; vor allem bei der Heranbildung von Führungskräften.

Job-sharing [englisch 'dʒɔb 'ʃhɛarıŋ „Arbeits(platz)teilung“]: die Aufteilung der Arbeit und die Besetzung des Arbeitsplatzes durch (meist) zwei Arbeitnehmer, die sich auch das Entgeld teilen müssen. Durch Job-sharing werden zwar mehr Menschen beschäftigt, aber keine zusätzlichen Arbeitsplätze geschaffen. Solche geteilten Arbeitsplätze werden vor allem im Bereich der Verwaltung (Sekretariat, Buchhaltung) angeboten.

Joint-venture [englisch 'dʒɔınt' vɛntʃə; etwa „Unternehmensverbindung“]: im weiteren Sinn die grenzüberschreitende, vorübergehende Kooperation von selbständigen Unternehmen; im engeren Sinn die Bildung internationaler Gemeinschaftsunternehmen oft zum Zweck der gemeinsamen Durchführung von Projekten, z. B. weil sie von einem Unternehmen allein nicht realisiert werden könnten.

Journal [französisch 'ʒʊr...; zu jour „Tag“]: Bestandteil der meisten ↑Buchführungsverfahren, wo es als Grundbuch dem ↑Hauptbuch vorgeschaltet ist und die laufenden Geschäftsvorfälle in zeitlicher Reihenfolge verbucht.

Jugendarbeitsschutz ↑Arbeitsschutz.

Jugend- und Auszubildendenvertretung (JAV): die Betriebsvertretung jugendlicher Arbeitnehmer. Sie nimmt in Betrieben, in denen in der Regel mehr als fünf Arbeitnehmer, die das 18. Lebensjahr noch nicht vollendet haben, beschäftigt sind, deren besondere Belange wahr. Zur Wahl sind alle jugendlichen Arbeitnehmer des Betriebs berechtigt, wählbar sind alle Arbeitnehmer, die das 24. Lebensjahr noch nicht vollendet haben. Die JAV kann nach Verständigung des Betriebsrats Sitzungen abhalten, an denen der Betriebsratsvorsitzende oder ein beauftragtes anderes Betriebsratsmitglied teilnehmen kann. Ein Mitglied der JAV kann an den Betriebsratssitzungen teilnehmen; sofern eine Angelegenheit behandelt wird, die besonders jugendliche Arbeitnehmer betrifft, haben hierzu alle Mitglieder der Jugendvertretung ein Teilnahmerecht. Die Jugendvertreter haben bei der Abstimmung das Stimmrecht, soweit die Beschlüsse überwiegend jugendliche Arbeitnehmer betreffen.
An allgemeinen Aufgaben nimmt die JAV v. a. Angelegenheiten der Berufsbildung wahr, überwacht die zugunsten der jugendlichen Arbeitnehmer erlassenen Vorschriften und nimmt Anregungen von jugendlichen Arbeitnehmern entgegen.

junge Aktien ↑Aktie.

juristische Person: eine Organisation mit eigener Rechtsfähigkeit; sie schließt natürliche oder juristische Personen zu einem Verband (Körperschaft) zusammen oder hält Mittel für einen bestimmten Zweck bereit (Anstalt, Stiftung). Die juristische Person ist ein von ihren Mitgliedern verschiedenes *Rechtssubjekt* (= Person im Rechtssinn). Als solches kann sie eigene Rechte und Pflichten haben, deren Träger sie selbst und nicht – wie bei den nichtrechtsfähigen Gemeinschaften – die Gesamtheit der in der Gemeinschaft zusammengeschlossenen Personen ist. Den Mitgliedern stehen aufgrund der Mitgliedschaft nur gegenüber der juristischen Person Rechte und Pflichten zu; infolgedessen haften sie in der Regel auch nicht für die Verbindlichkeiten der juristischen Person. Anders als die natürliche Person handelt sie mangels natürlicher Handlungsfähigkeit durch die Organe (z. B. Mitgliederversammlung, Vorstand, Aufsichtsrat).
Juristische Personen des Privatrechts sind Vereine (rechtsfähige Körperschaften) und Stiftungen. Zu ihrer Entstehung sind erforderlich ein Privatakt (Gründungsvereinbarung, Stiftungsgeschäft) und ein Behördenakt, durch den die Rechtsfähigkeit verliehen oder anerkannt wird. Handelsgesellschaften und Idealver-

eine werden rechtsfähig durch Eintragung in das Vereins-, Handels- oder Genossenschaftsregister; die Eintragung muß erfolgen, wenn die dafür aufgestellten gesetzlichen Voraussetzungen erfüllt sind. Die juristische Person des Privatrechts kann grundsätzlich alle Rechte und Pflichten einer natürlichen Person innehaben. Ihre inneren Angelegenheiten (Verfassung und Verwaltung) vermag sie weitgehend eigengesetzlich zu regeln (Grundsatz der Vereinsautonomie). Für Handlungen ihrer Organe haftet sie ohne die Möglichkeit des Entlastungsbeweises. – *Juristische Personen des öffentlichen Rechts* sind a) Körperschaften (z. B. Bund, Länder, Gemeinden, bestimmte Religionsgemeinschaften), b) Anstalten (z. B. Landesversicherungsanstalt), c) Stiftungen; sie erfüllen hoheits- oder gemeinschaftswichtige Aufgaben und beruhen entweder auf Herkommen (wie Staat und Kirchen) oder auf Gesetz, öffentlich-rechtlichem Vertrag (Staatsvertrag, Verwaltungsabkommen) oder Verwaltungsakt. Ihre Rechtsfähigkeit beschränkt sich auf ihren Aufgabenbereich. Aufgaben, Verfassung, Organe und Vertretung sind durch öffentliches Recht geregelt.

Just-in-time-production [englisch dʒʌst ɪn taɪm prəˈdʌkʃən „gerade rechtzeitige Herstellung"]: Organisationsprinzip der Produktion und der Materialwirtschaft eines Unternehmens. Just-in-time-production versucht unter Ausnutzung der Möglichkeiten der Informations- und Kommunikationstechnik Informationsnetze so zu knüpfen, daß die genaue Abstimmung von Materialzuliefer- und Produktionsterminen ermöglicht wird. Auf diese Weise sollen Materialbestände und Durchlaufzeiten gegenüber herkömmlichen Organisationsstrukturen um mehr als 50% gekürzt und damit Lagerhaltungskosten eingespart werden. Im Extremfall kann dies bedeuten, daß z. B. bei einem Automobilhersteller wenige Minuten vor dem Einbau der Sitze in ein Fahrzeug diese erst vom Sitzhersteller in produktionsgerechter Reihenfolge sortiert angeliefert und über ein Zulieferband sofort der Automobilendmontage zugeführt werden. Den Kostenvorteilen dieses integrierten Systems steht das Risiko der stark gestiegenen Störanfälligkeit gegenüber, da bei Zulieferungsverzögerungen der Produktionsprozeß mangels Vorratslagerbeständen ins Stocken gerät.

K

Kaduzierung [zu lateinisch caducus „fallend, zum Fallen geneigt, gefallen"]: mögliche Zwangsausschließung der Gesellschafter einer GmbH oder AG bei verzögerter [Stamm]einlage. Nach erfolglosem Ablauf einer Zahlungsaufforderung und einer Nachfrist wird der betreffende Gesellschafter seines Geschäftsanteils und der bereits geleisteten Zahlungen zugunsten der Gesellschaft für verlustig erklärt.

Kalkulation [zu lateinisch calculare „mit Rechensteinen rechnen"]: Stückkostenrechnung oder Kostenträgerrechnung, welche die Kosten je Erzeugnis bzw. Leistungseinheit oder eines ganzen Auftrags ermittelt. In der **Vorkalkulation** werden die Kosten für die noch zu erstellenden Leistungen und ihr Angebotspreis errechnet. Die **Nachkalkulation** kontrolliert im Soll-Ist-Vergleich die eingetretenen Kosten und liefert damit die Grundlage für die folgende Vorkalkulation. Die gängigsten Kalkulationsverfahren sind die ↑Zuschlagskalkulation mit dem Kalkulationsschema für den Warenhandel und die Industriekalkulation der Herstellkosten; zum andern die ↑Divisionskalkulation mit ihrer Verfeinerung durch die ↑Äquivalenzziffernkalkulation. Nach der Vorgehensweise bei der Kalkulation unterscheidet man zwischen Vorwärts-, Rückwärts- und Differenzkalkulation.

Kalkulationsfaktor: Multiplikator zur Vereinfachung der Kalkulation im Warenhandel (↑Kalkulationszuschlag, ↑Handelsspanne); z. B.: Bezugspreis 100.– × Kalkulationsfaktor 1,5 = Verkaufspreis 150,–

$$\text{Kalkulationsfaktor} = \frac{\text{Verkaufspreis}}{\text{Bezugspreis}} = \frac{150,-}{100,-} = 1{,}5$$

Kalkulationsschema: Grundriß des Kalkulationsaufbaus zur Ermittlung von Selbstkosten- und Verkaufspreis einer Handelsware. Die Umsatzsteuer ist wegen ihres Charakters als Durchlaufposten nicht mehr in die Kalkulation einzubeziehen (Bruttowert). Bei der Vorwärts-

Kalkulationsschema. Verschiedene Arten der Kalkulation

kalkulation rechnet man vom Einkaufsrechnungspreis auf den Verkaufspreis hoch, bei der Rückwärtskalkulation in umgekehrter Richtung und bei der Differenzkalkulation von oben und unten auf den Gewinn als Differenz zwischen Selbstkosten- und Verkaufspreis. Unabhängig von der Rechenrichtung empfiehlt es sich in jedem Fall, zuerst das Kalkulationsschema zu erstellen, dabei muß die richtige Reihenfolge eingehalten werden:

Kalkulationszuschlag: Unterschied zwischen Bezugspreis und Verkaufspreis, ausgedrückt in Prozenten des Bezugspreises.
Beispiel:

Bezugspreis	200,– DM	= 100%
Verkaufspreis	280,– DM	
Differenz (Rohgewinn)	80,– DM	= × %

$$\times = \frac{100 \times 80}{200} = 40\%$$

Kalkulationszuschlag

Der Kalkulationszuschlag dient wie auch der ↑Kalkulationsfaktor der einfachen und raschen Errechnung des Verkaufspreises (↑Handelsspanne). Der Kalkulationszuschlag läßt sich in den Kalkulationsfaktor verwandeln, indem man vor den Kalkulationszuschlag die Zahl 1,... setzt; im obigen Beispiel also Bezugspreis 200,– DM mal Kalkulationsfaktor 1,4 = 280,– DM Verkaufspreis.

kalkulatorische Kosten: zu kalkulierende und auf die Kosten der Kostenarten zu verbuchende Kosten, denen aber unmittelbar keine Ausgabe entspricht. Deshalb müssen sie erfolgsneutral behandelt werden, indem die Belastung auf den Kostenkonten durch eine Gutschrift auf den Ertragskonten des neutralen Ergebnisses wieder ausgebucht wird. Zu unterscheiden sind zwei Arten von kalkulatorischen Kosten: 1. die Zusatzkosten oder dauernd aufwandsverschiedene Kosten (z. B. Eigenkapitalzins, kalkulatorischer Unternehmerlohn); 2. die Anderskosten oder verrechnungsbedingt aufwandsverschiedene Kosten, deren Höhe oder zufälliger Anfall für die Kostenrechnung ungeeignet ist. Dazu gehören die kalkulatorischen Abschreibungen anstelle der meist aus steuerlichen Gründen überhöhten bilanziellen ↑Abschreibungen; die kalkulatorischen Zinsen vom betriebsnotwendigen Kapital zum landesüblichen Zinsfuß anstatt der tatsächlich und mit schwankendem Zinssatz bezahlten Zinsen und die kalkulatorischen Wagnisse, statt der unterschiedlich aufgetretenen Wagnisverluste. Die tatsächlich eingetretenen Zins- sowie auch Grundstücksaufwendungen, Wagnisverluste und bilanziellen Abschreibungen werden dann als ↑neutrale Aufwendungen verbucht, um eine Doppelbuchung in der Erfolgsrechnung zu vermeiden.
Die kalkulatorischen Kosten haben die Aufgabe, die Kosten- und Leistungsrechnung von den in der Finanzbuchführung gültigen handels- und steuerrechtlichen Bewertungsvorschriften zu befreien, den tatsächlichen Werteverbrauch zu erfassen, um die Selbstkosten so genau wie möglich zu ermitteln.

Kameralismus [zu lateinisch camera „Kammer" im späteren Sinne von „fürstlicher Kammer, für den fürstlichen Haushalt zuständige Behörde"] (Kameralwissenschaften): deutsche Sonderprägung des westeuropäischen ↑Merkantilismus in der Zeit des Absolutismus. Der Kameralismus erstrebte Autarkie und hohe Staatseinkünfte und sah, im Unterschied zum Merkantilismus, als durchschlagendste Mittel zur Verwirklichung seiner Ziele die planmäßige Förderung eigenständiger Produktivkräfte der Agrikultur, Textil- und Metallindustrie in großgewerblichen Betriebsformen unter voller Nutzung des Absatzes auf dem Binnenmarkt bei Verzicht auf Außenhandel und „aktive Handelsbilanz".

Für den Kameralismus standen im Gegensatz zum Merkantilismus Verwaltungslehre und Regierungswissenschaften mehr im Vordergrund des Interesses als die Untersuchung ökonomischer Zusammenhänge. Als ökonomische Lehrmeinung wurde der Kameralismus vom Physiokratismus bzw. der klassischen Nationalökonomie abgelöst. Als Bezeichnung für die Wissenschaften von Wirtschaft und Finanzpolitik hielt sich der Begriff Kameralwissenschaften in Deutschland bis in die 1930er Jahre.

Kameralistik: auf den Nachweis von Einnahmen und Ausgaben sowie den Vergleich mit dem Haushaltsplan ausgerichtete Rechnungsführung der öffentlichen Verwaltung *(finanzwirtschaftliche Kameralistik)* und der mit ihr verbundenen Betriebe *(Betriebskameralistik);* geht auf den Kameralismus zurück.

kameralistische Buchführung ↑ Buchführungssysteme.

Kammer für Handelssachen: die bei den Landgerichten eingerichteten Kammern, die anstelle von Zivilkammern bürgerliche Rechtsstreitigkeiten in Handelssachen entscheiden; z. B. Ansprüche der Kaufleute aus beiderseitigen Handelsgeschäften, Streitigkeiten über Musterschutz.

Kampfpreis: ein unter dem marktüblichen, eventuell auch unter den Selbstkosten liegender Preis, um Konkurrenten Marktanteile abzunehmen. Kampfpreise sind an sich legal, können aber unter Umständen gegen das Kartellgesetz oder das Gesetz gegen unlauteren Wettbewerb verstoßen. – Eine Art von Kampfpreisen im Außenwirtschaftsverkehr sind Dumpingpreise.

Kanban [japanisch]: Laufkarte, die Informationen über einen Kundenauftrag enthält. Beim Kanbanprinzip wird erst nach Auftragseingang mittels einer Laufkarte eine entsprechende Produktion und ggf. Materialbestellung ausgelöst. Weitergehend: ↑ Just-in-time-production.

Kannkaufmann ↑ Kaufmann.

Kapazität: das quantitative Leistungsvermögen von Betriebsmitteln (Maschinen bzw. Produktionsanlagen) pro Zeiteinheit (z. B. Monat). Die Kapazität einer Produktionsanlage hängt ab von der Anzahl und der technischen Beschaffenheit der Betriebsmittel, von der Nutzungszeit (z. B. Ein- oder Mehrschichtbetrieb), von der Nutzungsintensität (z. B. Fließbandgeschwindigkeit bzw. Takt) und vom Umfang der Stillstandszeiten aufgrund von Rüstzeiten, Wartung usw. Zu unterscheiden sind die technische Maximalkapazität und die wirtschaftlich optimale Kapazität (z. B. mit minimalen Kosten pro Ausbringungseinheit). Der **Kapazitätsausnutzungsgrad** ist das Zahlenverhältnis zwischen tatsächlicher Produktion (Ist-Produktion) und der Kapazität (Kann-Produktion), z. B. bei einer Kapazität von 1000 Stück/Monat entspricht eine Ist-Produktion von 750 Stück/Monat einem Kapazitätsausnutzungsgrad von 75%.

Kapazitätserweiterungseffekt ↑ Lohmann-Ruchti-Effekt.

Kapital [italienisch, eigentlich etwa „Hauptgeld, Hauptsumme", zu lateinisch capitalis „hauptsächlich, vorzüglich"], in der *Betriebswirtschaftslehre* der dem Vermögen eines Unternehmens auf der Passivseite der Bilanz in gleicher Höhe gegenüberstehende Bilanzposten, der Auskunft über die Herkunft der dem Unternehmen in Form von Geld oder Sachwerten zur Verfügung stehenden Mittel gibt. In finanzwirtschaftlicher Interpretation werden vielfach allein die Geldmittel, die zur betrieblichen Aufgabenerfüllung benötigt werden, als Kapital bezeichnet.

Nach der Rechtsstellung der Kapitalgeber wird **Eigen-** und **Fremdkapital** unterschieden; das Eigenkapital wird – je nach Rechtsform – auch als *Aktienkapital* (AG), *Stammkapital* (GmbH), Geschäftsguthaben (Genossenschaften) ausgewiesen; nach der Dauer der Überlassung wird das Fremdkapital in lang- und kurzfristiges Kapital eingeteilt. Vor allem aus Rückstellungen für die betriebliche Altersversorgung ergibt sich das sogenannte **Sozialkapital.** Nach der Form der Bindung des Kapitals wird **Sach-** oder **Realkapital** (z. B. Grundstücke, Maschinen) und **Geld-** oder **Finanzkapital** (z. B. Barmittel, Wertpapiere) unterschieden.

In der *Volkswirtschaftslehre* ursprünglich Bezeichnung für eine zum Ausleihen bestimmte und Zinsertrag versprechende Geldsumme, später für alle Gütervorräte überhaupt, dann für die der Produktion dienenden Gütervorräte (produzierte Produktionsmittel), dann eingeschränkt für alles für Zwecke der ↑Investition zur Verfügung stehende Geld (Geldkapital); heute ist Kapital allgemein der Bestand einer Volkswirtschaft an sachlichen Produktionsmitteln (Sachkapital) in festen Anlagen (Anlagekapital, fixes, gebundenes Kapital) oder in beweglicher Form von Vorprodukten und Vorräten (Betriebskapital) und Forderungen (Geldkapital) oder an menschlichen Fähigkeiten aufgrund von Anlagen, Erziehung und Ausbildung (**Humankapital** [„human capital"]), der, einzelwirtschaftlich gesehen, seinen Eigentümern Einkommen und/oder Einfluß verschafft (**Erwerbskapital,** Privatkapital).

Der **Kapitalstock** einer Volkswirtschaft (Sach- und Geldkapital, Produktionspotential) entsteht durch die Akkumulation der Nettoinvestitionen. In der Existenz des Kapitals äußert sich der Wille der Mitglieder einer Volkswirtschaft, sich nicht unmittelbar und direkt der Befriedigung der Bedürfnisse zuzuwenden, sondern Produktionsumwege einzuschlagen und zunächst Produktionsmittel herzustellen, um sich mit Werkzeugen auszurüsten. Die Verfügbarkeit von Kapital in einer Volkswirtschaft ist also ein wichtiger Bestimmungsfaktor des ↑Wirtschaftswachstums.

Die **Kapitaltheorie** befaßt sich mit dem Begriff, der Entstehung, den Funktionen und der Entlohnung des Kapitals, dem Zins. Zins, bezogen auf das eingesetzte Kapital, ist die **Kapitalrendite.** Das Verhältnis zwischen dem eingesetzten Kapital und dem Sozialprodukt ist der **Kapitalkoeffizient;** er gibt an, wieviel Kapitaleinsatz im Durchschnitt je Produktionseinheit erforderlich war. Der reziproke Wert, also das Produktionsergebnis je eingesetzter Kapitaleinheit, ist die **Kapitalproduktivität.** Das Verhältnis von eingesetztem Kapital zu eingesetzter Arbeit, die **Kapitalintensität,** zeigt die durchschnittliche Ausstattung eines Arbeiters mit Produktionsmitteln. Die Tatsache, daß der Kapitalbesitz die Möglichkeit bietet, ökonomische (und damit politische) Macht auszuüben, hat dazu geführt, daß die gesamte Produktionsweise einer Gesellschaft mit Privateigentum auch an den Produktionsmitteln als kapitalistisch und die Wirtschaftsordnung als ↑Kapitalismus bezeichnet werden.

Kapitalanlagegesellschaft ↑Investmentgesellschaft.

Kapitalbedarfsrechnung: Verfahren zur Ermittlung des Kapitalbedarfs. Grundsätzlich sind zwei Formen bekannt: 1. Man geht aus vom betriebsnotwendigen Vermögen und ermittelt den Kapitalbedarf durch Abzug der Lieferantenkredite; 2. man geht aus vom Aufwand eines Produktionstages (Rohstoffe, Hilfsstoffe, Löhne, Gemeinkosten), multipliziert diesen mit der durchschnittlichen Kapitalgebundenheit (Produktionsdauer, Lagerdauer, Debitorenlaufzeit) und erhält so den Kapitalbedarf. Die Kapitalbedarfsrechnung liefert in dieser Form immer nur Durchschnittswerte. Eine exaktere Kapitalbedarfsrechnung bedarf vieler Einzelrechnungen und wird bei der Aufstellung des ↑Finanzplans vorgenommen.

Kapitalbeteiligung: Mitarbeiterkapital, das entweder von den Unternehmen allein, von Unternehmen und Mitarbeitern gemeinsam oder ausschließlich von den Mitarbeitern aufgebracht wird. Die betriebliche Vermögensbeteiligung, seit 1950 auf freiwilliger Grundlage entwickelt, hat eine Vielfalt von Beteiligungsformen hervorgebracht: 1. *Unternehmenszuwendungen ohne Eigenleistung der Mitarbeiter* (der Betrieb gewährt den Arbeitnehmern Sonderzahlungen oder beteiligt sie am Gewinn, die Gewinnanteile verbleiben im Unternehmen); 2. *Unternehmenszuwendungen mit Eigenleistungen der Mitarbeiter* (Belegschaftsaktien und Gewinnbeteiligung mit Eigenleistung); 3. *ausschließlich Eigenleistungen der Mitarbeiter.*

Alle Beteiligungsmodelle sehen im Grundsatz eine finanzielle Vergütung für das Mitarbeiterkapital vor (Rendite), die im allgemeinen die Zinsen von Sparkonten deutlich übersteigt. In der Regel haben die Unternehmen Sperrfristen eingerichtet, die Beschäftigten können sich das eingelegte Kapital also erst nach einer vorher vereinbarten Frist auszahlen lassen, im Durchschnitt nach sieben Jahren. Das 1987 in Kraft getretene 5. Vermögensbildungsgesetz (↑Vermögensbildung) vergrößert die Chancen für die Bildung von Mitarbeiterkapital (gegenwärtig rund 1000 Beteiligungsunternehmen).

Kapitalbildung: die Bildung bzw. Erhöhung des Bestandes an produzierten Produktionsmitteln in einer Volkswirtschaft als Ergebnis von Spar- und Investitionsvorgängen. Der Umfang der Kapitalbildung bestimmt maßgeblich das wirtschaftliche Wachstum.

Kapitalerhaltung: Begriff für das bilanztheoretische Ziel, die Leistungsfähigkeit eines Unternehmens zu wahren. Dabei gibt es unterschiedliche Auffassungen darüber (↑Bilanztheorien), wie dieses Ziel zu erreichen ist. Anhänger der *nominellen Kapitalerhaltung* streben an, daß der Betrag des nominellen Geldkapitals von Rechnungsperiode zu Rechnungsperiode gleichbleibt. Der Gewinn/Verlust ergibt sich als Differenz zwischen dem Kapital zu Beginn und am Ende der Rechnungsperiode. Veränderungen des Geldwerts bzw. der Sachwerte bleiben unberücksichtigt (Bewertung zum Anschaffungswert bzw. zu den Herstellungskosten).

Eine wirkliche Wahrung der Leistungsfähigkeit ist so aber nur bei stabilen wirtschaftlichen Verhältnissen ohne Inflation garantiert. Dieses Prinzip der nominellen Kapitalerhaltung liegt dem Handels- und Steuerrecht zugrunde. Anhänger der *realen (materiellen) Kapitalerhaltung* verlangen, daß die Kaufkraft des Kapitals zu Beginn und am Ende der Rechnungsperiode gleich ist. Der Überschuß ist der Gewinn, der über eine Indexberechnung ermittelt werden muß. Beide Prinzipien berücksichtigen nur das Geldkapital. Bei der *substantiellen Kapitalerhaltung* wird angestrebt, nicht nur das Geld, sondern das gesamte Realvermögen leistungsmäßig zu erhalten. Preisschwankungen, technischer Fortschritt, Nachfrageverschiebungen usw. werden als Maßstab für die Beurteilung der Leistungsfähigkeit mit einbezogen. Das kann soweit führen, daß von der Erhaltung der Leistungsfähigkeit erst dann gesprochen wird, wenn das Unternehmen mit der Gesamtentwicklung der volkswirtschaftlichen Produktion Schritt hält *(relative oder qualifizierte Substanzerhaltung),* also z. B. seinen Marktanteil behält, die immateriellen Werte sichert und an den branchenüblichen Entwicklungen teilhat.

Kapitalerhöhung: Maßnahmen der Finanzierung von Unternehmen durch Erhöhung des Eigenkapitals. Je nach Rechtsform des Unternehmens gibt es verschiedene Möglichkeiten: 1. *Personengesellschaften:* a) ↑Selbstfinanzierung, b) Erhöhung der Einlagen durch die Gesellschafter, c) Aufnahme neuer Gesellschafter. 2. *Kapitalgesellschaften:* a) ↑Selbstfinanzierung, bei Aktiengesellschaften Ausgabe junger Aktien durch ordentliche Kapitalerhöhung, ↑genehmigtes Kapital, ↑bedingte

Kapitalerhöhung, oder Ausgabe von Gratisaktien; in der *GmbH* durch Erhöhung der Stammeinlagen der Gesellschafter oder Aufnahme neuer Gesellschafter; bei *Genossenschaften* durch Kauf zusätzlicher Anteile durch die Genossen, Aufnahme neuer Genossen oder Zahlung von Nachschüssen durch die Genossen.

Kapitalertragsteuer: besondere Erhebungsform der ↑Einkommensteuer (§§ 43–45b EStG) bei Erträgen aus inländischen Kapitalanlagen, z. B. Dividenden, Erträgen aus Anteilen an Gesellschaften mit beschränkter Haftung und Genossenschaften, Einkünften als stiller Gesellschafter. Sie wird von dem zahlenden Unternehmen einbehalten und an das für die auszahlende Stelle zuständige Finanzamt abgeführt. Sie beträgt in der Regel 25% der vollen Kapitalerträge ohne jeden Abzug. Nicht der Kapitalertragsteuer unterliegen im allgemeinen Zinsen aus festverzinslichen Wertpapieren, Zinsen auf Sparbucheinlagen, Darlehens- und Bausparzinsen.

Die Kapitalertragsteuer nimmt grundsätzlich auf die persönlichen Verhältnisse des Steuerpflichtigen keine Rücksicht und muß deshalb teilweise im Rahmen der Einkommensteuerveranlagung wieder erstattet werden. Das Abzugsverfahren wird aber beibehalten, um (vor allem bei im Ausland Ansässigen) die Erfassung der Kapitalerträge sicherzustellen. Wenn eine Einkommensteuerveranlagung nicht in Frage kommt, kann auf den Abzug der Kapitalertragsteuer verzichtet bzw. die einbehaltene Steuer rückerstattet werden (↑Kupon).

Kapitalflucht: Übertragung von Vermögen, insbesondere liquiden Mitteln ins Ausland bzw. in eine ausländische Währung, wobei im Unterschied zu normalen Kapitalbewegungen das Motiv der Sicherung des Kapitals maßgebend ist. Die Kapitalflucht ist auch zu unterscheiden von der **Steuerflucht,** bei der die Übertragung des Vermögens vor allem durch eine Verlagerung des Wohnsitzes in einen Staat mit niedriger Besteuerung erfolgt, um Steuern zu vermeiden oder zu mindern. Besondere Maßnahmen gegen Kapitalflucht und Steuerflucht in Gestalt einer „Fluchtsteuer" bestehen in der Bundesrepublik Deutschland nicht. Jedoch müssen Inländer auch das im Ausland erzielte Vermögen offenlegen.

Kapitalflußrechnung: Bewegungsrechnung, die für einen bestimmten Zeitraum Herkunft und Verwendung verschiedener liquiditätswirksamer Mittel (Geld, Güter, Leistungen) darstellt. Sie soll als 3. Jahresrechnung neben der traditionellen ↑Bilanz und ↑Gewinn- und Verlustrechnung über die Investitions- und Finanzierungsvorgänge informieren, die aus dem Jahresabschluß nicht oder nur indirekt ersichtlich sind.

Kapitalgesellschaft ↑Unternehmensformen.

Kapitalintensität ↑Kapital.

Kapitalisierung: Berechnung des gegenwärtigen Kapital-(Ertrags-)werts von zukünftigen, regelmäßig wiederkehrenden Erträgen oder Geldleistungen (Diskontierung von zukünftigen Erträgen). Kapitalisiert werden Erträge festverzinslicher Kapitalanlagen und Gewinne von Unternehmen zur Berechnung des Ertragswerts. Formel:

$$\text{Kapitalwert} = \text{Ertrag} \times \frac{100}{p}$$

(p = zugrundegelegter Zinssatz).

Kapitalismus: Bezeichnung für eine Wirtschaftsform, die durch Privateigentum an Produktionsmitteln und Steuerung des Wirtschaftsgeschehens über den Markt (↑Marktwirtschaft) gekennzeichnet ist. Der Begriff Kapitalismus begegnet seit dem Beginn des 19. Jahrhunderts, wurde dann aber vor allem durch Karl Marx in seiner Bedeutung geprägt. Für Marx ist der Kapitalismus in gesetzmäßiger historischer Abfolge die Produktionsweise zwischen

Feudalismus und Sozialismus/Kommunismus. Danach reifte der Kapitalismus bereits im Schoße des Feudalismus durch die Entwicklung von Handelskapital, ↑Verlagssystem und ↑Manufakturen heran und setzte sich im Prozeß der sogenannten ursprünglichen Akkumulation, der Konzentration der Produktionsmittel in den Händen der Unternehmer, endgültig durch. Zentrales Resultat dieser ursprünglichen Akkumulation und konstituierendes Merkmal des Kapitalismus ist die Entstehung des Lohnarbeiters, der „frei" ist in dem doppelten Sinne der Freiheit von feudalen Fesseln und des Freiseins von Eigentum an Produktionsmitteln. Er ist damit in der Lage und gezwungen, seine Arbeitskraft an den Eigentümer der Produktionsmittel, den **Kapitalisten,** zu verkaufen. Dabei ist die Arbeitskraft selbst eine Ware, d. h. im Marxschen Sinne, daß sie auf dem [Arbeits]markt wie jede andere Ware auch zu ihrem Tauschwert, der letztlich durch die gesellschaftlich durchschnittlich notwendige Arbeitszeit zur Erhaltung der Ware Arbeitskraft (durch Lebensmittel, für Kleidung, „Kinderaufzucht" usw.) bestimmt ist, gekauft wird. Ziel dieses Kaufs ist es, den Gebrauchswert der Arbeitskraft zu nutzen, der für den Kapitalisten darin besteht, daß diese durch ihre Entäußerung im Produktionsprozeß Wert schafft, und zwar einen größeren, als sie selbst als Tauschwert hat. Damit erklärt Marx die Entstehung und Aneignung von Mehrwert als im Einklang mit den ökonomischen Gesetzen. Die so erzeugte, als „Eigentum" des gedachten Gesamtkapitals vorzustellende Mehrwertmasse eignen sich die einzelnen Kapitalisten in Form des Profits bzw. in abgeleiteten Formen als Zins und (die Grundeigentümer) als Rente an. Gemäß dem dem Kapitalismus eigenen Zwangsgesetz der Konkurrenz muß der größte Teil davon akkumuliert, also zur Erweiterung der Produktion eingesetzt werden. Aus diesem ökonomischen Zwang erklärt Marx sowohl die Entfesselung der Produktivkräfte (durch die ↑industrielle Revolution) als auch die zunehmende Polarisierung der Gesellschaft in die Klassen der Kapitalisten und Lohnarbeiter (da durch die Konkurrenz bestehende Zwischenschichten kleiner Warenproduzenten und selbst kleine Kapitalisten zu Lohnarbeitern degradiert werden), schließlich die Entwicklung der Lebensbedingungen der Lohnarbeiter selbst (Verelendungstheorie). Diese Phase des **Konkurrenzkapitalismus,** in der die ökonomischen Gesetze des Kapitalismus weitgehend ungehemmt wirken, führt für Marx vermöge dieser ökonomischen Gesetze selbst zum Zusammenbruch der Existenzgrundlagen des Kapitalismus, da sich durch die Entwicklung der Produktivkräfte der den Kapitalismus kennzeichnende Grundwiderspruch zwischen gesellschaftlicher Produktion und privater Aneignung der Ergebnisse der Produktion durch die Kapitalisten verschärft bis zu seiner revolutionären Aufhebung. In diesem Sinne ist für Marx der Kapitalismus Voraussetzung des Sozialismus/Kommunismus, dieser unvermeidlich Resultat der Entwicklung des Kapitalismus.

Weitere Kennzeichen des Kapitalismus im marxistischen Sinne sind, entsprechend der Grundauffassung des dialektischen und historischen Materialismus, daß letzten Endes das Sein das Bewußtsein, die (ökonomische) Basis den Überbau (Ideologie, Staat usw.) bestimme, die aus der ökonomischen Macht resultierende politische Macht der Bourgeoisie und die sich aus dem Charakter der ökonomischen Gesetze ergebende Entfremdung.

Zur Erklärung des Ausbleibens des Sozialismus/Kommunismus trotz des Verschwindens des klassischen Konkurrenzkapitalismus wurden in der marxistischen Theorie zahlreiche Versuche unternommen. Der durch das Bestehen von Monopolen gekennzeichnete Imperialismus wurde als „höchstes Stadium des Kapitalismus" (Lenin), als „organisierter Kapitalismus" (Rudolf Hilferding), später auch als ↑Staatskapitalismus und staatsmonopolistischer Kapitalismus bezeichnet. Dabei wird als Erklärung, warum der Kapitalismus fortbestehe und wie dies in Einklang mit den Marxschen Thesen zu bringen sei, bei zahlreichen Differenzen im einzelnen vor allem der Staat als außerökonomischer Faktor herangezogen, der in dieser Eigenschaft in der Lage ist, die Wirkung der ökonomischen Gesetze des Kapitalismus zu modifizieren und/oder zumindest partiell außer Kraft zu setzen.

Außerhalb des Marxismus blieb die Tauglichkeit des Begriffs Kapitalismus umstritten. Teilweise durchsetzen konnte er sich v. a. durch die Untersuchungen von Max Weber und W. Sombart, die vor allem die Rechenhaftigkeit und Rationalität als Kennzeichen des Kapitalismus in den Vordergrund stellten. So charakterisierte Max Weber den Kapitalismus als „an Profitchancen rational orientiert". Weitere Verbreitung fand der Begriff des Kapitalismus als Kategorie zur Periodisierung in der Einteilung von Sombart in die Phasen des **Frühkapitalismus** (im wesentlichen die Zeit des Merkantilismus), **Hochkapitalismus** (entspricht ungefähr der Phase des klassischen Konkonkurrenzkapitalismus) und **Spätkapitalismus** (vom 1. Weltkrieg an). Vor allem der Begriff des Spätkapitalismus, der z. T. auch von marxistischen Autoren aufgegriffen wurde, blieb wegen seiner impliziten Bedeutung, letzte Phase vor einem neuen (höheren) System zu sein, stark umstritten. Gegen die Tauglichkeit des Begriffs für die wissenschaftliche Analyse wird vor allem seine übliche Verwendung als politisches Schlagwort eingewandt. Die Vertreter und Anhänger der vor allem von W. Eukken entwickelten Ordnungstheorie halten Epochenbegriffe wie den des Kapitalismus für vollends entbehrlich, da das zu allen Zeiten stets gleiche Problem des Wirtschaftens mit knappen Ressourcen sowie der Leitung und Verteilung auch stets zwei grundsätzlich verschiedene Lösungsmöglichkeiten habe, entweder durch eine zentrale Planung (Planwirtschaft bzw. Zentralverwaltungswirtschaft) oder eine dezentrale Planung (Marktwirtschaft).

Kapitalkoeffizient ↑Kapital.

Kapitalkonten: die Konten zur Verbuchung des ↑Eigenkapitals. Die Kapitalkonten der vollhaftenden Einzelunternehmer und Personengesellschafter erfahren Veränderungen durch Privateinlagen und -entnahmen sowie Gewinn- oder Verlustzuweisungen. Das Kapitalkonto des teilhaftenden Kommanditisten sowie die Grund- oder Stammkapitalkonten der Kapitalgesellschaften sind unveränderlich. Ausstehende Einlagen werden als Forderungskonto auf der Aktivseite der Bilanz geführt.

Kapitalkosten: kalkulatorische Zinsen (↑kalkulatorische Kosten) und sonstige Nebenkosten des Geld- und Finanzverkehrs wie Kreditprovisionen, Kontoführungsgebühren, aber auch das als Verwaltungskosten der Banken deklarierte ↑Damnum oder Hypothekenabgeld.

Kapitalmarkt: Markt für langfristige Geldanlagen bzw. -ausleihungen im Unterschied zum ↑Geldmarkt. Man teilt den Kapitalmarkt in einen organisierten und einen nicht organisierten Kapitalmarkt ein. Der organisierte Kapitalmarkt ist der Markt für langfristige Wertpapiere (Wertpapiermarkt an den ↑Börsen) und wird unterschieden in **Anleihemarkt** oder **Rentenmarkt** (Markt für festverzinsliche Wertpapiere wie öffentliche Anleihen, Bankschuldverschreibungen, Industrieobligationen) und **Aktienmarkt** (Markt für Beteiligungspapiere). Auf Renten- und Aktienmarkt gibt es weiterhin einen Markt für Neuemissionen (Primärmarkt) und einen Markt für im Umlauf befindliche Wertpapiere (Sekundärmarkt). Der Geldgeber kann am organisierten Kapitalmarkt jederzeit sein langfristig zur Verfügung gestelltes Geld durch Verkauf seiner Wertpapiere kurzfristig zurückbekommen. Am nicht organisierten Kapitalmarkt werden Darlehen, Beteiligungen, Hypotheken, Investitions- und langfristige Finanzierungskredite entweder direkt zwischen Anbietern und Nachfragern abgeschlossen oder indirekt über Banken (langfristiges Darlehens- und Einlagengeschäft). Hier erhält der Gläubiger in der Regel sein Geld erst bei Fälligkeit der Forderung zurück.

Kapitalmarktpapiere: Wertpapiere, in denen die am ↑Kapitalmarkt Anlage suchenden langfristigen Spargelder angelegt werden.

Kapitalproduktivität ↑Kapital.

Kapitalrendite ↑Kapital.

Kapitalstock: Gesamtbestand an Kapitalgütern und betrieblich genutzten Gebäuden und Grundstükken in einer Volkswirtschaft. – ↑auch Produktionspotential.

Kapitalstruktur: die Zusammensetzung des Kapitals (Passivseite der ↑Bilanz) eines Unternehmens nach der Herkunft (Eigen-, Fremdkapital) und der Fristigkeit (lang-, mittel-, kurzfristig); speziell das absolute und relative Verhältnis des Eigenkapitals zum Fremdkapital. Besondere Kennziffern sind z. B. der *Verschuldungskoeffizient* (Verhältnis Eigenkapital/Fremdkapital), der *Eigenkapitalkoeffizient* (Eigenkapital/Bilanzsumme), der *Anpassungskoeffizient* (Fremdkapital/Gesamtkapital), *gebundenes Kapital* (Eigenkapital + langfristiges Kapital/Bilanzsumme), die *Fremdkapitalstruktur* (langfristiges/kurzfristiges Fremdkapital), der *Sicherstellungsgrad* (abgesichertes/nicht abgesichertes Fremdkapital). Die Kenntnis der Kapitalstruktur ist Voraussetzung für eine sinnvolle ↑Finanzierung. – ↑auch Bilanzanalyse.

Kapitalumschlag: betriebliche Kennziffer, die das Verhältnis des Umsatzes zum Eigenkapital bzw. (durchschnittlichen) Gesamtkapital angibt. Sie gibt Auskunft darüber, wie hoch der Umsatz pro investierte Währungseinheit und somit die Nutzung des investierten Kapitals ist. Rationalisierung kann den Kapitalumschlag beschleunigen. Durch ei-

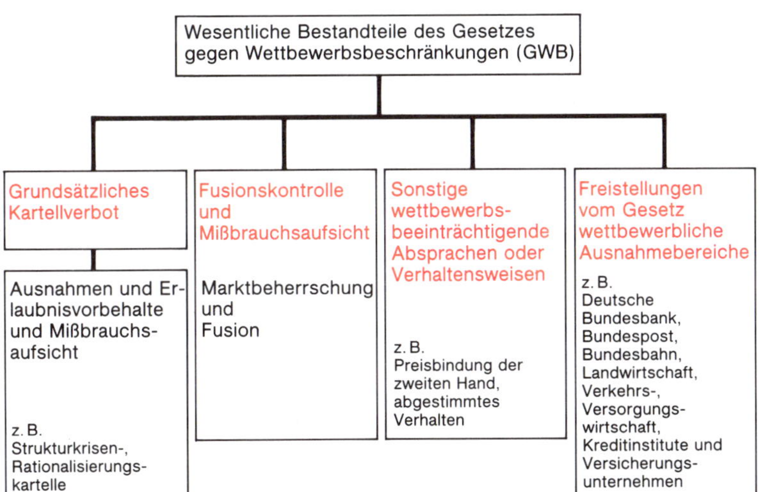

Kartell. Bestandteile des Gesetzes gegen Wettbewerbsbeschränkungen

nen hohen Kapitalumschlag kann erreicht werden, daß auch bei einer geringen Gewinnspanne eine angemessene ↑Rentabilität gesichert ist.

Kapitalverkehrsbilanz: ein Teil der ↑Zahlungsbilanz.

Kapitalverkehrsteuer: Bundessteuer auf 1. die Einbringung von Eigenkapital in inländische Kapitalgesellschaften, besonders den ersten Erwerb von Gesellschaftsrechten an diesen Gesellschaften, z. B. Gründung, Kapitalerhöhung, Sanierung durch Zuschüsse der Gesellschafter, und 2. den Handel mit Wertpapieren, also die weitere Kapitalbewegung dieser Gesellschaftsrechte. Im ersten Fall spricht man von der *Gesellschaftssteuer,* im zweiten von der *Börsenumsatzsteuer.* Durch das Finanzmarktförderungsgesetz von 1990 wurde die Gesellschaftsteuer mit Wirkung vom 1. 1. 1992 und die Börsenumsatzsteuer mit Wirkung vom 1. 1. 1991 abgeschafft.

Die Erhebung erfolgt ohne Berücksichtigung persönlicher Verhältnisse des Steuerpflichtigen und ohne Rücksicht darauf, ob er von dieser Kapitalbewegung profitiert oder nicht.

Kapitalwertmethode ↑Investitionsrechnung.

Kartell [ursprünglich „schriftliche Vereinbarung der Kampfbedingungen"; aus französisch cartel „Vertrag, Zusammenschluß", von italienisch cartello „Zettel, kleines Schreiben" zu lateinisch charta]: horizontaler Zusammenschluß rechtlich selbständiger Unternehmen, die einen Teil ihrer wirtschaftlichen Selbständigkeit aufgeben, um durch koordiniertes Handeln den Wettbewerb auf einem bestimmten Markt ganz oder teilweise auszuschalten. Die Vereinbarung kann schriftlich oder mündlich **(„Frühstückskartell")** erfolgen. Von Kartell zu unterscheiden ist das abgestimmte Verhalten von Unternehmen auf einem Markt. Die Bildung von Kartellen wird von den **Kartellbehörden** (Wirtschaftsministerien, Bundeskartellamt) kontrolliert. Rechtsgrundlage ist das sog. **Kartellgesetz** (Gesetz gegen Wettbewerbsbeschränkungen [GWB]). Es besagt, daß von Unternehmen oder deren Vereinigungen zu einem gemeinsamen Zweck geschlossene Verträge und getroffene Beschlüsse insoweit unwirksam sind, als sie geeignet sind, die Erzeugung von Waren oder die Marktverhältnisse für den Verkehr mit Waren oder gewerblichen Leistungen durch Wettbewerbsbeschränkungen zu beeinflussen (§ 1 GWB). Kartelle sind also grundsätzlich verboten. Das GWB läßt jedoch bestimmte *Ausnahmen* zu: 1. Kartelle, die der Erlaubnis durch die Kartellbehörden bedürfen **(Erlaubniskartelle),** die Erlaubnis wird in der Regel für drei Jahre erteilt: **Rationalisierungskartelle** in Form von **Normen-** und **Typenkartellen** (Absprache über die einheitliche Anwendung von Normen und Typen) oder **Syndikaten** (gemeinsame Beschaffung oder Vertrieb); **Strukturkrisenkartelle** und **Konjunkturkrisenkartelle** (Absprachen zur planmäßigen Anpassung der Kapazität der beteiligten Unternehmen an die durch einen nachhaltigen oder konjunkturell bedingten Nachfragerückgang gesunkenen Absatzmöglichkeiten; **Sonderkartelle („Ministerkartelle",** ausnahmsweise Zulassung der Beschränkung des Wettbewerbs aus überwiegenden Gründen der Gesamtwirtschaft und des Gemeinwohls). 2. Kartelle, die der Kartellbehörde lediglich gemeldet werden müssen und die (je nach Art) spätestens wirksam werden, wenn die Kartellbehörde nicht widerspricht **(Anmeldekartelle): Konditionenkartelle** (einheitliche Anwendung allgemeiner Geschäfts-, Lieferungs- und Zahlungsbedingungen einschließlich der Skonti); **Rabattkartelle** (Gewährung einheitlicher Rabatte, darf aber nicht zu einer ungerechtfertigten unterschiedlichen Behandlung der Abnehmer führen); **Rationalisierungskartelle** in Form von **Spezialisierungskartellen** (gegenseitige Abstim-

mung des Produktionsprogramms bzw. Sortiments oder Spezialisierung auf bestimmte Produkttypen).
Kartelle, die (in der Regel) *nicht zulässig und rechtlich unwirksam sind:* **Preiskartelle** (einheitliche Preisstellung = horizontale Preisbindung); **Kontingentierungskartelle: Quotenkartelle** (jedem Kartellmitglied wird eine bestimmte Produktionsmenge zugewiesen); **Gebietskartelle** (jedem Kartellmitglied wird ein bestimmtes Absatzgebiet exklusiv zugewiesen); **Kalkulationskartelle** (gleichartige Kalkulation); **Submissionskartelle** (abgestimmtes Verhalten bei der Abgabe von Angeboten für ausgeschriebene Aufträge).
Neben den Regelungen über die Kartelle enthält das GWB eine Reihe weiterer Vorschriften, um Wettbewerbsbeschränkungen zu verhindern: 1. Verbot der Preisbindung der zweiten Hand, also des Vorschreibens von Endverbraucherpreisen durch die Hersteller, mit Ausnahme der Verlagserzeugnisse. 2. Mißbrauchsaufsicht neben Kartellen auch bei ↑marktbeherrschenden Unternehmen. Ein Unternehmen ist dann als marktbeherrschend anzusehen, wenn es als Anbieter oder Nachfrager einer bestimmten Art von Waren oder gewerblichen Leistungen ohne Wettbewerber ist oder keinem wesentlichen Wettbewerb ausgesetzt ist und damit über einen vom Wettbewerb nicht mehr begrenzten Handlungsspielraum verfügt. Unter mißbräuchlicher Ausnutzung dieses Handlungsspielraums geschlossene Verträge kann das Bundeskartellamt für unwirksam erklären. 3. Die Erlangung einer marktbeherrschenden Stellung durch ↑Fusion soll durch die **Fusionskontrolle** vermieden werden. 4. Einige Wirtschaftszweige sind von den Regelungen weitestgehend ausgenommen (wettbewerbliche Ausnahmebereiche). – ↑auch Konzern, Konzentration; Abb. S. 207.

Kartẹllgesetz: eigentlich Gesetz gegen Wettbewerbsbeschränkungen, ↑Kartell.

Kạskoversicherung [aus spanisch casco „Scherbe“]: 1. Zweig der Transportversicherung, ihr Gegenstand sind alle Transportmittel, mit denen Personen und Güter befördert werden; 2. in der Kraftverkehrversicherung (in der Form der Teil- oder Vollkaskoversicherung), die zur Abdeckung der vom Fahrer (Halter) am eigenen Kraftfahrzeug verursachten Schäden abgeschlossene Versicherung. **Teilkaskoversicherung** ist eine Fahrzeugversicherung gegen Schäden durch Brand oder Explosion, Entwendung, Sturm, Hagel, Blitzschlag oder Überschwemmung und Bruchschäden an der Verglasung des Fahrzeuges. In der **Vollkaskoversicherung** besteht darüber hinaus Versicherungsschutz gegen Schäden durch einen Unfall des Kraftfahrzeuges sowie durch mut- oder böswillige Handlungen betriebsfremder Personen. Zwischen Versicherer und Versicherungsnehmer vereinbarter Selbstbehalt (Beteiligung des Versicherungsnehmers am Schaden) mindert die Versicherungsprämie.

Kạssageschäft [italienisch cassa „Behältnis“, zu lateinisch capsa „Behältnis“]: Kauf- oder Verkaufsabschlüsse an der Börse, die im Gegensatz zum ↑Termingeschäft sofort oder kurzfristig (am 2. Börsentag nach dem Abschluß) durch Lieferung und Zahlung erfüllt werden müssen.

Kạssakurs: Kurs, der bei Kaufabschlüssen an der Börse sofort oder innerhalb von 2 Börsentagen bezahlt werden muß (↑auch Einheitskurs).

Kasse gegen Dokumente (documents against payment, Abk. d/p): Zahlungsbedingung im Außenhandelsverkehr, die besagt, daß die Zahlung der Ware gegen Aushändigung der Versanddokumente (↑Außenhandelsdokumente) erfolgt, d. h. der Käufer zahlen muß. Für den Käufer entspricht dies einer Vorauszahlung.

Kassenbericht: stammt aus der ↑Mindestbuchführung des Einzelhandels und weist in einfacher Form die tägliche Bareinnahme nach. Das Führen einer Registrierkasse oder eines Kassenbuchs machen einen Kassenbericht entbehrlich.

Kassenbuch: Hilfsbuch zur laufenden Aufzeichnung der Bareinnahmen und Barausgaben unter Angabe von Datum, Buchungstext, Belegnummer, Konto und Betrag. Die tägliche Aufzeichnung des Kassenverkehrs ist zwingend vorgeschrieben. Die Durchführung des Kassenbuchs dient als Sammelbeleg für das ↑Sachkonto Kasse der Hauptbuchhaltung.

Kataster [italienisch catastro „Zins-, Steuerregister"]: allgemein die von öffentlichen Behörden geführten Verzeichnisse der Steuerpflichtigen ihres Bezirks. Wichtig ist insbesondere das vom Katasteramt geführte Register aller Grundstücke, das als Unterlage für die Bemessung der Grundsteuer dient (Grundkataster, Flurbuch).

Kathedersozialisten [von griechisch kathédra „Stuhl, Sessel"]: ursprünglich polemische Bez. für eine politische Gruppierung der deutschen Nationalökonomie. Ziel der Kathedersozialisten war die Integration der Arbeiter in den bestehenden konstitutionellen Rechtsstaat durch Sozialreform und Staatsintervention. Einflußreichste Richtung war die Schule G. Schmollers. Der linke Flügel um L. Brentano und W. Sombart beeinflußte entscheidend den sozialdemokratischen Revisionismus.

Kauf: der Austausch von Rechten, Sachen oder einer Gesamtheit von Sachen und Rechten gegen Geld; häufigstes Umsatzgeschäft. Der Kauf vollzieht sich durch den Abschluß eines **Kaufvertrages** (§§ 433 ff. BGB) und dessen Abwicklung (beim täglichen Handkauf fallen beide Teile zeitlich zusammen). Käufer und Verkäufer müssen sich über Kaufgegenstand und Kaufpreis einigen. Kaufgegenstand kann eine Sache sein **(Sachkauf)**, die nach individuellen **(Spezieskauf)** oder generellen Merkmalen **(Gattungskauf)** bestimmt ist. Durch den Kaufvertrag wird der Verkäufer verpflichtet, dem Käufer die Sache zu übergeben und das Eigentum daran zu verschaffen. Die Willenserklärungen des Verkäufers und des Käufers müssen übereinstimmen. Die Eigentumsübertragung wird also erst durch das folgende Erfüllungsgeschäft bewirkt. Der Käufer ist verpflichtet, dem Verkäufer den Kaufpreis zu zahlen und die gekaufte Sache abzunehmen. Verweigerung der Abnahme begründet Gläubigerverzug (↑Verzug). Ist die Kaufsache mit einem Mangel behaftet, so greift die ↑Mängelhaftung ein. Die Vorschriften über den Kauf regeln auch die Gefahrtragung, d. h. die Frage, wie lange der Verkäufer und ab wann der Käufer das Risiko eines zufälligen Untergangs oder einer Verschlechterung der Kaufsache trägt. Wird die Kaufsache auf Verlangen des Käufers an einen anderen Ort als den Leistungsort versendet (Versendungskauf), so trägt der Käufer das Risiko ab Übergabe an den Spediteur. – Man unterscheidet **Kauf auf Probe,** bei dem der Kaufvertrag unter der aufschiebenden Bedingung geschlossen wird, daß der Käufer die Kaufsache billigt, **Kauf nach Probe,** bei dem die Eigenschaften einer vorgelegten Probe als zugesichert gelten, **Kauf zur Probe,** bei dem der Käufer unverbindlich weitere Bestellungen in Aussicht stellt, **Kauf unter Eigentumsvorbehalt,** bei dem die ↑Eigentumsübertragung unter der aufschiebenden Bedingung der vollständigen Zahlung des Kaufpreises erfolgt. Kommt der Käufer mit der Zahlung in Verzug, so ist der Verkäufer im Zweifel berechtigt, vom Vertrag zurückzutreten. Weiter werden unterschieden: **Kauf auf Abruf** (der Käufer bestimmt noch den Zeitpunkt der Lieferung), **Kauf auf Umtausch** (der Käufer hat die Möglichkeit, anstelle der gelieferten Sache eine andere mit mindestens dem gleichen Preis zu verlangen), **Kauf nach Besicht** (der Käufer muß Mängel an der Sache bei Vertragsabschluß geltend machen), **Kauf auf Ziel** (auch **Kreditkauf;** die Ware wird bis zu einem vereinbarten Zeitpunkt nach Lieferung bezahlt),

Terminkauf (die Ware wird bis zu einem vereinbarten Termin geliefert). – ↑auch Ratenkauf.

Käufermarkt: Marktsituation, in der der Käufer aufgrund des Überangebots an Waren (Angebotsüberhang, Nachfragedefizit) entscheidend das Marktgeschehen bestimmt.

Kaufhaus: Betriebsform des Einzelhandels mit mehreren Fachabteilungen (großes Fachgeschäft). Das Warenangebot umfaßt wie beim **Warenhaus** (Großbetrieb des Gemischtwarenhandels) nahezu alle Produkte des täglichen Bedarfs, weist aber im Gegensatz dazu eine tiefe Gliederung auf.

Kaufkraft: in der Volkswirtschaftslehre die Gütermenge, die man für eine bestimmte Geldeinheit eintauschen kann. Steigen die Preise, dann erhält man weniger Güter, die Kaufkraft fällt, fallen die Preise, dann steigt die Kaufkraft. Gemessen wird die Kaufkraft über Preisindizes. Wird die Kaufkraft am inländischen Preisniveau gemessen, so erhält man die *Binnenkaufkraft* (Binnenwert des Geldes); wird die Kaufkraft am Preisniveau des Auslandes gemessen (über den Wechselkurs umgerechnet), spricht man von der *internationalen Kaufkraft* (Außenwert des Geldes). Im allgemeinen Sprachgebrauch bezeichnet man auch das verfügbare Einkommen einer Person bzw. Personengruppe als Kaufkraft. – ↑auch Inflation.

Kaufkraftparität: Relation zweier Währungen zueinander, gemessen an einem Warenkorb. Nach der Kaufkraftparitätentheorie wird die Devisenkursbildung einer Währung entscheidend von ihrer ↑Kaufkraft beeinflußt und ein Gleichgewicht der Leistungsbilanz erreicht.

Kaufmann: nach § 1 Abs. 1 HGB derjenige, der ein ↑Handelsgewerbe betreibt. Zu unterscheiden sind Kaufmann kraft Gewerbebetriebs, Kaufmann kraft Eintragung und Formkaufmann. **Kaufmann kraft Gewerbebetriebs** ist, wer ein in § 1 Abs. 2 HGB aufgezähltes Grundhandelsgewerbe betreibt. Er ist **Mußkaufmann** auch ohne Eintragung ins Handelsregister im Gegensatz zum Kaufmann kraft Eintragung **(Sollkaufmann);** dieser erhält seine Kaufmannseigenschaft erst durch die vorgeschriebene Eintragung ins Handelsregister. Voraussetzung ist, daß der Sollkaufmann ein Handelsgewerbe betreibt. Beim **Kannkaufmann** (z. B. Unternehmen als Nebengewerbe eines Land- oder Forstwirtschaftsbetriebs) ist die Eintragung ins Handelsregister freigestellt. **Formkaufmann** sind diejenigen ↑Handelsgesellschaften, denen die Kaufmannseigenschaft kraft Gesetzes zukommt.
Die Kaufmannseigenschaft beginnt beim Mußkaufmann mit der Eröffnung des Handelsgewerbes, beim Soll- und Kannkaufmann mit der Eintragung ins Handelsregister. Sie endet beim Mußkaufmann mit Aufgabe des Betriebs und beim Soll- und Kannkaufmann mit Fortfall der kaufmännischen Form und der Löschung im Handelsregister. Der **Minderkaufmann** betreibt (im Gegensatz zum **Vollkaufmann**) ein Handelsgewerbe, das nach Art oder Umfang einen in kaufmännischer Weise eingerichteten Gewerbebetrieb nicht erfordert.

kaufmännisches Schulwesen: wirtschaftsberufliches Schulwesen, das am Ziel kaufmännischer Berufsbildung orientiert ist, jedoch auch allgemeinbildendes Wissen vermittelt. Wichtigste kaufmännische Schulformen sind: **Kaufmännische Berufsschule:** Der Unterricht erfolgt in Teilzeitform an einem oder mehreren Wochentagen oder in zusammenhängenden Teilabschnitten (Blockunterricht). Besucht wird die Schule von Jugendlichen, welche berufsschulpflichtig sind bzw. in einem Ausbildungsverhältnis stehen. **Kaufmännische Berufsfachschule** (Handels- und Höhere Handelsschule, Wirtschaftsschule): Schule von ein- oder zweijähriger, in einzelnen Bundesländern auch von drei- und vierjähriger Dauer. Neben der Vorbereitung auf Berufe in Wirtschaft und Verwaltung verleihen diese Schulen häufig auch einen mittleren Bildungsabschluß (Fachschulreife). **Fachoberschulen** (Fachrichtung Wirtschaft): vermitteln Schülern mit mittlerem Bildungsabschluß eine wirtschaftspraktische, wirtschaftstheoretische und allgemeine Bildung. Der Abschluß berechtigt zum Studium an einer Fachhochschule. In manchen Bundesländern wird der Eintritt in die Fachhochschule auch von einer beruflichen Erstausbildung abhängig gemacht. **Wirtschaftsgymnasium:** Gymnasiale Oberstufe wirtschaftswissenschaftlicher Richtung. Neben den an Gymnasien üblichen Unterrichtsfächern werden wirtschafts- und rechtswissenschaftliche Bildungsgüter vermittelt. In der Regel wird die Allgemeine Hochschulreife verliehen. Andere Bezeichnungen: Wirtschaftswissenschaftliches Gymnasium, Berufliches Gymnasium (Schwerpunkt Wirtschaft), Fachgymnasium.

kaufmännische Zinsformel ↑Zinsrechnung.

Kauf nach Besicht ↑Kauf.

Kauf nach Probe ↑Kauf.

Kauf unter Eigentumsvorbehalt ↑Kauf.

Kaufvertrag ↑Kauf.

Kauf zur Probe ↑Kauf.

Kaution: Sicherheitsleistung des Schuldners im Rahmen eines Dauerschuldverhältnisses (Miete, Pacht) zur Absicherung einer Forderung aus dem laufenden Vertrag oder zur Deckung möglicherweise entstehender Ersatzansprüche. Der Betrag der Kaution ist vom Gläubiger zu verzinsen und bei Auflösung des Schuldverhältnisses samt Zinsen zurückzuerstatten.

Kautionswechsel ↑Depotwechsel.

Kennziffern ↑Bilanzanalyse.

Kettensatz: Verfahren des kaufmännischen Rechnens zur Vermeidung einer mehrmaligen Dreisatzrechnung; namentlich bei Währungs-, Maß- und Gewichtsumrechnungen. Die einzelnen Gleichungen werden, beginnend mit dem Frageglied, zunächst so untereinander angeordnet, daß die Benennung der linken Seite einer Gleichung mit der Benennung der rechten Seite der vorhergehenden Gleichung übereinstimmt. Die Kette wird sodann in der Weise zusammengefaßt, daß das Produkt der rechten Seite der Gleichungen den Zähler, das Produkt der linken Seite den Nenner eines Bruches bilden, dessen Quotient das Ergebnis darstellt.

Beispiel:

Gesucht wird der Preis für 1 m Stoff, bekannt sind die folgenden Verhältnisse:

11 m : 12 Yds, 42 Yds : 140 £,
1 £ : 3 DM

Die zu bildende (Gleichungs-)Kette sieht also so aus:

× DM	:	1 m
11m	:	12 Yds
42Yds	:	140 £
1£	:	3 DM

Daraus ergibt sich der Bruch

$$\frac{1 \times 12 \times 140 \times 3}{11 \times 42 \times 1} = 10{,}91$$

Der Preis für den Stoff beträgt also 10,91 DM.

Keynesianismus [englisch kεınz]: die von J. M. Baron Keynes of Tilton (* 1883, † 1946) v. a. in seinem Hauptwerk „Allgemeine Theorie der Beschäftigung, des Zinses und des Geldes“ (1936) entwickelte, von seinen Anhängern weiter ausgebaute ökonomische Theorie und wirtschaftspolitisches Konzept. Wesentliche Kennzeichen des Keynesianismus sind: 1. In (Wieder-)Anknüpfung an die klassische Nationalökonomie werden der ökonomischen Analyse Gesamtgrößen des wirtschaftlichen Kreislaufs zugrundegelegt; 2. im Gegensatz zur Klassik und v. a. zu J. B. Say geht der Keynesianismus nicht von der harmonischen Vorstellung einer Beseitigung von Störungen des Wirtschaftsablaufs durch die „Selbstheilungskräfte“ der

Wirtschaft, insbesondere nicht von der automatischen Herbeiführung eines Zustands der Vollbeschäftigung aus, sondern begreift ein wirtschaftliches Gleichgewicht mit Vollbeschäftigung lediglich als einen Sonderfall der möglichen Gleichgewichtszustände; 3. die Geldtheorie des Keynesianismus leitet einen Zusammenhang zwischen monetärem und güterwirtschaftlichem Bereich ab, unterscheidet sich damit von den bis dahin vorherrschenden Auffassungen einer (güterwirtschaftlichen) „Neutralität" des Geldes; 4. der Keynesianismus bezieht in seine Analyse auch psychologische Annahmen über das wirtschaftliche Verhalten und seine Bestimmungsgründe ein, führt entsprechend in die Theorie Begriffe ein wie den „Hang zum Verbrauch", die „Liquiditätspräferenz", die ihrerseits von einem „Vorsichts-" und einem „Spekulationsmotiv" bestimmt wird, und die „Erwartungen", womit zugleich auch die Vorstellungen der Wirtschaftssubjekte über die Zukunft als ein Bestimmungsgrund für das wirtschaftliche Verhalten in der Gegenwart einbezogen werden; 5. der Keynesianismus geht aus von einer Abhängigkeit der Konsumausgaben vom Einkommen, der Investitionen vom Zinssatz, der Geldnachfrage von Einkommen und Zinssatz und konstruiert auf dieser Grundlage einen Zusammenhang zwischen Geldmenge, Zinssatz, Investitionen, Einkommen und Beschäftigung.
Der Keynesianismus war von Anfang an in dem Sinne auf die Praxis ausgerichtet, daß er die theoretische Grundlage für eine staatliche Wirtschaftspolitik liefern wollte, die nicht nur durch die (zur Bekämpfung einer Depression als untauglich angesehene) Geldpolitik, sondern v. a. durch öffentliche Nachfrage zum Ausgleich einer ungenügenden effektiven Nachfrage der Privaten – gegebenenfalls auch durch Haushaltdefizite („deficit spending") – den Wirtschaftsprozeß beeinflussen sollte (antizyklische Konjunkturpolitik). Innerhalb der Volkswirtschaftslehre errang der Keynesianismus rasch so große Bedeutung, daß sogar von einer „keynesianischen Revolution" gesprochen wurde. Heute in seiner Bedeutung teilweise durch andere Theorien (↑Monetarismus) zurückgedrängt, spielen auf dem Keynesianismus basierende Theorien dennoch eine große Rolle, so etwa bei den Gewerkschaften der sogenannte „Linkskeynesianismus", der das Erfordernis der Erhöhung der effektiven Nachfrage v. a. durch höhere Reallöhne, aber auch durch staatliche Sozialleistungen in den Vordergrund stellt.

KG ↑Kommanditgesellschaft.

KGaA ↑Kommanditgesellschaft auf Aktien.

Kilometerpauschale: pauschaler Betrag, der im Rahmen des Lohnsteuerjahresausgleichs bzw. der Einkommensteuererklärung als ↑Werbungskosten für Aufwendungen für beruflich/betrieblich verursachte Fahrten mit dem Privatfahrzeug steuermindernd geltend gemacht werden kann. Mit dieser Pauschale gelten alle typischen und gewöhnlichen (nicht aber außergewöhnlichen) Aufwendungen als abgegolten, z. B. normale Wartungen und Reparaturen, Versicherungsbeiträge, Kraftfahrzeugsteuer. Die Pauschale beträgt ab 1. 1. 1992 z.B. bei Benutzung des eigenen Kraftwagens 0,65 DM, bei Benutzung eines Motorrads oder Motorrollers 0,30 DM je Entfernungskilometer (einfache Fahrtstrecke).

Kindergeld: staatliche Maßnahme des Familienlastenausgleichs für Familien und alleinerziehende Elternteile (Anspruchsberechtigte) zum Unterhalt von Kindern. Das Kindergeld wird von der Bundesanstalt für Arbeit (als Kindergeldkasse) aus Bundesmitteln gezahlt. Grundsätzlich stehen die kindbedingten Steuererleichterungen (z. B. Kinderfreibetrag bei der Einkommensteuer) und der Anspruch auf Kindergeld völlig unabhängig nebeneinander. Die Zahlung des Kindergeldes ist vom Alter des Kindes abhängig. Kinder bis zum 16. Lebensjahr werden ohne Einschränkungen berücksichtigt. In Ausnahmefällen (vor allem bei Kindern ohne Ausbildungs- oder Arbeitsplatz und Kindern in Schul- oder Berufsausbildung) werden auch ältere Kinder noch berücksichtigt. Ab einer gewissen Einkommenshöhe des Anspruchsberechtigten wird das monatliche Kindergeld (außer für das erste Kind) stufenweise gemindert. Einen Kindergeldzuschlag erhalten Eltern, bei denen sich der steuerliche Kinderfreibetrag wegen ihres niedrigen Einkommens nicht oder nicht vollständig auswirkt. Das Kindergeld beträgt ab 1. 7. 1990 monatlich 50 DM für das 1. Kind, 130 DM für das 2., 220 DM für das 3. sowie 240 DM für das 4. und jedes weitere Kind.

Kirchensteuer: Geldleistungen, die als Körperschaften des öffentlichen Rechts anerkannte Religionsgemeinschaften von ihren Mitgliedern aufgrund gesetzlicher Bestimmungen zur Deckung des allgemeinen Finanzbedarfs erheben. Für Freikirchen und sonstige Religionsgemeinschaften bestehen Sonderregelungen. Höhe und Bemessungsgrundlagen der Kirchensteuer sind in den Bundesländern nicht einheitlich geregelt. Sie beträgt zwischen 7% und 9% der Einkommen- bzw. Lohnsteuerschuld, abzüglich Kürzungsbeträgen für Kinder. Sie wird bei Arbeitnehmern ebenso wie die Lohnsteuer vom Arbeitgeber einbehalten. Die gezahlte Kirchensteuer kann voll als ↑Sonderausgaben geltend gemacht werden.

Klage: Anrufung des Gerichts um eine richterliche Entscheidung über ein streitiges Rechtsverhältnis. Nach der Art der begehrten Entscheidung unterscheidet man 1. *Leistungsklage,* bei der die Verurteilung des Beklagten zu einem bestimmten Tun oder Unterlassen (auf Zahlung, Herausgabe einer Sache) begehrt wird; 2. *Feststellungsklage,* die auf das Bestehen oder Nichtbestehen eines Rechtsverhältnisses gerichtet ist und 3. *Gestaltungsklage,* die auf Änderung des bestehenden Rechtszustandes dringt (Auflösung einer OHG, Unzulässigkeitserklärung der Zwangsvollstreckung).

Klageerhebung: bezweckt die Erlangung des staatlichen Rechtsschutzes durch ein Prozeßverfahren und gerichtliches Urteil. *Örtlich zuständig* für die Erhebung der Klage ist das Gericht, in dessen Bezirk der Schuldner seinen Wohnsitz oder seine Geschäftsniederlassung hat. *Sachlich zuständig* ist bei einem Streitwert bis zu 5 000 DM das Amtsgericht, in anderen Fällen das Landgericht. Klageerhebung erfolgt durch Zustellung einer vom Kläger eingereichten Klageschrift. Nach Prüfung der Klage bei Gericht und der amtlichen Zustellung der Klageschrift, setzt das Gericht einen Termin zur *mündlichen Verhandlung* fest, die zur Klärung des Tatbestandes dient. Ein Urteil ist *rechtskräftig,* wenn es angenommen wird, eine Rechtsmittelmöglichkeit nicht besteht oder die Rechtsmittelfrist abgelaufen ist. Ist eine Partei mit dem Urteil des Gerichts nicht einverstanden, so kann sie ↑Berufung beim übergeordneten Gericht einlegen.

Knappschaft: aus dem Mittelalter stammende Bezeichnung für die Zunft der Bergleute (Knappen). Knappschaften sind seit dem 13. Jahrhundert bekannt, in der Bergordnung Wenzels II. von Böhmen werden sie als Träger sozialer Versicherungseinrichtungen erwähnt.

Knappschaftsversicherung: ältester Zweig der deutschen ↑Sozialversicherung. Die Knappschaftsversicherung umfaßt die ↑Krankenversicherung und die ↑Rentenversicherung der in knappschaftlichen (Bergbau-)Betrieben Beschäftigten. Der Krankenversicherungsschutz richtet sich ausschließlich nach den Vorschriften für die gesetzliche Krankenversicherung. Versicherungsarten und Aufgaben der knappschaftlichen Rentenversicherung entsprechen im wesentlichen denen der Angestelltenversicherung. Unterschiede ergeben sich vor allem beim Alter und der Wartezeit der Anspruchsberechtigten. So kann die Bergmannsrente bereits mit Vollendung des 50. Lebensjahres und nach 300 Monaten Arbeit unter Tage bezogen werden. Versicherungsträger für die Knappschaftsversicherung ist die Bundesknappschaft in Bochum.

Knebelungsvertrag: Rechtsgeschäft, das durch übermäßige Ausnutzung der Vertragsfreiheit zu einer sittenwidrigen Beschränkung der persönlichen und wirtschaftlichen Freiheit führt. Sittenwidrige Verträge sind nach § 138 I BGB nichtig.

Know-how [englisch 'noʊhaʊ „wissen, wie"]: die theoretischen Kenntnisse zur praktisch-technischen Verwirklichung eines Vorhabens. Das Know-how ist rechtlich nicht geschützt, kann aber anderen durch Vertrag zur Verfügung gestellt werden.

Koalitionsfreiheit: nach Art. 9 Abs. 3 des Grundgesetzes haben Arbeitgeber und Arbeitnehmer das Recht, zur Wahrung und Förderung der Arbeits- und Wirtschaftsbedingungen Koalitionen zu bilden. Sie können solchen Koalitionen beitreten (positive Koalitionsfreiheit), sie können ihnen aber auch fernbleiben, ohne Nachteile befürchten zu müssen (negative Koalitonsfreiheit). Der verfassungsrechtliche Schutz bedeutet zweierlei: Einmal bindet die Koalitionsfreiheit Gesetzgebung, Verwaltung und Rechtsprechung, zum anderen sind alle Rechtsgeschäfte und Maßnahmen, die die Koalitionsfreiheit einschränken oder behindern, nichtig und verpflichten darüberhinaus zum Schadensersatz.

kodifiziertes Recht: die Zusammenfassung von Rechtsvorschriften eines oder mehrerer Rechtsgebiete zu einem systematisch geordneten Gesetzbuch (z. B. das ↑Bürgerliche Gesetzbuch).

Kolchose [russisch kolchos, Kurzwort aus **kol**lektiwnoje **chos**jaistwo „Kollektivwirtschaft"]: genossenschaftlich organisierter landwirtschaftlicher Betrieb in der Sowjetunion. Die Produktionsmittel (nicht der Boden) sind Eigentum der Kolchosmitglieder (Kolchosbauern); der Vorstand der Kolchose wird von den Kolchosbauern in den Mitgliederversammlungen gewählt. Die ersten Kolchosen entstanden nach 1917 durch freiwilligen Zusammenschluß von Bauern; ab 1929 wurde die Kollektivierung durch massiven staatlichen Druck forciert (bis 1937).

Kollegialsystem (Kollegialprinzip): Verankerung von Entscheidungskompetenzen bei einem mehrköpfigen, untereinander nicht weisungsgebundenen Gremium im Gegensatz zum monokratischen oder bürokratischen Prinzip. Die erteilte Weisung ist als Willensäußerung des gesamten Gremiums aufzufassen (z. B. bei Beschlüssen des Betriebsrats).

Kollektivarbeitsvertrag: die für alle Arbeitnehmer eines Betriebes oder Wirtschaftszweiges geltenden Regelungen des Arbeitsverhältnisses. Hierzu zählen insbesondere ↑Tarifvertrag und ↑Betriebsvereinbarung. Auf die Bestandteile des Kollektivarbeitsvertrags kann der einzelne Arbeitnehmer nicht rechtswirksam verzichten. Der Abschluß erfolgt entweder zwischen den Tarifvertragsparteien Arbeitgeber(-verband) und Gewerkschaft oder zwischen Arbeitgeber und Betriebsrat.

Kollektiveigentum: Gemeinschaftseigentum, z. B. Produktionsmittel, Immobilienbesitz.

Kollektivismus: politische und wirtschaftliche Lehre vom Vorrang der Gesellschaft vor dem einzelnen. Im wirtschaftlichen Bereich findet der Kollektivismus seinen Niederschlag in der Ablehnung des Liberalismus und dem Übergang zur Planwirtschaft.

Kollo [italienisch]: Bezeichnung für ein Frachtstück, z. B. einen Ballen, einen Sack, eine Kiste. Mehrzahl: Kolli.

Kombinat [russisch, zu spätlateinisch combinare „vereinigen“]: Zusammenschluß von Industriebetrieben verschiedener Produktionsstufen mit Nebenbetrieben zum Zweck der Rationalisierung der Produktion; besonders in sozialistischen Staaten vorherrschende Organisationsform der Produktion. Die Kombinate in der ehemaligen DDR werden durch die ↑Treuhandanstalt privatisiert.

Kommanditgesellschaft [französisch commandite „Geschäftsanteil“] (KG): Gesellschaft zum Betrieb eines Handelsgewerbes unter gemeinschaftlicher Firma ohne eigene Rechtspersönlichkeit (↑juristische Person) und mit zwei Kategorien von Gesellschaftern: den **Vollhaftern** oder **Komplementären** (persönlich haftende Gesellschafter), die die gleiche Rechtsstellung haben wie die Gesellschafter einer ↑offenen Handelsgesellschaft, und den **Teilhaftern** oder **Kommanditisten,** die nur mit einer Einlage beteiligt sind. Diese muß voll geleistet sein oder durch Gutschrift von Gewinnanteilen die vertraglich vereinbarte Höhe erreicht haben, andernfalls haftet der Kommanditist für den Differenzbetrag im Konkursfall den Gläubigern unbeschränkt und unmittelbar. Ist der Kapitalanteil des Kommanditisten durch Verluste aus zurückliegenden Jahren vermindert, kann er erst nach Ausgleich der Verluste wieder Gewinnauszahlungen verlangen. Im Normalfall wird der Gewinnanteil des Kommanditisten an diesen ausgezahlt; er vermehrt in keinem Fall das gewinnberechtigte Kommanditkapital über die vertraglich vereinbarte Summe hinaus. Bei der gesetzlichen Regelung für die Gewinnverteilung erhält zunächst jeder Gesellschafter 4% seines Anfangskapitals, der Rest wird in angemessenem Verhältnis verteilt. Ein Verlust, an dem der Kommanditist nur bis zur Höhe seines Kapitalanteils zuzüglich einer eventuell rückständigen Einlage teilnimmt, ist ebenfalls in angemessenem Verhältnis zu verteilen.

Für die Gründung der KG gelten die Vorschriften über die OHG analog. Der Kommanditist hat nur ein Widerspruchsrecht bei außergewöhnlichen Rechtshandlungen und ein Kontrollrecht in Bezug auf den Jahresabschluß. Von der Vertretung der KG ist er ausgeschlossen. Er kann mit halbjähriger Kündigungsfrist auf das Jahresende ausscheiden; der Tod eines Kommanditisten löst die KG nicht auf.

Durch die Aufnahme von Kommanditisten kann ein Einzelunternehmer Eigenkapital beschaffen und sein Unternehmen weiterführen als KG ohne wesentliche Mitwirkungsrechte des oder der Kommanditisten. Das ist durch formlosen Vertrag und Eintragung ins Handelsregister möglich. Die Höhe der Kommanditeinlage muß eingetragen werden, wird aber nicht veröffentlicht.

Die KG ist eine geeignete Unternehmensform für kleinere und mittlere Betriebe mit nur wenigen Gesellschaftern, von denen ein Teil an der Mitwirkung bei der Geschäftsführung nicht interessiert ist.

Kommanditgesellschaft auf Aktien (KGaA): Sonderform der ↑Aktiengesellschaft mit Elementen der ↑Kommanditgesellschaft, bei der mindestens ein Gesellschafter den Gesellschaftsgläubigern unbeschränkt haftet (Komplementär) und die übrigen nur an dem in Aktien zerlegten Grundkapital beteiligt sind. Seltene Unternehmensform für Familiengesellschaften.

Kommanditist ↑Kommanditgesellschaft.

Kommissionsgeschäft: Geschäft eines selbständigen Kaufmanns **(Kommissionärs),** das er gewerbsmäßig für Rechnung eines Auftraggebers (des **Kommittenten**), aber im eigenen Namen mit Dritten ausführt. Kommt das Geschäft zum Abschluß, steht dem Kommissionär Aufwendungsersatz und Provision zu. Er hat daher ein Pfandrecht am Kommissionsgut.

Kommissionslager: Lager, das

der Kommissionär für seinen Kommittenden zur Auslieferung der Ware unterhält, mit dem Recht, nicht verkaufte Ware innerhalb einer vereinbarten Frist wieder zurückzugeben. Der Hersteller trägt das alleinige Absatzrisiko, der Kommissionär übernimmt jedoch die (gesamte) Lagerhaltung.

Kommunalobligation: ↑Schuldverschreibung (Obligation), die von Hypothekenbanken und ↑Realkreditinstituten aufgelegt wird. Das aufgenommene Geld wird der öffentlichen Hand (Länder, Gemeinden) zu Investitionszwecken zur Verfügung gestellt. Kommunalobligationen werden an der Börse notiert.

Kommunikation [von lateinisch communicatio „Mitteilung, Unterredung“]: Bezeichnung für den Informationsaustausch zwischen zwei oder mehreren Personen. Der Informationsaustausch erfolgt über eine bestimmte Sprache oder Schrift. Kommunikationsprozesse werden hauptsächlich in den Sozialwissenschaften und in der Psychologie untersucht (Kommunikationsforschung). Man unterscheidet drei Formen der Kommunikation: 1. *Intrapersonale Kommunikation* bezeichnet den – internen – Vorgang, in dem sich ein einzelnes Individuum mit Informationen aus der Umwelt auseinandersetzt. 2. *Interpersonale Kommunikation* bezeichnet den Informationsausstausch zwischen mindestens zwei oder mehreren Einzelpersonen. Diese Art der Kommunikation kann z. B. in einem Gespräch oder in einer Gruppendiskussion stattfinden. 3. *Mediengebundene Kommunikation* heißt der Informationsaustausch zwischen den „Medienproduzenten“, also den Journalisten oder den Funk- und Fernsehproduzenten und -moderatoren, und der meist sehr großen Gruppe der Medienkonsumenten, also der Rundfunkhörer oder Zeitungsleser. Medienkommunikation wird auch als *Massenkommunikation* bezeichnet.
Bei der Kommunikation werden vier Faktoren unterschieden: der Kommunikator (Sender, Informationsquelle), die Information (zu übermittelnde Botschaft), das Medium der Kommunikation (Sprache, Zeitung, Fernsehen) und der Empfänger (Rezipient) der Information. Jede Kommunikation läuft in mindestens drei Phasen ab. Die Information, die mitgeteilt werden soll, muß zuerst vom Kommunikator vorbereitet werden, d. h. sie muß entweder verbal formuliert oder z. B. in Tabellenform gebracht oder fotografiert werden. Diesen Vorgang nennt man auch *Verschlüsselung.* Sie wird dann mit Hilfe der vereinbarten Zeichensysteme übermittelt und muß schließlich vom Empfänger aufgenommen, also gehört oder gelesen werden *(Entschlüsselung).* In allen drei Phasen können Störungen auftreten, die dazu führen, daß die Information verfälscht wird. Damit eine Kommunikation zustandekommen kann, muß die Information so dargeboten werden, daß der Empfänger sie verstehen kann, d. h. die bei der Kommunikation benutzten Zeichensysteme müssen den Beteiligten bekannt sein.

Kommunikationsmittel: technische Einrichtungen zur Informationsübermittlung, z. B. Telefon, Teletex (Fernschreiber), Telefax.

Kommunikationspolitik: zusammenfassende Bezeichnung für alle Maßnahmen der Werbung, Verkaufsförderung und Öffentlichkeitsarbeit.

Kommunismus [englisch-französisch, zu lateinisch communis „mehreren oder allen gemeinsam, allgemein“]: seit dem 19. Jahrhundert Bezeichnung für politische Lehren und Bewegungen, die den von ihnen meist auf dem Weg der Revolution angestrebten Zustand einer herrschaftslosen Gesellschaft mit Gleichheit aller Mitglieder durch gemeinschaftliche Verwaltung der Güter und durch die Aufhebung des Privateigentums, zumindest an den Produktionsmitteln zum Ziel haben. Politische Bestrebungen dieser Art bestehen seit der Französischen Revolution. Der Begriff Kommunismus selbst entstand um 1840 (É. Cabet) und fand rasch Verbreitung. 1847 wurde der Bund der Kommunisten gegründet, dem K. Marx und F. Engels mit dem **Kommunistischen Manifest** eine Programmschrift gaben. Hierin versuchen sie, die kommunistische Utopie als Ziel der gesellschaftlichen Entwicklung der Menschheit wissenschaftlich zu begründen (↑auch Marxismus). Das Wirken von Marx und Engels beeinflußte zunächst nachhaltig die sozialistische ↑Arbeiterbewegung und die sich aus ihr entwickelnden Parteien und Organisationen. Erst die Abwendung der pragmatisch-reformerisch gesinnten Mehrheit der Sozialdemokratie von den revolutionär-utopischen Vorstellungen des Kommunismus führte zu Beginn des 20. Jahrhunderts zur Abspaltung des linken Flügels und zur Gründung kommunistischer Parteien sowie zur Etablierung kommunistischer Staaten dort, wo es gelang, den Kommunismus politisch durchzusetzen (wie zuerst in der Oktoberrevolution 1917 in Rußland). Der Begriff Kommunismus dient seitdem auch als Bezeichnung der Herrschaftsverhältnisse in den von kommunistischen Parteien diktatorisch gelenkten Gesellschaften.

komparative Kosten ↑Theorie der komperativen Kosten.

Kompatibilität: die Vereinbarkeit von Teilen des Datenverarbeitungssystems. Man spricht von Gerätekompatibilität, wenn Hardware-Teile unterschiedlicher Hersteller zu einem System verschmolzen werden können; von Programmkompatibilität, wenn ein Programm auf unterschiedlichen Anlagen einsetzbar ist.

Kompensationsgeschäft (Gegenseitigkeitsgeschäft, Kopplungsgeschäft): Vertragliche Vereinbarung, bei der ein Import- mit einem Exportgeschäft verknüpft wird. Sie umfassen meist zwei getrennte Verträge, die unabhängig voneinander abgewickelt und in konvertibler Währung erfüllt werden. Grundform des Kompensationsgeschäfts ist das **Parallelgeschäft (Gegengeschäft),** bei dem sich der Exporteur verpflichtet, Waren oder Dienstleistungen im Wert eines bestimmten Prozentsatzes des Liefervertrages aus dem Partnerland zu importieren und gegebenenfalls in Drittländer zu exportieren, wobei Import- und Exportvertrag vollkommen unabhängig voneinander sind. Beim **Rückkaufgeschäft** liefert der eine Partner (meist ein Unternehmen aus einem westlichen Industrieland) Maschinen und Anlagen, deren Wert er ganz oder teilweise aus oft über Jahre dauernder Lieferung von damit erstellten Produkten zurückerhält. Spielen finanzielle Transaktionen keine Rolle und werden auf Basis eines Vertrages Waren gegen Waren getauscht, liegt ein **Tauschgeschäft (Bartergeschäft)** vor.

kompensatorische Kosten: Kosten, die in ihrer Wirkung die Gegenwirkung einer anderen Kostenart aufheben; z. B. kann eine zusätzliche Produktionsmenge infolge besserer Ausnutzung der Kapazität zu einem degressiven Kostenverlauf führen, der aber durch die zusätzlichen Verkaufs- und Werbekosten für diese Zusatzmenge ausgeglichen wird.

Komplementär ↑Kommanditgesellschaft.

Komplementärgüter: Erzeugnisse, die immer die Verwendung anderer Erzeugnisse zur Folge haben (z. B. Reifen in Verbindung mit Autos). Nimmt die Nachfrage nach dem primären Gut (z. B. Auto) ab, vermindert sich auch die Nachfrage nach dem Komplementärgut (Reifen) und umgekehrt.

Konditionen [von lateinisch conditio „Bedingung"]: Lieferungs- und Zahlungsbedingungen, die zur Abwicklung eines Kaufvertrages (↑Kauf) vereinbart werden. Im einzelnen gehören zu den **Lieferbedingungen** u. a. Liefertermin, Warenübergabe, Porti, Frachten, Verpackungsspesen, Rückgaberecht.

Die **Zahlungsbedingungen** enthalten v. a. Voraus-, Bar-, Ratenzahlung, Zahlungsziel, Skonto, Verzugszinsen.

Konditionenkartell ↑Kartell.

Konfiguration [zu lateinisch configurare „gleichförmig bilden“]: in der Datenverarbeitung die Zusammenstellung der Zentraleinheit mit den verschiedenen peripheren Geräten zu einer funktionsfähigen Datenverarbeitungsanlage.

Konjunktur [eigentlich „die sich aus der Verbindung verschiedener Erscheinungen ergebende Lage“ (zu lateinisch coniungere „verbinden“)]: allgemein die Geschäftslage, in der Volkswirtschaftslehre spricht man von Konjunktur, wenn Nachfrage- und Produktionsschwankungen zu Veränderungen des Auslastungsgrades der Produktionskapazitäten führen, die Schwankungen eine gewisse Regelmäßigkeit aufweisen (in Abgrenzung zu einmaligen Sondereinflüssen) und gesamtwirtschaftlich durchwirken (in Abgrenzung zu Saison- und Branchenentwicklungen). Meist wird von der Vorstellung einer mehr oder weniger zyklischen Bewegung, dem **Konjunkturzyklus,** ausgegangen. Der Verlauf eines solchen Zyklus kann unterteilt werden in *Tief* (Depression, Stagnation), *Aufschwung* (Wiederbelebung, Expansion), *Hoch* (Boom, Hausse, Prosperität) und *Abschwung* (Krise, Kontraktion, Rezession).

Zur Beschreibung der konjunkturellen Lage werden aussagefähige **Konjunkturindikatoren** benötigt. Zu solchen Indikatoren zählen Preise, Löhne, Zinsen, Produktion, Umsätze, Auftragseingänge, Beschäftigungsentwicklung.

Die **Konjunkturtheorie** untersucht Ursache und Verläufe konjunktureller Bewegungen, insbesondere der Wendepunkte im Zyklus. Dabei werden verschieden lange, jeweils nach ihrem Entdecker benannte Konjunkturzyklen unterschieden: 1. *Kitchinwellen,* kurze Wellen von etwa 40 Monaten; 2. *Juglarwellen,* mittlere Wellen von etwa 7 bis 10 Jahren; 3. *Kondratjewwellen,* lange Wellen von 50 bis 60 Jahren. Die Konjunkturgeschichte kennt 3 Kondratjewwellen, die jeweils mehrere Juglar- und Kitchinwellen umfassen: die erste Kondratjewwelle von 1787–1842, gekennzeichnet von der industriellen Revolution; die zweite Kondratjewwelle von 1843–1894, gekennzeichnet durch die Entwicklung von Eisenbahn, Bergbau, Banken usw.; die dritte Kondratjewwelle ab 1895, gekennzeichnet durch die Entwicklung von Elektrizitätswirtschaft, Eisenindustrie, chemische Industrie, Ma-

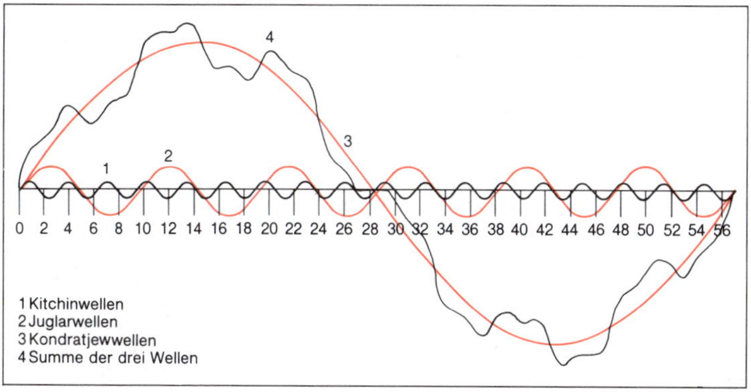

Konjunktur. Schematische Zusammenfassung der drei Konjunkturzyklen

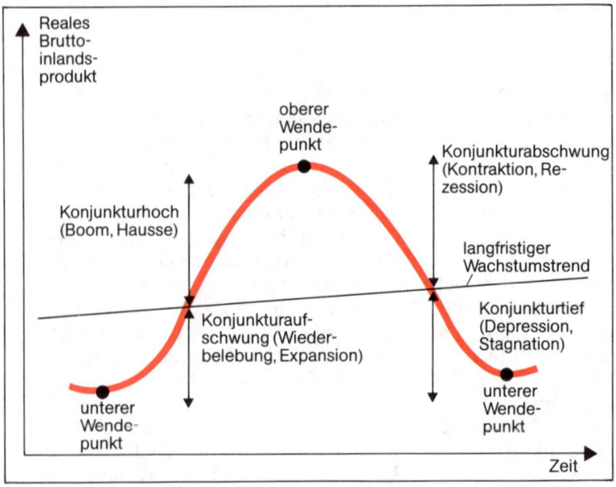

Konjunktur. Phasenschema des Konjunkturverlaufs

schinenbau und Verkehrswesen. Ob heute von einer vierten Kondratjewwelle gesprochen werden kann, ist umstritten, zumal von einer „Entartung" der Konjunkturzyklen durch die Einflüsse staatlicher Wirtschaftspolitik spätestens ab den 1930er Jahren auszugehen ist.

Der älteste Ansatz zur Erklärung des Konjunkturzyklus ist die auf den schweizerischen Nationalökonomen J. Ch. L. Simonde de Sismondi (* 1773, † 1842) zurückgehende Unterkonsumptionstheorie, wonach der Absatz wegen zu geringen Konsums der Arbeiter ins Stocken gerät; ähnlich erklärt K. Marx die Zyklen mit dem Fall der Profitrate, dem die Kapitalisten durch eine Akkumulation zu begegnen suchen, die zu einer die Absatzmöglichkeiten übersteigenden Produktion führe. Nach verschiedenen anderen Theorien, die als Ursache z. B. Ernteschwankungen (Agrartheorie), Veränderungen des Geld- und Kreditvolumens (monetäre Konjunkturtheorie), oder auch psychologische Strukturen annahmen, erklärte der ↑Keynesianismus den Konjunkturzyklus mit Schwankungen der effektiven Nachfrage.

Konjunkturausgleichsrücklage: Rücklage von Bund und Ländern bei der Deutschen Bundesbank, um eine Störung des gesamtwirtschaftlichen Gleichgewichts abzuwehren; kann nach § 15 des ↑Stabilitätsgesetzes angeordnet werden.

Konjunkturkrisenkartell ↑Kartell.

Konjunkturpolitik: alle wirtschaftlichen Maßnahmen der öffentlichen Hand, die dazu dienen, die Konjunktur zu beeinflussen. Nach der unter dem Einfluß des ↑Keynesianismus entwickelten Theorie der Konjunkturpolitik soll vor allem ein möglichst schwankungsfreier Konjunkturverlauf erreicht werden. Im wesentlichen werden eingesetzt: 1. *Fiskalpolitik,* besonders in Form antizyklischer Maßnahmen: Der Staat versucht durch entsprechende Gestaltung der öffentlichen Einnahmen und Ausgaben die Gesamtnachfrage zu beeinflussen, um Konjunkturschwankungen gegenzusteuern. So werden z. B. im Abschwung Staatsausgaben erhöht und Steuern gesenkt, im Aufschwung dagegen die Staatsausgaben vermindert und die Steuern erhöht und damit die Gesamtnachfrage gedämpft. 2. *Geld- und Kreditpolitik:* Die Deutsche

Bundesbank kann über die Geldpolitik ebenfalls konjunkturpolitische Ziele erreichen. Maßnahmen, die eine Verbilligung der Kredite bewirken, können in der Phase des Abschwungs oder der Depression konjunkturbelebend (nachfragesteigernd) wirken, wenn Unternehmen und Haushalte davon Gebrauch machen. Die konjunkturdämpfende Wirkung einer verknappten Geldmenge und damit einer Verteuerung der Kredite zur Dämpfung der effektiven Nachfrage ist allerdings wahrscheinlicher. 3. *Außenwirtschaftspolitik:* Gezielter Einsatz von Zöllen, Kontingentierungen und Wechselkursänderungen werden heute zur Konjunktursteuerung nicht mehr eingesetzt, da die Volkswirtschaften durch die internationale Arbeitsteilung und Verflechtung stark auf ungehinderten Außenhandel angewiesen sind.

Ziele und Mittel der Konjunkturpolitik sind in der Bundesrepublik Deutschland vor allem im ↑Stabilitätsgesetz verankert.

Konjunkturrat für die öffentliche Hand: eingerichtet aufgrund § 18 Stabilitätsgesetz zur Abstimmung der Finanz- und Wirtschaftspolitik von Bund, Ländern und Gemeinden. Mitglieder sind die Bundesminister für Wirtschaft und Finanzen, je ein Vertreter der Länder, vier Vertreter der Gemeinden und Gemeindeverbände. Der Konjunkturrat berät in regelmäßigen Abständen alle zur Erreichung der Ziele des ↑Stabilitätsgesetzes erforderlichen konjunkturpolitischen Maßnahmen und die Möglichkeit der Deckung des Kreditbedarfs der öffentlichen Haushalte.

Konjunkturtheorie ↑Konjunktur.

Konjunkturzyklus ↑Konjunktur.

konkludente Handlung ↑Willenserklärungen.

Konkurrenz ↑Wettbewerb.

Konkurrenzforschung [zu lateinisch concurrere „zusammenlaufen“] (Konkurrenzanalyse): Teilbereich der ↑Marketingforschung. Hier werden bestimmte Marktfaktoren bei der Konkurrenz, wie z. B. Preis- und Produktgestaltung, Marktanteil, Verkaufsaktionen, Werbemaßnahmen beobachtet und analysiert.

konkurrierende Ziele ↑Unternehmensziele.

Konkurs [zu lateinisch concursus „Zusammenlauf (der Gläubiger)“]: Gesamtvollstreckung in das pfändbare Vermögen eines zahlungsunfähigen oder (bei juristischen Personen) auch überschuldeten Schuldners, des *Gemeinschuldners,* zur gleichmäßigen anteiligen Befriedigung aller Gläubiger. Der Konkurs unterscheidet sich damit von der (Einzel-)Zwangsvollstreckung, bei der ein einzelner Gläubiger die volle Befriedigung seiner Forderung zu erreichen sucht.

Das *Konkursverfahren* wird eröffnet auf Antrag eines Gläubigers oder des Schuldners selbst oder auch – beim Konkurs im Anschluß an ein gescheitertes Vergleichsverfahren, dem **Anschlußkonkurs** – vom Konkursgericht. Voraussetzung ist, daß der Schuldner zahlungsunfähig bzw. überschuldet ist und das ihm zum Zeitpunkt der Konkurseröffnung gehörende Vermögen, die **Konkursmasse,** zumindest den Kosten des Verfahrens entspricht. Bei nicht ausreichender Konkursmasse wird der Schuldner in ein von jedermann einzusehendes Schuldnerverzeichnis eingetragen. Bei Eröffnung des Konkursverfahrens ernennt das Gericht einen **Konkursverwalter** (meist einen Rechtsanwalt), der der Aufsicht des Gerichts untersteht und die Aufgabe hat, die Konkursmasse zu sammeln, zu verwerten und zu verteilen. Der Gemeinschuldner verliert die Verfügungsberechtigung über sein Vermögen. Leistungen an den Schuldner gehen in die Konkursmasse ein. Unter Umständen kann der Konkursverwalter auch vor Konkurseröffnung durch den Gemeinschuldner zum Nachteil der Gläubiger vorgenommene Rechtshandlungen (z. B. Schenkungen an den Ehegatten) be-

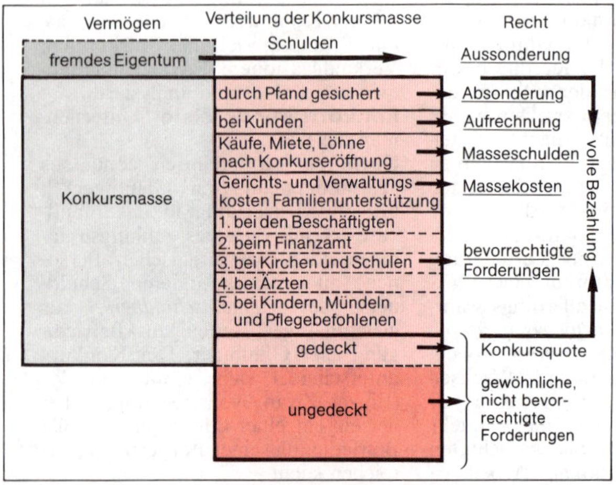

Konkurs. Die Verteilung der Konkursmasse beim Konkursverfahren

seitigen, sofern diese nicht mehr als ein Jahr (bei Verfügungen zugunsten des Ehegatten zwei Jahre) zurückliegen **(Konkursanfechtung).** Die Gläubiger müssen ihre Forderungen unter Angabe des Betrages, des Grundes sowie des eventuell beanspruchten Konkursvorrechts beim Konkursgericht anmelden. Ein **Konkursvorrecht** besteht als Vorrang für bestimmte *bevorrechtigte Forderungen* bei der Befriedigung im Konkurs in fünf aufeinanderfolgenden Rangklassen: 1. Lohnforderungen von Beschäftigten des Schuldners, 2. Steuerschulden, 3. Forderungen von Kirchen und Schulen, 4. Heilkosten, 5. Forderungen von Kindern, Mündeln und Pflegebefohlenen. Erst dann folgen die normalen Konkursforderungen. Beim Konkursgericht wird ein Verzeichnis der angemeldeten Konkursforderungen mit der Rangordnung angelegt **(Konkurstabelle).**
Verschiedene Gläubiger (z. B. Grundpfandgläubiger, Gläubiger mit Pfand- oder Pfändungspfandrecht, Staat, Gemeinden) des Gemeinschuldners haben im Konkursverfahren ein **Absonderungsrecht,** nämlich bei Verwertung bestimmter zur Konkursmasse gehörender Gegenstände aus dem Erlös bevorzugt vor den anderen Gläubigern befriedigt zu werden. Als **Aussonderung** bezeichnet man das Herauslösen eines Gegenstandes aus der Befriedigung der Gesamtheit der Gläubiger dienenden Konkurs- oder Vergleichsmasse. Die Aussonderung ist für den Aussonderungsberechtigten von Vorteil, weil er den vollen Wert erhält. Die Ansprüche auf Aussonderung eines dem Gemeinschuldner nicht gehörenden Gegenstandes aus der Konkursmasse bestimmen sich aufgrund eines dinglichen oder persönlichen Rechts nach den außerhalb des Konkursverfahrens geltenden Gesetzen. Gegenstand des Aussonderungsanspruchs können bewegliche und unbewegliche Sachen sein, dingliche und persönliche Rechte, Forderungen sowie der Besitz. Hierzu gehört insbesondere das Eigentum. Das Recht auf Aussonderung besteht auch in dem praktisch bedeutsamen Fall der Lieferung unter Eigentumsvorbehalt. Bei **Massekosten** (im Konkursverfahren entstandene besondere Kosten, z. B. Gerichtskosten, Auslagen, dem Gemeinschuldner bewilligte Unterstützung) und **Masseschulden** (z. B. Verbindlichkei-

ten aus Amtshandlungen des Konkursverwalters) besteht ein Anspruch auf unmittelbare Befriedigung an der Konkursmasse.
Die Befriedigung der Gläubiger erfolgt als *Abschlagsverteilung* nach dem allgemeinen Prüfungstermin, einer Gläubigerversammlung, in der die einzelnen Konkursforderungen erörtert und festgestellt werden. Nach Abschluß der Verwertung der Konkursmasse erfolgt die *Schlußverteilung,* danach gegebenenfalls noch eine *Nachtragsverteilung.* Dabei wird entsprechend dem Verhältnis zwischen Konkursforderungen und Konkursmasse ein prozentualer Anteil festgelegt, zu dem die Konkursgläubiger befriedigt werden, die **Konkursquote.** Nach der Beendigung des Konkursverfahrens, die durch öffentlich bekanntzumachenden Beschluß des Konkursgerichtes erfolgt, können nichtbefriedigte Konkursgläubiger ihre Forderungen gegen den Schuldner unbeschränkt einzeln geltend machen (Recht der freien Nachforderung).

Konnossement [zu italienisch conoscimento „Erkenntnis" und französisch connaissement „Frachtbrief"] (Bill of loading): Schiffsfrachtbrief zur Beurkundung des Frachtvertrages im Seeschiffahrtsverkehr (vgl. §§ 642 ff. BGB). Im Konnossement bescheinigt der Verfrachter, daß er die Ware empfangen (Übernahmekonnossement) bzw. an Bord genommen (Bordkonnossement) hat und verspricht, die Ware an den aus dem Konnossement Berechtigten auszuliefern. Das Konnossement ist ein ↑Warenwertpapier, das als ↑Namenspapier oder als ↑Orderpapier gestaltet sein kann. Da es nicht wie der ↑Frachtbrief Begleitpapier der Ware ist, sondern von der Ware getrennt dem Empfänger zugeht, kann gegebenenfalls schon während des Transports der Ware über die Ware verfügt werden, indem z. B. der ursprüngliche Empfänger statt der Ware das Konnossement weitergibt.

Konsignationshandel: dem Kommissionsgeschäft entsprechende Form von Außenhandelsgeschäften.

konsolidierte Bilanz ↑Konzernbilanz.

Konsortium: zeitlich begrenzter Bankenzusammenschluß zur Durchführung bestimmter Geschäfte, vor allem der Unterbringung (Plazierung) von Wertpapieremissionen.

konstitutive Wirkung ↑Handelsregister.

Konsulatsfaktura: besonderes, vom Konsulat des Bestimmungslandes bestätigtes Formular, das als Grundlage für die Verzollung im Bestimmungsland dient. Es bestätigt, daß der in der ↑Handelsrechnung ausgewiesene Wert mit dem tatsächlichen Wert der Ware übereinstimmt und wird gegebenenfalls mit anderen ↑Außenhandelsdokumenten bei der Verzollung vorgelegt.

Konsum [zu lateinisch consumere „verbrauchen"] (Verbrauch): in der Wirtschaftstheorie jede Inanspruchnahme eines (knappen) Gutes zur unmittelbaren Bedürfnisbefriedigung. Die Abhängigkeit des wertmäßigen Konsums (eines einzelnen Wirtschaftssubjekts oder auch der gesamten Volkswirtschaft) innerhalb einer Periode vom Einkommen, aber auch von anderen Variablen (z. B. Vermögen, Preisniveau), kann als mathematische Funktion **(Konsumfunktion)** ausgedrückt werden. Das Verhältnis zwischen Konsum und Einkommen ist die durchschnittliche **Konsumquote.** Die marginale Konsumquote dagegen gibt an, welcher Bruchteil einer zusätzlichen Einkommenseinheit bei gegebenem Einkommensniveau für Konsumzwecke ausgegeben wird. Da das Einkommen definitionsgemäß nur für Konsum und Sparen verwendet wird, ergibt, wenn das Einkommen gleich 1 gesetzt wird, die jeweilige Differenz zwischen Konsumquote und 1 die **Sparquote.** Im allgemeinen nimmt mit steigendem Einkommen die Konsumneigung ab, entsprechend die Sparneigung zu.

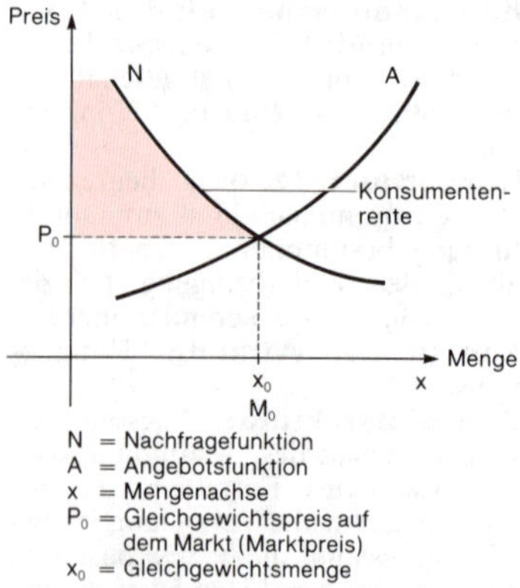

Konsumentenrente. Graphische Bestimmung der Konsumentenrente

Konsumentenrente: ergibt sich als Differenz zwischen dem Höchstpreis (p), den ein Konsument zu zahlen bereit ist und dem tatsächlich zu zahlenden, niedrigeren Marktpreis (P_0), multipliziert mit der gekauften Stückzahl. Die Konsumentenrente eines bestimmten Marktes läßt sich darstellen durch die Fläche zwischen der Nachfragekurve (N) und der Preisgeraden.

Konsumentenschutz ↑Verbraucherschutz.

Konsumfunktion ↑Konsum.

Konsumgüter: Güter, die im Gegensatz zu den Investitionsgütern nicht als Produktionsmittel eingesetzt werden, sondern unmittelbar der Bedürfnisbefriedigung dienen. Konsumgüter werden in der **Konsumgüterindustrie** hergestellt, zu der vor allem das Nahrungs- und Genußmittelgewerbe sowie das Verbrauchsgüter produzierende Gewerbe gehören.

Konsumkredit (Konsumtivkredit): Kredit, zur Finanzierung der Konsumwünsche (Bedarf an Gütern für den Lebensunterhalt) der privaten Haushalte; überwiegend in der Form des ↑Ratenkredits (Anschaffungsdarlehen oder Kleinkredit).

Konsumorientierung: Begriff aus der Standortlehre. Unternehmen, die Konsumgüter herstellen bzw. vertreiben, siedeln sich dort an, wo gute Absatzmöglichkeiten gegeben sind.

Konsumquote ↑Konsum.

Konten [italienisch] (Einzahl Konto): in der ↑Buchführung ursprünglich als Nebenrechnung zur ↑Bilanz erstandene zweiseitige Rechnung (T–Konto), welche die Anfangsbestände, Geschäftsfälle, Umbuchungen und Abschlußbuchungen erfaßt. Man unterscheidet unter anderem ↑Aktivkonten, ↑Passivkonten, ↑Bestandskonten, ↑Personenkonten und ↑Sachkonten. Der Anordnung der Konten liegt gewöhnlich ein auf den ↑Kontenrahmen zurückgehender Kontenplan zugrunde.

Kontenanruf ↑Buchungssatz.

kontenlose Buchführung (Offene-Posten-Buchführung): Buchführungsverfahren, das einen Teil der Kontenaufzeichnungen durch eine Belegsammlung ersetzt.

Kontenrahmen: einheitliches und allgemeingültiges Gliederungsschema zur Einordnung der Konten der Buchführung. 1937 durch Erlaßkontenrahmen staatlich geregelt, wurden von den verschiedenen Wirtschaftsgruppen *Branchenkontenrahmen* empfohlen, z. B. vom Bundesverband der Industrie zuerst der ↑Gemeinschaftskontenrahmen, dann der ↑Industriekontenrahmen. Sie sind allgemein anerkannt und bilden die Grundlage für die *Kontenpläne* der Unternehmen. Der deutsche Kontenrahmen sieht zehn *Kontenklassen* vor:

0 ruhende Konten (Anlagen-, Kapitalkonten),
1 Finanzkonten,
2 Abgrenzungskonten,
3 Roh-, Hilfs- und Betriebsstoffe,
4 Kostenarten,
5 Kostenstellen,
6 frei für Betriebsabrechnung (Herstellkonten),
7 Halb- und Fertigerzeugnisse,
8 Erlöse,
9 Abschlußkonten.

Kontingentierungskartell ↑Kartell.

Kontokorrentkredit: Kredit in laufender Rechnung, der dem Bankkunden auf seinem ↑Girokonto (eigentlich Kontokorrentkonto) für kurzfristige Finanzierungen eingeräumt wird. Er kann (im Gegensatz zum Darlehen) in ständig wechselnder Höhe bis zum vereinbarten Kreditlimit in Anspruch genommen werden. Ein Habensaldo auf dem Kontokorrentkonto bedeutet, daß der Kontokorrentkredit derzeit nicht in Anspruch genommen wird, er besteht aber weiterhin und kann jederzeit wieder aufleben (im Gegensatz zum Darlehen, das bei vollständiger Tilgung erlischt). – ↑auch Dispositionskredit.

Kontokorrentrechnung [italienisch] (laufende Rechnung): häufigstes Verfahren der Zinsrechnung im **Kontokorrent,** in dem die gegenseitigen Leistungen von ihrer Wertstellung bis zum Abschlußstichtag verzinst werden. In der **Zinsstaffel** werden die einzelnen Kontokorrentposten in Staffelform zeitlich geordnet und jeweils bis zur nächsten Saldenänderung Zinszahlen berechnet. Nach Soll- und Habenzinszahlen geordnet, werden dann Soll- und Habenzinsen berechnet. Nachfällige Posten werden auf den Abschlußtag zurückgerechnet, außerdem sind noch Umsatzprovision, Kreditprovision und Überziehungsprovision zu berücksichtigen.

Kontrahierungspflicht (Abschlußzwang): rechtliche Verpflichtung zur Annahme eines Vertragsantrags (Ausnahme vom Prinzip der Vertragsfreiheit). Der Kontrahierungspflicht unterliegen Monopolunternehmen des Verkehrs und der Energieversorgung sowie der Versicherungsunternehmen im Bereich der Kraftfahrzeughaftpflichtversicherungen.

Kontrakteinkommen: Einkommen, die aufgrund vertraglicher Bedingungen (Kontrakt) in ihrer Höhe von vornherein feststehen, z. B. Löhne, Gehälter, Mieten, Pachten. Gegensatz: Residualeinkommen (z. B. Gewinn).

Konventionalstrafe ↑Vertragsstrafe.

Konversion [lateinisch „Umwendung, Umwandlung"]: Umwandlung einer Anleihe in eine andere mit geändertem Zinsfuß oder anderen Tilgungsbedingungen. Sinn dieser Maßnahme ist die Anpassung der Anleihebedingungen an eine veränderte Kapitalmarktsituation.

Konvertibilität [zu lateinisch convertere „umwenden"] (Konvertierbarkeit): die Möglichkeit, eine Währung (in unbegrenzter Menge [freie Konvertierbarkeit]) in eine andere umzutauschen. Teilkonvertierbarkeit liegt vor, wenn der freie Umtausch nur für bestimmte Zwecke (z. B. Zahlungszwecke) oder nur in begrenzten Mengen erlaubt ist (z. B. bei Auslandsreisen).

Konzentration [lateinisch-französisch, eigentlich „Vereinigung in einem Punkt bzw. Mittelpunkt"]: in der *Wirtschaft* die Zusammenballung von Kräften durch Zusammenschlüsse von Unternehmen und/oder Zusammenfassung von Kapital. Dabei kann nach dem Verhältnis zwischen den beteiligten Unternehmen unterschieden werden zwischen der *horizontalen Konzentration* zwischen Unternehmen derselben Produktionsstufe, der *vertikalen Konzentration* zwischen Unternehmen vor- und nachgelagerter Produktionsstufen und der *heterogenen (diagonalen) Konzentration* zwischen Unternehmen verschiedener Art. Die Konzentration führt zu einer zunehmenden Anzahl von Monopolen und Oligopolen bei gleichzeitiger Verringerung der Anzahl der Unternehmen insgesamt. Daran knüpft die Befürchtung an, die durch die Konzentration entstehende Marktmacht führe (vor allem durch überhöhte Preise) zur Ausbeutung anderer Gruppen. Dem wird in der wettbewerbstheoretischen Diskussion entgegengehalten, daß technischer Fortschritt, internationale Konkurrenzfähigkeit und andere Faktoren eine Konzentration unvermeidlich oder sogar wünschenswert machten. Das Kartellrecht sucht beiden Gesichtspunkten Rechnung zu tragen, indem es eine den Wettbewerb gefährdende Konzentration durch Fusionskontrolle und Mißbrauchsaufsicht über genehmigte Kartelle und marktbeherrschende Unternehmen zu hindern sucht (↑auch Kartell).

Konzern [englisch, zu to concern „betreffen, angehen"]: Zusammenfassung rechtlich selbständiger Unternehmen unter einheitlicher Leitung (oft durch eine ↑Holdinggesellschaft) zur Verfolgung wirtschaftlicher Ziele. Die Bezeichnung Konzern wird auch verwendet, wenn ein rechtlich selbständiges Unternehmen mittelbar oder unmittelbar durch ein anderes Unternehmen, ein herrschendes Unternehmen, kontrolliert wird. Die Rechtsform der Konzernunternehmen spielt keine Rolle; sie können Kapitalgesellschaften, Personengesellschaften oder Einzelfirmen sein. Ziel des Konzerns ist vor allem die technische Rationalisierung der Konzernunternehmen.

Konzerne aus Unternehmen derselben Produktionsstufe heißen *horizontale Konzerne,* mit vor- oder nachgeordneter Produktionsstufe *vertikale Konzerne. Heterogene Konzerne* umfassen Unternehmen der verschiedensten Produktionsstufen.

Nach den Beherrschungsverhältnissen unterscheidet man den *Unterord-*

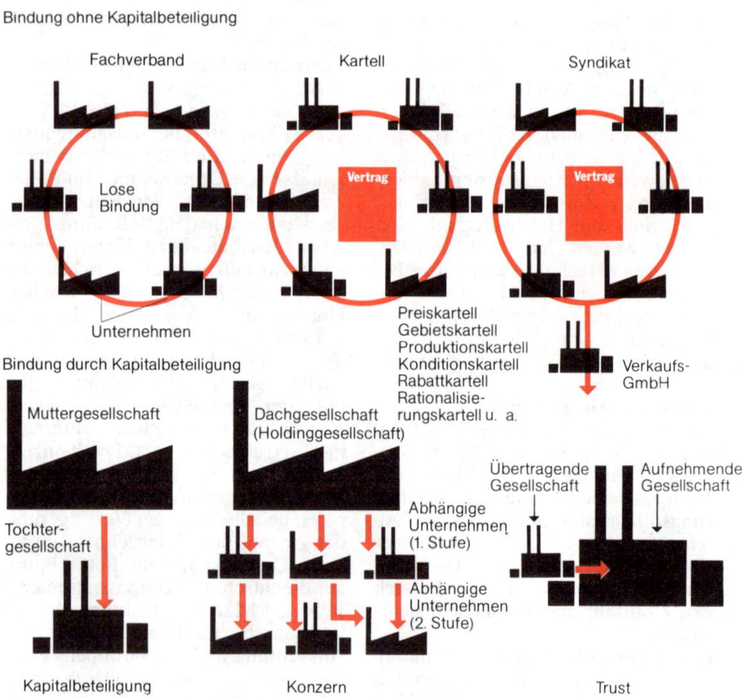

Konzern. Formen des Unternehmenszusammenschlusses

nungskonzern (ein herrschendes Unternehmen beherrscht mehrere abhängige Unternehmen aufgrund der Kapitalmehrheit und/oder eines Beherrschungsvertrags) vom Gleichordnungskonzern, dessen Konzernunternehmen zwar einheitlich geleitet, aber nicht voneinander abhängig sind.
Vom Konzern zu unterscheiden sind Firmenzusammenschlüsse nach einer ↑Fusion und das ↑Kartell.

Konzernbilanz (konsolidierte Bilanz): zusammenfassende Aufstellung der Vermögensteile und der Verbindlichkeiten der in einem, bestimmte Größenordnungen (Bilanzsumme, Umsatzerlöse, Zahl der Beschäftigten) überschreitenden ↑Konzern zusammengeschlossenen Unternehmen, als ob diese ein einziges Unternehmen wären (§§ 290 ff. HGB). Deshalb sind beim Konzernabschluß gegenseitige Forderungen und Verbindlichkeiten zu verrechnen *(Schuldenkonsolidierung),* Beteiligungen der Obergesellschaft gegen die den Beteiligungsanteilen entsprechenden Eigenkapitalkonten der Untergesellschaften aufzurechnen *(Kapitalkonsolidierung)* und Umsatzerlöse aus gegenseitigen Lieferungen und Leistungen mit den auf sie entfallenden Aufwendungen zu verrechnen *(Aufwands- und Ertragskonsolidierung).* In der Konzernbilanz sind alle Tochterunternehmen ohne Rücksicht auf ihren Sitz einzubeziehen (Weltabschluß); die Bewertung hat nach einheitlichen Methoden auf einen gemeinsamen Stichtag zu erfolgen. Die Konzernbilanz soll internen und externen Interessenten einen Überblick über die wirtschaftliche Lage des Gesamtunternehmens ermöglichen.

konzertierte Aktion: ein gleichzeitiges, aufeinander abgestimmtes Verhalten der Gebietskörperschaften, Gewerkschaften und Unternehmen nach § 3 des Stabilitätsgesetzes zur Erreichung von Preisstabilität, hohem Beschäftigungsstand, außenwirtschaftlichem Gleichgewicht und angemessenem Wirtschaftswachstum. Die Bundesregierung stellt dazu die Orientierungsdaten zur Verfügung. Die konzertierte Aktion wurde 1964 vom Sachverständigenrat zur Begutachtung der gesamtwirtschaftlichen Entwicklung vorgeschlagen, aber erst 1967 installiert. Als die Arbeitgeberverbände 1977 gegen das Mitbestimmungsgesetz von 1976 Verfassungsbeschwerde erhoben, stellte der Deutsche Gewerkschaftsbund seine Mitarbeit ein, weil er keine Grundlage mehr für gemeinsame Gespräche mit den Arbeitgebern sah.

Konzession [zu lateinisch concessio „das Herantreten; Zugeständnis"]: verwaltungsrechtliche Genehmigung zur Ausübung eines Gewerbes oder zum Betrieb gewerblicher Anlagen in den gesetzlich geregelten Fällen, für die aus Gründen der öffentlichen Sicherheit, des Umweltschutzes usw. die sonst grundsätzlich bestehende Gewerbefreiheit durch „Verbot mit Erlaubnisvorbehalt" ersetzt ist.

Kooperation [kirchenlateinisch „Mitwirkung"]: zwischenbetriebliche Zusammenarbeit rechtlich selbständiger Unternehmen bezüglich einzelner Unternehmensbereiche, z. B. Vertrieb oder Forschung und Entwicklung. Die Kooperation kann eine Vorstufe der Unternehmenskonzentration sein. Die Grenze zum ↑Kartell, das heißt zu Wettbewerbsbeschränkungen, ist fließend.

Körperschaft des öffentlichen Rechts ↑juristische Person.

Körperschaftsteuer: Steuer auf das Einkommen ↑juristischer Personen. Befreit sind u. a. die Deutsche Bundespost, die Deutsche Bundesbahn, staatliche Lotterieunternehmen, die Deutsche Bundesbank. Damit der Gewinn der Körperschaft nicht zweimal besteuert wird, nämlich einerseits beim Unternehmen selbst durch die Körperschaftsteuer, andererseits bei den Gewinnempfängern, den Aktionären, durch die ↑Einkommensteuer, wird die gezahlte Körperschaftsteuer für ausgeschüttete Gewinne auf die Einkommensteuer des Empfängers angerechnet. Die Körperschaftsteuer entspricht der Einkommensteuer der natürlichen Personen; deshalb wird sie grundsätzlich nach den gleichen Methoden ermittelt, wobei verdeckte Gewinnausschüttungen hinzugerechnet werden und abziehbare und nichtabziehbare Aufwendungen zu berücksichtigen sind. Der Steuersatz beträgt für Kapitalgesellschaften 50%, ermäßigt sich aber für ausgeschüttete Gewinne auf 36%. Das Steueraufkommen steht Bund und Ländern je zur Hälfte gemeinsam zu.

Kosten: in der Betriebswirtschaftslehre der in Geldeinheiten bewertete Verzehr von Produktionsfaktoren, der zur Erstellung und Verwertung der betrieblichen Leistungen und zur Aufrechterhaltung der betrieblichen Kapazitäten notwendig ist. Hauptarten sind ↑Einzelkosten und ↑Gemeinkosten, ↑fixe Kosten und ↑variable Kosten.

Kostenarten: Kosten nach der Art des Verbrauchs an Gütern und Leistungen, z. B. Materialkosten, Kapitalkosten, Anlagenutzungskosten (Abschreibungen).

Kostenartenrechnung ↑Kostenrechnung.

Kostendegression ↑degressive Kosten.

Kostenfunktion ↑Kostenverlauf.

Kosten-Nutzen-Analyse ↑Nutzen-Kosten-Analyse.

Kostenrechnung: derjenige Bereich des betrieblichen Rechnungswesens, in dem die Kosten erfaßt und verrechnet werden. Die Kostenrechnungsverfahren lassen sich nach dem Umfang der jeweils berücksichtigten Kosten in die Vollkostenrechnung und die Teilkostenrechnung untergliedern. Bei der **Vollkostenrechnung** werden sowohl ↑Einzelkosten als auch ↑Gemeinkosten den Kostenträgern zugerechnet, während bei der **Teilkostenrechnung** nur die Einzelkosten direkt verrechnet werden und die Summe aller Gemeinkosten von den Überschüssen der Erlöse über die Einzelkosten aller Kostenträger gemeinsam zu dekken ist **(Deckungsbeitragsrechnung).** Eine besondere Form der Teilkostenrechnung ist das **Direct costing,** bei dem mengenabhängige Kosten (Direct costs, Variable costs) und zeitabhängige Kosten (Period costs) unterschieden werden und nur die ersteren auf die Kostenträger verrechnet werden. Als Vollkostenrechnung kommen neben der **Normalkostenrechnung** (Nivellierung der periodischen Schwankungen der Kostenarten) v. a. die **Plankostenrechnung** (mit Vorgabe der geplanten Kosten und Analyse der Soll-Ist-Kostenabweichungen) und die **Istkostenrechnung** zur Anwendung. Letztere unterteilt sich in Kostenarten-, Kostenstellen- und Kostenträgerrechnung. Die Einteilung aller **Kostenarten** erfolgt so, daß sie sich durch mindestens ein Merkmal (etwa Art der verbrauchten Produktionsfaktoren [z. B. Personal-, Kapitalkosten] oder betriebliche Funktion [z. B. Fertigungs-, Verwaltungs-, Vertriebskosten]) unterscheiden. Der **Kostenartenrechnung** fällt die Aufgabe zu, sämtliche Kosten nach einem festzulegenden Katalog von Kostenarten zu erfassen. Unter einer **Kostenstelle** versteht man einen betrieblichen Teilbereich (z. B. Fertigungs-, Vertriebsabteilung), der kostenrechnerisch selbständig abgerechnet wird. In der **Kostenstellenrechnung** werden die Gemeinkosten nach dem Verursachungsprinzip mit Hilfe der ↑Betriebsabrechnung auf die betrieblichen Kostenstellen verrechnet, in denen sie tatsächlich entstanden sind. **Kostenträger** ist in der Regel die Leistungseinheit, d. h. jedes selbständige Endprodukt. Die Zurechnung der Kosten auf die jeweiligen Kostenträger erfolgt in der **Kostenträgerrechnung,** die in eine Kostenträgerzeit- und eine Kosteneinheitrechnung unterteilt wird. Erstere dient vor allem der Kalkulation und Selbstkostenermittlung; bei letzterer werden periodenbezogene Leistungen den Kosten und Leistungen für einzelne Produkte gegenübergestellt, um so eine Betriebserfolgsrechnung bzw. kurzfristige Erfolgsrechnung zu erhalten. Verfahren der Kostenträgerrechnung sind die **Divisionskalkulation,** bei der sich die Kosten der Leistungseinheit als Quotient aus Gesamtkosten und Gesamtstückzahl ergeben, sowie die **Zuschlagskalkulation,** bei der die Einzelkosten direkt und die Gemeinkosten mittels Zuschlagssätzen den Kostenträgern zugerechnet werden (↑auch Kalkulation).

Kostenremanenz: bezeichnet die Tatsache, daß der Gesamtkostenverlauf bei rückläufiger Beschäftigung nicht im selben Verhältnis abnimmt wie er bei steigender Beschäftigung zugenommen hat. Verantwortlich sind dafür in erster Linie Sprungkosten (↑fixe Kosten).

Kostenstellen ↑Kostenrechnung.

Kostenstellenrechnung ↑Kostenrechnung.

Kostensteuern ↑Steuern.

Kostenträger ↑Kostenrechnung.

Kostenträgerrechnung ↑Kostenrechnung.

Kostenüberdeckung: tritt immer dann auf, wenn die kalkulierten Normal- oder Sollkosten höher sind als die tatsächlich eingetretenen Istkosten. Bei der **Kostenunterdeckung** sind die Istkosten höher als veranschlagt.

Kostenvergleichsrechnung ↑Investitionsrechnung.

Kostenverlauf: in der Produktionstheorie die Entwicklung der Grenzkosten, der Durchschnitts- und der Gesamtkosten in Abhängigkeit von der erstellten Produktmenge, häufig in Form eines mathematischen Funktionsausdruckes *(Kostenfunktion)* dargestellt.

Kostenverursachungsprinzip: Grundsatz der Kostenrechnung, nach dem jedem Kostenträger und jeder Kostenstelle die Kosten zugerechnet werden (dürfen), die sie verursacht haben.

Kraftfahrzeugsteuer: Steuer auf das Halten von Kraftfahrzeugen oder -anhängern zum Verkehr auf öffentlichen Straßen (ohne Rücksicht auf die tatsächliche Benutzung). Die Steuerpflicht beginnt mit der Zulassung und endet mit der Abmeldung des Fahrzeugs bei der Zulassungsbehörde. Von der Steuer befreit sind u. a. Linienomnibusse, landwirtschaftliche Zugmaschinen, Sonderfahrzeuge und Anhänger. Ferner gibt es Steuerbefreiungen und -ermäßigungen für Schwerbehinderte sowie (seit 1985) befristete Steuerbefreiungen für schadstoffarme Personenkraftwagen (Pkw). Steuerbemessungsgrundlage ist bei Krafträdern und Pkw mit Hubkolbenmotoren der Hubraum, bei anderen Fahrzeugen (v. a. Lastkraftwagen) das zulässige Gesamtgewicht. Bei Pkw ist darüber hinaus die Steuerschuld von der Antriebsart (Benzin- oder Dieselmotor), der Anerkennung als schadstoffarmes Fahrzeug und dem Zulassungsdatum abhängig.

Kraftverkehrsversicherung: Versicherungszweig der Individualversicherung mit folgenden Versicherungsarten: 1. Kraftfahrzeughaftpflichtversicherung; 2. Fahrzeugversicherung gegen Beschädigung, Zerstörung oder Verlust des Fahrzeugs und seiner unter Verschluß verwahrten oder an ihm befestigten Teile (Teil- oder Vollkaskoversicherung); 3. Unfallversicherung; 4. Gepäckversicherung.

Krankengeld ↑Krankenversicherung.

Krankenkasse ↑Krankenversicherung.

Krankenversicherung:
1. *gesetzliche Krankenversicherung:* Zweig der ↑Sozialversicherung, der bei Krankheit, Mutterschaft und Tod sowie zur Früherkennung und Verhütung von Krankheiten Leistungen erbringt.

In der Bundesrepublik Deutschland wird die gesetzliche Krankenversicherung in der Reichsversicherungsordnung (RVO) und v. a. im

5. Buch des Sozialgesetzbuches geregelt, deren Vorschriften auch für die Knappschaftsversicherten gelten. Die Krankenversicherung der selbständigen landwirtschaftlichen Unternehmer ist im Gesetz über die Krankenversicherung der Landwirte (KVLG) von 1972 geregelt. *Träger* der gesetzlichen Krankenversicherung sind die gesetzlichen **Krankenkassen.** Diese sind rechtsfähige Körperschaften des öffentlichen Rechts mit dem Recht auf Selbstverwaltung unter staatlicher Rechtsaufsicht. Mitglieder der Krankenversicherung sind die Versicherten, *Selbstverwaltungsorgane* sind *Vertreterversammlung* und *Vorstand,* die je zur Hälfte aus Vertretern der Versicherten und der Arbeitgeber bestehen (Ersatzkassen nur Versicherte); hinzu kommt ein hauptamtlicher Geschäftsführer. Man unterscheidet die Allgemeinen Ortskrankenkassen, Betriebskrankenkassen und Innungskrankenkassen; weitere Träger sind die bei den landwirtschaftlichen Berufsgenossenschaften gebildeten landwirtschaftlichen Krankenkassen, die Ersatzkassen, die Bundesknappschaft und die Seekrankenkasse.

Die *finanziellen Mittel* der Krankenkassen werden vor allem durch Beiträge aufgebracht, die bei versicherungspflichtigen abhängig Beschäftigten von ihnen und ihrem Arbeitgeber je zur Hälfte getragen werden. Der Beitragssatz ist unterschiedlich zw. den Krankenkassen (1990 durchschnittlich 12,8% des Bruttolohns). Zur Mutterschaftshilfe und zur landwirtschaftlichen Krankenversicherung leistet der Bund Zuschüsse. *Versicherungspflichtig* sind alle gegen Entgelt beschäftigten Arbeiter und Angestellten, deren Einkommen die *Versicherungspflichtgrenze,* die 75% der Beitragsbemessungsgrenze in der Arbeiterrentenversicherung beträgt, nicht übersteigt. Versicherungspflichtig sind ferner v. a. Auszubildende, Behinderte, die in besonderen Einrichtungen an berufsfördernden Maßnahmen teilnehmen, ordentlich Studierende (auch bei Praktika), Rentner und Rentenantragsteller der gesetzlichen Rentenversicherungen und Personen, die Arbeitslosengeld, -hilfe oder Übergangsgeld beziehen sowie landwirtschaftliche Unternehmer und deren mitarbeitende Familienangehörige. Einige Gruppen Versicherungspflichtiger können sich auf Antrag von der Versicherungspflicht befreien lassen. *Versicherungsfrei* sind trotz ihrer abhängigen Beschäftigung u. a. Beamte und ähnliche Personengruppen mit Anwartschaft auf Ruhegehalt und Hinterbliebenenversorgung; sie und verschiedene andere Personengruppen können sich freiwillig versichern lassen. Zur freiwilligen Weiterversicherung sind alle berechtigt, die aus der Versicherungspflicht ausscheiden und in den vergangenen 60 Monaten wenigstens 12 Monate oder unmittelbar vorher wenigstens 6 Monate versichert waren. Familienmitglieder, deren Monatseinkommen eine bestimmte Grenze nicht überschreitet, sind beitragsfrei versichert.

Leistungen: Seit dem Gesundheits-Reformgesetz vom 20. 12. 88 umfassen diese u. a. folgende Punkte:

1. *Maßnahmen zur Früherkennung von Krankheiten:* dazu zählen: für Kinder bis zur Vollendung des 6. Lebensjahres Untersuchungen zur Früherkennung von Krankheiten; für Frauen vom Beginn des 20. Lebensjahres an und für Männer vom Beginn des 45. Lebensjahres an jährlich eine Untersuchung zur Früherkennung von Krebserkrankungen, ab dem 35. Lebensjahr zweijährlich Untersuchungen auf Herz-, Kreislauf- und Nierenerkrankungen und Diabetes. 2. Krankenbehandlung, die in ambulanter ärztlicher und zahnärztlicher Behandlung, in der Versorgung mit Arznei-, Verband- und Heilmitteln, mit Ausnahme sog. Bagatellarzneimitteln wie z. B. Schnupfen- und Abführmittel besteht; des weiteren werden Brillen, orthopädische u. a. Hilfsmittel, Zu-

schüsse für Zahnersatz gewährt sowie Krankenhauspflege, häusliche Krankenpflege, stationäre Behandlung in Kur- und Spezialeinrichtungen und offene Badekuren. Mit der Gesundheitsreform werden höhere Eigenbeteiligungen und Zuzahlungen – dabei sind Überforderungsklauseln und Härtefallregelungen zu berücksichtigen – sowie Festbeträge für Arzneimittelgruppen neu geregelt. Liegt der Arzneimittelpreis über dem Festbetrag, ist dieser vom Versicherten zu bezahlen. Für Festbetragsarzneimittel ist keine Zuzahlung zu leisten. 3. **Krankengeld** wird gewährt, wenn die Krankheit den Versicherten arbeitsunfähig macht; es beträgt 80% des Regellohns und wird nach Beendigung der ↑Lohnfortzahlung ohne zeitliche Begrenzung gewährt, jedoch für den Fall der Arbeitsunfähigkeit wegen derselben Krankheit höchstens 78 Wochen innerhalb von je drei Jahren, gerechnet vom Tage des Beginns der Arbeitsunfähigkeit an. 4. *Mutterschaftshilfe:* während der Schwangerschaft und nach der Entbindung hat die Versicherte Anspruch auf ärztliche Betreuung und Hebammenhilfe, bei der Entbindung auf Hebammenhilfe und auf ärztliche Hilfe; Arznei-, Verband- und Heilmittel werden bei Schwangerschaftsbeschwerden und im Zusammenhang mit der Entbindung gewährt. **Mutterschaftsgeld** wird 6 Wochen vor und 8 Wochen nach der Entbindung der Versicherten gezahlt, die in einem Arbeitsverhältnis stehen oder deren Arbeitsverhältnis während ihrer Schwangerschaft vom Arbeitgeber zulässig aufgelöst wurde; andere Versicherte, die Anspruch auf Krankengeld haben, erhalten unter bestimmten Voraussetzungen Mutterschaftsgeld in Höhe des Krankengeldes. Versicherte ohne diese Ansprüche erhalten ein einmaliges Entbindungsgeld von 150 DM. 5. Anspruch auf ärztliche Beratung über Fragen der Empfängnisregelung, über die Erhaltung und den Abbruch einer Schwangerschaft, auf Leistungen bei nicht rechtswidriger Sterilisation und bei nicht rechtswidrigem Schwangerschaftsabbruch durch einen Arzt. 6. Hilfen zur Weiterführung des Haushalts mit Kindern (bis zum 8. Lebensjahr). 7. *Sterbegeld* wird als Beitrag zur Deckung der Bestattungskosten beim Tode eines Versicherten gewährt, sofern dieser vor dem 1. 1. 1989 in die gesetzliche Krankenversicherung eingetreten ist. 8. Häusliche Pflegehilfe bei bettlägrigen oder stark hilfsbedürftigen Familienmitgliedern und zur Entlastung pflegender Angehöriger. – Keine Leistungen der Krankenkasse bei Erkrankung in Ländern außerhalb der EG oder solchen, mit denen kein Sozialversicherungsabkommen besteht.

2. Die *private Krankenversicherung* ist neben der gesetzlichen Krankenversicherung eine Säule der sozialen Sicherung mit folgenden Aufgaben: Übernahme des vollen Versicherungsschutzes für solche Personen, die nicht gesetzlich versichert zu sein brauchen und Übernahme eines ergänzenden Versicherungsschutzes für gesetzlich versicherte Personen, um deren individuelle Ansprüche zu erfüllen. Angeboten werden in der Regel: Krankheitskostenvoll- bzw. -zusatzversicherung, Krankenhaustagegeld-Versicherung, Krankentagegeld-Versicherung und Auslandsreise-Versicherung. Der privat Krankenversicherte hat ebenfalls die freie Arztwahl. Er erhält die Arzt-, Krankenhaus- und Apothekenrechnungen in der Regel selbst und reicht sie zur Erstattung bei der Versicherungsgesellschaft ein. Die Beiträge hängen vom Eintrittsalter, dem Geschlecht und vom gewählten Tarif ab. Arbeitnehmer erhalten auch zur privaten Krankenversicherung den Arbeitgeberzuschuß. Der privat Krankenversicherte kann seine Versicherung vertragsgemäß kündigen; die Kündigungsfrist entfällt, wenn durch Heraufsetzen der Beitragsbemessungsgrenze die Krankenversicherungspflicht eintritt.

Kredit [zu lateinisch credere, creditum „vertrauen auf, glauben“]: das Vertrauen in eine Person oder ein Unternehmen, seinen Schuldverpflichtungen ordnungsgemäß nachzukommen. Im engeren Sinn die zeitlich begrenzte Überlassung von Geld und Sachgütern an Privatpersonen oder Unternehmen; Geld muß verzinst und wieder zurückgezahlt, Sachgüter müssen zurückgegeben werden.

Grundlage für den Kredit ist der Kreditvertrag zwischen Kreditnehmer und Kreditgeber (z. B. Kreditinstitut). Der Kreditvertrag enthält Angaben über Art des Kredits, Höhe, Laufzeit, Zinsen, Kosten, Kündigungsmöglichkeit, Kreditsicherung, Allgemeine Geschäftsbedingungen usw.

Unterschieden werden Kredite 1. nach der *Verwendung* in Konsumkredite (zur Finanzierung des Konsums, z. B. Reisen, Autokauf), Produktionskredite als Investitionskredit (Fremdkapital für Unternehmen zur Finanzierung langfristiger Investitionen) oder als Betriebsmittelkredit zur Aufrechterhaltung der Produktion; 2. nach der *Sicherheit* in Personalkredit (Sicherheit ist die Kreditwürdigkeit des Kreditnehmers, eventuell mit zusätzlichen personalen Sicherheiten wie z. B. Bürgschaft), Realkredit (zusätzlich durch dingliche Sicherheiten wie z. B. Sicherungsübereignung, Hypothek, Grundschuld gesichert); 3. nach der *Laufzeit* in kurzfristige (bis sechs Monate), mittelfristige (sechs Monate bis vier Jahre, z. B. als Kontokorrentkredit, Ratenkredit) und langfristige Kredite (vier Jahre und länger, üblicherweise als Darlehen bezeichnet) und 4. nach dem *Kreditnehmer bzw. -geber* als private/öffentliche Kredite, Inlands-/Auslandskredite, landwirtschaftliche Kredite, Baukredite.

Kreditauskunft: Urteil über die finanzielle Leistungsfähigkeit und Leistungsbereitschaft des Kreditnehmers.

Kreditbrief: Anweisung an eine oder mehrere Banken, an den Begünstigten bis zum im Kreditbrief festgesetzten Höchstbetrag auszuzahlen. Auszahlungen werden im Kreditbrief abgeschrieben. Der Begünstigte muß sich bei Auszahlungen der Bank gegenüber als rechtmäßiger Inhaber (und Begünstigter) legitimieren. – ↑ auch Reisescheck.

Kreditfähigkeit: Fähigkeit, rechtswirksam Kreditverträge abzuschließen. Kreditfähig sind voll geschäftsfähige natürliche Personen, juristische Personen des privaten und öffentlichen Rechts, Personengesellschaften (OHG, KG).

Kreditgenossenschaft ↑ Genossenschaft.

Kredit in laufender Rechnung ↑ Kontokorrentkredit.

Kreditinstitute (Banken, Geldinstitute): Unternehmen für Geldanlage und Finanzierung sowie für die Durchführung des bargeldlosen Zahlungsverkehrs. Sie werden nach § 1 Kreditwesengesetz (KWG) als Unternehmen definiert, die Bankgeschäfte betreiben und dabei einen in kaufmännischer Weise eingerichteten Geschäftsbetrieb unterhalten.

Als **Bankgeschäfte** gelten u. a.: Einlagen-, Kredit-, Diskont-, Effekten-, Depot-, Investment-, Garantie-, Girogeschäfte. Betriebswirtschaftlich werden sie eingeteilt in *Aktivgeschäfte* (u. a. Gewährung von Kontokorrent-, Diskont-, Lombard-, Aval- und Akzeptkrediten sowie von langfristigen Krediten mit und ohne Sicherung durch Grundpfandrechte), *Passivgeschäfte* (u. a. Entgegennahme von Sicht-, Termin- und Spareinlagen, Ausgabe von Sparbriefen, Pfandbriefen, Kommunalobligationen) und *Dienstleistungsgeschäfte* (Zahlungsverkehrs- und Inkassogeschäfte, Wertpapiergeschäfte wie Effektenhandel für fremde Rechnung, Depot-, Emissions-, Geldwechselgeschäfte; Anlageberatung, Vermögensverwaltung, Beratung in Finanzierungsfragen, Treuhänderaufgaben). – Der Rechtsbeziehung zwischen den Banken und ihren Kunden liegt in der Regel ein Geschäftsbesorgungsvertrag zugrunde. Eine detaillierte Regelung enthalten die allgemeinen Geschäftsbedingungen der Banken, deren Text stets frei zugänglich ausliegen muß. Grundsätzlich bestehen zu Lasten der Banken Aufklärungs- und Auskunftspflichten (Sorgfaltspflichten) sowie die Pflicht zur Wahrung des ↑Bankgeheimnisses.

Nach Art der Bankgeschäfte wird unterschieden zwischen Universal- oder Geschäftsbanken (Universalbanksystem) und Spezialbanken (Trennbanksystem). Universalbanken betreiben praktisch alle Bankgeschäfte, mit Ausnahme der Notenausgabe. Spezialbanken haben sich dagegen auf bestimmte Geschäfte spezialisiert: 1. Depositenbanken (z. B. in Großbritannien, in den USA) betreiben vorwiegend das Einlagen- und Kreditgeschäft, daneben auch Zahlungsverkehrsgeschäfte; Gründungs-, Emissions- und Beteiligungsgeschäfte werden von ihnen grundsätzlich nicht vorgenommen; 2. Effektenbanken, Finanzierungsbanken (Emissions- oder Gründungsbanken) dienen v. a. der Unternehmensfinanzierung (besonders bei Aktien- und Anleiheemissionen, Gründungen von AG) und dem Effektenverkehr; 3. Hypothekenbanken und öffentlich-rechtliche Grundkreditanstalten, auch Realkreditinstitute genannt, beschaffen sich ihre Finanzmittel vorwiegend durch Ausgabe von Pfandbriefen und Kommunalobligationen; ihre Finanzmittelanlage besteht in der Vergabe von Hypothekenkrediten und Kommunaldarlehen; 4. Schiffspfandbriefbanken, die den Schiffbau durch Gewährung von Schiffshypothekarkrediten finanzieren; 5. Außenhandelsbanken; 6. Teilzahlungsbanken; 7. Kreditinstitute mit Sonderaufgaben, die insbesondere Aufgaben des öffentlichen Interesses erfüllen, z. B. die Lastenausgleichsbank oder die Weltbank, die Bank für internationalen Zahlungsausgleich, regionale Entwicklungsbanken, der Internationale Währungsfonds; 8. Notenbanken. Nach der Rechtsform unterscheidet man zwischen privaten, öffentlich-rechtlichen und genossenschaftlichen Kreditinstituten.

In der Bundesrepublik Deutschland sind im Bankwesen die Universalbanken vorherrschend; sie vereinigen rund 75% des Geschäftsvolumens auf sich. Nach der Statistik der Deutschen Bundesbank wird unterschieden zwischen folgenden Bankengruppen: 1. Kreditbanken, das sind die in privater Rechtsform geführten Universalbanken (Großbanken, Regionalbanken und sonstige Kreditbanken, Zweigstellen ausländischer Banken, Privatbankiers); 2. Girozentralen; 3. Sparkassen; 4. genossenschaftliche Zentralbanken; 5. Kreditgenossenschaften; 6. Realkreditinstitute (private Hypothekenbanken und öffentlich-rechtliche Grundkreditanstalten); 7. Teilzahlungskreditinstitute; 8. Kreditinstitute mit Sonderaufgaben.

Gemessen am Geschäftsvolumen haben 1990 die öffentlich-rechtlichen Kreditinstitute mit 49,3% den größten Marktanteil, die privaten Banken folgen mit 35,7% vor den genossenschaftlichen Instituten mit 15,0%. Trotz unterschiedlich gesetzter geschäftlicher Schwerpunkte besteht zwischen den drei Institutsgruppen heute keine Arbeitsteilung mehr.

Die volkswirtschaftliche Bedeutung der Banken liegt v. a. in der Vermittlungsfunktion von Angebot und Nachfrage nach Geld und Kapital, wobei die Banken eine Transformation in mehrfacher Hinsicht vornehmen: 1. Fristentransformation, indem kürzerfristig überlassene Gelder (Sicht-, Termin-, Spareinlagen) für längerfristige Kredite verwendet werden; 2. Losgrößentransformation, d. h. Umwandlung der vielfach relativ kleinen Beträge der Einleger, besonders der Sparer, in die für Kreditnehmer notwendigen größeren Summen; 3. Risikotransformation, indem die von Kunden den Banken überlassenen Gelder auf eine große Zahl Kreditsuchender verteilt werden, so daß sich das Ausfallrisiko insgesamt verringert; zudem sorgen Sicherungseinrichtungen der einzelnen Kreditinstitutsgruppen dafür, daß kein privater Einleger bei einer Bankinsolvenz sein Geld verliert. – Darüber hinaus übernehmen die Banken die volkswirtschaftlich wichtige Abwicklung des bargeldlosen Zahlungsverkehrs und bieten wichtige Beratungsleistungen für Unternehmen und Privatpersonen hinsichtlich Geld-, Kredit- und Anlagefragen. – ↑ auch Depotstimmrecht.

Aufgrund ihrer besonderen Stellung und Bedeutung für die Gesamtwirtschaft unterliegen die Banken einer strengen staatlichen Kontrolle (↑ Kreditwesengesetz). Da die Kreditvergabe der Banken mit der Schöpfung von Giralgeld (Buchgeld) verbunden ist, wodurch die Währung und damit das volkswirtschaftliche Gleichgewicht berührt werden, übt die Deutsche Bundesbank mit ihrem geldpolitischen Instrumentarium Einfluß auf die Kredit- und Giralschöpfung der Banken aus.

Geschichte: Ein bargeldloser Zahlungsverkehr ist bereits für das Ägypten des Alten Reiches nachgewiesen. Er erfolgte durch Last- und Gutschriften über Staatsspeicher, bei denen Kaufleute und Grundbesitzer Konten unterhielten. Im antiken Griechenland übten zuerst Priester vielfach bankierähnliche Funktionen aus, indem sie Einlagen zur Aufbewahrung entgegennahmen und gegen Entgelt Darlehen gewährten. Im antiken Rom gab es bereits Berufsbankiers. Als Ursprung der modernen europäischen Bank wird allgemein die Geschäftstätigkeit der Geldwechsler des mittelalterlichen Italien angesehen. Aus diesem Geldwechselgeschäft entwickelte sich bald ein Depositen- und Wechselgeschäft sowie ein Giroverkehr. Vor allem bedeutende florentinische Familien, später auch Genueser und schließlich Deutsche (Fugger und Welser) betätigten sich im Bankgeschäft. Die erste moderne Kreditbank ist die 1694 gegründete Bank von England. Zum Teil auf Initiative der im 18. und besonders im 19. Jahrhundert zu internationaler Bedeutung und Macht gekommenen Privatbankiers (z. B. Rothschild) kam es zur Gründung von Aktienbanken.

Kreditkarte: Ausweiskarte, die ihren Inhaber berechtigt, bei Vertragsunternehmen, die einem Kreditkartensystem angeschlossen sind (Einzelhandelsgeschäfte, Hotels, Reisebüros, Tankstellen), Waren und Dienstleistungen bargeldlos einzukaufen. Kreditkarteninhaber müssen Rechnungen lediglich unterschreiben. Die Rechnung wird nach Abzug einer Provision durch die Kreditkartenorganisation bezahlt, die ihrerseits dem Kreditkarteninhaber meist monatlich eine Sammelrechnung zur Bezahlung vorlegt oder dessen Konto mit den Rechnungsbeträgen belastet. Wer eine Kreditkarte erwerben will, muß seine Kreditwürdigkeit nachweisen und einen Jahresbeitrag entrichten.

Kreditkauf ↑ Kauf.

Kreditleihe: Kreditgeschäft, bei dem das Kreditinstitut kein Geld, sondern seine eigene Kreditwürdigkeit zur Verfügung stellt, in Form a) eines Akzepts auf einem vom Kreditnehmer ausgestellten Wechsel (↑ Akzeptkredit), b) einer Bürgschaft oder Garantie für den Kreditnehmer (↑ Avalkredit).

Kreditlinie (Kreditfazilitäten): einem Kreditnehmer in bestimmter Höhe eingeräumte Kreditbeträge.

Kreditoren [lateinisch „Gläubiger"]: Verbindlichkeiten, in der Regel an Lieferer, von denen man Warenlieferungen oder sonstige Leistungen auf Kredit erhalten hat. **Kreditorenkonten** sind Lieferkonten als Personenkonten, bezeichnen aber auch das Sachkonto Verbindlichkeiten.

Kreditplafond: gesetzlich vorgeschriebene Höchstgrenze, bis zu der einem öffentlichen Schuldner (Bund, Länder, Gemeinden) Kredite gewährt werden dürfen.

Kreditsicherung: die Sicherung von Krediten durch Gewährung von Sicherheiten (Wertpapiere, Waren, Rechte) an den Kreditgeber, aus denen dieser sich befriedigen kann, wenn der Kreditnehmer seiner Verpflichtung zur Rückzahlung des Kredits nicht nachkommt. Die wichtigsten *Formen* der Kreditsicherung sind: Die Übernahme einer Bürgschaft seitens Dritter, die Verpfändung von Wertpapieren oder Waren, die Sicherungsübereignung, die Abtretung von Forderungen und Rechten, die Eintragung einer Hypothek oder Grundschuld zugunsten des Kreditgebers.

Kreditversicherung: Oberbegriff für Warenkredit-, Teilzahlungskredit-, Ausfuhrkredit-, Vertrauensschadenversicherung und Bürgschaftsversicherung. Der Versicherungsfall tritt ein, wenn der Schuldner zahlungsunfähig ist.

Kreditwesengesetz (KWG): Rechtsgrundlage für das Bankwesen in der Bundesrepublik Deutschland. Die wichtigsten Regelungen sind: 1. staatliche Aufsicht für die Kreditunternehmen, ausgehend vom Bundesaufsichtsamt für das Kreditwesen in Zusammenarbeit mit der Deutschen Bundesbank; 2. von Kreditinstituten wird ein angemessenes haftendes Eigenkapital und eine jederzeit ausreichende Liquidität (Zahlungsbereitschaft) verlangt; 3. Anzeigepflicht für Groß- und Millionenkredite an einen Kreditnehmer an die Evidenzzentrale bei der Deutschen Bundesbank, Kredite an Mitglieder der Organe des Kreditinstituts sind dem Bundesaufsichtsamt mitzuteilen; 4. Prüfungspflicht für Jahresabschluß und Depots der Kreditinstitute. Bei Verstößen gegen Bestimmungen des KWG kann das Bundesaufsichtsamt für das Kreditwesen im Extremfall die Schließung des Kreditinstituts anordnen.

Kreditwürdigkeit: erwartete Fähigkeit und Bereitschaft des Kreditnehmers, seinen Kreditverpflichtungen vertragsgemäß nachzukommen **(Bonität).** Als persönlich kreditwürdig gilt der Kreditnehmer, wenn er aufgrund seiner Zuverlässigkeit, beruflichen Qualifikation bzw. unternehmerischen Fähigkeit Vertrauen verdient. Als Maßstab für die wirtschaftliche Kreditwürdigkeit gilt a) bei Unternehmen die gegenwärtige und erwartete Ertragslage, Liquiditätslage, Vermögens- und Kapitalstruktur, b) bei privaten Haushalten die gegenwärtigen und zukünftig erwarteten Einkommens- und Vermögensverhältnisse, c) bei öffentlichen Haushalten das gegenwärtige und erwartete Steueraufkommen. Zur Kreditwürdigkeitsprüfung werden herangezogen a) bei Unternehmen vor allem Jahresabschlüsse, Auskünfte (über Auftragslage und Zahlungsmoral), Handelsregister- und Grundbuchauszüge, Gesellschaftsverträge, Betriebsbesichtigungen; b) bei privaten Haushalten hauptsächlich Einkommens- und Vermögensnachweise, Auskünfte (z. B. über die Kontoführung, Abwicklung früherer Kredite).

Kundenschutz: ausdrücklich zugewiesener Kundenkreis (Bezirk) für einen Handelsvertreter. Damit erhält dieser das Recht auf Provision auch für Verkaufsgeschäfte eingeräumt, die ohne seine Mitwirkung mit seinen Kunden abgeschlossen werden.

Kündigung: im allgemeinen eine einseitige, empfangsbedürftige Willenserklärung, die auf die Aufhebung eines zeitlich unbegrenzten Schuldverhältnisses (Dauerschuldverhältnis) gerichtet ist (z. B. Mietvertrag, Arbeitsvertrag, Pachtvertrag usw.). Meist ist eine gesetzliche oder vertragliche Kündigungsfrist zu beachten, während der das Schuldverhältnis noch fortbesteht.

Im engeren Sinn bedeutet Kündigung das Recht der Parteien eines Arbeitsvertrags, das Arbeitsverhältnis aufzulösen. Sie wird wirksam, wenn sie dem Vertragspartner zugeht; sie bedarf keiner besonderen schriftlichen Form. Eine Angabe des Kündigungsgrundes ist nicht erforderlich, sofern es sich um eine **ordentliche Kündigung** handelt, bei der die **Kündigungsfristen** eingehalten werden. Dies ist der Zeitraum, der zwischen dem Zugang der Kündigung und der Beendigung des Arbeitsverhältnisses mindestens liegen muß; er ist gesetzlich vorgeschrieben und beträgt für Angestellte sechs Wochen zum Schluß des Kalendervierteljahrs, für Arbeiter zwei Wochen. Diese Fristen können durch Tarifvertrag verlängert werden. Vor jeder Kündigung durch den Arbeitgeber ist der Betriebsrat bzw. Betriebsobmann anzuhören. Ihnen muß der Arbeitgeber auch die Kündigungsgründe mitteilen. Der Betriebsrat muß innerhalb von sieben Kalendertagen seine Stellungnahme abgeben, ansonsten gilt seine Zustimmung als angenommen.

Eine **außerordentliche Kündigung (fristlose Kündigung)** darf nur aus wichtigem Grund ausgesprochen werden. Sie muß dem gekündigten Arbeitnehmer gegenüber immer begründet werden und darf nicht später als 14 Tage nach dem für die Kündigung ausschlaggebenden Ereignis ausgesprochen werden. Auch hierbei ist vorher der Betriebsrat anzuhören, der aber nur drei Tage Zeit für seine Stellungnahme hat.

Sonderregelungen bestehen bei der Kündigung von Schwerbehinderten und bei der Kündigung von Berufsausbildungsverhältnissen. Schwerbehinderte dürfen erst gekündigt werden, wenn die Hauptfürsorgestelle zugestimmt hat, Berufsausbildungsverhältnisse sind nur durch außerordentliche Kündigung zu beenden.

Gegen die Kündigung kann der Arbeitnehmer durch Kündigungsschutzklage vor dem Arbeitsgericht innerhalb von drei Wochen nach Zugang der Kündigung vorgehen. Bis zur endgültigen Entscheidung des Gerichts kann er einen Anspruch auf Weiterbeschäftigung geltend machen (↑Kündigungsschutz).

Eine Sonderform der Kündigung ist die **Änderungskündigung.** Für sie gelten zwar dieselben Regeln wie für die ordentliche Kündigung, doch ist ihr Ziel nicht die Auflösung des Arbeitsverhältnisses, sondern eine Fortsetzung unter geänderten Bedingungen wie z. B. Versetzung in einen anderen Betriebsteil, Änderung des Tätigkeitsbereichs, Herabstufung im Entgelttarifvertrag usw.

Kündigungsdarlehen ↑Darlehen.

Kündigungsgeld ↑Termineinlagen.

Kündigungsschutz: gesetzlicher Bestandsschutz eines Vertragsverhältnisses (eines Arbeitsverhältnisses oder eines Mietverhältnisses über Wohnraum) vor Kündigungen durch den wirtschaftlich stärkeren Vertragspartner (Arbeitgeber oder Vermieter).

Arbeitsrecht: Nach dem Kündigungsschutzgesetz, das für alle Arbeitnehmer gilt, die mindestens sechs Monate ununterbrochen in demselben Betrieb ein Arbeitsverhältnis haben, ist eine Kündigung rechtsunwirksam, wenn sie sozial ungerechtfertigt ist, d. h., wenn sie nicht durch Gründe, die in der Person des Arbeitnehmers liegen oder durch dringende betriebliche Erfordernisse bedingt ist. Dies gilt auch, wenn der Arbeitgeber bei betriebsbedingt notwendigen Entlassungen bei der Auswahl des gekündigten Arbeitnehmers soziale Gesichtspunkte nicht oder nicht genügend berücksichtigt hat, wenn die Kündigung gegen Auswahlrichtlinien einer entsprechenden Betriebsvereinbarung verstößt oder wenn die Weiterbeschäftigung an einem anderen Arbeitsplatz – gegebenenfalls nach Umschulungsmaßnahmen und zu geänderten Arbeitsbedingungen – möglich ist. Voraussetzung für den Kündigungsschutz ist in diesen Fällen, daß der Betriebsrat oder ein anderes zuständiges Betriebsverfassungsorgan innerhalb einer Woche

nach Mitteilung der Kündigungsabsicht aus einem dieser Gründe der Kündigung schriftlich widerspricht. Das anschließende Verfahren beim Arbeitsgericht, bei dem der Arbeitnehmer innerhalb von drei Wochen Klage erheben muß, kann zur Abweisung der Klage, zur Feststellung, daß das Arbeitsverhältnis nicht aufgelöst ist oder zur Auflösung des Arbeitsverhältnisses bei Verurteilung des Arbeitgebers zur Zahlung einer Abfindung führen.
Ein besonderer Kündigungsschutz besteht darüberhinaus für Mütter (↑Mutterschutz), für Schwerbehinderte nach dem Schwerbehindertengesetz, für Arbeitnehmer, die von einer Massenentlassung betroffen sind, für Mitglieder des Betriebsrats, für zum Wehrdienst Einberufene als Arbeitsplatzschutz, für langjährige Beschäftigte und für Abgeordnete.
Mietrecht: Ein Mietverhältnis über Wohnraum kann vom Vermieter nur gekündigt werden, wenn er ein berechtigtes Interesse an der Beendigung des Mietverhältnisses hat. Ein berechtigtes Interesse liegt z. B. vor bei erheblichen schuldhaften Vertragsverletzungen durch den Mieter und bei Eigenbedarf des Vermieters. Ohne dies ist eine Kündigung unwirksam.

Kupon (Coupon) [französisch ku'põ:]: Sammelbezeichnung für zu einem Wertpapier gehörende Ertragsscheine. Dies können ↑Dividendenscheine (für Aktien) oder ↑Zinsscheine (für festverzinsliche Wertpapiere) sein. Ansprüche aus fälligen Kupons verjähren nach 4 Jahren.
Kuponsteuer ist die Bezeichnung für die ↑Kapitalertragsteuer, die bei der Zinszahlung für festverzinsliche Wertpapiere anfällt, wenn der Wertpapiereigentümer seinen Wohnsitz im Ausland hat.

Kuppelproduktion: die material- oder verfahrensmäßig zwangsläufig miteinander verbundene Herstellung von zwei oder mehreren Gütern, z. B. Koks und Kokereigas. Das Mengenverhältnis der Kuppelprodukte kann fest oder in gewissen Grenzen variabel sein.

Kurantgeld [französisch; eigentlich „umlaufende, gängige Münze"]: Währungsgeld, das unbeschränkt gesetzliches Zahlungsmittel ist. Bei einer Papierwährung sind Banknoten, bei einer Goldwährung Goldmünzen Kurantgeld.

Kurs [durch Vermittlung von französisch cours bzw. italienisch corso aus lateinisch cursus „Umlauf; Verkauf; Reihenfolge"] (Effektenkurs, Börsenkurs): meist amtlich festgesetzter Marktpreis für die an einer Börse gehandelten Wertpapiere, Devisen und Waren. Kurse für festverzinsliche Wertpapiere werden in % des Nennwerts angegeben. Für die Aktien gilt international die Stücknotiz **(Stückkurs),** die für die Aktie mit dem niedrigsten Nennbetrag festgestellt wird (meist 50 DM).
Der jeweilige Kurs wird durch das im Augenblick der Kursbildung bestehende Verhältnis von Angebot und Nachfrage bestimmt. Beeinflussende Faktoren sind 1. bei festverzinslichen Wertpapieren: das Verhältnis von allgemeinem Zinsniveau zur Effektivverzinsung; 2. bei Aktien: primär die wirtschaftlichen Erwartungen, aber auch politische Ereignisse, konjunkturelle Erwartungen, Spekulation, Interessenkäufe usw.; 3. bei Waren: Ernteaussichten (z. B. bei Weizen, Kaffee), politische Ereignisse; 4. bei Devisen: die Zahlungsbilanzposition des betreffenden Landes (↑auch Anfangskurs, Einheitskurs).

Kursblatt (Kurszettel): Kursbericht einer ↑Börse, in dem alle Kursnotierungen der jeweiligen Börse veröffentlicht werden.

Kursmakler ↑Börsenmakler.

Kursparität: liegt vor, wenn die Devisenkurse zweier Währungen, die beide eine Parität zum Gold oder zu einer gemeinsamen Leitwährung haben, bei der Kursnotierung im freien Devisenhandel im gleichen Umfange von dieser Parität abweichen.

Kursstützung: gezielter Aufkauf an den börslichen, z. T. auch außerbörslichen Rohstoff-, Effekten- und Devisenmärkten, um Kursrückgänge zu verhindern bzw. abzumildern.

Kurswert: Betrag in DM, den ein bestimmtes Wertpapier an einem bestimmten Tag wert ist. Bei der Stücknotierung in DM (Stückkurs) ist der Kurs eines Papiers mit seinem Kurswert identisch. Geschieht die Notierung in Prozenten vom Nennwert, so wird der Kurswert errechnet:

$$\frac{\text{Nennwert} \times \text{Kurs}}{100}$$

Der Kurswert ist maßgeblich für die steuerliche Bewertung von Aktien.

Kurszusätze: ergänzende Angaben hinter den Kursveröffentlichungen in Kursblättern oder Tageszeitungen, die Aufschluß über den Verlauf des Börsengeschehens geben, vor allem über das Angebot (Brief) und die Nachfrage (Geld).
Die häufigsten Kurszusätze sind: B (↑Brief), G (↑Geld), b (↑bezahlt), bG (bezahlt Geld), bB (bezahlt Brief), exB (↑ex Bezugsrecht), exD (↑ex Dividende), T (↑Taxkurs).

Kurzarbeit: Herabsetzung der betriebsüblichen Arbeitszeit, z. B. wegen Arbeitsmangel. Sofern der dem Arbeitsverhältnis zugrunde liegende Arbeits- bzw. Tarifvertrag keine entsprechende Regelung enthält, hat ein Arbeitnehmer bei Kurzarbeit Anspruch auf das volle Arbeitsentgelt. Um die in diesem Falle drohenden Kündigungen zu vermeiden, insbesondere wenn die Kurzarbeit nur auf vorübergehenden Schwierigkeiten beruht, ist die gesetzliche Möglichkeit zur Inanspruchnahme von **Kurzarbeitergeld** (↑Arbeitslosenversicherung) eingeführt worden. Voraussetzungen dafür sind 1. die Anzeige der Kurzarbeit beim Arbeitsamt; 2. die Kurzarbeit muß auf einem unvermeidbaren vorübergehenden Arbeitsmangel beruhen; 3. die Arbeitszeit muß um mindestens $^1/_6$ der sonst üblichen Arbeitszeit gekürzt worden sein. Das Kurzarbeitergeld beträgt für Arbeitnehmer mit mindestens einem Kind 68%, für alle anderen 63% des um die gesetzlichen Abzüge verminderten Arbeitsentgelts während des Arbeitsausfalls. Die Dauer ist auf 6 Monate begrenzt, in Ausnahmefällen kann sie auf 12 Monate erweitert werden. Vergütungsfreie Kurzarbeit kann der Arbeitgeber (sofern keine Rechtsgrundlagen vorliegen) nur einführen, wenn der Arbeitnehmer bzw. der Betriebsrat zustimmt. Erfolgt dies nicht, bleibt dem Arbeitgeber die Möglichkeit der Änderungskündigung.

kurzfristige Erfolgsrechnung: alle Formen von Erfolgsrechnungen, die den Erfolg für kürzere Perioden als ein Jahr ermitteln. Häufig ist die kurzfristige Erfolgsrechnung identisch mit der Kostenträgerzeitrechnung, falls diese die Erlös- bzw. Ertragsseite einbezieht.

kurzlebige Wirtschaftsgüter: Wirtschaftsgüter, deren Verwendung oder Nutzung durch den Steuerpflichtigen zur Erzielung von Einkünften sich erfahrungsgemäß auf einen Zeitraum von weniger als einem Jahr erstreckt; anders ↑ geringwertige Wirtschaftsgüter.

Kux ↑ bergrechtliche Gewerkschaft.

L

Ladenschlußgesetz: zum Schutz der Arbeitnehmer im Einzelhandel erlassenes Bundesgesetz vom 28. 11. 1956 (mit späteren Änderungen), das die Geschäftszeit von Verkaufsstellen regelt. Danach müssen die Geschäfte an Sonn- und Feiertagen ganztägig, montags bis freitags bis 7

Uhr und ab 18.30 Uhr, samstags und am 24. 12. bis 7 Uhr und ab 14 Uhr am ersten Samstag im Monat von April bis September ab 16 Uhr, in den übrigen Monaten und an den letzten vier Samstagen vor dem 24. 12. ab 18 Uhr geschlossen sein. Sonderregelungen gibt es für Läden mit dem Vertrieb von Bäcker- und Konditorwaren, Milch, Früchten, Blumen, Zeitungen sowie für den Verkauf in ländlichen Gebieten. In Kur- und Erholungsorten darf der Einzelhandel mit Früchten, Getränken, Süßwaren, Tabakwaren und Freizeitgegenständen jährlich an bis zu 40 Sonn- und Feiertagen das Geschäft täglich acht Stunden öffnen. Apotheken und Tankstellen sowie Verkaufsstellen an internationalen Flug- und Fährhäfen dürfen an allen Tagen ganztägig geöffnet sein. Für Verkaufsstellen an Verkehrsknotenpunkten zwischen Schienenfern- und Nahverkehr in Städten mit über 200 000 Einwohnern kann die Landesregierung die Öffnung von 6 Uhr bis 22 Uhr werktags gestatten. Seit Okt. 1989 dürfen Läden donnerstags bis 20.30 Uhr geöffnet sein („Dienstleistungsabend").

Ladeschein: nur in der Binnenschiffahrt gebräuchliches ↑Warenwertpapier, durch dessen Übergabe der Eigentümer der Ware den Herausgabeanspruch an den Empfänger abtreten, also die körperliche Übergabe der Ware ersetzen kann. Der Ladeschein ist gewöhnlich ein Namenspapier (↑Rektapapier), kann aber durch die Klausel „an Order" zu einem gekorenen ↑Orderpapier gemacht werden.

Lag ↑Time lag.

Lagebericht: Bericht, der von einer Kapitalgesellschaft ergänzend zur ↑Bilanz, zur ↑Gewinn- und Verlustrechnung und zum ↑Anhang aufzustellen ist. Im Lagebericht sind zumindest der Geschäftsverlauf und die Lage der Kapitalgesellschaft so darzustellen, daß ein den tatsächlichen Verhältnissen entsprechendes Bild vermittelt wird. Er soll auch eingehen auf 1. Vorgänge von besonderer Bedeutung, die nach dem Schluß des Geschäftsjahres eingetreten sind; 2. die voraussichtliche Entwicklung der Kapitalgesellschaft; 3. den Bereich Forschung und Entwicklung.

Lager: Bezeichnung für den Ort der geordneten Verwaltung (Aufnahme, Verwahrung, Abgabe, Verrechnung und Kontrolle) der zur Betriebsführung erforderlichen Bestände an Waren aller Art; auch Bezeichnung für die eingelagerten Gegenstände in Menge und Wert sowie für die mit der Lagerung befaßte Betriebsabteilung.

Im einzelnen kann ein Lager folgende **Aufgaben** übernehmen: 1. Ausgleich von Unregelmäßigkeiten beim Beschaffungsvorgang (z. B. durch Lieferengpässe bei Lieferanten, verkehrsbedingte Verzögerungen, saisonale Schwankungen der Preise bzw. der Liefermengen, insbesondere bei landwirtschaftlichen Produkten); 2. Überbrückung der Zeit zwischen Beschaffungs- und Verwendungszeitpunkt, wenn größere Mengen beschafft als sofort verbraucht werden, um die Vorteile des Großeinkaufs zu erlangen (z. B. Mengenrabatte, Transportkostenersparnisse u. a.); 3. Einhaltung der für einen Reifeprozeß erforderlichen Lagerzeit (z. B. bei Wein); 4. dauernde Bereithaltung eines umfangreichen Sortiments, das den Abnehmern eine entsprechende Auswahl ermöglicht; 5. Ausgleich von Absatzschwankungen zur Sicherung einer gleichmäßigen Beschäftigung.

Lagerbestand: der mengenmäßige Umfang des Vorratsvermögens, aus dem für die Buchführung durch Bewertung die Werte für die Anfangs- oder Schlußbestände abgeleitet werden können. In Kommission gegebene Ware gehört zum Lagerbestand, in Kommission genommene Ware nicht. Man unterscheidet: 1. durchschnittlicher Lagerbestand; er wird folgendermaßen ermittelt: bei jährlicher Bestandserfassung wird die Summe aus dem Jahresanfangsbestand und dem Jahresendbestand durch 2 dividiert; bei monatlicher Bestandserfassung wird die Summe aus dem Jahresanfangsbestand und den 12 Monatsendbeständen durch 13 dividiert; 2. Mindest- oder Reservebestand (↑eiserner Bestand); 3. ↑Meldebestand; 4. Höchstbestand; er wird nach Eingang einer Lieferung erreicht (Mindestbestand + Bestellmenge).

Lagerbuchhaltung (Lagerbuchführung): Nebenbuchhaltung zum Nachweis und zur Kontrolle der Vorratsbestände, zur Erfassung der Lagerbewegungen für die Betriebsbuchhaltung und als Grundlage für die Bestandsbewertung in der Finanzbuchhaltung. Durchführung: Eine einfache Bestandskontrolle ermöglicht das Führen von Lagerfachkarten. Dabei befindet sich in jedem Lagerfach eine Lagerfachkarte, auf der Zu- und Abgänge mengenmäßig erfaßt und Bestände errechnet werden. Die eigentliche Lagerbuchführung geschieht auf **Lagerkarten** (Kontenkarten) mit mengen- und wertmäßiger Erfassung der Zu- und Abgänge sowie weiterer Daten. – ↑auch Inventur.

Lagerdauer: Zeitspanne zwischen dem Eintreffen eines Gutes und seiner Weiterveräußerung bzw. Weiterverwendung. Die tatsächliche Lagerdauer hängt u. a. von der natürlichen Lagerfähigkeit der Ware, den Beschaffungs- und Absatzmöglichkeiten ab. Als **Lagerkennziffer** wird für eine Warenart unter Verwendung der ↑Umschlagshäufigkeit die durchschnittliche Lagerdauer (in Tagen) errechnet:

$$t_L = \frac{360 \text{ Tage}}{\text{Umschlagshäufigkeit}}.$$

Je geringer die Lagerdauer, desto niedriger der ↑Lagerzins.

Lagerhalter: kaufmännisches Unternehmen, dessen Betriebszweck in der gewerbsmäßigen Lagerung und Aufbewahrung von Gütern besteht. Häufig sind solche Unternehmen auch als Spediteur und Frachtführer tätig. Der Lagerhalter bestätigt den Empfang der Güter durch einen Lagerempfangsschein oder einen Lagerschein. Nur der **Lagerschein** ist ein Warenwertpapier und kann verpfändet oder anstelle des Guts beim Verkauf übergeben werden. Er kann auf den Inhaber, einen bestimmten Namen (↑Rektapapier) oder an Order lauten. **Orderlagerscheine** dürfen nur von staatlich dazu ermächtigten Lagerhaltern ausgegeben werden.

Lagerkarte ↑Lagerbuchhaltung.

Lagerkosten: mit der Lagerhaltung verbundene Kosten, Bestandteil der Materialgemeinkosten; sie beeinflussen die ↑optimale Bestellmenge. Zusammensetzung: 1. *Kosten aus Lagerraum und Lagerbeständen:* Abschreibung und Instandhaltung der Lagerräume, Nebenkosten (Heizung, Beleuchtung, Reinigung), Verzinsung des in den Lagerräumen und -einrichtungen gebundenen Kapitals, Verzinsung des in den Lagerbeständen gebundenen Kapitals (↑Lagerzins), Versicherungen des Lagerbestandes, Ansatz kalkulatorischer Wagnisse für Schwund, Verderb, Diebstahl, Nachfrageveränderungen; 2. *am Lagergut selbst anfallende Kosten:* Kosten für Ein-, Aus- und Umlagern, für Probenentnahme zur Qualitätskontrolle, für Wiegen, Zählen, Auszeichnen u. a.; 3. *Kosten der Lagerverwaltung:* Personalkosten für Lagerverwalter, Büromaterial u. a.

Lagerschein ↑Lagerhalter.

Lagerzins: zu den ↑kalkulatorischen Kosten gehörender Zins für das in den Lagervorräten gebundene Kapital; er zählt zu den ↑Lagerkosten und dient zur Kontrolle der Rentabilität der Lagerung. Der Lagerzinssatz errechnet sich aus der durchschnittlichen Lagerdauer (z. B. 90 Tage) mal landesüblichem Zinsfuß (z. B. 8%) geteilt durch Zinsjahr (360 Tage):

$$\text{Lagerzins} = \frac{90 \times 8}{360} = 2\%$$

Laissez-faire-Prinzip [französisch lɛse'fɛ:r; „laßt machen, laßt gehen"]: in Ablehnung des Merkantilismus entstandene Forderung des Liberalismus. Das Laissez-faire-Prinzip beruht auf dem Gedanken, daß eine liberalistische Wirtschaft mit Freihandel ohne alle Eingriffe des Staates den Wohlstand aller hebt. Es verbietet auch jede Konjunkturpolitik des Staates und gehört damit zum extremen Liberalismus.

landesüblicher Zinsfuß: die durchschnittliche Effektivverzinsung längerfristiger erstklassiger festverzinslicher Kapitalmarktpapiere (z. B. Staatsanleihen).

Landesversicherungsanstalten (Abk. LVA): Auf Landes- oder Gebietsebene errichtete Körperschaften des öffentlichen Rechts mit Selbstverwaltung, die Träger der Arbeiterrentenversicherung (↑Rentenversicherung) sind. Sie nehmen auch die Gemeinschaftsaufgaben der gesetzlichen Krankenversicherung wahr. Derzeit existieren 18 LVA. Organe einer LVA sind die Vertreterversammlung und der Vorstand. – ↑auch Bundesversicherungsanstalt für Angestellte.

Landeszentralbank (Abk. LZB): Hauptverwaltungen der ↑Deutschen Bundesbank in den einzelnen Bundesländern.

Landeszentralbank-Scheck (LZB-Scheck): ein auf eine ↑Landeszentralbank (LZB) gezogener Scheck. Die LZB versieht diesen Scheck auf Antrag mit einem Bestätigungsvermerk auf der Rückseite des Schecks (bestätigter LZB-Scheck). Sie übernimmt damit die Haftung für die Einlösung. Dem Scheckaussteller wird der Scheckbetrag zuzüglich einer Bestätigungsgebühr sofort seinem Girokonto (bei der LZB) belastet. Die Bestätigung ist 8 Tage gültig, danach wird der bestätigte Scheck wie ein normaler Barscheck behandelt.

Landgericht ↑ordentliche Gerichtsbarkeit.

Landwirtschaft: wirtschaftliche Nutzung des Bodens zur Gewinnung pflanzlicher und/oder tierischer Erzeugnisse. Zur Landwirtschaft zählen außer Ackerbau und Viehwirtschaft auch Garten-, Gemüse-, Obst- und Weinbau. Zur Landwirtschaft im weiteren Sinn zählt man auch Forstwirtschaft, Jagdwesen und Fischerei sowie die landwirtschaftlichen Nebenbetriebe (Molkereien, Mühlen, Kellereien usw.).

Die Bedeutung der Landwirtschaft innerhalb einer Volkswirtschaft hängt von mehreren Faktoren ab: 1. von der internationalen Arbeitsteilung bzw. der Selbstversorgungsquote. Ihre Bedeutung ist umso geringer, je geringer der Anteil der selbsterzeugten Produkte am Gesamtbedarf der Volkswirtschaft ist; 2. von der Produktivität der Landwirtschaft und 3. von der Höhe des Sozialprodukts; je höher das Volkseinkommen ist, desto niedriger ist meist der relative Beitrag der Landwirtschaft zum Sozialprodukt.

Mit zunehmender Intensität der Wirtschaftsweise sinkt die Fläche, die für die Ernährung eines Menschen nötig ist: In der Zeit der Dreifelderwirtschaft waren dafür noch 4–5 ha nötig; durch die rationelle Wirtschaftsweise der modernen Landwirtschaft sind heute nur noch rund 0,4 ha notwendig.

Bis ins 19. Jahrhundert war die Landwirtschaft der eindeutig dominierende Teil der deutschen Volkswirtschaft; um 1800 waren etwa 75% der Bevölkerung in der Landwirtschaft tätig. Bis heute sank diese Quote infolge der Produktionserhöhung (und zunehmender internationaler Arbeitsteilung) stetig.

Landwirtschaftsbetriebe werden häufig unterteilt in Vollerwerbsbetriebe, Zuerwerbsbetriebe (die geringe Betriebsgröße erzielt ein nicht ausreichendes Einkommen; der Besitzer geht einer ergänzenden Nebentätigkeit im nichtlandwirtschaftlichen Bereich nach) und Nebenerwerbsbetriebe (werden nebenberuflich bewirtschaftet und zwingen den

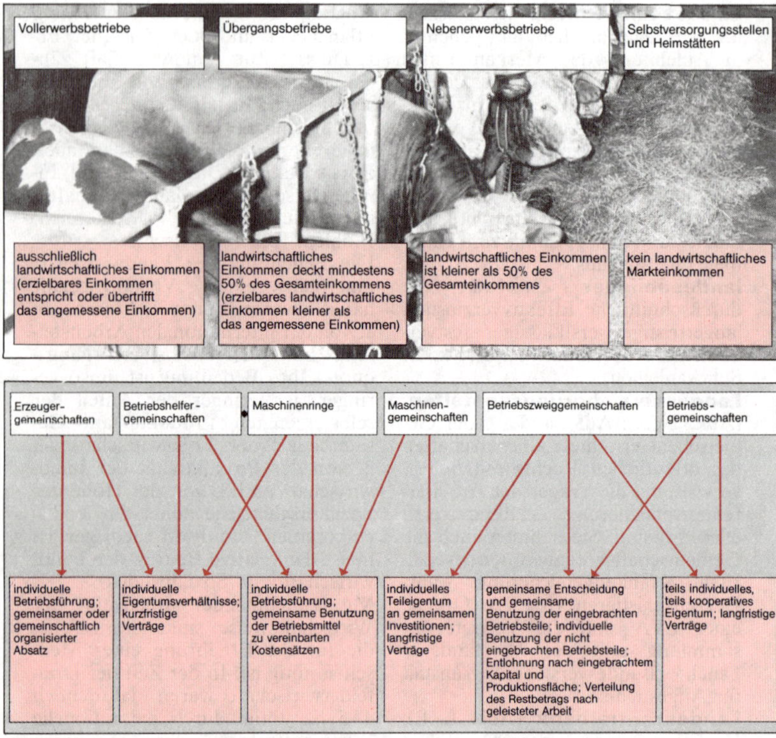

Landwirtschaft.
Gliederung der Betriebe nach Höhe und Zusammensetzung des Einkommens (oben); Kooperationsformen (unten)

Besitzer, da sie keine Lebensgrundlage bilden können, einem nichtlandwirtschaftlichen Hauptberuf nachzugehen). – ↑auch Agrarpolitik, ↑Agrarverfassung.

Lastschriftverkehr: Geldeinzugsverfahren im bargeldlosen Zahlungsverkehr, bei dem der Zahlungsempfänger durch ein Kreditinstitut vom Konto des Zahlungspflichtigen einen Geldbetrag abbuchen läßt (im Gegensatz zum ↑Dauerauftrag). Der Zahlungsempfänger reicht die Lastschrift bei seinem Kreditinstitut ein, das ihm den Lastschriftsbetrag gutschreibt und vom Kreditinstitut des Zahlungspflichtigen einzieht. Im Rahmen des Lastschriftverkehrs werden Beiträge abgebucht aufgrund einer Einzugsermächtigung, die der Zahlungsempfänger vom Zahlungspflichtigen erhält **(Einzugsermächtigungsverfahren)** oder eines Abbuchungsauftrags, den der Zahlungspflichtige seiner Bank erteilt **(Abbuchungsauftragsverfahren).** Nur beim Einzugsermächtigungsverfahren kann der Zahlungspflichtige der Belastung seines Kontos widersprechen (innerhalb von sechs Wochen).

laufende Rechnung ↑Kontokorrentrechnung.

Laufkarte: Hilfsmittel der ↑Arbeitsvorbereitung. Die Laufkarte, auf der die einzelnen Arbeitsgänge in der geplanten Reihenfolge angegeben sind, begleitet ein Werkstück von Arbeitsplatz zu Arbeitsplatz und stellt so die Durchführung des geplanten Arbeitsablaufes sicher. Mitunter sind ihr ↑Lohnzettel mit Vorgabezeiten (Sollseiten) und einzutragende Istzeiten sowie Arbeitsanweisungen für schwierige Arbeiten beigegeben.

Lawinensystem ↑Schneeballsystem.

Leasing ['li:zɪŋ; englisch 'lɪ:sɪŋ „das Mieten, das Pachten“]: Erwerb von befristeten Nutzungsrechten an beweglichen und unbeweglichen Sachen im Rahmen eines ↑Mietvertrags. Obwohl Investitionsgüter überlassen werden und die Geldbeträge erst im Laufe der Nutzungsdauer durch Mietzahlungen (Leasingraten) aufgebracht werden, gilt Leasing als eine Sonderform der ↑Fremdfinanzierung. Der Vermieter **(Leasinggeber)** kann der Hersteller selbst sein **(Herstellerleasing, direktes Leasing).** Häufiger sind jedoch die Leasinggesellschaften als Spezialinstitute zwischen den Hersteller und den Mieter **(Leasingnehmer)** geschaltet (Leasing im eigentlichen Sinne, **indirektes Leasing**). Beim **Operating-Leasing,** das sich mehr für Standardgüter wie Autos, Kleincomputer etc. eignet, besteht die Möglichkeit der kurzfristigen Kündigung. Eine Variante dieses Vertragstyps ist das **Full-Service-Leasing,** bei dem Wartung, Reparaturen und Versicherung vom Leasinggeber übernommen werden.

Mehrjährige Vertragsdauer mit einer unkündbaren Grundmietzeit liegt beim **Financial-Leasing** vor, das die wichtigste Form in der Bundesrepublik Deutschland bildet. Es besteht in der Regel aus **Full-pay-out-Verträgen,** d. h. der Leasingnehmer zahlt mit den während der Grundmietzeit zu entrichtenden Raten mindestens die Anschaffungs- oder Herstellungskosten einschließlich der Finanzierungskosten des Leasinggebers. Bei diesem Vertragstyp liegt das wirtschaftliche Eigentum in der Regel beim Leasinggeber, so daß der Leasingnehmer die Raten steuerlich voll absetzen kann. Beim **Non-full-pay-out-Vertrag** wird der Leasingnehmer wirtschaftlicher Eigentümer, wenn ihm am Ende der Grundmietzeit der wirtschaftliche Wert zufließt und er das Risiko trägt. Im Gegensatz zur sonst üblichen Form, muß er den Leasinggegenstand bilanzieren. Ein Sonderfall des Finanzierungsleasing ist das **Sale-and-lease-back** („verkaufe und miete wieder“), wobei z. B. ganze Fabriken vom Unternehmen an die Leasinggesellschaft verkauft und dann wieder zurückgeleast werden.

Leasing als Investitionsfinanzierung ist nur als Ergänzung der herkömmlichen Finanzierungsarten sinnvoll. Erst ein Kostenvergleich zeigt im konkreten Fall, welche Finanzierungsart günstiger ist. Vorteilhaft ist die Verteilung der finanziellen Belastung durch Leasing über mehrere Perioden. Es wird kein Eigenkapital gebunden, und die Liquidität bleibt im Zeitpunkt der Anschaffung erhalten. Im Gegensatz zur Tilgung bei der Fremdfinanzierung ist in der Regel die volle Leasingrate als Betriebsausgabe abzugsfähig. Da die Leasingverpflichtung aus der Bilanz nicht ersichtlich ist, verbessert sich auch die Bilanzoptik.

Lebenshaltungskostenindex ↑Preisindex.

Lebensversicherung: nach den Prämieneinnahmen der bedeutendste Zweig der Individualversicherung; sie deckt das in der Ungewißheit über die Lebensdauer begründete Risiko **(Risikolebensversicherung),** wird aber häufig mit Elementen der Vermögensbildung, vor allem zur Alterssicherung, verknüpft **(Kapitallebensversicherung).**

Bei der **kurzfristigen Risikoversicherung** (z. B. zur Absicherung von Bauspardarlehen) wird die Versicherungsleistung nur fällig, wenn der Versicherte während der Vertragsdauer stirbt. Bei der **Todesfallversicherung** wird die Versicherungsleistung auf jeden Fall, und zwar mit dem Tode des Versicherten, fällig. Die **Erlebensfallversicherung** leistet nur, wenn der Versicherte den Ablauf des Versicherungsvertrages erlebt (z. B. Pensionsversicherung). Die häufigste Form der Lebensversicherung ist die **Versicherung auf den Todes- oder Erlebensfall.** Hierbei wird die Versicherungsleistung auf jeden Fall entweder mit dem Tode des Versicherten oder nach Ablauf des Versicherungsvertrages fällig. Als **Aussteuer- bzw. Ausbildungsversicherung** wird die Versicherung mit festem Auszahlungstermin bezeichnet. Die Versicherungsleistung wird an einem festgesetzten Zeitpunkt fällig. Weiterhin gibt es Pflegerentenversicherungen zur Absicherung des Pflegefallrisikos und fondsgebundene Lebensversicherungen, bei der die Versicherungsleistung an die Wertentwicklung eines Investmentfonds gekoppelt ist. Bei den Lebensversicherungen müssen vom Zeitpunkt des Todes der versicherten Person an keine Versicherungsprämien mehr gezahlt werden.

Leeraktie ↑Aktie.

Leerkosten (Leerlaufkosten): der Teil der ↑fixen Kosten, der im Gegensatz zu den ↑Nutzkosten nicht genutzt wird, z. B. infolge Stillstandszeiten von Maschinen oder sonstiger nicht ausgenutzter Kapazitäten einer Anlage.

Leerwechsel ↑Finanzwechsel.

Lehrvertrag ↑Berufsausbildungsvertrag.

Leibrente: regelmäßig wiederkehrende Leistungen, in der Regel Geldleistungen und meistens auf Lebenszeit des Berechtigten zu erbringen (↑Rente). Im Versicherungswesen: 1. Rente an eine bestimmte Person, die mit dem Tod endet; 2. einseitige Überlebensrente, z. B. Witwenrente: stirbt die Ehefrau vor dem Ehemann, wird keine Rente bezahlt, im umgekehrten Fall erhält die Ehefrau eine Leibrente; 3. Leibrente auf zwei verbundene Leben, die entweder bis zum Tod des zuerst Sterbenden oder bis zum Tod des zuletzt Sterbenden gezahlt wird.

Leiharbeitsverhältnis: im Arbeitnehmerüberlassungsgesetz vom 7. 8. 1972 geregelte entgeltliche Überlassung eines Arbeitnehmers für maximal drei aufeinanderfolgende Monate durch seinen Arbeitgeber (Verleiher) zur Arbeitsleistung im Betrieb eines anderen Arbeitgebers (Entleiher), ohne daß das Arbeitsverhältnis mit dem Verleiher gelöst wird **(Arbeitnehmerüberlassung).** Die Überlassung ist nur mit Zustimmung des Arbeitnehmers möglich. Den Entleiher trifft die Fürsorgepflicht, während der Lohn vom Verleiher gezahlt wird. Kündigungen können jeweils nur im Verhältnis Arbeitnehmer/Verleiher ausgesprochen werden, auch aus Gründen, die beim Entleiher vorliegen. Der Verleiher benötigt für die gewerbsmäßige Entleihung von Arbeitnehmern eine Erlaubnis der ↑Arbeitsverwaltung.

Leihe: vertragsmäßige, unentgeltliche Gestattung des Gebrauchs einer Sache mit der Verpflichtung ihrer Rückgabe, geregelt in § 598 ff. BGB. Ist ein Entgelt vereinbart, so liegt nicht Leihe, sondern Miete vor. Der Verleiher haftet nur für Vorsatz und grobe Fahrlässigkeit. Der Entleiher darf von der Sache nur den vertragsgemäßen Gebrauch machen.

Leistung: 1. Grad der körperlichen, sittlichen oder geistigen Selbstbeanspruchung (innerhalb eines Erwartungshorizontes) bzw. ihr Ergebnis; im Vergleich mit einer Gruppe wird sowohl die Einsatzbereitschaft als auch das Ergebnis am (fiktiven) Durchschnitt der Gruppenleistung gemessen; wesentliche Leitvorstellung der Industrienationen.

2. In der Betriebswirtschaftslehre das Ergebnis der betrieblichen Tätigkeit, der entstandene Wertzugang (Leistung als Gegensatz zu den Kosten). Die Gesamtleistung des Betriebes setzt sich zusammen aus der Marktleistung (Produktion von Sachgütern und Diensten) und den innerbetrieb-

lichen Leistungen (z. B. selbsterstellte Maschinen, Werkzeuge).

leistungsbedingte Abschreibung ↑Mengenabschreibung.

Leistungsbilanz ↑Zahlungsbilanz.

Leistungsgesellschaft: Bezeichnung für eine moderne Industriegesellschaft, in der die materiellen und sozialen Chancen, die Produktionsergebnisse und die gegenseitigen sozialen Anerkennungen und Bewertungen sowie die sozialen Positionen im System der Über- und Unterordnung nach „Leistung" vergeben werden (nicht, wie in ständischen Gesellschaften, nach Stand, Herkunft). Funktionsvoraussetzung dieses Verteilungs- und Bewertungsprinzips (Leistungsprinzip) ist, daß individuelles wie soziales Handeln durch Leistungsmotivation stimuliert werden und ein gewisser Konsens über die Leistungsstandards (inhaltliche Leistungsnormen und -bemessungsgrundlagen) besteht. Die Leistungsgesellschaft soll, sofern ihre Strukturprinzipien wirklich eingelöst sind, die Gewähr für optimale gesamtwirtschaftliche Produktivität wie für soziale Chancengleichheit und Gerechtigkeit bieten. An der Leistungsgesellschaft kritisiert wird die Tendenz zu individualistisch-konkurrenzbetonter Lebenseinstellung, die Einsichten in das gesellschaftliche Bedingungsgefüge von persönlichem Leistungsvermögen behindere und überdies im Leistungswettbewerb den Einzelnen psychischen Streßsituationen und sozialer Entfremdung aussetze.

Leistungsgrad: tatsächlich erbrachte Leistung (Ist-Leistung), ausgedrückt in Prozent der Normalleistung; Grundlage für die Ermittlung eines leistungsbezogenen Lohns (↑auch Levelingsystem). Berechnung bei Leistungsmessung in Stückzahlen:

$$\text{Leistungsgrad} = \frac{\text{Ist-Leistung (in Stück)} \times 100}{\text{Normalleistung (in Stück)}}.$$

Berechnung bei Leistungsmessung in Zeiteinheiten:

$$\text{Leistungsgrad} = \frac{\text{Normalleistung (in Zeiteinheiten)} \times 100}{\text{Ist-Leistung (in Zeiteinheiten)}}$$

Leistungslohn ↑Lohnformen.

Leistungsort ↑Erfüllungsort.

leitende Angestellte: rechtlich nicht einheitlich definierter Begriff für Arbeitnehmer, für die wegen ihrer besonderen Stellung bestimmte gesetzliche Vorschriften, insbesondere das Betriebsverfassungsgesetz, nicht gelten. Sie haben kein aktives und passives Wahlrecht zum Betriebsrat und werden nicht durch diesen vertreten. Ihnen kann ohne die sonst erforderliche Begründung durch den Arbeitgeber gekündigt werden. Nach dem Gesetz über die ↑Mitbestimmung von 1976 bilden die leitenden Angestellten eine eigene Arbeitnehmergruppe und entsenden mindestens einen Vertreter in den Aufsichtsrat des mitbestimmten Unternehmens.

Zur *Abgrenzung* gegenüber den übrigen Arbeitnehmern werden verschiedene Merkmale herangezogen, insbesondere die Wahrnehmung wesentlicher unternehmerischer Aufgaben, das Recht zur selbständigen Einstellung und Entlassung von Arbeitnehmern, Generalvollmacht oder Prokura. Im Einzelfall haben die Arbeitsgerichte über die Zugehörigkeit zur Gruppe der leitenden Angestellten nach den konkreten Umständen unter besonderer Berücksichtigung der Verkehrsauffassung zu entscheiden. Seit 1990 können leitende Angestellte als Interessenvertretungsorgan einen **Sprecherausschuß** bilden.

Leitsätze für die Preisermittlung auf Grund von Selbstkosten (Abk. LSP): in der Anlage zur Verordnung über die Preise bei öffentlichen Aufträgen vom 21. 11. 1953 dargestellt. Das Kalkulationsschema hat folgende Mindestgliederung: 1. Fertigungsstoffkosten, 2. Fertigungskosten, 3. Entwicklungs- und Entwurfskosten, 4. Verwaltungskosten, 5. Vertriebskosten. Zu diesen Selbstkosten darf ein kalkulatorischer Gewinn gerechnet werden, der das allgemeine Unternehmerrisiko und einen Unternehmerlohn enthält.

Leitwährung: Währung, die auf internationalen Märkten (Devisen-, Geld-, Kapital- und Rohstoffmärkten) gegenüber anderen Währungen eine hervorgehobene Rolle einnimmt. Im internationalen Handel werden Rechnungen häufig in der Leitwährung gestellt, Währungsreserven in dieser Währung gehalten. Bis zum 2. Weltkrieg nahm das britische Pfund die Rolle einer weltweiten Leitwährung ein, nach dem 2. Weltkrieg wurde es vom US-Dollar abgelöst. In der mit dem ↑Bretton-Woods-Abkommen von 1944 geschaffenen Weltwährungsordnung mit festen Wechselkursen hatten die meisten westlichen Länder ihre Währungen an den US-Dollar gebunden. Auch nach der Einführung freier Wechselkurse Anfang der 1970er Jahre blieb der Dollar die bedeutendste Welthandels- und Reservewährung. Auf internationalen Rohstoffmärkten werden die Preise auch heute noch vielfach in Dollar ermittelt (z. B. bei Gold, Erdöl), auf den Eurodollarmärkten ist der US-Dollar die bedeutendste Anlagewährung. Die starken Kursschwankungen des Dollars haben seine Stellung als Leitwährung allerdings beeinträchtigt.

Leitzins: Bezeichnung für den ↑Diskontsatz der ↑Deutschen Bundesbank. Teilweise wird auch der Spareckzins (Zinssatz für Spareinlagen mit gesetzlicher Kündigungsfrist) als Leitzins bezeichnet.

Levelingsystem [englisch 'lɛvlɪŋ „Nivellierungsmethode"]: analytisches Verfahren zur Ermittlung des ↑Leistungsgrades, das die sonst übliche einheitliche Leistungsgradbeurteilung ersetzen soll. Dabei wird die zu untersuchende Arbeitsleistung in vier Hauptkomponenten zerlegt (Geschicklichkeit, Anstrengung, Gleichmäßigkeit und Arbeitsbedingungen), die jeweils noch weiter untergliedert werden können. Jede Komponente wird einzeln bewertet; anschließend wird durch Addition eine Gesamtbewertung ermittelt. In der Bewertungsskala gibt es 11 Bewertungsmöglichkeiten, wobei 1,0 (entspricht 100%) den Grundwert bildet.

Leverage effect [englisch 'li:vərɪdʒ ɪ'fɛkt „Hebelwirkung"]: Bezeichnung für die Erscheinung, daß steigende Verschuldung eine steigende Eigenkapitalrendite auslöst. Diese Rentabilitätssteigerung durch Aufnahme von Fremdkapital geht solange, wie dieses mehr Rendite abwirft, als es Sollzinsen kostet. Beispiel: 100 000 DM Eigenkapital sollen 10 000 DM (= 10%) Rendite abwerfen. Werfen zusätzliche 100 000 DM Fremdkapital auch 10% Rendite ab, dann bleiben nach Abzug von 7% Fremdkapitalzins immer noch 3% = 3 000 DM. Da sich das Eigenkapital nicht verändert hat, wächst die Rendite von 10% auf 13%. Umgekehrt wird die bisherige Rentabilität des Eigenkapitals geschmälert, wenn der Fremdkapitalzins über der zusätzlichen Rendite liegt.

Liberalismus: weltanschauliche Richtung, die das Individuum und sein Recht auf Freiheit in den Vordergrund stellt. Die Bezeichnung Liberalismus bürgerte sich in Kontinentaleuropa im frühen 19. Jahrhundert für die gesellschaftlich-politische Bewegung ein, die gekennzeichnet ist durch die Opposition gegen die Wiederherstellung der Gesellschafts- und Machtverhältnisse vor der Französischen Revolution einerseits, gegen eine Erschütterung der bürgerlichen Eigentumsordnung durch frühsozialistische Kräfte andererseits und durch das Bekenntnis zu einem konstitutionellen System, in dem bürgerliche Freiheiten und bürgerliche Machtteilhabe wirksam gesichert sind.

Der wirtschaftliche Liberalismus, der seine klassische Begründung durch Adam Smith („An inquiry into the nature and causes of the wealth of nations", 1776) erhalten hat, geht von der Annahme aus, daß der Egoismus eine angeborene Eigenschaft jedes Menschen sei, der durch freien Wettbewerb jedoch zum Nutzen der ganzen Volkswirtschaft ausschlägt. Staatseingriffe wie im Merkantilismus lehnt der Liberalismus strikt ab. Die künstlichen Produktionsbeschränkungen des Zunftsystems gelten ebenso als Fessel des Fortschritts wie Zollbarrieren zwischen den Staaten. Gewerbefreiheit und Freihandel sind daher die wichtigsten Forderungen des frühen Wirtschaftsliberalismus. Das Gebot der Nichteinmischung des Staates gilt prinzipiell auch für die Beziehungen zwischen Arbeitgebern und Arbeitnehmern. Die soziale Frage kann nach Auffassung des klassischen Liberalismus nur durch Selbsthilfe der Betroffenen und durch eine Verbesserung des Bildungswesens gelöst werden. Das Gesellschaftsmodell, an dem sich der Liberalismus lange orientiert hat, ist das einer vorindustriellen Gemeinschaft selbständiger Kleinproduzenten.

Libor: Abk. für: **L**ondon **I**nter**b**ank **O**ffered **R**ate, Referenz-/Basiszinssatz des ↑Eurokapitalmarktes für die Anpassung der dort begebenen Anleihen mit variabler Verzinsung (↑Floating Rate Notes). Er entspricht dem durchschnittlichen Zinssatz, zu dem sich die auf dem Eurokapitalmarkt tätigen Banken für 3 bis 6 Monate Geld leihen. – ↑auch Fibor.

Lieferantenkartei (Liefererkartei): Zusammenstellung aller Lieferanten und der von ihnen gelieferten Artikel als Hilfsmittel der Einkaufsabteilung bei der Ermittlung von Bezugsquellen.

Lieferbedingungen ↑Konditionen.

Lieferschein: beim Warenversand Grundlage für die Bereitstellung der Ware und für die Kontrolle nach Art und Stückzahl. Er wird der Warensendung beigelegt und dient dem Empfänger als Kontrollpapier bei der Entgegennahme der Waren. Im Lagerverkehr stellt der Lieferschein die Anweisung an einen ↑Lagerhalter dar, eine Ware an den im Lieferschein genannten Empfänger auszuliefern.

Lieferungsverzug ↑Verzug.

Liegenschaften: Grundstücke (Immobilien) im Gegensatz zu beweglichen Sachen.

Lifo-Methode ↑Fifo-Methode.

Limit [englisch-französisch; von lateinisch limes „Grenze"]: Festsetzung einer Preis- oder Mengengrenze; im Wertpapiergeschäft das Festsetzen einer Preisgrenze nach oben (Kauf) oder unten (Verkauf) bei Börsenaufträgen. Wenn der Börsenkurs über das Limit steigt (bei Käufen) oder darunter sinkt (bei Verkäufen), werden die limitierten Aufträge nicht ausgeführt.

lineare Abschreibung: Methode der ↑Abschreibung, bei der die ↑Anschaffungskosten bzw. die ↑Herstellungskosten oder (in der Kalkulation) der Wiederbeschaffungswert eines Wirtschaftsguts (eventuell abzüglich eines ↑Schrottwerts) in konstanten Quoten gleichmäßig auf die ↑Nutzungsdauer verteilt werden. Dabei wird eine gleichmäßige Abnutzung unterstellt. Der jährlich abzuschreibende Betrag berechnet sich einfach: Anschaffungs- bzw. Herstellungskosten (eventuell minus Schrottwert) dividiert durch die Zahl der erwarteten Nutzungsjahre. Die Möglichkeit der außergewöhnlichen Abschreibung besteht zusätzlich.

Liniensystem ↑Einliniensystem, ↑Mehrliniensystem.

Liquidation [lateinisch „das Flüssigmachen"]: Auflösung einer Handelsgesellschaft, einer Genossenschaft oder eines Vereins, ohne daß ein Grund für die Einleitung eines Konkurs- oder Vergleichsverfahrens besteht. Dabei werden die laufenden Geschäfte abgewickelt, das Vermögen verflüssigt, die Gläubiger befriedigt und das restliche Vermögen auf die übrigen Berechtigten verteilt. Zu Beginn und am Ende der Liquidation ist eine **Liquidationsbilanz** zu erstellen und das Erlöschen der Gesellschaft bzw. des Vereins zur Eintragung in das entsprechende Register beim zuständigen Amtsgericht anzumelden. Näheres über die Liquidation regeln das BGB, das HGB, das Aktiengesetz, das GmbH-Gesetz und das Genossenschaftsgesetz.

Liquidationskurs: ein vom Börsenvorstand festgelegter Kurs, zu dem ↑Termingeschäfte abgerechnet werden, die nicht durch ein Gegengeschäft ausgeglichen werden konnten.

Liquidationsvergleich ↑Vergleich.

Liquidität [lateinisch „Flüssigkeit"]: 1. Die Eigenschaft eines Wirtschaftsguts, sich in bares Geld umwandeln zu lassen. 2. Die Zahlungsbereitschaft eines Unternehmens zu einem bestimmten Stichtag, d. h. die Fähigkeit zur rechtzeitigen Erfüllung von Zahlungsverpflichtungen (↑auch Finanzierung). Je nach Schwierigkeitsgrad und nach der Zeit, die für die Umwandlung eines Wirtschaftsguts in bares Geld benötigt wird, kann man unterscheiden: *liquide (= flüssige) Mittel erster Ordnung (Barliquidität):* Vermögensteile, die man unmittelbar zur Zahlung verwenden kann, wie Kassenbestand, täglich fällige Postgiro- und Bankguthaben, Schecks, diskontierbare Wechsel; *liquide Mittel zweiter Ordnung (einzugsbedingte Liquidität):* Vermögensteile, die man nicht direkt zur Zahlung verwenden kann, die aber bereits einen Anspruch auf kurzfristige Umwandlung in Barmittel darstellen, wie Forderungen aus Lieferungen und Leistungen, nicht diskontierbare Wechsel, sonstige kurzfristige Forderungen und fällige Teile langfristiger Forderungen; *liquide Mittel dritter Ordnung (umsatzbedingte Liquidität):* Vermögensteile, die erst umgesetzt werden müssen, wie fertige Erzeugnisse und Waren; *illiquide Mittel:* Wirtschaftsgüter des Anlagevermögens, die nur bei Aufgabe des Betriebs bzw. durch Verpfändung verflüssigt werden können.

Um die Zahlungsbereitschaft eines Unternehmens zu beurteilen, stellt man den liquiden Mitteln die Verbindlichkeiten gegenüber. Das Verhältnis wird in Kennzahlen für den *Liquiditätsgrad* (Deckungsgrad) ermittelt, z. B. *Liquidität 1. Grades:* Geldwerte und kurzfristige Forderungen × 100, dividiert durch die kurzfristigen Verbindlichkeiten; *Liquidität 2. Grades:* Kurzfristiges Umlaufvermögen × 100, dividiert durch kurzfristige Verbindlichkeiten; *Liquidität 3. Grades:* Umlaufvermögen insgesamt × 100, dividiert durch kurzfristige Verbindlichkeiten. Diese, der Bilanz entnommenen Zahlen ergeben die **Stichtagsliquidität.** Dabei werden nur die Verhältnisse genau zu diesem Zeitpunkt, nicht aber unmittelbar bevorstehende Zahlungseingänge und -verpflichtungen berücksichtigt. Die Gegenüberstellung so gewonnener Kennzahlen mit den vorhergehenden gibt lediglich Auskunft darüber, ob und wie sich die Liquidität verändert hat; die Beurteilung der zukünftigen Liquidität ist so nicht möglich. Bei der **Periodenliquidität** geht man über die Stichtagsbetrachtung hinaus, indem man zum Bestand an Zahlungsmitteln die Einzahlungen des zu beurteilenden Zeitabschnitts hinzurechnet und die Auszahlungen subtrahiert. Das kann sowohl nachträglich geschehen als auch auf die Zukunft gerichtet sein; dann spricht man von einem Finanzplan. Eine übermäßige Versorgung mit flüssigen Mitteln **(Überliquidität)** wirkt sich negativ auf die ↑Rentabilität aus; die Unterversorgung kann zur **Illiquidität** in Form der Zahlungsstockung oder Zahlungseinstellung führen.

Liquiditätsbilanz: Form der ↑Bilanz, die dazu dient, die ↑Liquidität eines Unternehmens offenzulegen. Dabei werden die ↑Aktiva nach dem Liquiditätsgrad und die ↑Passiva nach der Fälligkeit aufgeführt und gegenübergestellt. Dadurch soll die Zahlungsbereitschaft des Unternehmens deutlich werden. Die Liquiditätsbilanz dient vor allem als Grundlage für Finanzierungsentscheidungen (z. B. auch der Überprüfung bzw. dem Nachweis der Kreditwürdigkeit) und als Unterlage bei einer eventuellen Sanierung. Liquiditätsbilanzen sind für Kreditinstitute von besonderer Bedeutung, um nachzuweisen, daß ihre Mittel so angelegt sind, daß jederzeit eine ausreichende Zahlungsbereitschaft gewährleistet ist.

Liquiditäts-Konsortialbank: 1974 gegründete Spezialbank in der Rechtsform einer GmbH, bei der die deutschen Geschäftsbanken und die Deutsche Bundesbank Gesellschafter sind. Ihre Aufgabe besteht darin, ohne eigenes Verschulden in Zahlungsschwierigkeiten geratenen Banken die Liquidität sichern zu helfen.

Liquiditätspapiere: Bezeichnung für die der Deutschen Bundesbank von der Bundesregierung zur Verfügung stehenden Wertpapiere (Schatzwechsel, unverzinsliche Schatzanweisungen), die zur Abwicklung von Offenmarktgeschäften auf dem ↑Geldmarkt dienen. Mit ihrer Hilfe nimmt die Bundesbank Einfluß auf die Zinsentwicklung des Marktes (↑Offenmarktpolitik).

Liquiditätsreserve: Barmittel (Kassenbestände und Guthaben bei der ↑Notenbank) der Kreditinstitute, zur Aufrechterhaltung der Zahlungsbereitschaft vor allem in Zeiten besonderer Anspannung.

Lizenz [lateinisch „Freiheit, Erlaubnis“]: 1. Behördliche Genehmigung zur Ausübung eines Gewerbes. 2. Die vom Urheber oder Inhaber eines Patents, Gebrauchsmusters oder sonstigen Nutzungsrechts erteilte Erlaubnis, sein Recht – meist gegen eine Lizenzgebühr – ganz oder teilweise zu benutzen. Die **ausschließliche Lizenz** setzt den Lizenznehmer unter Ausschluß von Dritten an die Stelle des Lizenzgebers. Bei der **einfachen Lizenz** behält der Lizenzgeber die Verfügungsbefugnis; der Lizenznehmer erhält eine schuldrechtliche Berechtigung.

Logistik: in der Betriebswirtschaft Organisation, Planung und Steuerung der gezielten Bereitstellung und des zweckgerichteten Einsatzes von Produktionsfaktoren (Arbeitskräfte, Betriebsmittel, Werkstoffe) zur Erreichung der Betriebsziele. Besonders wird im Zusammenhang mit dem Lager- und Transportwesen von Logistik gesprochen.

Lohmann-Ruchti-Effekt: Kapazitätserweiterungseffekt, der durch sofortige Reinvestition verdienter ↑Abschreibungen eintritt, ohne daß es einer Zuführung von Mitteln der ↑Außenfinanzierung bedarf, benannt nach den Betriebswirtschaftlern E. Lohmann und H. Ruchti. Die Wirkung dieser zur Innenfinanzierung gehörenden Finanzierung aus Abschreibungen beruht auf einer Kapitalfreisetzung. Mit dem Verkaufspreis der Erzeugnisse wird der einkalkulierte Abschreibungsgegenwert für die Anlagenutzung früher vergütet als er zum Ersatz ausscheidender Anlagegüter benötigt wird. Durchschnittlich sind so 50% der Anschaffungskosten (bei linearer Abschreibung; bei degressiver noch mehr) über die gesamte Lebensdauer des Anlagegegenstandes für Finanzierungszwecke zur Verfügung. Werden diese freiwerdenden Mittel sofort wieder in Anlagen investiert, fallen laufend neue Abschreibungen an, welche die Buchwerte kürzen, obwohl sich Anlagevermögen bzw. Kapazität ständig erweitern. Voraussetzung ist, daß zum Zeitpunkt der Ersatzbeschaffung dafür wieder Geld vorhanden ist, und daß die Produktion aus der zunehmenden Kapazität verkauft werden kann.

Lohn ↑Arbeitsentgelt.

Lohnfabrikation: die Be- oder Verarbeitung von Waren für andere, sofern das Gewerbe nicht handwerksmäßig, sondern im Umfang eines Großbetriebes (z. B. fabrikmäßiger Nähereibetrieb) betrieben wird. Der Fabrikant ist nach § 1 Abs. 2 Ziff. 2 HGB Mußkaufmann.

Lohnformen: die verschiedenen Verfahren zur Bestimmung des ↑Arbeitsentgelts; man unterscheidet:

1. **Zeitlohn:** das Produkt aus den gearbeiteten Stunden (ohne Rücksicht auf die tatsächliche Leistung) und dem Stundenlohnsatz; wird dort eingesetzt, wo die Leistungsintensitäten relativ konstant sind, oder dort, wo sich die tatsächlichen Leistungsschwankungen einer hinreichend genauen Erfassung entziehen. Das Risiko von Minderleistungen liegt beim Arbeitgeber.

2. **Leistungslohn:** Die Höhe des Arbeitsentgelts ist von der während der Arbeitszeit erbrachten Leistung abhängig. Beim **Akkordlohn** besteht eine direkte Beziehung zwischen Arbeitsleistung (gemessen in Stück oder in Zeit) und der Lohnhöhe (↑Akkordarbeit). Beim **Prämienlohn** erhält der Arbeitnehmer eine Mehrleistung nur zum Teil zusätzlich vergütet, der andere Teil kommt dem Betrieb zugute. Die Mehrleistung kann qualitativer Art sein (genauere Arbeit, weniger Ausschuß, Betriebsstoffersparnis, höhere Materialausbeute) oder mengenmäßige Mehrleistung. Die Höhe der Prämie wird nach verschiedenen Prämienlohnsystemen (z. B. nach Rowan, Halsey, Bedeaux) ermittelt und kann proportional, progressiv oder degressiv in Bezug auf die Mehrleistung verlaufen. So erhält z. B. im System des **Rowan-Lohns** der Arbeitnehmer neben dem Stundenlohn eine Prämie, deren Prozentsatz vom Stundenlohn dem Prozentsatz entspricht, um den die Vorgabezeit unterschritten wurde. Da bei zunehmender Zeitersparnis der Grundlohn als Berechnungsbasis kleiner wird, ergibt sich ein degressiver Prämienverlauf, d. h. ab einer gewissen Leistungshöhe wird Mehrleistung für den Arbeitnehmer uninteressant.

Lohnfortzahlung: Pflicht des Arbeitgebers zur Fortzahlung des Arbeitsentgelts bis zur Dauer von 6 Wochen, wenn ein Arbeitnehmer, ohne daß ihn ein Verschulden trifft, arbeitsunfähig krank wird. Dem Arbeitnehmer ist während der Arbeitsunfähigkeit das Arbeitsentgelt zu zahlen, das er ohne die Krankheit erhalten hätte. Keinen Lohnfortzahlungsanspruch haben Arbeitnehmer in einer Aushilfsbeschäftigung oder einer geringfügigen Beschäftigung. Sowohl der Angestellte als auch der Arbeiter sind verpflichtet, dem Arbeitgeber die Arbeitsunfähigkeit und deren voraussichtliche Dauer unverzüglich anzuzeigen. Ein Arbeiter muß zudem innerhalb von 3 Tagen nach Beginn der Arbeitsunfähigkeit dem Arbeitgeber eine ärztliche Bescheinigung nachreichen. Bei Angestellten gilt dies nur bei vertraglicher Vereinbarung bzw. beim Vorliegen begründeter Zweifel an der Arbeitsunfähigkeit. Außerdem ist der Arbeitgeber zur Lohnfortzahlung verpflichtet bei Arbeitsausfall an gesetzlichen Feiertagen, bei kurzzeitiger Verhinderung des Arbeitnehmers aus persönlichen Gründen (z. B. Arztbesuch, gerichtliche Ladung, Familienereignisse), beim Berufsschulbesuch von Auszubildenden, bei Betriebsratstätigkeit und bei Teilnahme des Arbeitnehmers an einer Betriebsversammlung.

Lohngruppenverfahren ↑Arbeitsbewertung.

lohnintensiv: der Anteil der Lohnkosten überwiegt die anteiligen Material- und Kapitalkosten eines Arbeitsvorganges, weil der Arbeitsvorgang entweder besonders arbeitsintensiv ist oder, bei geringerer Arbeitsintensität, durch hochbezahlte Arbeitskräfte ausgeführt wird.

Lohnkosten, Arbeitskosten, Personalkosten: alle Kosten, die durch den Einsatz menschl. Arbeitskraft in Unternehmen entstehen. Die Lohnkosten lassen sich aufspalten in Grundkosten (Löhne, Gehälter) und Lohnnebenkosten (Lohnzusatzkosten, Personalzusatzkosten). Zu unterscheiden sind bei den Nebenkosten die gesetzlichen sozialen Aufwendungen, v. a. die Arbeitgeberbeiträge zur Sozialversicherung, und Aufwendungen, die aufgrund von Tarifverträgen, Betriebsvereinbarungen oder freiwillig geleistet werden, z. B. Weihnachtsgeld, Urlaubsgeld, betriebliche Altersversorgung, Kantinen- und Fahrtkostenzuschuß, vermögenswirksame Leistungen. Umstritten ist, ob die Bezahlung für Ausfallzeiten (Urlaub, Krankheit) zu den Grundkosten oder den Lohnnebenkosten zu rechnen ist; wird sie zu den Lohnnebenkosten gerechnet, so betrugen 1990 im produzierenden Gewerbe der Bundesrepublik Deutschland die Lohnnebenkosten 82,9% der Arbeitskosten. Eine isolierte Betrachtung der Lohnkosten kann allerdings noch keinen Aufschluß über die internationale Wettbewerbsfähigkeit geben. Erst die Einbeziehung der in einer Arbeitsstunde durchschnittlich erstellten Leistung und die anschließende Ermittlung der Lohnstückkosten unter Berücksichtigung der Währungsrelationen ermöglichen aussagefähige Vergleiche.

Lohnpfändung (Gehaltspfändung): Art der ↑Zwangsvollstreckung durch ↑Pfändung einer Geldforderung. Der Gläubiger eines Vollstreckungstitels kann die Lohn- oder Gehaltsforderung des Arbeitnehmers gegen dessen Arbeitgeber pfänden und sich entweder zur Einziehung oder an Zahlungs Statt überweisen lassen. Gewisse Teile des Arbeitseinkommens sind jedoch unpfändbar (§§ 850 ff. Zivilprozeßordnung).

Lohn-Preis-Spirale: Bezeichnung für das Wechselspiel zwischen Preisen und Löhnen in dem Sinn, daß die Unternehmer gestiegene Löhne zur Rechtfertigung von Preiserhöhungen heranziehen, die Gewerkschaften wiederum ihre Lohnforderungen mit erhöhten Preisen begründen. Die Lohn-Preis-Spirale wirkt nicht zwangsläufig, sondern setzt bestimmte Konstellationen auf dem Güter- und Arbeitsmarkt voraus. Güterpreiserhöhungen würden z. B. bei hoher Nachfrageelastiziät zu erheblichen Absatzmengeneinbußen führen.

Lohnquote: Anteil der Bruttoeinkommen aus unselbständiger Arbeit (Löhne und Gehälter) am ↑Volkseinkommen; sie hat in der Bundesrepublik Deutschland bis zu Beginn der 80er Jahre beständig zugenommen und ist seitdem rückläufig (1990: 70,2%). Die Lohnquote spielt in der verteilungspolitischen Debatte eine große Rolle; sie berücksichtigt jedoch nicht, daß der Anteil der abhängig Beschäftigten an den Erwerbstätigen ebenfalls zugenommen hat. Aus diesem Grund wird eine **bereinigte Lohnquote** berechnet: der Anteil der Einkommen aus unselbständiger Arbeit am Volkseinkommen, der sich bei konstanter Beschäftigtenstruktur ergeben hätte. Diese Lohnquote ist im Zeitablauf langfristig so gut wie konstant. Der restliche Anteil am Volkseinkommen besteht aus dem Einkommen aus Unternehmertätigkeit und Vermögen **(Gewinnquote).**

Lohnsteuer: Form der ↑Einkommensteuer, die nach § 38 Einkommensteuergesetz bei Einkünften aus nichtselbständiger Arbeit durch Abzug vom Arbeitslohn (Barvergütungen, Sachbezüge und andere geldwerte Vorteile) erhoben wird und vom Arbeitgeber an das Finanzamt abzuführen ist. Durch diese Erhebungsform im Quellenabzugsverfahren ist eine Steuerhinterziehung kaum möglich. Die Leistungsfähigkeit des einzelnen Steuerpflichtigen wird berücksichtigt durch vom Familienstand abhängige ↑Steuerklassen, entsprechende Lohnsteuertabellen und ↑Lohnsteuerkarten sowie durch Feststellung von ↑Freibeträgen. Die Berechnung erfolgt aufgrund der Eintragung in der Lohnsteuerkarte nach der Lohnsteuertabelle, die aus der Einkommensteuertabelle abgeleitet ist (gleicher Steuertarif), und in die ↑Pauschbeträge für ↑Werbungskosten und ↑Sonderausgaben bereits eingearbeitet sind. Sehr geringe Jahreseinkommen bleiben steuerfrei. Die Jahressteuer ist somit beim Lohnsteuerverfahren die gleiche wie bei der Veranlagung zur Einkommensteuer. Ist die im Verlauf eines Jahres einbehaltene Lohnsteuer höher als sie es aufgrund des Jahresarbeitslohns nach der Jahreslohnsteuertabelle hätte sein dürfen (z. B. weil nicht das ganze Jahr über der gleiche Lohn bezogen wurde oder weil ↑außergewöhnliche Belastungen oder höhere als in den Pauschbeträgen vorgesehene Werbungskosten oder Sonderausgaben angefallen sind, die das zu versteuernde Einkommen gemindert haben), wird der überzahlte Betrag im **Lohnsteuerjahresausgleich** erstattet. Eine Steuernachzahlung ist – anders als bei der Veranlagung zur Einkommensteuer nicht möglich. Ist schon im voraus abzusehen, daß einem Arbeitnehmer zuviel an Lohnsteuer abgezogen wird, kann das Finanzamt auf Antrag unter gewissen Voraussetzungen einen entsprechenden Freibetrag auf der Lohnsteuerkarte eintragen, so daß der Arbeitgeber von vornherein weniger Steuern abführen muß. Arbeitnehmer, deren Jahreseinkommen 27 000 DM (Alleinstehende) bzw. 54 000 DM (zusammen veranlagte Ehepaare) übersteigt, werden zur Feststellung der Jahressteuerschuld zur Einkommensteuer veranlagt (↑Veranlagung).

Lohnsteuerkarte: amtliche, von der zuständigen Gemeinde auf der Grundlage der Einwohnerkartei ausgestellte Urkunde, die außer den persönlichen Daten eines Arbeitnehmers die ↑Steuerklasse, die Zahl der unter 16 Jahre alten Kinder, den Familienstand, die Religionszugehörigkeit und (auf Antrag, in der Regel beim Finanzamt) eventuell Steuerfreibeträge enthält. Der Arbeitnehmer muß die Lohnsteuerkarte seinem Arbeitgeber vorlegen, dem sie zur Berechnung der von ihm ans Finanzamt abzuführenden ↑Lohnsteuer dient. Im Falle eines Lohnsteuerjahresausgleichs bzw. der ↑Veranlagung zur ↑Einkommensteuer hat der Arbeitnehmer sie dem Finanzamt vorzulegen.

Lohnzettel: 1. Von der ↑Arbeitsvorbereitung erstelltes Formular, das die an einem Werkstück durchzuführenden Arbeiten, die Vorgabezeiten, Werkstücks-, Teile-, Zeichnungs- und Auftragsnummer sowie Angaben für die Kostenrechnung u. a. enthält. Der ausführende Arbeitnehmer erhält den Lohnzettel zu Beginn der Arbeiten und gibt ihn nach deren Beendigung und nach der Eintragung der benötigten Ist-Zeit an das Werkstattbüro zurück. Dort dient der Lohnzettel als Grundlage der Lohnberechnung und der betrieblichen Kostenrechnung. 2. Beleg für den Arbeitnehmer zur Kontrolle der Lohnzahlung. 3. Vom Arbeitgeber unter bestimmten Voraussetzungen dem Finanzamt einzureichender Beleg mit verschiedenen Angaben über das an einen Arbeitnehmer gezahlte Arbeitsentgelt.

Lokogeschäft: Bezeichnung für einen Geschäftsabschluß auf sofortige Lieferung an den Warenbörsen (Gegensatz ↑Termingeschäft). „Loko" ist auch ein Ausdruck aus der Börsensprache für einen Börsenplatz, z. B. loko Frankfurt = Börsenplatz Frankfurt.

Lombạrdeffekten ↑Pfandeffekten.

Lombạrdkredit [italienisch; benannt nach den Lombarden, christlichen Kaufleuten aus der Lombardei, die unter Umgehung des kirchlichen Zinsverbots hochverzinsliche Geld- und Pfandleihgeschäfte vornahmen]: Bankkredit gegen Verpfändung von Waren oder Wertpapieren als Sicherheit. Das Pfand bleibt Eigentum des Schuldners, bei ↑Konkurs des

Schuldners hat der Gläubiger das Recht auf Absonderung des Pfands. Heute hat im Kreditgeschäft nur noch die Verpfändung von ↑Effekten eine Bedeutung, insbesondere der Lombardkredit der Banken bei der Deutschen Bundesbank.

Lombardpolitik: Teil der Geldpolitik der Deutschen Bundesbank. Sie muß in engem Zusammenhang mit der ↑Diskontpolitik gesehen werden. Im Rahmen der Lombardpolitik gibt die Notenbank kurzfristige Darlehen an die Geschäftsbanken gegen Verpfändung (Lombardierung) von erstklassigen festverzinslichen Wertpapieren oder Wechseln (↑Lombardkredit). Über die Veränderung des **Lombardsatzes** (Zinssatz, zu dem die Notenbank den Kredit gewährt; er liegt zwischen 1% und 2% über dem Diskontsatz) beeinflußt die Notenbank die Refinanzierungskosten der Geschäftsbanken und damit indirekt das allgemeine Zinsniveau. Außerdem kann die Notenbank Lombardkontingente festlegen.

Lorenz-Kurve: auf den amerikanischen Statistiker M. O. Lorenz zurückgehende graphische Darstellung der Einkommensverteilung in einer Volkswirtschaft (1905 erstmals veröffentlicht). Sie zeigt, wieviel Prozent der Einkommensbezieher wieviel Prozent des Gesamteinkommens verdienen. Verdient jeder gleich viel, so beziehen z. B. zehn Prozent der Haushalte auch zehn Prozent des Gesamteinkommens. Der graphische Verlauf, der sich dann ergibt, ist eine Gerade. Bestehen hingegen Einkommensunterschiede, so verdienen die untersten zehn Prozent der Haushalte weniger als zehn Prozent des Gesamteinkommens: Die Kurve wölbt sich. Je größer die Einkommensdifferenzen, desto größer wird die Wölbung der Kurve. Der Unterschied zwischen der „Kurve der Gleichverteilung"

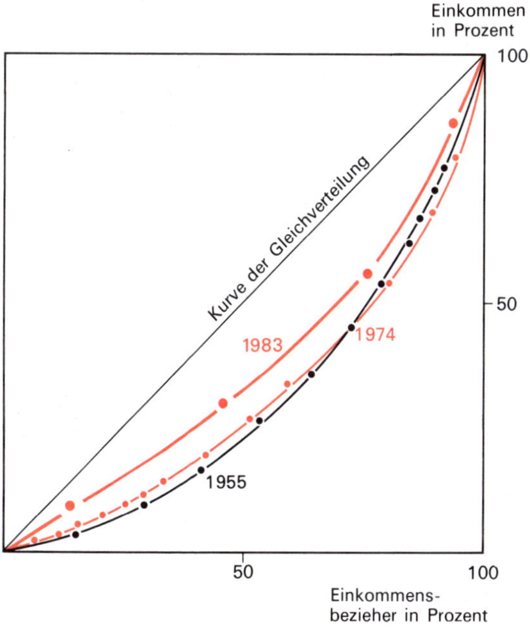

Lorenz-Kurve. Lorenz-Kurve der Einkommensverteilung in der Bundesrepublik Deutschland für die Jahre 1955, 1974 und 1983

und der tatsächlich gemessenen Kurve ist ein Maß für die Einkommensverteilung.

Lorokonten [italienisch; „Ihre Konten"]: Kontokorrentkonten, die Banken untereinander unterhalten. Um deutlich zu machen, wer Kontoinhaber und kontoführende Bank ist, werden die Konten als Loro- und ↑Nostrokonten geführt. Die kontoführende Bank führt das Kontokorrentkonto der Kunden-Bank als Lorokonto („Ihr Konto bei uns"). Die Kundenbank führt die Gegenrechnung auf einem Nostrokonto.

Löschungsbewilligung: öffentlich beglaubigte Urkunde, mit der der Berechtigte (z. B. Grundschuldgläubiger, Hypothekengläubiger) die Löschung eines im ↑Grundbuch eingetragenen Rechts (z. B. Grundschuld, Hypothek) bewilligt. Diese Löschungsbewilligung kann der Hypothekenschuldner vom Hypothekengläubiger verlangen, wenn er die der Hypothek zugrundeliegende Forderung beglichen hat.

Löschungsvormerkung: Vormerkung im ↑Grundbuch nachrangig eingetragener ↑Grundpfandrechte, die die Löschung eines im Rang vorstehenden Rechts bei Befriedigung dieses Grundpfandgläubigers (z. B. einer rangbesseren Hypothek bei Rückzahlung der zugrundeliegenden Forderung) sichert. Für nach dem 31. 12. 1977 eingetragene Grundpfandrechte kann eine Löschungsvormerkung nicht mehr eingetragen werden, da diese einen gesetzlichen **Löschungsanspruch** (§§ 1179 a, 1179 b BGB) haben. Jedes Grundpfandrecht beinhaltet damit das Recht, vom Grundstückseigentümer die Löschung vorrangiger Grundpfandrechte zu verlangen, wenn er diese (z. B. durch Rückzahlung des Kredits) erworben hat (↑Eigentümergrundschuld). Dadurch rücken nachrangige Grundpfandrechte im Rang weiter nach vorne.

Loseblattbuchführung: ursprünglich Bezeichnung für die Durchschreibebuchführung (↑Buchführungsverfahren), bei der die Bücher der Übertragungsbuchführung, und zwar Konten und Journale, in Form loser Blätter geführt werden.

LSP ↑Leitsätze für die Preisermittlung auf Grund von Selbstkosten.

Luftpostsendungen: nach der Postordnung Briefe, Postkarten, Blindensendungen, Päckchen und Postanweisungen die – versehen mit dem Vermerk „Mit Luftpost" bzw. „mit Luftpost – Par Avion" – gegebenenfalls gegen eine zusätzliche Gebühr (Luftpostzuschlag) mit Flugzeugen befördert werden. Im Auslandsverkehr können alle Sendungsarten mit Luftpost befördert werden.

Luftverkehr: Zweig der Verkehrswirtschaft, der die Beförderung von Personen, Gütern (Luftfracht) und Post (Luftpost) auf dem Luftweg zum Gegenstand hat. *Arten:* Es wird zwischen Linien- und Gelegenheitsverkehr bzw. zwischen planmäßigem und nichtplanmäßigem Luftverkehr unterschieden. Der **Linienverkehr** ist an feste Flugpläne und Tarife gebunden. Der nichtplanmäßige gewerbliche Luftverkehr unterliegt der Einzeldisposition und umfaßt Reiseflugverkehr, Trampverkehr, Anforderungsverkehr u. a. Der Bedarfsverkehr für geschlossene Gruppen wird als **Charterverkehr** bezeichnet. *Wirtschaftliche Besonderheiten:* Besondere Merkmale des Luftverkehrs sind große Schnelligkeit, im Vergleich zur Verkehrsleistung große Sicherheit und der Fahrgastkomfort einerseits, hohe Transportkosten sowie Unsicherheiten bezüglich der Pünktlichkeit andererseits. Kennzeichnend für den Luftverkehr ist der hohe Fixkostenanteil, der von der Transportentfernung unabhängig ist, so daß eine günstige Preisgestaltung bzw. Rentabilität von einer hohen Auslastung der Flugzeuge und langen Flugstrecken abhängt. In verkehrsmäßig gut erschlossenen Gebieten entwickelt sich ein nennenswerter Luftverkehr erst bei Entfernungen über 300 km.

M

made in Germany [englisch 'mɛɪd ɪn 'dʒəːmənɪ „hergestellt in Deutschland"]: Ursprungsbezeichnung für Waren aus Deutschland. Nach den Einfuhrvorschriften verschiedener Länder ist die Kennzeichnung „made in" obligatorisch.

magisches Viereck: Konstellation der wirtschaftspolitischen Ziele: Stabilität des Preisniveaus, hoher Beschäftigungsstand, außenwirtschaftliches Gleichgewicht, stetiges und angemessenes Wirtschaftswachstum. Die ‚Magie' solcher Zielsysteme liegt darin, daß die einzelnen Ziele, die gleichzeitig erreicht werden sollen, um so schwerer zu erreichen sind, je besser eines dieser Ziele verwirklicht ist (Zielkonflikte). In der Wirtschaftspolitik wird demzufolge nicht versucht, jedes Einzelziel vollständig zu erreichen, sondern aufgrund der Formulierung ‚realistischer' Zielerreichungsgrade das jeweilige Zielsystem zu optimieren.

Mahnung: Aufforderung des Gläubigers an den Schuldner, die fällige Leistung zu erbringen; ihrer Rechtsnatur nach keine Willenserklärung, sondern eine Rechtshandlung. Die Mahnung ist zumeist Voraussetzung dafür, daß der Schuldner in ↑Verzug gerät.

Mahnverfahren: vereinfachtes (beschleunigtes) Verfahren nach §§ 688 ff. ZPO, um dem Gläubiger schnell (v. a. ohne mündliche Verhandlung) und billig einen Vollstreckungstitel zu verschaffen. Es beginnt mit dem Antrag des Gläubigers beim dafür zuständigen Amtsgericht (zuständig: Rechtspfleger) auf Erlaß eines Mahnbescheids (früher: Zahlungsbefehl) gegen den Schuldner, sofern der Anspruch auf Zahlung einer bestimmten Geldsumme geht. In dem vom Gericht erlassenen *Mahnbescheid* wird dem Antragsgegner aufgegeben, die Schuld zu zahlen oder binnen einer Frist von längstens zwei Wochen nach Zustellung Widerspruch zu erheben. Durch [formlose] Erhebung des Widerspruchs wird das Mahnverfahren in das normale streitige Verfahren übergeleitet. Wird kein Widerspruch eingelegt, so ergeht auf Antrag des Antragstellers frühestens nach 2 Wochen ein **Vollstreckungsbescheid** (Exekution), gegen den der Antragsgegner Einspruch einlegen kann, wie gegen ein Versäumnisurteil. Mit der Einreichung des Gesuchs um Erlaß eines Mahnbescheids wird die ↑Verjährung unterbrochen.

Makler ↑Handelsmakler.

Makroökonomie [griechisch makrós „groß"]: Teil der Wirtschaftstheorie, der gesamtwirtschaftliche Zusammenhänge analysiert, indem Wirtschaftssubjekte zu gesamtwirtschaftlichen Größen zusammengefaßt (aggregiert) werden. Solche zusammengefaßten Größen (Aggregate) sind z. B.: die Unternehmen, die Haushalte, das Sozialprodukt. Teilbereiche der Makroökonomie sind z. B.: Kreislauf-, Konjunktur-, Wachstumstheorie. – Gegensatz: ↑Mikroökonomie.

Management [englisch 'mænɪdʒmənt; zu italienisch maneggiare „handhaben, bewerkstelligen"]: Ausübung von Leitungs- und Führungsfunktionen; umfaßt die Bestimmung der Unternehmensziele, die Entscheidung über den zur Erreichung des gesteckten Zieles zu gehenden Weges (Strategie), sowie prozeßauslösende und prozeßsteuernde Initiativen. Ein Schema, das die Funktionen des Managements im Zusammenhang darstellt, bezeichnet man als **Managementkreis.**

Management by exception [englisch bɑɪ ɪk'sepʃən „in Ausnahmefällen"]: Eingreifen der vorgesetzten Stelle nur in Ausnahmefällen. Alle Entscheidungen, welche im Zusammenhang mit einem normalen Betriebsablauf notwendig sind, werden an nachgeordnete Mitarbeiter delegiert.

Management by motivation [englisch bɑɪ məʊtɪ'veɪʃən „durch Motivierung"]: Führung durch Anreiz. Die Unternehmensleitung gestaltet die Arbeitsaufgabe in der Weise, daß die Mitarbeiter in die Lage versetzt werden, sich mit den Zielen des Unternehmens zu identifizieren, indem sie ihre Arbeit als selbstbestimmte Tätigkeit empfinden.

Management by objectives [englisch bɑɪ əb'dʒektɪvz „durch Ziele"]: Führen durch Zielvereinbarung. Dabei handelt es sich um eine Organisation der Unternehmensführung, bei der alle Entscheidungsträger ihr Handeln nach eindeutig und nachprüfbar formulierten Zielen ausrichten. Nach diesen Oberzielen werden die für die einzelnen Entscheidungsbereiche maßgebenden Unterziele festgelegt.

Management by system [englisch bɑɪ 'sɪstəm „durch System"]: systematische Ordnung der Verwaltungstätigkeiten und ständige Überwachung der Ausführung. Die einheitliche Durchführung von Routinearbeiten ist durch Verfahrensordnungen und genaue Arbeitsanweisungen unter Einsatz technischer Hilfsmittel zu gewährleisten.

Managementinformationssystem ↑Informationssystem.

Manchestertum [englisch 'mɛntʃɛstɐ]: nach der englischen Stadt Manchester, dem Zentrum dieser Richtung, Bezeichnung für den extremen wirtschaftlichen Liberalismus des frühen 19. Jahrhunderts; im Manchestertum wird das freie Spiel der wirtschaftlichen Kräfte ohne jegliche staatliche Eingriffe als Grundprinzip der wirtschaftlichen Ordnung gefordert, wobei vor allem die soziale Frage völlig in den Hintergrund tritt.

Mängelhaftung (Gewährleistung): Haftung des Verkäufers, Vermieters, Verpächters oder Unternehmers für Sach- oder Rechtsmängel des Vertragsgegenstandes ohne Rücksicht auf Verschulden. Die Mängelhaftung kann – außer bei Mietverhältnissen über Wohnraum – z. B. durch Vertrag und/oder allgemeine Geschäftsbedingungen ausgeschlossen werden, soweit der Mangel nicht arglistig verschwiegen wurde. Kennt der Leistungsempfänger beim Abschluß des Vertrags den Mangel, so greift die Mängelhaftung nicht ein, es sei denn, der Leistungsverpflichtete macht eine Garantiezusage, d. h., er erklärt, für alle Mängel einstehen zu wollen, die während einer vereinbarten Garantiezeit bei ordnungsgemäßer Benutzung der Sache eintreten (unselbständige Garantie). Ein dem Leistungsempfänger übergebener Garantieschein, welcher vom Produzenten dem Produkt beigegeben worden ist, begründet ein besonderes Rechtsverhältnis zwischen ihm und dem Produzenten (z. B. kann sich der Käufer eine Ware bei Mängeln statt an den Verkäufer direkt an den Produzenten wenden. Die Mängelhaftung gegenüber dem Verkäufer bleibt daneben bestehen). Die Ansprüche aus der Mängelhaftung verjähren in der Regel in sechs Monaten, bei Grundstücken in einem Jahr. Ist bei der unselbständigen Garantie die Garantiefrist länger als die gesetzliche Verjährungsfrist, dann ist konkludent die Verjährungsfrist durch Vertrag mindestens bis zum Ablauf der Garantiefrist verlängert.

Mängelrüge ↑Sachmängel.

Mantel: Wertpapierurkunde, die das Gläubigerrecht (bei den festverzinslichen Wertpapieren) bzw. das Teilhaberrecht (bei Aktien) verbrieft. Ein Aktienmantel enthält u. a. die Firma des Ausstellers, die Nummer des Wertpapiers, den Nennbetrag.

Der Mantel ist wie der ↑Bogen grundsätzlicher Bestandteil von ↑Effekten.

Mantelzession: Abtretung einer Liste von Forderungen (in der Regel an eine Bank zur Absicherung eines Kredits), indem der Zedent (abtretende Kreditnehmer) sich der Bank gegenüber verpflichtet, für zurückbezahlte (erloschene) Forderungen neue zu benennen, damit der Kredit durch die Summe der Forderungen immer gesichert ist. Es handelt sich um stille Zessionen. Die Abtretung muß, um wirksam zu sein, im Gegensatz zur ↑Globalzession durch Listen der abgetretenen Forderungen belegt werden.

Manufaktur [französisch und englisch, zu lateinisch manus „Hand" und factura „das Machen"]: Frühform des kapitalistischen industriellen Betriebes, die, zunächst von Großkaufleuten zur Befriedigung des Massenbedarfs bei bestimmten Gütern organisiert, später vor allem Korrelat des ↑Merkantilismus wurde und ihre Blütezeit im 17./18. Jahrhundert hatte. Die Handwerkstechnik blieb im wesentlichen erhalten, es erfolgte jedoch eine Freistellung der Manufaktur von rechtlichen und ständischen Bindungen. Der Produktionsprozeß in der Manufaktur ist gekennzeichnet durch Spezialisierung, Arbeitsteilung, Serienfertigung und geringen Einsatz von Maschinen. In Deutschland im 18. Jahrhundert weit verbreitet und gefördert durch fürstliche Geldgeber und Abnehmer, dienten Manufakturen der kapitalintensiven, rationellen und oft technisch aufwendigen Produktion von Waren, die technisch, sozial oder künstlerisch von den Zünften nicht bewältigt werden konnte (v. a. Luxusgüter [Gobelins, Fayencen, Porzellan], Konsumgüter [z. B. Nähnadeln, Glaswaren, Stoffe, Lederwaren] oder Waffen). Sozial erfaßte die Manufaktur überwiegend die außerzünftige städtische Bevölkerung. Der Übergang zu industriellen Fertigungsmethoden ist vor allem in der ersten Hälfte des 19. Jahrhunderts fließend.

Marge [französisch 'marʒə „Rand, Spielraum"]: Unterschied zwischen Kursen (von Devisen, Wertpapieren), An- und Verkaufspreisen, Soll- und Habenzinsen und dergleichen; bei ↑Arbitragen der Unterschied zwischen den Kursen an verschiedenen Börsenplätzen.

Marginalanalyse [lateinisch „randständig"]: Methode der modernen Wirtschaftstheorie, bei der untersucht wird, wie sich geringe Änderungen einer Größe auf eine andere Größe auswirken. So sind z. B. die Grenzkosten die zusätzlichen Kosten bei der Erhöhung der Produktion um eine Einheit. Man bedient sich der Differential- und Integralrechnung.

Markenartikel: durch ein Warenzeichen oder durch gleichbleibende Ausstattung gekennzeichnete Waren, für die gleichbleibende Qualität und Mengenabpackung verbürgt werden. Regelmäßig handelt es sich dabei um standardisierbare Erzeugnisse für den Massenbedarf, für die die vertikale ↑Preisempfehlung zulässig ist. – ↑auch Markenschutz.

Markenschutz: bezieht sich auf Warenzeichen (Warenzeichengesetz) und Gütezeichen.

1. **Warenzeichen** dienen zum Schutz beliebiger Wörter und Bilder, durch die ein Unternehmer seine eigenen Waren von fremden unterscheiden will. Sie werden durch Eintragung in die Zeichenrolle beim ↑Patentamt geschützt. Der Inhaber eines Warenzeichens erlangt damit das Recht, allein Waren der angemeldeten Art oder ihre Verpackung mit dem Zeichen zu versehen, oder es auf Geschäftspapieren anzubringen. Die Schutzdauer beträgt 10 Jahre, kann aber jeweils um 10 Jahre verlängert werden. Die Kennzeichnung muß Unterscheidungskraft haben; sie kann als Wortzeichen, als Bildzeichen, als Zahlenzeichen oder als zusammengesetztes Zeichen gestaltet sein. Waren, deren Herkunft mit

Warenzeichen gekennzeichnet ist, nennt man Markenwaren. Bezeichnet das Warenzeichen einen bestimmten Artikel, so handelt es sich um einen ↑Markenartikel.

2. **Gütezeichen** werden entweder von Herstellern gleichartiger Erzeugnisse aufgrund freiwilliger Vereinbarung gemeinschaftlich geschaffen (Verbandszeichen) oder vom Gesetzgeber festgelegt (gesetzliche Gütezeichen). Sie sind eine Gewähr für bestimmte Warengüte und werden vom Ausschuß für Lieferbedingungen und Gütesicherung (RAL) beim Deutschen Institut für Normung überwacht. Waren, die ein solches Gütezeichen tragen, müssen aus genau festgelegten Werkstoffen bestehen und nach bestimmten Arbeitsmethoden hergestellt oder behandelt worden sein.

Marketing [englisch 'ma:kıtıŋ; von to market „auf den Markt bringen, vertreiben"]: ursprünglich die Gesamtheit der Maßnahmen, die unmittelbar auf Verkauf, Vertrieb und Distribution von Gütern gerichtet sind, heute eine unternehmerische Konzeption, die davon ausgeht, daß sich alle Unternehmensaktivitäten zur optimalen Erfüllung der Unternehmensziele am Markt zu orientieren haben. Je nach Bezugsmarkt wird unterschieden zwischen Beschaffungsmarketing und Absatzmarketing. Ohne Zusatz bezeichnet Marketing meist die systematische Ausrichtung aller Unternehmensfunktionen (also nicht nur des Absatzes, sondern auch der Beschaffung, der Produktion, der Lagerung u. a.) an den Bedürfnissen der Abnehmer. Marketing umfaßt dabei nicht nur die Befriedigung vorhandenen Bedarfs, sondern auch die Weckung neuer und die Veränderung bestehender Bedürfnisse. Zur Erfüllung der Marketingziele bedient sich das Unternehmen der Marketinginstrumente, insbesondere der Instrumente der Marktgestaltung (absatzpolitische Instrumente), z. B. Produkt- und Preisgestaltung, Werbung, Distribution. Ihr kombinierter, abgestimmter Einsatz heißt auch Marketing-mix (↑Absatzpolitik).

Marketingforschung (Absatzforschung): systematische Untersuchung der Absatzmärkte und der Ergebnisse der Absatzentscheidungen (z. B. Absatzerfolg, Außendienstberichte). Bei der Erforschung der Absatzmärkte stimmt die Marketingforschung mit der ↑Marktforschung überein, die Informationen über die Märkte zur Vorbereitung von Marketingentscheidungen bereitstellt, letztere aber nicht auswertet.

Marketing-mix ↑Absatzpolitik.

Markt [zu lateinisch mercatus „Handel, Messe"]: 1. Platz, an dem Verkäufer und Käufer, Erzeuger und Verbraucher sich zu Handelszwecken treffen, z. B. der Marktplatz.

2. in den *Wirtschaftswissenschaften* der ökonomische Ort des Tauschs bezüglich eines bestimmten Gutes unter dem Aspekt der Preisbildung, ohne daß eine örtliche oder zeitlich feststehende Marktveranstaltung vorzuliegen braucht. Der Markt für ein bestimmtes Gut (z. B. Arbeitsmarkt) zerfällt im allgemeinen aufgrund räumlicher Beschränkungen, denen Angebot und Nachfrage unterliegen, in zahlreiche Teilmärkte. Merkmal für die Zugehörigkeit von Wirtschaftssubjekten zu einem bestimmten (Teil-)markt ist, daß eine Wechselbeziehung zwischen ihnen besteht, die so eng ist, daß ihre ökonomischen Entscheidungen sich gegenseitig beeinflussen und das Zustandekommen von Preisen (und der zu diesen Preisen umgesetzten Mengen) nur aus der Gesamtheit dieser Entscheidungen erklärt werden kann. – Zur Einteilung der Märkte ↑Marktformen.

Marktanalyse: Gewinnung von Informationen über die Marktsituation zu einem bestimmten Zeitpunkt. Die Informationen betreffen u. a. den möglichen Abnehmerkreis (z. B. Haushalte, Betriebe), seine Struktur (z. B. Alter, Beruf, Einkommen,

Zahl der Betriebe, Betriebsgröße), die räumliche Verteilung der Abnehmer, ihre Gewohnheiten und die Marktstellung von Wettbewerbern.

marktbeherrschende Unternehmen: Unternehmen, die auf einem bestimmten Markt ohne wesentliche Wettbewerber sind; Marktbeherrschung kann schon bei $^1/_3$ Marktanteil und einem Umsatz von mehr als 250 Mill. DM angenommen werden. Marktbeherrschende Unternehmen unterliegen der Mißbrauchsaufsicht durch die Kartellbehörde.

Marktformen: nach verschiedenen qualitativen Kennzeichen und nach der Quantität der Anbieter und Nachfrager vorzunehmende Einteilung der Märkte in Marktformen mit unterschiedlicher Art der Preisbildung. Nach qualitativen Merkmalen ist vor allem zu unterscheiden zwischen vollkommenen und unvollkommenen Märkten. Ein Markt ist „vollkommen“, wenn die entsprechenden Güter gleichartig (homogen) sind, die Marktteilnehmer keine persönlichen Präferenzen für bestimmte (Ver-)Käufer haben, weder räumliche noch zeitliche Differenzierungen zwischen den Marktteilnehmern bestehen und alle Marktteilnehmer über alle von den anderen gesetzten Bedingungen (z. B. Preisvorstellungen) informiert sind (vollständige *Markttransparenz*). Auf einem solchen *vollkommenen Markt*, dem in der Praxis die Börse am nächsten kommt, kann es nur einen Preis geben. Fehlt eine der Voraussetzungen, so handelt es sich um einen *unvollkommenen Markt*, fehlt lediglich die Voraussetzung der Transparenz, um einen *temporär unvollkommenen Markt*. Andere qualitative Unterteilungen sind nach dem Zugang in *geschlossene Märkte* (ein Zugang ist nicht möglich, z. B. durch ein Niederlassungsverbot), Märkte mit *beschränktem* (z. B. durch besonders hohe Kapitalanforderungen) und *unbeschränktem Zugang* sowie in *organisierte Märkte* mit festen Regeln für das Marktgeschehen (z. B. Börsen) und *unorganisierte Märkte*. – Bei der quantitativen Einteilung der Märkte nach der Zahl der Anbieter und Nachfrager ergibt sich bei einer Unterteilung in „einer“, „wenige“ und „viele“ ein Marktformenschema mit neun verschiedenen Marktformen. – Weitere mögliche Kriterien für die Unterteilung von Marktformen sind verschiedene Elastizitätskoeffizienten, z. B. die Kreuzpreis-Elastizität (↑ Elastizität).

Marktforschung: systematische, methodisch einwandfreie, laufende oder fallweise Untersuchung der Beschaffungs- und/oder Absatzmärkte eines Unternehmens mit dem Ziel, marktbezogene Informationen als Entscheidungsgrundlage zu erhalten. So werden u. a. erforscht 1. (potentielle) Abnehmer (Altersstruktur, Kaufkraft, Freizeitgewohnheiten, Präferenzen); 2. innerbetriebliche Möglichkeiten (Kapazität, Kosten); 3. Konkurrenten (Zahl, Marktanteile, Aktivitäten, Grad der Marktsättigung); 4. Preisentwicklungen; 5.

Nachfrager / Anbieter	einer	wenige	viele
einer	bilaterales Monopol	beschränktes Monopol	Monopol
wenige	beschränktes Monopson	bilaterales Oligopol	Oligopol
viele	Monopson	Oligopson	bilaterales Polypol

Marktformen. Schema

allgemeine gesellschaftliche Entwicklung (Bevölkerungsentwicklung, fortschreitende Freizeitgesellschaft, Auslandsverhältnisse). Marktforschung kann betrieben werden durch Auswertung anderweitig bereits vorhandener Daten (Sekundärforschung) oder durch Beschaffung neuer, speziell auf den Untersuchungszweck gerichteter Informationen (Primärforschung). Für die Sekundärforschung sprechen niedrigere Kosten und schnelle Verfügbarkeit der Daten. Primärforschung wird notwendig, wenn die Sekundärinformationen veraltet oder inhaltlich nicht nachprüfbar sind. Als Informationsquellen kommen bei der Sekundärforschung innerbetriebliche (z. B. Rechnungswesen, Vertreterberichte, Absatzstatistiken) und außerbetriebliche Quellen (z. B. statistische Ämter, Verbände, Presse, Marktforschungsinstitute) in Betracht. Bei der Primärforschung werden die Daten durch Befragung, Beobachtung, Experiment (Test) und ↑Panel erhoben.

Marktmechanismus (Preismechanismus): in der Wirtschaftstheorie der automatische Preisbildungsprozeß bei **atomistischer Konkurrenz** (sehr viele kleine Anbieter), die freilich nur auf wenigen Märkten anzutreffen ist (↑auch Marktformen, ↑Marktwirtschaft). Sind Angebots- und Nachfragemengen eines Gutes vom Preis abhängig und verlaufen die damit gegebenen Angebots- und Nachfragefunktionen normal, so existiert im allgemeinen im Schnittpunkt der beiden Funktionen eine eindeutige, gleichgewichtige Preis-Mengen-Kombination, bei deren Preis die Anbieter gerade die Menge anbieten, die die Nachfrager zu diesem Preis zu kaufen wünschen. Bieten die Anbieter weniger (mehr) an, so ergeben sich, entsprechend dem Verlauf der Nachfragefunktion, höhere (niedrigere) Preise, die die Anbieter veranlassen, ihr Angebot auszuweiten (einzuschränken), so daß sich die Gleichgewichtslage stets automatisch wieder einstellt. In gewissen Fällen kann es allerdings zu konstanten oder zunehmenden Schwankungen um das Gleichgewicht kommen.

Marktsegmentierung [lateinisch]: Aufspaltung des Gesamtmarktes in möglichst homogene Teilmärkte. Wegen der Verschiedenartigkeit der Bedürfnisse der Nachfrager ist es zweckmäßig, Zielgruppen (Marktsegmente) zu bestimmen, und das Angebot direkt auf diese zuzuschneiden. Für eine solche Bestimmung von Zielgruppen werden regionale Gesichtspunkte (geographische Gebiete, Stadt- und Landbevölkerung), sozio-ökonomische Merkmale (Alter, Geschlecht, Einkommen, Haushaltsgröße) sowie verbrauchertypische Verhaltensweisen (Einstellungen, Erwartungen, Präferenzen, Motive, Kaufgewohnheiten) herangezogen.

Marktwert ↑gemeiner Wert.

Marktwirtschaft (Verkehrswirtschaft): Wirtschaftsordnung, in der Art und Umfang der Produktion und die Verteilung der Produktionsergebnisse primär über den Markt und die dort erfolgende Preisbildung gesteuert werden. Voraussetzungen bzw. Bestandteile einer Marktwirtschaft sind Gewerbe- und Vertragsfreiheit, freie Wahl des Berufs- und Arbeitsplatzes (Bestehen eines Arbeitsmarktes) sowie freier Wettbewerb; dies setzt auch das Privateigentum an Produktionsmitteln mit voraus. Historisch gesehen waren damit u. a. die Beseitigung von Leibeigenschaft und Zunftordnungen Voraussetzung für die Durchsetzung einer Marktwirtschaft als Wirtschaftsordnung. Im klassischen Idealmodell einer **freien Marktwirtschaft** führt das auf persönlichen Vorteil gerichtete ökonomische Verhalten der einzelnen über freie Konkurrenz zugleich zum höchsten Wohlstand für die Gesellschaft. Eine freie Marktwirtschaft in diesem idealtypischen Sinne existiert freilich ebensowenig wie das gegensätzliche

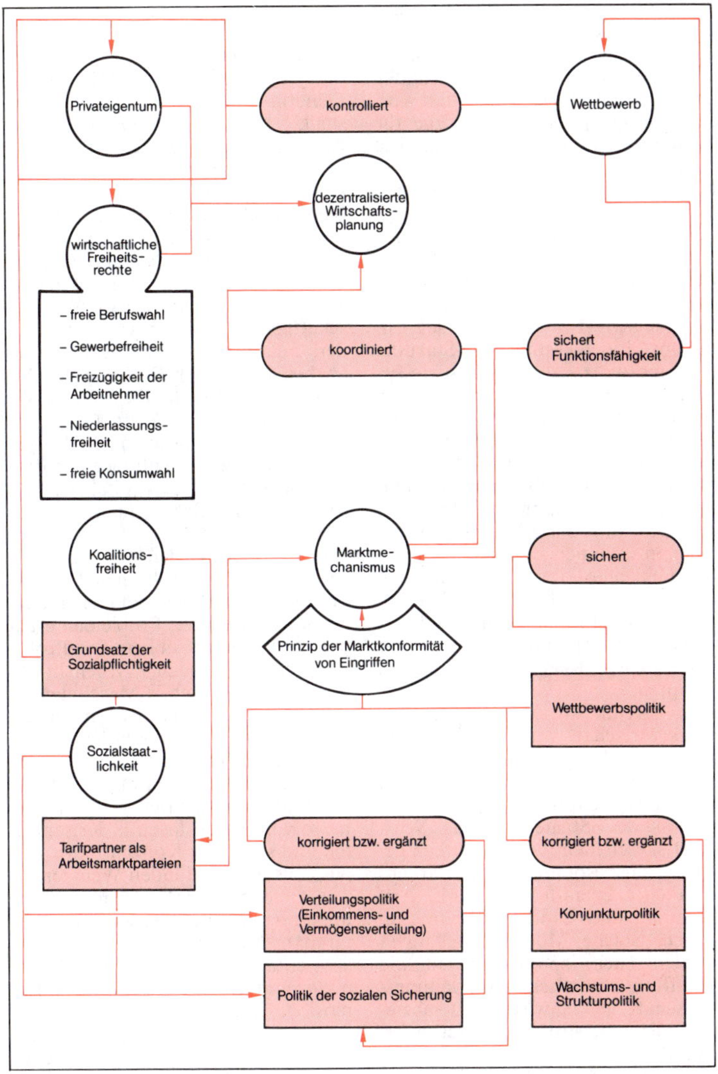

Marktwirtschaft. Wesentliche Elemente der sozialen Marktwirtschaft

Modell einer Planwirtschaft. Die Funktionsmechanismen einer solchen freien Marktwirtschaft führen selbst zur Beseitigung ihrer Grundlagen, z. B. durch das Entstehen wirtschaftlicher Machtgruppen, die die Wettbewerbsordnung zumindest partiell in ihrer Wirkungsweise zu beeinträchtigen imstande sind. Dies war zugleich einer der ausschlaggebenden Hintergründe für das Modell einer **sozialen Marktwirtschaft,** das dem ökonomischen Wiederaufbau in der Bundesrepublik Deutschland als Ordnungsprinzip zugrunde lag. In diesem Modell kommt dem Staat die Aufgabe zu, sozial unerwünschte Ergebnisse der Marktwirtschaft zu korrigieren. Insbesondere hat der Staat den freien Wettbewerb gegen seine Gefährdung z. B. durch Konzerne zu sichern, die Einkommens- und Vermögensverteilung im Interesse der nicht am Wirtschaftsprozeß beteiligten Gruppen zu korrigieren, die Möglichkeiten der Privatinitiative übersteigende Aufgaben zu übernehmen (z. B. Infrastruktur, Bildung) sowie Konjunkturschwankungen durch seine Konjunkturpolitik zu dämpfen.

Von Kritikern dieser sozialen Marktwirtschaft wird – unter Hinweis auf ökonomische Ineffizienz, wie sie z. B. in Arbeitslosigkeit zu Tage trete – ein weitergehendes Eingreifen des Staates in das Wirtschaftsgeschehen für erforderlich gehalten, insbesondere eine stärkere staatliche Beeinflussung von Art, Richtung und Umfang der Investitionen. Solche Modellvorstellungen werden auch, sofern sie auf die Schaffung einer Zentralverwaltungswirtschaft (↑Planwirtschaft) abzielen, als **sozialistische Marktwirtschaft** bezeichnet. – Von marxistischer Seite wird die Einteilung von Wirtschaftsordnungen nach den alternativen Regelungsmechanismen in Marktwirtschaft und Planwirtschaft zumeist als oberflächlich, weil die Klassenverhältnisse verdeckend, abgelehnt zugunsten der Begriffe ↑Kapitalismus und ↑Sozialismus bzw. Kommunismus.

Marshallplanhilfe [englisch ˈmɑːʃəl; nach dem amerikanischen General und Politiker G. C. Marshall, * 1880, † 1959] ↑ERP.

Marxismus: von K. Marx und F. Engels begründete Lehre und Betrachtungsweise der menschlichen Gesellschaft, deren Kernstück die von Marx formulierte Kritik an der kapitalistischen Produktionsweise seiner Zeit darstellt. Dieser Kritik zufolge ist die Mehrung des wirtschaftlichen Reichtums allein auf den Faktor Arbeit zurückzuführen (Arbeitswertlehre). Den von der Arbeiterklasse über die Reproduktionskosten der Arbeitskraft (= Lohn) hinaus erwirtschafteten Mehrwert eignen sich die Eigentümer der Produktionsmittel, die Kapitalisten, an (Ausbeutung). Gesellschaftliche Produktion von Gütern und private Aneignung stellen den Grundwiderspruch der kapitalistischen Produktionsweise dar, aus dem sich eine Reihe von weiteren Problemen ergeben (z. B. ein Absinken der Profitrate beim Versuch, Arbeitskräfte durch kostensparende Maschinen zu ersetzen, Wirtschaftskrisen angesichts mangelnder Klarheit über Produktions- und Absatzchancen bei privater Produktionsentscheidung, die Bildung industrieller Reservearmeen von Arbeitslosen in Krisenzeiten und steigende Konzentration des Kapitals in den Händen Weniger sowie zunehmende Verelendung des immer zahlreicher werdenden Proletariats). Am Ende dieser Entwicklung entladen sich die sozialen Spannungen in einer revolutionären Explosion. Die Proletarier enteignen die Kapitalisten und überführen die Produktionsmittel in sozialistisches Gemeineigentum zur Produktion unter gesamtgesellschaftlicher Kontrolle.

Der Marxismus ist als Versuch zu verstehen, die industrielle Revolution des 19. Jahrhunderts mit ihrer enormen Produktionssteigerung einerseits, den sozialen Spannungen und Erscheinungen des ↑Pauperismus andererseits zu erklären sowie eine vernünftige Aufhebung dieser Gegensätze zu prognostizieren. Offensichtliche Fehler der marxistischen Analyse und Prognose versuchen heute verschiedene Spielarten des *Neomarxismus* zu beheben.

Marxismus-Leninismus: Bezeichnung für die offizielle Doktrin des orthodoxen ↑Kommunismus. Sie besteht aus dem dialektischen Materialismus (= einer allgemeinen Interpretation der Welt und ihrer Entwicklung), dem historischen Materialismus (= der Anwendung der Grundsätze des dialektischen Materialismus auf die Entwicklung der menschlichen Gesellschaft), der politischen Ökonomie (= einer Interpretation der sozioökonomischen Strukturen und Entwicklungen insbesondere des Kapitalismus) und aus dem wissenschaftlichen ↑Sozialismus (= der Theorie einer sozialistischen Gesellschaft). Der Marxismus-Leninismus stellt eine Weiterentwicklung des Marxismus vor allem durch W. I. Lenin (* 1870, † 1924) dar, der angesichts einer von den Prognosen des Marxismus abweichenden Entwicklung diesen durch einige Hilfskonstruktionen ergänzte, nämlich durch die Imperialismustheorie von der Ausbeutung der Kolonien zur Erklärung des ausgebliebenen Zusammenbruchs des Kapitalismus, durch die Revolutionstheorie vom Zerbrechen der Kette des Kapitalismus in ihrem schwächsten, d. h. ökonomisch rückständigsten Glied (statt in dem am weitesten entwickelten) zur Erklärung des Eintritts der sozialistischen Revolution in Rußland, durch die Theorie von der Kaderpartei (= von Berufsrevolutionären) als Avantgarde des Proletariats, die die Revolution und den Aufbau des Sozialismus durchführt. Diese Parteitheorie dient v. a. zur Rechtfertigung der Herrschaft („der führenden Rolle") der kommunistischen Partei in sozialistischen Gesellschaften. Zu diesem Zweck wurde vom Marxismus-Leninismus das marxistische Prinzip der Parteilichkeit (= der klassenmäßigen Gebundenheit der Theorie) zur Bindung an den Willen der kommunistischen Partei und ihrer Führung uminterpretiert und damit aus der marxistischen Philosophie die Herrschaftsideologie einer neuen Diktatur gemacht.

Maschinenbelegungsplan: in der ↑Arbeitsvorbereitung gebräuchliches organisatorisches Hilfsmittel, das zeigt, welche Maschine zu welcher Zeit durch welchen Auftrag belegt ist; meist tabellenartig aufgebaut. Unterauslastungen sowie Überbelegungen von Maschinen lassen sich so leicht erkennen. Der Maschinenbelegungsplan kann gegebenenfalls auch als Unterlage für die Abschreibung dienen.

Maschinenbuchführung: Buchführung, bei der die Handarbeit (manuelle Buchführung) ganz oder teilweise durch Maschinenarbeit ersetzt wird. Durchschreibemaschinen, die von der Schreibmaschine und von der Rechenmaschine her entwickelt wurden, reichen von der einfachen Buchungsschreibmaschine ohne Rechenwerk bis zum leistungsfähigen Buchungsautomaten. Immer mehr werden die technischen Buchführungsarbeiten von der elektronischen Datenverarbeitung im Betrieb oder außer Haus übernommen.

Maschinenstundensatzrechnung: verfeinerte Kostenstellenrechnung, welche den maschinenabhängigen Teil der ↑Fertigungsgemeinkosten zusammenfaßt und als Maschinenstundensatz auf die Laufstunden der Maschinen bezieht. Der **Maschinenstundensatz** ergibt sich, indem man die maschinenabhängigen Kosten durch die Laufstunden der Maschine dividiert. Zu den maschinenabhängigen Kosten gehören Energiekosten, Instandhaltungskosten, Raumkosten, kalkulatorische Abschreibungen und Zinsen sowie Werkzeugkosten, die wie ↑Einzelkosten verrechnet werden. Somit ändert sich die industrielle ↑Zuschlagskalkulation der ↑Fertigungskosten wie in folgendem Beispiel:

10 Maschinenstunden à 120 DM	= 1 200 DM
Fertigungslöhne	300 DM
Restgemeinkostenzuschlag 60%	180 DM
Fertigungskosten	1 680 DM

Die nicht maschinenabhängigen Kosten der Arbeitsvorbereitung, Werkstattschreiberei usw. werden, wie bisher alle Fertigungsgemeinkosten, als Restgemeinkosten- oder Regiezuschlag in Prozenten der ↑Fertigungslöhne zugeschlagen. Die starke Maschinisierung und Automatisierung der Arbeitsplätze und der abnehmende Anteil der Fertigungslöhne, dadurch als Zuschlagsgrundlage nicht mehr geeignet, machen eine gesonderte Kalkulation der Maschinenkosten erforderlich. Durchlaufen die Produkte verschieden teure Maschinen unterschiedlich lang, führt ein einheitlicher Fertigungsgemeinkosten-Zuschlag zur Fehlkalkulation. Maschinen mit annähernd gleichen Stundensätzen lassen sich mit Maschinengruppensätzen kalkulieren sowie einheitlich ausgestattete Arbeitsplätze mit den gesamten Arbeitsplatzkosten. Deshalb heißt die Maschinenstundensatzrechnung auch **Platzkostenrechnung.**

Massekosten ↑Konkurs.

Massenfertigung ↑Fertigungsverfahren.

Massenproduktionsgesetz: ↑Gesetz der Massenproduktion.

Masseschulden ↑Konkurs.

Materialbedarfsplanung: Planungsrechnung anhand der Unterlagen der ↑Arbeitsvorbereitung zur Ermittlung des für das geplante Fertigungsprogramm eines bestimmten Zeitraums erforderlichen Materials; bildet zusammen mit den Informationen der ↑Lagerbuchhaltung die Grundlage für die ↑Beschaffungsplanung.

Materialentnahmeschein: Beleg über die Ausgabe von Werkstoffen aus dem Materiallager zur Erfassung des Materialverbrauchs und für dessen Verrechnung auf einen bestimmten Auftrag, eine bestimmte Kostenstelle usw.

Materialgemeinkosten: umfassen zum einen den Gemeinkostenmaterialverbrauch (Hilfs- und Betriebsstoffe), zum andern die mit dem Bezug, der Lagerung, Wartung und Ausgabe des Materials verbundenen Verwaltungskosten. Sie werden in Prozenten des Fertigungsmaterialverbrauchs in der Zuschlagskalkulation verrechnet.

Materialkosten: umfassen den ↑Fertigungsmaterialverbrauch (Stoffeinzelkosten) und die ↑Materialgemeinkosten. Zusammen mit den ↑Fertigungskosten bilden sie die ↑Herstellungskosten.

Materialwirtschaft: betriebliche Einrichtung, der Beschaffung und Bereitstellung beweglicher Sachgüter (Roh-, Hilfs- und Betriebsstoffe), Qualitätsprüfungen, Lagerungen, Transporte und Abfallverwertungen obliegen. Ursprünglich meist in Einkaufs- und Lagerabteilungen angesiedelt, hat sich heute das Konzept der **integrierten Materialwirtschaft** durchgesetzt, das auch Aufgaben des Einkaufs und der Logistik umfaßt. Unbewegliche Sachgüter (Anlagen, Grundstücke) gehören zur Anlagenwirtschaft. Zur technischen Aufgabe (Versorgung der Produktion mit den benötigten Materialien in der erforderlichen Menge und Güte zur rechten Zeit am rechten Ort) kommt die ökonomische Aufgabe kostengünstiger Materialbeschaffung und -bereitstellung.

Matrixorganisation: in der *Wirtschaft* Strukturform, bei der sich eine nach Fachabteilungen gegliederte und eine nach Objekten (Produkte) bzw. Projekten gegliederte Organisation überlappen. Dabei haben die jeweiligen Produkt- bzw. Projektmanager ein objektbezogenes Anordnungsrecht quer durch die

Fachabteilungen (z. B. Verkauf, Finanzen). Die Fachabteilungsleiter verfügen hingegen über ein verrichtungsgebundenes (funktionsbezogenes) Weisungsrecht.

Mechanisierung: Unterstützung und teilweise Ersetzung menschlicher Arbeitskraft beim Arbeitsvollzug durch geeignete Maschinen und Werkzeuge. – ↑auch Automatisierung.

Mediaanalyse: Untersuchung der möglichen Kontakte einer Zielgruppe (Hörer, Seher, Leser) mit ausgewählten Medien (z. B. Hörfunk, Fernsehen, Zeitung, Plakatwand). Diese Kontakte sind abhängig von der Reichweite der Medien (z. B. bei der Zeitung: Leser pro Nummer), der Häufigkeit der Belegung (z. B. Werbebotschaft einmal pro Woche) und den Überschneidungen der einzelnen Reichweiten (z. B. Werbung mit mehreren Medien gleichzeitig in demselben Gebiet).

Medienpolitik [zu lateinisch medius „in der Mitte befindlich" und französisch politique „zielgerichtetes Verhalten"] (Kommunikationspolitik): 1. im allgemeinen die Gesamtheit staatlicher Maßnahmen zur Regelung der sozialen Kommunikation. 2. im Wirtschaftsleben der gezielte Einsatz der zur Verfügung stehenden Medien (Presse, Hörfunk, Fernsehen, Film usw.) zur Erreichung der absatzpolitischen Ziele des Unternehmens. – auch ↑Öffentlichkeitsarbeit, Verkaufsförderung, Werbung.

Mehrliniensystem (Funktionensystem): einzelne Stellen in der Aufbauorganisation eines Unternehmens sind mehreren anderen Stellen unterstellt. Dieses System hat den Vorteil, daß der oft lange Anordnungsweg der Einliniensystems abgekürzt wird; nachteilig ist die gelegentliche Überschneidung der Zuständigkeiten.

Mehrstimmrechtsaktie: mit erhöhtem Stimmrecht ausgestattete Aktie, nach dem Aktiengesetz von 1965 nicht mehr zulässig, Ausnahmen können aber vom Wirtschaftsministerium des Landes, in dem die AG ihren Sitz hat, zugelassen werden (meist für Versorgungsunternehmen, bei denen der kommunale Einfluß gewahrt bleiben soll). Vor 1966 ausgegebene Mehrstimmrechtsaktien bleiben (meist als ↑Vorzugsaktien) erhalten.

Mehrwertsteuer ↑Umsatzsteuer.

Meinungsforschung: sozialwissenschaftliche Verfahren zur Ermittlung der Meinungsverteilung bzw. von Bedürfnissen in der Gesellschaft. Durch Interviewer wird ein Fragebogen dem mit Hilfe eines Stichprobenverfahrens ausgewählten Teil der untersuchten Grundgesamtheit zur Beantwortung vorgelegt. Die Auswertung erfolgt auf statistischem Weg und bildet die Grundlage für die Interpretation des Ergebnisses im Zusammenhang mit anderen Umfragen und Sozialdaten. Hauptarbeitsfeld der Meinungsforschung ist die ↑Marktforschung.

Meistbegünstigung: vertragliche Verpflichtung eines Staates, alle

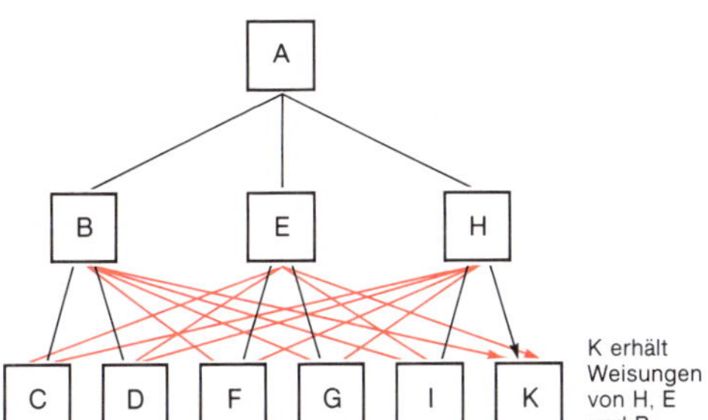

Mehrliniensystem. Schematische Darstellung

handelspolitischen Vorteile, die er irgendeinem Staat einräumt, mit dem die Meistbegünstigung im Rahmen eines Handelsvertrages vereinbart wurde.

Meldebestand: der Lagerbestand, bei dessen Erreichen die Nachbestellung erfolgt (↑auch Beschaffungsplanung). Berechnung:

Meldebestand =
durchschnittlicher Tagesbedarf
× durchschnittlicher Beschaffungsdauer
+ Reservebestand.

Mengenabschreibung (verbrauchsbedingte, leistungsbedingte technische Abschreibung): Abschreibungsmethode, bei der variable Abschreibungsbeträge entsprechend der tatsächlichen Beanspruchung abgesetzt werden. Die voraussichtliche betriebliche Gesamtleistung des Wirtschaftsguts wird zuerst geschätzt. Dann wird daraus der Abschreibungssatz je Leistungseinheit, z. B. Stück, Kilometer, Tonnen, Arbeitsstunden, berechnet. *Beispiel:* Maschine mit einem Anschaffungswert von 30 000 DM; geschätzte Gesamtleistung 1 Mill. Stück. Abschreibungssatz:

$$\frac{30\,000 \text{ DM}}{1\,000\,000 \text{ Stück}} = 0{,}03 \text{ DM}$$

pro Stück. Produziert die Maschine im ersten Jahr 225 000 Stück, sind dementsprechend

$$225\,000 \times 0{,}03 \text{ DM} = 6\,750 \text{ DM}$$

abzuschreiben. Diese so realistisch scheinende Methode verzerrt dann den Restwert stark, wenn ein Wirtschaftsgut relativ wenig genutzt wird, aber allein schon durch Zeitablauf an Wert verliert, wie z. B. ein Pkw. Die Mengenabschreibung ist steuerlich statt der ↑Absetzung für Abnutzung in gleichen Jahresbeträgen zulässig bei beweglichen Gütern des Anlagevermögens, bei denen es wirtschaftlich begründet ist und wenn der auf das einzelne Jahr entfallende Umfang der Leistung nachgewiesen wird (z. B. Zählwerke). Absetzungen für außergewöhnliche technische oder wirtschaftliche Abnutzung sind daneben zulässig.

Mengenanpasser: Anbieter (Nachfrager), der unter dem gegebenen Marktpreis nur mit der Veränderung der Angebotsmenge (Nachfragemenge) reagieren kann. Seine Angebotsmenge (Nachfragemenge) ist bezogen auf das gesamte Marktangebot (Marktnachfrage) so gering, daß er damit keinen direkten Einfluß auf den Marktpreis ausüben kann. – ↑auch Marktmechanismus.

Merchandising [englisch 'məːtʃəndaɪzɪŋ; zu englisch to merchandise „verkaufen, den Absatz steigern"]: umfassender Begriff für Entscheidungen der Produktgestaltung und der Warendarbietung unter Berücksichtigung der Verbrauchergewohnheiten mit dem Ziel, ein maximales Absatzergebnis zu erreichen; ferner alle Maßnahmen der Verkaufsförderung unter Einschaltung eines Absatzplanes.

Merkantilismus [französisch, zu lateinisch mercari „Handel treiben"]: zusammenfassende Bezeichnung für die Wirtschaftspolitik der absolutistischen Staaten zwischen dem 16. und 18. Jahrhundert. Ziel des Merkantilismus war die Mehrung von Macht und Wohlstand des jeweils eigenen Landes bzw. Landesherrn. Als Mittel dazu wurden in erster Linie Exportförderung, Vereinheitlichung von Maßen und Gewichten, Beseitigung der Binnenzölle und eine aktive Bevölkerungspolitik (Peuplierungspolitik) angesehen. In den einzelnen Ländern hatte der Merkantilismus unterschiedliche Schwerpunkte: In Frankreich konzentrierte er sich als Colbertismus mehr auf die staatlich gelenkte Entwicklung des Gewerbes, in England vor allem auf die Hebung der Nachfrage nach den Produkten der einheimischen Wollindustrie und auf die Kolonialpolitik, in Deutschland als ↑Kameralismus auf die Erhöhung der Bevölkerungszahl und die Sicherung der Staatsfinanzen.

Messe [kirchenlateinisch missa „Heiligenfest" (mit besonders feierlicher Messe und großem Jahrmarkt)]: Schauveranstaltung mit Marktcharakter, die ein umfassendes Angebot eines oder mehrerer Wirtschaftszweige (allgemeine oder Fachmesse) bietet. Sie findet im allgemeinen ein- oder mehrmals im Jahr jeweils am gleichen Ort und zu bestimmten Zeiten statt. Die heutigen Messen sind überwiegend **Mustermessen,** auf denen Abschlüsse zwischen den Herstellern und den Wiederverkäufern getätigt werden.

Messen haben eine vielfältige wirtschaftliche Bedeutung: Die Käufer (der Handel) können sich mit verhältnismäßig geringem Aufwand einen umfassenden Überblick über das gesamte Angebot auf einem Markt verschaffen; die Verkäufer (Hersteller bzw. Großhandel) lernen einerseits das Angebot und die Leistungsfähigkeit der Konkurrenten, andererseits die Bedürfnisse der Nachfrager kennen. Messen dienen weiterhin der Kontaktpflege und der Aufnahme neuer Kontakte. Die Abschlüsse auf den Messen (zumal auf den traditionsreichen) sind außerdem wichtige Konjunkturbarometer.

Geschichte: Seit dem frühen Mittelalter, vor allem aber seit dem 11./12. Jahrhundert, wurden anläßlich kirchlicher Festtage an wichtigen Verkehrsknotenpunkten nach der kirchlichen Messe Märkte abgehalten. Die Messebesucher unterstanden dem Schutz des Königs und der Kirche; den Messeorten wurden Messeprivilegien verliehen. Die früheste dieser dem Warenaustausch dienenden Warenmesse war die von Saint-Denis (seit etwa 629). Durch Ausstellen von Meßwechseln wurden die Messeorte gleichzeitig Zentren des Geld- und Kreditwesens (z. B. Brügge, Gent, Lyon, Paris, Padua und Antwerpen). Im Heiligen Römischen Reich erhielt Frankfurt am Main 1240 Messeprivilegien, Leipzig 1268, Frankfurt/Oder 1649 und Braunschweig 1671 (?). Weitere wichtige Messestädte waren in Oberdeutschland Straßburg, Worms, Nördlingen, Linz, Zurzach und Bozen. Bedeutende Messestädte in der Bundesrepublik Deutschland sind u. a. Düsseldorf, Frankfurt am Main, Hannover, Köln, Stuttgart, München, Leipzig und Berlin.

Metageschäft [zu italienisch (a) metà „(zur) Hälfte"]: dem Konsortium ähnliches Vertragsverhältnis (in der Regel zwei, manchmal auch mehrere Partner) zur Durchführung eines Gemeinschaftsgeschäfts, insbesondere eines Gemeinschaftskredits. Man unterscheidet beim Metageschäft Kredite „à meta et nom" (der Kreditnehmer hat Kenntnis von der gemeinschaftlichen Kredithergabe) und Kredite „à meta unter" (der Kreditnehmer hat nur mit einer kreditgebenden Bank zu tun, er kennt den stillen Metisten nicht).

Weiteres typisches Metageschäft ist die Wertpapierarbitrage: die beiden Partner sitzen an verschiedenen Börsenplätzen, der erzielte Arbitragegewinn (bzw. Verlust) wird in regelmäßigen Zeitabständen festgestellt und je zur Hälfte verteilt.

Miete [zu althochdeutsch miata „Miete"]: die entgeltliche Überlassung einer Sache zu zeitweiligem Gebrauch. Das Mietverhältnis wird begründet durch den ↑Mietvertrag.

Mietkauf: Form des ↑Leasing: befristeter Mietvertrag mit anschließender Kaufoption.

Mietvertrag: auf Gebrauchsüberlassung gegen Entgelt gerichtetes Schuldverhältnis, meist von längerer Dauer (Dauerschuldverhältnis). Am häufigsten sind Mietverträge über Wohnraum, die, sollen sie länger als ein Jahr bestehen, schriftlich abgeschlossen sein müssen. Man benutzt dazu im allgemeinen einen Mustermietvertrag, wie er von den Interessenverbänden der Vermieter und Mieter gemeinsam entworfen worden ist **(Einheitsmietvertrag).** Ist kein Endzeitpunkt im Vertrag vereinbart, kann er durch Kündigung aufgelöst werden, wobei der Vermieter von

Wohnraum die Vorschriften über den Mieterschutz beachten muß.

Mikrofilmverfahren [zu griechisch mikrós „klein“]: handels- und steuerrechtlich anerkanntes Verfahren zur raumsparenden Aufbewahrung von Schriftgut (↑Registratur). Hierbei wird das Original durch photographische Reproduktion meist ca. 25–35fach verkleinert (Verfilmungsgerät). Zur Auswertung der Mikrofilme werden Lese- und Vergrößerungsgeräte benötigt.

Mikroökonomie [zu griechisch mikros „klein“]: Teil der Wirtschaftstheorie, der sich mit einzelwirtschaftlichen Problemen beschäftigt. Analysiert werden Zielsetzungen und Verhaltensweisen einzelner Wirtschaftssubjekte (z. B. Haushalte, Unternehmen).

Mikroprozessor [zu griechisch mikrós „klein“ und lateinisch processus „Fortgang, Verlauf“]: integrierter Schaltkreis mit einem festen Programmbaustein, der austauschbar ist und damit kostengünstig den Mikroprozessor neuen Einsatzmöglichkeiten anpassen läßt. Bedeutende Anwendungsgebiete für Mikroprozessoren sind unter anderem Meßtechnik, Maschinensteuerungen, Nachrichtentechnik und elektronische Datenverarbeitung.

Minderkaufmann ↑Kaufmann.

Minderung ↑Sachmängel.

Mindestbestand ↑eiserner Bestand.

Mindestbuchführung: für Einzelhändler, Kleingewerbetreibende und Handwerker festgelegte Grundsätze über die Führung eines Geschäftstagebuchs oder Journals, eines Wareneingangsbuches, eines Kassenberichtes und eines Lohnbuchs sowie über die Ableitung des Jahresabschlusses.

Mindestreserven: aufgrund gesetzlicher Bestimmungen von den Kreditinstituten bei den Zentralbanken im Verhältnis zu ihren kurzfristigen Verbindlichkeiten zu unterhaltende Guthaben, die nicht verzinst werden. In der Bundesrepublik Deutschland sind reservepflichtig: sämtliche Verbindlichkeiten gegenüber Nichtbanken sowie nicht reservepflichtigen Kreditinstituten und Banken im Ausland. Hinsichtlich der Höhe der Mindestreserven wird unterschieden in: Sichtverbindlichkeiten, befristete Verbindlichkeiten und Spareinlagen. Mit dem Verhältnis der Mindestreserven zu den Einlagen, den **Mindestreservesätzen,** stellen die Mindestreserven primär ein Instrument der Notenbankpolitik zur Beeinflussung der Kreditschöpfungsmöglichkeiten durch die Kreditinstitute dar; sekundär sind sie Liquiditätsreserven zur Sicherung der Zahlungsbereitschaft.

Mineralölsteuer: vom Aufkommen her die bedeutendste ↑Verbrauchsteuer. Besteuert wird der Verbrauch von Mineralölen als Treib-, Heiz- und Schmierstoffe. Ein Teil des Steueraufkommens ist für den Straßenbau zweckgebunden. Besteuert werden auch Substitutionserzeugnisse, die als Kraftstoffe in Spezialmotoren verwendet werden, z. B. Erdgas, Flüssiggas usw. Heizöl unterliegt einem ermäßigten Steuersatz (Heizölsteuer). Das Aufkommen aus der Heizölbesteuerung war bis Ende 1988 für energiepolitische Maßnahmen, vor allem die Unterstützung des Steinkohlenbergbaus und die Erschließung neuer Energieträger zweckgebunden. Die Mineralölsteuer ist nicht nur als Kostenfaktor von erheblicher Bedeutung für die gesamte Wirtschaft. Sie kann durchaus auch eingesetzt werden, um eine Veränderung des Verbraucherverhaltens herbeizuführen, z. B. durch die geringere Besteuerung bleifreien Benzins.

Minimalkostenkombination: in der Produktionstheorie diejenige Kombination von substituierbaren Produktionsfaktoren, bei der ein gegebener Output mit minimalen Kosten erreicht wird, beziehungsweise bei der bei gegebenen Kosten ein maximaler Output erreicht wird. Da bei substituierbaren Produktionsfaktoren verschiedene technische Kombinationen denkbar sind, um dieselbe Ausbringungsmenge zu erzielen, wird diejenige Kombination gewählt, bei der die Grenzproduktivitäten der einzelnen Faktoren $\frac{dx}{df}$ sich proportional zu den Faktorpreisen (P_f) verhalten:

$$\frac{dx}{df_1} : \frac{dx}{df_2} : \ldots : \frac{dx}{df_u} = P_{f1} : P_{f2} : P_{fu}.$$

Ministerkartell ↑Kartell.

Mißbrauchsaufsicht: Bemühungen der Träger der Wettbewerbspolitik (v. a. Bundeskartellamt), Unternehmen oder Kartelle, die eine marktbeherrschende Stellung einnehmen, daran zu hindern, ihre Marktmacht mißbräuchlich auszunutzen (z. B. durch Behinderung oder Diskriminierung der Konkurrenten).

Mitbestimmung: *im weiteren Sinn* das angestrebte oder erreichte Ziel der Beteiligung an Entscheidungen bzw. an Gremien, die Entscheidungen vorbereiten, fällen oder durchführen; *im engeren Sinn* die Mitbestimmung von Arbeitnehmern an wirtschaftlichen Entscheidungen. Die Mitbestimmung der Arbeitnehmer kann von bloßen Informations- und Vorschlagsrechten über Mitberatungs- und Mitspracherechte bis

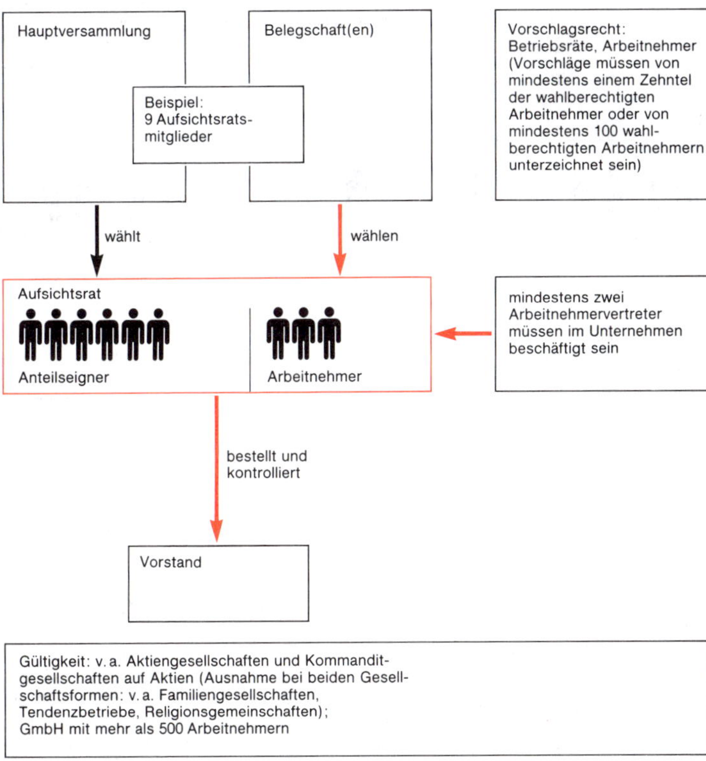

Mitbestimmung. Beteiligung der Arbeitnehmer nach dem Betriebsverfassungsgesetz von 1952

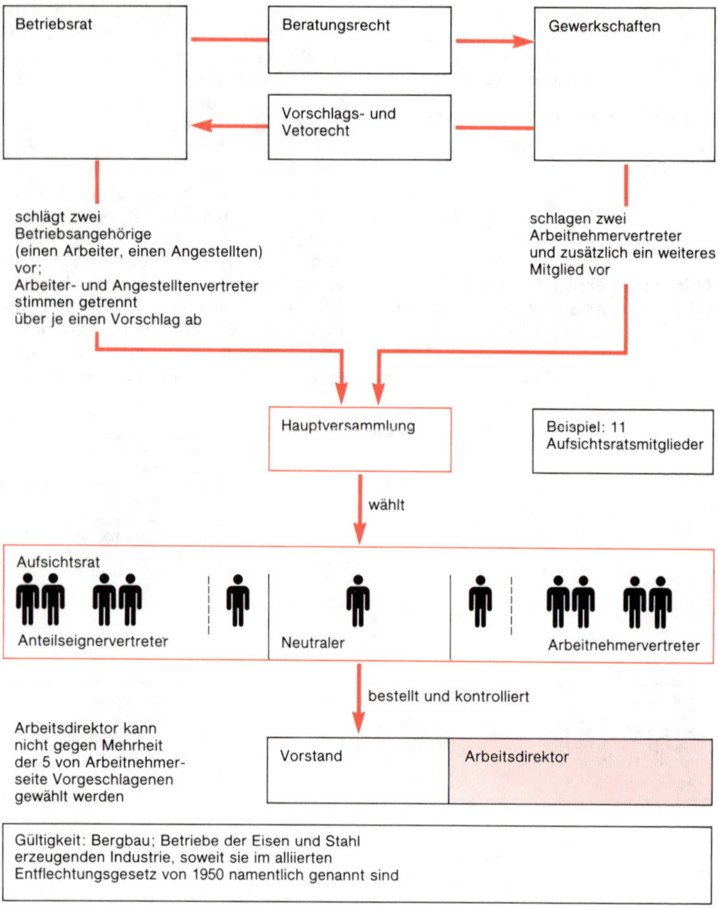

Mitbestimmung. Beteiligung der Arbeitnehmer nach dem Mitbestimmungsgesetz für die Montanindustrie

hin zu Mitentscheidungsrechten (Mitdirektions- und Mitverwaltungsrechten) reichen. Nach der Ebene, auf die sich die Mitbestimmung bezieht, wird zwischen der sich auf die Betriebs- und Unternehmungsverfassung beschränkenden **betrieblichen Mitbestimmung** und der sich auf eine Vielzahl von Unternehmen (Branche, Gesamtwirtschaft) gerichteten **überbetrieblichen Mitbestimmung** unterschieden.

Durch das Mitbestimmungsgesetz vom 29. 5. 1951 wurde die Mitbestimmung auf Unternehmensebene in der Montanindustrie eingeführt. Dieses Gesetz schreibt in Unternehmen der Montanindustrie mit in der Regel mehr als 1 000 Arbeitnehmern eine paritätische Mitbestimmung

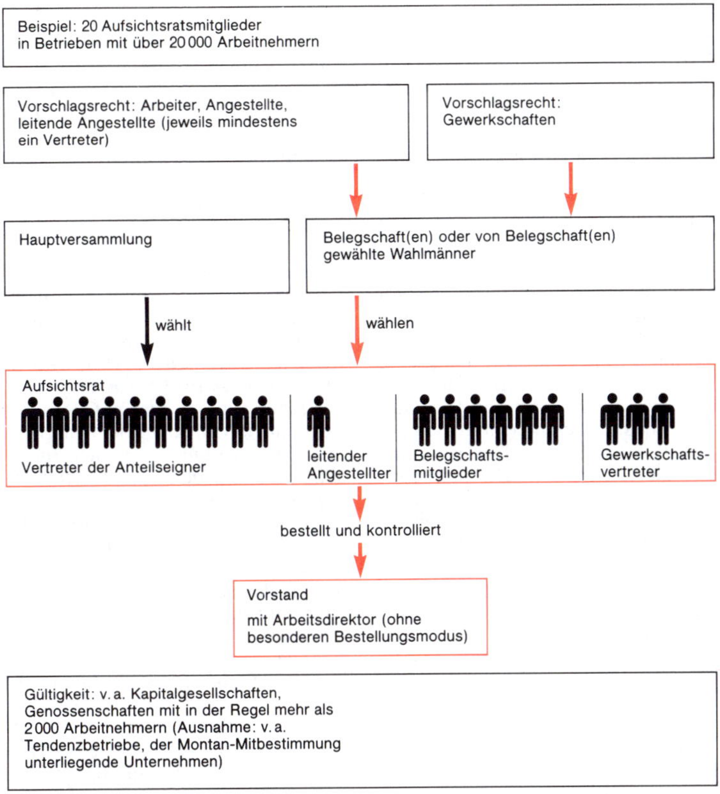

Mitbestimmung. Beteiligung der Arbeitnehmer nach dem Betriebsverfassungsgesetz von 1976

vor. Der Aufsichtsrat besteht aus elf (bei größeren Gesellschaften auch fünfzehn oder einundzwanzig) Mitgliedern und setzt sich zusammen aus vier Vertretern der Anteilseigner und einem weiteren (neutralen) Mitglied, vier Vertretern der Arbeitnehmer und einem weiteren Mitglied sowie einem weiteren Mitglied, dem „elften Mann". Die „weiteren" Mitglieder dürfen weder Repräsentanten noch Angestellte einer Gewerkschaft oder Vereinigung der Arbeitgeber sein, weder in dem Unternehmen als Arbeitnehmer oder Arbeitgeber tätig sein, noch an dem Unternehmen wirtschaftlich wesentlich interessiert sein. Außerdem muß mindestens ein Mitglied des Aufsichtsrats Arbeiter oder Angestellter in einem Betrieb des Unternehmens sein. Zwei der Arbeitnehmervertreter werden von den Spitzenorganisationen der Gewerkschaften vorgeschlagen. Das weitere Mitglied, der „elfte Mann", wird auf Vorschlag der übrigen Aufsichtsratsmitglieder gewählt. Für den Vorstand muß als gleichberechtigtes Mitglied ein **Arbeitsdirektor** bestellt werden.

Außerhalb der Montanindustrie blieb es bis 1976 bei der betrieblichen Mitbestimmung, wie sie vor allem im Betriebsverfassungsgesetz von 1952 geregelt ist. Die Neufassung des Betriebsverfassungsgesetzes von 1972 erweiterte die betriebliche Mitbestimmung v. a. durch den Ausbau der Rechte des Betriebsrats. Die seit Ende der 1960er Jahre verstärkt geführte Diskussion über die Einführung der „Montan-Mitbestimmung“ auch in anderen Branchen führte schließlich zum Gesetz über die Mitbestimmung der Arbeitnehmer (Mitbestimmungsgesetz), das am 1. Juli 1976 in Kraft trat. Dieses Gesetz gilt in allen Unternehmen (ausgenommen Montanindustrie und Tendenzunternehmen) mit mehr als 2 000 Beschäftigten. Die Aufsichtsräte dieser Unternehmen werden mit der gleichen Anzahl von Vertretern der Anteilseigner und der Arbeitnehmer (paritätische Mitbestimmung) besetzt. Die im Unternehmen vertretenen Gewerkschaften senden zwei (bei einem zwanzigköpfigen Aufsichtsrat drei) Vertreter in den Aufsichtsrat. Die übrigen Aufsichtsratssitze der Arbeitnehmer sind auf die Arbeiter und Angestellten sowie auf die leitenden Angestellten entsprechend ihrem Anteil an der Gesamtbelegschaft zu verteilen. Jeder Gruppe steht jedoch mindestens ein Sitz zu. Der Aufsichtsratsvorsitzende und sein Stellvertreter werden vom Aufsichtsrat mit Zweidrittelmehrheit gewählt. Mit dieser Mehrheit kann auch ein Arbeitnehmervertreter gewählt werden. Wird jedoch die Zweidrittelmehrheit für einen der beiden zu Wählenden nicht erreicht, so wählen die Anteilseignervertreter den Aufsichtsratsvorsitzenden und die Arbeitnehmervertreter den Stellvertreter. Für den Fall einer Stimmengleichheit im Aufsichtsrat erhält der Aufsichtsratsvorsitzende in einer neuen Abstimmung über denselben Gegenstand zwei Stimmen, mit denen er bei der Entscheidung den Ausschlag geben kann. Dies gilt auch für die Wahl der Vorstandsmitglieder. – Nach heftigen Auseinandersetzungen zwischen Gewerkschaften und Arbeitgebern erklärte das Bundesverfassungsgericht 1979 das Mitbestimmungsgesetz für verfassungsgemäß.

Mittelkurs: Bezeichnung aus dem amtlichen Devisenhandel für die börsentäglich festgestellten Devisenkurse, die zwischen den jeweiligen Geld- und Briefkursen liegen.

mittlerer Verfalltag: durchschnittliche Wertstellung für mehrere Forderungen oder Verbindlichkeiten, vor allem Wechsel.

Mitwirkung und Mitbestimmung der Arbeitnehmer: Recht der Arbeitnehmer oder des Betriebsrats auf Beteiligung an Unternehmensentscheidungen. Je nach Intensität unterscheidet man: 1. *Informationsrecht:* Der Betriebsrat oder Wirtschaftsausschuß (in Fällen, die seine Person betreffen auch der einzelnen Arbeitnehmer) können verlangen, daß sie über betriebliche Vorgänge unterrichtet werden, z. B. über die wirtschaftliche Lage des Betriebs oder der einzelne Arbeitnehmer über Arbeitsaufgaben, besondere Gefahren, Unfallverhütung. 2. *Beratungsrecht:* Der Betriebsrat oder Wirtschaftsausschuß sind vor der endgültigen Entscheidung durch den Arbeitgeber anzuhören, z. B. bei personellen Maßnahmen wie Versetzungen, Kündigungen. Der Betriebsrat oder Wirtschaftsausschuß kann dann Stellung nehmen und mit dem Arbeitgeber die beabsichtigten Maßnahmen beraten. 3. *Mitbestimmungsrecht:* Der Betriebsrat oder Wirtschaftsausschuß haben das Recht, betriebliche Maßnahmen zu beraten, die erst nach Zustimmung durch den Betriebsrat oder Wirtschaftsausschuß in Kraft gesetzt werden können. Einigen sich Arbeitgeber und Betriebsrat nicht, kann die Einigungsstelle angerufen werden oder eine Entscheidung durch das Arbeitsgericht notwendig sein, z. B. Beginn und Ende der täglichen Arbeitszeit, Abschaffung von Sozialeinrichtungen, Maßnahmen, die der Kontrolle der Arbeitnehmer dienen. – ↑auch Betriebsverfassungsgesetz, ↑Mitbestimmung, ↑leitende Angestellte.

Mobilien: alle beweglichen Vermögensteile, die nicht fest mit dem Grund und Boden verbunden sind. Für die Abgrenzung zu den ↑Immobilien ist entscheidend, ob sich der bewegliche Vermögensteil ohne Wertminderung aus dem Gebäude oder Grundstück herauslösen läßt.

Monatsgeld ↑Geldmarkt.

Mondpreise: Bezeichnung für bewußt überhöht angesetzte, empfohlene Preise, durch die die Hersteller dem Handel die Möglichkeit geben wollen, mittels starker Unterbietung den Eindruck besonders günstiger Preise zu erwecken.

Monetarismus [zu lateinisch moneta „Münzstätte; Münze"]: im weiteren Sinne Bezeichnung für volkswirtschaftliche Lehrmeinungen, Forschungsprogramme und methodische Ansätze, die sich mit der Rolle des Geldes in einer Volkswirtschaft beschäftigen; im engeren Sinne Bezeichnung für die vor allem durch den amerikanischen Wirtschaftswissenschaftler M. Friedman (* 1912) seit den 1950er Jahren entwickelte Auffassung, nach der stetiges Wirtschaftswachstum bei stabilem Geldwert allein durch die konstante Ausdehnung des Geldangebots entsprechend der wachsenden Güterproduktion erreicht werden könne. Praktisch findet der Monetarismus seinen Niederschlag in einer einseitig auf Inflationsbekämpfung ausgerichteten Politik der Geldmengenbeschränkung, wobei unter Zugrundelegung der These von der „natürlichen Arbeitslosenrate" auf eine Vollbeschäftigungspolitik verzichtet wird.

Angesichts der trotz der keynesianisch begründeten fiskalpolitischen Gegensteuerungsversuche sich weiter verschärfenden Arbeitslosigkeit und steigender Inflation setzte sich der in seiner theoretischen Analyse wie auch in seinen wirtschaftlichen Forderungen in scharfem Gegensatz zum ↑Keynesianismus stehende Monetarismus in einer Reihe von Ländern (v. a. Chile, Großbritannien, USA, Bundesrepublik Deutschland) bis zu einem gewissen Grad im Sinne einer ↑angebotsorientierten Wirtschaftspolitik durch.

Monopol [lateinisch monopolium, von griechisch monopōlion „(Recht auf) Alleinverkauf", zu griechisch pōleīn „Handel treiben"]: im engeren Sinn eine ↑Marktform, bei der auf der Angebots- oder auf der Nachfrageseite eines Marktes nur ein einziger Anbieter (der **Monopolist**) bzw. Nachfrager auftritt **(Angebots-** bzw. **Nachfragemonopol [Monopson]).** Oft wird unter Monopol auch jede marktbeherrschende Stellung verstanden. Ist ein Anbieter Monopolist auf dem Gütermarkt und zugleich Nachfragemonopolist **(Monopsonist)** auf dem Faktormarkt, so spricht man von **Monemporie.** Sind Angebots- und Nachfrageseite eines Marktes monopolisiert, so liegt ein **bilaterales Monopol** vor. Nach der Art ihres Gegenstandes lassen sich natürliche Monopole (Rohstoffmonopol), wirtschaftliche Monopole (↑Kartelle, Trusts) und gesetzliche Monopole (Patente u. a.) unterscheiden.

In der *Wirtschaftstheorie* blieb die Wirkung von Monopolen ebenso umstritten wie ihre Abgrenzung gegenüber anderen Marktformen. Liberale Richtungen betonen die Störung der Regulierungsmechanismen der freien Konkurrenz, wogegen eine positive Wirkung von Monopolen auf technischen Fortschritt und Stabilität des Wirtschaftswachstums z. T. in der Konjunktur- und Wachstumstheorie behauptet wird. – In vielen Ländern unterliegen Monopole einer gesetzlich geregelten Mißbrauchsaufsicht, um die Gefahr eines Mißbrauchs wirtschaftlicher Macht möglichst gering zu halten.

Monopolkapitalismus: in der

marxistischen Theorie Bezeichnung für das durch Konzentration und Zentralisation des Kapitals aus dem Konkurrenzkapitalismus hervorgegangene Stadium des Kapitalismus, das durch das Bestehen von (internationalen) Monopolen und durch die bestimmende ökonomische Macht der mit dem Industriekapital verbundenen Banken als Finanzkapital gekennzeichnet ist. Dabei wird „Monopol" als ein Unternehmen mit einer so großen ökonomischen Macht verstanden, daß es in der Lage ist, auf Kosten des nichtmonopolistischen Teils des Kapitals einen Extraprofit, den Monopolprofit, zu erzwingen. Da nach Lenin das Monopol der ökonomische Kern des Imperialismus ist, ist der Monopolkapitalismus die Wirtschaftsordnung des Imperialismus. – Als besondere Ausprägung bzw. Weiterentwicklung des Monopolkapitalismus wird z. T. der staatsmonopolistische Kapitalismus betrachtet.
Außerhalb der marxistischen Theorie begegnet der Begriff Monopolkapitalismus in unterschiedlichen Bedeutungen; ihr gemeinsamer Kern liegt im Gebrauch für eine Marktwirtschaft, deren spezifische, durch die Konkurrenz vermittelte Regelungsmechanismen durch Monopole zumindest teilweise gefährdet bzw. außer Kraft gesetzt sind.

Monopolkommission: durch das Gesetz gegen Wettbewerbsbeschränkungen vorgeschriebenes Sachverständigengremium aus 5 unabhängigen, von der Bundesregierung berufenen Mitgliedern. Die Monopolkommission muß alle 2 Jahre in einem Gutachten Stand und Entwicklung der Unternehmenskonzentration und die Tätigkeit des Bundeskartellamtes bei der Mißbrauchsaufsicht und der Zusammenschlußkontrolle unter wirtschafts- und wettbewerbspolitischen Aspekten beurteilen.

Monopson ↑Monopol.

Montanindustrie: Sammelbezeichnung für die Bereiche der Industrie, die der Eisen- und Stahlindustrie und dem Bergbau angehören. Für sie gelten im Bereich des Arbeitsrechts gegenüber anderen Industriezweigen Sondervorschriften (↑Mitbestimmung).

Montanunion: Bezeichnung für die Europäische Gemeinschaft für Kohle und Stahl (EKGS), ↑Europäische Gemeinschaften.

Moratorium [zu lateinisch moratorius „säumend, verzögernd"]: vertraglich vereinbarter oder hoheitlich angeordneter Aufschub der Erfüllung fälliger Verbindlichkeiten im zwischenstaatlichen Verkehr. Schuldner und Gläubiger der unter ein Moratorium fallenden Verbindlichkeiten können Privatleute oder juristische Personen des privaten wie des öffentlichen Rechts sein. Ein Moratorium ist regelmäßige Folge des Kriegszustandes. Die internationalen Finanzabkommen lassen Moratorien z. B. bei Gefährdung der Währungsstabilität eines Entwicklungslandes zu. Zivilrechtliche Parallele zum Moratorium ist der ↑Vergleich.

Motivforschung [zu lateinisch movere „bewegen"]: Erforschung der bewußten und unbewußten Beweggründe für das wirtschaftliche Verhalten, um sich rascher auf Konsumentenwünsche einstellen zu können.

Multimomentverfahren: insbesondere bei ↑Arbeitszeitstudien gebräuchliches Verfahren zur Arbeitszeitermittlung, Leistungsgradbeurteilung u. a. Dabei werden während unregelmäßig erfolgender Beobachtungsgänge Arbeitsabläufe im Betrieb beobachtet und aufgezeichnet. Durch die Auswertung einer Vielzahl solcher Stichproben kann ein ziemlich genaues Bild des Arbeitsvorganges hinsichtlich seines Zeitbedarfs, des Auftretens von Rüst- oder Wartezeiten usw. gewonnen werden. Die so erhaltenen Informationen können dann in Maßnahmen der ↑Rationalisierung umgesetzt werden.

multinationale Unternehmen: im weiteren Sinn Unternehmen, die in mehr als zwei Staaten wirtschaftlich tätig sind; im engeren Sinn (meist weltweit operierende) Konzerne, die Entscheidungen über die Standortwahl ihrer Konzernunternehmen sowie geschäftspolitische Entscheidungen unter Berücksichtigung nationaler Rechts- und Wirtschaftsordnungen und der Stabilität der politischen und wirtschaftlichen Verhältnisse in einem Staat jeweils so zu treffen, daß die Konzernziele möglichst optimal verwirklicht werden. Die möglichen Vorteile multinationaler Unternehmenstätigkeit sind u. a.: Kostensenkung (Faktor-, Roh- und Betriebsstoff-, Transportkosten); Ausnutzung von Investitionsanreizen; Umgehung von Handelshemmnissen (Gründung von Unternehmen innerhalb der jeweiligen Zollgrenzen); Schaffung von Wachstumsmöglichkeiten und damit Ausnutzung der üblichen Vorteile der steigenden Größenordnung der wirtschaftlichen Aktivitäten; Verminderung der Konjunkturanfälligkeit; Ausnutzung von Steuervorteilen. Die Kritik an der Geschäftspolitik der multinationalen Unternehmen richtet sich insbesondere gegen die Ausnutzung des internationalen Lohngefälles, um das nationale Lohnniveau zu drücken; die Verschaffung von Wettbewerbsvorteilen, die durch die jeweilige nationale Wettbewerbspolitik verhindert werden sollen; die Steuerflucht durch manipulierte interne Verrechnungspreise, welche Gewinne dort „entstehen“ lassen, wo sie am wenigsten Steuern verursachen; die Undurchsichtigkeit der Konzerne, die keine nationale Rechtsordnung allein beseitigen kann.

Multiplikator: eine Zahl, die die von einer vermehrten oder verminderten Investition (Primäreffekt) ausgehenden Sekundärwirkungen auf das Volkseinkommen zum Ausdruck bringt **(Investitionsmultiplikator).** Die multiplikative Wirkung hängt ab von dem Verhältnis, in dem aus zusätzlicher Güternachfrage entstandenes Mehreinkommen zum Verbrauch oder zum Sparen verwendet wird. Der Multiplikator ist um so größer, je mehr Einkommen verkonsumiert und je weniger gespart (gehortet) wird und umgekehrt. In einer offenen Volkswirtschaft mit Staatstätigkeit wird das Prinzip auch zur Beurteilung der Sekundärwirkungen, u. a. eines Ausfuhrüberschusses **(Außenhandelsmultiplikator),** von Änderungen der Staatsausgaben **(Staatsausgabenmultiplikator)** oder der Steuereinnahmen **(Steuermultiplikator)** angewendet.

Mündelgeld: zum Vermögen des Mündels (eines unter Vormundschaft stehenden Menschen) gehörendes Geld. Es ist, falls nicht anderweitig benötigt, vom Vormund mündelsicher anzulegen (↑mündelsichere Wertpapiere). Die Anlage soll nur mit Genehmigung des etwa bestellten Gegenvormunds oder des Vormundschaftsgerichts erfolgen; bei Anlagen auf Konten einer für mündelsicher erklärten Sparkasse oder Bank mit Sperrvermerk (Abhebung nur mit Genehmigung des Gegenvormunds oder des Vormundschaftsgerichts); Wertpapiere sind ebenfalls mit Sperrvermerk („Herausgabe nur mit Genehmigung des Vormundschaftsgerichts“) zu hinterlegen.

mündelsichere Wertpapiere: festverzinsliche Wertpapiere, die den gesetzlichen Vorschriften entsprechend zur Anlage von ↑Mündelgeld geeignet sind. Dazu gehören: 1. Hypotheken, Grund- und Rentenschulden an inländischen Grundstücken; 2. Staatspapiere, Schuldbuchforderungen, Wertpapiere und andere verbriefte Forderungen, wenn das Papier für mündelsicher erklärt worden ist; 3. Konten bei einer für mündelsicher erklärten Sparkasse oder Bank.

Münzgeld: geprägte Metallstücke, die als ↑Geld verwendet werden.

Mußkaufmann ↑Kaufmann.

Musterschutz: wird durch das Gebrauchsmustergesetz und das Geschmacksmustergesetz geregelt. Unter **Gebrauchsmusterschutz** versteht man den Schutz von Neugestaltungen, neuen Anordnungen oder Vorrichtungen an Arbeitsgeräten oder Gebrauchsgegenständen, die deren Arbeits- oder Gebrauchszweck fördern (z. B. Autozubehör, wie Instrumente, Kontrollampen, Scheibenwaschvorrichtungen). Das Gebrauchsmuster wird beim Deutschen Patentamt angemeldet, in die Gebrauchsmusterrolle eingetragen und veröffentlicht. Der Schutz dauert drei Jahre und kann einmal verlängert werden.

Unter **Geschmacksmusterschutz** versteht man den Schutz von gewerblichen Mustern oder Modellen. Geschützt werden geschmacklich bestimmte (künstlerische) Ausführungen und Formgebungen an Erzeugnissen, wie Stoffen, Tapeten, Gläsern und Flaschen. Der Schutz wird durch Anmeldung und Eintragung in das Musterregister erlangt, das beim zuständigen Amtsgericht geführt wird. Die Schutzfrist beträgt höchstens 15 Jahre. Durch den Musterschutz erlangt der Anmeldende das alleinige Recht, das Muster gewerbsmäßig nachzubilden und durch Gebrauch oder Verkauf zu verwerten.

Muttergesellschaft: Kapital- oder Personengesellschaft, die aufgrund einer Kapital- oder Stimmenmehrheit oder anderer Umstände einen beherrschenden Einfluß auf ein oder mehrere abhängige Unternehmen (Tochtergesellschaften) ausübt. – ↑auch Konzern, ↑Holdinggesellschaft.

Mutterschaftsgeld ↑Krankenversicherung.

Mutterschaftshilfe ↑Krankenversicherung.

Mutterschaftsurlaub ↑Erziehungsgeld.

Mutterschutz: Gesamtheit aller Maßnahmen zum Schutz der in einem Arbeitsverhältnis stehenden Frauen (einschließlich der Heimarbeiterinnen) während der Schwangerschaft und nach der Entbindung. Der Mutterschutz ist geregelt im Gesetz zum Schutz der erwerbstätigen Mutter; es enthält Vorschriften über die Gestaltung des Arbeitsplatzes, über Beschäftigungsverbote, Kündigungsverbote und Leistungen während der gesetzlichen Schutzfristen. Bei der Gestaltung des Arbeitsplatzes und bei der Regelung der Beschäftigung hat der Arbeitgeber die erforderlichen Maßnahmen zum Schutz von Leben und Gesundheit der werdenden und stillenden Mutter zu treffen. Für werdende Mütter sind schwere körperliche Tätigkeiten und solche Tätigkeiten, die eine Gefährdung von Mutter oder Kind befürchten lassen, verboten. In den letzten sechs Wochen vor der Entbindung dürfen werdende Mütter nicht beschäftigt werden. Nach der Entbindung dürfen Wöchnerinnen bis zum Ablauf der 8. Woche nicht beschäftigt werden (Regelschutzfrist). Die werdende Mutter hat dem Arbeitgeber die Schwangerschaft mitzuteilen, der sie dem Gewerbeaufsichtsamt anzuzeigen hat. Von dem Zeitpunkt der Mitteilung an werden die Beschäftigungsverbote wirksam. Durch besondere Vorschriften ist sichergestellt, daß die werdende und stillende Mutter keinen finanziellen Nachteil erleidet.

Zum Mutterschutz können auch die Leistungen der Krankenkassen bei Schwangerschaft und Mutterschaft gezählt werden (↑Krankenversicherung) sowie ↑Erziehungsgeld und Erziehungsurlaub.

N

Nachbesserungspflicht: beim Werkvertrag die Pflicht des Unternehmers, gerügte Mängel innerhalb der gesetzten Frist zu beseitigen. Nach Fristablauf kann der Besteller Wandelung oder Minderung verlangen.

Nachfrage: Summe der Güter, Dienstleistungen oder Faktorleistungen, die ein Käufer (Nachfrager) auf einem Markt abnehmen will (individuelle Nachfrage) bzw. die Summe an Gütern und Leistungen, die am Markt nachgefragt werden (Gesamtnachfrage) – ↑auch Angebot, Marktmechanismus.

Nachfragefunktion: grafische Darstellung des funktionalen Zusammenhangs zwischen den Nachfragemengen nach einem Gut und seinem Preis. Die Nachfragekurve zeigt, welche Mengen des Gutes jeweils bei einem bestimmten Preis nachgefragt werden. Der Verlauf der Nachfragekurve ist normal (anormal), wenn bei steigenden Preisen die Nachfragemengen geringer (größer) werden.

Nachfragelücke (deflatorische Lücke): Differenz zwischen dem monetären Angebot (Geldwert des volkswirtschaftlichen Angebots) und der effektiven Nachfrage in einer Volkswirtschaft. Wirkung: Tendenz zur Schrumpfung des Volkseinkommens.

Nachfrist: beim Schuldnerverzug die Voraussetzung für das Recht auf Rücktritt oder Schadenersatz wegen Nichterfüllung des ganzen Vertrages.

Nachgründung: Erwerb von Vermögensgegenständen durch eine AG in den ersten zwei Jahren seit ihrer Eintragung in das Handelsregister, wenn die Vergütung hierfür den zehnten Teil des Aktienkapitals übersteigt. Auf Nachgründung gerichtete Verträge werden nur mit Zustimmung der Hauptversammlung und Eintragung in das Handelsregister wirksam.

Nachnahmesendung: gebührenpflichtige Einziehung eines Betrages bis 3 000 DM durch die Post als Bedingung für die Auslieferung eines freigemachten Briefes, Päckchens, einer Postkarte oder Paketsendung.

Nachschußpflicht: bei der Gesellschaft des bürgerlichen Rechts und der GmbH die [sich aus dem Gesellschaftsvertrag ergebende] Verpflichtung der Gesellschafter, über ihren Beitrag (ihre Einlage) hinaus noch weitere Beiträge (Einlagen) zu leisten, falls bestimmte Umstände dies erforderlich machen. Bei der GmbH kann die Nachschußpflicht unbeschränkt sein, bei der Gesellschaft des bürgerlichen Rechts müssen im Gesellschaftsvertrag Grenzen festgelegt sein. Bei der Genossenschaft besteht eine Nachschußpflicht (sofern sie im Statut nicht ausgeschlossen ist) nur im Falle des Konkurses.

Namenspapier (Rektapapier): ↑Wertpapier (z. B. Aktie, Konnossement), das auf den Namen einer bestimmten Person ausgestellt ist. Der Eigentümer einer Namensaktie ist im Aktienbuch der AG eingetragen. Die Eigentumsübertragung ist durch ↑Indossament möglich, kann aber durch die Satzung der AG erschwert werden, wenn die Weitergabe von der Zustimmung des Vorstands abhängig gemacht ist **(vinkulierte Namensaktie).** Das verbriefte Recht kann nur durch Abtretung weitergegeben werden. Gegensatz: ↑Inhaberpapier.

Nationalökonomie ↑Volkswirtschaftslehre.

Naturallohn: Arbeitsentgelt, das in

Sachgütern besteht (auch: Deputat). Der Naturallohn ist meist nur noch als zusätzliches Entgelt zulässig, z. B. im Bereich der Lebensmittelindustrie. Naturallöhne werden als Sachbezüge wertmäßig dem Barlohn zugeschlagen.

natürliche Person: jedes menschliche Individuum im Unterschied zur ↑juristischen Person. Alle natürlichen Personen besitzen ↑Rechtsfähigkeit.

negatives Kapitalkonto: auf der Aktivseite der Bilanz ausgewiesenes Kapitalkonto. Verluste, niedrige Einheitswerte von Betriebsgrundstücken, hohe Sonderabschreibungen und Entnahmen können dazu führen, daß die Passiva höher sind als die Aktiva, so daß das Kapital negativ wird und auf der Aktivseite erscheint. Verluste können durchaus angestrebt sein (z. B. von ↑Abschreibungsgesellschaften). Zur Vermeidung von Mißbräuchen ist inzwischen die steuerrechtliche Anerkennung solcher Verluste, die zu einem negativen Kapitalkonto führen bzw. dieses erhöhen, gesetzlich stark eingeschränkt worden.

netto [italienisch „rein, klar" (von lateinisch nitidus „glänzend, schmuck")]: rein, nach Abzug, ohne Verpackung, z. B. Nettogewicht, Nettopreis, Nettoumsatz; netto wird auch als Handelsklausel gebraucht, die besagt, daß keine Abzüge erlaubt sind; z. B. zahlbar innerhalb 14 Tagen *netto Kasse* (netto cassa).

Nettoinvestition ↑Investition.

Nettoproduktion: derjenige Wert der Produktion, der sich in einer Werterhöhung der Vorleistung zeigt, der also nur die ↑Wertschöpfung jedes einzelnen Unternehmens betrachtet, ohne den Wert der Materialien bzw. der Vorleistung eines anderen Unternehmens zu berücksichtigen.

Nettosozialprodukt ↑Sozialprodukt.

Netzplantechnik: Analyse und zeitliche Planung komplexer Arbeitsabläufe. Jeder Arbeitsprozeß (Projekt) besteht nicht nur aus einer bestimmten Reihenfolge von Einzeltätigkeiten, sondern erfordert auch eine bestimmte Abstimmung mit Fristen und Terminen. In einem Netzplan werden die Arbeitsgänge in ihrer zeitlichen Reihenfolge durch Kreise oder Rechtecke und durch Strecken graphisch dargestellt. Aus dem Netzplan läßt sich insbesondere die Gesamtprozeßdauer erkennen. Die Zeitreserven zwischen zwei voneinander abhängigen Einzeltätigkeiten (Vorgängen) werden als *Pufferzeit* (Gesamtpuffer) bezeichnet. Der *kritische Weg* (Pfad) ist durch diejenigen Vorgänge gekennzeichnet, deren Gesamtpuffer 0 ist. Angewendet wird die Netzplantechnik z. B. bei der Fertigungsplanung, bei Entwicklungsprojekten, Standortverlegungen und der Umstellung betrieblicher Prozesse auf elektronische Datenverarbeitung.

neutrale Aufwendungen: Aufwand, der nicht in den Kosten verrechnet wird, weil er in der Abrechnungsperiode nicht dem Betriebszweck dient. Nie zu Kosten führen ↑betriebsfremde Aufwendungen und Erträge. Zeitlich oder verrechnungsbedingt kostenverschieden sind ↑periodenfremde Aufwendungen und betriebliche außerordentliche Aufwendungen (z. B. Schäden durch höhere Gewalt). Abgeschlossen werden die neutralen Aufwendungen über das ↑neutrale Ergebnis.

neutrale Erträge: Erträge eines Unternehmens, die in der Abrechnungsperiode nicht aus der Erfüllung des eigentlichen Betriebszwecks stammen. Dazu rechnen außerordentliche, betriebsfremde und periodenfremde Erträge. Abgeschlossen werden neutrale Erträge über das ↑neutrale Ergebnis.

neutrales Ergebnis: Vorkonto zum Gewinn- und Verlustkonto, das im Gegensatz zum Betriebsergebnis die neutralen Aufwendungen und neutralen Erträge sachlich abgrenzt, die außerordentlich oder aber betriebsfremd sind und nicht im Zusammenhang mit dem eigentlichen Betriebszweck stehen. Mit dem Betriebsergebnis wird das neutrale Ergebnis zum Gesamtergebnis (Gewinn- und Verlustrechnung) zusammengefaßt.

Niederstwertprinzip: aus dem Bilanzierungsgrundsatz der Sicherheit und Vorsicht abgeleiteter Bewertungsgrundsatz, nach dem von zwei möglichen Wertansätzen, dem Anschaffungswert bzw. den Herstellungskosten und dem Tageswert, der niedrigere angesetzt wird. Wirtschaftsgüter sind höchstens zum Anschaffungswert bzw. zu den Herstellungskosten zu bewerten, beim abnutzbaren ↑Anlagevermögen vermindert um die planmäßigen Abschreibungen. Beim Anlagevermögen darf *(gemildertes Niederstwertprinzip)* auf einen niedrigeren Tageswert abgeschrieben werden; bei voraussichtlich dauernder Wertminderung muß das geschehen *(strenges Niederstwertprinzip).* Beim ↑Umlaufvermögen gilt das strenge Niederstwertprinzip (§ 235 HGB). Auf diese Weise werden nicht realisierte Gewinne nicht ausgewiesen, nicht realisierte Verluste in der Regel aber bereits erfaßt. In der Steuerbilanz gilt das gemilderte Niederstwertprinzip. – ↑Bewertung, ↑Höchstwertprinzip.

Nießbrauch: Belastung einer Sache (z. B. Grundstück), eines Rechts oder eines sonstigen Vermögensgegenstandes (z. B. Nachlaß) in der Weise, daß derjenige, zu dessen Gunsten die Belastung erfolgt, berechtigt ist, die gesamten oder nur bestimmte Nutzungen aus diesen Gegenständen zu ziehen. Der Nießbrauch ist ein nicht veräußerliches und nicht vererbliches Recht; die Ausübung kann jedoch einem anderen überlassen werden. Der Nießbraucher hat kein Verfügungsrecht über den Gegenstand, er darf ihn und seine Nutzungsart nicht verändern. Der Nießbrauch erlischt durch Tod des Nießbrauchers oder durch Widerruf.

Nivellierungsmethode ↑Levelingsystem.

Nominaleinkommen: das in Währungseinheiten, ohne Berücksichtigung der Kaufkraft, angegebene Einkommen; bezeichnet sowohl das Einkommen eines Haushalts (einzelwirtschaftlich) als auch das Volkseinkommen (gesamtwirtschaftlich).

Nominallohn: Arbeitsentgelt eines Arbeitnehmers, angegeben in Geldeinheiten; Gegensatz ↑Reallohn.

Nominalverzinsung: Verzinsung, die auf den Nennwert (Nominalwert) einer aufgenommenen Summe oder eines Wertpapiers berechnet wird; im Gegensatz zur ↑Effektivverzinsung.

Normalkosten (Sollkosten): entsprechen den durchschnittlich zu erwartenden Kosten, die bei der Vorkalkulation (↑Kalkulation) eines Erzeugnisses oder Auftrags als Istkosten noch nicht feststehen. Den Normalkosten zugrunde gelegt werden deshalb die aus den Istkosten abgelaufener Perioden ermittelten Durchschnittskosten, korrigiert um die erwartete Zuwachsrate. Da die Einzelkosten noch am schnellsten festzustellen sind, wird die **Normalkostenrechnung** häufig auf die ↑Gemeinkosten beschränkt, die als Normalkostenzuschläge (Teilnormalisierung) auf die tatsächlichen Einzelkosten zugeschlagen werden.

Normalleistung: diejenige Arbeitsleistung, die bei ausreichender Eignung und Übung und bei normalem Kräfteeinsatz im Mittelwert der Schichtzeit und bei Einhaltung der vorgeschriebenen Erholungs- und Verweilzeiten dauernd und ohne Gesundheitsschädigung von den Arbeitern erreicht und erwartet wird. Der Normalleistung entspricht ein ↑Leistungsgrad von 100%. – ↑auch Arbeitszeitstudie.

Normalzeit: gibt diejenige Durchführungszeit für eine Arbeitsaufgabe an, die bei Erbringen der ↑Normalleistung benötigt würde. Sie wird im Rahmen von Arbeitszeitstudien aus beobachteten Durchführungskosten (Ist-Zeiten) unter Berücksichtigung des ↑Leistungsgrades ermittelt:

$$\text{Normalzeit} = \frac{\text{Leistungsgrad}}{100} \times \text{Istzeit.}$$

Normung: in Technik, Industrie und Wirtschaft Bezeichnung für eine Vereinheitlichung bzw. Festlegung einer (möglichst eindeutigen, sinnvoll abgestimmten) rationellen Ordnung durch Normen, wobei jede Norm eine optimale Lösung gleichartiger Aufgaben darstellt. Bei Anwendung von Normen werden die möglichen Spielarten eines Erzeugnisses vermindert, so daß eine rationelle Massenfertigung möglich wird („Typenbeschränkung"). Darüber hinaus führt Normung zu Verringerung von Lagerbeständen, Vereinfachung von Ein- und Verkauf. Die Normung von Begriffen schafft Eindeutigkeit im wirtschaftlichen und wissenschaftlichen Verkehr. – ↑auch DIN Deutsches Institut für Normung e. V.

Nostroeffekten [zu lateinisch noster „unser"]: die eigenen Wertpapiere (Effekten) einer Bank. Gegensatz: ↑Fremdeffekten.

Nostrokonten: Kontokorrentkonten eines Kreditinstituts, die dieses bei einer anderen Bank unterhält. Gegensatz: ↑Lorokonto.

notarielle Beurkundung: ↑öffentliche Beurkundung.

Notenbank: Bank, die das Recht der Banknotenausgabe besitzt, in der Bundesrepublik Deutschland die ↑Deutsche Bundesbank. – ↑auch Zentralbank.

Notgeld: Münzen oder Geldscheine, die bei Mangel an Zahlungsmitteln ersatzweise vom Staat selbst oder von nicht münzberechtigten Auftraggebern (Städte, Firmen usw.) ausgegeben werden.

notleidender Wechsel: Wechsel, der vom Bezogenen am Verfalltag (bzw. an einem der beiden darauffolgenden Werktage) nicht eingelöst wird und vom Wechselinhaber protestiert wird (↑Wechselprotest).

Notverkauf ↑Verzug.

Nullwachstum: Begriff, der auf die Diskussion zurückgeht, die D. Meadows mit dem 1972 veröffentlichten Gutachten „Die Grenzen des Wachstums" für den Club of Rome ausgelöst hat. Er bezeichnet einen ökologischen und gesamtwirtschaftlichen Gleichgewichtszustand, bei dem das quantitative Wirtschaftswachstum gleich null ist.

Nummernkonten: Bankkonten, bei denen alle Transaktionen nur unter der Kontonummer ohne Namensnennung abgewickelt werden. Der Name des Kontoinhabers ist nur wenigen Personen der Bank bekannt und bietet diesem damit eine gewisse Anonymität. Nummernkonten sind in der Bundesrepublik Deutschland nicht zulässig, jedoch z. B. in der Schweiz möglich.

Nutzen: subjektiv empfundenes Maß für den Grad der Bedürfnisbefriedigung. Demnach ist eine kardinale Messung des Nutzens, wie in den früheren Nutzentheorien angenommen, nicht möglich (↑Gossensche Gesetze), wohl aber eine ordinale Messung. Ein Konsument kann ein Güterbündel jeweils nur danach einordnen, ob es in bezug auf ein anderes gleichviel, mehr oder weniger Nutzen stiftet. Mit Nutzen werden auch die Eigenschaften des Gutes selbst bezeichnet. – ↑auch Indifferenzkurve.

Nutzengrenze: ↑Beschäftigungsgrad, bei dem wie bei der ↑Nutzenschwelle Gesamtkosten und Gesamterlöse gleich hoch sind, so daß kein Gewinn erzielt wird.

Nutzen-Kosten-Analyse (Kosten-Nutzen-Analyse): Analyse zur Bewertung von Investitionsvorhaben bzw. zur rationalen Auswahl eines unter mehreren alternativen Projekten; theoretisch begründet von dem französischen Ingenieur und Ökonomen J. J. Dupuit (* 1804, † 1866), weiterentwickelt im Rahmen der Wohlfahrtsökonomik. Ziel der Nutzen-Kosten-Analyse ist die Rationalisierung politischer Entscheidungen durch einen Vergleich von Erfolgen und Belastungen, die diese nach sich ziehen. Der erste Schritt besteht in der Auswahl der als wesentlich anzusehenden Folgen, dann sind diese zu bewerten, um sie vergleichbar zu machen. Problematisch ist in erster Linie die Bewertung des nichtmonetären gesellschaftlichen Nutzens (z. B. bei Bildungsinvestitionen). Da Kosten und Erträge eines Projekts in der Zukunft und oft zu verschiedenen Zeiten anfallen, müssen beide durch die Wahl eines geeigneten Kalkulationszinsfußes auf den Gegenwartswert abgezinst werden. Die Entscheidung über ein Projekt oder zwischen alternativen Möglichkeiten kann dann nach den aus der Investitionsrechnung bekannten Kriterien erfolgen.

Nutzenschwelle (Break-even-point): Beschäftigungsgrad, bei dem der Gesamterlös eines Betriebs den Gesamtkosten bzw. der Verkaufspreis den Stückkosten entspricht. Bei graphischer Darstellung von Gesamtkosten und Gesamterlösen ist die Nutzenschwelle der untere Schnittpunkt beider Kurven und die ↑Nutzengrenze der obere Schnittpunkt. Zwischen beiden Punkten liegt die Gewinnzone eines Betriebs.

Nutzkosten: Kosten der genutzten Kapazität eines Betriebes im Gegensatz zu den ↑Leerkosten. Der Prozentsatz der Nutzkosten entspricht dem Beschäftigungsgrad des jeweiligen Betriebsanteils.

Nutzungsdauer: die betriebliche Zeitspanne, in der es erfahrungsgemäß sinnvoll ist, ein Wirtschaftsgut zu verwenden; im Gegensatz zur Lebensdauer, d. h. der Zeitspanne, während der ein Wirtschaftsgut nutzbar ist. Die Nutzungsdauer ist maßgeblich für die Höhe der ↑Abschreibungen.

O

Oberfinanzdirektion ↑Finanzverwaltung.

Oberlandesgericht ↑ordentliche Gerichtsbarkeit.

objektives Recht ↑Recht.

Objektsteuern (Realsteuern, Sachsteuern): ↑Steuern, die unabhängig von den persönlichen Verhältnissen des Steuerpflichtigen erhoben werden (Gegenteil: Personen- oder Subjektsteuern). Die Belastung bestimmter Wirtschaftsgüter (Objekte) steht im Vordergrund. Die wichtigsten Beispiele sind Gewerbesteuer und Grundsteuer. Das Aufkommen der Objektsteuern steht grundsätzlich den Gemeinden zu.

Obligation [lateinisch „das Binden, die Verbindlichkeit, die Verpflichtung"]: festverzinsliches Wertpapier, das seinem Inhaber ein Forderungsrecht verbrieft (↑Schuldverschreibung) und in dem sich der Aussteller an einem festgelegten Termin zur Zahlung eines bestimmten Geldbetrags verpflichtet. Ausgeber von Obligationen können die öffentliche Hand (Kommunalobligationen u. a.), die verschiedenen Banken (Bankobligationen u. a.) sowie die Industrie sein (Industrieobligationen), die sich auf diese Weise direkt am Kapitalmarkt Fremdkapital beschaffen.

OCR [englisch 'oʊsiː'ɑː; Abk. für englisch **o**ptical **c**haracter **r**ecognition = „optische Zeichenerkennung"]: Kurzbezeichnung für alle Arten maschineller Zeichenerklärung, insbesondere einer Schrift. Um eine eindeutige Identifizierung, ein „Lesen" der Schrift, durch eine im Rahmen der ↑Datenverarbeitung verwendete Lesemaschine zu ermöglichen, wurden besondere **OCR-Schriften** international genormt. Die **OCR-A-Schrift** (in der Bundesrepublik Deutschland genormt nach DIN 6608) enthält neben einer Anzahl spezieller Zeichen und den Ziffern nur Großbuchstaben, die **OCR-B-Schrift** auch Kleinbuchstaben, ergibt also ein für fortlaufende Texte gewohntes Schriftbild. Für jede Schriftart ist ein besonderer **OCR-Leser** erforderlich, der die Zeichen optoelektronisch abtastet und in elektrische Signale umwandelt.

oder-Konto: Bankkonto, das von mehreren Kontoinhabern in der Form gemeinschaftlich geführt wird, daß jeder einzeln verfügungsberechtigt ist (Kontoinhaber A *oder* Kontoinhaber B). Im Gegensatz dazu: das **und-Konto,** bei dem nur alle gemeinschaftlich verfügungsberechtigt sind (Kontoinhaber B *und* Kontoinhaber C).

OECD [englisch 'oʊ-i:si:'di:]: Abk. für **O**rganization for **E**conomic **C**ooperation and **D**evelopment, Organisation für wirtschaftliche Zusammenarbeit und Entwicklung, am 1. Okt. 1961 entstandene Nachfolgeorganisation der ↑OEEC. Die Mitglieder der OEEC sind Mitglieder der OECD geworden; Kanada und die USA wurden Vollmitglieder, Japan und Finnland sind als Vollmitglieder beigetreten. Ziele sind eine optimale Wirtschaftsentwicklung und ein steigender Lebensstandard in den Mitgliedsstaaten, die Förderung des Wirtschaftswachstums besonders auch in Entwicklungsländern und eine Ausweitung des Welthandels. Die Ziele sollen vor allem durch die Zusammenarbeit in der Wirtschafts-, Währungs-, Entwicklungs- und Außenhandelspolitik erreicht werden. *Organe:* 1. der Rat (mit Vertretern aller Mitgliedsstaaten; bestimmt die Richtlinien der Politik); 2. ein vom Rat berufener Exekutivausschuß; 3. Fachausschüsse; 4. ein Sekretariat.

OEEC [englisch 'oʊ-i:i:'si:]: Abk. für **O**rganization for **E**uropean **E**conomic **C**ooperation, Organisation für europäische wirtschaftliche Zusammenarbeit, die als Nachfolgerin des auf einer Konferenz 1947 beschlossenen Ausschusses für europäische wirtschaftliche Zusammenarbeit (englisch Committee of European Economic Cooperation [Abk. CEEC]) am 16. April 1948 als europäische Wirtschaftsorganisation mit Sitz in Paris gegründet wurde. Gründungsmitglieder: Belgien, die drei westlichen Besatzungszonen Deutschlands (ab 1949 Bundesrepublik Deutschland), Dänemark, Frankreich, Niederlande, Norwegen, Österreich, Portugal, Schweden, Schweiz, Türkei und Großbritannien. Spanien trat 1959 bei, Kanada und die USA waren assoziierte Mitglieder, Jugoslawien und Finnland durch Beobachter vertreten. Die OEEC führte den Marschallplan durch (Erstellung von Wiederaufbauplänen, Verhinderung von Fehlleitungen der Mittel) und erstrebte eine wirtschaftl. Zusammenarbeit durch Abbau von Handelshemmnissen wie Kontingentierung und Devisenbewirtschaftung. Der durch die Gründung der EWG und EFTA innerhalb der OEEC entstandene Dualismus führte 1961 zur Gründung der ↑OECD.

Offenbarungseid ↑eidesstattliche Versicherung.

offene Handelsgesellschaft (OHG): Gesellschaft zum Betrieb eines Handelsgewerbes unter gemeinschaftlicher Firma, bei der die Gesellschafter den Gläubigern der Gesellschaft persönlich unbegrenzt (auch mit Privatvermögen), unmittelbar (auch wegen einer Forderung gegen die Gesellschaft) und gesamtschuldnerisch (↑Gesamtschuldner) haften. Die Rechtsverhältnisse zwischen den Gesellschaftern werden durch formlosen Vertrag geregelt, ersatzweise durch die im HGB vorgesehenen Regelungen. Werden von einzelnen Gesellschaftern Liegenschaften eingebracht, bedarf der Gesellschaftsvertrag der Beurkundung. Die OHG ensteht nach außen durch Eintrag in das Handelsregister oder durch Aufnahme des Gewerbebetriebs. Sie ist keine ↑juristische Person, kann aber gleichwohl unter ihrer Firma Eigentum erwerben, klagen und verklagt werden. Die von den einzelnen Gesellschaftern zu leistenden Einlagen, über die keine Vorschriften bestehen, werden Gesamthandsvermögen. Im Außenverhältnis hat jeder Gesellschafter Alleinvertretungsmacht, sofern keine Gesamtvertretung vereinbart wurde. Eine inhaltliche Beschränkung der Vertretungsmacht ist nicht möglich; einzelne Gesellschafter können aber vertraglich ganz auf sie verzichten. Von der Vertretungsmacht ist die Geschäftsführungsbefugnis zu unterscheiden (Innenverhältnis). Sie kann vertraglich beliebig gestaltet werden und erstreckt sich auf Handlungen, die keine Rechtshandlungen sind (z. B. Anweisungen an das Personal). Zur Vornahme von gewöhnlichen Rechtsgeschäften ist jeder vertretungsberechtigte Gesellschafter im Verhältnis zu den anderen Gesellschaftern legitimiert. Geht ein Rechtsgeschäft über den normalen Betrieb des Handelsgewerbes hinaus (außergewöhnliches Rechtsgeschäft, z. B. Kauf eines Grundstücks), muß ein einstimmiger Beschluß der Gesellschafter herbeigeführt werden.

Auch der von der Geschäftsführung ausgeschlossene Gesellschafter hat ein unabdingbares Kontrollrecht, das es ihm erlaubt, jederzeit die Geschäftsräume zu betreten und Unterlagen einzusehen. Kein Gesellschafter darf der OHG auf eigene Rechnung Konkurrenz machen oder sich an einem gleichartigen Handelsgewerbe als persönlich haftender Gesellschafter ohne Zustimmung der OHG-Gesellschafter beteiligen (Wettbewerbsverbot).

Bei der Gewinnverteilung sieht die gesetzliche Regelung einen Zinsanteil von 4% auf das Anfangskapital und einen gleichen Restanteil für alle Gesellschafter vor. Ein Verlust geht ebenfalls zu gleichen Teilen.

Tritt jemand als Gesellschafter in eine bestehende OHG ein, haftet er auch für vorher bestehende Verbindlichkeiten; der ausscheidende Gesellschafter haftet noch fünf Jahre für die zu diesem Zeitpunkt bestehenden Verbindlichkeiten. Die OHG wird aufgelöst durch Beschluß der Gesellschafter, Tod eines Gesellschafters oder Kündigung mit halbjähriger Kündigungsfrist auf das Ende eines Geschäftsjahres. Die OHG gilt wegen der strengen Haftung der Gesellschafter als kreditwürdiges Unternehmen.

Offene-Posten-Buchführung ↑Buchführungsverfahren.

offener Fonds ↑Investmentfonds.

Offenmarktpolitik: Mittel der Geld- und Kreditpolitik zur Regulierung des Geld- und Kreditvolumens. Durch Ankauf (Verkauf) von festverzinslichen Wertpapieren erhöht (senkt) die Zentralnotenbank die Geldmenge bei den privaten Kreditinstituten und den Wirtschaftssubjekten und wirkt damit auf die Konjunktur ein. – In letzter Zeit gewinnen die Offenmarktgeschäfte mit Rückkaufsvereinbarung zunehmend an Bedeutung. Bei diesen sogenannten Pensionsgeschäften kauft die Notenbank Wertpapiere, die nach einem im voraus bestimmten Termin und zu einem im voraus vereinbarten Preis von den Geschäftsbanken zurückgekauft werden müssen. Wertpapierpensionsgeschäfte werden im Wege der Ausschreibung mit fester Zinsvorgabe *(Mengentender)* oder unter Angabe eines Mindestzinses *(Zinstender)* mit Laufzeiten von einem Monat oder etwas länger angeboten.

öffentliche Beurkundung: Beurkundung eines Rechtsgeschäfts durch den Notar (**notarielle Beurkundung**) oder andere Urkundspersonen. Die mündlich abgegebenen Willenserklärungen werden in einer Niederschrift (Protokoll) aufgenommen, welche die Bezeichnung des Notars und der Beteiligten sowie die Erklärungen der Beteiligten enthalten muß; enthalten soll sie auch Ort und Tag der Verhandlung. Sie ist vorzulesen, zu genehmigen und zu unterschreiben. Bei Verträgen kann zunächst Antrag und später Annahme des Antrags beurkundet werden. Die Form der öffentlichen Beurkundung ist im Grundstücksverkehr vorgeschrieben.

öffentliche Güter: Güter, die nicht individuell (bei Ausschluß anderer) genutzt werden können, z. B. gemeindeeigene Schwimmbäder, Müllverbrennungsanlagen usw.

öffentlicher Haushalt: die öffentliche Finanzwirtschaft mit ihren Einnahmen (z. B. Steuern, Sozialversicherungsbeiträge) und Ausgaben (z. B. Personalausgaben, Transferzahlungen, öffentliche Investitionen). Reichen die Einnahmen zur Deckung der Ausgaben nicht aus, müssen Kredite aufgenommen werden (öffentliche Schulden). Die Gegenüberstellung der für eine Finanzperiode (Haushaltsjahr) vorgesehenen Ausgaben und Einnahmen öffentlicher Gebietskörperschaften und der Sozialversicherung wird als **Haushaltsplan** (Budget, Etat) bezeichnet. Dieser Soll-Etat ist der zahlenmäßige Niederschlag der geplanten Aktivitäten der Gebietskörperschaften. Er wird vom Parlament im Haushaltsgesetz verabschiedet und ist für Regierung und Verwaltung politisch und rechtlich bindend. Die nachträgliche Haushaltsrechnung (Ist-Etat) hingegen enthält die in der abgelaufenen Periode tatsächlich entstandenen Ausgaben und Einnahmen.

öffentlicher Sektor: ein Sektor in der volkswirtschaftlichen Gesamtrechnung (einfachheitshalber auch als Staat bezeichnet); er umfaßt alle Gebietskörperschaften, wie den Bund einschließlich Lastenausgleichsfonds und das ERP-Sondervermögen, die Länder, die Gemeinden und Gemeindeverbände und deren Einrichtungen (z. B. Krankenhäuser usw.) sowie die Sozialversicherungshaushalte.

öffentliches Recht: der Teil des Rechts, der nicht zum Privatrecht (↑Zivilrecht) gehört. Im weiten Sinn sind öffentliches Recht die Rechtsnormen, die einen Träger öffentlicher Gewalt berechtigen oder verpflichten, also auch Straf-, Strafprozeß-, Zivilprozeß- und Arbeitsprozeßrecht sowie das Kirchenrecht. Im engeren Sinn zählen zum öffentlichen Recht Staats- und Verwaltungsrecht, Gerichtsverfassungs- und Prozeßrecht der öffentlich-rechtlichen Gerichtsbarkeit, Völker- und Europarecht.

Öffentlichkeitsarbeit (englisch Public Relations, Abk. PR): Bezeichnung für die Pflege der Beziehungen zwischen einem Auftraggeber und einer für ihn wichtigen Öffentlichkeit. Öffentlichkeitsarbeit versucht, in der Öffentlichkeit ein Klima des Einverständnisses und Vertrauens zu schaffen, das dem Zweck von Unternehmen oder Organisationen förderlich ist, und wird außer von Unternehmen auch von Verbänden (Lobby), Behörden (Presse- und Öffentlichkeitsarbeit) und Parteien betrieben. Begriff und Methoden der Öffentlichkeitsarbeit sind nicht fest umrissen. Im Gegensatz zur Werbung ist Öffentlichkeitsarbeit nicht unmittelbar am Verkauf von Gütern oder Dienstleistungen interessiert, setzt vielfach sogar außerhalb des ökonomischen Bereichs an, z. B. durch Förderung kultureller oder wissenschaftlicher Interessen.

Offerte: rechtlich bindender Antrag auf den Abschluß eines Vertrags.

Off-line-Betrieb [englisch 'ɔflaın] (indirekte Datenverarbeitung): Art der Datenverarbeitung, bei der die Daten nicht direkt in eine Datenverarbeitungsanlage eingegeben, sondern zuerst auf Datenträgern erfaßt werden.

Ökologie [zu griechisch oĩkos „Haus, Lebensraum" und griechisch logos „Wort, Wissenschaft"]: aus der Biologie hervorgegangene Wissenschaft, die sich mit den Wechselbeziehungen zwischen den Organismen und der unbelebten (Klima, Boden) und der belebten Umwelt befaßt. Sie untersucht ihre zeitliche Entfaltung, Krisen in ihrer Entwicklung und Mechanismen der Wiederherstellung von Gleichgewichten.

Ökonometrie: Anwendung mathematisch-statistischer Methoden zur Überprüfung wirtschaftstheoretischer Modelle auf ihren Wirklichkeitsgehalt und zur Beschreibung gesamtwirtschaftlicher Prozesse.

Ökonomie ↑ Wirtschaftswissenschaften.

ökonomisches Prinzip (Wirtschaftlichkeitsprinzip): das Streben, mit einem gegebenen Aufwand den größtmöglichen Ertrag zu erwirtschaften oder für einen gegebenen Ertrag den geringstmöglichen Aufwand einzusetzen.

Oligopol [zu griechisch olîgos „wenig, einige“ und pōleĩn „Handel treiben“]: Marktform, bei der auf der Angebots- oder Nachfrageseite eines Marktes nur wenige Anbieter bzw. Nachfrager miteinander in Konkurrenz stehen. Ein Oligopol auf der Nachfrageseite wird auch als **Oligopson** bezeichnet.

On-line-Betrieb [englisch 'ɔnlaɪn]: Betriebsart einer Datenverarbeitungsanlage, bei der die Daten direkt eingegeben und sofort von der Zentraleinheit verarbeitet werden. Der On-line-Betrieb hat ermöglicht, daß EDV-Tätigkeiten an die Arbeitsplätze von Sachbearbeitern verlagert werden konnten.

OPEC: Abk. für **O**rganization of the **P**etroleum **E**xporting **C**ountries, Organisation der Erdöl exportierenden Länder, gegründet 1960; Mitglieder: Algerien, Ecuador, Gabun, Indonesien, Irak, Iran, Katar, Kuwait, Libyen, Nigeria, Saudi-Arabien, Venezuela und die Vereinigten Arabischen Emirate; Sitz: Wien (seit 1965; vorher Genf).

Die OPEC war zunächst eine Schutzorganisation gegen die Erdölkonzerne, die vor allem zur Stabilisierung der Erlöse der Mitgliedsländer beitragen sollte. Die Einnahmen der Förderstaaten ergaben sich aus den „Royalties“, einem festen (Dollar-) Betrag pro Tonne Rohöl, und einer „Einkommensteuer“ in Höhe von 50% des ausgewiesenen Gewinns. Wurden bis dahin die gezahlten Royalties als Abschlagszahlung auf die Einkommensteuer verrechnet, so erreichte die OPEC, daß die Royalties nunmehr lediglich als Kosten bei der Ermittlung des Gewinns berücksichtigt werden durften. Die Abkehr von diesem System begann sich erst 1971 zu vollziehen. In dem Anfang 1971 zwischen der OPEC und den Erdölkonzernen abgeschlossenen Abkommen von Teheran wurde u. a. ein Inflationsausgleich von jährlich 2,5% für die nächsten Jahre vereinbart. Das Bestreben der OPEC-Länder, die Erdölförderung, die nahezu ihre gesamten Exporterlöse ausmacht, unter eigene Kontrolle zu bekommen, führte zu Verstaatlichungen bzw. zum Erwerb von Mehrheitsbeteiligungen an den Fördergesellschaften.

Zur autonomen Preisfestsetzung (ohne Verhandlungen mit den Ölkonzernen) ging die OPEC über, als die Erdölkonzerne bei Verhandlungen in Wien im Oktober 1973 zögerten, die Forderungen nach höherem Inflationsausgleich und Anhebung der Listenpreise zu akzeptieren. Ein starker Preisschub fand 1979 statt, als die meisten OPEC-Staaten ihre Fördermengen einschränkten, um ihre Erdölreserven zu strecken. Die rückläufige Nachfrage der Industriestaaten ab Beginn der 80er Jahre hatte einen Angebotsüberschuß verursacht, der die Einführung von Förderquoten und einen raschen Preisverfall zur Folge hatte. – Von der OPEC zu unterscheiden ist die 1968 gegründete **Organisation der arabischen Erdöl exportierenden Staaten** (Abk. OAPEC), Sitz Kuwait. Die Lieferbeschränkungen Ende 1973 (Israelisch-Arabischer Krieg) gingen auf deren Beschlüsse zurück.

Operations-research [englisch ɔpəˈrɛɪʃənz rɪˈsəːtʃ] (Unternehmungsforschung, Ablauf- und Verfahrensforschung): in England und den USA während des 2. Weltkrieges entwickelte Methodik der quantitativen Analyse, Formalisierung und Lösung von Entscheidungsproblemen mittels mathematischer Modelle. Nach dem Krieg insbesondere auch in Deutschland von der Betriebswirtschaftslehre übernommen und auf betriebliche Entscheidungsprobleme angewendet. Heute umfaßt das Operations-research eine Vielzahl von Methoden und Modellen, die sich auf verschiedene mathematische Kalküle stützen und auf sehr vielen Sachgebieten eingesetzt werden (z. B. in der Städte- und Verkehrsplanung, auf volkswirtschaftlichem und militärischem Sektor, in der Medizin und Technik). Wichtige Verfahren sind Input-Output-Analyse, Spieltheorie, statistische Qualitätskontrolle, Simulation.

Opportunitätskosten (Alternativkosten): die Kosten, die sich nicht auf den Wert der eingesetzten Güter beziehen, sondern auf den entgangenen Gewinn aus einer anderweitigen und darum alternativen Verwendungsweise.

optimale Bestellmenge: diejenige Menge an einzukaufenden Gütern, bei der die Kosten je beschaffter Mengeneinheit ein Minimum werden; wird berechnet nach der Formel:

optimale Bestellmenge =

$$\sqrt{\frac{200 \times \text{Jahresbedarf} \times \text{feste BK}}{\text{EP} \times (\text{Zins} + \text{Lagerkosten})}}$$

BK = Bezugskosten. EP = Einstandspreis.

Die Formel gibt an, wie das Unternehmen seine Bestellmenge disponieren soll, damit die Summe aus Bezugs-, Lager- und Zinskosten ein Minimum ergibt.

optimale Betriebsgröße ↑Betriebsgröße.

optimale Losgröße: die Fertigungsmenge, bei der sich unter Berücksichtigung der auflagefixen und auflageproportionalen Kosten ein Minimum an Kosten pro Einheit der produzierten Menge ergibt. Die Auflagekosten sind für jedes Los fix, werden also pro Einheit aufgrund der Auflagendegression um so kleiner, je größer das Los ist. Da die Zins- und Lagerkosten aber ebenso wie das Risiko bei Änderungen der Mode und des technischen Fortschritts um so größer werden, je umfangreicher das Los ist [denn damit wächst ja der Lagerbestand], gilt es, einen Zwischenweg von Auflagendegression und Zins- und Lagerkosten zu finden. Das kann nach der Formel

optimale Losgröße =

$$\frac{\text{afK} \times \text{Jb} \times 100}{\text{apK} \times \text{Jahreszins}}$$

(afk = auflagenfixe Kosten, Jb = Jahresbedarf, apk = auflagenproportionale Kosten) geschehen.

Option [zu lateinisch optio „freie Wahl; Belieben“]: die Anwartschaft auf den Erwerb eines Rechts durch eigene einseitige Willenserklärung. Die Option ist im Börsenwesen Gegenstand des **Optionsgeschäfts;** durch den Kauf einer Option erwirbt der Käufer das Recht, jederzeit innerhalb der Optionsfrist vom Verkäufer Lieferung *(Kaufoption)* oder Abnahme *(Verkaufsoption)* einer bestimmten Anzahl von Wertpapieren zum am Abschlußtag vereinbarten Kurs zu verlangen.

Optionsanleihe: besondere Form einer Schuldverschreibung, die dem Inhaber das Recht einräumt, innerhalb einer bestimmten Frist in einem bestimmten Verhältnis und zu einem bestimmten Kurs Aktien des Emittenten zu erwerben. Der Unterschied zur Wandelschuldverschreibung besteht darin, daß bei der Optionsanleihe das Bezugsrecht, das auch getrennt von der Anleihe in form von **Optionsscheinen** gehandelt werden kann, zusätzlich zur Rückzahlung und Verzinsung tritt, die Option also beim Erwerb der Aktie nicht in Zahlung gegeben wird. Damit soll eine unter Umständen schlechtere Verzinsung der Anleihe ausgeglichen und für den Anleger interessant gemacht werden.

Optionsgeschäft ↑Option.

ordentliche Gerichtsbarkeit (Justizgerichtsbarkeit): Gerichtsbarkeit der ordentlichen Gerichte; diesem Gerichtszweig gehören an: der *Bundesgerichtshof* (BGH), die *Oberlandesgerichte* (in Bayern: Bayerisches Oberstes Landesgericht) sowie die *Land-* und *Amtsgerichte.* Die ordentliche Gerichtsbarkeit umfaßt alle bürgerlichen Rechtsstreitigkeiten und Strafsachen. Im einzelnen wird die ordentliche Gerichtsbarkeit unterteilt in: 1. die streitige Gerichtsbarkeit; diese umfaßt den Zivilprozeß einschließlich des Verfahrens der Zwangsvollstreckung sowie das Konkurs- und Vergleichsverfahren und die den Zivilgerichten zugewiesenen öffentlich-rechtlichen Streitigkeiten; 2. die freiwillige Gerichtsbarkeit; 3. die Strafgerichtsbarkeit; Gerichte der Strafgerichtsbarkeit sind die Amtsgerichte, die Landgerichte mit kleinen und großen Strafkammern, dem Schwurgericht, die Oberlandesgerichte mit Strafsenaten, der Bundesgerichtshof mit Strafsenaten; 4. die Gerichtsbarkeit der besonderen Abteilungen der ordentlichen Gerichtsbarkeit, z. B. Landwirtschaftsgericht, Schiffahrtsgericht. Die Gerichte der ordentlichen Gerichtsbarkeit (wie auch der meisten anderen Gerichtsbarkeiten) sind durch einen Instanzenzug miteinander verknüpft.

Orderklausel: Vermerk auf ↑Wertpapieren, durch den der Berechtigte einen anderen als Berechtigten benennen kann (durch den Zusatz: „oder an Order"; sogenannte *positive Orderklausel*). Bestimmte Wertpapiere mit Orderklausel werden zu ↑Orderpapieren (sogenannte gekorene Orderpapiere). Durch die *negative Orderklausel* (**Rektaklausel:** „nicht an Order") auf geborenen Orderpapieren wird die Übertragung durch ↑Indossament ausgeschlossen; die Forderung kann alsdann nur im Wege der gewöhnlichen Abtretung übertragen werden.

Orderpapier: Wertpapier, dessen verbrieftes Recht nur der im Orderpapier namentlich genannte Berechtigte bzw. der Inhaber, der sich durch eine lückenlose Indossamentenkette ausweisen kann, geltend machen kann. Sie werden durch Einigung und ↑Indossament weitergegeben. **Geborene Orderpapiere** sind kraft Gesetz Orderpapiere, auch ohne daß sie eine ↑Orderklausel tragen. Zu ihnen gehören der ↑Scheck, der ↑Wechsel und die ↑Namensaktie. **Gekorene Orderpapiere** werden erst durch die Orderklausel zu Orderpapieren. Zu ihnen gehören ↑Konossement, ↑Ladeschein, ↑Lagerschein.

Ordnungspolitik: wirtschaftspolitische Maßnahmen, die sich auf die Organisationsformen und Institutionen der Wirtschaft und damit auf den Ordnungsrahmen (Gesetzgebung) beziehen, in dem der Wirtschaftsprozeß abläuft. Wichtigste Teilbereiche einer marktwirtschaftlich ausgerichteten Ordnungspolitik sind die Wettbewerbspolitik, die Politik zur Gestaltung der Unternehmensordnung (z. B. Mitbestimmung) und der Eigentumsordnung, Verteilungs- und Sozialpolitik.

Organgesellschaft: im Steuerrecht eine Kapitalgesellschaft, die von einem anderen inländischen gewerblichen Unternehmen (Organträger) beherrscht wird. Die Organgesellschaft ist finanziell (d. h. die Mehrheit der Stimmrechte liegt unmittelbar beim Organträger), wirtschaftlich und organisatorisch (durch Beherrschungsvertrag kann der Organträger seinen Willen in der Geschäftsführung der Organgesellschaft durchsetzen) beim Organträger eingegliedert; ein Gewinnabführungsvertrag ist abgeschlossen.

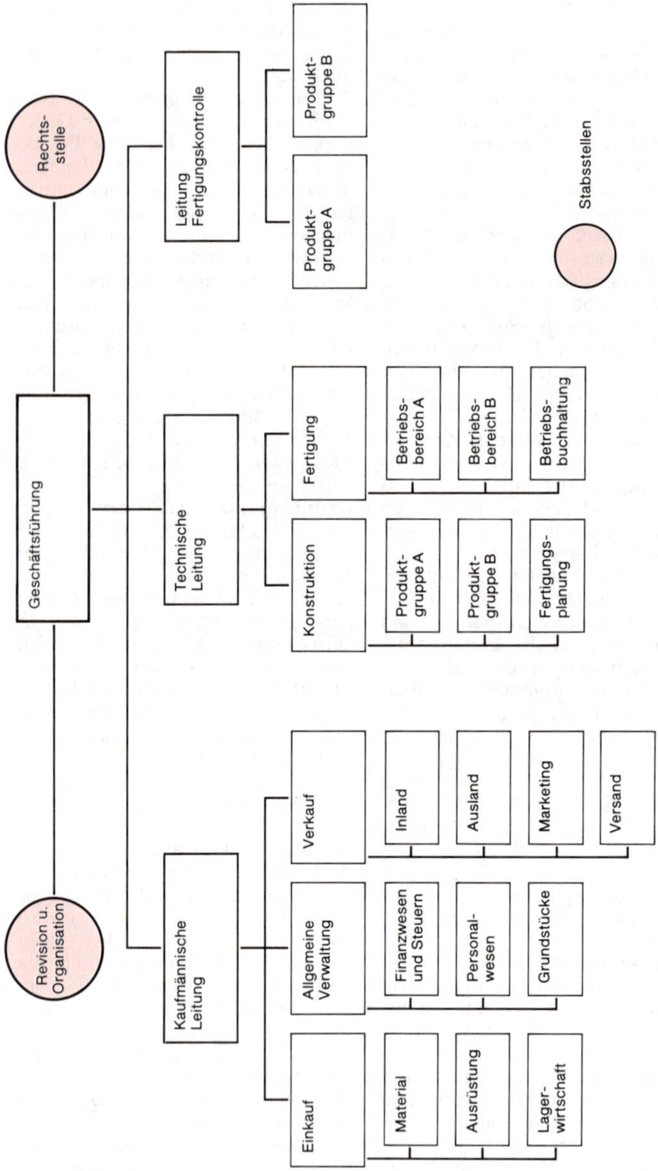

Organisationsplan. Beispiel eines Plans für ein Industrieunternehmen mit den Stabsstellen Revision und Organisation sowie Rechtsstelle

Organisation: zielgerichtete Ordnung bzw. Regelung von Aufgaben (Funktionen) und Tätigkeiten (Arbeitsvorgängen) in Sozialgebilden (Unternehmen, Behörden, Verbänden, Parteien, Kirchen u. a.) in der Weise, daß alle Elemente der Organisation und alle daraus gebildeten Organisationseinheiten (Stellen, Abteilungen) final und integrativ in das Sozialgebilde eingegliedert sind. Organisation kann sowohl die Tätigkeit des Ordnens und Regelns sein als auch das Ordnungsgebilde selbst als Ergebnis dieser Tätigkeit.

Beim Organisationsaufbau geht man von der Aufteilung der Gesamtaufgabe (Aufgabenanalyse) in Teilaufgaben aus, die den Aufgabenträgern zugeordnet werden. Die in der Praxis vorherrschenden Gliederungsprinzipien sind: 1. nach Funktionen (z. B. Einkaufen, Produzieren, Verkaufen); 2. nach Objekten (z. B. nach Produkten, Produktgruppen oder Projekten); 3. nach dem Rang (Entscheidungs- oder Realisationsaufgaben) und 4. nach der Zwecksetzung (Hauptaufgaben zur direkten Erfüllung des vorgegebenen Zieles und Verwaltungsaufgaben, die bei der Durchführung der Hauptaufgaben anfallen). Die kleinsten organisatorischen Leistungseinheiten heißen Stellen. Mehrere Stellen können, wenn gleiche oder ähnliche Teilaufgaben vorliegen, zu Abteilungen zusammengeschlossen werden.

Eine zerlegte und auf verschiedene Aufgabenträger verteilte Gesamtaufgabe kann nur dann wirksam erledigt werden, wenn die Aufgabenträger (Stelleninhaber) miteinander in Verbindung stehen. Deshalb muß ein Kommunikationssystem, das Informationen zwischen den Stellen vermittelt, aufgebaut werden. Es muß festgelegt werden, welche Stellen aufgrund des Zusammenhangs der Teilaufgaben miteinander verbunden werden müssen, von welcher Art der Kommunikationsweg sein soll horizontal – vertikal; mündlich – schriftlich; personell – maschinell).

Organisationsplan: Übersicht über den strukturellen Aufbau eines Betriebes. Alle Abteilungen und Stellen eines Betriebes sind in ihrem Gesamtzusammenhang ersichtlich (↑auch Betriebsorganisation, ↑Aufbauorganisation). Die beiden Grundmodelle sind das ↑Einliniensystem und das ↑Mehrliniensystem.

Organschaft: Verbindung einer juristischen Person, insbesondere einer Kapitalgesellschaft (Obergesellschaft, Organträger), mit einem anderen, ebenfalls rechtlich selbständigen Unternehmen (↑Organgesellschaft), wobei letzteres bei wirtschaftlicher Betrachtung als unselbständig in seiner Betätigung erscheint. Dies hat zur Folge, daß steuerlich beide Unternehmen teilweise als eine Einheit angesehen werden. Steuerrechtliche Folge ist die Festsetzung der Gewerbesteuer für das Gesamtunternehmen. Die Organschaft hat bei der Körperschaftsteuer zur Folge, daß bei Vorliegen eines Gewinnabführungsvertrages der Organgesellschaft an die Obergesellschaft eine Doppelbesteuerung entfällt. Umsätze zwischen Obergesellschaft und Organgesellschaften, auch untereinander, sind umsatzsteuerlich unbeachtliche Innenumsätze.

Osteuropabank (Europäische Bank für Wiederaufbau und Entwicklung; englisch European Bank for Reconstruction and Development, EBRD): am 15. 4. 1991 gegründete internationale Bank (Sitz: London), um die ehemaligen kommunistischen Staaten Osteuropas und die Nachfolgestaaten der UdSSR bei ihrem Übergang von der Plan- zur Marktwirtschaft und zur Demokratie zu unterstützen. Mitglieder: 39 Staaten, EG-Kommission, Europäische Investitionsbank.

Output [englisch 'aʊtpʊt „Ausstoß"]: die mengenmäßige Ausbringung (z. B. eines Betriebes). Gegensatz: ↑Input. In der ↑Input-Output-Analyse die Summe der Lieferungen eines Wirtschaftszweiges an andere.

P

Pacht [zu lateinisch pacta (Plural aus pactum) „Verträge“]: entgeltlicher gegenseitiger Vertrag, durch den sich der Verpächter verpflichtet, dem Pächter den Gebrauch des verpachteten Gegenstandes und den Genuß der Früchte zu gewähren, der Pächter hingegen den vereinbarten Pachtzins zu zahlen (§§ 581 ff. BGB). Auf die Pacht finden die meisten Vorschriften über die ↑Miete, von der sie sich im wesentlichen durch das Fruchtziehungsrecht unterscheidet, entsprechende Anwendung. Anders als die Miete erstreckt sich die Pacht auch auf Rechte (z. B. Jagdrecht) und auf unkörperliche Vermögenswerte (z. B. ein Handelsgeschäft).

Panel [englisch pænl „abgeteiltes Feld“]: in der Marktforschung Bezeichnung für eine ausgewählte Personengruppe, die regelmäßig über einen längeren Zeitraum hinweg zum gleichen Gegenstand (z. B. Konsumverhalten) untersucht wird, um Entwicklungen aufzuzeigen und zuverlässige Prognosewerte zu gewinnen. Die wichtigsten Panelvarianten sind das **Haushaltspanel** (Befragung einer Gruppe von Haushalten über ihre täglichen Einkäufe) und das **Einzelhandelspanel** (Beobachtung der Absatzentwicklung einzelner Produkte im Einzelhandel). Panelprobleme entstehen durch das Ausscheiden von Panelmitgliedern (= Panelsterblichkeit, z. B. durch Rücktritt, Umzug) oder auch dadurch, daß Panelmitglieder ihr Kaufverhalten als Folge der Teilnahme am Panel ändern (= Paneleffekt, z. B. durch bewußtes Einkaufen, bei dem Spontankäufe unterbleiben).

Papiergeld: aus Papier hergestellte Geldzeichen, die in Form der Banknote gesetzliche Zahlungsmittel sind. Nach der älteren Geldtheorie wurde zwischen eigentlichem und uneigentlichem Papiergeld unterschieden. *Eigentliches Papiergeld* ist selbst Währungsgeld und nicht in Metallmünzen (Gold) einzulösen, während *uneigentliches Papiergeld* nur der Schonung der Metallmünzen diente und jederzeit in Metall- bzw. Goldmünzen eingetauscht werden konnte.

Parallelwährung: Metallwährung, in der zwei Metalle (meist Gold und Silber) zur Münzprägung verwendet werden, ohne daß zwischen beiden Währungsmetallen ein festes Wert- bzw. Kursverhältnis besteht. Gelingt es nicht, die Preise der Währungsmetalle stabil zu halten, ändert sich das Wertverhältnis zwischen beiden Währungsmetallen ständig, was zur Entwertung eines der Metalle führen kann.

Parameter: eine mathematische Größe, von der eine Funktion oder Kurvengestalt abhängig ist. Auch zur Unterscheidung von Funktionen eine charakteristische Konstante. In der Wirtschaftstheorie wird ein Parameter als eine Größe zur Kennzeichnung einer Funktion oder eines Modells, z. B. der ↑Aktionsparameter, gebraucht.

pari [italienisch]: in der Börsensprache: zum Nennwert. Der Kurs eines Wertpapiers ist über pari, wenn er höher, unter pari, wenn er niedriger als der Nennwert ist.

Pari-Emission: Ausgabe von Wertpapieren zum Nennwert. Bei der Aktienausgabe besteht das Unterpari-Emissionsverbot, bei der Ausgabe von festverzinslichen Wertpapieren dagegen ist eine Unterpari-Emission aus Gründen der Renditeanpassung üblich.

Parität [lateinisch „Gleichheit“]: das im Wechselkurs zum Ausdruck kommende Wertverhältnis zwischen zwei oder mehreren Währungen. Bei Goldwährung ist die Goldparität maßgebend, d. h. das Wertverhältnis des Währungsgeldes zu einer Gewichtseinheit Gold. Bei Papierwährung bildet die Kaufkraftparität die Grundlage der Ermittlung des Wechselkurses. Die mit dem Internationalen Währungsfonds vereinbarten Paritäten (z. B. 1 DM = 0,310 580 Sonderziehungsrechte) entsprechen nicht immer den tatsächlichen Wertverhältnissen, da keine Goldeinlösungspflicht besteht. Als indirekte Parität wird das errechnete Wertverhältnis zweier Währungen aufgrund der Notierungen in einer dritten Währung bezeichnet.

Parkinsonsches Gesetz [englisch 'pɑ:kinsn]: von dem britischen Historiker und Schriftsteller C. N. Parkinson formuliertes ironisch-satirisches Gesetz über das Wachstum der Bürokratie. Danach weisen hierarchisch organisierte Verwaltungen die Tendenz zur Selbstaufblähung auf, wodurch die Gefahr des Leerlaufs und des Zusammenbrechens entsteht.

Partikulier [lateinisch-französisch]: selbständiger Binnenschiffer, der lediglich die Beförderung von Gütern mit dem Schiff übernimmt. Im Unterschied zur ↑Reederei verfügt der Partikulier über keinen Stützpunkt an Land, der sich um die Beschaffung von Fracht und deren Verbringung zum Verschiffungshafen oder deren Weitertransport kümmern würde. Der Partikulier hat keinen festen Fahrplan, sondern wird bei Bedarf „auf Abruf" tätig.

Passiva: Bezeichnung für die Summe des einem Unternehmen zur Verfügung stehenden Kapitals (Mittelherkunft), das auf der rechten (Haben-)Seite der ↑Bilanz ausgewiesen wird. Die Passiva werden unterteilt in das Eigenkapital, die Rückstellungen, die Verbindlichkeiten und die passiven Rechnungsabgrenzungsposten. – ↑auch Aktiva, ↑Bilanzgliederung.

Passivgeschäft: Bankgeschäfte, die sich auf der Passivseite der Bankbilanz niederschlagen und der Beschaffung von Geldkapital dienen. Dies sind 1. Annahme von Einlagen (Sicht-, Termin-, Spareinlagen), 2. Aufnahme kurzfristiger Gelder (z. B. Tagesgeld, Dreimonatsgeld) und langfristiger Darlehen, 3. Ausgabe von Bankschuldverschreibungen (z. B. Pfandbriefe Kommunalobligationen, Sparbriefe). Gegensatz: ↑Aktivgeschäft.

Passivierung: buchhalterischer Vorgang, der zu einer Erhöhung von Posten auf der Passivseite der ↑Bilanz führt. *Passivierungsverbote* gibt es nur wenige; so ist z. B. die Passivierung von antizipativen (vorweggenommenen) Rechnungsabgrenzungsposten und von Pauschalwertberichtigungen auf Forderungen nicht zulässig. Für unmittelbare Pensionszusagen, die bis zum 31. 12. 1986 erteilt wurden, besteht ein *Passivierungswahlrecht,* für solche ab dem 1. 1. 1987 eine *Passivierungspflicht.*

Passivkonten: Konten, die passive Bestände (Schulden und Kapital) buchen und deshalb unmittelbar aus der Passivseite der ↑Bilanz hervorgehen. Passivkonten buchen die Anfangsbestände und Zugänge im Haben, die Abgänge im Soll.

Patent [aus mittellateinisch (littera) patens „landesherrlicher offener Brief"]: bis ins 19. Jahrhundert offen versandter Brief oder offen versandte gesiegelte Urkunde von öffentlichem Interesse, Urkunde zur Verleihung von Rechten an Einzelpersonen oder an Personengruppen. Im engeren Sinne heute das einem Erfinder oder seinem Rechtsnachfolger vom Staat erteilte, zeitlich begrenzte Monopol für die wirtschaftliche Nutzung der Erfindung. Das bedeutet, daß der **Patentinhaber** als einziger das Recht hat, die geschützte Erfindung herzustellen, zu vertreiben oder zu gebrauchen sowie Dritte hieran zu hindern, außer wenn diese sie vor der Anmeldung bereits im Besitz hatten und benutzten **(Vorbenutzungsrecht).** Der **Patentschutz** (Erfinderschutz) erstreckt sich (außer beim Gemeinschaftspatent der EG) regelmäßig nur auf das Land, für welches das Patent erteilt worden ist. Bei fehlender Möglichkeit eigener Verwertung vergibt der Erfinder Lizenzen (Know-how) zur Auswertung des Patents; im öffentlichen Interesse können einem Patentinhaber auch gegen seinen Willen Auflagen hinsichtlich der Gewährung von Lizenzen an Dritte erteilt werden (Zwangslizenzen). – Abb. S. 293.

Patentamt: für das Patentwesen zuständige Behörde. In der Bundesrepublik Deutschland ist das Deutsche Patentamt mit Sitz in München und einer Dienststelle in Berlin eine obere Bundesbehörde, die juristisch als Verwaltungsbehörde mit justizförmig ausgestaltetem Verfahren bezeichnet werden kann. Für den Bereich der EG erteilt das Europäische Patentamt (Sitz ebenfalls München) europäische Patente. Das Patentamt ist außer für Patente auch für die Anmeldung von Gebrauchsmustern, für die Anmeldung von Prüfung von Warenzeichen sowie für Ausländer für die Anmeldung von Geschmacksmustern zuständig. Es führt neben einem für jedermann einsehbaren Register, in das Gegenstand und Dauer eines erteilten Patents, Name und Wohnort des Patentinhabers und dessen Vertreters eingetragen werden **(Patentrolle)** auch die sogenannte Urheberrolle, in die Autoren von anonym oder pseudonym erschienenen Werken eingetragen werden und mit deren Hilfe sich die Schutzfrist für diese Werke bestimmen läßt.

Pauperismus [zu lateinisch pauper „arm"]: in den 1840er Jahren auftauchender Begriff, der die vorindustrielle Massenarmut kennzeichnet. Grund für den Pauperismus war ein erhebliches Bevölkerungswachstum, das langfristig höher war als die Produktivität. – ↑auch soziale Frage.

Pauschalabschreibung ↑Abschreibung.

Pauschalbewertung: zusammengefaßte ↑Bewertung mehrerer Wirtschaftsgüter. Vermögensgegenstände des Sachanlagevermögens sowie Roh-, Hilfs- und Betriebsstoffe können, wenn sie regelmäßig ersetzt werden und ihr Gesamtwert für das Unternehmen von nachrangiger Bedeutung ist, mit einer gleichbleibenden Menge und einem gleichbleibenden Wert angesetzt werden, sofern ihr Bestand in seiner Größe, seinem Wert und seiner Zusammensetzung nur geringen Veränderungen unterliegt. Jedoch ist in der Regel alle drei Jahre eine körperliche Bestandsaufnahme durchzuführen. Gleichartige Vermögensgegenstände des Vorratsvermögens sowie andere gleichartige oder annähernd gleichwertige bewegliche Vermögensgegenstände können jeweils zu einer Gruppe zusammengefaßt und mit dem gewogenen Durchschnittswert angesetzt werden *(Gruppenbewertung)*. Diese Bestimmungen gelten sowohl handelsrechtlich (§ 240 HGB) als auch steuerrechtlich (Abschnitt 36 EStR). Grundsätzlich gilt jedoch auch für das Vorratsvermögen der Grundsatz der Einzelbewertung. – ↑auch Durchschnittsbewertung.

Pauschbeträge: pauschale Beträge, um die sich die Bemessungsgrundlage bei verschiedenen Steuern mindert, ohne daß ein Einzelnachweis der entstandenen Aufwendungen erfolgen muß. Das kann bei der Einkommensteuer zur Abgeltung zwangsläufiger ↑außergewöhnlicher Belastungen geschehen, z. B. Pauschbeträge für Hinterbliebene und Pauschbeträge für Körperbehinderte, um in solchen Fällen nicht jeweils die zumutbare Belastungsgrenze ermitteln zu müssen. Pauschbeträge dienen außerdem der Vereinfachung des Besteuerungsverfahrens, z. B. bei den Pauschbeträgen für ↑Sonderausgaben, Vorsorgeaufwendungen und ↑Werbungskosten, die als Mindestbeträge bereits in den

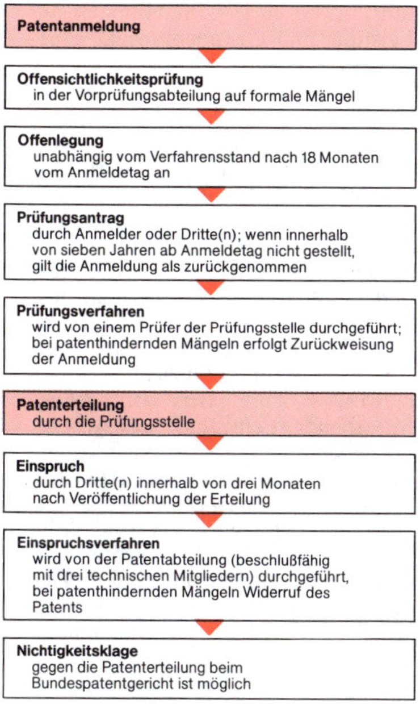

Patent. Schematische Darstellung des Patenterteilungsverfahrens

Lohnsteuertabellen berücksichtigt sind. Der Steuerpflichtige kann bei entsprechendem Einzelnachweis auch höhere Aufwendungen steuerlich geltend machen. Daneben gibt es auch **pauschale Steuersätze**, z. B. in Höhe von 15% bei Beiträgen für eine ↑Direktversicherung im Rahmen der Pauschalierung der Lohnsteuer. – ↑auch Freibetrag.

Pension [pã'zio:n; paŋ'zio:n; französisch, zu lateinisch pensio „das Abwägen, Zahlung"] ↑Ruhegehalt.

Pensionsgeschäft: Vermögenswerte werden an einen Dritten für eine begrenzte Zeit unter Übernahme der Rückkaufsverpflichtung veräußert. Das Wertpapierpensionsgeschäft hat seine größte Bedeutung (im Rahmen der ↑Offenmarktpolitik) im Handel zwischen den Banken und der Deutschen Bundesbank. Letztere erwirbt lombardfähige Wertpapiere (mit amtlicher Notierung oder vom Bund emittiert) von zugelassenen Banken, die die Papiere zu einem vereinbarten Zeitpunkt zum gleichen Kurs zurückkaufen.

Pensionskasse: Versorgungseinrichtung der ↑betrieblichen Altersversorgung, die dem Arbeitnehmer oder seinen Hinterbliebenen einen Rechtsanspruch auf Versorgungsleistungen gewährt. Träger der vom Arbeitgeber eingerichteten, aber rechtlich selbständigen Institution sind Einzelunternehmen oder mehrere Unternehmen und Verbände. Rechtsform ist in der Regel der ↑Versicherungsverein auf Gegenseitigkeit, der der staatlichen Versicherungsaufsicht unterliegt. Die Leistungsempfänger sind Mitglieder des Versicherungsvereins und können auch zu Beiträgen herangezogen werden.

Pensionsrückstellung: ↑Rückstellung eines Unternehmens für die Altersversorgung von Betriebsangehörigen.

Pensionssicherungsverein: nach dem Gesetz zur Verbesserung der betrieblichen Altersversorgung vom 19. Dez. 1974 für den Fall fortbestehender Zahlungsunfähigkeit des Arbeitgebers begründeter Trägerverein zur Sicherung der betrieblichen Altersversorgung bzw. unverfallbar gewordener Anwartschaften. Alle Arbeitgeber, die Leistungen der betrieblichen Altersversorgung zugesagt haben (Unterstützungskasse, Direktversicherung) werden dem Pensionssicherungsverein beitragspflichtig, wobei sich die Höhe nach dem Wert der im Kalenderjahr angefallenen Ansprüche auf Leistungen aus dem Pensionssicherungsverein und den damit verbundenen Kosten richtet.

periodenfremde Aufwendungen und Erträge: gehören zu den neutralen Aufwendungen und neutralen Erträgen und müssen sachlich abgegrenzt werden, da sie das Betriebsergebnis anderer Abrechnungsperioden betreffen, z. B. Urlaubslöhne und Gewerbesteuerrückvergütungen.

periphere Geräte [zu griechisch-spätlateinisch Peripherie „das Herumtragen, der Umlauf"] (Peripheriegeräte): Bezeichnung für Geräte, die über Datenkanäle an die Zentraleinheit einer Datenverarbeitungsanlage angeschlossen werden können. Man unterscheidet periphere Datenspeicher (z. B. Magnetplattenspeicher) und periphere Ein- und Ausgabegeräte (z. B. Datensichtgeräte, Drukker).

permanente Inventur: Form der ↑Inventur, die auf die körperliche Bestandsaufnahme zum Abschlußstichtag verzichtet und sic über das ganze Jahr verteilt. Sie setzt genaue Mengennachweise voraus.

per procura ↑Prokura.

Personalcomputer (PC): selbständiges Datenverarbeitungssystem an Arbeitsplätzen. Der PC besitzt im allgemeinen neben der Zentraleinheit eine Tastatur für die Dateneingabe, Bildschirm und Drucker für die Datenausgabe und Diskettenlaufwerke für die externe Datenspeicherung. Der PC kann aber auch als sogenanntes intelligentes Terminal in Verbindung (on-line) mit einem Rechenzentrum oder einer zentralen betrieblichen Datenbank eingesetzt werden.

Personalführung: planmäßiges Leiten von Personen oder Personengruppen. Zum Gegenstand der betrieblichen Personalführung gehören neben der Zuordnung von Arbeitsplätzen und arbeitenden Menschen, Auswahl, Einarbeitung, Betreuung, Förderung und Entwicklung des Personals v. a. die Gestaltung der zwischenmenschlichen Beziehungen (Verhältnis der Kollegen untereinander sowie zwischen Vorgesetzten und Untergebenen). Bei der Verwirklichung der Personalführung sind die Führungsstile von grundlegendem Einfluß, d. h. die typischen Verhaltensformen von Führungspersonen und ihre Wirkung auf die Geführten, besonders im Hinblick auf Leistung und Gruppenmoral.

Personalkosten ↑Lohnkosten.

Personalkredit: Kredit, der im Gegensatz zum ↑Realkredit bzw. verstärkten Personalkredit ohne Kreditsicherung, allein im Vertrauen auf die Zahlungsfähigkeit und -willigkeit des Kreditnehmers gegeben wird.

Personalwesen: alle Institutionen und Maßnahmen wie Beschaffung, Erhaltung und Förderung des geeigneten Mitarbeiterstabes eines Unternehmens. Hauptbereiche des Personalwesens sind: Beschaffung der Mitarbeiter (Ermittlung des Arbeitskräftebedarfs, Beobachtung des Arbeitsmarktes, Anwerbung, Auswahl, Einstellung); Einsatz der Arbeitskräfte in den Betriebsprozeß (Einweisung an einen bestimmten Arbeitsplatz entsprechend der Eignung), laufende Betreuung der Beschäftigten (Anleitung, Ausbildung, Weiterbildung, Vorgesetztenschulung); Gestaltung der Arbeitsbedingungen (Schaffung günstiger physiologischer, psychischer und sozialer Voraussetzungen im Produktionsprozeß, ärztliche Betreuung); Sozialfürsorge und Sozialpolitik (Alters- und Hinterbliebenenfürsorge, Sozialleistungen, Verpflegung, Sicherung des Arbeitsplatzes); Festlegung des Arbeitsentgeltes (Gestaltung einer als anforderungs- und leistungsgerecht empfundenen Lohn- und Gehaltsordnung, Tariffragen).

Die Ausgestaltung des betrieblichen Personalwesens ist das Ergebnis der Personalpolitik, die als Bestandteil der gesamten (integrierten) Unternehmenspolitik zu verstehen ist. In allen größeren Unternehmen ist für das betriebliche Personalwesen eine Personalabteilung zuständig, die in der Regel als gesonderte Funktion aus der Linieninstanz ausgegliedert wird und für alle Mitarbeiter (außer in den obersten Führungspositionen) zuständig ist.

Personengesellschaft ↑Unternehmensformen.

Personenkonten (Geschäftsfreundekonten): die für die Kunden und Lieferanten in der Buchhaltung geführten Konten, auf denen alle mit diesen Personen im Zusammenhang stehenden Geschäftsvorfälle erfaßt werden.

Personensteuern (Subjektsteuern): Steuern, die die persönlichen Verhältnisse des Steuerpflichtigen berücksichtigen und sich nach dessen Leistungsfähigkeit richten (Gegensatz: ↑Objektsteuern). Das sind vor allem die Einkommen-, Lohn-, Körperschaft-, Vermögen- und in der Regel die Kirchensteuer.

persönlich haftende Gesellschafter ↑Kommanditgesellschaft.

Petrodollars: Bezeichnung für US-Dollars, die aus den Erdölexporten der OPEC-Länder stammen und auf den internationalen Finanzmärkten in der Regel kurzfristig angelegt werden. – ↑auch Recycling.

Pfand ↑Pfandrecht.

Pfandbrief: festverzinsliches Wertpapier, das von privaten Hypothekenbanken oder öffentlich-rechtlichen Kreditanstalten (z. B. Sparkassen) ausgegeben wird. Die ausgegebenen Pfandbriefe müssen zu jeder Zeit in gleicher Höhe durch ↑Hypotheken von mindestens gleichem Zinsertrag gedeckt sein (Kontrolle durch Treuhänder). Sie sind ↑mündelsichere Wertpapiere und dienen der (Fremd-)Finanzierung von Hypothekarkrediten.

Pfandeffekten (Lombardeffekten): Wertpapiere, die von den Eigentümern bei einer Bank als Sicherheit für einen Kredit hinterlegt worden sind. Voraussetzung für die Annahme als Kreditsicherheit ist die Lombardfähigkeit. – ↑auch Pensionsgeschäfte.

Pfandrecht: dingliches Recht an einer fremden Sache zur Sicherung einer Forderung. Falls die Forderung vom Schuldner nicht bezahlt wird, hat der Gläubiger das Recht, das Pfand zu verwerten, d. h. öffentlich versteigern zu lassen und seinen Anspruch aus dem Erlös zu befriedigen. Man unterscheidet das durch Pfandvertrag entstehende vertragliche Pfandrecht, das aufgrund gesetzlicher Bestimmungen vorhandene gesetzliche Pfandrecht (z. B. des Vermieters an den vom Mieter eingebrachten Gegenständen zur Sicherung des Mietanspruchs) und das aus durch Pfändung im Wege der Zwangsvollstreckung entstehende Pfändungspfandrecht. Das Pfandrecht erlischt, wenn die Forderung beglichen ist.

Pfandschein: Bescheinigung über die Übergabe des Pfands für den Verpfändenden (= Darlehensnehmer) beim Pfandkredit (insbesondere der Pfandleihe). Bei Rückzahlung des Darlehens und Rückgabe des Pfandscheins wird das Pfand wieder ausgehändigt.

Pfändung: die grundsätzlich dem Staat vorbehaltene Beschlagnahme eines Gegenstandes zwecks Sicherung oder Befriedigung eines Gläubigers. Sie ist Zwangsvollstreckung in das bewegliche Vermögen wegen einer Geldforderung, d. h. daß deren Voraussetzungen vorliegen müssen. Folge der Pfändung ist das Pfändungspfandrecht und die Verstrikkung. Bei beweglichen Sachen geschieht die Pfändung durch Inbesitznahme der Sachen durch den Gerichtsvollzieher (in der Regel durch Anlegen von Pfandsiegeln), bei Forderungen und anderen Rechten durch Pfändungsbeschluß, der dem Drittschuldner (= Schuldner des Vollstreckungsschuldners) verbietet, an den Schuldner zu zahlen (Arrestatorium) und dem Schuldner gebietet, sich jeder Verfügung über das Recht zu enthalten (Inhibitorium). Im Wege der *Anschlußpfändung* kann eine bereits gepfändete Sache nochmals gegen den gleichen Schuldner gepfändet werden, allerdings für eine andere Forderung. Sicherungsmittel oder Beweisunterlagen einer Forderung werden der Forderungspfändung nachfolgend im Wege der *Hilfspfändung* gepfändet. Ist z. B. ein Sparguthaben gepfändet, so erfolgt die Pfändung des Sparbuchs im Wege der Hilfspfändung. Zur Vermeidung einer *Kahlpfändung* (die Pfändung aller dem Schuldner gehörenden pfändbaren Gegenstände) und zur Existenzsicherung des Schuldners besteht für bestimmte Teile des Arbeitseinkommens (Lohnpfändung) sowie für die Gegenstände, die für Haushalt, Arbeit und persönlichen Gebrauch unentbehrlich sind (Küchengeräte, Fachbücher) *Unpfändbarkeit.* Bestimmte Ansprüche sind nur bedingt pfändbar, z. B. solche auf Leistung der Sozial- und Arbeitslosenversicherung.

Pflegeversicherung: Versicherung zur Abdeckung der Pflegefallrisikos. Die zunehmende Zahl pflegebedürftiger alter Menschen und das Problem, einen finanziell tragbaren Platz in einem Alten- bzw. Pflegeheim zu bekommen, führten zu der Überlegung, eine Pflegeversicherung einzuführen. Strittig ist, ob sie als Zwangsversicherung – mit Beteiligung der Arbeitgeber – oder als freiwillige Vorsorgeleistung des einzelnen ausgestaltet werden soll.

Pflegschaft: ein gesetzlich geregeltes und staatlich beaufsichtigtes Fürsorgeverhältnis für die Person oder das Vermögen eines Menschen, entweder für bestimmte einzelne oder einen bestimmten Kreis von Angelegenheiten. Die dem Schutzbedürftigen beigegebene Person heißt Pfleger und untersteht wie der Vormund den vormundschaftsrechtlichen Vorschriften, insbesondere hinsichtlich der Bestellung und Beaufsichtigung des Pflegers durch das Vormundschaftsgericht. Von Bedeutung sind: 1. Ergänzungspflegschaft: Eine Person, die unter elterlicher Gewalt oder ↑Vormundschaft steht, erhält für Angelegenheiten, an deren Besorgung die Eltern oder der Vormund verhindert sind, einen Pfleger. 2. Gebrechlichkeitspflegschaft: Einen Pfleger erhält, wer zwar mündig ist, aber infolge körperlicher Gebrechen seine Angelegenheiten nicht besorgen kann. 3. Abwesenheitspflegschaft: Ein Pfleger wird im Bedarfsfall für einen abwesenden Volljährigen bestellt.

Pflichtversicherung ↑Zwangsversicherung.

Phillips-Kurve [englisch 'fılıps]: nach dem englischen Ökonomen A. W. Phillips benannte Bezeichnung für alle Versuche, mit Hilfe der Ergebnisse empirischer Untersuchungen einen Zusammenhang zwischen der Arbeitslosigkeit und den Lohnsätzen zu finden. Wird vereinfachend unterstellt, daß Lohnerhöhungen im Maß der Produktivitätszunahme nicht zu Preissteigerungen führen, so kann die Phillips-Kurve den Zusammenhang zwischen Arbeitslosigkeit und Preisniveau aufzeigen. Sie verläuft typischerweise konvex zum Koordinatenursprung, d. h. abnehmende Arbeitslosigkeit (Vollbeschäftigung) muß mit steigendem Preisniveau erkauft werden.

Die monetaristische Position unterstellt demgegenüber eine strukturell bedingte „natürliche Arbeitslosenquote“, die auch langfristig mit geld- und fiskalpolitischen Mitteln nicht abbaubar und auch bei absoluter Preisstabilität vorhanden sei. Unter Einbeziehung der erwarteten Inflationsrate wurde die langfristige Phillips-Kurve entwickelt, die senkrecht über der natürlichen Arbeitslosenquote steht. Bei den Kombinationen der tatsächlichen Werte von Arbeitslosenquote und Inflationsrate pro Jahr zeigt der Kurvenverlauf jedoch ausgeprägte Schleifen (Phillips-Loops), die sich immer weiter nach rechts verschieben.

Physiokraten [zu griechisch phýsis „Natur“ und griechisch kratein „herrschen“]: eine Gruppe französischer Wirtschaftstheoretiker, die in der 2. Hälfte des 18. Jahrhunderts die erste nationalökonomische Schule bildete; ihr Begründer war F. Quesnay. Sie entwarfen eine geschlossene Volkswirtschaftslehre, in der sie von der natürlichen Harmonie der Wirtschaft ausgingen. Entsprechend sollte die bestehende

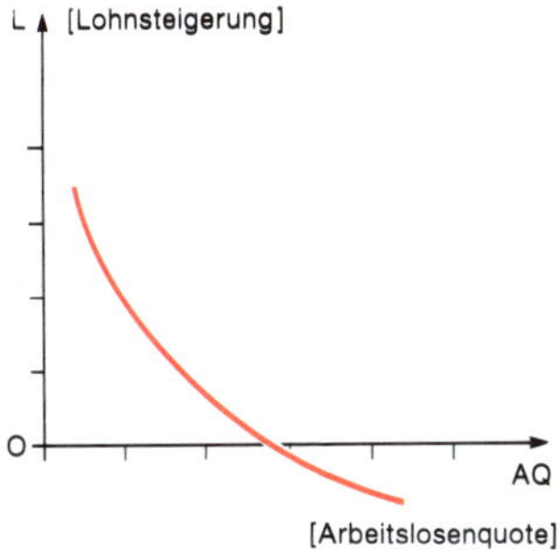

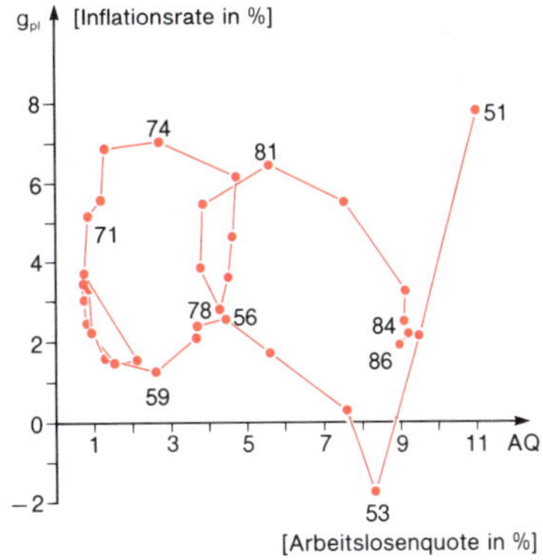

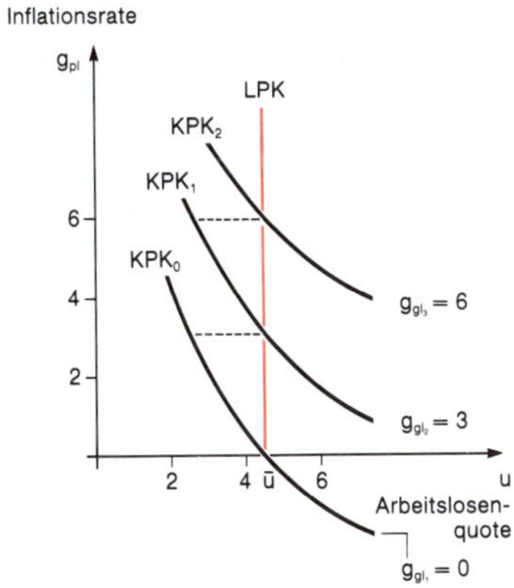

Phillips-Kurve.
Ursprüngliche Phillips-Kurve (links oben)

Modifizierte Phillips-Kurve, die Inflationsrate und Arbeitslosenquote berücksichtigt, mit den für diese Darstellung typischen Schleifen, den sog. Phillips-Loops (rechts oben)

Kurzfristige Phillips-Kurven und die senkrecht über der „natürlichen Arbeitslosenquote" verlaufende langfristige Phillips-Kurve (links)

(unvollkommene) Ordnung durch staatliche Gesetze der natürlichen (vollkommenen) Ordnung in einem landwirtschaftlichen Königreich angenähert werden. Quesnay entwickelte das Modell eines Wirtschaftskreislaufs, der sich durch eine Kette von Tauschakten zwischen den sozialen Klassen vollzieht. Die einzige wirtschaftlich produktive Klasse bilden die in der Landwirtschaft Tätigen; die Klasse der Grundeigentümer erwirtschaftet zwar keine Güter, setzt aber die an sie abgeführten Grundrenten in Umlauf und vermehrt so den Reinertrag; sie soll dem Staat für politische Aufgaben zur Verfügung stehen; die unproduktive Klasse umfaßt alle außerhalb des Agrarbereichs Tätigen. – Ziel der Physiokraten waren Wirtschafts- und Finanzreformen (Schaffung von Großbetrieben, Freigabe der Getreideausfuhr zur Erhöhung der Geldeinnahmen der Landwirte).

Planification [französisch planifikasj'ɔ̃]: seit 1946 vorwiegend in Frankreich praktizierte Form der volkswirtschaftlichen Gesamtplanung. Die aufgestellten Planziele haben Vollzugsverbindlichkeit für den Staat und die öffentlichen Unternehmen. Der privaten Wirtschaft werden in Branchenplänen Hinweise auf die projizierten Ziele gegeben, dem Einzelunternehmen wird freies Handeln gelassen. Bei der Planaufstellung wirken die Betroffenen zusammen.

Plankostenrechnung: auf der Basis der Soll- oder Normalkosten beruhende Vorschaurechnung. Nach dem Charakter der Plankosten unterscheidet man Standardkostenrechnung, Prognosekostenrechnung und Budgetrechnung; nach dem Umfang der einbezogenen Kosten Vollplankostenrechnung mit der Einbeziehung aller Kosten und Teilplankostenrechnung, die nur die variablen Kosten einbezieht, insbesondere die Grenzplankostenrechnung (↑Grenzkosten). Nach der Flexibilität der Planung geht die starre Plankostenrechnung nur von einem Beschäftigungsgrad aus. Die flexible Plankostenrechnung berücksichtigt verschiedene Beschäftigungsgrade, die vollflexible Plankostenrechnung sucht neben Beschäftigungsabweichungen noch Preis- und Verbrauchsabweichungen zu erfassen. Die Plankostenrechnung hat das Ziel, Kosten-Erlös-Verhältnisse im voraus zu erfassen und zu beeinflussen.

Planung: der Prozeß der gedanklichen Durchdringung der Zukunft zur Festlegung (und Verwirklichung) von Zielen. Planung ist in allen Sektoren menschlichen Handelns anzutreffen. Im Bereich wirtschaftlichen Handelns hat man in bezug auf die Einzelwirtschaften (Betriebe bzw. Unternehmen) den Gegenstand der betrieblichen Planung (auch Unternehmensplanung) abgegrenzt. Demgegenüber ist die volkswirtschaftliche Planung als die sich auf die Gesamtwirtschaft bzw. einzelne Wirtschaftssektoren oder -branchen beziehende Planung definiert. Die betriebliche Planung vollzieht sich als mehrstufiger Prozeß mit folgenden modellhaften Abschnitten: 1. Zielformulierung (Inhalt, Ausmaß, Zeitbezug werden festgelegt), 2. Problemanalyse und Alternativensuche, 3. interne und externe Nebenbedingungen und Prioritäten werden berücksichtigt, 4. alternative Handlungsweisen werden ermittelt und bewertet, 5. die optimale Handlungsweise wird bestimmt, 6. diese wird durchgeführt, 7. der Zielerreichungsgrad wird kontrolliert. Die – zumindest in Großunternehmen – heute durchgeführte Planung stützt sich dabei in der Regel auf rechnergestützte Modelle, in die Methoden der Entscheidungstheorie, der linearen Optimierung, der Kybernetik sowie der Informations- und Kommunikationstheorie eingehen. Ergebnis der Planung ist ein Plan, ein Entwurf für Entscheidungen. Planung läßt sich einteilen nach ihrer zeitlichen Reichweite (Fristigkeit) in kurz-, mittel- und langfristige Planung, nach der Rangfolge in Primär-, Sekundär- und Tertiärplanung sowie nach dem Konkretisierungsgrad in Global- (Rahmen-) und Detailplanung bzw. strategische und operative Planung. Bei der rollenden oder revolvierenden Planung wird die Planung nach Ablauf einer bestimmten Zeit – inzwischen eingegangene Informationen werden berücksichtigt – immer wieder wiederholt.
Überbetriebliche Planung erstreckt sich heute zunehmend auf die Bereiche Infrastruktur (z. B. Verkehrsplanung), Raumordnung (z. B. Regionalplanung), Bildungswesen und beruht u. a. auf der Notwendigkeit, in einer komplexen, hochgradig arbeitsteiligen Gesellschaft eine Grundlage für das Agieren der Einzelwirtschaften zu schaffen. Volkswirtschaftliche Planung wird vor allem seit der keynesianischen Kritik an der Stabilität der Marktwirtschaft auch in marktwirtschaftlich orientierten Gesellschaften als Aufgabe der Wirtschaftspolitik betrachtet.

Planwirtschaft: Bezeichnung für ein Wirtschaftssystem, in dem eine zentrale Planbehörde Volkswirtschaftspläne nach politischen und wirtschaftlichen Zielsetzungen aufstellt, ihre Durchführung anordnet und ihre Erfüllung kontrolliert. Der deutsche Nationalökonom W. Eucken (* 1891, † 1950) hat hierfür den Begriff **Zentralverwaltungswirtschaft** geprägt, der insofern präziser

ist, als er das Element der *zentralen* Planung erfaßt, wohingegen Planung an sich Bestandteil jeden Wirtschaftens ist. Planwirtschaften basieren meist auf Kollektiveigentum, dies ist jedoch nicht Voraussetzung.
Die zentrale Planung in Planwirtschaften erfolgt auf der Grundlage von Perspektivplänen, die langfristige, oft stark politisch motivierte Zielsetzungen festlegen. Die Ausgestaltung dieser Pläne erfolgt im allgemeinen in den sozialistischen Staaten zunächst in Fünfjahresplänen und schließlich Jahresplänen. Methoden und Wege der Planerstellung wurden zum Teil bei Reformen erheblich verändert.

Platzkauf ↑Erfüllungsort.

Platzkostenrechnung ↑Maschinenstundensatzrechnung.

Plazierung: Begriff in der Absatzwirtschaft für die Unterbringung 1. einer Ware am Verkaufsort (Präsentation); 2. einer Anzeige in einer Zeitung, Zeitschrift; 3. eines neuen Produktes im Markt; 4. von Wertpapieren beim nachfragenden Publikum.

Point-of-sale-banking [englisch 'pɔɪnt ɔf 'seil 'bæŋkiŋ]: bargeldlose Zahlung an einem Kassengerät im Einzelhandel mit Scheckkarte oder Kreditkarte. Die Abbuchung des Kaufbetrages erfolgt entweder von der Kreditkarte, die über einen Speicher verfügt (memory card) oder aber direkt vom Bankkonto des Kunden.

politische Ökonomie (Politökonomie): ursprünglich Bezeichnung für die Wirtschaftslehre des absolutistischen Staatshaushalts. Im Sinne des *Merkantilismus* ist dieser Haushalt auf Expansion orientiert: dem Ziel einer Machtvermehrung des Staates dient die Vermehrung des Nationalreichtums als Mittel zum Zweck. Politische Ökonomie im Sinne der *Physiokraten* bzw. der *Klassik* begreift den Bereich ökonomischen Handelns als ein sich selbst regulierendes und perfektionierendes System: die ökonomischen Anstrengungen der Individuen ordnen sich unbewußt und ohne geplante staatliche Regelung automatisch zu einem sinnvollen Ganzen, das allen Beteiligten zum Vorteil gereicht.
Die *Kritik der politischen Ökonomie* von Marx geht davon aus, daß in der kapitalistischen Gesellschaft der Bereich ökonomischen Handelns eine eigene synthetisierende Macht entfaltet und dergestalt ein strukturiertes Ganzes bildet. Sie versteht sich als die Wissenschaft von der Auflösung der bürgerlich-kapitalistischen Gesellschaft. *Politische Ökonomie des Sozialismus* bedeutet im sowjetmarxistischen Wortgebrauch die Lehre vom Wirtschaften in den sozialistischen Ländern. Sie geht von der Vorstellung aus, es gäbe ein objektives, quasi-naturgesetzliches System von Regeln, deren Anwendung ein reibungsloses Funktionieren der Wirtschaft erlaubt. – Die *neue politische Ökonomie* ist eine politologische Theorie, die von der Gleichförmigkeit ökonomischer und politi-

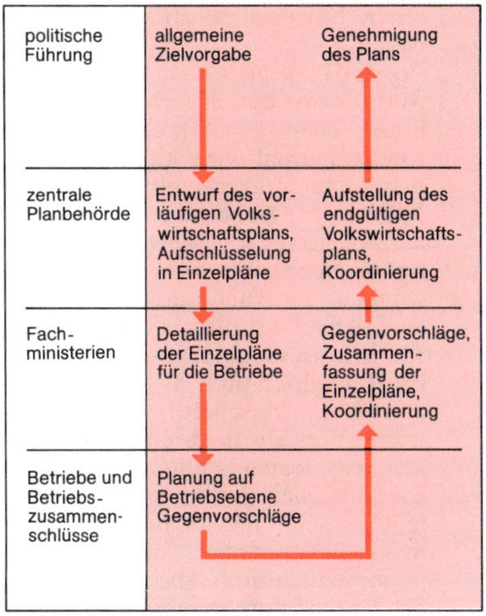

Planwirtschaft. Schema des Planungsprozesses auf verschiedenen Planungs- und Entscheidungsebenen

scher Entscheidungsfindungen ausgeht.

Polypol [zu griechisch poly „viel“]: Marktform, bei der auf der Angebots- oder Nachfrageseite eines Marktes jeweils viele kleine Anbieter bzw. Nachfrager miteinander in Konkurrenz stehen. Ein Polypol auf der Nachfrageseite wird auch als **Polypson** bezeichnet. Ein Polypol sowohl auf der Nachfrage- als auch auf der Angebotsseite ist die ideale Marktform der Marktwirtschaft.

Pool [englisch pu:l]: 1. Form der Interessengemeinschaft, bei der Gewinne/Verluste nach einem vertraglich festgelegten Schlüssel auf die angeschlossenen Unternehmen aufgeteilt werden (Gewinn- und Verlustgemeinschaft); ähnlich: Versicherungspool: gemeinsame Absicherung großer Risiken durch mehrere Versicherer; 2. Zusammenfassung von Teilhaberrechten zwecks einheitlicher Geltendmachung, z. B. bei Aktienstimmrechten.

positive Forderungsverletzung ↑positive Vertragsverletzung.

positives Interesse: Schadenersatzanspruch in Geld, den der Gläubiger bei schuldhafter Nichterfüllung eines Vertrages gegenüber dem Schuldner hat (Erfüllungsinteresse).

positives Recht: Bezeichnung für das gesetzte Recht im Unterschied zum Naturrecht. – ↑auch Recht.

positive Vertragsverletzung (positive Forderungsverletzung): Pflichtverletzung eines Schuldners, die weder als Verzug noch als zu vertretende Unmöglichkeit einzuordnen ist. Dem Gläubiger wird über das Erfüllungsinteresse hinausgehend ein Schaden zugefügt. Wird z. B. eine Werbeanzeige, die regelmäßig auf der ersten Seite einer Zeitschrift abgedruckt werden soll, mehrfach im hinteren Teil gebracht, liegt eine positive Vertragsverletzung vor. Der Gläubiger kann ohne eine Nachfrist weitere Leistungen ablehnen und vom Vertrag zurücktreten oder Schadenersatz wegen Nichterfüllung verlangen.

Postauftrag ↑Postprotestauftrag, ↑Postzustellungsauftrag.

Postanweisung: Zahlungsauftrag an die Post, einen bar eingezahlten Geldbetrag bis höchstens 3 000 DM an den Empfänger auszuzahlen.

Postbank: zusammenfassende Bezeichnung für den Postgirodienst und den Postsparkassendienst der ›Deutschen Bundespost‹ Postbank. Der dem Zahlungsverkehr dienende *Postgirodienst* wird über die Postgiroämter abgewickelt; im Unterschied zu den Geschäftsbanken dürfen Postgirokonten bis zu 90 Tagen und höchstens 10 000 DM überzogen werden. – Der *Postsparkassendienst* wird durch die Postsparkassenämter organisiert. Er beschränkt sich auf die Führung von Sparkonten. Wie die Kreditinstitute unterliegt auch der Postsparkassendienst den Vorschriften des Kreditwesengesetzes.

Posteinlieferungsbuch: vom Postkunden geführtes Buch, in dem die Einlieferung von nachzuweisenden Postsendungen (z. B. Einschreiben) am Annahmeschalter der Post bestätigt wird.

Postfach: abschließbares Fach zur Abholung von gewöhnlichen Postsendungen innerhalb von sieben Werktagen auch außerhalb der Schalterstunden.

Postgeheimnis: Grundrecht aus Artikel 10 des Grundgesetzes, das neben dem Brief- und Fernmeldegeheimnis den gesamten Postverkehr unabhängig von der Art der Sendung von deren Eingang bei der Post bis zu ihrer Ablieferung beim Empfänger gegen unbefugte Einblicke seitens der Post sowie postfremder staatlicher Stellen schützt. Dem Postgeheimnis unterliegen neben dem Inhalt der Sendungen auch die näheren Umstände des Postverkehrs, also wer wann, mit wem, wie oft, von wo und wohin in Verkehr steht. Es verbietet der Post, verschlossene Sendungen zu öffnen, unverschlossene inhaltlich mehr als zur Beförderung erforderlich zur Kenntnis zu nehmen sowie die über den Postverkehr erlangten Kenntnisse an Dritte weiterzugeben. Darüber hinaus ist sie verpflichtet, für die Einhaltung des Postgeheimnisses durch ihre Bediensteten und andere mit postalischen Verrichtungen betraute Personen Sorge zu tragen, die sich bei Verletzung des Postgeheimnisses nach § 354 Strafgesetzbuch strafbar machen. Wichtigste Einschränkungen des Postgeheimnisses, das wie das Brief- und Fernmeldegeheimnis nur aufgrund eines Gesetzes beschränkt werden darf, sind die §§ 99 und 100 Strafprozeßordnung sowie die Bestimmungen des Abhörgesetzes.

Postgut: selbstgebuchte, nichtsperrige gewöhnliche Paketsendungen bis 20 kg Gewicht zu ermäßigter Gebühr. Die Sendungen werden vom Absender freigemacht, tragen die Aufschrift Postgut und eine gleichbleibende Einlieferungsnummer.

postlagernde Sendungen: Postsendungen mit der Abholangabe „Postlagernd", die beim Zustellpostamt bis zu 14 Tage lang zur Abholung bereitgehalten werden.

Postleitzahl (PLZ): mehrstelliger Zahlenzusatz zur Ortsbezeichnung bei Postsendungen zur Beschleunigung und Vereinfachung des Postverkehrs. In Deutschland bezeichnet die erste Ziffer die **Leitzone**, die beiden ersten den **Leitraum**, die drei ersten den **Leitbereich**, alle vier Ziffern den **Postort**.

Postprotestauftrag: Auftrag an die Post durch den Wechselinhaber, dem Bezogenen den fälligen, in seinen Geschäftsräumen zahlbaren Wechsel vorzulegen und bei Nichteinlösung ↑Protest mangels Zahlung gemäß den Vorschriften des Wechselgesetzes zu erheben.

Postscheck ↑Scheck.

Postschnellgut (Schnellsendungen): Postsendungen (Päckchen, Pakete, Postgüter), die vorrangig mit den schnellsten Erdverbindungen zum Bestimmungsort befördert werden.

Postsendungen: Zusammenfassende Bezeichnung für Paketsendungen (Pakete, Postgut, Päckchen) sowie ↑Briefsendungen.

Post- und Fernmeldewesen: Zweig des Sektors Dienstleistungen, der Nachrichten-, Güter- und Zahlungsverkehr sowie andere Verkehrsbereiche ganz oder teilweise umfassen kann; Kernbereiche des Postwesens sind der Brief- und der Paketdienst sowie die Postbankdienste, Kernbereich des Fernmeldewesens ist der Fernsprechdienst. Das besondere Interesse, das die Allgemeinheit an einer funktionsfähigen Post- und Fernmeldeorganisation hat (sowohl als unerläßlicher Bestandteil der Infrastruktur als auch im Hinblick auf die Wahrung des Post- und Fernmeldegeheimnisses), hat in den meisten Ländern dazu geführt, daß einige oder alle Bereiche öffentlich-rechtlich organisiert worden sind, so daß die Post- und Fernmeldeverwaltungen überwiegend staatliche Dienstleistungsunternehmen mit Annahmezwang, einheitlicher Gebührengestaltung und allgemeiner Betriebspflicht geworden sind.

Mit der **Postreform** ab 1. 7. 1989 wird die Deutsche Bundespost (D. B.) neu geordnet. Unter dem Dach des für die politisch-hoheitlichen Aufgaben zuständigen Bundesministeriums für Post und Telekommunikation werden die von einem eigenen Management geleiteten, organisatorisch selbständigen öffentlichen Unternehmen ‚D. B. Postdienst' (‚gelbe Post' für Postsendungen), ‚D. B. Postbank' (für Postgiro- und Postsparkassendienst) und ‚D. B. Telekom' (für das Fernmeldewesen) gebildet. Im Fernmeldenetz, dem Telefonverkehr und bei den Briefdiensten (nicht beim Paketdienst) bleibt das Postmonopol bestehen, allerdings wird es bei den neuen Diensten der Telekommunikation sowie den Endgeräten aufgegeben. Damit steht die D. B. künftig im Wettbewerb zu privaten Anbietern.

Postvollmacht: vom Empfänger an eine oder mehrere Personen erteilte Vollmacht, die für ihn bestimmten Sendungen in Empfang zu nehmen.

Postwertzeichen: von den Postverwaltungen herausgegebene, aufklebbare (bei Postkarten auch eingedruckte) Wertzeichen **(Briefmarken, Freimarken)** zum Freimachen von Postsendungen. Man unterscheidet Sonderpostwertzeichen (z. B. Wohlfahrtsmarken) und Dauerserien.

Postwurfsendungen (Wurfsendungen): Drucksachen oder Warensendungen gleichen Inhalts bis 50 g und ohne Aufschrift, die von der Post an alle Haushalte in einem Zustellbezirk verteilt werden sollen.

Postzustellungsauftrag: Auftrag an die Post, Schriftstücke, deren förmliche Zustellung gesetzlich vorgesehen oder gerichtlich oder behördlich angeordnet ist, durch einen Postbediensteten nach den Vorschriften der Zivilprozeßordnung zustellen zu lassen. Über die erfolgte Zustellung wird für den Absender eine Zustellungsurkunde erstellt.

Postzwang: die historisch dem königlichen Postregal des Mittelalters entsprechende, heute auch als **Beförderungsvorbehalt** bezeichnete Befugnis des Staates, die entgeltliche Beförderung von Nachrichtensendungen bei der Post zu monopolisieren (‚Postmonopol‘).

ppa ↑Prokura.

Präferenzen [von lateinisch praeferre „vorziehen“]: Begriff für Verhaltensweisen in der modernen Wirtschaftstheorie, bezeichnet das Bevorzugen bestimmter Güter beim Kauf. Präferenzen können sachlich (Markentreue), räumlich (Einkauf im nahegelegenen Supermarkt), zeitlich (Mode) und persönlich (Bindung an ein bestimmtes Geschäft) begründet sein. – Im Außenhandel bezeichnet Präferenzen eine Vereinbarung über gegenseitige Bevorzugung der Handelspartner.

prämienbegünstigtes Sparen: Sparform, die eine staatliche Prämie für längerfristige, regelmäßig zu leistende Spareinlagen vorsah. Der Sparbetrag mußte sechs Jahre lang eingezahlt werden. Das siebente Jahr war ein Ruhejahr, nach dessen Ablauf über die angesparte Summe frei verfügt werden konnte. Seit November 1980 wird diese Sparform nicht mehr staatlich gefördert; Banken haben diese Sparform übernommen und weiterentwickelt.

Prämiengeschäft: bedingtes Termingeschäft, bei dem ein Vertragspartner statt Erfüllung des Geschäftes gegen Zahlung einer Prämie (Reugeld) vom Vertrag zurücktreten kann.

Prämienlohn ↑Lohnformen.

Prämiensparen: Sparform, bei der der Sparer auf eine Verzinsung verzichtet zugunsten einer Beteiligung an einer Prämienauslosung aus den im Prämienfonds angesammelten Zinsen.

Preis: in der Wirtschaft das Austauschverhältnis von Wirtschaftsgütern. Seit der Einführung des Geldes bedient man sich in Form der Geldeinheit einer einheitlichen Bezugsgröße, in der der Tauschwert eines Gutes angegeben wird. Ein Preis ist damit eine Geldmenge, die man pro Einheit eines gewünschten Gutes fordert bzw. zahlt.

Preis-Absatz-Funktion: Begriff der Preistheorie, der das Nachfrageverhalten des Konsumenten aus der Sicht des Anbieters beschreibt und angibt, welche Menge eines Gutes ein Anbieter bei alternativen Preisen absetzen kann. Basiert die Preis-Absatz-Funktion auf einer Vermutung des Anbieters, so spricht man von einer konjekturalen Preis-Absatz-Funktion.

Preisangaben: die Kenntlichmachung von Endverbraucherpreisen bei Waren oder Dienstleistungen. Waren und Dienstleistungen müssen, wenn sie regelmäßig angeboten werden oder wenn für sie öffentlich geworben wird, gut wahrnehmbare und unverwechselbare Angaben über die Preise **(Preisauszeichnungs-**

pflicht) und sonstige Preisbestandteile enthalten (bei Dienstleistungen z. B. durch Aushang). Bei Krediten sind die gesamten Kreditkosten als effektiver Jahreszins anzugeben.

Preisausschreiben: Art der Auslobung. Beim Preisausschreiben begründet nicht schon die Leistung des Bewerbers den Anspruch auf die ausgesetzte Belohnung, sondern es entscheiden ein oder mehrere Preisrichter, ob die Leistung der Auslobung entspricht und welcher Bewerber den Preis erhalten soll. Bei den meist aus Werbegründen durchgeführten, besonders leichten Preisausschreiben entscheidet das Los darüber, wer die Belohnung erhält.

Preisauszeichnungspflicht ↑ Preisangaben.

Preisbildung: Bestimmung der Preise auf einem Markt. Die Preisbildung erfolgt staatlich (z. B. Festsetzung von Höchstpreisen) oder privat. Die private Preisbildung erfolgt frei oder gebunden (z. B. durch – meist rechtswidrige – Preiskartelle). Bei der freien privaten Preisbildung kann man schließlich organisierte (z. B. an der Börse) und unorganisierte Preisbildung unterscheiden. Die unorganisierte, freie private Preisbildung ist bevorzugtes Objekt der Preistheorie. Sie bestimmt bei gegebenen Marktdaten (Marktorganisation, Marktform) den sogenannten Gleichgewichtspreis, bei dem die Anbieter gerade so viel anbieten, wie die Nachfrager dabei zu kaufen wünschen und zu dem der Markt geräumt wird.

Preisbindung der zweiten Hand (vertikale Preisbindung): vertragliche Verpflichtung des Handels, beim Verkauf an den Endverbraucher nur die vom Hersteller festgesetzten Endverkaufspreise zu berechnen. Damit soll der Preiswettbewerb innerhalb des Handels unterbunden werden. Das Gesetz gegen Wettbewerbsbeschränkungen verbietet die Preisbindung der zweiten Hand. Einzige Ausnahme sind Verlagserzeugnisse. Der Buch- und Zeitschriftenhandel in der Bundesrepublik Deutschland hat sich durch einen Sammelrevers genannten Kartellvertrag gegenüber den Verlagen (den Buchherstellern) verpflichtet, die festgesetzen Ladenverkaufspreise einzuhalten. Die Verlage ihrerseits geben keine Bücher direkt an den Endverbraucher ab. Die notwendigen Rabatte sind nur innerhalb der einzelnen Handelsstufen (Verlag – Barsortiment [„Großhandel"] – Sortiment [Bucheinzelhandel], Verlag – Sortiment oder Verlag – Reise- und Versandbuchhandel) erlaubt. Sinn der Preisbindung der zweiten Hand bei Büchern und Zeitschriften ist die flächendeckende Versorgung mit Druckerzeugnissen, die sonst – vor allem in ländlichen Gebieten – möglicherweise gefährdet würde.

Preisdifferenzierung: preispolitische Verhaltensweise, bei der ein Produkt verschiedenen Käufern zu unterschiedlichen Preisen angeboten wird (an verschiedenen Orten und zu verschiedenen Zeiten, oder an verschiedenen Orten zu gleichen Zeiten, oder an gleichen Orten zu gleichen oder verschiedenen Zeiten). Ziel der Preisdifferenzierung ist die Aufteilung des Gesamtmarktes in verschiedene (isolierte) Teilmärkte, um die Absatzchancen eines Produktes zu erweitern und solche Käuferschichten zu erreichen, für die der „Normalpreis" zu hoch oder auch zu niedrig ist. Vier Arten der Preisdifferenzierung werden unterschieden: *räumliche* Preisdifferenzierung: die nach geographischen Gebieten erfolgende Aufteilung; *zeitliche* Preisdifferenzierung, z. B. Sommerpreise für Brennstoffe; *mengenmäßige* Preisdifferenzierung, z. B. Staffelrabatte, und Preisdifferenzierung *nach dem Verwendungszweck,* z. B. unterschiedliche Preise für Weingeist und (denaturierten) Spiritus.

Preiselastizität ↑ Absatzelastizität.

Preisempfehlung: unverbindliche Empfehlung (im Gegensatz zur ↑ Preisbindung) des Herstellers oder Händlers an die Abnehmer seiner

Waren, bei der Weiterveräußerung an Dritte bestimmte Preise zu fordern oder anzubieten oder bestimmte Arten der Preisfestsetzung anzuwenden. Die Preisempfehlung ist grundsätzlich unzulässig und stellt eine Ordnungswidrigkeit dar; davon gelten zwei Ausnahmen: 1. für ausdrückliche Preisempfehlungen von Vereinigungen kleiner oder mittlerer Unternehmen zur Förderung der Leistungsfähigkeit gegenüber Großbetrieben und zur Verbesserung der Wettbewerbsbedingungen; 2. für ausdrückliche Preisempfehlungen eines Unternehmens für die Weiterveräußerung seiner Markenartikel, wenn diese mit gleichartigen Waren anderer Hersteller im Preiswettbewerb stehen und a) zu ihrer Durchsetzung kein Druck ausgeübt wird sowie b) die Preisempfehlungen in der Erwartung ausgesprochen werden, daß sie den voraussichtlich geforderten Preisen entsprechen. Die Kartellbehörde übt in beiden Fällen eine erweiterte Mißbrauchsaufsicht aus. Ein Mißbrauch liegt insbesondere dann vor, wenn die Preisempfehlung geeignet ist, die Waren zu verteuern, ihre Erzeugung oder ihren Absatz zu beschränken oder den Verbraucher über den mehrheitlich geforderten Preis zu täuschen (Mondpreis) oder wenn der empfohlene Preis die tatsächlich geforderten Preise erheblich übersteigt oder bestimmte Abnehmergruppen ohne sachlich gerechtfertigten Grund vom Vertrieb der Waren ausgeschlossen sind.

Preisführerschaft: preispolitische Verhaltensweise zwischen konkurrierenden Unternehmen. Der „überlegene" Marktteilnehmer initiiert eine Preisänderung (als Vorreiter), die anderen folgen. Preisführerschaft ist typisch für oligopolistische Märkte (z. B. für den Mineralölmarkt).

Preis-Gewinn-Verhältnis ↑Price-Earnings-Ratio.

Preisgleitklausel: eine Art der ↑Wertsicherungsklauseln; ermächtigt den einen Vertragspartner, im Zeitraum zwischen Vertragsabschluß und Leistungserbringung entstehende Kostenerhöhungen auf den anderen Vertragspartner abzuwälzen und damit den ursprünglich vereinbarten Preis zu erhöhen.

Preisindex (für die Lebenshaltung, Lebenshaltungskostenindex): von der amtlichen Statistik berechneter durchschnittlicher Anstieg der Verbraucherpreise bei den Waren und Dienstleistungen, die Durchschnittshaushalte zu kaufen pflegen. Benutzt wird dabei ein bestimmtes Verbrauchsschema, der sogenannte Warenkorb. Der Inhalt des Warenkorbes (ca. 900 nach Art, Qualität, Menge festgelegte Produkte, die zu 9 Gruppen wie z. B. Nahrungs- und Genußmittel, Bildung und Unterhaltung, Miete, Kleidung und Schuhe zusammengefaßt werden) wird über eine Reihe von Jahren hinweg als konstant angenommen, aber von Zeit zu Zeit überprüft und den sich ändernden Verbrauchsgewohnheiten angepaßt. Die durchschnittliche Preissteigerungsrate wird dann jährlich durch fiktives Kaufen des Warenkorbes errechnet und in einer auf ein Basisjahr (z. Z 1985 = 100) bezogenen Indexzahl ausgedrückt.
In der Bundesrepublik Deutschland werden Preisindizes für die Lebenshaltungskosten für standardisierte Haushaltstypen **(Indexfamilien)** gebildet: Angestellten- und Beamtenhaushalt mit höherem Einkommen, Arbeitnehmerhaushalt mit mittlerem Einkommen (beide Vier-Personen-Haushalte), Renten- und Sozialhilfeempfängerhaushalt (zwei Personen). Außerdem wird der Preisindex der Lebenshaltung für alle privaten Haushalte sowie der Preisindex für die Lebenshaltung eines Kindes ermittelt. Vom Preisindex der Lebenshaltung ist der **Index der Verbraucherpreise** zu unterscheiden, da letzterer ausschließlich die über den Einzelhandel verkauften Güter (also z. B. keine Preise für Strom) berücksichtigt und außerdem andere Gewichtungen maßgeblich sind.

Preisnachlaß ↑Rabatt.

Preismechanismus ↑Marktmechanismus.

Preisniveau [französisch ...nivo:]: die jeweilige Höhe der Güterpreise; wird in einem für die Preise aller Güter einer Volkswirtschaft repräsentativen Preisindex erfaßt.

Preispolitik: 1. Teilgebiet der betrieblichen Absatzpolitik; umfaßt Bestimmung und Festlegung der Verkaufspreise. Über Erfolg oder Mißerfolg einer zielgerichteten Preispolitik entscheidet die Kenntnis der Betriebskosten, die richtige Einschätzung der Reaktionen der Nachfrager und der Konkurrenten. Eine wichtige Rolle bei der Preisfestsetzung spielt die Ermittlung der Preisforderungsgrenzen, innerhalb deren eine aktive Preispolitik möglich ist. Verläßt ein Anbieter seinen „preispolitischen Spielraum", so sind Absatzverluste unvermeidbar. Der preispolitische Spielraum ist um so größer, je unvollkommener die Marktübersicht der Nachfrager ist und je weniger Möglichkeiten sie erkennen, das fragliche Produkt durch das eines anderen Anbieters zu ersetzen. Daneben kann ein Anbieter auch in der Lage sein, für dasselbe Produkt unterschiedliche Preise zu fordern (↑Preisdifferenzierung).
2. alle staatlichen Maßnahmen zur Beeinflussung der Preise *(autoritative Preispolitik);* dazu gehören Vorschriften zur Festsetzung von Preisen, Kontrolle des gesamten Preisniveaus, Überwachung einzelner Güterpreise; diese Form der Preispolitik ist in der Zentralverwaltungswirtschaft (Planwirtschaft) die Regel.

Preisrecht: Rechtsvorschriften, durch die oder aufgrund derer eine Festsetzung, Genehmigung oder Überwachung von Preisen erfolgt. Nach dem Preisgesetz von 1948 können in der Bundesrepublik Deutschland die für Preisbildung zuständigen Stellen Anordnungen und Verfügungen erlassen, durch die Preise, Mieten, Pachten, Gebühren und sonstige Entgelte für Güter und Leistungen jeder Art, ausgenommen Löhne, festgesetzt oder genehmigt werden oder durch die der Preisstand (Fest-, Höchst-, Mindestpreise) aufrechterhalten werden soll. Nach anfänglich häufiger Anwendung wurden die Preisvorschriften mittlerweile in vielen Bereichen aufgehoben. **Preisregelungen** gibt es heute z. B. noch im Energiebereich, für Mieten im sozialen Wohnungsbau, im Gesundheitsbereich (Pflegesätze, Arzneimittel, ärztliche Gebühren).

Preisschleuderei: der Verkauf von Waren um jeden Preis, ohne Berücksichtigung der Gestehungskosten (somit entgegen den kaufmännischen Grundsätzen), um in ruinöser Konkurrenz Kunden zu gewinnen. Preisschleuderei stellt sittenwidriges Verhalten und unlauteren Wettbewerb dar.

Preisschere: bildhafter Ausdruck für den Sachverhalt, daß die Preisindizes zweier Güter im zeitlichen Vergleich zunehmend differieren; v. a. in der Landwirtschaft für die unterschiedlichen Preisentwicklung bei Agrarprodukten und den zu ihrer Erzeugung nötigen Industriegütern (z. B. Landmaschinen) gebräuchlich.

Preisstopp: Mittel der staatlichen Preispolitik in Form von Höchst-, Fest- oder Mindestpreisen. Die inflationseindämmende Wirkung von Höchst- und Festpreisen ist umstritten, weil sich Schwarzmärkte mit höheren Preisen bilden können oder die Inflation nur zeitweilig unterbrochen wird, da der aufgestaute Nachholbedarf bei Aufhebung des Preisstopps für einen neuerlichen Preisauftrieb sorgt (zurückgestaute Inflation).

Preistheorie: Teilgebiet der Wirtschaftstheorie, dessen Objekt die Analyse der Preisbildung auf den Konsum- und Produktivgütermärkten ist; die Analyse berücksichtigt den Rahmen der jeweiligen Marktdaten wie Marktorganisation, Marktform und Unternehmensstatus sowie der Verhaltensweisen der

Wirtschaftssubjekte. Die grundlegenden Instrumente der klassischen Preistheorie sind Angebots- und Nachfragefunktionen, aus denen sich über den Preismechanismus oder die Angebots- und Nachfragepolitik der Marktteilnehmer gleichgewichtige Preis-Mengen-Kombinationen ergeben. In der neueren Preistheorie zeichnet sich eine Erweiterung vom speziellen Preisbildungsproblem zur allgemeineren Betrachtung von Wettbewerbskriterien ab, wonach die Unternehmen nicht nur über Preise und Mengen, sondern auch über die Produktgestaltung, neue Produkte, den Kundendienst und den Werbeetat als Wettbewerbsparameter verfügen.

Preistreiberei: das Fordern, Annehmen oder Vereinbaren unangemessen hoher Entgelte für Gegenstände oder Leistungen des lebenswichtigen Bedarfs oder für das Vermieten oder Vermitteln von Wohnraum, wenn damit eine wirtschaftliche Machtstellung oder Mangellage oder eine Wettbewerbsbeschränkung ausgenutzt wird.

Preisuntergrenze: auf der Grundlage der Teilkostenrechnung unter Berücksichtigung lediglich der kurzfristig zu Ausgaben führenden Kosten oder lediglich der Grenzkosten oder lediglich der variablen Kosten durchgeführte Preiskalkulation zur Ermittlung des noch akzeptablen Verkaufspreises. Die langfristige Preisuntergrenze muß hingegen die Gesamtkosten decken. Die Preisuntergrenze ist ein wichtiges Kriterium für die ↑Preispolitik.

Pressure groups [englisch 'prɛʃə 'gru:ps „Druckgruppen“]: aus dem Amerikanischen übernommene Bezeichnung für Interessenverbände, die politischen Einfluß nehmen, insbesondere die Wirtschafts- und Berufsverbände sowie die Gewerkschaften. Die Pressure groups versuchen ihre Interessen v. a. durch Beeinflußung von Parlament, Regierung und Bürokratie durchzusetzen (Lobbyismus).

pretiale Betriebslenkung: Steuerung des innerbetrieblichen Einsatzes von Gütern und Leistungen in die wirtschaftlich günstigste Verwendungsweise durch den Ansatz (kalkulatorische Bewertung) bestimmter Verrechnungspreise nach dem Vorbild des Preisbildungsmechanismus in der Marktwirtschaft.

Price-Earnings-Ratio [englisch praɪs 'ə:niŋs'rɛɪʃɪəʊ „Preis-Verdienst-Verhältnis“]: Abk. PER, Bezeichnung für das Verhältnis vom Kurs einer Aktie zum Gewinnanteil dieser Aktie (deshalb auch Kurs-Gewinn-Verhältnis oder Preis-Gewinn-Verhältnis).

PER = Kursziffer: Gewinnziffer

Die Kursziffer ist der Marktwert einer Aktie (Börsenkurs) in DM pro Aktie (nicht in %), bei der Gewinnziffer handelt es sich um den auf die Anzahl der Stammaktien umgerechneten Jahresgewinn einer AG. Mit dem PER lassen sich Aussagen darüber machen, ob die betreffende Aktie im Vergleich zum Markt- oder Branchendurchschnitt zu hoch oder zu niedrig bewertet ist.

Prime rate [englisch 'praɪm 'rɛɪt]: in den USA der Diskontsatz, der für erste Adressen gilt (Großbanken); die Prime rate hat Leitzinsfunktion.

Privatdiskonten (Primadiskonten): ↑Bankakzepte der zum Privatdiskontmarkt zugelassenen Akzeptbanken: sie werden als kurzfristige Geldanlagen am **Privatdiskontmarkt** (1959 Gründung der Privatdiskont-AG durch die führenden deutschen Banken) gehandelt; der den Abrechnungen zugrunde liegende Privatdiskont **(Privatsatz)** liegt im allgemeinen unter dem Notenbankdiskontsatz. Voraussetzungen: Laufzeit 10 bis 90 Tage; Wechselbetrag zwischen 100 000 DM und 5 Mill. DM; Aussteller mit einem haftenden Eigenkapital von mindestens 1 Mill. DM (Akzeptbanken mindestens 20 Mill. DM).

privater Verbrauch: in der volkswirtschaftlichen Gesamtrechnung

Bezeichnung für die Käufe der inländischen Haushalte für Konsumzwecke sowie der Eigenverbrauch privater Organisationen ohne Erwerbscharakter. In der Bundesrepublik Deutschland wird mehr als die Hälfte des Bruttosozialprodukts (1970: 54,5%, 1990: 53,2%) für den privaten Verbrauch verwendet.

Privatversicherung: 1. im engeren Sinn die von privatrechtlichen Versicherern (insbes. Unternehmen in den Rechtsformen der AG und des VVaG) betriebene Versicherung; 2. im weiteren Sinn jede Versicherung, die nicht zur ↑Sozialversicherung gehört. – ↑auch Versicherung, ↑Versicherungsvertrag.

Privatisierung: Überleitung oder Rückgabe (in diesem Falle auch **Reprivatisierung**) öffentlicher Unternehmen in Privateigentum. Die Gründe einer Privatisierung sind vor allem verteilungs-, ordnungs- oder finanzpolitischer Natur. Verteilungspolitische Absichten spielten bei der Privatisierung der Preussag AG 1959 und bei der Teilprivatisierung des Volkswagen- und des VEBA-Konzerns 1961, 1965 und 1984 die entscheidende Rolle. Durch Verkauf von Aktien an Bezieher kleiner und mittlerer Einkommen sollten auch diese Bevölkerungsgruppen in den Genuß dieser Art der Vermögensanlage gelangen. Die Gefahr von Kursverlusten zog die Zweckmäßigkeit der Privatisierung als verteilungspolitisches Instrument in Zweifel. Die wirtschaftspolitische Auffassung, daß u. a. die ausgeuferte staatliche Wirtschaftstätigkeit die Entfaltung der Selbstregulierungskräfte des Marktmechanismus hemme, belebte die Privatisierungsdiskussion seit Ende der 1970er Jahre und führte unter anderem zur Restprivatisierung des VEBA- (1987) und Volkswagen-Konzerns (1988) sowie zur Privatisierung des Mischkonzerns VIAG, der Deutschen Verkehrs-Kredit-Bank (1988), der DSL-Bank (1989) und der Deutschen Pfandbriefanstalt (1991). Weitgehende Vorstellungen nehmen auch kommunale Eigen- und Regiebetriebe (z. B. Müllabfuhr, Reinigungsdienste, Energieversorgung) von Privatisierungsüberlegungen nicht aus.
Neben finanzpolitischen Argumenten, die angesichts hochverschuldeter öffentlicher Haushalte den Verkauf öffentlicher Unternehmen geraten erscheinen lassen, wird von Befürwortern der Privatisierung auf eine angeblich rentablere Leistungserstellung durch private Unternehmen hingewiesen. Gegner der Privatisierung halten dem z. B. entgegen, daß dabei soziale Folgekosten nicht berücksichtigt seien und vor allem im Bereich kommunaler Dienstleistungen der bisherige Leistungsstandard nur bei höheren Preisen oder bei gleichen Preisen nur bei eingeschränktem Leistungsangebot zu erreichen sei.
Die Privatisierung des umfangreichen Staatseigentums in der ehemaligen DDR (z. B. volkseigene Betriebe und Kombinate) ist die Hauptaufgabe der ↑Treuhandanstalt.

Privatrecht ↑Zivilrecht.

Produktgestaltung: wichtiges Teilgebiet der Absatzpolitik. Produktgestaltung umfaßt die äußere Gestaltung eines Produkts und seiner charakteristischen Merkmale, seiner Packung sowie seines Images, ferner die Änderung seiner technischen und ästhetischen Eigenschaften, die **Produktvariation,** d. h. das Angebot in unterschiedlichen Preislagen, Mustern, Typen und Qualitäten sowie auch die Einschränkung oder Erweiterung des Sortiments durch bisher nicht angebotene Güter **(Produktdifferenzierung).**

Produktion [von lateinisch producere „herstellen“]: Herstellung von Gütern im weiteren Sinne durch die Kombination von Produktionsfaktoren zum Zwecke der Leistungserstellung. Demnach zählt zur Produktion nicht nur die Leistungserstellung im fertigungstechnischen Sinn, d. h. also die erstmalige Gewinnung von Rohstoffen in Bergbau, Land- und

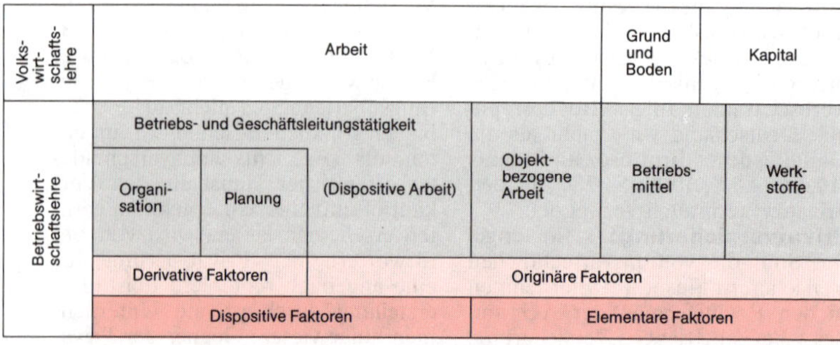

Produktionsfaktoren. Die verschiedenen Unterteilungsmöglichkeiten der Produktionsfaktoren in der Betriebs- und Volkswirtschaftslehre

Forstwirtschaft und die Be- und Verarbeitung von Stoffen in Gewerbe und Industrie, sondern auch die Transport- und Dienstleistung der Handels- und Dienstleistungsbetriebe. Entscheidend für den Produktionsbegriff ist nicht, daß neue Sachen erstellt werden, sondern die Wertschöpfung.

Produktionsbreite: Umfang des Sortiments bzw. Anzahl der verschiedenen Produkte, die von einem Unternehmen hergestellt werden. Gegensatz: ↑Produktionstiefe.

Produktionsfaktoren: die ökonomischen Leistungselemente, auf denen jeder Produktionsprozeß aufbaut. In der klassischen Nationalökonomie ist die Dreiteilung in Boden, Arbeit und Kapital (produzierte Produktionsmittel) am verbreitetsten. Häufig wird zwischen *originären* und *derivativen* (abgeleiteten) Produktionsfaktoren sowie zwischen den Elementarfaktoren und dispositiven (anordnenden) Faktoren unterschieden.

Produktionsfunktion: in der Produktionstheorie der funktionale Zusammenhang zwischen den Mengen der eingesetzten Produktionsfaktoren (Input) und dem mengenmäßigen Produktionsertrag (Output). Man unterscheidet einzel- und gesamtwirtschaftliche Produktionsfunktionen. Einzelwirtschaftliche Produktionsfunktionen beziehen sich auf bestimmte Güter, gesamtwirtschaftliche auf das gesamte reale Sozialprodukt. Die Schreibweise $x = f(r_1, ..., r_n)$ bedeutet, daß eine bestimmte Gütermenge x hergestellt werden kann, wenn bestimmte Mengen der n Produktionsfaktoren r_i in einem Produktionsprozeß kombiniert werden. Um zu genauen Erkenntnissen zu gelangen, ist es erforderlich, diese allgemeine Produktionsfunktion zu spezifizieren. Daher ist festzulegen, was unter Inputs und Outputs verstanden werden soll, und es müssen Kenntnisse über die Eigenschaften der Produktionsfunktionen gewonnen werden, indem physikalische und soziologische Gesetzmäßigkeiten auf den konkreten Fall angewandt werden. Drei Arten von Produktionsfunktionen werden hauptsächlich unterschieden: In der ersten Gruppe werden Zusammenhänge zwischen dem Produktionsergebnis und den Einsatzmengen einzelner Faktoren(gruppen) untersucht. Bei der zweiten Klasse will man Aussagen darüber gewinnen, wie sich der Output bei Variationen der in ihrem Einsatzverhältnis konstant gehaltenen Faktoren verändert. In der dritten Klasse wird schließlich die Beziehung zwischen der Einsatzmenge eines Produktionsfaktors und den Grenzproduktivitäten anderer

Faktoren bzw. den Grenzraten der Substitution der anderen Produktionsfaktoren erforscht.

Produktionsgüter: Güter, die zur Herstellung von anderen Gütern, im allgemeinen ↑Konsumgütern, nötig sind.

Produktionsmittel: im Marxismus Bezeichnung für die Gegenstände der Produktion, z. B. Rohstoffe, und die zu ihrer Verarbeitung dienenden Mittel, z. B. Maschinen.

Produktionspotential: das bei gegebenem technischen Wissen und vollständiger Auslastung der Produktionsfaktoren Kapital und Arbeit mögliche gesamtwirtschaftliche Produktionsvolumen. Die tatsächliche Auslastung dieser gesamtwirtschaftlichen Produktionskapazität ist ein wichtiger Konjunkturindikator.

Produktionstiefe: Umfang der Leistungserstellung in einem Betrieb selbst; besonders groß bei ↑vertikaler Konzentration. Gegensatz: ↑Produktionsbreite.

Produktivität [lateinisch-französisch]: Verhältnis von Produktionsergebnis (Output) zu den eingesetzten ↑Produktionsfaktoren bzw. den Herstellkosten (Input). Die Produktivität kann ermittelt werden für einzelne Produktionsvorgänge, für einen Betrieb, einen Wirtschaftszweig oder eine Volkswirtschaft. Veränderungen der Produktivität können unterschiedliche Ursachen haben. Arten der Produktivität: *technische Produktivität:* sie läßt sich direkt für einzelne Arbeitsgänge innerhalb eines Betriebes ermitteln, u. a. mit Hilfe technischer Kennzahlen (z. B. Energiebedarf je Produkteinheit); werden die Faktoreinsatzmengen (oder einzelne Produkte) mit konstanten Preisen (d. h., Geldwertverluste sind eliminiert) bewertet, erhält man die *ökonomische Produktivität;* die *partielle Produktivität* ist die Produktivitätsanalyse einzelner Faktoren, insbesondere Arbeit, Realkapital oder Werkstoffe; da an der Entstehung eines Produkts, vor allem des Sozialprodukts, viele Faktoren beteiligt sind, empfiehlt es sich, die Einzelbetrachtung durch Ermittlung der *globalen Produktivität* zu ergänzen. *Produktivitätsmessung:* Zur Ermittlung der **Arbeitsproduktivität** kann die Anzahl der Beschäftigten oder die Anzahl der geleisteten Arbeitsstunden (zu Kosten- und Leistungsvergleichen) als Arbeitseinsatz die Grundlage bilden. Die **Kapitalproduktivität** ist noch komplizierter zu berechnen, da die Messung des Kapitaleinsatzes theoretisch und statistisch sehr schwierig ist. Da Mengen für die Berechnung ausscheiden, müssen technische Größen (z. B. der Energieverbrauch) oder Preise herangezogen werden. Allgemein wird für Leistungs- und Kostenvergleiche der Kapitalaufwand vorgezogen: für Analysen über den Kapitalbedarf, die Kapitalstruktur sowie die Produktionsmöglichkeiten sind Bestandsgrößen geeigneter (z. B. in der ↑Input-Output-Analyse).
Zu den Einflußfaktoren der gesamtwirtschaftlichen Produktivität gehört in erster Linie der technische Fortschritt, daneben spielen Strukturänderungen, Substitution, Arbeitsteilung und der Kapazitätsausnutzungsgrad eine Rolle.

produktivitätsorientierte Lohnpolitik: Form der Lohnpolitik, bei der eine Gleichheit der Wachstumsrate der Nominallohnsätze und der Wachstumsrate der Arbeitsproduktivität angestrebt wird, so daß die Lohnstückkosten konstant bleiben. Werden weitere Kostenelemente einbezogen und die Lohnentwicklung an die Entwicklung der Gesamtstückkosten gekoppelt, spricht man von **kostenniveauneutraler Lohnpolitik.** Forderungen nach Lohnerhöhungen über die Produktivitätssteigerungen hinaus führen zur **expansiven Lohnpolitik** (umverteilenden Lohnpolitik).

Produktivkredit: ↑Kredit zur Finanzierung langfristiger Investitionen und Betriebsmittel (zur laufenden Nutzung).

Produktivvermögen: derjenige

Teil des Vermögens in einer Volkswirtschaft, der zur Leistungserstellung dient. Er setzt sich zusammen aus dem sachlichen Produktivvermögen (wie Sachanlagen, Vorräte, Grund und Boden) und dem Arbeitsvermögen (Summe aller Kenntnisse, Fähigkeiten und Erfahrungen der Arbeitskräfte).

Produktmanagement: v. a. in der Konsumgüterindustrie übliche Betreuung der Produkte von der Entwicklung über die Produktion bis zur Einführung und Steuerung im Markt; Entwicklung der Marktstrategien in Abstimmung mit der Verkaufsleitung; Koordinierung aller auf das Produkt bezogenen Entscheidungen mit den zuständigen Abteilungen; Auswertung und Analyse aller Produkt-, Markt- und Wettbewerbsinformationen. Der Produktmanager ist im allgemeinen der Marketingleitung unterstellt und gegenüber Funktionsstelleninhabern nicht weisungsbefugt.

Produktpiraterie: das unrechtmäßige Nachahmen von Konsumgütern, wobei bekannte Warenzeichen genutzt (Markenpiraterie) oder falsche Herkunftsangaben gemacht werden.

Produktpolitik: in der Betriebswirtschaftslehre Bezeichnung für die Gesamtheit aller Maßnahmen, die darauf gerichtet sind, die Erzeugnisse so zu gestalten, daß sie ein Höchstmaß an Werbewirkung erzielen.

Produzentenhaftung: Haftung des Herstellers für Schäden, die durch seine Produkte entstehen. Nach dem 1990 in Kraft getretenen Produkthaftungsgesetz muß keine grobe Fahrlässigkeit nachgewiesen werden, sondern lediglich die Fehlerhaftigkeit des Produkts, um Schadenersatzansprüche geltend machen zu können.

Produzentenrente: Differenz zwischen dem Preis, den ein Anbieter mindestens erzielen möchte und dem tatsächlich erzielten, höheren Marktpreis (P_0), multipliziert mit der verkauften Stückzahl (x_0). Die Produzentenrente läßt sich messen durch die Fläche zwischen der Angebotskurve (A) und der Preisgeraden (P). – Abb. S. 311.

Profit [niederdeutsch, aus mittelniederländisch profijt, von frz. profit „Gewinn", letztlich von lateinisch profectus „Fortgang; Zunahme; Vorteil"]: von den Klassikern der Nationalökonomie im Rahmen der Verteilungstheorie geprägte Bezeichnung für Kapitalertrag; der Profit umfaßte im weiteren Sinne den Zins (als Entlohnung des Kapitals), im engeren Sinne einen Rest, den der Unternehmer für überdurchschnittliche Leistung erhält. In der modernen Verteilungstheorie wird der Begriff weiter gefaßt: Es wird unterschieden zwischen dem normalen Profit, der die Verzinsung des Kapitals darstellt und statischen Charakter hat, und dem Pioniergewinn (infolge technischer Neuerungen, auch als „innovation profit" bezeichnet) sowie dem Marktlagengewinn (Q-Gewinn nach J. M. Keynes, auch ↑Windfall profits genannt), die beide dynamischen Charakter haben; als Ergänzung treten Monopolgewinne hinzu.

Profit-Center [englisch 'prɔfɪt, sɛntə] ↑Divisionalisierung.

Programm: in der EDV eine eindeutige Arbeitsanweisung (bzw. Folge von Anweisungen) für den Computer zur Lösung einer Aufgabe. Das Programm wird gewöhnlich in einer ↑Programmiersprache abgefaßt, die dann durch ein besonderes Übersetzungsprogramm in die Maschinensprache übersetzt wird.

Programmiersprache: Sprache zur Formulierung von Rechenvorschriften, d. h. von Datenstrukturen und ↑Algorithmen, die von einem Computer ausgeführt werden können. Programmiersprachen bilden die wichtigste Schnittstelle zwischen Benutzer und Computern. Jeder Benutzer muß die Bearbeitung von Problemen, die einem Computer übergeben werden sollen, in einer

Programmiersprache formulieren. Um Mehrdeutigkeiten bei der Programmierung zu vermeiden, muß in der Programmiersprache eindeutig definiert sein, welche Zeichenfolgen als Programme zugelassen sind (Syntax) und was diese Zeichenfolgen auf dem Rechner bewirken (Semantik).

Je nach dem Grad, mit dem die Hardware bei der Programmierung beachtet werden muß, klassifiziert man Programmiersprachen in Maschinensprachen (direkte Programmierung der Hardware), niedere maschinenorientierte Programmiersprachen oder Assembler-Sprachen (Programmierung der Hardware mit symbolischen Namen) und höhere oder problemorientierte Programmiersprachen (sie sind von der Hardware unabhängig und an den zu bearbeitenden Problemfeldern orientiert). Höhere Sprachen werden in niedere mit Hilfe von Übersetzern übertragen, niedere Sprachen mit Aufwärtsübersetzern in höhere. Jeder Programmiersprache liegt ein bestimmtes Konzept oder Denkschema zugrunde. Auf der Basis dieser Konzepte unterteilt man die höheren Programmiersprachen in folgende Kategorien:

Imperative Programmiersprachen: Bei diesen Sprachen besteht ein Programm aus einer Folge von Befehlen an den Computer, wie z. B. „Schreibe in die Variable *a* den Wert 3", „Springe an die Stelle *x* im Programm". Wesentlich an diesen Sprachen ist das Variablenkonzept: Eingabewerte werden in Variablen (Speicherzellen) gespeichert und weiterverarbeitet. Beispiele für imperative Programmiersprachen sind **BASIC** ([englisch bɛɪsɪk] Abk. für **b**eginner's **a**ll purpose **s**ymbolic **i**nstruction **c**ode), das als Allzwecksprache leicht erlernbar und vor allem bei Kleincomputern weitverbreitet ist, und **COBOL** (Abk. für **co**mmon **b**usiness **o**riented **l**anguage), das speziell für die Anwendung im kaufmännischen Bereich geschaffen wurde.

Funktionale und applikative Programmiersprachen: Programme werden als Funktionen von Mengen von Eingabewerten in Mengen von Ausgabewerten betrachtet. In rein funktionalen Programmiersprachen werden die Funktionen definiert durch Zusammensetzung aus häufig einfacheren Funktionen, wobei eine bestimmte Menge von Grundfunktionen vorgegeben ist. In applikativen Programmiersprachen wird dagegen eine Funktion definiert durch Anwendung (lateinisch applicare „anwenden") von Funktionen auf ihre Parameter.

Prädikative Programmiersprachen: Bei diesen Sprachen wird Programmierung als Beweisen in einem System von Tatsachen und Schlußfolgerungen aufgefaßt: Der Anwender gibt eine Menge von Fakten und Regeln (d. h. wie man aus Fakten neue Fakten gewinnt) vor, und die Aufgabe des Rechners ist es, eine gestellte Frage als richtig oder falsch zu beantworten.

Objektorientierte Programmiersprachen: Bei diesen Sprachen werden alle zum Lösen eines Problems notwendigen Informationen (Daten und Anweisungen bzw. Regeln) als Objekte aufgefaßt. Objekte können durch Senden von „Nachrichten" (Mitteilungen an andere Objekte) miteinander Informationen austauschen. Für jedes Objekt sind die Nachrichten, die es verstehen kann,

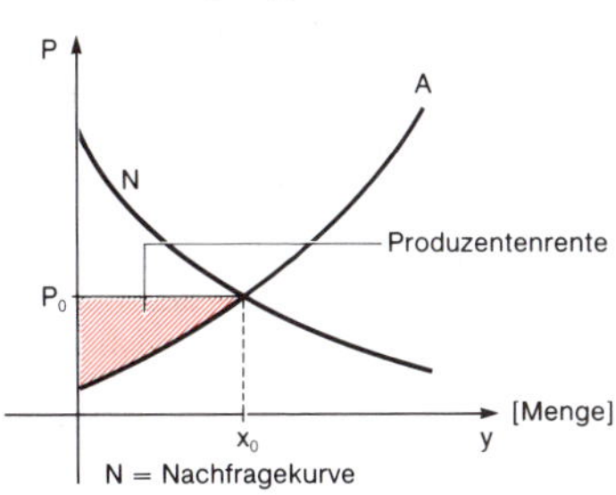

Produzentenrente. Graphische Bestimmung der Produzentenrente

festgelegt. Empfängt ein Objekt eine Nachricht, so antwortet es mit einem anderen Objekt.
Es gibt schätzungsweise über 1 000 Programmiersprachen, von denen die meisten auf spezielle Problembereiche zugeschnitten sind. Weit verbreitet sind etwa 20 Programmiersprachen. Neuere Entwicklungen sind bei den Sprachen zu erwarten, in denen man Datentypen beschreiben kann. Dagegen ist die Entwicklung der imperativen Sprachen mit zu einem gewissen Abschluß gebracht worden.

progressive Abschreibung: in der Regel unzulässige Form der ↑Abschreibung, bei der die Beträge von Jahr zu Jahr arithmetisch oder geometrisch steigen (Gegenteil: ↑degressive Abschreibung).

progressive Kosten: überproportionaler Anstieg der Gesamtkosten pro produzierter Einheit im Verhältnis zur Beschäftigungszunahme (Kostenprogression). – ↑auch variable Kosten.

Projektmanagement: für die Dauer der Durchführung eines außergewöhnlichen Vorhabens (das außerhalb des gewöhnlichen Betriebsgeschehens steht) angewendete Führungstechnik, bei der ein **Projektmanager** oder ein **Projektteam** zwar für Planung, Koordination und Kontrolle der entsprechenden Tätigkeiten, jedoch nicht für die Projektdurchführung zuständig ist. Typisch für das Projektmanagement sind eine ganzheitliche Betrachtung des Projekts sowie eine phasenweise Planung und Realisierung des Projekts im Ablauf.

Prokura [italienisch; zu lateinisch-italienisch procurare „Sorge tragen, verwalten"]: die dem **Prokuristen** vom Inhaber eines Handelsgeschäfts oder seinem gesetzlichen Vertreter mittels ausdrücklicher Erklärung erteilte handelsrechtliche Vollmacht, alle Arten von gerichtlichen und außergerichtlichen Geschäften und Rechtshandlungen vorzunehmen, die der Betrieb eines Handelsgewerbes mit sich bringt; zur Veräußerung und Belastung eines Grundstücks bedarf der Prokurist einer besonderen Ermächtigung (§§ 48 ff. HGB). Die Prokura erstreckt sich auch nicht auf Veräußerung oder Auflösung des Unternehmens, Aufnahme eines Gesellschafters und auf die Bilanzunterschrift. Die Prokura kann einem einzelnen **(Einzelprokura),** mehreren gemeinsam **(Gesamtprokura)** oder – beschränkt auf die Führung einer Filiale – als **Filialprokura** erteilt werden. Sie ist ins Handelsregister einzutragen. – Um ihre Prokuravollmacht zum Ausdruck zu bringen, müssen Prokuristen geschäftliche Schriftstücke mit dem Zusatz **per procura** (pp., ppa.) unterschreiben.

Prokuraindossament ↑Indossament.

Prokurist ↑Prokura.

Proletariat [lateinisch]: 1. im antiken Rom Bezeichnung für diejenige Gruppe von Bürgern, deren schätzbares Vermögen den niedrigsten Zensussatz der 5. Vermögensklasse nicht erreichte. Die **Proletarier** (lat. proletarii) waren von Steuer und Heeresdienst befreit und hatten als einzigen Besitz ihre Nachkommenschaft („proles").
2. (Arbeiterklasse) Begriff des Marxismus für die mit dem Kapitalismus entstandene Klasse der Lohnarbeiter, die zwar im Gegensatz zu den Leibeigenen rechtlich frei sind, aber über keine eigenen Produktionsmittel verfügen. Das Proletariat steht damit im Gegensatz zur herrschenden Klasse der Bourgeoisie. Als **Proletarier** wird der direkt vom Kapital abhängige Lohnarbeiter bezeichnet, der in einer warenproduzierenden Gesellschaft genötigt ist, seine Arbeitskraft zu verkaufen, um die Befriedigung seiner wichtigsten Bedürfnisse zu sichern, d. h., um leben zu können.
Die Bestimmung des Begriffs Proletariat wird aufgrund der fortschreitenden technischen und industriellen Entwicklung immer problematischer. An der industriellen Produk-

tion haben heute sowohl manuell als auch intellektuell Arbeitende einen Anteil; auch Aufsicht, Anleitung und wissenschaftliche Entwicklung werden ausschließlich von Lohnabhängigen (Arbeitern und Angestellten) übernommen, so daß das Proletariat heute keinen einheitlichen „klassenbewußten" Block mehr darstellt.

Prolongation: Verlängerung der Laufzeit eines Vertragsverhältnisses.

proportionale Kosten ↑variable Kosten.

Protektionismus [französisch; zu spätlateinisch protectio „Förderung; Schutz"]: zusammenfassende Bezeichnung für eine Wirtschaftspolitik, die dem Schutz der Binnenwirtschaft vor ausländischen Konkurrenten dient. Maßnahmen: Zölle, Kontingentierung, Devisenbewirtschaftung, Einfuhrbeschränkungen und Einfuhrverbote. – Der von vielen Ländern mit der Wirtschaftskrise zu Beginn der 1980er Jahre wieder zunehmend praktizierte Protektionismus steht im Gegensatz zu den Zielen des ↑Freihandels.

Protest ↑Wechselprotest.

Prozentkurs (Prozentnotierung): Börsenkurs eines Wertpapiers in Prozenten des Nominalbetrags.

Prozeßkostenhilfe: früher als Armenrecht bezeichnete vollständige oder teilweise Befreiung einer minderbemittelten Partei von den Prozeßkosten. Voraussetzungen hierfür sind: 1. die Partei kann die Prozeßkosten aus ihrem Einkommen bzw. Vermögen nicht oder nur teilweise aufbringen; 2. die beabsichtigte Rechtsverfolgung bzw. Rechtsverteidigung darf nicht mutwillig sein und muß hinreichende Erfolgsaussichten haben. Über die Bewilligung der Prozeßkostenhilfe, die im allgemeinen nur eine einstweilige Kostenbefreiung bewirkt, und die Rückzahlungsmodalitäten entscheidet das Gericht, bei dem das Verfahren anhängig ist.

Public Relations [englisch ˈpʌblɪc rɪˈlɛɪʃənz „öffentliche Beziehungen"] ↑Öffentlichkeitsarbeit.

Publikationspflicht (Publizitätspflicht) [zu lateinisch publice „öffentlich"]: gesetzliche Verpflichtung von Aktiengesellschaften und Großunternehmen anderer Rechtsform, ihre in der gesetzlich vorgeschriebenen Form erstellten Jahresbilanzen, den Lagebericht und die Namen von Vorstand und Aufsichtsrat zu veröffentlichen. Dabei gelten für kleine und mittlere Gesellschaften größenabhängige Erleichterungen, die eine Zusammenfassung von Bilanzpositionen und eine weniger ausführliche Erläuterung im Anhang gestatten. Kriterien für die Größe sind Bilanzsumme, Umsatzerlöse und die Zahl der Beschäftigten. Nach dem Bilanzrichtliniengesetz ist mit Einschränkungen auch die GmbH grundsätzlich publizitätspflichtig; über die Einbeziehung der GmbH & Co. KG bestehen zwischen der Kommission der Europäischen Gemeinschaften und der Bundesregierung unterschiedliche Auffassungen.

Pufferzeit ↑Netzplantechnik.

Punktmarkt: räumliche Konzentration von Angebot und Nachfrage an einem Ort, so daß die Marktteilnehmer volle Übersicht über das Marktgeschehen haben und sich keine räumlichen Präferenzen, z. B. aufgrund von Transportkostenvorteilen, zeigen. Ein Punktmarkt ist z. B. die Börse.

Q

qualifizierte Gründung ↑Aktiengesellschaft.

Qualifizierung: als Maßnahme der Arbeitsmarktpolitik die Förderung von beruflicher Fortbildung und Umschulung sowie betrieblicher Einarbeitung.

Qualitätskontrolle: neben der Kosten-, der Mengen- und der Terminkontrolle derjenige Teil der Fertigungskontrolle, der alle die Produktqualität beeinflussenden Faktoren überwacht, damit das Endprodukt die vom Hersteller den Kunden versprochenen Qualitätsmerkmale, etwa nach DIN, aufweist, z. B. bestimmte Fertigungsgenauigkeit, Druckfestigkeit u. a.

Quantitätstheorie [von lateinisch quantitas „Größe, Menge"]: ↑Geldtheorie, die einen Kausalzusammenhang zwischen Geldmenge und Preisniveau behauptet. In der naiven Form wird eine direkte Proportionalität angenommen, in der neueren Fassung lediglich ein lockerer Zusammenhang zwischen Ausdehnung der Geldmenge als Ursache und Steigerung des Preisniveaus als Folge behauptet. Führt eine Geldmengenvermehrung zu einer Steigerung der effektiven Nachfrage (bei Konsum- und Investitionsgütern), so ist bei Vollbeschäftigung ein Steigen des Preisniveaus die Folge. Die Quantitätstheorie wurde von dem amerikanischen Nationalökonomen I. Fisher (* 1867, † 1947) mathematisch formuliert (Verkehrsgleichung): Bezeichnet man die umlaufende Notengeldmenge mit G, das Buch- oder Giralgeld mit G', die Umlaufgeschwindigkeiten mit U und U', das Handelsvolumen mit H und das Preisniveau mit P, so gilt:

$$G \cdot U + G' \cdot U' = H \cdot P$$

Für den Geldwert, ausgedrückt im Preisniveau, gilt:

$$P = \frac{G \cdot U + G' \cdot U'}{H}$$

Der ↑Monetarismus hat quantitätstheoretische Überlegungen wieder aufgegriffen.

Quellenbesteuerung (Quellenabzugsverfahren): Prinzip der Erhebung von Steuern durch Steuerabzug direkt an der Quelle, d. h. am Ort und zur Zeit der Entstehung der steuerpflichtigen Vergütung. Wichtigste Beispiele sind die vom Arbeitgeber einzubehaltenden und an das Finanzamt abzuführenden Abzüge für Einkommensteuer, Kirchensteuer und Lohnsteuer sowie die Kapitalertragsteuer. Die *Vorzüge* der Quellenbesteuerung liegen im pünktlichen Zahlungseingang, den geringen Erhebungskosten für die Finanzverwaltung und den geringen Hinterziehungsmöglichkeiten. *Nachteilig* ist, daß erst im Rahmen des Lohnsteuerjahresausgleichs bzw. der Veranlagung zur Einkommensteuer die persönlichen Verhältnisse des Steuerpflichtigen berücksichtigt werden können.

Quittung [zu mittelhochdeutsch quīt „quitt" unter Einfluß aus französisch quitter „(aus einer Verbindlichkeit) entlassen"]: schriftliche Empfangsbestätigung, die der befriedigte Gläubiger dem Schuldner ausstellt. Die Quittung hat keine konstitutive Wirkung, sie ist nur (widerlegbares) Beweismittel dafür, daß geleistet wurde. Für jede Leistung kann auf Kosten des Schuldners eine Quittung verlangt werden. Für die Löschung einer Hypothek bedarf es einer öffentlich beglaubigten Quittung.

Quotenkartell ↑Kartell

R

Rabatt [aus italienisch rabatto „Abschlag"]: Preisnachlaß auf den Listen- (Angebots-)preis eines Gutes (als Vergütung für bestimmte Leistungen des Abnehmers), meist in Prozenten ausgedrückt. Rabattarten: Geld- und Warenrabatt, Barzahlungsrabatt (Skonto), Mengenrabatt, Treuerabatt, Funktionsrabatt für die Aufgaben, die der Groß- und Einzelhandel übernimmt, und Sonderrabatt, z. B. für Behörden. Das Rabattgesetz von 1933 läßt folgende Rabatte zu: 1. Barzahlungsrabatt in Höhe von 3% des Rechnungsbetrages, wenn die Gegenleistung sofort erbracht wird; 2. Mengenrabatt, wenn dieser handelsüblich ist; 3. Sonderrabatt für berufliche und gewerbliche Vertreter, Großabnehmer und Werksangehörige; 4. Treuerabatt bei Markenwaren.

Rabattkartell ↑Kartell.

Rack jobber [englisch 'ræk 'dʒɔbə] (Service-Merchandiser): Hersteller oder Großhändler, der Standflächen oder Regale in Einzelhandelsbetrieben anmietet und dort eigene Waren oder Dienstleistungen anbietet.

Raiffeisenkasse ↑Genossenschaften.

Ratenkauf ↑Abzahlungsgeschäft.

Rat für gegenseitige Wirtschaftshilfe (Abk. RGW; englisch Council for Mutual Economic Assistance [Abk. CMEA], Bezeichnung in westlichen Staaten Communist Economies [Abk. COMECON, Comecon]). Organisation zur wirtschaftlichen Integration der Mitgliedsländer auf der Basis der Koordination der nationalen Volkswirtschaftspläne und der Spezialisierung und Kooperation der industriellen Produktion innerhalb der internationalen sozialistischen Arbeitseinteilung.

Der RGW wurde am 25. Jan. 1949 in Moskau von Vertretern der UdSSR, Polens, der Tschechoslowakei, Ungarns, Rumäniens und Bulgariens gegründet. Am 21. Febr. 1949 trat ihm Albanien, am 29. Sept. 1950 die DDR bei. Die Mongol. VR wurde am 29. Sept. 1950 die DDR bei. Die Mongol. VR wurde am 7. Juni 1962 Vollmitglied, Jugoslawien schloß am 17. Sept. 1964 einen Assoziierungsvertrag ab; Kuba gehört dem RGW seit 1972 an. Albanien, formell weiter Mitglied, ist den Tagungen seit 1962 ferngeblieben; im Juni 1978 erfolgte der Beitritt Vietnams. Mit Finnland, Irak, Mexiko und Nicaragua wurden Rahmenabkommen zur Zusammenarbeit unterzeichnet. Nach den Umbrüchen in den europäischen RGW-Staaten seit 1989 wurde der RGW am 28. Juni 1991 offiziell aufgelöst.

Der RGW wurde als Reaktion auf die Wirtschaftspolitik in Westeuropa geschaffen, speziell unter dem Eindruck der ersten Erfolge des Marshallplans und der Gründung der OEEC (heute OECD). Ziel war die Durchsetzung des sowjetischen Planwirtschaftssystems in den ostmittel- und südosteuropäischen Ländern auf der Grundlage politischer Gleichschaltung und Bindung an die UdSSR. Die UdSSR war für alle RGW-Länder der wichtigste Handelspartner als Hauptlieferant von Energie und Rohstoffen. Als Gegenleistung bezog sie hauptsächlich industrielle Erzeugnisse. Der Warenaustausch innerhalb des RGW erfolgte immer noch überwiegend zweiseitig, d. h., ein Ausgleich der Handelsinteressen (und Zahlungsverpflichtungen) wurde im direkten Gegengeschäft gesucht (Bilateralismus) und nicht auch indirekt über ein drittes Land, wie das zwischen westlichen Ländern möglich und vorteilhaft ist (Multilateralismus). Soweit Zahlungsverkehr zwischen den RGW-Ländern nötig war, wurde er über die **Internationale Bank für wirtschaftliche Zusammenarbeit** (gegründet 1963, Sitz Moskau) mit Hilfe einer Verrechnungseinheit (Transferrubel) abgewickelt. Bei Preisvereinbarungen zwischen den Staatshandelsorganisationen der Mitgliedsländer dienten die Preise als Orientierungshilfe, die auf den Weltmärkten außerhalb des RGW für vergleichbare Erzeugnisse beobachtet wurden. Die vereinbarten Preise, die früher 5 Jahre unverändert blieben, wurden jährlich auf der Basis der durchschnittlichen Weltmarktpreise der vergangenen fünf Jahre revidiert. Von Anfang an war die technisch-wissenschaftliche Zusammenarbeit ein Hauptziel des RGW.

Oberstes Organ war die Ratstagung. Sie beriet über Empfehlungen zu Fragen der wirtschaftlichen und wissenschaftlich-technischen Zusammenarbeit und nahm den Tätigkeitsbericht des Sekretariats entgegen. Zwischen den Ratstagungen war oberstes Gremium das Exekutivkomitee. Ihm oblagen alle Fragen der Koordinaten der nationalen Wirtschaftspläne sowie der Produktionsspezialisierung und -kooperation; es überwachte die Durchführung der von den RGW-Staaten übernommenen Verpflichtungen und besaß gegenüber den Ständigen Kommissionen und dem Sekretariat des Rates Weisungs-, Kontroll- und Organisationsrechte. Die Ständigen Kommissionen wurden als Branchenkommissionen von der Ratstagung gegründet.

Die paritätisch zusammengesetzten RGW-Organe waren keine supranationalen Behörden mit übergeordneter Entscheidungsfunktion; anders als die EG konnten sie nur aufgrund einstimmiger Beschlüsse Empfehlungen abgeben. Diese wurden erst nach Bestätigung durch nationale In-

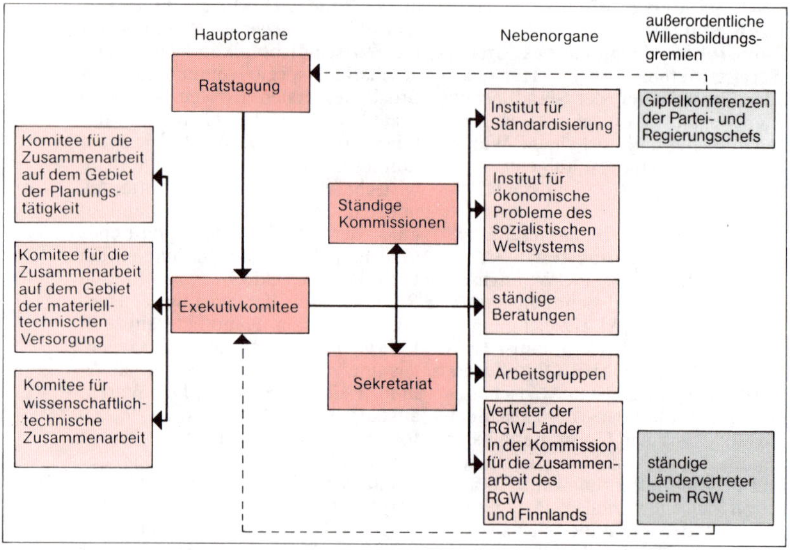

Rat für gegenseitige Wirtschaftshilfe (RGW). Organisationsstruktur

stanzen wirksam, was einem Vetorecht jedes Mitglieds gleichkam.
Die RGW-Tätigkeit in den 1980er Jahren war einerseits gekennzeichnet durch verstärkte Anstrengungen zur Koordinierung und Spezialisierung der nationalen Pläne, durch verstärkte Zusammenarbeit auf den Gebieten Industrieroboter und Mikroprozessortechnik sowie durch Bemühungen, die Verschuldung im Westen abzubauen. Andererseits wurde die RGW-Arbeit beeinträchtigt, u. a. durch Schwierigkeiten der Preisgestaltung und der Verrechnung mit Hilfe des Transferrubels, zu geringe wirtschaftliche Effizienz und Flexibilität, zu geringe Wachstumsraten.

Rationalisierung [nach französisch rationaliser „vernünftig denken“ (lateinisch ratio „Verstand“)]: in Wirtschaft und Verwaltung die zweckmäßige („rationale“) Gestaltung von Arbeitsabläufen mit dem Ziel, das Verhältnis zwischen Aufwand und Erfolg zu verbessern, insbesondere durch Einsparung von menschlicher Arbeitskraft. Rationalisierung kann erfolgen durch organisatorische Maßnahmen (z. B. Verbesserung der Koordination zwischen voneinander abhängigen Teilprozessen), mittels ↑Wertanalyse und vor allem durch Mechanisierung, d. h. Ersetzen menschlicher Arbeit durch (billigere) Maschinenarbeit, bis hin zur ↑Automatisierung. – Während die allgemeine Notwendigkeit von Rationalisierung zum Erhalt der wirtschaftlichen Leistungsfähigkeit und als Voraussetzung für eine Erhöhung des Lebensniveaus im wesentlichen unbestritten ist, sind ihre Folgen und Begleiterscheinungen für die Arbeitnehmer häufig Gegenstand von Kontroversen. Die Entwicklung neuer Techniken, die ganze Berufsgruppen überflüssig zu machen geeignet sind, förderte das Bestreben nach entsprechenden Schutzbestimmungen.

Rationalisierungs-Kuratorium der Deutschen Wirtschaft (RKW) e. V.: Kurzbezeichnung RKW, gemeinnütziger, vom Staat geförderter Verein, in dem Wirtschaft, Gewerkschaften, Bund und Länder zusammenarbeiten mit der Aufgabe, die technische, wirtschaftliche und soziale Leistungsfähigkeit der deutschen Wirtschaft, besonders der kleinen und mittleren Unternehmen, durch schriftliche Informationen, Weiterbildung und Training von Führungskräften und Beschäftigten sowie durch Beratung zu steigern; Sitz: Eschborn. Das RKW arbeitet u. a. mit Fachverbänden, wissenschaftlichen Instituten und Managementeinrichtungen im Bundesgebiet sowie mit ausländischen Institutionen zusammen.

Raumordnung (Raumplanung): Bezeichnung für die zusammenfassende, übergeordnete, ordnende Planung, die über das Gebiet der kleinsten Verwaltungseinheit hinausgeht. Die Raumordnung vollzieht sich in der Bundesrepublik Deutschland im örtlichen Bereich als gemeindliche Bauleitplanung, im überörtlichen Bereich auf den Ebenen der Regionalplanung, der Landesplanung und der Bundesplanung, wobei der Bund gemäß seinem Recht, Rahmenvorschriften für die Raumordnung zu geben, ein Raumordnungsgesetz erlassen hat, das als Aufgaben und Ziele der Raumordnung festlegt, das Bundesgebiet in seiner allgemeinen räumlichen Struktur einer Entwicklung zuzuführen, die der freien Entfaltung der Persönlichkeit in der Gemeinschaft am besten dient, wobei die natürlichen Gegebenheiten sowie die wirtschaftlichen, sozialen und kulturellen Erfordernisse zu beachten sind. Zu den Grundzügen der Raumordnung, die für die Verwaltungen des Bundes und die Landesplanung in den Ländern unmittelbar gelten, gehört es, für alle Gebiete, auch für Verdichtungsgebiete und zurückgebliebene Gebiete, eine räumliche Struktur mit gesunden Lebens- und Arbeitsbedingungen sowie ausgewogenen wirtschaftlichen, sozialen und kulturellen Verhältnissen anzustreben. Ein besonderes Schwergewicht der Raumordnung liegt auf der Landesplanung und insbesondere im ökologischen Bereich. Die Landschaft ist zu schützen und zu pflegen. Für die Reinhaltung von Luft und Wasser, die Sicherung der Wasserversorgung und den Schutz der Allgemeinheit vor Lärmbelästigung ist so weit wie möglich Sorge zu tragen.

Räumungsverkauf: verbilligter Verkauf eines bestimmten Warenvorrats in einer begrenzten Zeit aus außergewöhnlichem Anlaß, z. B. bei Brand- oder Wasserschäden, räumlicher Zwangslage (Umbau), Umzug, geschäftlicher Auseinandersetzung. Fehleinkäufe, zu hoher Warenbestand oder neue Marktmodelle sind kein Grund für einen Räumungsverkauf. Nach dem Gesetz gegen den unlauteren Wettbewerb ist ein Räumungsverkauf anzeigepflichtig.

Realeinkommen [zu mittellateinisch realis „tatsächlich; dinglich"]: Einkommen unter dem Aspekt seiner Kaufkraft; ergibt sich aus dem in Geldeinheiten angegebenen Nominaleinkommen dividiert durch einen geeigneten Preisindex (z. B. Preisindex der Lebenshaltung).

Realisationsprinzip: Bilanzierungsgrundsatz, nach dem Gewinne erst dann ausgewiesen werden dürfen, wenn sie durch Umsätze verwirklicht („realisiert") worden sind, Verluste sind zum Zeitpunkt des Entstehens zu berücksichtigen. Die Bewertung erfolgt zum Anschaffungswert bzw. den Herstellungskosten, unabhängig von möglichen Zukunftsgewinnen oder -verlusten.

Realkapital ↑Kapital.

Realkredit (Sachkredit): ein Kredit, der gegen Verpfändung von Immobilien oder anderen realen Vermögenswerten gewährt wird. Formen: Mobiliar-, Immobiliar- und Schiffshypothekenkredit. – Gegensatz: ↑Personalkredit.

Realkreditinstitut: Kreditinstitut, das langfristige Darlehen gegen Grundpfandrechte (in erster Linie Hypotheken) gibt und sich durch Ausgabe von Pfandbriefen bzw. Kommunalobligationen am Kapitalmarkt finanziert.

Reallast: Belastung eines Grundstücks in der Weise, daß an den Berechtigten wiederkehrende Leistungen aus dem Grundstück zu entrichten sind. Reallasten können bestehen in Renten von Geld oder Naturalien, in Diensten, Verpflichtungen (Instandhaltung eines Weges). Der Grundstückseigentümer haftet für die Reallast auch persönlich. Zur Begründung einer Reallast ist Einigung und Eintragung in das Grundbuch erforderlich.

Reallohn: Arbeitsentgelt unter Berücksichtigung der Kaufkraft; ergibt sich aus dem Nominallohn dividiert durch einen geeigneten Preisindex (z. B. Preisindex der Lebenshaltung).

Realsteuern ↑Objektsteuern.

Rechenzentrum: mit Datenverarbeitungssystemen ausgerüstete oder an ein Datennetz angeschlossene Organisationseinheit (selbständig oder in ein Unternehmen integriert) zur Verarbeitung umfangreicher Datenmengen, die im kaufmännischen, technischen und wissenschaftlichen Bereich anfallen. Von entsprechend ausgebildetem Personal (Programmierer) werden alle an das Rechenzentrum herangetragenen Aufgaben analysiert und durch Programmierung für die Datenverarbeitung vorbereitet, sodann die vorzunehmenden Verarbeitungsschritte entweder mit einem Computer des Rechenzentrums selbst ausgeführt oder (bei ↑Datenfernverarbeitung) dem verarbeitenden Rechenzentrum über das Datennetz zugeleitet. Der Auftraggeber erhält dann die Ergebnisse in Form von einzelnen Daten, Tabellen, Kurvenverläufen u. a., gegebenenfalls über ein Datenübertragungssystem. Die Datenerfassung wird meist dezentral (außerhalb des Rechenzentrums) vorgenommen.

Rechnungsabgrenzung ↑Abgrenzung.

Rechnungseinheit: im Geldwesen eines Landes die Größe, auf der sein Rechnungssystem basiert. Im überregionalen und internationalen Verkehr (Post und Handel) die gemeinsame Verrechnungsgröße über den beteiligten Einzelwährungen.

Rechnungswesen: in der Betriebswirtschaftslehre derjenige Betriebsbereich, der sich mit der zahlenmäßigen Planung, Erfassung und Auswertung der betrieblichen Vermögens-, Kapital- und Erfolgsvorgänge befaßt. Zum betrieblichen Rechnungswesen zählen vor allem Buchführung, Kosten- und Leistungsrechnung sowie Planungsrechnung und betriebswirtschaftliche Statistik. Das volkswirtschaftliche Rechnungswesen wird als ↑ volkswirtschaftliche Gesamtrechnung bezeichnet.

Recht: Bezeichnung für eine Ordnung menschlichen Zusammenlebens, die dieses so regelt, daß Konflikte weitgehend vermieden werden **(objektives Recht),** aber auch für aus diesem objektiven Recht resultierende Ansprüche von einzelnen **(subjektives Recht).**

Das Recht besteht zwar heute durchweg als Gesamtheit von schriftlich niedergelegten Gesetzen und Verordnungen **(positives Recht)** sowie aus der sich darauf beziehenden Rechtsprechung, ist aber zunächst an das Bestehen von Gesetzen usw. in diesem Sinne nicht gebunden. Auch historisch begegnet Recht zuerst in seiner allgemeineren Bedeutung als ein System von Verhaltensnormen für das Leben in einer sozialen Gemeinschaft. Insoweit unterschied sich Recht nicht von anderen Normen, die Sitten und Gebräuche regeln. Als kennzeichnend für die das Recht konstituierenden im Unterschied zu diesen anderen Verhaltensnormen wird in erster Linie das Bestehen eines organisierten und institutionalisierten Verfahrens, ihre Einhaltung zu erzwingen bzw. ihre Nichteinhaltung mit bestimmten Sanktionen zu belegen, angesehen. Die Durchsetzbarkeit des Rechts setzt allerdings nicht nur das Bestehen einer organisierten Macht, um seine Einhaltung zu erzwingen, voraus, sondern auch, daß das Recht den gesellschaftlichen Gegebenheiten, den Interessen und sozialen Machtpositionen entspricht; ein Auseinanderklaffen von Recht und gesellschaftlichen Gegebenheiten kann dazu führen, daß formell noch gültiges Recht nicht mehr angewandt wird. Die Bedeutung von Gewohnheiten und üblichen Verhaltensweisen für das, was als Recht gilt, findet weiter ihren Niederschlag in verschiedenen Rechtsbereichen, z. B. als Verkehrssitten und Handelsbräuche (Usancen) im Handelsrecht. Damit Recht seiner Bestimmung gemäß als möglichst konfliktfreie Ordnung menschlichen Zusammenlebens wirken kann, bedarf es der Eindeutigkeit der rechtlichen Regelungen. Übersichtlichkeit, Klarheit und Verläßlichkeit der Verhaltensrichtlinien sind Voraussetzungen für Rechtssicherheit. Dabei steht jede konkrete Ausgestaltung des Rechts vor dem Dilemma, einerseits auf alle denkbaren Einzelfälle eindeutig anwendbar sein zu sollen, ohne jedoch andererseits jeden Einzelfall direkt regeln zu können. Deshalb läßt die Rechtspraxis Ermessens- und Beurteilungsspielräume bei der Anwendung des Rechts offen.

Rechtsbehelf ↑ Rechtsmittel.

Rechtsfähigkeit: die jeder natürlichen oder juristischen Person von der Rechtsordnung zuerkannte Fähigkeit, Träger von Rechten und Pflichten zu sein. Die Rechtsfähigkeit des Menschen beginnt mit der Vollendung der Geburt und endet mit dem Tod bzw. dem durch die Todeserklärung festgelegten Zeitpunkt. Juristische Personen des Privatrechts erlangen die Rechtsfähigkeit durch staatliche Verleihung bzw. Genehmigung (Konzessionssystem) oder durch Eintragung in einem Register (Eintragungssystem), so z. B. bei Vereinen („e. V." = eingetragener Verein) oder Stiftungen. Von der Rechtsfähigkeit ist die ↑Geschäftsfähigkeit (Willenserklärungen mit rechtlich bindender Kraft abgeben zu können) zu unterscheiden.

Rechtsform ↑Unternehmensformen.

Rechtsgeschäft: die vom Rechtsfolgewillen umfaßte, nach außen gerichtete Willensbestätigung, die einen angestrebten Rechtserfolg herbeiführen soll. Wesentlicher, aber nicht notwendigerweise einziger Bestandteil des Rechtsgeschäfts ist die ↑Willenserklärung. Weitere Voraussetzungen für das Zustandekommen eines Rechtsgeschäfts können z. B. die Schriftform oder die Zustimmung des gesetzlichen Vertreters sein. Man unterscheidet einseitige Rechtsgeschäfte (z. B. Mahnung) von den zweiseitigen (z. B. Vertrag) und den mehraktigen Rechtsgeschäften (z. B. Vereinsgründung). Es gibt empfangsbedürftige Rechtsgeschäfte (z. B. Kündigung) und nichtempfangsbedürftige Rechtsgeschäfte (z. B. Ausschlagung einer Erbschaft).

Rechtsmittel: den (Prozeß)beteiligten zustehende Möglichkeit, eine ihnen nachteilige gerichtliche Entscheidung durch ein Gericht (höherer Instanz) nachprüfen zu lassen. Rechtsmittel sind: ↑Berufung, ↑Revision und ↑Beschwerde. Die Einlegung eines Rechtsmittels hemmt den Eintritt der Rechtskraft einer (gerichtlichen) Entscheidung. Der dem Rechtsmittel übergeordnete Begriff ist der des **Rechtsbehelfs,** der jede förmliche Handlung eines Betroffenen erfaßt, durch den eine behördliche oder gerichtliche Entscheidung angegriffen wird, z. B. Widerspruch oder Klage. Für den Bürger nachteilige Verwaltungsentscheidungen (Verwaltungsakte, z. B. Steuerbescheid) sind mit **Rechtsbehelfsbelehrungen** (im Verwaltungsprozeß bei Urteilen: **Rechtsmittelbelehrungen**) zu versehen, die auf die Frist und den Ort hinweisen, innerhalb deren und an dem der Rechtsbehelf eingelegt werden kann. Unterbleibt diese Belehrung, werden die normalen gesetzlichen Fristen nicht in Lauf gesetzt.

Rechtsschutzversicherung: Versicherungsschutz zur Wahrung rechtlicher Interessen, wenn hierfür Prozeßführungskosten entstehen. Beispiele: Kraftfahrzeugrechtsschutz, Privatrechtsschutz, Berufsrechtsschutz.

Rechtsmittelbelehrung ↑Rechtsmittel.

Recycling [englisch 'ri:'saıklıŋ]:
1. in der Technik die Wiederverwendung von Abfällen, Nebenprodukten oder [verbrauchten] Endprodukten der Konsumgüterindustrie als Rohstoffe für die Herstellung neuer Produkte. Das Recycling ist auf manchen Gebieten als Methode der Rohstoffbeschaffung (u. a. bei der Wiedergewinnung von Edelmetallen aus Münzlegierungen oder bei der Gewinnung von Faserrohstoffen aus gebrauchten Textilien) sehr alt; es gewinnt zunehmend an Bedeutung im Zuge der Verknappung von Rohstoffen und unter den Aspekten des Umweltschutzes (schwindende Möglichkeiten für die Ablagerung von Müll, Belastung der Flüsse durch Abfallstoffe, Energieverknappung). Wichtige Beispiele für Recycling sind die Wiederverwendung von Eisenschrott, die Aufarbeitung von Altaluminium, die Wiederaufbereitung von Altöl, die Verarbeitung von Altgummi, Altglas, Altpapier und Kunststoffabfällen sowie die Regenerierung von Lösungsmitteln.
2. in der Wirtschaft das Wiedereinschleusen der in den 70er Jahren stark gestiegenen Erlöse erdölexportierender Staaten in die Wirtschaft der erdölimportierenden Staaten, um deren Zahlungsbilanzdefizite zu verringern; vor allem in Form von Direktinvestitionen und durch Anlage sogenannter ↑Petrodollars.

Red clause [englisch 'rɛd 'klɔ:z]: Klausel im ↑Dokumentenakkreditiv, wodurch die zur Anzahlung angewiesene (Übersee-)Bank ermächtigt wird, dem Begünstigten Vorschüsse bis zu einer bestimmten Höhe auszuzahlen, noch bevor die Dokumente eingereicht sind. Diese Klausel ist im Akkreditiv rot vermerkt. Die Red clause hat Bedeutung erlangt für die Finanzierung von Einkäufen in Rohstoffländern; sie ermöglicht dem Einkäufer, die Produzenten schon vor der Verschiffung der Ware zu bezahlen. Die den Akkreditivauftrag erteilende Bank übernimmt die Garantie für geleistete Vorschüsse.

Rediskontierung: Weiterverkauf von diskontierten (angekauften) Wechseln durch eine Geschäftsbank an die Notenbank, in der Bundesrepublik Deutschland an die Deutsche Bundesbank. Die Deutsche Bundesbank kauft nur bundesbankfähige Wechsel an. Die Gesamtsumme der rediskontierten Wechsel darf einen bestimmten, für jedes Kreditinstitut individuell festgelegten Höchstbetrag nicht übersteigen **(Rediskontkontingent).**

Reederei: 1. Gesellschaftsform des Seerechts; Vereinigung mehrerer Personen (Mitreeder), die ein ihnen nach Bruchteilen gehörendes Schiff zum Einkommenserwerb durch Seefahrt auf gemeinschaftliche Rechnung verwendet; 2. in der Binnenschiffahrt Transportunternehmen, das im Gegensatz zum ↑Partikulier über einen kaufmännischen Betrieb an Land zur Frachterwerbung, Abwicklung und Distribution verfügt.

REFA-Lehre: zusammenfassende Bezeichnung für die vom REFA-Verband (1924 gegründeter Reichsausschuß für Arbeitszeitermittlung, jetzt Verband für Arbeitsstudien – REFA – e. V., Darmstadt) entwickelten Verfahren und Grundsätze auf dem Gebiet des Arbeitsstudiums. Die Arbeitsvorgänge werden mit Hilfe von Arbeitsstudien und Zeitaufnahmen unter Berücksichtigung arbeitsphysiologischer und -psychologischer Erkenntnisse untersucht, um im Rahmen des ökonomischen Prinzips zu einer adäquaten, leistungsbezogenen Entlohnungsform zu kommen. Die moderne REFA-Lehre befaßt sich insbesondere mit dem Industrial engineering, d. h. mit Verfahren rationeller, moderner Betriebsführung, mit dem Studium programmierter Unterweisungsverfahren für das Anlernen von Arbeitskräften, mit der Anpassung der Verfahren des Arbeits- und Zeitstudiums an die Bedürfnisse der Verwaltung und der Dienstleistungsbetriebe, mit der Entwicklung der betrieblichen Datenwirtschaft (Datenermittlung, -erfassung und -verarbeitung), mit den ↑Systemen vorbestimmter Zeiten sowie mit der Fortentwicklung bereits gewonnener Erkenntnisse.

Refinanzierung: Aufnahme von Krediten durch einen Kreditgeber (z. B. eine Bank), damit dieser selbst weitere Kredite vergeben kann. Die häufigste Form ist die Kreditaufnahme der Banken bei der Deutschen Bundesbank durch ↑Rediskontierung von Wechseln (↑Diskontkredit) oder Verpfändung von Wertpapieren (↑Lombardkredit).

Regiebetrieb [re'ʒiː; französisch, zu lateinisch regere „herrschen"]: haushaltsrechtlich und organisatorisch verselbständigte Verwaltungsstelle der öffentlichen Hand mit [erwerbs]wirtschaftlicher Ausrichtung.

Registergericht: das für die Führung der öffentlichen Register (z. B. des Handelsregisters) zuständige Amtsgericht.

Registratur (Ablage): Aufbewahrungsstelle für Schriftgut wie Akten, Geschäftspapiere, Karteien usw. Die **Ablage** des Schriftgutes erfolgt nach einem Aktenplan und kann alphabetisch, numerisch, alphanumerisch, nach Sachgebieten, Ort und Zeit geordnet sein. Mit Ausnahme der Eröffnungsbilanzen und Jahresabschlüsse können die Unterlagen auf einem Bildträger (Mikrofilmverfahren) oder anderen Datenträgern aufbewahrt werden. Der Kaufmann bzw. der Steuerpflichtige unterliegt der Aufbewahrungspflicht; Handelsbücher, Inventare und Bilanzen sind 10 Jahre, empfangene Handelsbriefe, Abschriften abgesandter Handelsbriefe und Buchungsbelege sind 6 Jahre aufzubewahren **(Aufbewahrungsfristen).**

Regreß [lateinisch]: Rückgriff eines ersatzweise haftenden Schuldners auf einen Dritten oder den Hauptschuldner, von dem er Ersatz seines bezahlten Geldbetrages verlangen kann. Im Wechselrecht kann der Inhaber eines protestierten Wechsels (↑Wechselprotest) auf jeden Vorgänger in der Indossantenkette, auf den Aussteller oder – sofern vorhanden – einen Wechselbürgen Rückgriff nehmen, wobei jeder beliebige Wechselverpflichtete herausgegriffen werden kann *(Sprungregreß),* die Reihenfolge (über die Vormänner zum Aussteller) somit nicht eingehalten werden muß *(Reihenregreß).*

regressive Kosten ↑variable Kosten.

Reingewinn: Überschuß der Aktiv- über die Passivposten oder der Erträge über die Aufwendungen, nachdem Abschreibungen, Wertberichtigungen, Rückstellungen und Rücklagen vorgenommen sind.

Reisegewerbe: ein Gewerbe, das außerhalb der Räume der gewerblichen Niederlassung eines Unternehmens oder ohne eine solche Niederlassung (im Umherziehen) ausgeübt wird, wenn in ihm ohne vorherige Bestellung Waren oder gewerbliche Leistungen angeboten, Bestellungen hierauf aufgenommen, Waren angekauft oder Schaustellungen, Musikaufführungen u. ä. ohne höheres künstlerisches oder wissenschaftliches Interesse dargeboten werden (§ 55 Abs. 1 GewO). Mit Ausnahme der in §§ 55a und 55b GewO aufgezählten Tätigkeiten (z. B. des Vertriebs von Blindenwaren, Milch oder Milcherzeugnissen sowie der Tätigkeit von Handels- oder Firmenvertretern im Geschäftsverkehr) bedarf die Ausübung eines Reisegewerbes einer Genehmigung, die in Form einer **Reisegewerbekarte** erteilt wird. Sie ist zu versagen, wenn der Antragssteller nicht die erforderliche Zuverlässigkeit besitzt, entmündigt oder einschlägig vorbestraft ist oder unter Polizeiaufsicht steht. Auch im Reisegewerbe muß die Sonn- und Feiertagsruhe grundsätzlich beachtet werden. Bestimmte Tätigkeiten sind im Reisegewerbe verboten (z. B. der Handel mit Giften oder gifthaltigen Stoffen, Wertpapieren, Lotterielosen oder geistigen Getränken).

Reisender ↑Handlungsreisender.

Reisescheck (Traveller-Scheck): Zahlungsmittel im internationalen und nationalen Reiseverkehr. Reiseschecks sind scheckähnliche Urkunden, die auf bestimmte runde Beträge lauten. Sie werden von den ausgebenden Banken direkt oder von ihren ausländischen Korrespondenzbanken kommissionsweise verkauft. Wegen seiner Sicherheit (beim Kauf und bei der Einlösung Unterschriftsleistung in Anwesenheit eines Bankangestellten) und Bequemlichkeit ist der Reisescheck zu einem bevorzugten Reisezahlungsmittel geworden und hat den Kreditbrief (Reisekreditbrief) verdrängt, steht allerdings in Europa in starker Konkurrenz zum Eurocheque und zu Kreditkarten.

Rektapapier: ↑Wertpapier, das auf den Namen einer bestimmten berechtigten Person lautet (Namenspapier). Das verbriefte Recht kann nur durch Abtretung weitergegeben werden. Zu den Rektapapieren gehören u. a. Grundschuldbrief, Hypothekenbrief, Ladeschein. Orderpapiere (z. B. Wechsel) werden durch die negative Orderklausel „nicht an Order“ zu Rektapapieren.

Rembourskredit [rã'bu:r; gekürzt aus französisch remboursement „Zurückzahlung“]: Kredit zur Finanzierung eines Importgeschäfts durch ein Bankakzept aufgrund eines Dokumentenakkreditivs. *Abwicklung:*

Die Bank des Importeurs gibt dem Importeur einen Kredit (1) und er-

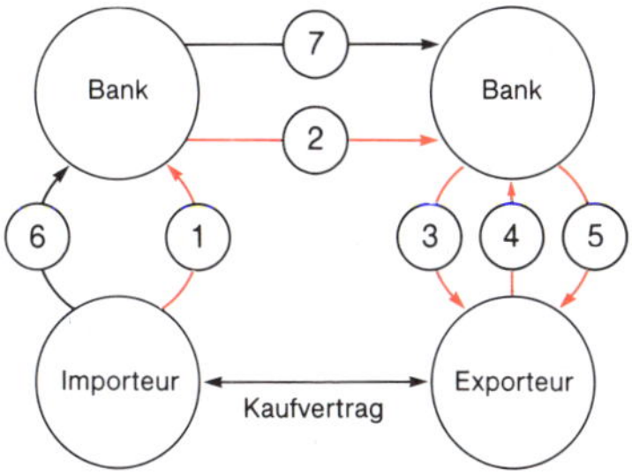

Rembourskredit. Schema des Geldflusses

öffnet für ihn bei der Bank des Exporteurs ein Dokumentenakkreditiv (2). Dies wird dem Exporteur mitgeteilt (avisiert) (3). Der Exporteur überreicht seiner Bank (= Remboursbank) die Dokumente und eine Tratte (4), die diese akzeptiert, gleichzeitig diskontiert und dem Exporteur den Barwert gutschreibt (5). Bei Fälligkeit des Akzepts zahlt der Importeur seinen Kredit zurück (6), damit seine Bank der Bank des Exporteurs das Geld zur Einlösung des Akzepts zur Verfügung stellen kann (7).

Rendite [italienisch „Einkünfte, Gewinn"]: jährlicher Ertrag einer Kapitalanlage (in Relation zum Anschaffungskurs bzw. -preis); im engeren Sinn die Verzinsung eines Wertpapiers ohne Berücksichtigung eines Gewinns oder Verlusts bei Verkauf oder Rückzahlung (dieser wird in der Effektivverzinsung berücksichtigt). Die Rendite errechnet sich (bei jährlicher Zinszahlung) nach der Formel

$$p' = 100 \frac{p}{C}.$$

(C = Kaufkurs, p = Anleihezinsfuß oder Aktiendividende, p' = Rendite).

Rentabilität [französierende Bildung zu rentieren]: allgemein das in Prozent ausgedrückte Verhältnis einer Erfolgsgröße zu einer betriebswirtschaftlich sinnvollen Bezugsgröße. Wichtige Arten: *Unternehmensrentabilität:* Reingewinn plus Fremdkapitalzinsen zu Gesamtkapital; *Eigenkapitalrentabilität:* Reingewinn zu Eigenkapital; *Umsatzrentabilität:* Gewinn zu Umsatz. Eine bedeutende Rentabilitätskennzahl (v. a. in der Investitionsrechnung) ist der ↑Return on investment.

Rentabilitätsvergleichsrechnung ↑Investitionsrechnung.

Rente [mittelhochdeutsch rente „Einkünfte, Vorteil" von altfranzösisch rente zu lateinisch reddere „zurückgeben"]: im weitesten Sinne regelmäßig wiederkehrende Geldleistungen, denen keine unmittelbare Arbeitsleistung gegenübersteht, wie z. B. Ansprüche aus Kapitalvermögen oder Ansprüche privatrechtlicher Natur (Betriebsrente, Lebensversicherung). Im engeren Sinne Leistungen aus der ↑Rentenversicherung.

Rentenanleihe (ewige Anleihe): Anleihe, bei der Schuldner nur zur Zahlung von Zinsen auf Zeit verpflichtet ist (Rente); eine Pflicht zur Tilgung besteht nicht.

Rentenanpassung: die jährliche, seit 1957 durch Gesetz erfolgende Anpassung der allgemeinen Rentenbemessungsgrundlage an die Veränderungen der Brutto- bzw. Nettoarbeitsentgelte (durch die Rentenreform 1992). Diese dynamische Rente soll die Teilhabe der Rentenempfänger an der wirtschaftlichen Produktivitätsentwicklung sicherstellen und die Renten vor Geldwertverlusten schützen.

Rentenbemessungsgrundlage: als *allgemeine* Rentenbemessungsgrundlage der jährlich festgelegte, am durchschnittlichen Bruttolohn orientierte Wert, der den ↑Rentenberechnungen zugrundegelegt wird, als *persönliche* Rentenbemessungsgrundlage das in Prozent ausgedrückte durchschnittliche Verhältnis zwischen eigenen Bruttojahresarbeitsentgelten und den durchschnittlichen Bruttojahresarbeitsentgelten aller Versicherten, multipliziert mit der allgemeinen Rentenbemessungsgrundlage; sie ist Bestandteil der Rentenformel (↑Rentenberechnung).

Rentenberechnung: die bis zur Rentenreform '92 geltende Ermittlung des Anspruches aus der gesetzlichen Rentenversicherung nach der *Rentenformel* $R = r \cdot n \cdot p \cdot B$. Die allgemeine Bemessungsgrundlage B wird für jedes Jahr neu festgelegt (1992: 42 000 DM). Der durchschnittliche persönliche Prozentsatz p ist die Summe der in Prozent zum durchschnittlichen Bruttojahresarbeitsverdienst aller Versicherten ausgedrückten eigenen Bruttojahresarbeitsverdienste geteilt durch die Summe der Jahre und ergibt multipliziert mit B die persönliche Bemessungsgrundlage. Er kann 200% nicht übersteigen. Die Versicherungsjahre n umfassen neben Beitragszeiten auch Ersatzzeiten (z. B. Militärdienst) und Ausfallzeiten (z. B. Ausbildung). Der Steigerungssatz r beträgt 1% für Berufsunfähigkeitsrenten, 1,5% für Erwerbsunfähigkeitsrenten und Altersruhegelder.
Ab 1992 lautet die Rentenformel MR = PEP·RAF·AR (MR = Monatsrente, PEP = persönliche Entgeltpunkte, RAF = Rentenanrechnungsfaktor, AR = aktueller Rentenwert). Die persönlichen Entgeltpunkte sind das Produkt aus addierten Entgeltpunkten und Zugangsfaktor. Entgeltpunkte ergeben sich, indem das versicherte Arbeitsentgelt durch das Durchschnittsentgelt aller Versicherten geteilt wird. Zeiten der Berufsausbildung bzw. der Kindererziehung werden mit einem Mindestwert von 0,9 bzw. 0,75 Entgeltpunkten berechnet. Der Zugangsfaktor berücksichtigt, ob Rente vor oder nach Erreichen der Altersgrenze beantragt wird, was zu Ab- bzw. Zuschlägen führt. Der Rentenartenfaktor entspricht dem bisherigen Steigerungssatz, der aktuelle Rentenwert der allgemeinen Bemessungsgrundlage.

Rentenmarkt: Bezeichnung für den Börsenmarkt der festverzinslichen Wertpapiere (als Teilbereich des ↑Kapitalmarkts). Gegensatz: Aktienmarkt.

Rentenreform: die 1989 beschlossenen, und v. a. ab 1992 in Kraft tretenden Änderungen in der Rentenversicherung. Neben der ↑Rentenberechnung gibt es u. a. folgende Neuerungen: Zeiten der Erziehung eines Kindes bis zum 10. Lebensjahr und der Pflege von Schwerpflegebedürftigen werden berücksichtigt; bei beitragsfreien Zeiten entfällt die Halbbelegung, sie werden im Verhältnis tatsächliche zu möglichen Beitragszeiten (Gesamtleistungsmodell) bewertet; Verlängerung der Rente nach Mindesteinkommen auf Zeiten vor 1992; Anrechnung von drei Jahren Kindererziehungszeiten für die ab 1992 geborenen Kinder; mit Änderung der Bezeichnung Ausfallzeiten in Anrechnungszeiten sind weitere Neuerungen verbunden; ab dem Jahre 2001 werden stufenweise die Altersgrenzen von 60 und 63 Jahren generell auf 65 Jahre angehoben; bei Rentenbeantragung nach 65 steigert sich die Rente.

Rentenschuld: eine Form der ↑Grundschuld, bei der kein festgelegter Kapitalbetrag, sondern eine Rente zu zahlen ist. Bei der Eintragung der Rentenschuld im Grundbuch muß auch der Kapitalbetrag angegeben werden, durch den die Rentenschuld in einem Betrag abgelöst werden kann.

Rentenversicherung: Teil der ↑Sozialversicherung, gegliedert in Arbeiterrentenversicherung, Angestelltenversicherung, knappschaftliche Rentenversicherung (↑Knappschaftsversicherung), ↑Handwerkerversicherung und den besonderen Zweig ↑Altershilfe für Landwirte.
Versicherungspflichtig sind alle Personen, die als Arbeitnehmer gegen Entgelt oder zur Berufsausbildung beschäftigt sind, sowie einige arbeitnehmerähnliche Personengruppen (z. B. Hausgewerbetreibende). Von den selbständig tätigen Personen

sind versicherungspflichtig in die Handwerksrolle eingetragene Handwerker, solange sie nicht für 216 Kalendermonate Beiträge entrichtet haben, sowie einige der Arbeitnehmerschaft wirtschaftlich nahestehende Kleingruppen (z. B. Küstenfischer). Nicht kraft Gesetzes versicherungspflichtige oder ausnahmsweise versicherungsfreie Selbständige können ihre Pflichtversicherung innerhalb zweier Jahre nach Aufnahme der selbständigen Erwerbstätigkeit beantragen. *Versicherungsfrei* sind Beamte und ähnlich gesicherte Personengruppen. – Zur *freiwilligen Versicherung* berechtigt sind fast alle Personen, die das 16. Lebensjahr vollendet haben und nicht versicherungspflichtig sind. Neben Pflichtbeiträgen oder freiwilligen Beiträgen kann der Versicherte zusätzliche Beiträge zwecks Höherversicherung entrichten. *Versicherungsfälle* sind Berufsunfähigkeit, Erwerbsunfähigkeit, Alter und Tod bzw. Verschollenheit. Renten wegen verminderter Erwerbsfähigkeit werden seit 1984 grundsätzlich nur noch zuerkannt, wenn der Versicherte in den letzten fünf Jahren vor der Minderung der Erwerbstätigkeit mindestens drei Jahre eine versicherungspflichtige Tätigkeit ausgeübt hat. Die *Altersversorgung* tritt nach einer Mindestversicherungszeit (Wartezeit) von 60 (bis 1983 180) Kalendermonaten ohne weitere Voraussetzungen mit Vollendung des 65. Lebensjahres ein und wird in Form einer *Altersrente (Altersruhegeld)* gezahlt. Der Versicherte kann jedoch nach einer qualifizierten Wartezeit von 35 anrechnungsfähigen Versicherungsjahren nach Vollendung des 63. Lebensjahres, bei anerkannten Schwerbehinderten, Berufs- oder Erwerbsunfähigen nach Vollendung des 60. Lebensjahres Altersruhegeld in Anspruch nehmen *(flexible Altersgrenze)*. Frauen, die in den letzten 20 Jahren überwiegend eine rentenversicherungspflichtige Beschäftigung oder Tätigkeit ausgeübt und hierfür mindestens 121 Pflichtbeiträge entrichtet haben, können ebenso wie Arbeitslose, die innerhalb der letzten eineinhalb Jahre mindestens 52 Wochen arbeitslos waren und in den letzten zehn Jahren mindestens acht Jahre versicherungspflichtig waren, mit Vollendung des 60. Lebensjahres *Frauenruhegeld* bzw. *Arbeitslosenruhegeld* beantragen; sie erhalten ferner für jedes Kind ein Kindererziehungsjahr *(Babyjahr)* angerechnet.

Bei Tod des Versicherten wird eine Rente an die Hinterbliebenen als Witwen-, Witwer- oder Waisenrente gezahlt, bei Ehescheidung vor dem 1. Juli 1977 auch als *Hinterbliebenenrente* an den geschiedenen Ehepartner. Geschiedenen Ehegatten, die nach dem Tode ihres früheren Ehegatten mindestens ein waisenrentenberechtigtes Kind erziehen, kann eine *Erziehungsrente* gewährt werden. Diese wird je nach Kinderzahl wie eine Erwerbs- oder Berufsunfähigkeitsrente berechnet. Die Höhe der Hinterbliebenenrente richtet sich nach der Versichertenrente. Die meist zu zahlende *große Witwenrente* beträgt $^6/_{10}$ der Versichertenrente wegen Erwerbsunfähigkeit ohne Kinderzuschuß. Die *kleine Witwenrente* beträgt $^6/_{10}$ der Versichertenrente wegen Berufsunfähigkeit ohne Kinderzuschuß und ohne Berücksichtigung einer eventuellen Zurechnungszeit. Die *Waisenrente* beträgt bei Halbwaisen $^1/_{10}$, bei Vollwaisen $^1/_5$ der Versichertenrente wegen Erwerbsunfähigkeit ohne Kinderzuschuß. Die Halbwaisenrente erhöht sich um den Kinderzuschuß, die Vollwaisenrente um einen Betrag in Höhe eines Zehntels der allgemeinen Bemessungsgrundlage. Der Kinderzuschuß wurde für die 1984 und später eintretenden Versicherungsfälle durch das niedrigere Kindergeld nach dem Bundeskindergeldgesetz abgelöst. Eine besondere Form der Berufsunfähigkeitsrente wird in der knappschaftlichen Rentenversicherung mit der *Bergmannsrente* gewährt. Sie setzt entweder eine Verminderung der bergmännischen Berufsfähigkeit voraus und eine Wartezeit von 60 Monaten oder, nach vollendetem 50. Lebensjahr, eine Wartezeit von 300 Monaten mit ständigem Arbeiten unter Tage. Zur Höhe der Versichertenrente ↑Rentenberechnung.

Alle Leistungen der gesetzlichen Rentenversicherung – zu denen außerdem Rehabilitationsmaßnahmen (u. a. Heilverfahren, Berufsförderung, soziale Betreuung) gehören – werden nur auf Antrag gewährt. Die *Finanzierung* der Rentenversicherung wird durch Versicherten- und Arbeitgeberbeiträge sowie durch einen Zuschuß des Bundes gewährleistet. Die Beiträge für abhängig Beschäftigte werden von den Versicherten und ihren Arbeitgebern je zur Hälfte getragen. In der knappschaftlichen Rentenversicherung tragen die Versicherten etwas mehr als $^1/_3$, die Arbeitgeber knapp $^2/_3$ der Beiträge. Selbständige und freiwillig Versicherte tragen die Beiträge allein. Die Höhe der Beiträge ist bei Pflichtversicherten ein bestimmter Prozentsatz des beitragspflichtigen Arbeitseinkommens (seit 1. April 1991 17,7%). Freiwillig Versicherte können die Höhe ihrer Beiträge nach Maßgabe der vorgesehenen Beitragsklassen selbst bestimmen.

Träger der Arbeiterrentenversicherung sind 18 Landesversicherungsanstalten, die Bundesbahn-Versicherungsanstalt und die Seekasse. Träger der Angestelltenversicherung ist die Bundesversicherungsanstalt für Angestellte in Berlin. Die knappschaftliche Rentenversicherung wird durch die Bundesknappschaft in Bochum durchgeführt.

Repartierung [zu französisch répartir „zuteilen“]: 1. Zuteilung von Wertpapieren bei einer Emission, wenn die Emission überzeichnet ist. Die Zuteilung geschieht meistens nach einem Schlüssel, der sich an der Beteiligung der Banken am Emissionskonsortium orientiert; 2. gleichmäßige Auf- oder Zuteilung von Wertpapieren, wenn Angebot und Nachfrage nicht über den Preis zum Ausgleich kommen; Zusatz auf dem Kurszettel: rep.

Repräsentativerhebung [von französisch répresenter „stellvertreten“]: Form der statistischen Teilerhebung, bei der die untersuchte Teilmenge die Struktur der Grundgesamtheit richtig widerspiegelt.

Reservebestand ↑eiserner Bestand.

Ressourcen [rɛ'sʊrsən; französisch]: Hilfsquellen, Hilfsmittel; natürliche Produktionsmittel (Rohstoffe) für die Wirtschaft.

Restnutzungsdauer ↑Absetzung für Abnutzung.

Restwert ↑Buchwert.

Restwertabschreibung ↑degressive Abschreibung.

Return on investment [englisch rɪ'tə:n ɔn ɪn'vɛstmənt]: Abkürzung ROI, Kennzahl, die eine Aussage über die Rentabilität des investierten Kapitals zuläßt. Um aussagekräftige Zahlen zu erhalten, muß die Rentabilität in die Komponenten Umsatzerfolg und Kapitalumschlag aufgespalten werden. Die Berechnung erfolgt nach der Formel: ROI = (Gewinn : Umsatz) · (Umsatz : investiertes Kapital).

Revision [von lateinisch revidere „noch einmal ansehen“]: 1. Nachprüfung bzw. Änderung (einer Ansicht) insbesondere auch im Buchprüfungswesen; 2. in der Gerichtsbarkeit ein Rechtsmittel, das – im Gegensatz zur ↑Berufung – sich darauf beschränkt, das angefochtene Urteil nur auf Fehler in der Rechtsanwendung zu überprüfen (Verfahrensfragen).

Revolvinggeschäfte [englisch rɪ'vɔlvɪŋ „sich drehend, sich erneuernd“]: Geschäfte eines Finanzmaklers oder Bankinstituts zur Finanzierung langfristiger Anlagen mit Hilfe revolvierender Kredite (Revolving credit). Der Kreditnehmer erhält die Mittel für längere Perioden, die Kreditgeber können ihre Mittel kurzfristig zurückrufen, wobei jedoch neue Kredite an die Stelle der zurückgezogenen treten.

Rezession: im Konjunkturzyklus die Abschwungphase nach dem oberen Wendepunkt mit stagnierendem bzw. rückläufigem Investitionsumfang und sinkender Produktion, wodurch sich die Lohnsumme und damit die Nachfrage nach Konsumgütern u. a. verringert, was insgesamt zu einer sinkenden Wachstumsrate bei absoluter Zunahme des Volkseinkommens führt.

Richtpreis: von Behörden oder Verbänden angesetzter angemessener Preis, der jedoch nicht eingehalten werden muß; im Sinne des Kartellrechts der empfohlene Preis.

Rimesse [italienisch „Wiederholung"]: gezogener, meist noch nicht akzeptierter Wechsel aus einem Warengeschäft.

Risikoprämie: der im Unternehmergewinn neben dem Unternehmerlohn und der Kapitalverzinsung enthaltene Ausgleich für das übernommene Unternehmerrisiko.

RKW: Abkürzung für ↑**R**ationalisierungs-**K**uratorium der Deutschen **W**irtschaft.

Rohgewinn (Warenrohgewinn, Warenbruttogewinn): der der ↑Handelsspanne entsprechende Bruttogewinn, der nach Abzug der über den Wareneinsatz hinausgehenden Kosten den Reingewinn ergibt.

Rohstoff: betriebswirtschaftlich das im Urzustand (z. B. Eisenerz) befindliche oder bearbeitete (z. B. Roheisen) Ausgangsmaterial, das im Fertigungsprozeß in die Zwischen- bzw. Endprodukte eingeht oder als Hilfsstoff verbraucht wird. Im Sprachgebrauch werden im engeren Sinne unter Rohstoffen primär die in der Urproduktion als unbearbeitete Grundstoffe gewonnenen Investitionsgüterrohstoffe (v. a. die Erze) verstanden sowie die Energierohstoffe (Kohle, Erdöl). Die so definierten Rohstoffe, denen auch die Konsumgüterrohstoffe (Zellstoff, Felle) zugerechnet werden, werden auch unter der Bezeichnung Industrierohstoffe zusammengefaßt und den Nahrungs- und Futtermittelrohstoffen gegenübergestellt. Da die Rohstoffe einerseits überwiegende Einkommensquelle vieler Entwicklungsländer sind, andererseits angebotene Menge und Preis das Wirtschaftswachstum in den Industrieländern wesentlich beeinflussen, wurden sie seit den 1970er Jahren Gegenstand zahlreicher Versuche, ihre Förderung und ihren Absatz entsprechend den jeweiligen Interessen zu regeln. Während die Entwicklungsländer eine neue Weltwirtschaftsordnung forderten und besonderes Gewicht auf eine Stabilisierung ihrer Einkommen, z. B. durch entsprechende Preisgarantien der Industrieländer, legten, suchten die Industrieländer v. a. eine ihrem wirtschaftlichen Wachstum entsprechende Belieferung sicherzustellen.

Rollfuhrdienst: durch von der Deutschen Bundesbahn beauftragte Privatunternehmen (bahnamtliche Rollfuhrunternehmer bzw. Bahnspediteure) betriebener Transportdienst für die Zufuhr der mit der Bahn zu befördernden Güter vom Versender zum Bahnhof und vom Bestimmungsbahnhof zum Empfänger gegen Entgelt **(Rollgeld)**.

Rowan-Lohn ↑Lohnformen.

Rückgriff ↑Regreß.

Rücklagen: das zusätzlich zum in der Bilanz ausgewiesenen Grund-/Stammkapital vorhandene Eigenkapital eines Unternehmens. Rücklagen können gesondert in der Bilanz ausgewiesen sein **(offene Rücklagen)** oder aber durch entsprechende Bewertung von Vermögen und Schulden den Gewinn und damit das Eigenkapital geringer erscheinen lassen **(stille Rücklagen).**

Gesetzliche Rücklagen werden bei Kapitalgesellschaften aufgrund gesetzlicher Vorschriften (§ 150 AktG) gebildet. Ihnen werden jeweils 5% des Jahresüberschusses solange zugeführt, bis 10% oder ein höherer, in der Satzung bestimmter Anteil

des Grundkapitals erreicht ist. Agiobeträge aus der Überpariemission von Aktien und freiwillige Zuzahlungen von Aktionären sind ebenfalls den gesetzlichen Rücklagen zuzuführen. Die *satzungsgemäßen* Rücklagen werden aufgrund der Satzung des Unternehmens gebildet. Darüber hinausgehende, nach unternehmenspolitischen Gesichtspunkten gebildete Rücklagen werden als *freie* Rücklagen bezeichnet; sie dienen oft der Finanzierung von Investitionen.
Die Bildung von Rücklagen entspricht dem Prinzip kaufmännischer Vorsicht bei der Unternehmensbewertung und der auf die Zukunft gerichteten Unternehmenspolitik; sie dient durch Selbstfinanzierung der Kapitalstärkung des Unternehmens. Die Finanzierungswirkung der stillen Rücklagen ist umstritten, da dadurch nur eine Gewinnverlagerung auf spätere Jahre (bei ihrer Auflösung) erreicht wird; zudem ist die Bildung stiller Rücklagen problematisch, da die Höhe des tatsächlichen Gewinns für Außenstehende nicht mehr erkennbar ist. Eine übermäßige Bildung stiller Rücklagen widerspricht den Grundsätzen der Bilanzwahrheit und -klarheit.

Rückschein: dem Einschreiben oder einer Wertsendung beigefügte Empfangsbestätigung, die vom Empfänger unterschrieben und dem Absender wieder zugestellt wird.

Rückstellungen: Passivposten der Bilanz für Verpflichtungen, die ihrem Rechtsgrunde nach (z. B. verlorener Prozeß) am Bilanzstichtag bestehen, nicht aber nach Höhe und Fälligkeit feststehen. Häufig sind Pensionsrückstellungen für Altersversorgungszusagen an Betriebsangehörige, Steuerrückstellungen für entstandene, aber noch nicht fällige Steuern, Prozeßrückstellungen für schwebende Verfahren, Verlustrückstellungen bei drohenden Verlusten. Im Gegensatz zu Verbindlichkeiten, bei denen das Fälligkeitsdatum feststeht, muß auch der Betrag geschätzt werden, was oft zu stillen Reserven führt.

Rücktritt (vom Vertrag): gesetzlich oder vertraglich geregelte Beendigung eines Schuldverhältnisses durch einseitige, empfangsbedürftige Willenserklärung. Beide Vertragsparteien sind Zug um Zug zur Rückgewähr bereits erbrachter Leistungen verpflichtet. Bei Dauerschuldverhältnissen tritt an Stelle des Rücktritts die ↑Kündigung.

Rückwechsel: Sichtwechsel, mit dem der Inhaber eines protestierten Wechsels (↑Wechselprotest) seine Regreßforderung von einem seiner Vormänner einzieht. Dieser bekommt den alten, protestierten Wechsel ausgehändigt, sobald er die Regreßforderung bezahlt. Im Bankverkehr werden z. T. auch nicht eingelöste Wechsel als Rückwechsel bezeichnet.

S

Sachbezüge (Naturalbezüge): Teil des Arbeitsentgelts, das in Sachgütern (z. B. freie Station, Heizung) geleistet wird. Sachbezüge sind bei der Lohnsteuer als Einnahmen, in der Sozialversicherung bei der Beitrags- und Leistungsberechnung zu berücksichtigen.

Sache: im Recht Bezeichnung für einen abgrenzbaren körperlichen (§ 90 BGB) Teil der den Menschen umgebenden Außenwelt, der der Beherrschung durch eine einzelne Person zugänglich ist und deshalb Gegenstand von Rechten sein kann. Die Rechte an Sachen werden geregelt durch das ↑Sachenrecht, das auf der Unterscheidung von bewegchen (Mobilien) und unbeweglichen Sachen (Immobilien) aufbaut.

Sacheinlagen: Einlagen bei der Gründung einer Handelsgesellschaft, die nicht in Bargeld bestehen (Sachgründung).

Sachenrecht: dasjenige Gebiet des bürgerlichen Rechts, das die Rechtsverhältnisse an ↑Sachen betrifft. Gesetzliche Grundlage ist in erster Linie das dritte Buch des BGB (§§ 854–1 296). Dort sind der Besitz sowie der Erwerb, Verlust und Inhalt der dinglichen Rechte geregelt. Gegenstand des Sachenrechts ist damit die Zuordnung von Herrschaftsrechten an Sachen (z. B. Eigentum), während das ↑Schuldrecht sich mit den Forderungsrechten befaßt.

Sachfirma ↑Firma.

Sachgründung ↑Aktiengesellschaft.

Sachkapital ↑Kapital.

Sachkauf ↑Kauf.

Sachkonten (Hauptkonten): Bestands- und Erfolgskonten, aus denen Bilanz und Gewinn- und Verlustrechnung abgeleitet werden. – ↑auch Personenkonten.

Sachmängel: unvorteilhafte Abweichung von der normalen Beschaffenheit einer Ware (z. B. Beschädigungen). Der Käufer hat in einem solchen Fall Gewährleistungsansprüche. Man unterscheidet Mängel in der Art (z. B. Falschlieferung, auch falsche Qualität), Mängel in der Menge, offene und versteckte Mängel sowie arglistig verschwiegene Mängel. Der Verkäufer haftet für die von ihm ausdrücklich zugesicherten und damit Vertragsbestandteil gewordenen Eigenschaften einer Sache.

Der Käufer hat immer die Wahl zwischen **Wandlung** oder **Minderung.** Wandlung ist das auf die Rückgängigmachung des Kaufvertrags gerichtete Verlangen des Käufers, das nicht an die Zustimmung des Verkäufers gebunden ist. Bei der Minderung bleibt der Vertrag bestehen, der Käufer erhält einen Anspruch auf Herabsetzung des Kaufpreises. Beim Gattungskauf kann statt Wandlung oder Minderung auch die Lieferung mangelfreier Ware verlangt werden **(Umtausch).** Fehlt eine zugesicherte Eigenschaft oder ist ein Mangel arglistig verschwiegen worden, kann Schadenersatz wegen Nichterfüllung verlangt werden.

Der Käufer macht seine Rechte durch eine **Mängelrüge** geltend, die innerhalb kurzer Rügefristen erfolgen muß. Offene Mängel müssen zwischen Kaufleuten unverzüglich, versteckte spätestens innerhalb von 6 Monaten seit der Lieferung gerügt werden. Ist der Käufer kein Kaufmann, hat er eine 6monatige Rügefrist ab Lieferung. Die gesetzlichen Verjährungsfristen bei Sachmängeln können durch Vertrag verlängert oder verkürzt werden (Garantie). Ein Recht auf Nachbesserung ist beim Kaufvertrag gesetzlich nicht vorgesehen, kann aber vertraglich vereinbart werden, ebenso wie der Ausschluß einzelner Gewährleistungsansprüche, z. B. des Rechts auf Umtausch.

Sachsteuern ↑Objektsteuern.

Sachverständigenrat zur Begutachtung der gesamtwirtschaftlichen Entwicklung: auf Vorschlag der Bundesregierung vom Bundespräsidenten berufenes Gremium aus 5 unabhängigen Wirtschaftswissenschaftlern. Der Sachverständigenrat hat jährlich zum 15. Nov. ein Gutachten über die gesamtwirtschaftliche Entwicklung zu erstellen. Dabei untersucht er, wie die wirtschaftspolitischen Ziele Preisniveaustabilität, hoher Beschäftigungsstand, außenwirtschaftliches Gleichgewicht und angemessenes Wirtschaftswachstum im Rahmen der marktwirtschaftlichen Ordnung gemeinsam erreicht werden können. Die Empfehlungen des Sachverständigenrats sind nicht verbindlich, beeinflussen aber die Wirtschaftspolitik der Bundesregierung (↑ auch Jahreswirtschaftsbericht).

Safe [englisch seɪf „der Sichere“] ↑Tresor.

Saisonindex [zɛzɔ̃...; französisch]: statistische Meßziffer, mit deren Hilfe die durch saisonale Einflüsse bedingten Abweichungen vom durchschnittlichen Verlauf einer Zeitreihe erfaßt werden.

Saldo [italienisch] (Mehrzahl Salden): bei der Aufrechnung eines Kontos sich ergebender Unterschiedsbetrag zwischen Soll- und Habenseite bzw. bei Bilanzen zwischen Aktiva und Passiva, der nach der betragsmäßig höheren Seite bezeichnet wird.

Sales-promotion [englisch 'sɛɪlzprə'moʊʃən] ↑Verkaufsförderung.

Sammelabschreibung ↑Abschreibungen.

Sammelgut: aus kleineren Einzelfrachten mehrerer Absender von einem sammelnden Spediteur zusammengestellte Wagenladung, die per Bahn (Bahnsammelgut) oder Kraftwagen zu einem gemeinsamen Bestimmungsort transportiert und dort vom Empfangsspediteur an die einzelnen Empfänger verteilt wird.

Sammelwerbung: gemeinsame Werbeaktion von meist regional verbundenen Unternehmen, bei der die beteiligten Unternehmen in der Werbung in Erscheinung treten.

Sanierung [zu lateinisch sanare „gesund machen, heilen"]: unterschiedliche organisatorische und finanzielle Maßnahmen, die der Gesundung eines in Schwierigkeit geratenen Unternehmens dienen. Je nach Ursache der Sanierungsbedürftigkeit kommen in Betracht: Zuführung neuer Finanzmittel, Umwandlung der Kapitalstruktur (Herabsetzung [Zusammenlegung] des gezeichneten Kapitals, Zuzahlungen durch die Aktionäre, Zuzahlung oder Zusammenlegung der Aktien als Alternative für Aktionäre *[Alternativsanierung]*, Herabsetzung des gezeichneten Kapitals mit anschließender ↑Kapitalerhöhung), Reduzierung des Beschäftigtenstandes, Einengung des Tätigkeitsbereichs, Änderung der Organisationsstruktur, Auswechslung des Managements.

Scanning [englisch 'skænɪŋ; zu englisch to scan „kritisch prüfen"]: Erheben von Verkaufsdaten im Handel mit Hilfe elektronischer Registrierkassenterminals und optischer Belegleser (Lesestift oder Leseschlitz im Kassentisch). Zur Datenerfassung müssen die Waren mit einem Code ausgerüstet sein, im allgemeinen wird das ↑EAN-System verwendet, in der Form des maschinenlesbaren Balkencodes. Mit Hilfe der Scanningeinrichtungen können Warenlager rationell geführt und das Kaufverhalten untersucht werden. Sie bieten zudem die Möglichkeit, über Datenleitungen oder Datenträgeraustausch direkt vom Bankkonto des Kunden den geschuldeten Geldbetrag abzubuchen (↑Point of sale banking).

Schachtelgesellschaft: Kapitalgesellschaft, an der eine andere Kapitalgesellschaft mit Anteilen von mindestens 25% beteiligt ist. Im allgemeinen wird eine Aufstockung der **Schachtelbeteiligung (Schachtel)** auf 51% angestrebt. Der Gewinn, den eine Gesellschaft aus einer Schachtelbeteiligung erzielt, wird als **Schachteldividende** bezeichnet. Die Schachtelgesellschaft kann selbst wieder Anteile an anderen Kapitalgesellschaften halten, so daß durch eine Kette von Schachtelbeteiligungen die Verfügungsgewalt über eine weit größere Kapitalmasse erreicht werden kann. Um eine Doppelbesteuerung zu vermeiden, galt bis zur Körperschaftsteuerreform 1976 das *Schachtelprivileg;* unter der Voraussetzung einer mindestens 10%igen Beteiligung an einer anderen Gesellschaft besitzt es bei der Vermögen- und Gewerbekapitalsteuer noch Gültigkeit.

Schaden: die unfreiwillige Einbuße an Rechtsgütern, die eine Person infolge eines Ereignisses erleidet. Zu einem Anspruch auf Schadenersatz führt ein entstandener Schaden dann, wenn er einer anderen Person rechtlich zuzurechnen ist und eine Schadenersatzpflicht besteht. Der

Vermögensschaden (materieller Schaden) besteht in einer Einbuße an in Geld bewertbaren Gütern; der Nichtvermögensschaden (ideeller, immaterieller Schaden) ist der Schaden an sonstigen Gütern (z. B. Gesundheit, Ehre).

Schadenberechnung: Ermittlung des Schadens, den der zum ↑Schadenersatz Verpflichtete dem Geschädigten zu ersetzen hat. Grundsätzlich hat eine konkrete Schadenberechnung zu erfolgen, d. h. die aufgrund des schädigenden Ereignisses eingetretene Situation beim Geschädigten ist mit einer gedachten Situation, die ohne das schädigende Ereignis bestehen würde, zu vergleichen. Dem Geschädigten ist das volle wirtschaftliche Interesse, nicht nur ein gemeiner Wert zu ersetzen. Durch die Schädigung zugleich erworbene Vorteile führen nicht ohne weiteres zu einer Minderung des Schadenersatzes.

Schadenersatz (auch Schadensersatz): der Ausgleich eines entstandenen ↑Schadens, der nur dann von einer anderen Person zu leisten ist, wenn sie aufgrund einer Rechtsnorm (z. B. aus Vertragspflichtverletzung) zur Leistung von Schadenersatz verpflichtet ist, der einem Geschädigten entstandene Schaden ihr also rechtlich zuzurechnen ist. Voraussetzung hierfür ist, daß zwischen dem Schaden und der schädigenden Handlung ein ursächlicher Zusammenhang besteht. Grundsätzlich hat nur derjenige einen Schadenersatzanspruch, der den Schaden erlitten hat. Ausnahmen sind zum Beispiel der Schadenersatzanspruch der Angehörigen eines Getöteten.

Der zum Schadenersatz Verpflichtete hat den Zustand herzustellen, der bestehen würde, wenn der zum Ersatz verpflichtende Umstand nicht eingetreten wäre (Grundsatz der Naturalrestitution); bei Personenverlet-

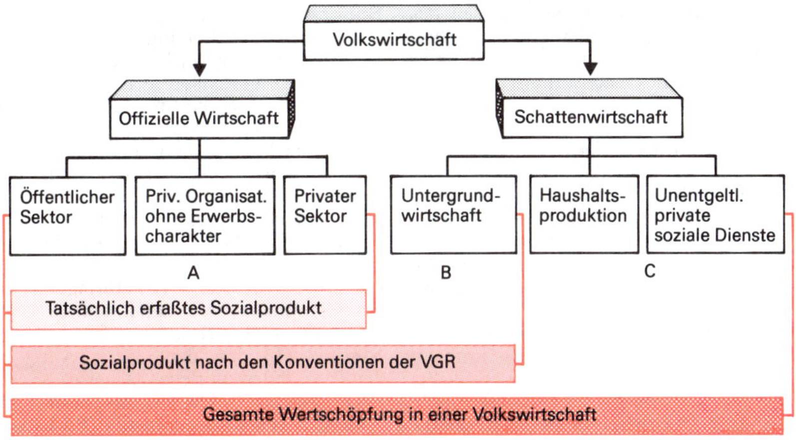

A Erfassungsverluste bei der Schätzung offizieller Wertschöpfung
B Vermiedene Erfassung von privater Wertschöpfung gemäß den Konventionen der VGR
C Nach den Konventionen der VGR grundsätzlich ausgeschlossene Wertschöpfung

Schattenwirtschaft. Die Schattenwirtschaft aus der Perspektive der volkswirtschaftlichen Gesamtrechnung (VGR)

zung, Sachbeschädigung oder nach Ablauf einer dem Schädiger vom Geschädigten zur Wiederherstellung gesetzten Frist, kann der Geschädigte statt dessen den dazu erforderlichen Geldbetrag verlangen (§§ 249, 250 BGB). Der Schädiger muß stets Geldersatz leisten, wenn die Wiederherstellung nicht möglich oder zur Entschädigung ungenügend ist; er kann Geldersatz leisten, wenn sie nur mit unverhältnismäßigen Aufwendungen möglich ist (§ 251 BGB). Der Schadenersatz umfaßt auch den entgangenen Gewinn, der nach den Umständen mit Wahrscheinlichkeit erwartet werden konnte (§ 252 BGB). Ist Schadenersatz wegen Nichterfüllung aus einem gegenseitigen Vertrag zu leisten, werden die gegenseitigen Ansprüche nach ihrem Wert verrechnet. Regelmäßig ist nur der Vermögensschaden in Geld zu ersetzen, sonstiger Schaden nur dann, wenn das Gesetz dies bestimmt. Der Schadenersatzanspruch wird durch ein Mitverschulden des Geschädigten gemindert. Bei mehreren Schadenersatzansprüchen aufgrund eines Sachverhalts kann der Berechtigte nur einmal Schadenersatz verlangen.

Schattenwirtschaft: Bezeichnung für wirtschaftliche Aktivitäten, die nicht in die Berechnung des Sozialprodukts eingehen, weil sie entweder nicht ermittelt werden (z. B. Hausarbeit, Nachbarschaftshilfe, Eigenarbeit) oder weil sie nicht erfaßt werden können, da sie mit Steuerhinterziehung verbunden sind (vor allem ↑Schwarzarbeit). Das Problem der Schattenwirtschaft findet seit Beginn der 1980er Jahre verstärkt politisches, juristisches und wirtschaftswissenschaftliches Interesse, da ihr Ausmaß als beträchtlich angesehen wird. So wird z. B. vermutet, daß in den USA das Pro-Kopf-Einkommen 10–14% höher und die Arbeitslosenquote etwa einen halben Prozentpunkt niedriger liegen als die in den offiziellen Statistiken ausgewiesenen Werte. Für Belgien wird das hinterzogene Steueraufkommen auf 20% des Gesamtsteueraufkommens geschätzt. – Abb. S. 331.

Schatzanweisungen: ↑Schuldverschreibungen des Staates sowie öffentlicher Institutionen wie z. B. der Deutschen Bundesbahn mit Laufzeiten zwischen 6 Monaten und 2 Jahren, die auch als unverzinsliche (abgezinste) Papiere angeboten werden **(„U-Schätze“).** Seit 1991 gibt der Bund als Daueremission Bundesschatzanweisung mit vierjähriger Laufzeit aus.

Schatzbrief ↑Bundesschatzbrief.

Schatzwechsel: ↑Solawechsel, die von Bund und Ländern ausgegeben werden und von der Deutschen Bundesbank im Rahmen der Offenmarktpolitik verkauft bzw. wieder zurückgekauft werden. Sie haben eine Laufzeit bis zu 90 Tagen; ihre Verzinsung ergibt sich durch Abzug des Diskonts und Rückkauf am Verfalltag zum Nennwert oder vorzeitig zum festgelegten Tageswert.

Scheck [aus gleichbedeutend englisch cheque]: Zahlungsanweisung des Ausstellers an ein Kreditinstitut, aus seinem Guthaben bei Vorlage des Schecks einen bestimmten Geldbetrag zu zahlen. Nimmt der Aussteller die Bestimmung der Geldsumme nicht vor, handelt es sich um einen **Blankoscheck.** Der Scheck ist nach dem Scheckgesetz ein ↑Orderpapier *(Orderscheck),* wird aber in der Praxis meist mit dem Zusatz „oder Überbringer“ **(Überbringerklausel)** versehen und damit zum Inhaberpapier **(Überbringer-** oder **Inhaberscheck),** d. h. der Scheck wird somit an jeden Vorleger (Überbringer) ausbezahlt. Der Scheck kann vom bezogenen Kreditinstitut/Postgiroamt bar eingelöst werden *(Barscheck).* Nur einem Konto gutgeschrieben wird der Scheck, wenn der Vermerk „nur zur Verrechnung“ angebracht wurde **(Verrechnungsscheck).** Der Scheck ist eine Urkunde und muß nach § 1 Scheckgesetz folgende *gesetzlichen Bestandteile* enthalten: 1. die Bezeichnung

„Scheck“ im Text der Urkunde, 2. die unbedingte Anweisung, eine bestimmte Geldsumme zu zahlen (Betrag in Worten), 3. das bezogene Kreditinstitut, 4. den Zahlungsort, 5. Ort und Tag der Ausstellung, 6. Unterschrift des Ausstellers. Die Vorlegungsfrist beträgt im Inland 8 Tage (ab Ausstellungsdatum). Ein abhanden gekommener Scheck kann durch Aufgebot für kraftlos erklärt, kurzfristig auch durch Anweisung an die Bank, ihn bei Vorlage nicht einzulösen, gesperrt werden **(Schecksperre).**

Scheckkarte ↑Eurocheque.

Scheckreiterei: Austausch ungedeckter Schecks zwischen mehreren Beteiligten, die diese jeweils bei ihrer Bank zur Gutschrift einreichen. Die ungedeckten Schecks werden jeweils dadurch „bezahlt“, daß neue ungedeckte Schecks der Beteiligten ausgetauscht und wieder zur Gutschrift eingereicht werden. Scheckreiterei ist Betrug.

Scheidemünzen: Münzen, deren Metallwert geringer ist als der aufgeprägte Nennwert. In der Bundesrepublik Deutschland sind bis auf die 1 und 2 Pfennigstücke alle als gesetzliche Zahlungsmittel anerkannte Münzen Scheidemünzen.

Scheingeschäft: simuliertes Rechtsgeschäft, bei dem sich die Vertragspartner darüber einig sind, daß die Erklärung nicht gewollt, sondern nur zum Schein abgegeben ist. Das Scheingeschäft ist nichtig; wird jedoch durch das Scheingeschäft ein anderes ernstlich gewolltes verdeckt, so ist letzteres gültig.

Scheingesellschaft: wegen Nichtigkeit des Gesellschaftsvertrags, z. B. wegen Formmangels, nicht rechtswirksam entstandene Handelsgesellschaft. Auch die Eintragung ins Handelsregister heilt den Formmangel nicht.

Schenkungsteuer ↑Erbschaft- und Schenkungsteuer.

Schichtarbeit ↑Arbeitszeit.

Schichtkosten ↑Differenzkosten.

Schickschuld ↑Erfüllungsort.

Schiffahrt: zusammenfassende Bezeichnung für das Befahren der Gewässer und Meere mit Schiffen, insbesondere als *Handelsschiffahrt* für den Verkehr mit Handelsschiffen zur Beförderung von Personen *(Fahrgast-* oder *Personenschiffahrt)* oder Gütern *(Frachtschiffahrt),* z. T. auch kombiniert. Nach dem Fahrtbereich unterscheidet man Seeschiffahrt (und hier die Linienschiffahrt von der Trampschiffahrt), Küstenschiffahrt und Binnenschiffahrt sowie die kombinierte See-Binnenschiffahrt zwischen Binnen- und Seehäfen. Die Handelsschiffahrt wird von privaten oder nationalen Reedereien, in geringem Umfang (vor allem in der Binnenschiffahrt) auch von einzelnen Schiffseignern betrieben. Anders als im Personenverkehr kommt der Schiffahrt im Güterverkehr (Massengüter) nach wie vor große Bedeutung zu.

Schiffahrtsgerichte: besondere Abteilungen einiger Amtsgerichte, die in erster Instanz zuständig sind in Binnenschiffahrtssachen, z. B. bei Schadenersatzansprüchen aus Schiffahrtsunfällen.

Schifferbörse (Frachtenbörse): spezielle Börse, an der Schiffs- (und Luftfracht-)verträge sowie Schiffsschleppverträge geschlossen werden, z. B. Schifferbörse in Duisburg-Ruhrort für die Rheinschiffahrt.

Schiffspfandrecht: dingliche Sicherung für eine Forderung an einem Schiff, Schiffsbauwerk oder Schwimmdock. Bei im Schiffsregister eingetragenen Schiffen kann diese in Form einer Schiffshypothek gesichert sein.

Schiffsregister: beim Amtsgericht des Heimathafens geführtes Register, in das alle Schiffe mit ihrer Größe und dem Eigentümer eingetragen sind. Das Schiffsregister entspricht weitgehend dem ↑Grundbuch.

Schlichtung: Verfahren zur Bereinigung von Meinungsverschiedenheiten zwischen den Parteien des kollektiven Arbeitsrechts. Bei Auseinandersetzungen zwischen Tarifvertragsparteien kann ein Schlichtungsverfahren eingeleitet werden, wenn zumindest eine Partei die Tarifverhandlungen für gescheitert erklärt. Man unterscheidet zwischen vereinbarter und staatlicher Schlichtung. Die **vereinbarte Schlichtung** erfolgt durch paritätisch mit einem neutralen Vorsitzenden besetzte **Schlichtungsstellen** (auch als Tarifämter, Schlichtungskommissionen, Schiedsstellen bezeichnet). Bestehen keine vereinbarten Schlichtungsstellen, so findet eine **staatliche Schlichtung** statt, wenn eine Partei die staatliche Schlichtungsstelle anruft. Sind nicht beide Parteien mit dem Schiedsspruch einverstanden, können Maßnahmen des Arbeitskampfes ergriffen werden.

Schließfach: besonders gesichertes (numeriertes) Fach zur Verwahrung von Geld, Wertgegenständen und Dokumenten (Safe).

Schlüsselkosten ↑Stellengemeinkosten.

Schneeballsystem (Lawinensystem): Verkaufsverfahren, bei dem sich der Käufer verpflichtet, einen Teil des Kaufbetrages anzuzahlen und den Rest durch Vermittlung neuer Kunden abzutragen. Die so geworbenen Kunden werden ihrerseits den gleichen Verpflichtungen unterworfen, so daß ihre Zahl lawinenartig wächst. Das Schneeballsystem verstößt gegen das „Gesetz gegen unlauteren Wettbewerb".

Schrottwert: der bei Verkauf eines abgeschriebenen Wirtschaftsguts erzielbare Restwert unter Berücksichtigung etwaiger Ausbau- bzw. Abbruchkosten.

Schufa: Kurzwort für Schutzgemeinschaft für allgemeine Kreditsicherung, 1927 gegründete Gemeinschaftseinrichtung der Kreditinstitute u. a. kreditgebender Unternehmen. Aufgabe: Bewahrung der Mitgliedsinstitute vor Verlusten bei Konsumentenkrediten sowie der Kreditnehmer vor einer Überschuldung durch Kreditauskünfte.

Schuldner ↑Schuldverhältnis.

Schuldnerverzeichnis ↑eidesstattliche Versicherung.

Schuldnerverzug ↑Verzug.

Schuldrecht: Gesamtheit der die Schuldverhältnisse ordnenden Rechtsnormen. Das Schuldrecht ist im zweiten Buch des BGB geregelt. Sein wichtigstes Prinzip ist das der Vertragsfreiheit (die Freiheit der Parteien, Abschluß, Ausgestaltung und Abwicklung der Schuldverhältnisse grundsätzlich selbst zu bestimmen). Neben allgemeinen Regelungen enthält das Schuldrecht auch die Regelung besonderer Schuldverhältnisse, wie Kauf, Tausch, Miete, Pacht u. a. Im Gegensatz hierzu steht das ↑Sachenrecht.

Schuldschein: Urkunde (Beweispapier) über das Bestehen einer Forderung. Die Geltendmachung der Forderung ist an den Besitz des Schuldscheins nicht gebunden. Der Schuldner ist jedoch berechtigt, die Bezahlung der Schuld von der Rückgabe des Schuldscheins abhängig zu machen. Da der Schuldschein nur Beweisfunktion hat, unterscheidet er sich vom Schuldanerkenntnis und vom Schuldversprechen, die abstrakt wirken, d. h. ein neues Schuldverhältnis begründen.

Schuldscheindarlehen: Darlehen, über das ein ↑Schuldschein ausgestellt wird (im weitesten Sinn heute auch für Darlehen, die in einem Darlehensvertrag verbrieft sind, verwendet). Schuldscheindarlehen dienen in erster Linie der Industriefinanzierung für große Investitionsvorhaben, in zunehmendem Maße heute aber auch der Refinanzierung von Bund und Ländern, öffentlich-rechtlichen Anstalten (z. B. Landesbanken) und ausländischen Darlehensnehmern (EG-Staaten, Weltbank). Darlehensgeber sind Kapitalsammelstellen wie Versicherungen, Realkreditinstitute und Sparkassen.

Schuldübernahme: die vertragsweise Übernahme der Schuld durch einen Dritten. Bei der gesetzlich geregelten (§§ 414 ff. BGB) privativen

Schuldübernahme tritt der Dritte als neuer Schuldner an die Stelle des bisherigen Schuldners. Letzterer wird von seiner Schuld befreit, d. h., daß der Gläubiger einen neuen (anderen) Schuldner erhält, weshalb die privative Schuldübernahme nur unter Mitwirkung des Gläubigers erfolgen kann.

Schuldverhältnis: Rechtsbeziehung zwischen (mindestens) zwei Personen, kraft deren der Gläubiger berechtigt ist, von dem Schuldner eine Leistung zu fordern (schuldrechtlicher Anspruch), und der Schuldner verpflichtet ist, die Schuld (Obligation) zu erfüllen. Das Schuldverhältnis berechtigt und verpflichtet grundsätzlich nur die an ihm Beteiligten, gegenüber Dritten hat es keinerlei Wirkung. Das Recht der Schuldverhältnisse ist im ↑Schuldrecht geregelt. Die dem Schuldverhältnis zugrundeliegende Leistung kann jeden rechtlich möglichen Inhalt haben, immer aber müssen Gläubiger, Schuldner und Leistungsinhalt bestimmt bzw. zumindest bestimmbar sein. In Zweifelsfällen ist der von den Parteien gewollte Inhalt des Schuldverhältnisses nach Treu und Glauben sowie der Verkehrssitte zu ermitteln (§§ 242, 157 BGB). Typischerweise entstehen Schuldverhältnisse durch Rechtsgeschäfte, meist gegenseitige Verträge (z. B. Kauf, Miete), können aber auch aus Rechtsverletzungen mit der Folge von Schadenersatzansprüchen sowie aus rechtlichen oder aus tatsächlichen Zuständen (z. B. Geschäftsführung ohne Auftrag, ungerechtfertigte Bereicherung, Verarbeitung fremder Sachen) erwachsen.

Die Forderung aus einem Schuldverhältnis kann durch Abtretung auf eine andere Person ohne Zustimmung des Schuldners übertragen werden. An die Stelle des Schuldners kann jedoch ohne Einverständnis des Gläubigers kein anderer treten (↑Schuldübernahme). Das Schuldverhältnis erlischt durch Befriedigung des Gläubigers (z. B. durch Erfüllung, Erlaß, Aufrechnung), Tod des Berechtigten oder Verpflichteten oder Unmöglichkeit der Leistung.

Schuldverschreibung: Urkunde, die den Aussteller zu einer Leistung verpflichtet, die in der Regel aus einer laufenden Verzinsung (halbjährlich oder jährlich nachträglich) und in der Rückzahlung des Kapitals zu einem bestimmten Zeitpunkt besteht; heute oft Sammelbegriff für alle festverzinslichen Wertpapiere.

Der Inhaber einer Schuldverschreibung ist Gläubiger einer Forderung gegenüber dem Aussteller, die er jedoch meist nicht vor Ende der Laufzeit kündigen kann. Dafür hat er aber die Möglichkeit, die Schuldverschreibung jederzeit zum Börsenkurs zu verkaufen.

Die *Laufzeit* einer Schuldverschreibung beträgt heute nicht mehr als 15 Jahre, da länger laufende Papiere nicht zu verkaufen sind (unplazierbar werden). Die *Tilgung* erfolgt entweder im Gesamtbetrag zum festgestellten Fälligkeitstermin oder in Raten, beginnend nach 3 bis 5 tilgungsfreien Jahren durch ↑Auslosung. Zurückgezahlt wird meist zum Nennwert (100%). Nur wenn der Aussteller die Schuldverschreibung kündigt und vorzeitig zurückzahlen will, ist die Rückzahlung zu 101% oder 102% üblich.

Schwarzarbeit: Dienst- oder Werkleistungen von erheblichem Umfang unter vorsätzlicher Mißachtung wettbewerbs- und gewerberechtlicher Vorschriften. Nach dem Gesetz zur Bekämpfung der Schwarzarbeit wird mit Geldstrafe bestraft, wer aus Gewinnsucht solche Leistungen erbringt, obwohl er vorsätzlich der Anzeigepflicht nach dem Arbeitsförderungsgesetz, der Gewerbeordnung oder der Handwerksordnung nicht nachgekommen ist. Ebenso wird bestraft, wer andere aus Gewinnsucht vorsätzlich mit Schwarzarbeit beauftragt.

Keine Schwarzarbeit sind Arbeitsleistungen aus Gefälligkeit oder im Rahmen der Nachbarschaftshilfe oder der Selbsthilfe des Bauherrn beim Hausbau. Da Schwarzarbeit nicht in das Sozialprodukt statistisch einfließen kann, gehört sie zur ↑Schattenwirtschaft. – ↑auch Sozialversicherungsausweis.

Schwarzer Freitag: ursprünglich Bezeichnung für Freitag, den 24. Sept. 1869, an dem durch Manipulationen amerikanischer Spekulanten auf dem Goldmarkt viele Anleger ruiniert wurden; in neuerer Zeit Bezeichnung für Freitag, den 13. Mai 1927, an dem infolge einer Änderung der Devisenbewirtschaftung (Verbot der Aufnahme neuer bzw. Verpflichtung zur Rückzahlung bestehender Auslandskredite) starke Kursverluste an den deutschen Effektenbörsen eintraten, gefolgt von einer anhaltenden Baisse. Auch der 10. Juli 1931 ging als Schwarzer Freitag in die Geschichte ein, als die Reichsbank rote Reichsbankschecks der Darmstädter und Nationalbank nicht einlöste und diese daraufhin ihre Zahlungen einstellte. In den USA bedeutete der Kurssturz am Freitag, dem 25. Okt. 1929, das Ende der Börsenhausse.

Schwarzmarkt: illegaler Markt, der in der Regel bei behördlich festgesetzten Höchstpreisvorschriften entsteht für Waren, die stärker nachgefragt als angeboten werden. Die Käufer versuchen, heimlich einen höheren Preis zu bieten und zu zahlen, um die Ware zu bekommen.

Schweinezyklus: zyklischer Verlauf der Schweinepreise, der aufgrund einer relativ beständigen Nachfrage und die durch die Aufzucht von Schweinen bedingte Zeitspanne zustandekommt. Ein hoher Marktpreis für Schlachtschweine regt zu gesteigerter Aufzucht an. Das gesteigerte Angebot führt nach der Aufzuchtperiode zu fallenden Preisen, was die Züchter zur Einschränkung der Aufzucht veranlaßt. Nach Ablauf der nächsten Aufzuchtperiode ergibt sich aufgrund des eingeschränkten Angebots wiederum ein Steigen der Preise, und der drei- bis vierjährige Zyklus beginnt von neuem. Der Schweinezyklus ist ein typisches Beispiel für das Spinnwebtheorem.

Schwellenländer ↑Entwicklungsländer.

Schwerindustrie: Sammelbezeichnung für Betriebe der eisenerzeugenden und eisenverarbeitenden Industrie und des Bergbaus. – ↑auch Montanindustrie.

Schwerpunktstreik ↑Streik.

Seeschiffahrt: gewerbsmäßige Beförderung von Gütern und Personen über die offene See und über Seewasserstraßen, ohne Küstenschiffahrt (entlang der Küste der Kontinente) und ohne den Seeverkehr der Binnenhäfen (Gegensatz ↑Binnenschiffahrt). Unterschieden wird zwischen **kleiner Fahrt** (in küstennahen Gewässern, z. B. zu den Britischen Inseln) und **großer Fahrt** (über die Weltmeere von Kontinent zu Kontinent). Nachdem die Personenbeförderung durch die Seeschiffahrt (ausgenommen Fährverkehr und Touristik) wegen des Luftverkehrs ihre Bedeutung verloren hat, ist der Güterverkehr die nahezu ausschließliche Aufgabe der Seeschiffahrt. Wichtigstes Einzelgut ist dabei Mineralöl. Der Transport von Stückgut erfolgt zunehmend im Containerverkehr. Die Bedienung der Seehäfen erfolgt entweder im Linienverkehr auf festen Routen und nach festem Fahrplan oder im Rahmen der nicht an Linien gebundenen Trampschiffahrt.

Selbstbucher: Postkunden, die Postsendungen in größerer Zahl gewogen und freigemacht (dadurch schnelle Abfertigung am Schalter) bei ihrem Postamt einliefern und denen von der Post Vereinfachungen bei der Gebührenentrichtung eingeräumt werden.

Selbstfinanzierung: Form der ↑Eigenfinanzierung durch Einbehalten von Gewinnen: bei Personengesellschaften werden die Gewinne den Kapitalkonten der vollhaftenden Gesellschafter gutgeschrieben, bei

Kapitalgesellschaften den offenen ↑Rücklagen zugeführt bzw. durch Bildung stiller Rücklagen einbehalten. Bei Personengesellschaften erhöht sich damit das Eigenkapital, bei Aktiengesellschaften kommt die Eigenkapitalerhöhung den Aktionären (da die Nominalwerte gleich bleiben) durch eine Erhöhung des Börsenkurses zugute. Durch Selbstfinanzierung gewonnene Mittel stehen dem Unternehmen (da Eigenkapital) auf Dauer zur Verfügung und brauchen außerdem nicht verzinst werden. – ↑auch Finanzierung.

Selbstkosten: die Summe der durch den betrieblichen Leistungsprozeß verursachten Kosten (Herstellkosten plus Verwaltungs- und Vertriebskosten); im ↑Kalkulationsschema als *Selbstkostenpreis* bezeichnet.

selbstschuldnerische Bürgschaft ↑Bürgschaft.

selbstschuldnerische Haftung: bedeutet den unmittelbaren bzw. direkten Haftungseintritt (persönliche Haftung). Jeder Gläubiger einer Offenen Handelsgesellschaft kann sich unmittelbar an jeden beliebigen Gesellschafter halten. Die Gesellschafter können nicht fordern, daß der Gläubiger zuerst gegen die Gesellschaft klagt.

Serienfertigung ↑Fertigungsverfahren.

Sicherheitsbeauftragter: in allen Betrieben mit mehr als 20 Arbeitnehmern zu bestellender Mitarbeiter zur Unterstützung des Arbeitgebers bei der Durchführung des Unfallschutzes.

Sicherungshypothek ↑Hypothek.

Sicherungsübereignung ↑Besitzkonstitut.

Sichteinlagen: Einlagen auf ↑Girokonten; über sie kann jederzeit in voller Höhe (im Gegensatz zu ↑Spareinlagen und ↑Termineinlagen) verfügt werden.

Sichtwechsel: ↑Wechsel, bei dem kein bestimmtes Fälligkeitsdatum angegeben ist, sondern der den Vermerk zahlbar „bei Sicht" trägt, durch den er bei Vorlage beim Bezogenen fällig sein soll. Sichtwechsel müssen innerhalb eines Jahres nach Ausstellung vorgelegt werden.

Skonto: prozentualer Preisnachlaß, der auf den Rechnungsbetrag bei Bezahlung innerhalb einer bestimmten Frist gewährt wird, z. B. zahlbar binnen 10 Tagen mit 2% Skonto.

Snobeffekt [englisch snɔb]: Bezeichnung für ein Nachfrageverhalten von Konsumenten, die beim Kauf von Gütern nach Exklusivität streben. In der Regel unterstellt die Theorie des Haushalts voneinander unabhängig handelnde Wirtschaftssubjekte, beim Snobeffekt hingegen wird eine gegenseitige Abhängigkeit der Verbraucherentscheidungen angenommen. Der Konsument kauft von einem Produkt mehr (weniger), weil andere weniger (mehr) davon kaufen.

Software [englisch 'sɔftwɛə] (deutsch „weiche Ware"): Gesamtheit aller ↑Programme, die auf einer Datenverarbeitungsanlage eingesetzt werden können.

Man unterscheidet Systemsoftware (↑Betriebssystem) und Anwendungssoftware. Zur *Systemsoftware* zählen die Programme, die für den korrekten Ablauf einer Rechenanlage erforderlich sind, sowie alle Programme, die die Programmerstellung unterstützen und allgemeine Dienstleistungen bereitstellen (z. B. Formatierung von Disketten). Die *Anwendungssoftware* dient zur Lösung von Benutzerproblemen, z. B. zur Buchhaltung.

Solawechsel (eigener Wechsel, Eigenwechsel): ↑Wechsel, bei dem Aussteller und Bezogener identisch sind; das bedeutet, der Solawechsel ist im Gegensatz zum gezogenen Wechsel (der eine Zahlungsaufforderung des Ausstellers an den Bezogenen ist) ein Zahlungsversprechen des Ausstellers (= Schuldners). ↑Schatzwechsel sind ebenfalls Solawechsel.

Soll: Bezeichnung für die linke Seite eines ↑Kontos.

Sollkaufmann ↑Kaufmann.

Sollkosten (Normalkosten): Kosten, die sich im Gegensatz zu den Istkosten auf Kostenvorgaben beziehen. Neben der Vorkalkulation ist auch die Plankostenrechnung eine **Sollkostenrechnung.**

Sollzinsen: Zinsen für den in Anspruch genommenen Kreditbetrag. – ↑auch Zinsen.

Sonderabschreibungen: alle ↑Abschreibungen, die nicht normale Abschreibungen sind. Während die Absetzungen für außergewöhnliche technische oder wirtschaftliche Abnutzung den Zweck haben, ein Wirtschaftsgut mit dem richtigen niedrigeren Wert anzusetzen, beruhen die steuerrechtlichen erhöhten Abschreibungen und Sonderabschreibungen auf besonderen Vorschriften, die aus sozial- und wirtschaftspolitischen Gründen (z. B. Konjunkturbelebung, Subventionszwecke) erlassen werden und deren Anwendung an bestimmte Voraussetzungen geknüpft ist. *Erhöhte Abschreibungen* treten an die Stelle der normalen ↑Absetzung für Abnutzung (AfA), z. B. § 7d (Wirtschaftsgüter, die dem Umweltschutz dienen), § 82a EStDV (Wärme-, Lärmschutz). *Steuerrechtliche Sonderabschreibungen* sind zusätzliche Abschreibungen neben der normalen AfA, z. B. § 7f EStG (abnutzbares Anlagevermögen privater Krankenhäuser), § 7g EStG (Förderung kleiner und mittlerer Betriebe), §§ 76–78 EStDV (manche Baumaßnahmen in der Land- und Forstwirtschaft), § 82e EStDV (Lärmschutz). Bei Inanspruchnahme erhöhter Abschreibungen muß mindestens in Höhe der sonst in diesem Zeitraum vorzunehmenden linearen Absetzung abgeschrieben werden; bei Wahrnehmung steuerrechtlicher Sonderabschreibungen muß daneben linear abgeschrieben werden. Erfüllt ein Wirtschaftsgut die Voraussetzung für mehrere erhöhte Abschreibungen oder Sonderabschreibungen, darf nur eine davon, nach Wahl des Steuerpflichtigen, in Anspruch genommen werden (Kumulationsverbot). Nach Ablauf des Begünstigungszeitraums bemißt sich die Abschreibung nach dem Restwert und der Restnutzungsdauer.

Sonderausgaben: die in den §§ 10, 10a und 10b aufgeführten und in § 10d EStG gleichgestellten Aufwendungen der Lebensführung (soweit sie keine ↑Betriebsausgaben oder ↑Werbungskosten sind), die aus gesellschafts-, wirtschafts-, sozial-, bildungs- oder kulturpolitischen Gründen erwünscht sind. Sie stehen mit keiner Einkunftsart in wirtschaftlichem Zusammenhang, werden somit erst am Jahresende von der Summe der Einkünfte steuermindernd abgezogen und sind häufig auf Höchstbeträge beschränkt. In der Lohnsteuertabelle (nicht aber in

voll abzugsfähig:
Renten und dauernde Lasten
Kirchensteuer, saldiert mit Erstattungen
Steuerberatungskosten, sofern keine Betriebsausgaben
beschränkt abzugsfähig, d. h. bis zu einem Höchstbetrag:
Unterhaltsleistungen
Aufwendungen für die eigene Berufsausbildung oder Weiterbildung in einem nicht ausgeübten Beruf
Vorsorgeaufwendungen (vor allem für die Renten- und Krankenversicherung)
Bausparbeiträge (sofern keine Wohnungsbau- oder Sparprämie beansprucht wird)
Spenden an Kirchen, gemeinnützige Vereine, Parteien, Vertriebene usw.
nicht entnommener Gewinn aus Land- und Forstwirtschaft und Gewerbebetrieb
Grundförderung des selbstgenutzten Wohneigentums

der Einkommensteuertabelle) sind die Sonderausgaben durch einen Pauschbetrag und zusätzlich durch eine Pauschale für die Vorsorgeaufwendungen berücksichtigt. Werden höhere Sonderausgaben nachgewiesen, wird dies bei der Veranlagung zur Einkommensteuer bzw. im Lohnsteuerjahresausgleich berücksichtigt.

Sonderbilanzen: Bilanzen, die – im Gegensatz zur Jahresbilanz am Schluß des Geschäftsjahrs – aus besonderen wirtschaftlichen oder rechtlichen Anlässen erstellt werden. Sie sind meist Aufstellungen von Vermögensbeständen zu einem bestimmten Stichtag. Die wichtigsten *Arten* sind die Gründungs-, Umwandlungs-, Fusions-, Sanierungs-, Liquidations-, Liquiditäts-, Verschuldungs-, Auseinandersetzungs-, Konkurs- und Vergleichsbilanz. Sie unterscheiden sich entsprechend ihren besonderen Zwecken in Aufbau und den anzuwendenden Bewertungsgrundsätzen untereinander und von der ordentlichen Bilanz.

Sondereinzelkosten: solche ↑Einzelkosten, die in der Betriebsabrechnung auftragsweise erfaßt werden können, aber nicht zu Fertigungsmaterialkosten oder Fertigungslöhnen gehören, z. B. Kosten für Spezialwerkzeuge oder Modellkosten. Daneben gibt es mit den *Sondereinzelkosten des Vertriebs* noch solche Einzelkosten, die unmittelbar der abgesetzten Leistung zugerechnet werden können (z. B. Ausgangsfracht und Vertreterprovision).

Sondervermögen: 1. im Zivilrecht der Inbegriff von Vermögensgegenständen ohne eigene Rechtspersönlichkeit, die vom [übrigen] Vermögen einer oder mehrerer Personen rechtlich getrennt sind (z. B. das Vermögen einer Gesellschaft des bürgerlichen Rechts oder einer Erbengemeinschaft); 2. im öffentlichen Recht rechtlich unselbständige Teile des Erwerbsvermögens, z. B. Deutsche Bundesbahn, Deutsche Bundespost. Sie führen eigene Haushalte.

Sonderziehungsrechte (Abk. SZR): vom ↑Internationalen Währungsfonds (IWF) 1969 geschaffenes Buchgeld, das als Geld- und Reserveeinheit geschaffen wurde, um eine größere Unabhängigkeit des Währungssystems von Gold und US-$ zu erreichen und um die internationale Währungsordnung flexibler zu gestalten. Die einzelnen Mitgliedsstaaten des IWF erhalten ihre SZR zugeteilt, wobei sich die Zuteilung nach der nationalen Beteiligungsquote beim IWF richtet. – Die Notenbanken können ihre SZR jederzeit an die Zentralbank eines anderen IWF-

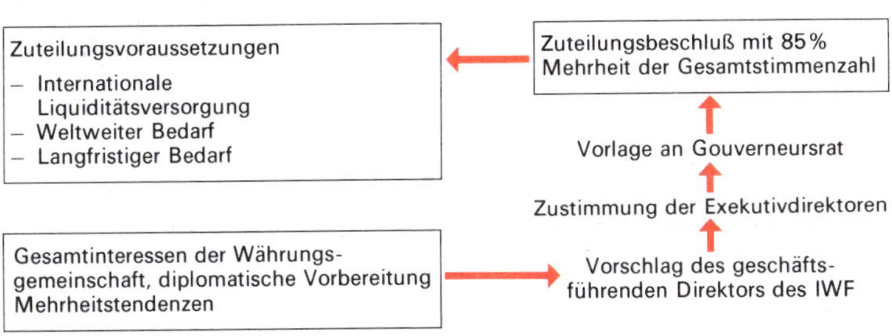

Die Mitgliedsländer des Internationalen Währungsfonds (IWF) sind im Bedarfsfall zur Ziehung von Fremdwährungsbeträgen beim Generalkonto des Fonds berechtigt. Diejenigen Mitglieder des Fonds, die auch Teilnehmer am Sonderziehungskonto sind, können außerdem zur Beschaffung benötigter Devisen auf die ihnen zugeteilten Sonderziehungsrechte zurückgreifen.

Sonderziehungsrechte. Zuteilung der Sonderziehungsrechte

Mitgliedslandes abgeben und erhalten dafür in entsprechendem Ausmaß konvertible Währung. Der IWF legt verbindlich fest, welche Länder SZR im Austausch gegen konvertible Währung aufzunehmen haben. Ein Defizitland kann die ihm zugeteilten SZR zeitweilig in vollem Ausmaß verwenden; es ist jedoch verpflichtet, im gleitenden Fünfjahresdurchschnitt mindestens 30% der ihm insgesamt zugeteilten SZR zu halten (Rekonstitution). Abgesehen von der Rekonstitutionspflicht ist die Verwendung von SZR zur Defizitfinanzierung an keine Bedingungen gebunden. Bis 1974 hatten die SZR eine Goldparität (1 SZR = 0,888 g Gold), dann wurde mit zunehmender Verdrängung des Goldes als Währungsreserve der Wert der SZR über einen Währungskorb (16 Währungen) bestimmt. Seit 1981 sind nur noch 5 Währungen (US-$, DM, Yen, FF und englisches £), gewichtet unter anderem nach dem Anteil des betreffenden Währungslandes am Weltexport, in dem Währungskorb enthalten. An jedem Geschäftstag bewertet der IWF die Währungsbeträge im Währungskorb mit deren US-Dollarkursen am Devisenmarkt und ermittelt so den Tageswert der SZR in US-Dollar.

Die quantitative Bedeutung der SZR ist gering. Es wurden bisher lediglich SZR im Wert von etwa 9,5 Mrd. Dollar zugeteilt und die Zuteilungen eingestellt, als deutlich wurde, daß die erwartete allgemeine Knappheit an internationaler Liquidität vorläufig nicht eintreten würde.

sonstige Forderungen und Verbindlichkeiten ↑antizipative Posten.

Sorten: ausländische Banknoten und Münzen. Im Gegensatz zu ↑Devisen werden Sorten nicht amtlich an der Devisenbörse gehandelt. Sie können an den Bankschaltern zu dem von den Banken festgelegten Geldkurs gekauft bzw. verkauft werden.

Sortiment [italienisch sortimento zu lateinisch sortiri „losen, auswählen"]: Auswahl derjenigen Produkte (Warenkatalog), mit denen Unternehmer am Markt aufzutreten beabsichtigen; die Sortimentspolitik nimmt im Vergleich zur Preis- und Kundenpolitik eine vorrangige Position in der ↑Absatzpolitik von Handelsbetrieben ein. Arten: 1. *tiefes Sortiment:* Die im Sortiment enthaltenen Warengattungen werden in vielen Qualitäten, Mustern, Farben, Größen und Preislagen geführt; 2. *flaches Sortiment:* Innerhalb der geführten Warengattungen liegen nur wenige Artikel zur Auswahl vor; 3. *enges Sortiment:* Im Sortiment geführte Artikel dienen lediglich der Deckung einer Bedarfsart; 4. *breites Sortiment:* Eine große Zahl verschiedener Warengattungen wird vorausgesetzt.

Sowchose [russisch sowchos, Kurzwort aus **sow**jetskoje **chos**jaistwo „Sowjetwirtschaft"]: staatlicher landwirtschaftlicher Großbetrieb in der Sowjetunion, seit 1919 aus staatlichen und privaten Gutswirtschaften gebildet. Im Gegensatz zur genossenschaftlichen ↑Kolchose sind Boden und Produktionsmittel Staatseigentum, die Beschäftigten sind Arbeitnehmer. Der Leiter der Sowchose wird vom Staat eingesetzt. Heute sind die Sowchosen in der Regel hochspezialisierte Produktionsbetriebe, besonders für Getreideanbau und Viehwirtschaft.

Sozialabgaben ↑Sozialversicherung.

Sozialbericht [zu lateinisch socialis „gesellschaftlich"]: 1. Teil des Geschäftsberichts, in dem der Vorstand über die sozialen Leistungen und Verhältnisse des Betriebes Rechenschaft ablegt. Eine gesetzliche Verpflichtung zu diesem Sozialbericht besteht nicht. 2. Von der Bundesregierung jährlich zu erstellender Bericht (Teil A) über die sozialpolitischen Maßnahmen und Vorhaben (z. B. auf dem Gebiet der Arbeitsmarkt- und Sozialpolitik). Im Teil B gibt das *Sozialbudget* Auskunft über das gesamte System der Sozialleistungen und ihre Finanzierung, verbunden mit einer mehrjährigen Vorausberechnung. 3. In der Rentenversicherung der jährlich von der Bundesregierung vorzulegende Bericht über die Finanzlage der Rentenversicherungen, der zugleich den Vorschlag für die jährliche Rentenanpassung enthält.

Sozialbilanz: die Sozialbilanz stellt den Bereich der sozialen Kosten und der sozialen Nutzen dar. Es handelt sich hierbei nicht um eine Bilanz im engeren Sinn, sondern um eine Rechnungslegung über betriebliche Aktivitäten, für die kein Markt existiert. In der Regel werden folgende Gruppen berücksichtigt, mit denen das Unternehmen in Beziehung steht: natürliche Umwelt (Umweltschutz), Mitarbeiter (Löhne, Gehälter, sonstige Leistungen), Kapitalgeber (Bruttodividenden, Zinsen), andere Unternehmen (z. B. Lieferanten), Staat (Steuern, Abgaben, Gebühren), Öffentlichkeit (z. B. Spenden, kulturelle Maßnahmen). Die Mehrzahl der erstellten Sozialbilanzen besteht aus ↑Sozialbericht, Wertschöpfungsrechnung (Darstellung des betrieblichen Beitrags zum Volkseinkommen) und Sozialrechnung (Darstellung aller quantifizierbaren gesellschaftsbezogenen Aufwendungen der Unternehmen in einer bestimmten Periode sowie die direkt erfaßbaren gesellschaftsbezogenen Erträge). Die Unternehmen betrachten die Sozialbilanz als Ausweis ihrer sozialen Verantwortung gegenüber Staat und Gesellschaft und nutzen sie z. T. als Instrument der Führung zur Bestimmung der sozialen Unternehmenspolitik. Teilweise, vor allem von den Gewerkschaften, werden die Sozialbilanzen aber auch als besonders subtile Form der Öffentlichkeitsarbeit der Unternehmen angesehen.

Sozialbindung (Sozialbindung des Eigentums): Einschränkung des Eigentumsrechts zum „Wohl der Allgemeinheit" (Artikel 14 des Grundgesetzes) und Gebundenheit des Eigentums an das Gemeinschaftsinteresse.

soziale Aufwendungen: zusammenfassende Bezeichnung für: 1. gesetzliche soziale Aufwendungen (Arbeitgeberanteile zur Renten-, Arbeitslosen- und Krankenversicherung, Berufsgenossenschaftsbeiträge); 2. freiwillige soziale Aufwendungen (u. a. Altersversorgung, betriebliche Veranstaltungen, Kantinenaufwand, Unterstützungen, Jubiläumszahlungen).

soziale Frage: die Entstehung der sozialen Frage Mitte des 19. Jahrhunderts hängt eng mit der Industrialisierung zusammen, die zwar auch auf Landwirte und den gewerblichen Mittelstand negativ wirkte, jedoch die Probleme der neuen Klasse der Industriearbeiter (Proletariat) in den Vordergrund schob. Die Auflösung der traditionellen Ordnungen sowie der Agrar- und der Zunftverfassung führten – verstärkt durch Auswüchse des kapitalistischen Wirtschaftssystems – zu krassen sozialen Mißständen, da der besitzlose Industrie- oder Landarbeiter bei Beeinträchtigung seiner Arbeitskraft oder bei Entlassung regelmäßig in Not geriet. Die soziale Frage verschärfte sich zudem durch Bevölkerungsexplosion und Landflucht, die das Angebot an Arbeitskräften in den industriellen Produktionszentren vermehrte, was wiederum die Löhne drückte und zur Ausnützung der billigeren Frauen- und Kinderarbeit führte, so daß nur die Tätigkeiten mehrerer Personen einer Familie das Existenzminimum sichern konnten. Die Folge waren Armut, mangelhafte Wohnverhältnisse, fehlende Ausbildung sowie physische und psychische Schäden der Arbeiter. Insbesondere die Gewerkschaften, die Sozialdemokratie und die Kirchen machten sich die Forderungen nach Verbesserung der wirtschaftlichen Lage und Lebensumstände wie auch nach wirtschaftlicher und politischer

Gleichheit zu eigen. Seit der Sozialgesetzgebung O. von Bismarcks (ab 1883) ist die soziale Frage Gegenstand staatlicher ↑Sozialpolitik. Aufgrund der hohen Arbeitslosigkeit und den damit verbundenen Einschränkungen des Lebensstandards vieler Betroffenen spricht man heute von der „neuen sozialen Frage".

Sozialeinkommen ↑Transferzahlungen.

soziale Indikatoren: Maßzahlen zur Kennzeichnung der Lebensqualität als Ergänzung zum Wohlstandsindikator Bruttosozialprodukt. Soziale Indikatoren wurden z. B. für Gesundheit, Bildung, Umwelt und Arbeitsbedingungen entwickelt.

soziale Kosten: Kosten, die nicht in der Wirtschaftsrechnung der sie verursachenden Wirtschaftssubjekte erscheinen, sondern auf dritte Personen oder die gesamte Volkswirtschaft abgewälzt werden, z. B. Kosten aus der Luft- und Gewässerverunreinigungen durch die Industrie. Weiter zählen zu den sozialen Kosten aber auch entgangene Vorteile bei mangelnder Ausnutzung der Produktionsfaktoren, u. a. bei Monopolisierung der Märkte und Unterdrükkung des technischen Fortschritts.

soziale Marktwirtschaft: von dem Wirtschaftswissenschaftler A. Müller-Armack (* 1901, † 1978) mitgeprägte und so bezeichnete, von dem ersten Bundeswirtschaftsminister L. Erhard (* 1897, † 1977) realisierte wirtschaftspolitische Konzeption für eine ↑Marktwirtschaft mit begrenzter, vor allem ordnungspolitischer Intervention des Staates.

sozialer Wohnungsbau: durch öffentliche Mittel geförderter Bau von Wohnungen, die nach Miete bzw. Belastung, Ausstattung und Größe für sozial benachteiligte Bevölkerungsgruppen bestimmt sind. Die Mittel für den sozialen Wohnungsbau werden in Form von (zinslosen) Darlehen, Zuschüssen, Bürgschaften, Steuervergünstigungen sowie durch Bereitstellung von (billigem) Bauland gewährt.

soziale Sicherheit (soziale Sicherung): im engeren Sinne die Gesamtheit der gesellschaftlichen Einrichtungen, auf deren Leistungen der einzelne in wirtschaftlicher und persönlicher Not- und Ausnahmesituation (Krankheit, Arbeitslosigkeit, Alter u. a.) Anspruch hat. Soziale Sicherheit gründet auf der Solidargemeinschaft der Gesellschaftsmitglieder und den durch ihr soziales Zusammenleben gebotenen Leistungsmöglichkeiten; sie ist ein Teil staatlicher und gesellschaftlicher Sozialpolitik und wird vor allem von der Sozialhilfe, Sozialversicherung und Versorgung getragen. – Im weiteren Sinne umfaßt soziale Sicherheit auch Einrichtungen, die den einzelnen vor sozialen Härtefällen schützen (z. B. Kündigungsschutz im Arbeits- und Mietrecht, Arbeitsschutzgesetzgebung, Arbeitsförderung, Mitbestimmung) und sein soziales Wohlbefinden verbessern (z. B. Humanisierung der Arbeitswelt, soziale Infrastruktur).

Sozialfonds ↑Sozialkapital.

Sozialgerichtsbarkeit: besonderer Zug der Verwaltungsgerichtsbarkeit; die Gerichte entscheiden bei Streitigkeiten in Angelegenheiten der Kranken-, Unfall-, Renten- und Arbeitslosenversicherung sowie der Kriegsopferversorgung, ferner in Angelegenheiten des Kassenarztrechts und bei Streitigkeiten aufgrund des Lohnfortzahlungsgesetzes. Die Sozialgerichtsbarkeit ist im Sozialgerichtsgesetz geregelt. Dem Gerichtsverfahren, durch das die Rechtmäßigkeit eines Verwaltungsaktes festgestellt werden soll, geht in der Regel ein Widerspruchsverfahren voraus, in dem der Bescheid des Versicherungsträgers oder der Behörde nochmals durch die Verwaltung (Widerspruchsstelle) geprüft und gegebenenfalls geändert wird. Der Instanzenweg ist dreigliedrig: Sozialgericht, Landessozialgericht, Bundessozialgericht in Kassel. Das Verfahren vor den Sozialgerichten ist für den Versicherten grundsätz-

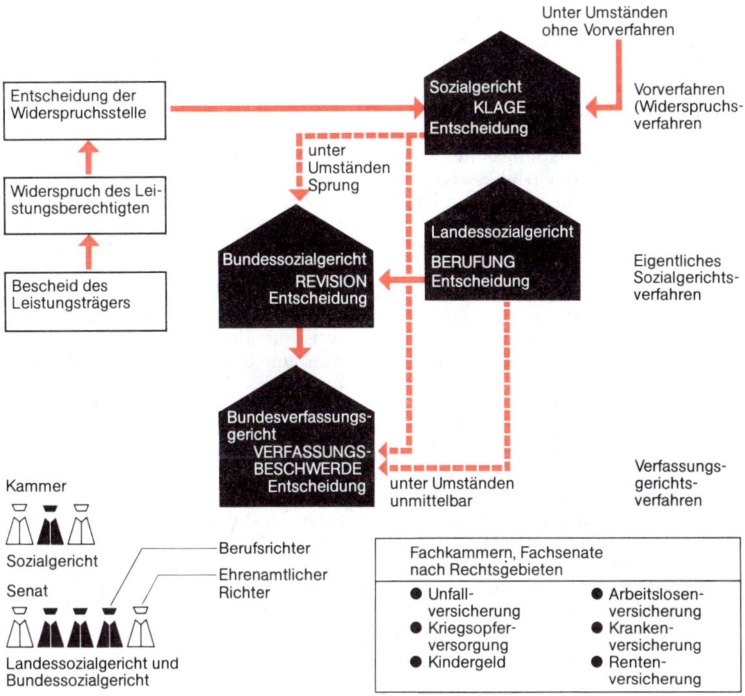

Sozialgerichtsbarkeit. Die einzelnen Schritte des Sozialgerichtsverfahrens

lich kostenfrei. Das Gericht erforscht den Sachverhalt von Amts wegen; es ist an das Vorbringen und die Beweisanträge der Prozeßbeteiligten nicht gebunden.

Sozialgesetzbuch (SGB): Zusammenfassung des in viele Einzelgesetze zersplitterten Sozialrechts. Folgende Bücher sind geplant: I. Allgemeiner Teil; II. Ausbildungsförderung; III. Arbeitsförderung; IV. Sozialversicherung – Gemeinsame Vorschriften; V. Gesetzliche Krankenversicherung; VI. Gesetzliche Rentenversicherung; VII. Wohngeld und Kindergeld; VIII. Jugendhilfe; IX. Sozialhilfe; X. Verwaltungsverfahren. Bisher liegen Buch I, IV, V, VI und Buch X vor.

Sozialhilfe: Gesamtheit der im Bundessozialhilfegesetz (BSHG) geregelten und früher als öffentliche Fürsorge bezeichneten Hilfen, die einem Menschen in einer Notlage von öffentlicher Seite gewährt werden. Neben der Sozialversicherung und der Versorgung ist die Sozialhilfe ein wichtiges Glied im System der sozialen Sicherheit. Sie ist das letzte vom Staat eingesetzte Mittel, individuelle Notlagen zu beheben, und setzt nur dann ein, wenn der Bedürftige sich nicht selbst helfen kann und auch keine Hilfe durch andere erhält *(Nachrang der staatlichen Sozialhilfe);* sie wird allen hilfsbedürftigen Personen sowohl in Form von Geld- und Sachleistungen als auch in Form individueller Betreuung gewährt *(persönliche Hilfe).* Das BSHG un-

terscheidet 1. die *Hilfe zum Lebensunterhalt,* die ein Existenzminimum ohne Rücksicht auf die Ursache der Bedürftigkeit garantieren soll, und 2. die *Hilfe in besonderen Lebenslagen,* umfassend die Hilfen zum Ausbau oder zur Sicherung der Lebensgrundlage, Ausbildungshilfe, vorbeugende Gesundheitshilfe, Krankenhilfe, Hilfe zur Familienplanung, Hilfe für werdende Mütter und Wöchnerinnen, Eingliederungshilfe für Behinderte, Tuberkulosehilfe, Blindenhilfe, Hilfe zur Pflege, Hilfe zur Weiterführung des Haushalts, Hilfe zur Überwindung besonderer sozialer Schwierigkeiten sowie die Altenhilfe.
Träger der Sozialhilfe sind städtische und Kreissozialämter (örtliche Träger) und von den Bundesländern bestimmte überörtliche Träger (Landeswohlfahrtsverbände, Regierungsbezirke, Landschaftsverbände oder die Bundesländer selbst).

Sozialisierung ↑Verstaatlichung.

Sozialismus: Bewegung, die auf Aufhebung des Privateigentums an ↑Produktionsmitteln zielt, genossenschaftliche oder staatliche Produktionsweisen bevorzugt und sich um von Solidarität geprägte menschliche Beziehungen bemüht. Der Sozialismus ist im Zeitalter der ↑Industrialisierung als Gegenbewegung zum frühen Liberalismus und zur Klassenherrschaft der Bourgeoisie entstanden und richtete sich u. a. gegen das damals propagierte Prinzip des Egoismus als Mittel zur Beförderung der Wohlfahrt aller. Daher rührten seine Betonung des Kollektivs, von Produktionsgemeinschaften, sozialer Sicherung („Recht auf Arbeit") und allgemein demokratischer Verhältnisse. Die Bewegung war zunächst in Handwerkskreisen (Gesellen) verbreitet und läßt sich ursprünglich vom ↑Kommunismus kaum unterscheiden (Propagierung der Gütergemeinschaft, Aufhebung des Erbrechts u. a.). Intellektuelle (Saint-Simon, Ch. Fourier, E. Cabet) formulierten die sozialistischen Ideale ohne Rücksicht auf ihre Durchführbarkeit *(Frühsozialismus oder utopischer Sozialismus).* Praktische Versuche (R. Owen) scheiterten. Der Sozialismus blieb eine ethische, zum Teil auch religiös begründete Forderung.
Demgegenüber versuchten K. Marx und F. Engels, den Sozialismus wissenschaftlich zu begründen, d. h. die Realisierung sozialistischer Verhältnisse ungeachtet ihrer Wünschbarkeit als notwendige Folge der wirtschaftlichen Entwicklung zu erweisen (↑Marxismus). In dieser Sichtweise handelt es sich beim Sozialismus um eine aus dem Zusammenbruch des ↑Kapitalismus und aus der Revolution des Proletariats sich ergebende künftige Gesellschaftsform, die später als Übergangserscheinung zum Kommunismus gedeutet wurde. Der marxistische revolutionäre Sozialismus wurde in der zweiten Hälfte des 19. Jahrhunderts zur herrschenden Doktrin der Arbeiterparteien, bald aber mehr und mehr unter dem Eindruck der Beständigkeit kapitalistischer Verhältnisse, des Versagens der marxistischen Voraussagen – und später auch angesichts des Sozialismus in der Sowjetunion – zu einem *Reformsozialismus* umgewandelt, der teils ethisch, teils ökonomisch begründet für eine Überwindung oder Durchdringung kapitalistischer Verhältnisse durch sozialreformerische Maßnahmen eintritt.
Davon zu unterscheiden ist der real existierende Sozialismus in den sozialistischen Staaten, der dort zum Teil revolutionär, zum Teil im Zusammenhang mit dem Einmarsch der Roten Armee eingeführt wurde. Dieser Sozialismus ist theoretisch vom Marxismus-Leninismus geprägt. Es handelt sich bei ihm um ein System umfassender Herrschaft der kommunistischen Partei in Verbindung mit einer staatlich-ökonomischen Bürokratie und Technokratie. Die entprivatisierte Wirtschaft wird mit Hilfe von Mehrjahresplänen

staatlich gelenkt. Diese Entwicklung macht es fragwürdig, vom Sozialismus als Gegensatz zum Kapitalismus zu sprechen. Beide Systeme unterscheiden sich in der Organisation der wirtschaftlichen Produktion (privat – marktwirtschaftlich, staatlich – planwirtschaftlich), bei beiden handelt es sich aber um Industriegesellschaften, die auf Wirtschaftswachstum durch Kapitalverwertung beruhen, mit sich daraus ergebenden ähnlichen Problemen. Die besondere Schwierigkeit des Sozialismus liegt dabei in der planwirtschaftlich zu erreichenden Vermehrung des Wohlstands und der Sicherung der individuellen Freiheit und Betätigungsmöglichkeit, die in sozialistischen Systemen den Planungserfordernissen untergeordnet und in der sowjetischen Ausprägung auch ideologisch-repressiv unterdrückt wird. Man hat dagegen versucht, die genossenschaftliche Seite des Sozialismus zu betonen und einen „Sozialismus mit menschlichem Antlitz" zu schaffen (ČSSR 1968). Allgemein liegt das Problem des Sozialismus darin, freiheits- und demokratiefördernde Maßnahmen wie Arbeitsschutz und Humanisierung der Arbeitswelt, Verkürzung der Arbeitszeit, Rationalisierung der Produktion und rationelle Wirtschaftsplanung trotz der damit verbundenen Zunahme staatlicher Eingriffe nicht in ein bürokratisches Lenkungssystem mit totaler Verplanung des Menschen umschlagen zu lassen.

Sozialkapital: von Unternehmen gebildete Rücklagen und Rückstellungen für Sozialleistungen (z. B. Krankheitsunterstützung, betriebliche Altersversorgung); eigentumsrechtlich zwischen Eigen- und Fremdkapital stehend. Sozialkapital dient als Selbstfinanzierungsinstrument, wenn es steuerbegünstigt ist. Es existieren verschiedene Vorschläge, das Sozialkapital zu überbetrieblichen **Sozialfonds** zusammenzufassen und die Arbeitnehmer durch Anteilscheine daran zu beteiligen.

Sozialpartner: im Sinne des sozialen Harmoniebegriffs verwendetes Schlagwort für die die Tarifverträge aushandelnden Parteien (Arbeitgeberverbände und Gewerkschaften).

Sozialplan: im Arbeitsrecht die schriftliche Einigung zwischen Arbeitgeber und Betriebsrat über Ausgleich oder Milderung wirtschaftlicher Nachteile, die Arbeitnehmern infolge einer geplanten Betriebsänderung (Eingriff in die betriebliche Organisation, der wesentliche Nachteile für die Belegschaft oder für erhebliche Teile der Belegschaft haben kann) einschließlich einer Betriebsstillegung entstehen (§ 112 BetrVG); der Sozialplan hat die Wirkung einer Betriebsvereinbarung. Im Sozialplan können z. B. Abfindungen wegen Entlassung und vorzeitige Ruhegeldleistungen, Arbeitsentgelte und sonstige, üblicherweise in Tarifverträgen festgelegte Arbeitsbedingungen geregelt werden. Regelungen des Sozialplans dürfen die Leistungen eines Tarifvertrages nicht unterschreiten. Von Bestimmungen eines Sozialplans kann allenfalls zugunsten des Arbeitnehmers abgewichen werden. Im Falle des Konkurses werden Sozialplanansprüche der Angestellten als erste unter den bevorrechtigten Konkursforderungen genannt und sind vorweg zu befriedigen (§ 61 Konkursordnung).

Sozialpolitik: Gesamtheit der staatlichen und privaten Maßnahmen zur Sicherung eines Minimums an sozialer Sicherheit. Die private Sozialpolitik kann nach ihren Trägern in kirchliche, betriebliche, gewerkschaftliche oder auch allgemein karitative Sozialpolitik aufgeschlüsselt werden; seitens des Staates wird die Durchführung einzelner sozialpolitischer Aufgaben auch auf nichtstaatliche Institutionen übertragen. Zugleich besteht innerhalb der staatlichen Sozialpolitik Arbeitsteilung zwischen den verschiedenen Ebenen der öffentlichen Hand: Während rechtliche Maßnahmen in der Bundesrepublik Deutschland vor allem

Aufgabe des Bundes sind, liegt bei Ländern und Kommunen die Verantwortung für Durchführung und Verwaltung von Sozialinvestitionen, wie im Gesundheits- und Bildungswesen; vor allem auf kommunaler Ebene und im Bereich des Gesundheitswesens gibt es eine Zusammenarbeit mit privaten Trägern, die großenteils auch staatliche Mittel zur Durchführung ihrer Aufgaben erhalten. – Zu den *Mitteln* staatlicher Sozialpolitik gehören vor allem: 1. gesetzliche (nichtfinanzielle) Maßnahmen, die die gesellschaftliche Stellung sozial schwächerer Gruppen (insbesondere zum Schutz vor wirtschaftlich Stärkeren) absichern sollen (z. B. Arbeitsrecht, Kündigungsschutz); 2. die Bereitstellung öffentlicher Güter, die sonst aufgrund ihrer Anschaffungs- und/oder Unterhaltungskosten Privileg weniger wären (z. B. Bäder, Verkehrsmittel); 3. Steuererleichterungen oder direkte finanzielle Zuwendungen an nach sozialen Kriterien abgrenzbare Personengruppen, z. B. in Form von Sozialhilfe, Kinder-, Wohngeld; 4. Maßnahmen der Sozialversicherung und der Versorgung. – Auch finanz-, wirtschafts-, bildungs- und gesundheitspolitische Maßnahmen können sozialpolitische Auswirkungen haben; zielen diese Maßnahmen auf eine Änderung der Gesellschaftsstruktur *(Sozialreform)* ab, werden sie in ihrer Gesamtheit als *Gesellschaftspolitik* bezeichnet.

Sozialprodukt: zusammengefaßte Wertsumme der Produktion in einer Volkswirtschaft, die über die Konten der ↑volkswirtschaftlichen Gesamtrechnung ermittelt wird. Die verschiedenen Sozialproduktbegriffe ergeben sich als Kombination der folgenden Begriffspaare: 1. *Brutto...* meint stets die Gesamtwertschöpfung, d. h. alle Investitionen werden mit eingerechnet, *Netto...* die um die Abschreibung verminderte Wertschöpfung, d. h. es werden nur die Nettoinvestitionen berücksichtigt; 2. das Sozialprodukt wird entweder in jeweiligen Marktpreisen ausgedrückt, oder vermindert um indirekte Steuern, vermehrt um staatliche Subventionen zu Faktorkosten; 3. beim (Brutto- bzw. Netto-) *Inländerprodukt* wird der gesamte, allen Inländern (auch im Ausland tätigen) zuzurechnende Produktionswert berücksichtigt, beim (Brutto- bzw. Netto-) *Inlandsprodukt* der in den geographischen Grenzen der nationalen Volkswirtschaft (auch von Ausländern) geschaffene Produktionswert. – Von besonderer Bedeutung ist das **Nettosozialprodukt** zu Faktorkosten, das sowohl die Wertschöpfung der gegebenen Periode als auch das Volkseinkommen bezeichnet, deshalb häufig selbst **Volkseinkommen** genannt wird.

Sozialversicherung: öffentlichrechtliche, genossenschaftliche Vorsorge gegenüber bestimmten Risiken (Versicherungsfällen). Dabei ist Grundsatz der Sozialversicherung in der Bundesrepublik Deutschland, daß die Sozialversicherung aus Beiträgen finanziert wird, deren Höhe sich zwar nach dem jeweiligen wirtschaftlichen Leistungsvermögen der Versicherten richtet, daß die Leistungen jedoch teilweise unabhängig von der Beitragshöhe gewährt werden (Solidaritätsprinzip). Die Sozialversicherung ist keine Einheitsversicherung, sondern in verschiedene Versicherungszweige gegliedert: die wichtigsten Versicherungszweige sind die ↑Krankenversicherung, die ↑Unfallversicherung (getragen von den Berufsgenossenschaften), die Altershilfe für Landwirte, die ↑Knappschaftsversicherung und die ↑Rentenversicherung, die in die Angestellten- und die Arbeiterrentenversicherung unterteilt ist. Rechtliche Grundlage der Angestelltenversicherung ist das Angestelltenversicherungsgesetz (AVG), ihr Träger ist die Bundesversicherungsanstalt für Angestellte, Berlin. Die Arbeiterrentenversicherung (früher Invalidenversicherung) ist im IV. Buch der Reichsversicherungsordnung in Verbindung mit dem Sozialgesetzbuch geregelt, Träger sind die Landesversicherungsanstalten und Sonderanstalten (Bundesbahnversicherungsanstalt, Seekasse). Finanziert wird die Sozialversicherung durch Beiträge (*Sozialabgaben*) der Arbeitgeber und Arbeitnehmer *(Arbeitgeber-, Arbeitnehmeranteil).*

Im Deutschen Reich wurden durch Gesetz 1883 die Krankenversicherung der Arbeiter, 1884 die Unfallversicherung und 1889 die Invaliditäts- und Altersversicherung eingeführt. Dahinter stand damals die Absicht O. von Bismarcks, die soziale Frage zu entschärfen und so der Sozialdemokratie die Basis zu entziehen. 1911 wurden die Angestellten in die Arbeiterversicherung einbezogen.

Sozialversicherungsausweis: Ausweiskarte für jeden Arbeitnehmer, die Namen, Rentenversicherungsnummer sowie in bestimmten Fällen Lichtbild des Beschäftigten und die Bezeichnung des ausstellenden Rentenversicherungsträgers enthält. Der Ausweis wird seit 2. 4. 1991 ausgegeben und soll u. a. der Bekämpfung von Schwarzarbeit und illegaler Beschäftigung dienen (z. B. im Baugewerbe Mitführung des Ausweises während der Beschäftigung).

Sparbrief: mittelfristiges Anlagepapier (Laufzeit meist 4 bis 7 Jahre) mit festem oder jährlich steigendem Zinssatz, das von den Banken ausgegeben wird. Sparbriefe haben eine Stückelung ab 100 DM und sind nicht börsenfähig; sie können auch als Abzinsungspapiere ausgestattet sein.

Sparbuch: dem Inhaber eines Sparkontos ausgehändigtes und auf seinen Namen ausgestelltes Buch, in dem alle Kontobewegungen (Einzahlungen, Abhebungen) und der jeweilige Kontostand eingetragen werden. Sparguthaben werden nicht durch Übereignung des Sparbuchs übertragen (oder verpfändet), sondern durch Abtretung der Spareinlage (= Forderung an das Kreditinstitut). Das Kreditinstitut ist berechtigt, an jeden Inhaber des Sparbuchs Geld auszuzahlen (das Sparbuch weist den Inhaber als berechtigten Eigentümer aus = qualifiziertes Legitimationspapier), es ist jedoch dazu nicht verpflichtet und kann vom Inhaber verlangen, daß er sich als berechtigter Eigentümer ausweist (= hinkendes Inhaberpapier).

Spareinlagen: Einlagen bei einem Kreditinstitut auf einem Sparkonto. Spareinlagen dürfen nicht von vornherein befristet sein (wie ↑Termineinlagen) und nicht dem Zahlungsverkehr dienen (wie ↑Sichteinlagen). Für *Spareinlagen mit gesetzlicher Kündigungsfrist* besteht eine Kündigungsfrist von drei Monaten, jedoch können innerhalb eines Monats (30 Zinstage) bis zu 2 000,– DM ohne Kündigung abgehoben werden; bei *Spareinlagen mit vertraglich vereinbarter Kündigungsfrist* beträgt die Kündigungsfrist mindestens 6 Monate. Für vorzeitige Auszahlungen müssen Sollzinsen (Vorschußzinsen) bezahlt werden.

Sparen: Verzicht auf die Verwendung von Einkommen für gegenwärtigen Konsum zugunsten zukünftigen Konsums (freiwilliges Sparen); dies kann erfolgen in Form von Konten-, Bau- oder Wertpapiersparen. Beim freiwilligen Sparen richtet sich die gewählte Sparform in der Regel nach der Sicherheit des angelegten Geldes, nach Ertrag und Liquidität (d. h. Umwandlungsmöglichkeit in frei verfügbares Geld). Im Gegensatz dazu liegt Zwangssparen vor bei staatlicher Verordnung (z. B. Beiträge zu Sozialversicherungen) oder bei Preissteigerungen (Realeinkommensverlust). Die volkswirtschaftliche Bedeutung des Sparens liegt vor allem darin begründet, daß die gesparten Einkommensbeträge anderen Wirtschaftssubjekten zu Investitionszwecken zur Verfügung stehen (↑auch Wirtschaftskreislauf).

Sparkassen: Kreditinstitute in der Rechtsform (von wenigen Ausnahmen abgesehen) gemeinnütziger Anstalten des öffentlichen Rechts. Für die Verbindlichkeiten der Sparkassen haftet der Gewährträger: das ist für die Stadtsparkassen die entsprechende Gemeinde, für Kreissparkassen der entsprechende Landkreis und für Landessparkassen das entsprechende Bundesland. Spareinlagen bei Sparkassen gelten daher als mündelsicher.

Sparprämie ↑prämienbegünstigtes Sparen, ↑Prämiensparen.

Sparquote ↑Konsum.

Spartenorganisation ↑Divisionalisierung.

Spediteur [...'tør; von italienisch spedire „versenden"]: Kaufmann, der es gewerbsmäßig übernimmt, Güterversendungen durch Frachtführer oder Verfrachter (Seetransport) aufgrund eines Speditionsvertrages mit dem Versender zu besorgen. Er ist dabei im eigenen Namen für Rechnung des Versenders tätig, hat dessen Interessen wahrzunehmen und dessen Weisungen zu befolgen. Der Warentransport erfolgt aufgrund eines Frachtvertrages zwischen dem Spediteur und einem Frachtführer; häufig wird der Spediteur selbst als Frachtführer tätig.

Spekulation [lateinisch „Betrachtung"]: jedes Verhalten, das darauf abzielt, unter Inkaufnahme eines Risikos aus einer erwarteten Veränderung des Preises eines Gutes bzw. des Kurses eines Wertpapiers oder einer Währung einen Gewinn zu erzielen. Berufsmäßige Spekulation findet vor allem an der Börse statt; der Käufer rechnet mit steigenden **(Hausse-Spekulation)** und der Verkäufer mit fallenden Kursen **(Baisse-Spekulation).** Wird auf ein Fallen der Kurse spekuliert, sind Gewinne nur durch Abschluß eines ↑Termingeschäfts möglich. Durch die Vorwegnahme künftiger Preisentwicklungen kann die Spekulation preisausgleichend wirken, jedoch hat sich gezeigt, daß insbesondere Devisenspekulation in großem Ausmaß in einem System fester oder stufenflexibler Wechselkurse wirtschaftlich ungerechtfertigte und schädliche Paritätsänderungen erzwingen kann.

Sperrminorität [zu lateinisch minor „kleiner"]: mehr als eine Beteiligung von 25% des Aktienkapitals einer AG oder der Anzahl der Kuxe einer bergrechtlichen Gewerkschaft. Durch eine Sperrminorität können Beschlüsse der Hauptversammlung vereitelt werden, für die Gesetz oder Satzung eine Dreiviertelmehrheit vorschreiben, z. B. Satzungsänderungen.

Spezieskauf ↑Kauf.

Spinnwebtheorem (englisch Cobweb-Theorem): Bezeichnung für den Anpassungsprozeß auf einem Markt, bei dem die Preis- und Mengenbewegungen aufgrund verzögerter Anpassung des Angebots (↑Time-lag) zustandekommen. Die graphische Darstellung dieses Anpassungsprozesses sieht einem Spinnennetz ähnlich. Liegt z. B. der Marktpreis P_1 durch ein zu geringes Angebot m_1 über dem Gleichgewichtspreis P_0, so erhöhen deshalb die Anbieter ihre Angebotsmenge (m_2) über die Gleichgewichtsmenge. Die Konsequenz dieses Überangebots ist dann ein Absinken des Preises unter den Gleichgewichtspreis. Dieser Preis (P_2) wiederum bewirkt, daß das Angebot verringert wird

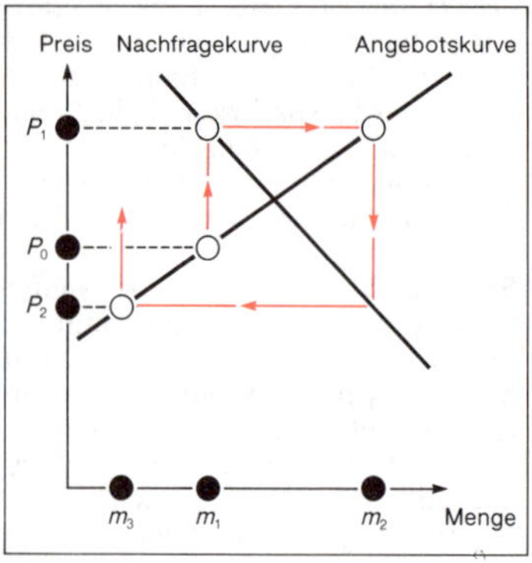

Spinnwebtheorem. Graphisches Beispiel

(m_3) und der Preis wieder über den Gleichgewichtspreis P_0 steigt usw. Ob diese Preis–Mengenbewegungen zunehmen, konstant bleiben oder sich einer Gleichgewichtssituation nähern, ist abhängig vom Verlauf der Angebots- und Nachfragekurve. Das Spinnwebtheorem wurde z. B. im ↑Schweinezyklus nachgewiesen.

Splittingverfahren: Zusammenveranlagung der Einkünfte von Ehegatten und den ihnen hinsichtlich der Besteuerung gleichgestellten Personen bei der ↑Einkommensteuer. Dabei wird zunächst die Gesamtsumme der Einkünfte der Ehegatten durch Addition ermittelt und danach durch zwei dividiert. Von dieser Hälfte wird dann die Einkommensteuerschuld berechnet; diese wird dann wieder mit zwei multipliziert. Das führt im allgemeinen aufgrund der Steuerprogression zu Steuervorteilen, wenn die Ehegatten unterschiedlich hohe Einkommen beziehen oder ein Ehegatte überhaupt keine Einkünfte hat.

Sprungkosten ↑fixe Kosten.

Staatsbanken: öffentlich-rechtliche Kreditinstitute mit eigener Rechtspersönlichkeit und eigenem Vermögen, die in der Regel als ↑Notenbank fungieren. Ursprünglicher Aufgabenbereich waren unter anderem Verwaltung von Staatsgeldern, Führung der Kassengeschäfte für den Staat sowie Unterbringung seiner Anleihen.

Staatseigentum: Eigentum des Staates, zusammen mit dem Eigentum der anderen Gebietskörperschaften das Eigentum der öffentlichen Hand (öffentliches Eigentum).

Staatshandelsländer: Bezeichnung für Länder mit staatlichem Außenhandelsmonopol, in der amtlichen Statistik der Bundesrepublik Deutschland für die Mitglieder des ehemaligen RGW (außer Kuba) sowie für die Volksrepublik China und Nord-Korea.

Staatshaushalt ↑öffentlicher Haushalt.

Staatskapitalismus: Wirtschaftsform, in der der Staat sich direkt wirtschaftlicher Unternehmen bedient, um bestimmte Zwecke zu erreichen. Ziel des Staatskapitalismus ist es, Güter und Dienstleistungen zu erstellen, die privatwirtschaftlich nicht bzw. noch nicht (wie z. B. früher die Aluminiumproduktion) oder nicht mehr (z. B. durch wirtschaftlichen Strukturwandel) rentabel sind. Darüber hinaus kann der Staat erwerbswirtschaftlich tätig werden, um Gewinne zu erzielen (Finanzierungsquelle) oder um in bestimmte Unternehmen Einblick zu gewinnen oder um den Absatz zu beeinflussen oder den Mißbrauch monopolistischer Marktstellung zu verhindern.
In die marxistische Terminologie wurde der Begriff von Lenin eingeführt und bezeichnet die letzte Stufe in der Entwicklung des Kapitalismus.

Staatsmonopol (staatliches Monopol): mit Wettbewerbsausschluß privater Unternehmer verbundene Form des Monopols, bei der eine Tätigkeit, die an sich auch Privatunternehmen ausüben könnten, ausschließlich der staatlichen Verwaltung vorbehalten ist. – In der Bundesrepublik Deutschland bestehen Staatsmonopole für einen Teil der Tätigkeiten der Post **(Postmonopol),** für die Ausgabe von Banknoten **(Banknotenmonopol),** für die Arbeitsvermittlung der Bundesanstalt für Arbeit.

staatsmonopolistischer Kapitalismus (Abk. Stamokap): nach marxistisch-leninistischer Auffassung das Entwicklungsstadium des Kapitalismus, in dem sich die entwickelten westlichen Staaten befinden und das durch die Verbindung (bzw. Verschmelzung) der Macht der Monopole mit der Macht des Staates zu einem (einheitlichen) Machtmechanismus gekennzeichnet ist. Der Begriff wurde von W. I. Lenin entwickelt; 1957 wurde er von sowjetischen Ökonomen aufgegriffen. Die monopolistische Wirtschaft sei nun so stark vom Staat abhängig, daß der Staat zur Sicherung ihres Fortbestehens objektiv die Durchsetzung der Monopolinteressen übernommen habe und dazu vor allem die Wirtschafts- und Steuerpolitik, aber auch „reaktionäre" Innen- und „imperialistische" Außenpolitik einsetze.

Staatsquote: der in Prozenten des Bruttosozialproduktes ausgedrückte Staatsverbrauch. Nicht zu verwechseln ist diese Quote mit der *Staatsausgabenquote;* hier werden alle öffentlichen Ausgaben zum Bruttosozialprodukt in Beziehung gesetzt.

Staatsschulden, Staatsverschuldung: die Schuldverpflichtungen eines Staates, die zur Deckung eines Haushaltsfehlbetrages (Defizit) oder zur Einschränkung der privaten Nachfrage eingegangen werden. Die Staatsschulden unterscheiden sich nach der Fristigkeit in kurzfristige (z. B. Buchkredite, Schatzwechsel), mittelfristige (z. B. Bundesschatzbriefe) und langfristige Staatsschulden (z. B. Anleihen); nach der Herkunft des Kapitals in Inlands- und Auslandsanleihen; in verzinsliche und unverzinsliche Staatsschulden. Wirkungen auf das Niveau der Wirtschaftstätigkeit treten auf, wenn im Zusammenhang mit der Aufnahme öffentlicher Kredite und ihrer Verwendung die monetäre Gesamtnachfrage ausgeweitet oder eingeschränkt wird. Strukturelle Effekte sind die Wirkungen auf die Faktorallokation und die Einkommensverteilung, die bei gleichbleibenden Staatsausgaben durch ihre alternative Finanzierung aus Steuern oder aus Kreditaufnahme auftreten. Die vorübergehende konjunkturell orientierte Kreditaufnahme wird als konjunkturelles Defizit und die sich jährlich wiederholende Finanzierung eines Teils der Staatsausgaben aus Kreditaufnahme als strukturelles Defizit bezeichnet.

Staatsverbrauch: die Aufwendungen des Staates (Gebietskörperschaften und Sozialversicherung) für Verwaltungsleistungen, die der Allgemeinheit ohne spezielles Entgelt zur Verfügung gestellt werden z. B. Sicherheitsleistungen, Unterrichtsleistungen, Gesundheitsbetreuung usw. Der Staatsverbrauch wird ermittelt, indem man vom Produktionswert des Staates die Verkäufe (Leistungen gegen Entgelt) sowie die selbsterstellten Anlagen abzieht. Da es beim Staatsverbrauch keinen Marktpreis gibt, werden die abgegebenen Dienstleistungen in der volkswirtschaftlichen Gesamtrechnung zu den entstandenen Aufwendungen bewertet (Anteil am Bruttosozialprodukt 1970: 16,2%, 1990: 18,4%).

Stabilitätsgesetz: Gesetz zur Förderung der Stabilität und des Wachstums der Wirtschaft vom 8. Juni 1967. Es verpflichtet Bund und Länder, ihre finanzpolitischen Maßnahmen so zu treffen, daß sie im Rahmen der marktwirtschaftlichen Ordnung gleichzeitig zur Stabilität des Preisniveaus, zu einem hohen Beschäftigungsstand und außenwirtschaftlichen Gleichgewicht bei stetigem und angemessenen Wirtschaftswachstum beitragen.
Die Bundesregierung hat jährlich einen ↑Jahreswirtschaftsbericht dem Bundestag und dem Bundesrat vorzulegen. Weitere Vorschriften bestimmen, daß die Bundesregierung auch geeignete steuerliche Maßnahmen im Wege der Rechtsverordnung ergreifen kann, wenn das gesamtwirtschaftliche Gleichgewicht anders nicht erhalten werden kann. Bei der Bundesregierung wird ein ↑Konjunkturrat für die öffentliche Hand gebildet.

Stabliniensystem: Eingliederung von Stabsstellen in die ↑Aufbauorganisation eines Betriebes. Stabsstellen untersuchen z. B. Probleme, erarbeiten Lösungsvorschläge und beraten die Geschäftsleitung. Sie sind anderen Stellen gegenüber nicht weisungsbefugt und werden häufig für Steuerfragen, Rechtsprobleme, Organisation, Revision eingerichtet.

Stagflation [Kurzwort aus **Stag**nation und In**flation**]: im Konjunkturzyklus die Phase des Tiefs bei gleichzeitigem Preisauftrieb. Die Ursachen für das im Modell einer Wirtschaft mit vollständiger Konkurrenz nicht zu erklärende gleichzeitige Auftreten von ↑Stagnation und ↑Inflation werden meist in der staatlichen Konjunkturpolitik, die inflationsfördernd wirken kann, in der Existenz von Monopolen und Oligopolen, die einem Nachfragerückgang mit Preiserhöhungen begegnen, und in der Durchsetzung von Lohnerhöhungen durch die Gewerkschaften auch bei verminderter Nachfrage nach Arbeitskräften gesehen.

Stagnation [zu lateinisch stagnare „stehen machen"]: im Konjunkturzyklus die Phase des Tiefs mit gleichbleibendem (oder rückläufigem) Sozialprodukt. Eine Erklärung der Stagnation stellt die von J. M. Keynes entwickelte **Stagnationsthese** dar, nach der die Sparneigung langfristig größer, die Investitionsneigung kleiner wird, der mit dem Sparen verbundene Ausfall an Konsumgüternachfrage also nicht vollständig durch erhöhte Investitionsgüternachfrage kompensiert wird.

Stammeinlage ↑Gesellschaft mit beschränkter Haftung.

Stammkapital ↑Gesellschaft mit beschränkter Haftung.

Stamokap: Abk. für ↑**sta**atsmonopolistischer **Kap**italismus.

Standard [englisch]: allgemein Maßstab, Norm, Richtschnur; Qualitiätsniveau, Norm. **Standardisieren** ist das Aufstellen von allgemein gültigen und akzeptierten festen Normen zur Vereinheitlichung der Bezeichnung, Kennzeichnung, Handhabung, Ausführung von Produkten und Leistungen.

Standortfaktoren: Sachverhalte und Bedingungen, die für die Standortwahl eines Unternehmens von ausschlaggebender Bedeutung sind. In der Hauptsache sind dies Rohstoffquellen, Arbeitskräftepotential, Lohnkosten, Frachtkosten, Absatzgebiete, Anschluß an das Verkehrsnetz, Grundrenten, Belastungen durch Steuern, Zölle und Soziallasten, Erweiterungsmöglichkeiten.

Stapelbetrieb: in der Datenverarbeitung eine ↑Betriebsart, bei der Daten über einen längeren Zeitraum gesammelt und später in einem Arbeitsgang verarbeitet werden.

Statistik [zu lateinisch status „Stand, Stellung"]: im materiellen Sinn die geordnete Menge von Informationen in Form empirischer Zahlen (‚Statistiken'); im instrumentalen Sinn (Statistische Methoden) der Inbegriff der Verfahren, nach denen empirische Zahlen gewonnen, dargestellt, verarbeitet, analysiert und für Schlußfolgerungen, Prognosen und Entscheidungen verwendet werden. Im ersteren Sinn hat sich die Statistik institutionalisiert (z. B. Statistisches Bundesamt). Im letzteren Sinn ist sie ein wissenschaftliches Fach. Zur Wirtschaftsstatistik zählen z. B. die Berufs-, Erwerbstätigen-, Produktions-, Einkommens-, Verbrauchs-, Preis-, Außenhandels-, Zahlungsbilanz-, Finanz-, Steuer-, Sozial- und Verkehrsstatistik. In der Betriebswirtschaft stützt sich die Statistik auf die Zahlen von ↑Buchführung und ↑Kostenrechnung, und liefert die Grundlagen für Unternehmensentscheidungen. Zusammengefaßt zu Tabellen und Diagrammen ermöglichen die erhobenen Daten Kontroll- und Trendanalysen. Man unterscheidet z. B. Einkaufs-, Lager-, Absatz-, Finanz- und Personalstatistik.

Status [lateinisch „Stand"]: Vermögens- und Schuldenübersicht für einen bestimmten Stichtag. Der Status wird außerhalb der Buchführung für unterschiedliche Zwecke erstellt.

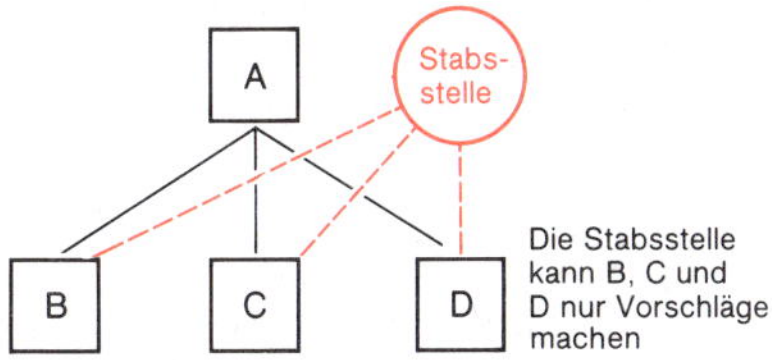

Stabliniensystem. Schematische Darstellung

Der (tägliche) *Finanzstatus* stellt die vorhandenen Geldmittel den zu erwartenden kurzfristigen Verpflichtungen gegenüber, um die ↑Liquidität zu überwachen. Der *Kreditstatus* enthält alle Aktiva und Passiva und soll neben der Liquidität den Verschuldungsgrad zeigen.

Stellenbeschreibung: meist schriftlich fixierte Beschreibung der Aufgaben und Kompetenzen, die vom Stelleninhaber zu bearbeiten bzw. wahrzunehmen sind. In der Regel gliedert sie sich in die Abschnitte Stellenaufgabe, Stellenanforderungen und organisatorische Eingliederung (Über- und Unterordnung).

Stelleneinzelkosten: mißverständliche Bezeichnung für solche ↑Gemeinkosten, die im ↑Betriebsabrechnungsbogen unmittelbar einzelnen Kostenstellen zugerechnet werden können, z. B. Stromverbrauch, der durch einen gesonderten Zähler an einer Kostenstelle erfaßt wird.

Stellengemeinkosten (Schlüsselkosten): ↑Gemeinkosten, die im Gegensatz zu den ↑Stelleneinzelkosten in der ↑Betriebsabrechnung nur mit Hilfe eines Kostenschlüssels auf die Kostenstellen verteilt werden können. Als Kostenverteilungsschlüssel eignet sich z. B. bei Raumkosten die m^3-Zahl, bei Fuhrparkkosten die anteilige Laufleistung.

Steuerarten ↑Steuern.

Steuerberatung: geschäftsmäßige Hilfeleistung in Steuersachen, d. h. Beratung, Vertretung [gegenüber der Finanzverwaltung und den Finanzgerichten] sowie Beistand bei der Bearbeitung der Steuerangelegenheiten und bei Erfüllung der steuerlichen Pflichten; wird durchgeführt von Steuerberatern, Steuerberatungsgesellschaften (von Steuerberatern geführt). Die Ausübung der Steuerberatung ist freiberufliche Tätigkeit. Voraussetzungen für die Ausübung des Berufes eines Steuerberaters sind ein abgeschlossenes wirtschafts- oder rechtswissenschaftliches Studium, eine dreijährige praktische Tätigkeit auf dem Gebiet des Steuerwesens und eine erfolgreich abgelegte Prüfung vor einer Steuerberaterkammer. Von Steuerberatern zu unterscheiden sind **Lohnsteuerhilfevereine** als Selbsthilfeeinrichtung von Arbeitnehmern zur Unterstützung ihrer Mitglieder in Lohnsteuersachen.

Steuerbescheid: schriftliche Mitteilung des Finanzamts über die endgültige oder vorläufige Festsetzung der Steuerschuld. Der Steuerbescheid muß enthalten: 1. die Besteuerungsgrundlage; 2. die festgesetzte Steuer nach Art und Betrag; 3. den Steuerschuldner; 4. eine Rechtsbehelfsbelehrung. Sind Vorauszahlungen notwendig, so wird deren künftige Höhe mitgeteilt. Bescheide, die keine Steuerfestsetzung enthalten, sondern Grundlage für die Steuerbemessung sind, sind die **Steuermeßbescheide** bei den ↑Objektsteuern (Gewerbesteuer, Grundsteuer) und die **Feststellungsbescheide,** z. B. beim Einheitswert.

Steuerbilanz: zur Ermittlung des steuerlichen Gewinns aufgestellte Bilanz, die den steuerrechtlichen Vorschriften entspricht. Die Steuerbilanz ist nach dem Grundsatz der Maßgeblichkeit eine aus der ↑Handelsbilanz abgeleitete Bilanz. Bei beträchtlichen Abweichungen, z. B. aufgrund der Bildung stiller Reserven in der Handelsbilanz, wird jedoch eine gesonderte Steuerbilanz aufgestellt. Für die Aufstellung der Steuerbilanz ist darüber hinaus der Grundsatz der Bilanzkontinuität zu beachten. Eine bereits der Finanzverwaltung eingereichte Bilanz kann berichtigt, unter erschwerenden Umständen auch geändert werden. Von der für die Zwecke der Einkommen-, Körperschaft- und Gewerbeertragsteuer aufgestellten Steuerbilanz zu unterscheiden ist die für die Vermögen- und Gewerbekapitalsteuer zugrunde gelegte Vermögensaufstellung.

Steuererklärung: Darstellung der Einkommens- und Vermögensverhältnisse durch den Steuerpflichtigen oder eine von der Finanzbehörde dazu aufgeforderte Person. Die verlangten Angaben dienen dazu, die Besteuerungsgrundlagen festzustellen oder die Steuerschuld festzusetzen. Eine besondere Form der Steuererklärung ist die*Steueranmeldung,* z. B. die Umsatzsteuervoranmeldung, bei der der Steuerpflichtige die Steuer selbst ermitteln muß.

Steuerflucht: 1. die Verlegung des Wohnsitzes bzw. des Sitzes eines Unternehmens ins Ausland mit dem Ziel der Steuerersparnis; 2. die Verlagerung von Einkünften, Vermögen und Gewinnen in Länder mit keinen oder niedrigen Steuern **(Steueroasen).** Der Verhinderung oder zumindest der Erschwerung der Steuerflucht dient das 1972 erlassene Außensteuergesetz.

Steuergeheimnis: Verschwiegenheitspflicht von Amtsträgern, für den öffentlichen Dienst besonders Verpflichteten und amtlich zugezogenen Sachverständigen hinsichtlich der Verhältnisse eines anderen, die ihnen in einem Verfahren in Steuersachen oder durch Mitteilung der Finanzbehörde bekanntgeworden sind. Die Verletzung des Steuergeheimnisses ist auf Antrag strafbar. In einigen Fällen, z. B. im Rahmen eines Verfahrens in Steuersachen, ist die Durchbrechung des Steuergeheimnisses jedoch möglich.

Steuergerichte ↑Finanzgerichtsbarkeit.

Steuerhinterziehung: vorsätzliche Vereitelung der rechtzeitigen Festsetzung der Steuern in voller Höhe **(Steuerverkürzung)** durch unvollständige oder unrichtige Angaben, pflichtwidriges Verschweigen steuerlich erheblicher Tatsachen oder pflichtwidriges Unterlassen der Verwendung von Steuerzeichen. Steuerhinterziehung wird nach § 370 Abgabenordnung mit Freiheitsstrafe bis zu fünf Jahren oder Geldstrafe bedroht. Der Versuch ist strafbar. Für besonders schwere Fälle der Steuerhinterziehung erhöht sich die Höchststrafe auf 10 Jahre Freiheitsstrafe. Selbstanzeige kann zur Straffreiheit führen.

Steuerklasse: Einteilung der unbeschränkt einkommensteuerpflichtigen Arbeitnehmer nach dem Familienstand in sechs Gruppen, um gerechte Lohnsteuerabzüge vornehmen zu können; die Steuerklasse wird auf der ↑Lohnsteuerkarte eingetragen. Die Einkommensteuertabelle sieht keine Steuerklassen vor. Bei der ↑Erbschaft- und Schenkungsteuer erfolgt eine Einteilung in vier Klassen, je nach dem persönlichen Verhältnis des Erben/Beschenkten zum Erblasser/Schenker.

Steuerkurswert: vom Bundesminister der Finanzen nach § 113 des Bewertungsgesetzes festzustellender und im Bundesanzeiger zu veröffentlichender Wert, mit dem bestimmte Wertpapiere bei der Ermittlung von Einheitswerten und der Vermögensteuer steuerlich anzusetzen sind. Dadurch werden Kursmanipulationen vermieden.

steuerliche Abschreibung ↑Absetzung für Abnutzung.

Steuermeßbescheid ↑Steuerbescheid.

Steuermeßzahl: bei der Gewerbe- und der Grundsteuer derjenige Prozent- bzw. Promillesatz, der im Steuermeßbetragsverfahren durch Multiplikation mit dem Steuermaßstab den **Steuermeßbetrag** ergibt. Durch die Anwendung des Hebesatzes auf die Steuermeßzahl wird die Steuerschuld errechnet.

Steuern: Abgaben, die öffentlich-rechtliche Gemeinwesen natürlichen und juristischen Personen zwangsweise und ohne Anspruch auf eine spezielle Gegenleistung (im Unterschied zu öffentlichen Gebühren und Beiträgen) zur Deckung des Finanzbedarfs der öffentlichen Körperschaften auferlegen. Das Recht des Staates oder einer sonstigen öffentlichen Körperschaft, zur Ausübung der Staatsgewalt auf dem Gebiet des Abgabewesens, insbesondere das Recht, Steuern zu erheben **(Steuerhoheit),** die Regelung der Kompetenzen zwischen verschiedenen öffentlichen Körperschaften hinsichtlich der Steuern und die Verteilung des Steueraufkommens zwischen ihnen sind Gegenstand der Finanzverfassung. Ein besonderer Fall ist dabei das den Kirchen vom Staat verliehene Steuererhebungsrecht (Kirchensteuer).

Zur Erklärung und Begründung des Rechtes auf Erhebung von Steuern sind von der Finanzwissenschaft verschiedene *Steuerrechtfertigungslehren* entwickelt worden. Die wichtigsten sind: 1. die *Äquivalenztheorie* (Interessentheorie), nach der die private Steuerleistung als Äquivalent staatlicher Leistungen anzusehen ist; 2. die *Assekuranztheorie* (Versicherungstheorie), nach der die private Steuerleistung als Beitrag für den öffentlichen Schutz der Person und des Eigentums gilt; 3. die *Opfertheorie,* nach der jeder Bürger sich durch persönliche Opfer entsprechend seiner Leistungsfähigkeit an der Erfüllung der Gemeinschaftsaufgaben beteiligt und die Existenz und Entwicklung des Staates sichert. Nach der *Reinvermögenszugangstheorie* wird diese Leistungsfähigkeit durch sämtliche, nach der *Quellentheorie* nur durch die regelmäßig zufließenden Einkünfte vermehrt (↑auch Einkommen).

Die (natürliche oder juristische) Person, der nach dem Willen des Gesetzgebers die aus der Besteuerung resultierende Belastung *(Steuerlast)* zugedacht ist, bezeichnet man als *Steuerdestinatar.* Derjenige, der die aus der Besteuerung resultierende ökonomische Einbuße tatsächlich erleidet, der *Steuerträger,* muß jedoch, vor allem wegen der Steuerüberwälzung, nicht mit dem Steuerdestinatar oder mit dem durch Gesetz zur Steuerleistung Verpflichteten *(Steuersubjekt)* identisch sein. Mit Ausnahme der Lohnsteuer ist derjenige, der die Steuern entrichtet *(Steuerzahler),* identisch mit dem Steuersubjekt.

Steuerarten: Die zahlreichen bestehenden Steuerarten lassen sich unter verschiedenen Gesichtspunkten einteilen, wobei häufig das Unterscheidungskriterium und die Zuordnung im einzelnen umstritten sind. Häufigste Unterscheidung ist die in direkte und indirekte Steuern; unter dem Gesichtspunkt der Steuerüberwälzung lassen sich *direkte Steuern* so definieren, daß bei ihnen eine Identität von Steuerzahler und Steuerdestinatar gegeben ist (z. B. bei der Einkommensteuer), andernfalls handelt es sich um *indirekte Steuern* (z. B. die Mehrwertsteuer). Weiter lassen sich Steuern nach dem Zweck einteilen in solche, die fiskalischen Zwecken dienen *(Finanzsteuern),* und solche, die mit dem Ziel erhoben werden, ein bestimmtes Verhalten der Besteuerten hervorzurufen, das aus ordnungspolitischen Erwägungen heraus erwünscht ist *(Ordnungssteuern).* Nach den unterschiedlichen Erhebungsberechtigten gemäß der Finanzverfassung unterteilt man Steuern in Bundes-, Landes- und Gemeindesteuern. Nach dem Steuergegenstand läßt sich vor allem eine Einteilung in Besitz-, Verkehr- und Verbrauchsteuern vornehmen. Schließlich wird nach der Ermittlung der Steuerschuld unterschieden in Steuern, bei denen die persönlichen Verhältnisse des Steuerpflichtigen (z. B. Familienstand bei der Lohnsteuer) berücksichtigt werden *(Personensteuern* bzw. *Personalsteuern)* und in Steuern, bei denen die Ermittlung der Steuerschuld nur nach objektiven Gesichtspunkten an einen Gegenstand oder Sachverhalt (z. B. bei der Hundesteuer) geknüpft ist *(Real-, Objektsteuer).* Steuern mit geringem Aufkommen werden zusammenfassend als *Bagatellsteuern* bezeichnet.

Steueroase ↑Steuerflucht.

Steuerpacht: Übertragung der Steuererhebung an Privatpersonen (Generalpächter); verpachtet wurden vor allem indirekte Steuern (z. B. Salzsteuer), aber auch Zölle gegen Zahlung einer Pachtsumme an den Steuergläubiger. Die bereits im römischen Reich bekannte Steuerpacht erlangte besondere Bedeutung im Mittelalter, als sie der schnellen Finanzierung fürstlicher Vorhaben (z. B. Feldzüge) diente und vor allem in Frankreich, wo sie bis 1790 bestand und Ursache zahlreicher Mißstände war.

Steuerpflicht: die bereits mit Geburt einer Person, unabhängig davon, ob im Einzelfall eine konkrete Steuerschuld entstanden ist, entstehende Verpflichtung, Steuern und Abgaben zu entrichten.

Steuerpolitik: Gesamtheit der Maßnahmen der Finanzpolitik auf dem steuerlichen Sektor: 1. Bereitstellung der für den Staat benötigten Mittel nach dem ökonomischen Prinzip; 2. Besteuerung nach der Leistungsfähigkeit; 3. konjunktur- und verteilungspolitische Beeinflussung des Wirtschaftsablaufs. Von besonderer Bedeutung sind heute die konjunkturelle und die verteilungspolitische Einflußnahme durch die Steuerpolitik. Durch Senkung (Erhöhung) einzelner Steuern kann die Konjunktur angeregt (gedämpft) werden. Durch Gewährung steuerlicher Vorteile für besondere Gruppen (z. B. Steuerbefreiung für das Sparen niedriger Einkommensschichten zwecks Vermögensbildung, überproportionale Steuerprogression bei hohen Einkommen) entsteht ein Einkommensumverteilungsprozeß.

Steuerprogression ↑Einkommensteuer.

Stichtagsinventur ↑Inventur.

Stichtagsliquidität ↑Liquidität.

Stiftung: ein Sondervermögen, das gemäß dem Willen eines Stifters selbständig verwaltet und zur Förderung eines bestimmtes Zweckes verwendet wird; auch Bezeichnung für den Vorgang der Widmung des Vermögens zu diesem Zweck. Man unterscheidet selbständige, nämlich als solche rechtsfähige, und unselbständige Stiftungen, und unter den ersteren wiederum privatrechtliche **Stiftungen des bürgerlichen Rechts** und öffentlich-rechtliche **Stiftungen des öffentlichen Rechts.** Die rechtsfähige private Stiftung entsteht durch einen rechtsgeschäftlichen Akt des Stifters, das Stiftungsgeschäft, und die nach freiem Ermessen zu erteilende staatliche Genehmigung. Sie untersteht zudem einer weitgehenden Rechtsaufsicht des Staates. Das zumeist einseitige, auch von Todes wegen (Testament, Erbvertrag) mögliche Stiftungsgeschäft muß Bestimmungen über den Zweck der Stiftung, die Bestellung des Vorstands und die Art der Zuwendung treffen und kann Regelungen über weitere Organe (Beirat, Kuratorium), Sitz, Verwaltung, Begünstigte (Destinatäre), Aufhebung usw. enthalten.

stille Gesellschaft: Beteiligung einer natürlichen oder juristischen Person am Handelsgewerbe eines anderen mit einer Vermögenseinlage. Die Vermögenseinlage geht in das Vermögen des Inhabers des Handelsgewerbes über, der stille Gesellschafter wird dafür am Gewinn beteiligt. Nach außen tritt die stille Gesellschaft nicht in Erscheinung; die Inhaber bleiben allein berechtigt und verpflichtet.

Bei der *typischen* stillen Gesellschaft hat der stille Gesellschafter an den während der Zeit seiner Beteiligung gebildeten stillen Rücklagen keinen Anteil; bei Auflösung des Beteiligungsverhältnisses erhält er seine Einlage nominell wieder zurück.

Bei der *atypischen* stillen Gesellschaft ist der stille Gesellschafter in schuldrechtlicher Form am Gesamtvermögen des Handelsgewerbes beteiligt. Bei der Auflösung oder einer Auseinandersetzung ist er daher so gestellt, als sei er am Gesamtvermögen beteiligt.

Der stille Gesellschafter kann eine Abschrift der Jahresbilanz verlangen und deren Richtigkeit durch Einsehen der Bücher prüfen.

Stimmrecht ↑Aktie.

Stoffeinzelkosten ↑Fertigungsmaterialkosten.

stornieren [zu italienisch storno „Ablenkung“]: einen Auftrag rückgängig machen. Stornierung ist rechtlich die (einvernehmliche) Aufhebung eines Vertrags.

Stornobuchung (Storno): Aufhebung einer unrichtigen Buchung durch Einsetzen des Betrages auf der Gegenseite des Kontos. Eine unrichtige Buchung darf nicht durch Streichung oder Ausradieren unleserlich gemacht werden (§ 43 Abs. 2 HGB).

Strafrecht: umfaßt die Rechtsnormen, die das mit Strafe bedrohte Verhalten kennzeichnen und als Rechtsfolge Strafe oder Maßregeln der Sicherung und Besserung anordnen. Den Kernbereich dieses sogenannten materiellen Strafrechts regelt das Strafgesetzbuch. Strafrechtsvorschriften enthalten unter anderem auch das Jugendgerichtsgesetz, das Wehrstraf- und das Wirtschaftsstrafgesetz. Zum Strafrecht im formellen Sinn gehören auch die Normen, die den Ablauf des Strafverhaltens (Strafprozeß) regeln. Aufgabe des Strafrechts ist es, Rechte und Interessen des einzelnen und der Allgemeinheit zu schützen. Dies geschieht durch die Androhung von Strafe, ihre Verhängung und schließlich ihre Vollstreckung. Da das Strafrecht durch den Einsatz des härtesten staatlichen Reaktionsmittels, der Strafe, Rechtsgüter des Betroffenen (wie persönliche Freiheit) beeinträchtigt, kommt es nur dort in Betracht, wo mit Mitteln des bürgerlichen und öffentlichen Rechts allein ein geordnetes Zusammenleben nicht mehr gewährleistet werden kann.

Streckenhandel (Streckengeschäft, Distanzgeschäft): Handel mit Waren unter Ausschaltung der Lagerhaltungsfunktion. Güter werden zwar im eigenen Namen und für eigene Rechnung gekauft, aber sofort, ohne daß das eigene Lager berührt wird, an den Kunden weitergeleitet. Der Streckenhandel ist ein typisches Geschäft der Einkaufsvereinigungen; daneben wird er von Produktionsbetrieben zwecks Ausschaltung des Großhandels betrieben.

Streifbanddepot [...dɛpo:] ↑Depot.

Streik [aus englisch strike, zu englisch to strike „streiken", eigentlich „streichen, schlagen; abbrechen"]: allgemein die zeitweilige Verweigerung eines geschuldeten oder üblichen Verhaltens als Mittel zur Durchsetzung einer Forderung oder als Ausdruck eines Protests (Hungerstreik von Gefängnisinsassen; Sitzstreik zur Blockade des Verkehrs oder eines Eingangs). Im engeren Sinn (im Arbeitsrecht) ist Streik als Form des Arbeitskampfes die vorübergehende, kollektive Arbeitsniederlegung (Ausstand) von Arbeitnehmern zur Durchsetzung geforderter Arbeits- und Wirtschaftsbedingungen (z. B. Entlohnung, Arbeitszeit).

Ausübung und Grenzen des Streikrechts im arbeitsrechtlichen Sinn sind gesetzlich nicht festgelegt; das Bundesarbeitsgericht hat jedoch grundlegende Regeln in Entscheidungen entwickelt. Danach ist ein Streik nur zulässig, wenn er von einer tariffähigen Vereinigung (z. B. einer Gewerkschaft) durchgeführt wird, ein durch Tarifvertrag regelbares Ziel verfolgt, nicht gegen die Friedenspflicht verstößt und den Gegner nicht unangemessen schädigt (Gebot der Verhältnismäßigkeit). Entscheidender Ausgangspunkt der Rechtslage ist, daß der Streik auf den Abschluß eines Tarifvertrages zielen muß. Unzulässig ist die spontane oder geplante Arbeitsniederlegung, die unmittelbar von den Arbeitnehmern ausgeht *(wilder Streik);* der „wild" begonnene Streik kann jedoch von einer Gewerkschaft übernommen und dadurch rechtens werden. Am Streik dürfen sich auch Arbeitnehmer beteiligen, die einer anderen oder keiner Gewerkschaft angehören, nicht aber die Auszubildenden. Kein Streikrecht haben nach vorherrschender (jedoch umstrittener) Meinung Richter und Beamte im öffentlichen Dienst. Streikgegner ist, wenn ein Tarifvertrag mit einem Arbeitgeberverband angestrebt wird, jedes Verbandsmitglied; nicht organisierte Arbeitgeber sind selbst tariffähig und darum bestreikbar. Zur Unterstützung des Streiks einer anderen Gewerkschaft dürfen auch unbeteiligte Arbeitgeber bestreikt werden *(Sympathiestreik).* Da während der Geltungsdauer eines Tarifvertrags für die Vertragspartner die Friedenspflicht besteht, darf erst nach Vertragsende das Streikverfahren eingeleitet werden. Es richtet sich nach der Satzung der Gewerkschaft, üblicherweise sieht sie zunächst die Urabstimmung der betroffenen Gewerkschaftsmitglieder über den Streik vor. Der Aufruf zur Urabstimmung darf erst ergehen, wenn die Wege für eine gütliche Einigung ausgeschöpft und die Verhandlungen für gescheitert erklärt sind; zu deren Unterstützung sind kurze *Warnstreiks* (bis zu zwei Stunden) zulässig, ebenso *Proteststreiks* gegen Meinungsäußerungen der Gegenseite. Der Streik selbst kann befristet oder unbefristet ausgerufen werden, der Streikaufruf an alle Arbeitnehmer des Streikgegners oder nur gegen besonders wichtige Betriebe gerichtet sein **(Schwerpunktstreik).**

Gestreikt werden kann durch Fernbleiben von der Arbeit, durch untätiges Verweilen am Arbeitsplatz (Sitzstreik) oder durch Verringerung der Arbeitsgeschwindigkeit unter das geschuldete Maß *(Bummelstreik).*

Während des zulässigen Streiks ruhen die Arbeitsverhältnisse der Streikteilnehmer. Der Streikende hat keinen Anspruch auf Lohn oder Gehalt, auch nicht auf Arbeitslosengeld; Gewerkschaftsmitglieder erhalten Streikunterstützung von ihrer Gewerkschaft. Der bestreikte Arbeitgeber ist nach herrschender Meinung zur ↑Aussperrung berechtigt. Mit dem Inkrafttreten des neuen Tarifvertrags beginnt die ↑Friedenspflicht.

Der politische Streik oder die Lähmung des gesamten Wirtschaftslebens durch einen **Generalstreik,** um auf Entscheidungen der staatlichen Organe einzuwirken, sind in der Bundesrepublik Deutschland nur in Ausübung des Widerstandsrechts nach Art. 20 Abs. 4 GG gegen Angriffe auf die verfassungsmäßige Ordnung gestattet.

Streitwert: Wert des Streitgegenstandes im Zivilprozeß. Nach ihm richten sich die sachliche Zuständigkeit des Gerichts, die Zulässigkeit eines Rechtsmittels und die Höhe der Prozeßkosten.

Strukturkrise [zu lateinisch structura „Zusammenfügung, Ordnung, Bau" und griechisch krísis „Entscheidung; entscheidende Wende"]: Rückgang der Produktion und in der Regel auch der Beschäftigtenzahl in einem bestimmten Produktionszweig über einen längeren Zeitraum hinweg, der durch eine nachhaltige Verlagerung der Nachfrage auf andere Güter verursacht ist.

Strukturpolitik [lateinisch-griechisch]: die Gesamtheit der wirtschaftspolitischen Maßnahmen eines Staates zur Gestaltung der Strukturdaten einer Volkswirtschaft, als *regionale* Strukturpolitik, die durch Maßnahmen der Investitionsförderung die Ansiedlung von Industrien in Fördergebieten unterstützt, oder als *sektorale* Strukturpolitik, die durch Subventionen und Steuervergünstigungen bestimmte Wirtschaftszweige aus politischen Gründen erhält, Anpassungen an den Strukturwandel erleichtert oder bestimmte zukunftsträchtige Technologien und Wirtschaftszweige bewußt fördert.

Strukturwandel [lateinisch]: im Gegensatz zu Saison- und Konjunkturbewegungen langfristige und grundsätzliche Änderungen, denen die Struktur der Wirtschaft und der darin eingebettete aktuelle Wirtschaftsprozeß unterliegen.

Stückgut: *im Eisenbahnverkehr* Frachtgut (oft als Expreßgut), das in Einzelverpackung (Pakete, Kisten,

Fässer, Ballen) versandt wird, im Gegensatz zur ↑Wagenladung; *im Seefrachtgeschäft* im Linienverkehr auf der Grundlage eines Stückgüterfrachtvertrages befördertes Gut.

Stückkauf ↑Kauf.

Stückkosten (Einheitskosten): die auf die betriebliche Leistungseinheit bezogenen Kosten; Gegensatz: ↑Gesamtkosten.

Stückkurs ↑Kurs.

Stückliste: von der Arbeitsvorbereitung erstelltes Organisationshilfsmittel, aus dem alle Einzelteile eines Fertigungsauftrages hervorgehen. Aus der *Gesamtstückliste* (*Konstruktionsstückliste,* eine in Tabellenform gebrachte Konstruktionszeichnung) können mehrere Stücklisten entwickelt werden: Die *Fertigungsstückliste* enthält alle selbst herzustellenden Einzelteile und ist Grundlage für die Fertigungsplanung. Aus der *Lagerstückliste* gehen die Teile hervor, die im Fertigteilelager zwischengelagert sind. Die *Fremdbedarfs-* oder *Beschaffungsstückliste* verzeichnet alle durch den Einkauf zu beschaffenden Teile und Materialien. Die *Teilebereitstellungsliste* ist ein Verzeichnis aller für den Zusammenbau erforderlichen Teile.

Stücklohn ↑Akkordarbeit.

Stückzinsen: der Betrag, den der Käufer eines festverzinslichen Wertpapiers dem Verkäufer als Zinsausgleich für die Zeit zwischen dem letzten Zinstermin und dem Tag des Geschäftsabschlusses zu bezahlen hat.

Stützungskäufe: im weiteren Sinn alle Käufe, die der Aufrechterhaltung einer bestimmten Preishöhe dienen; Stützungskäufe im engeren Sinn werden von Banken bzw. von der Zentralbank unternommen, um das weitere Fallen des Devisenkurses zu verhindern.

subjektives Recht: rechtliche Macht, die einer Rechtsperson von der Rechtsordnung eingeräumt ist und von ihr zum Schutz ihrer Interessen nach Belieben eingesetzt werden kann (im Unterschied zum **objektiven Recht** als dem Inbegriff rechtlicher Normen). Das subjektive Recht ist regelmäßig mit der Befugnis verbunden, es gegebenenfalls durch gerichtliche Klage geltend zu machen; der Eingriff in den durch ein subjektives Recht geschützten Bereich kann z. B. zu Schadenersatzansprüchen des Berechtigten führen.

Submissionskartell ↑Kartell.

Subsidiaritätsprinzip [von lateinisch subsidiarius „zur Hilfe dienend"]: Prinzip, wonach jede gesellschaftliche und staatliche Tätigkeit ihrem Wesen nach „subsidiär" (= unterstützend und ersatzweise eintretend) sei, die höhere staatliche oder gesellschaftliche Einheit also nur dann helfend tätig werden und Funktionen der niederen Einheiten an sich ziehen darf, wenn deren Kräfte nicht ausreichen, diese Funktionen wahrzunehmen. Das Subsidiaritätsprinzip wird vor allem von der katholischen Soziallehre als Ordnungsprinzip für das Verhältnis Individuum (Familie) – Gesellschaft – Staat und für dessen inneren Aufbau empfohlen. Inwieweit das Subsidiaritätsprinzip unserer Verfassungsordnung zugrundeliegt, ist umstritten.

Substanzerhaltung ↑(substantielle) Kapitalerhaltung.

Substanzsteuern: Steuern, die direkt auf einen Vermögensteil gelegt werden, also nicht den Ertrag erfassen, sondern dessen Grundlagen, z. B. ↑Grundsteuer, ↑Gewerbesteuer aus Gewerbekapital.

Substanzwert (Reproduktionswert): Wert eines Unternehmens (oder auch eines einzelnen Vermögensteils), ermittelt durch Bewertung des Vermögens und der Schulden zum Tageswert. Er gibt an, welcher Betrag aufgewendet werden müßte, um ein vergleichbares Unternehmen mit gleicher Leistungsfähigkeit zu errichten. Der Substanzwert spielt neben dem ↑Ertragswert eine Rolle bei der Ermittlung des Unternehmenswertes.

Substitution [von lateinisch substituere „austauschen, ersetzen“]: das Ersetzen von Gütern oder Produktionsfaktoren durch andere, die denselben Zweck erfüllen.

Subvention [von lateinisch subvenire „zu Hilfe kommen“]: Geldleistungen oder geldwerte Leistungen öffentlicher Körperschaften an privatwirtschaftliche Unternehmen oder an private Haushalte ohne unmittelbare marktmäßige Gegenleistung. Subventionen werden zur Erreichung bestimmter Ziele, wie Stützung von Produktion und Einkommen oder zur Beeinflussung der Marktpreise, hingegeben. Man unterscheidet zwischen Förderungs-, Anpassungs- und Erhaltungssubventionen. *Förderungssubventionen* werden z. B. zur Unterstützung von Unternehmensneugründungen gewährt, *Anpassungssubventionen* sollen die Umstellung von Betrieben an eine neue wirtschaftliche Lage erleichtern, *Erhaltungssubventionen* bestimmte wirtschaftliche Strukturen festigen, z. B. in der Landwirtschaft. – Subventionen können direkt als Geldzahlung („verlorener Zuschuß“, z. B. Investitionszuschüsse) oder indirekt als Steuerermäßigung oder Kredithilfe gegeben werden. Subventionen haben je nach der Art der Gewährung entweder die Wirkung einer Kostensenkung oder die einer Verkaufspreiserhöhung. Sie führen zu einer Verfälschung des Marktgeschehens und zu einer Fehllenkung der Produktionsmittel. Vielfach werden die angestrebten Ziele in der gewünschten Weise nicht erreicht.

Swapgeschäft [englisch swɔp; to swap „tauschen“]: im internationalen Devisentermingeschäft zeitweise sehr häufige Art der Kurssicherung, der kurzfristigen Geldanlage oder Kursspekulation, bei der eine Differenz zwischen Devisentermin- und Devisenkassakurs (Swap) ausgenutzt wird; die Differenz wird dabei als Swapsatz auf den Devisenkassakurs bezogen. Ist der Terminkurs höher als der Kassakurs, spricht man von Report (Agio, Aufschlag), im umgekehrten Fall von Deport (Disagio, Abschlag). Zur *Kurssicherung* wird ein Devisenkassakauf zugleich mit einem Devisenterminkauf (oder umgekehrt) durchgeführt. Beide Kurse werden beim Abschluß des ersten Geschäftes festgelegt. Zur *kurzfristigen Geldanlage* wird entweder ein vorhandenes Zinsgefälle in verschiedenen Ländern ausgenutzt, oder es wird ein Devisenleihgeschäft abgeschlossen, um vorhandene, aber momentan nicht benötigte Devisen nutzbringend für die gewünschte Zeit anzulegen. Der *Kursspekulation* dient ebenfalls ein Devisentermingeschäft, allerdings ohne zugrundeliegende Warenlieferung.

Swing [englisch „das Schwingen“]: Bezeichnung für den Kreditspielraum, den sich zwei Länder innerhalb eines bilateralen Zahlungsabkommens gegenseitig einräumen. Mit zunehmender Konvertierbarkeit der Währungen sind die Swingabkommen zurückgegangen. Ein Swingabkommen bestand im ↑innerdeutschen Handel.

Switchgeschäft [englisch swɪtʃ; to switch „umlenken“]: im Außenhandel betriebenes Im- oder Exportgeschäft, das nicht unmittelbar mit dem Empfangsland getätigt, sondern über ein drittes Land geleitet wird. Bei Switchgeschäften ziehen Kursdifferenzen zwischen harten (frei konvertierbaren) und weichen Währungen den Güterstrom zum Transiteur, der dann zwischen harter und weicher Währung das Switchgeschäft tätigt.

Syndikat [französisch und englisch-amerikanisch zu griechisch sýndikos „Vertreter (einer Gemeinde vor Gericht)“]: als straffste Form des ↑Kartells ein Unternehmenszusammenschluß, bei dem die unmittelbare Beziehung zwischen dem einzelnen Unternehmen und dem Verbraucher durch eine gemeinsame Verkaufsorganisation aller zusammengeschlossenen Unternehmen ersetzt ist. Diese Verkaufsorganisation verfügt über eine eigene Rechtspersönlichkeit (oft eine GmbH) und ist als Verkaufs- und Abrechnungsstelle des Syndikats tätig. Die mit einem Syndikat verbundene monopolistische Machtkonzentration widerspricht dem marktwirtschaftlichen Prinzip des konkurrierenden Handelns. Sie schädigt Verbraucherinteressen durch Abgabe von Waren zu überhöhten Preisen in einer vom Syndikat bestimmten Menge. Syndikate sind daher in der Bundesrepublik Deutschland nur erlaubt, wenn die angestrebte Rationalisierung im allgemeinen Interesse liegt und anders nicht erreicht werden kann. Wie das Kartell unterliegt das Syndikat dem Gesetz gegen Beschränkung des Wettbewerbs.

Systeme vorbestimmter Zeiten (SvZ): auf Bewegungen bei der Arbeit basierende und diesen zugeordnete Verfahren zur Arbeitsmethodenrationalisierung und Vorgabezeitermittlung. Sie sind auf Zeitwerten aufgebaut und werden durch Bewegungsstudien gewonnen. Dabei berücksichtigen die Zeitwerte Einflußfaktoren des Bewegungsablaufs, wie z. B. Bewegungslänge, Genauigkeitsanforderungen, Kraftaufwand. Der Anwendungsbereich verlagert sich immer mehr auf die Arbeitsgestaltung. Die Verfahren lassen sich allerdings nur für manuelle Tätigkeiten verwenden, wobei sowohl die Analyse ausgeführter wird als auch die Synthese geplanter Arbeiten möglich ist.

T

T: Kurszusatz, ↑Taxkurs.

Tafelgeschäft (Schaltergeschäft): Wertpapier- oder Devisengeschäft, das nicht über ein Konto des Kunden, sondern am Schalter der Bank gegen Barzahlung Zug-um-Zug abgewickelt wird.

Tageskurs: Kurs des Ausführungstages beim Kauf oder Verkauf von Wertpapieren.

Tageswert ↑gemeiner Wert.

Talon [französisch ta'lõ] ↑Bogen.

Tantieme [tã ..., tan ...; französisch; zu französisch tant „so (undso)-viel“]: Anteil von Vorstands- und Aufsichtsratsmitgliedern einer Aktiengesellschaft am Gewinn. Kann gewährt werden aufgrund der Satzung, des Anstellungsvertrags oder eines Beschlusses der Hauptversammlung.

Tara [italienisch, zu arabisch tarh „Abzug (für die Verpackung)“]: Gewicht der (für den Versand der Ware benötigten) Verpackung oder die Verpackung selbst. Bruttogewicht minus Tara ergibt Nettogewicht.

Tarif [italienisch-französisch, zu arabisch tarif „Bekanntmachung“]: Verzeichnis für Preis- bzw. Gebührensätze für bestimmte Lieferungen und Leistungen, z. B. Eisenbahn-, Zoll-, Lohntarif.

Tarifautonomie: Recht der tariffähigen Parteien, Gewerkschaften und Arbeitgeber bzw. Arbeitgeberverbände, Arbeitsbedingungen in eigener Zuständigkeit und Verantwortung unabhängig vom Staat zu regeln (↑Tarifvertrag). Das Grundgesetz enthält im Artikel 9 den Schutz der Tarifautonomie (Koalitionsfreiheit). Die Tarifautonomie ist damit eine der zentralen Einrichtungen zur kollektiven Regelung des Konflikts zwischen Arbeitnehmern und Arbeitgebern in einer pluralistischen Gesellschaft. Die Tarifautonomie setzt handlungs- und kompromißfähige Tarifparteien voraus, d. h. Organisationen, die ihre Existenz trotz ihres Konflikts gegenseitig anerkennen, gemeinsame Regeln für ihre Verhandlungen ausbilden und im ei-

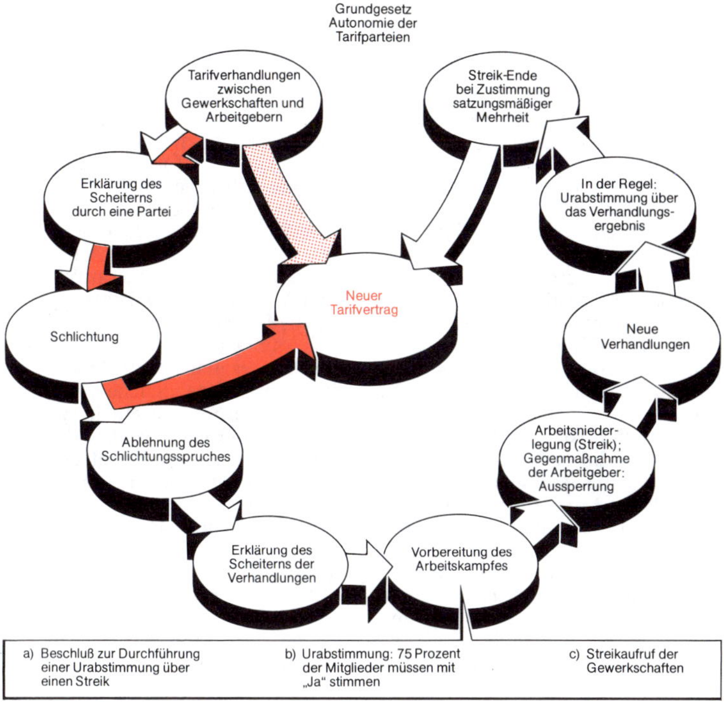

Tarifvertrag. Die drei Wege, auf denen ein neuer Tarifvertrag zustandekommen kann

genen Bereich ihre Mitglieder auf die Tarifabschlüsse verpflichten können.

Tarifkonkurrenz: Konkurrenz zwischen zwei oder mehreren Tarifverträgen in bezug auf ein Arbeitsverhältnis. Die Tarifkonkurrenz setzt voraus, daß ein Arbeitsverhältnis in den Geltungsbereich mehrerer Tarifverträge derselben Tarifparteien fällt. Zur Vermeidung der Tarifkonkurrenz muß ermittelt werden, welcher Tarifvertrag nach dem Vertragswillen Vorrang haben soll.

Tarifparteien: die zum Abschluß eines ↑Tarifvertrags fähigen Zusammenschlüsse von Arbeitgebern (↑Arbeitgeberverbände) und Arbeitnehmern (↑Gewerkschaften).

Tarifregister: beim Bundesminister für Arbeit und Sozialordnung geführtes Register, in das Abschluß, Änderung und Aufhebung von Tarifverträgen sowie Allgemeinverbindlichkeitserklärungen eingetragen werden.

Tarifvertrag: schriftlicher Vertrag zwischen Tarifparteien zur Festlegung von Arbeits- und Wirtschaftsbedingungen, der als *Gesamtvereinbarung* zum kollektiven Arbeitsrecht gehört. Dabei sind Tarifparteien auf Arbeitnehmerseite Gewerkschaften bzw. Zusammenschlüsse von Gewerkschaften, auf Arbeitgeberseite Arbeitgeberverbände oder (beim *Haustarif*) auch einzelne Arbeitgeber. Voraussetzung für die Tariffähigkeit einer Vereinigung ist, daß sie 1. ein privatrechtlicher Verein mit freiwilliger Mitgliedschaft ist; 2. ihre innere Ordnung demokratischen Grundsätzen entspricht; 3. sie vom Staat und vom tariflichen Gegenspieler unabhängig ist; 4. sie zum Hauptzweck hat, die Interessen ihrer Mitglieder im Arbeits- und Wirtschaftsleben zu fördern und hierfür Tarifverträge abzuschließen und mächtig genug ist, diesen Zweck wirksam zu verfolgen. Ein „Werkverein“ aus Arbeitnehmern eines einzigen Unternehmens kann folglich nur tariffähig sein, wenn es sich um ein Groß- oder Monopolunternehmen handelt (z. B. die Bundespost).

Gegenstand von Tarifverträgen ist vor allem die Höhe der Arbeitsentgelte, der sog. Tariflohn, für die verschiedenen Lohngruppen *(Entgelttarif),* die Beschreibung dieser Lohngruppen durch abstrakte Tätigkeitsmerkmale und/oder konkrete Tätigkeitsbeispiele, die Regelung sonstiger Arbeitsbedingungen wie Länge der Arbeitszeit, Umfang des Urlaubsanspruchs *(Manteltarif, Rahmentarif).* Die Bestimmungen in Tarifverträgen, die den Inhalt der einzelnen Arbeitsverhältnisse regeln *(Inhaltsnormen),* sind Mindestregelungen, von denen nur zugunsten der Arbeitnehmer abgewichen werden darf *(Günstigkeitsprinzip).*

Der *Geltungsbereich* des Tarifvertrags wird meist in den Tarifverträgen selbst feststellt. Der räumliche Geltungsbereich kann sich auf das Bundesgebiet oder ein oder mehrere Bundesländer erstrecken (Flächentarif), aber auch auf einen Ort beschränken. Für welche Arbeitnehmer ein Tarifvertrag gilt, hängt zunächst von der satzungsgemäßen Zuständigkeit der Tarifparteien ab, d. h. meistens entsprechend dem Industrieverbandsprinzip Geltung für einen bestimmten Wirtschaftszweig. Dabei sind jedoch weitere Einschränkungen auf bestimmte Gruppen von Arbeitnehmern möglich. Die zeitliche Geltungsdauer *(Laufzeit)* wird in der Regel im Tarifvertrag selbst geregelt. Sie beträgt beim Entgelttarif meist ein Jahr; bei anderen Tarifverträgen sind längere Laufzeiten üblich, so etwa bei Manteltarifvertrag zwischen zwei und sechs Jahren. – Tarifverträge gelten nur für Arbeitsverhältnisse, die mit einem tarifgebundenen Arbeitgeber abgeschlossen sind. Tarifgebunden ist ein Arbeitgeber, wenn er entweder selbst Partner eines Tarifvertrags oder Mitglied einer Tarifvertragspartei ist. Jedoch können Tarifverträge auf Antrag einer Tarifpartei durch den Bundesminister für Arbeit auch für nicht tarifgebundene Unternehmen für verbindlich erklärt werden **(Allgemeinverbindlichkeitserklärung),** wenn dies im öffentlichen Interesse liegt und die tarifgebundenen Unternehmen mindestens 50% der unter den Geltungsbereich des Tarifvertrags fallenden Arbeitnehmer beschäftigen.

Mit einem geltenden Tarifvertrag unabdingbar verbundene Pflichten für die Tarifvertragsparteien sind die Pflicht zur Durchführung des Tarifvertrags zur Einwirkung auf die Mitglieder der beteiligten Vereinigungen, sich vertragstreu zu verhalten, und zur Wahrung des Arbeitsfriedens **(Friedenspflicht),** d. h. zum Verzicht auf Arbeitskampfmaßnahmen zu Forderungen, deren Gegenstand in einem gültigen Tarifvertrag geregelt ist.

Tauschwirtschaft: eine alte Form menschlichen Wirtschaftens und Voraussetzung für Arbeitsteilung, berufliche Spezialisierung und damit auch technische Entwicklung. In der ursprünglichen Form, dem Naturaltausch, wurden von Jägern und Bauern Gebrauchsgüter (z. B. Felle und Getreide) getauscht. In der weiteren Entwicklung traten leicht transportierbare Güter mit hohem, allgemein anerkannten Wert (z. B. Edelmetalle) als zentrale Tauschmittel auf. Der Brauch, Edelmetalle zu Münzen mit festen, von der Prägestätte garantierten Werten und Gewichten zu schlagen, bezeichnet den Übergang zur Geldwirtschaft.

Taxkurs: geschätzter Kurs eines Wertpapiers. Liegen für ein bestimmtes Papier weder Kauf- noch Verkaufsaufträge vor, so daß sich kein Kurs nach Angebot und Nachfrage bilden läßt, so wird der Kurs geschätzt *(taxiert)*. Im Kursblatt steht dann der Kurszusatz „T".

Taylorismus ['tɛɪlə... englisch]: von dem amerikanischen Ingenieur F. W. Taylor (* 1856, † 1915) entwickelte Methode der ↑Rationalisierung, die auf Untersuchungen über Bewegungsabläufe bei einzelnen Arbeitsvorgängen beruht. Überflüssige Bewegungen und versteckte Pausen sollen dabei durch eine optimale Organisation des Arbeitsablaufprozesses vermieden werden.

technischer Fortschritt: die Verbesserung der Technik und technischen Verfahren, die sich niederschlägt in neuen Produktionsverfahren, Organisationstechniken und neuen Produkten (↑auch Innovation).

Unter wirtschaftlichem Aspekt bedeutet technischer Fortschritt in Form von Produktivitätssteigerungen eine Änderung der bisher als effizient erkannten Beziehungen zwischen den eingesetzten Produktionsfaktoren und der damit erzielbaren Produktion. Die davon betroffene Produktionsweise ändert sich so, daß nunmehr die gleiche Ausbringung mit geringeren Faktormengen bzw. daß mit den gleichen Faktormengen eine größere Produktmenge erzielbar ist. Wirkt der technische Fortschritt dabei wie eine Vermehrung der beiden Faktoren Arbeit und Kapital, heißt er „neutral", wirkt er wie eine Vermehrung von Arbeit bzw. Kapital allein, heißt er „arbeits-" bzw. „kapitalsparend".

Als wesentliche Ursache von Wachstum und ↑Strukturwandel bewirkte und bewirkt technischer Fortschritt auch eine Freisetzung von Arbeitskräften. Einerseits verursachte (verursacht) dies Widerstand gegen technische Neuerungen, andererseits zunehmend öffentliche Diskussionen darüber, welche und welches Ausmaß des technischen Fortschritts anzustreben sei.

Technologietransfer: im ursprünglichen Sinne das Umsetzen von Erfindungen und neuem technischen Wissen in marktfähige Produkte. Heute versteht man darunter hauptsächlich die Zusammenarbeit von Hochschulforschung und Unternehmen in Technologieparks oder -fabriken, wobei die Gefahr nicht auszuschließen ist, daß sich Forschung zur Auftragsforschung hin entwickelt. Wird der Begriff Technologietransfer in der Entwicklungspolitik benutzt, bedeutet er dort, daß Industrieländer in Entwicklungsländern Fertigungskapazitäten aufbauen und ihre Patente und Lizenzen einbringen. Problematisch ist, daß die rentabler arbeitenden Maschinen die reichlich vorhandenen Arbeitskräfte verdrängen, und die neuen Technologien oft nicht auf die speziellen Bedürfnisse der Entwicklungsländer ausgerichtet sind.

Teilkostenrechnung: alle Verfahren der Kostenrechnung, die nur einen Teil der Kosten verrechnen, wie z. B. die ↑Deckungsbeitragsrechnung. Als Teilkostenrechnung wird auch eine unvollständige Selbstkostenrechnung bezeichnet, bei der ein Teil der Kosten im Gewinnzuschlag abgegolten wird.

Teillieferungskauf: Kauf einer großen Menge, um günstige Konditionen zu erreichen, und Lieferung in Teilmengen entweder auf Abruf oder zu einem fixen Termin (z. B. jeweils zum 10. eines Monats) oder in monatlichen Teilmengen.

Teilrente: die Möglichkeit, ab 1992 zum Zeitpunkt, ab dem die Altersrente beantragt werden kann, ein Drittel, die Hälfte oder zwei Drittel der Vollrente zu beziehen; je höher die Teilrente desto weniger darf hinzuverdient werden.

Teilschuldverschreibung: einzelne Stücke oder Anteile an einer Emission von Schuldverschreibungen. Im allgemeinen werden Schuldverschreibungen in Serien mit einem Gesamtbetrag von mehreren Millionen DM ausgegeben. Für den Verkauf wird diese Summe in viele Teilbeträge gestückelt, wobei die gebräuchlichsten Stückelungen 100, 500, 1 000, 5 000 und 10 000 DM sind. Der Käufer erwirbt ein verbrieftes Recht auf einen der Anlagesumme entsprechenden Emissionsteil.

Teilwert: steuerrechtlicher Begriff für den Betrag, den ein Erwerber des ganzen Unternehmens im Rahmen des Gesamtkaufpreises für das einzelne Wirtschaftsgut ansetzen würde. Im Gegensatz zum gemeinen Wert entspricht der Teilwert also nicht dem erzielbaren Veräußerungswert, sondern dem Wert des einzelnen Wirtschaftsguts im Rahmen des gesamten Unternehmens. Dieser Wert ist jedoch nur annäherungsweise zu ermitteln. In der Praxis wird der Teilwert häufig mit dem gemeinen Wert am Bilanzstichtag gleichgesetzt.

Teilwertabschreibung: die steuerliche ↑Abschreibung eines Wirtschaftsguts auf den Teilwert (↑Bewertung).

Teilzeitarbeit ↑Arbeitszeit.

Telebox: Dienst der Deutschen Bundespost, bei dem über das Telefon- oder Datex-Vermittlungsnetz in Datenspeichern der Deutschen Bundespost Nachrichten vom Absender eingespeichert und vom Empfänger abgerufen werden können.

Telebrief: Bezeichnung für einen Briefdienst, bei dem der Transport eines Briefes durch nachrichtentechnische Übermittlung über Fernsprechkabel oder [Satelliten]funk ersetzt wird. Das Telebriefsystem ermöglicht es Benutzern, die kein eigenes Fernkopiergerät besitzen, an öffentlichen Eingabegeräten *(elektronische Briefkästen)* ihre Briefe zur nachrichtentechnischen Übermittlung einzugeben. Das Eingabegerät wandelt die Schriftzeichen u. a. des Briefes photoelektronisch in elektr. Signale um, die übertragen werden. Am Zustellpostamt nimmt ein Ausgabegerät die ankommenden Signale auf und erstellt eine Kopie des Briefes, die wie ein herkömmlicher Brief zugestellt wird.

Telefaxdienst [aus Telefaksimile zu griechisch tẽle „fern“ und lateinisch-englisch fac simile „mache ähnlich“]: Fernkopierdienst der Deutschen Bundespost zur Übertragung von Zeichnungen, Bildern u. a. über das Fernsprechnetz.

Telefonhandel (Telefonverkehr): im außerbörslichen Freiverkehr zwischen den Kreditinstituten abgewickelter Handel. Es werden dabei insbesondere amtlich nicht notierte Effekten gehandelt.

Telegramm: telegrafisch übermittelte Nachricht, die dem Empfänger schriftlich durch Boten zugestellt oder durch Fernsprecher oder Fernschreiber an ihn weitergeleitet wird. Zur Verkürzung und Gebührensenkung ist die Verwendung von Telegrammadressen (Drahtanschrift; die Firma wird auf eine fünf Buchstaben umfassende Zeichengruppe verkürzt und dem Ort des Firmensitzes vorangestellt) und Verwendung von Codewörtern für häufig vorkommende Nachrichten möglich.

Telekommunikation: der Austausch von Informationen bzw. Nachrichten über größere Entfernungen mit Hilfe von Fernsprecher, Fernseh- bzw. Bildschirmgerät, Fernkopierer. Neben herkömmlichen Formen wie z. B. Fernsprechen, Fernschreiben, Fernsehen, gewinnen neue Formen der Telekommunikation in bestehenden Datennetzen an Bedeutung. Sie können mit geringem Aufwand (meist mit einem Zusatzgerät) eingeführt werden. Für die kabelgebundene Telekommunikation wurde von der Deutschen Bundespost Datenübertragungs- und Fernschreibnetz zum *integrierten Datennetz* zusammengefaßt und 1987 ein „diensteintegrierendes digitales Fernmeldenetz" eingerichtet, in dem über einen Anschluß alle Kommunikationsarten (z. B. Fernsprechen, Datenübertragung, Fernkopieren, Telemetrie, Telex [Bürofernschreiber], Bildschirmtext) einheitlich in digitaler Form abgewickelt werden können (ISDN-Netz; Abk. für englisch **i**ntegrated **s**ervices **d**igital **n**etwork).

Tendenzbetriebe (Tendenzunternehmen): Unternehmen und Betriebe, die unmittelbar und überwiegend 1. politischen, koalitionspolitischen, konfessionellen, karitativen, erzieherischen, wissenschaftlichen oder künstlerischen Bestimmungen oder 2. Zwecken der Berichterstattung oder Meinungsäußerung dienen (§ 118 Abs. 1 Betriebsverfassungsgesetz). Für Tendenzbetriebe ist die Anwendung des Betriebsverfassungsgesetzes eingeschränkt: Die Pflicht, einen Wirtschaftsausschuß zu bilden, entfällt; bei Betriebsänderungen (z. B. Stillegung oder Verlegung eines Betriebs) entfällt der Interessenausgleich. Wieweit dem Betriebsrat ein Mitspracherecht bei personellen Angelegenheiten solcher Arbeitnehmer zusteht, die den Tendenzcharakter des Betriebs durch ihre Arbeit verwirklichen **(Tendenzträger)**, ist umstritten. Der besondere Schutz für Tendenzbetriebe **(Tendenzschutz)** bezweckt die Sicherung des aus dem Grundrecht auf freie Meinungsäußerung abgeleiteten Rechts der Inhaber solcher Betriebe, die Tendenz frei zu bestimmen; die Mitbestimmungsrechte der Arbeitnehmer stehen demgegenüber zurück.

Terminal [englisch 'tə:mɪnl; zu englisch terminal „das Ende bildend"]: 1. im *Verkehrswesen* Bezeichnung für das Abfertigungsgebäude eines Flughafens für Fluggäste oder die Frachtabfertigungsanlage, die Umschlaganlage für Container in Häfen oder an Bahnanlagen, Be- und Entladeanlage für Tankschiffe.

2. In der *Datenverarbeitung* Bezeichnung für eine Datenstation aus Ein- und Ausgabegerät mit Datensichtgerät und Datenübertragungswerk. Ein *intelligentes Terminal* ist programmierbar und kann bestimmte Funktionen ausführen, die andernfalls der zentrale Computer übernehmen müßte.

Termineinlagen (befristete Einlagen): Einlagen bei Kreditinstituten mit festgelegter Laufzeit oder fester Kündigungsfrist. 1. **Festgelder:** Einlagen, die über einen festen Zeitraum unkündbar festgelegt sind und danach fällig werden; 2. **Kündigungsgelder:** Einlagen, die jederzeit mit einer festgelegten Kündigungsfrist rückzahlbar sind.

Termingeschäft: Bezeichnung für einen Geschäftsabschluß, bei dem die Vertragserfüllung zu einem späteren Zeitpunkt (zu bereits feststehenden Konditionen) vereinbart wird. In der Bundesrepublik Deutschland wird das Termingeschäft hauptsächlich an den Waren- und Devisenbörsen betrieben, im Wertpapierhandel sind bestimmte Aktien zum Terminhandel an der Deutschen Terminbörse (seit 1990) zugelassen (Optionsgeschäfte). Gegensatz: ↑Lokogeschäft, ↑auch Option.

Terminkauf ↑Kauf.

Terminrechnung ↑mittlerer Verfalltag.

Terms of trade [englisch 'tə:mz əv 'trɛɪd „Handelsbedingung"] (Austauschverhältnisse): das Austauschverhältnis zwischen den Import- und Exportgütern eines Landes, in ihrer einfachsten Form berechnet als Verhältnis zwischen den (gewichteten) Preisindizes für Einfuhr- und Ausfuhrgüter oder als Mengenverhältnis zwischen bestimmten Gütern.

tertiärer Sektor ↑Dienstleistungen.

Testament [lateinisch]: im Erbrecht die einseitige, frei widerrufliche Willenserklärung des Erblassers, mit dem er den Erben abweichend von der gesetzlichen Erbfolge bestimmt (letztwillige Verfügung, einseitige Verfügung von Todes wegen). Die Freiheit, nach Belieben einseitige Verfügungen zu treffen (Testierfreiheit), wird lediglich durch Pflichtteilsrechte, einen Erbvertrag oder ein gemeinschaftliches Testament beschränkt. Voraussetzung für ein gültiges Testament ist die Testierfähigkeit des Erblassers, die, beschränkt auf das öffentliche Testament, mit dem 16. Lebensjahr beginnt. Entmündigte sind nicht testierfähig. Der Erblasser muß das Testament stets persönlich errichten und darf sich keines Vertreters bedienen.

Das *öffentliche Testament* wird durch mündliche Erklärung oder Übergabe einer Schrift zur Niederschrift eines Notars oder Richters errichtet. Der Erblasser soll im Testament außer der Verfügung angeben, zu welcher Zeit und an welchem Ort er es niedergeschrieben hat. Die Unterschrift soll den Vor- und Familiennamen des Erblassers enthalten.

Ein *gemeinschaftliches Testament* kann nur von Ehegatten errichtet werden und zwar als eigenhändiges Testament in der Weise, daß der eine Ehegatte das Testament schreibt und beide handschriftlich unterzeichnen. Es ist gegenseitiges Testament, wenn sich die Ehegatten gegenseitig zu Erben einsetzen: Die im gemeinschaftlichen Testament getroffenen Verfügungen sind wechselbezüglich, wenn mindestens ein Ehegatte seine Verfügung nur mit Rücksicht auf die Verfügung des anderen gemacht hat. Zu Lebzeiten der Ehegatten können sie nur dadurch einseitig widerrufen werden, daß dem anderen eine notariell beurkundete Widerrufserklärung zugeht. Nach dem Tod eines Ehegatten ist der Widerruf möglich, wenn der Überlebende die Erbschaft ausschlägt oder wenn sich der bedachte Dritte gegenüber dem überlebenden Ehegatten einer schweren Verfehlung schuldig gemacht hat.

Testat ↑Wirtschaftsprüfung.

Testmarkt: ein räumlich abgegrenzter Versuchsmarkt, der in seiner Bevölkerungs-, Handels-, Wettbewerbs- und Infrastruktur ein verkleinertes Abbild des Gesamtmarktes darstellt (repräsentativer Teilmarkt). Auf dem Testmarkt werden neue Produkte probeweise verkauft (mit Befragung und/oder Beobachtung der Käufer), um das Einführungsrisiko auf dem Gesamtmarkt kalkulierbar zu machen.

Textverarbeitung: alle Methoden und Verfahren zur rationalisierten Verarbeitung von Texten; sie umfaßt das Formulieren, Diktieren, Schreiben, Vervielfältigungen usw. bis zur Archivierung sowie die Organisation dieser Arbeiten. Moderne *Textverarbeitungssysteme* bestehen aus Schreibautomaten, Speicherschreibmaschinen oder Computern mit geeigneter Software, mit deren Hilfe die Textverarbeitung elektronisch erfolgt. Mehrfunktionssysteme sind Datenverarbeitungsanlagen, die für die allgemeine Datenverarbeitung sowie für die elektronische Textverarbeitung eingesetzt werden können. Oft wiederkehrende Formulierungen im Schriftgut werden als *Textbausteine* gespeichert und mit Hilfe der elektronischen Textverarbeitung zu individuellen Briefen zusammengefügt.

Theorie der komparativen Kosten: auf das von dem englischen Nationalökonomen D. Ricardo (* 1772, † 1823) formulierte „Gesetz der komparativen Kosten" zurückgehendes Konzept, nach dem im Außenhandel nicht die absoluten, sondern die relativen Kostenunterschiede maßgeblich sind. Die von Ricardo aufgestellte Theorie enthält zugleich die Forderung nach freien internationalen Handelsbeziehungen, da nur dann die Kostenvorteile, die mit einer Spezialisierung auf die in einem Land kostengünstig herzustellenden Güter einhergehen, tatsächlich entstehen.

Thesaurierung [zu griechisch thēsaurós „Schatz, Schatzhaus"]: Wiederanlage von Zinsen oder anderen Erträgen aus Wertpapieren in neuen Wertpapieren.

Tilgung: die regelmäßige Rückzahlung einer (langfristigen) Verbindlichkeit; die Tilgungsraten sind häufig in einem Tilgungsplan festgelegt. Die Tilgung kann regelmäßig in gleicher Höhe erfolgen (Abzahlungsdarlehen), regelmäßig in steigender Höhe (Annuitätendarlehen) oder auch einmalig am Ende der Laufzeit des Darlehens als Gesamtbetrag. Bei Wertpapieren kann die Tilgung durch ↑Auslosung erfolgen, wobei dann die ausgelosten Schuldverschreibungen zum Nennwert zurückgezahlt werden.

Tilgungsanleihe: Anleihe, die nach einem festen, bereits bei der Emission bekannten Tilgungsplan zurückgezahlt wird. Die Tilgung kann durch Auslosung oder Kündigung erfolgen.

Tilgungshypothek (Amortisationshypothek, Annuitätenhypothek): Hypothek, die durch gleichbleibende, aus Zins und Tilgung bestehende Jahresleistung (= Annuität) bis zur vollständigen Tilgung der Forderung zu zahlen ist. Die Jahresleistung errechnet sich als bestimmter Prozentsatz der ursprünglichen Forderung (z. B. 7% Zins + 1% Tilgung = 8% Annuität der ursprünglichen Forderung). Eine verwandte Form ist die **Abzahlungshypothek.**

Time-Lag [englisch 'taɪmlæg]: in der Wirtschaftstheorie die Bezeichnung für die zeitliche Verschiebung zwischen dem Eintreten eines ökonomischen Ereignisses und den daraus erwachsenden wirtschaftlichen Konsequenzen (Anpassung). Ein Time-Lag besteht z. B. zwischen den Marktpreisänderungen und der Reaktion der Anbieter auf diese Änderungen (↑Spinnwebtheorem) oder zwischen einer Zunahme des Sozialprodukts und der Reaktion der Unternehmen in Form erhöhter Investitionen. Time-Lags sind insbesondere auch in der Wirtschaftspolitik zu beachten: Vom Ergreifen der wirtschaftspolitischen Maßnahme bis zum Eintreten der gewünschten Wirkung vergehen unterschiedlich lange Zeiträume, in denen sich auch die Bedingungsfaktoren der Ausgangssituation verändern.

Tochtergesellschaft: eine von einer anderen Gesellschaft (Muttergesellschaft) durch Beteiligung abhängige Kapitalgesellschaft.

Tranche [französisch 'trã:ʃə, zu französisch trancher „abschneiden"]: Teilbetrag einer Wertpapieremission (insbesondere bei Anleihenemissionen), die aus markttechnischen Gründen in mehreren Teilen zur Zeichnung aufgelegt wird.

Transferzahlungen: Geldleistungen, die ein Empfänger ohne ökonomische Gegenleistung erhält. Sie stehen im Gegensatz zu Leistungseinkommen (z. B. Lohn, Zins). Nach dem Geber kann man staatliche und private Transferzahlungen unterscheiden. Staatliche Transferzahlungen können an private Haushalte wie auch an Unternehmen gezahlt werden. Häufig werden die von privaten Haushalten bezogenen Transferzahlungen auch als **Transfereinkommen (Sozialeinkommen)** bezeichnet. Verschiedentlich werden Transferzahlungen mit ↑Subventionen gleichgesetzt. Transfereinkommen besteht z. B. aus Leistungen der Kranken-, Unfall-, Renten- und Arbeitslosenversicherung, Ausbildungsbeihilfen, Kindergeld, Beamtenpensionen. Private Transferzahlungen sind u. a. karitative Leistungen der Kirchen, Leistungen der privaten Versicherungswirtschaft und Hilfeleistungen unter Verwandten. Durch Transferzahlungen wird eine Umverteilung des Einkommens bewirkt (↑Einkommensverteilung).

Transformationskurve: graphische Darstellung alternativer Gütermengenkombinationen, die sich bei gege-faktoren produzieren lassen. Das Mengenverhältnis, in dem die Produktion eines Gutes eingeschränkt werden muß, um zusätzlich eine Einheit eines anderen zu produzieren, ist die *Grenzrate der Transformation.*

Transithandel: Außenhandelsgeschäfte, bei denen Waren von Transithändlern, die ihren Sitz weder im Ursprungs- noch im Bestimmungsland der Güter haben, gekauft und weiterverkauft werden. Im Transit gehandelte Waren müssen das Land des Transithändlers berühren, andernfalls spricht man von Streckenhandel.

transitorische Posten: Aufwendungen und Erträge, die im laufenden Geschäftsjahr zu Ausgaben und Einnahmen geführt haben, wirtschaftlich jedoch das Folgejahr betreffen, müssen nach den Grundsätzen ordnungsgemäßer Buchführung im alten Jahr wieder ausgebucht werden. Zu Beginn des Folgejahres sind die abgegrenzten Beträge wieder auf die Erfolgskonten zurückzubuchen. – ↑auch Abgrenzung.

Transportkosten ↑Beförderungskosten.

Transportversicherung: deckt während des Transports entstandene Schäden an transportierten Sachen *(Kargoversicherung)* oder an Transportmitteln *(Kaskoversicherung).* Grundsätzlich werden durch die Transportversicherung alle während des Transports auftretenden Gefahren versichert *(Universalität der Gefahrdeckung),* häufig jedoch enthalten die jeweils ausgehandelten Versicherungsbedingungen Einschränkungen des Umfangs der Gefahrendeckung, z. B. Beschränkung auf die Gefahr des Totalverlustes der Ware oder Vereinbarung einer Obergrenze für die Schadenssumme.

Trassant [italienisch]: Aussteller eines ↑Wechsels.

Trassat [italienisch]: Bezogener oder Akzeptant eines ↑Wechsels.

Tratte [italienisch]: gezogener ↑Wechsel.

Travellerscheck ['trɛvələr; englisch 'trævlə] ↑Reisescheck.

Tresor [französisch, aus lateinisch thesaurus „Schatzkammer"]: großer, aus Stahlblech oder Panzerstahl hergestellter, oft mit Doppelwand und Betonzwischenschicht versehener und mit Sicherheitsschlössern und oft elektrischer Alarmanlage ausgestatteter Schrank oder Raum zur feuer- und diebstahlsicheren Aufbewahrung von Geld, Wertsachen, Datenträgern usw. Oft ist ein Teilbereich mit getrennt verschließbaren Fächern **(Safe)** ausgestattet (vor allem in Banken für Wertsachen der Kunden).

Treuepflicht: die sich aus dem Arbeitsverhältnis ergebenden, über den reinen Austausch von Arbeit gegen Vergütung hinausgehenden Verpflichtungen der Parteien des Arbeitsvertrages. Aus der Treuepflicht leiten sich die Fürsorgepflicht des Arbeitgebers und die Verpflichtung des Arbeitnehmers ab, sich für die Interessen des Arbeitgebers einzusetzen und alles zu unterlassen, was sich für diesen nachteilig auswirken könnte. Das Recht des Arbeitnehmers, seine eigenen Interessen im Rahmen der gesetzlichen Möglichkeiten zu verfolgen, bleibt davon unberührt. Die Treuepflicht beinhaltet: 1. die Verpflichtung, in dringenden Fällen mehr oder andere als die vertraglich vereinbarte Arbeit zu leisten; 2. ein Verbot, andere Beschäftigte, z. B. zur Eröffnung eines selbstständigen (Konkurrenz-)Unternehmens, abzuwerben; 3. die Verpflichtung zur Verschwiegenheit in betrieblichen und geschäftlichen Dingen während der Dauer des Arbeitsverhältnisses; 4. die Pflicht zur Mitteilung von bereits entstandenen oder drohenden Schäden, z. B. bei Betriebsstörung. Verletzungen der Treuepflicht können dem Arbeitgeber ein Recht auf (fristlose) Kündigung geben.

Treuhand: Ausübung oder Verwaltung fremder Rechte *(Treugut)* durch eine Person *(Treuhänder, Treunehmer)* im eigenen Namen, aber in schuldrechtlicher Bindung gegenüber demjenigen, dem die Rechte an sich zustehen *(Treugeber).* Kennzeichnend für Treuhandverhältnisse ist, daß dem Treuhänder nach außen mehr Befugnisse übertragen werden, als er im Verhältnis zum Treugeber ausüben darf. Die privatrechtliche Treuhand kann ausgestaltet sein als bloße Ermächtigungstreuhand, bei der dem Treuhänder das Treugut nicht übertragen, sondern nur die Befugnis eingeräumt wird, im eigenen Namen darüber zu verfügen. Häufiger ist aber die Vollrechtstreuhand, bei der der Treuhänder nach außen das volle Recht am Treugut erwirbt, ihm also die volle Rechtsstellung eines Eigentümers oder Inhabers von Forderungen verliehen wird. Die Treuhand kann den Interessen des Treuhänders dienen (*eigennützige Treuhand,* z. B. Sicherungsübereignung) oder denen des Treugebers (*fremdnützige Treuhand,* z. B. Verwaltungstreuhand).

Treuhandanstalt: eine Anstalt öffentlichen Rechts unter Aufsicht des Bundesministers der Finanzen (Sitz: Berlin). Sie wird von einem Vorstand mit einer Präsidentin geleitet. Laut Gesetz vom 17. Juni 1990 hat sie v. a. die Aufgabe, die ehemaligen über 8 000 ↑volkseigenen Betriebe und ↑Kombinate der DDR nach Möglichkeit in wettbewerbsfähige Unternehmen umzuwandeln und zu privatisieren, um dadurch möglichst viele Arbeitsplätze zu sichern. Die Treuhandanstalt unterhält zahlreiche Außenstellen, die in ihrem Bereich für marktwirtschaftliche Strukturen sorgen, die notwendigen Sanierungsschritte einleiten und nicht wettbewerbsfähige Betriebe stillegen sollen. Weiterhin beteiligt sie sich an den Trägergesellschaften für ↑Beschäftigungsgesellschaften.

Treuhandgeschäfte: entgeltliche Übernahme von Treuhandschaften, im Bankwesen insbesondere die Vermögens- und Erbschaftsverwaltung sowie die Testamentsvollstrekkung.

Treuhandkonto: von einem Treuhänder wegen eines Dritten unterhaltenes Bankkonto, z. B. Anderkonten der Rechtsanwälte, Notare und Wirtschaftsprüfer.

Treu und Glauben: allgemeiner Rechtsgrundsatz, nach dem der Rechtsanwender nicht ausschließlich nach abstrakt geltenden Normen (Gesetz, Verordnung), sondern unter Berücksichtigung der Umstände des Einzelfalles zu verfahren hat, und der an einem Rechtsverhältnis Beteiligte auch auf die berechtigten Interessen der anderen Beteiligten Rücksicht nehmen muß. Gesetzlich niedergelegt ist der Grundsatz in § 157 BGB für die Auslegung von Verträgen und in § 242 BGB für die Art der Erfüllung von Vertragspflichten, wo als weiterer Maßstab die Rücksicht auf die Verkehrssitte angeführt wird. Diesen Bestimmungen wird über ihren Wortlaut hinaus ganz allgemeine Bedeutung beigemessen. Der Hinweis auf Treu und Glauben birgt allerdings stets die Gefahr, durch Hintansetzung ausgeformter, überprüfbarer rechtlicher Argumente schwer kontrollierbare und unvorhersehbare Entscheidungen zu fördern, und steht damit in einem Spannungsverhältnis zum Gebot der Rechtssicherheit. Vom Grundsatz von Treu und Glauben zu unterscheiden ist die Nichtigkeit eines Rechtsgeschäftes aufgrund eines Verstoßes gegen die guten Sitten (Sittenwidrigkeit).

Trucksystem [englisch 'trʌk „Tausch(handel)“]: Entlohnung von Arbeitern durch Waren, besonders durch Lebens- und Genußmittel.

Trust [englisch 'trʌst; Kurzbezeichnung für englisch trust company „Treuhandgesellschaft“]: Unternehmenszusammenschluß unter einer Dachgesellschaft (Holdinggesellschaft), bei dem die einzelnen Unternehmen im Unterschied zum ↑Konzern meist ihre rechtliche und wirtschaftliche Unabhängigkeit verlieren.

Typenkauf ↑Kauf.

Typung (Typisierung): Festlegung bestimmter Maße und/oder Eigenschaften von Produkten zum Zweck einer rationellen Fertigung und Weiterverarbeitung.

U

Überbringerklausel ↑Scheck.
Überbringerscheck ↑Scheck.
Überkapazität: die Leistungsfähigkeit eines Unternehmens, die unter normalen Bedingungen nicht ausgenutzt werden kann. Überkapazitäten sind in den meisten Fällen eine Folge von Fehlinvestitionen und Kapitalfehlleitungen, die zum einen auf einer zu optimistischen Markteinschätzung, zum andern auf einer schlechten Konjunkturlage beruhen können. Überkapazitäten führen häufig zu Wettbewerbsbeschränkungen durch Absprache oder Kartellbildung.
über pari ↑pari.
Überproduktion: Herstellung von mehr Produkten, als der Markt aufzunehmen in der Lage ist. Da durch Überproduktion das Angebot größer als die Nachfrage ist, sinken normalerweise die Preise, was bei bewußter Überproduktion zu einer ruinösen Konkurrenz führen kann. Gewöhnlich erfolgen im Fall der Überproduktion Unternehmenszusammenschlüsse, meist in Form von Kartellen.
Überproduktionstheorien: auf K. Marx zurückgehende Theorien, die eine generelle Überproduktion in einer Volkswirtschaft für das Auftreten von Wirtschaftskrisen verantwortlich machen. Durch den ständig vermehrten Einsatz hochtechnisierter Produktionsmittel werden immer mehr Güter produziert und gleichzeitig immer mehr Arbeitskräfte freigesetzt. Die größere Menge der produzierten Güter kann aber – trotz der durch die Überproduktion sinkenden Preise – nicht abgesetzt werden, weil die geringe Anzahl der verbleibenden, schlecht entlohnten Arbeiter nicht die ausreichende Nachfrage entstehen läßt.
überproportionale Kosten ↑variable Kosten.
Überschuldung: liegt vor, wenn die Schulden eines Unternehmens das Vermögen übersteigen. Zur Feststellung der Überschuldung muß eine Überschuldungsbilanz erstellt werden, in der Vermögensgegenstände und Schulden mit dem Tageswert anzusetzen sind.

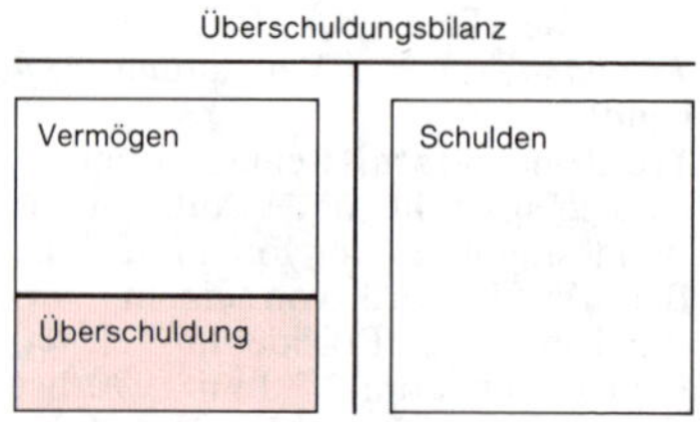

Überschuldung. Prinzip der Überschuldungsbilanz

Bei juristischen Personen ist Überschuldung Konkursgrund (↑Konkurs).
Überschußrechnung ↑Einnahmen- und Ausgabenrechnung.
Überweisung: Auftrag des Zahlungspflichtigen an sein Kreditinstitut/Postgiroamt, zu Lasten seines Girokontos dem genau bezeichneten (Giro-)Konto des Zahlungsempfängers einen bestimmten Betrag gutzuschreiben bzw. gutschreiben zu lassen.
Überweisungsverkehr: bargeldloser Zahlungsverkehr mittels Überweisung 1. durch Kontoübertrag innerhalb eines Kreditinstituts; 2. durch direkte Überweisung zwischen zwei Kreditinstituten, die untereinander Konten unterhalten (abrechnen); 3. durch indirekte Überweisung zwischen zwei Kreditinstituten, wobei dann eine Abrechnungs-

stelle (↑Abrechnung) zur Abwicklung eingeschaltet werden muß. Der Überweisungsverkehr ist auch zwischen den einzelnen ↑Gironetzen möglich.

Überziehungskredit: Kredit, der durch Überschreiten (= überziehen) des vereinbarten Maximalbetrags (Kreditlimits) des Kontokorrentkredits entsteht.

Ultimo [lateinisch „der Letzte"]: im Geldverkehr der letzte Tag, im Börsenverkehr der letzte Börsentag eines Monats.

Umfinanzierung: Form der Kapitalbeschaffung, die nicht das dem Betrieb zur Verfügung stehende Kapital erhöht. Unterschieden werden 1. Umwandlung von Fremdkapital in Eigenkapital, z. B. durch Aufnahme eines Darlehnsgebers als Anteilseigner; 2. Umwandlung von Eigenkapital in Fremdkapital, z. B. durch Ausscheiden eines Anteilseigners und Verbleib von dessen Kapitalanteil als Darlehen im Unternehmen; 3. Umwandlung kurzfristiger Verbindlichkeiten in langfristige Kredite; 4. Umwandlung offener Rücklagen in Grundkapital.

Umkehrwechsel: ↑Wechsel, den der Käufer einer Warensendung von seinem Lieferanten auf sich ziehen läßt, akzeptiert und bei seiner Bank diskontiert. Diese Wechselgutschrift verwendet der Käufer, um die Warenlieferung bar (mittels Scheck oder Überweisung) unter Abzug von Skonto zu bezahlen. Der Umkehrwechsel ist damit ein Finanzierungswechsel und nicht bundesbankfähig.

Umlaufvermögen: alle im Betrieb eingesetzten, auf der Aktivseite der Bilanz erscheinenden Vermögensgegenstände, die nur vorübergehend (im Gegensatz zum ↑Anlagevermögen) im Betrieb verbleiben und verwertet werden bzw. der finanziellen Abwicklung dienen. Dazu gehören die Vorräte, die Forderungen, sonstige Vermögensgegenstände, die Wertpapiere (soweit sie veräußert werden sollen bzw. der Liquiditätsreserve dienen; sonst gehören sie zum Anlagevermögen) und die Zahlungsmittel.

Umsatz: Wert der abgesetzten Erzeugniseinheiten und/oder der erbrachten Leistungen. Der Umsatz ist eine der wesentlichen betrieblichen Kennzahlen und von Bedeutung zur Ermittlung der Wirtschaftlichkeit, der Rentabilität und der Umschlagshäufigkeit. Der Umsatz wird auch als Merkmal der Betriebsgröße sowie zur Festlegung der Buchführungspflicht herangezogen.

Umsatzkostenverfahren: Verfahren der Erfolgsrechnung, bei dem dem gesamten Verkaufserlös die Kosten der in der Rechnungsperiode abgesetzten Erzeugnisse und Leistungen und nicht die Bruttoaufwendungen dieses Zeitraums gegenüberstehen. – ↑Gesamtkostenverfahren.

Umsatzrentabilität: Kennziffer zur Beurteilung der Ertragskraft eines Unternehmens. Sie drückt den Gewinn (vor Steuern) in Prozent des Umsatzes aus:

$$\text{Umsatzrentabilität} = \frac{\text{Gewinn} \times 100}{\text{Umsatz}}$$

Umsatzsteuer (Mehrwertssteuer): Steuer auf Lieferungen und sonstige Leistungen, die ein Unternehmen im Inland gegen Entgelt im Rahmen seines Unternehmens ausführt, auf den Eigenverbrauch und auf die Einfuhr von Gegenständen in das Zollgebiet *(Einfuhrumsatzsteuer).* Grundsätzlich wird somit der gesamte private und öffentliche Verbrauch von Gütern und Dienstleistungen erfaßt. Steuerpflichtig ist das Unternehmen, das einen Umsatz ausführt, Steuerträger der Endverbraucher, auf den die Umsatzsteuer abgewälzt wird. Sie ist daher eine indirekte Steuer. Das Steueraufkommen steht Bund und Ländern zu.

Die Umsatzsteuer ist so gestaltet, daß alle Waren und Dienstleistungen in gleicher Höhe steuerlich belastet sind, wenn sie zum Endverbraucher gelangen (gleicher Steuersatz vorausgesetzt), unabhängig von der Anzahl der durchlaufenen Wirtschaftsstufen. Das wird dadurch erreicht, daß das Unternehmen das Recht hat, von der von ihm geschuldeten Umsatzsteuer die entrichtete Einfuhrumsatzsteuer und die Steuerbeträge als **Vorsteuer** abzuziehen, die ihm andere Unternehmen für ihm erbrachte Lieferungen und Leistungen in Rechnung gestellt haben. Daraus ergibt sich: 1. jede Ware und Dienstleistung, die zu einem bestimmten Preis zum Endverbraucher gelangt, ist steuerlich gleich belastet, unabhängig von der Zahl der vorher durchlaufenen Wirtschaftsstufen; 2. bei jedem Umsatz ist nur die Umsatzsteuer aus dem geschaffenen Mehrwert abzuführen; 3. für das Unternehmen ist die Vorsteuer nur durchlaufender Posten; 4. die Steuer verbleibt erst dann endgültig beim Fiskus, wenn an den Endverbraucher veräußert wird. Bei Verderb oder Nichtverkauf einer Ware geht der Fiskus leer aus.

In der Praxis wird die Zahllast im Rahmen der monatlich bzw. vierteljährlich abzugebenden *Umsatzsteuervoranmeldung* ermittelt. Dabei wird die Differenz zwischen der Summe der in diesem Zeitraum insgesamt angefallenen Umsatzsteuerschuld und der Summe der abziehbaren Vorsteuer gebildet. Nach Abschluß des Kalenderjahres muß eine *Jahresumsatzsteuererklärung* abgegeben werden.

Der allgemeine *Umsatzsteuersatz* beträgt 1991 14%; für Lebensmittel, Personennahverkehr, Bücher, Zeitungen und Zeitschriften und Kunstgegenstände gilt der ermäßigte Steuersatz von 7%.

Umschlagshäufigkeit (Umschlagskoeffizient): gibt an, wie oft der durchschnittliche ↑Lagerbestand im Laufe eines Jahres umgesetzt wurde.

a) mengenmäßige Berechnung:

$$\text{Umschlagshäufigkeit} = \frac{\text{Warenabsatz}}{\text{durchschnittlicher Lagerbestand}}$$

b) wertmäßige Berechnung:

$$\text{Umschlagshäufigkeit} = \frac{\text{Wareneinsatz}}{\text{durchschnittlicher Lagerbestand}}$$

Dadurch läßt sich auch die durchschnittliche Lagerdauer **(Umschlagsdauer)** berechnen:

$$\text{Umschlagsdauer} = \frac{\text{360 Tage}}{\text{Umschlagshäufigkeit}}.$$

Umschuldung: 1. Umwandlung von kurzfristigen Krediten in langfristige; 2. Ablösung von Krediten durch neue Kredite, um dadurch günstigere Konditionen (aktueller niedriger Zinssatz) zu erreichen.

Umschulung: ↑berufliche Bildung.

Umtausch ↑Sachmängel.

Umwandlung: im Handelsrecht die Veränderung der Unternehmensform entweder als *formwechselnde Umwandlung* durch bloße Annahme einer anderen Rechtsform, so daß keine Vermögensübertragung stattfindet, oder als *übertragende Um-*

Umsatz	Warenwert	Geschaffener Mehrwert	Geschuldete Umsatzsteuer (14 %)	vom Käufer erstattet	Abzugsfähige Vorsteuer	abzuführende Zahllast
A an B	200,–	200,–	28,–	28,–	–	28,–
B an C	300,–	100,–	42,–	42,–	28,–	14,–
C an Endverbraucher	450,–	150,–	63,–	63,–	42,–	21,–
						63,–

wandlung durch Übertragung des Vermögens auf ein anderes Unternehmen als Gesamtrechtsnachfolger.

Umweltökonomie: neuer Zweig der Volkswirtschaftslehre, der sich um die Einbeziehung des Gutes Umweltqualität in die ökonomische Analyse bemüht. Die herkömmliche volkswirtschaftliche Sichtweise der natürlichen Umwelt als eines freien Gutes wird dabei in Frage gestellt. Üblicherweise werden die durch industrielle Produktion und die Nutzung der hergestellten Waren verursachten Schädigungen von Menschen und Umwelt als „externe Effekte" betrachtet, die volkswirtschaftliche Kosten verursachen, jedoch nicht in des betriebswirtschaftliche Kalkül des einzelnen Unternehmens eingehen (↑soziale Kosten). Daher spiegeln die Preise für umweltschädlich hergestellte Güter nicht die tatsächlich entstandenen volkswirtschaftlichen Kosten wider. Wenn man davon ausgeht, daß die Vermeidung von Umweltschäden weniger Produktionsfaktoren bindet, als deren nachträgliche Beseitigung, zeigt sich, daß die Produktionsfaktoren nicht dort eingesetzt sind, wo sie am effizientesten genutzt werden könnten. Insofern erfolgt keine optimale Allokation der volkswirtschaftlichen Ressourcen. Die Umweltökonomie bemüht sich um eine Bewertung der externen Effekte mit dem Ziel, ein Gleichgewicht zwischen Produktionsvolumen (bei gegebener Produktionstechnik) und Umweltbelastung (die ökonomisch optimale Umweltqualität) zu ermitteln. Hauptprobleme sind dabei die Erfassung der (häufig erst langfristig auftretenden) Umweltschäden, ihre monetäre Bewertung und die Ermittlung des jeweiligen Verursachers.

unbestellte Ware: vom Empfänger weder ausdrücklich noch stillschweigend verlangte Gegenstände. Wenn der Absender mit der Bequemlichkeit, geschäftlichen Unerfahrenheit oder Rechtsunkenntnis des Empfängers rechnet, fällt die Zusendung unter § 1 des Gesetzes gegen den unlauteren Wettbewerb (UWG).

Der Empfänger ist berechtigt, die Sendung zurückzuweisen. Wird sie angenommen, darf die Ware der Verpackung entnommen und besichtigt werden (Ansichtsendung). Die Zusendung ist gleichsam ein Antrag des Absenders, einen Kaufvertrag abzuschließen. Behält der Empfänger die Ware nicht, kann er den Absender auffordern, diese abzuholen oder sie aber auf Kosten des Absenders zurückschicken.

Wird die unbestellte Ware nicht zurückgeschickt oder bezahlt, sondern vor Verderb geschützt gelagert, so darf daraus nicht geschlossen werden, der Empfänger habe die Ware angenommen. Nur wenn nach ↑Treu und Glauben der Empfänger zu einer Nachricht verpflichtet ist (bei laufender Annahme unbestellter Waren der gleichen Firma), ist dies der Fall. Im Geschäftsverkehr kann bei bestehender Geschäftsverbindung Stillschweigen unter Umständen als Annahme gedeutet werden.

UNCTAD ↑Welthandelskonferenz.

und-Konto ↑oder-Konto.

Unfallschutz (Unfallverhütung): Gesamtheit der technischen und Ausbildungsmaßnahmen zur Verhütung von Unfällen. In Betrieben erfolgt der Unfallschutz im Rahmen des Arbeitsschutzes, ferner im Rahmen der gesetzlichen Unfallversicherung durch die technischen Aufsichtsbeamten der Berufsgenossenschaften und dic Beauftragten der Gewerbeaufsichtsämter. Zur Unterstützung der Berufsgenossenschaften haben Betriebe mit mehr als 20 Beschäftigten Sicherheitsbeauftragte zu bestellen.

Unfallverhütungsvorschriften: Abk. UVV, Mindestnormen für eine unfallsichere Einrichtung der Betriebe und Betriebsanlagen sowie ein unfallsicheres Verhalten. Nach der Reichsversicherungsordnung haben die Berufsgenossenschaften genehmigungspflichtige UVV über die

Maßnahmen zur Verhütung von Arbeitsunfällen zu erlassen und deren Einhaltung durch technische Aufsichtsbeamte zu überwachen. Nichteinhalten der UVV kann mit Geldbußen bis zu 20 000 DM geahndet werden. Bei allen Unfallverhütungsmaßnahmen ist der Betriebsrat mitbestimmungsberechtigt; er ist verpflichtet, sich für die Durchsetzung der UVV im Betrieb einzusetzen.

Unfallversicherung: als *Individual-Unfallversicherung* die Gewährung von Versicherungsschutz gegen die Folgen eines Unfalls. Die Unfallfolgen werden unterschieden in vorübergehende Arbeitsunfähigkeit, dauernde Arbeitsunfähigkeit, Invalidität und Tod. Ein Unfall in diesem Sinne liegt vor, wenn der Versicherte durch ein plötzlich von außen auf seinen Körper wirkendes Ereignis unfreiwillig eine Gesundheitsschädigung erleidet. Die *Leistungen* des Versicherers bestehen im Fall des Todes in der Zahlung der versicherten Todesfallsumme, im Fall der Vollinvalidität in der Zahlung der vollen für den Invaliditätsfall vereinbarten Summe, bei Teilinvalidität eines entsprechenden Anteils, im Fall einer vorübergehenden Beeinträchtigung der Arbeitsfähigkeit in der Zahlung von Tagegeld, bei vorübergehenden Gesundheitsschädigungen in der Übernahme der Kosten der ärztlichen Behandlung und des Heilverfahrens.

Von der Individual-Unfallversicherung zu unterscheiden ist die *gesetzliche Unfallversicherung* als Zweig der ↑Sozialversicherung. Versicherungspflicht besteht für alle aufgrund eines Arbeits-, Dienst- oder Ausbildungsverhältnisses Beschäftigten (auch für Kinder in Kindergärten, Schüler und Studenten), ausgenommen Beamte und Personen, für die beamtenrechtliche Unfallfürsorgevorschriften gelten. Die Mittel der gesetzlichen Unfallversicherung werden durch die Beiträge der Unternehmer aufgebracht, die versichert sind oder Versicherte beschäftigen. Die Leistungen bestehen vor allem in *Heilbehandlung* des Verletzten, in *Übergangsgeld* (entspricht dem Krankengeld), in *besonderer Unterstützung* (zum Ausgleich unbilliger Härten), in berufsfördernden Leistungen zur Rehabilitation *(Berufshilfe),* in *Verletztenrente* (bei Minderung der Erwerbsfähigkeit über die 13. Woche hinaus), in *Sterbegeld* und *Hinterbliebenenrente.*

ungerechtfertigte Bereicherung: wer ohne Rechtsgrund von einem anderen einen Vermögensvorteil erhält, ist ungerechtfertigt bereichert und hat die Bereicherung zurückzuerstatten, z. B. einen irrtümlich überwiesenen Geldbetrag.

UNIDO [englisch jʊˈnaɪdoʊ]: Abkürzung für **U**nited **N**ations **I**ndustrial **D**evelopment **O**rganization („Organisation für industrielle Entwicklung der Vereinten Nationen"), Unterorganisation der UN, Sitz Wien. Sie fördert die Industrialisierung in den Entwicklungsländern durch Studien über Industrieprojekte, technische Hilfe, Ausbildung von Fachkräften und die Finanzierung von Projekten.

unlauterer Wettbewerb: sittenwidriges, z. T. mit Strafe bedrohtes Verhalten im Geschäftsverkehr, geregelt im *Gesetz gegen den unlauteren Wettbewerb* (UWG) vom 7. Juni 1909. Wer im geschäftlichen Verkehr zu Zwecken des Wettbewerbs Handlungen vornimmt, die gegen die guten Sitten verstoßen, kann auf Unterlassung und Schadenersatz in Anspruch genommen werden. Gegen die guten Sitten verstoßen z. B. der wirtschaftliche Boykott, ruinöse Konkurrenz, insbesondere Preisschleuderei, die vergleichende Werbung, Kundenfang, Lockvogelwerbung, Anwendung von Zwang, Täuschung der Abnehmer, Chiffreanzeigen von Kaufleuten. Sondertatbestände des unlauteren Wettbewerbs sind z. B. die *Falschwerbung* durch wissentliche unwahre und irreführende Angaben, Verstöße gegen die Regeln des Ausverkaufs, Bestechung von Angestellten, Kreditschädigung durch Anschwärzung, Herbeiführung einer Firmenverwechslungsgefahr.

Unmöglichkeit der Leistung: im Schuldrecht ein Fall der Leistungsstörung bei Vertragsverhältnissen; die Leistung, zu der der Schuldner verpflichtet ist, kann entweder von ihm (*subjektive* Unmöglichkeit) oder von jedermann (*objektive* Unmöglichkeit) aus tatsächlichen oder rechtlichen Gründen nicht erbracht werden. Die *anfänglich ursprüngliche* Unmöglichkeit (Unmöglichkeit der Leistung bei Vertragsabschluß) für bei objektiver Unmöglichkeit der Leistung zur Nichtigkeit des Vertrages (eventuell hat der Schuldner Schadenersatz zu leisten); die subjektive Unmöglichkeit der Leistung hat der Schuldner stets insoweit zu vertreten, als er Schadenerstatz zu leisten hat. Bei *nachträglicher* Unmöglichkeit (nach Abschluß des Rechtsgeschäfts) wird der Schuldner von der Verpflichtung zur Leistung frei, sofern er die Unmöglichkeit der Leistung nicht zu vertreten hat, anderenfalls ist er schadenersatzpflichtig. Hat bei beiderseitigen Leistungsverpflichtungen keine der Parteien die Unmöglichkeit der Leistung zu vertreten, so wird der Schuldner frei und verliert den Anspruch auf die Gegenleistung. Bei vom Gläubiger zu vertretender Unmöglichkeit wird der Schuldner frei und behält den Anspruch auf die Gegenleistung.

Unpfändbarkeit ↑Pfändung.

Unterbilanz: Unterschiedsbetrag zwischen den Passivposten und den in der Bilanz ausgewiesenen, zu ihrer Deckung jedoch nicht ausreichenden Vermögenswerten.

Unterdeckung ↑Kostenüberdekkung.

Unternehmen (Unternehmung): die rechtliche und organisatorische Gestaltungseinheit der ↑Betriebe in marktwirtschaftlichen Wirtschaftssystemen, die sich aus der Zielsetzung des Unternehmens ergibt, langfristig das Gewinnmaximum durch Erstellen und Verwerten von Leistungen zu erreichen. In der Betriebswirtschaftslehre werden Unternehmen und Betrieb meistens dadurch unterschieden, daß das Unternehmen als rechtliche, finanzielle oder Verwaltungseinheit und der Betrieb als technische Einheit definiert wird. – Der steuerliche Begriff Unternehmen bezeichnet umfassender die gesamte gewerbliche und berufliche Tätigkeit des Unternehmers, sofern er sie selbständig ausübt.

Unternehmensergebnis ↑Gesamtergebnis.

Unternehmensform: die Rechtsform, unter der ein Unternehmen nach außen hin in Erscheinung tritt. Man unterscheidet Einzelunternehmen, Personalgesellschaften (KG, OHG), Kapitalgesellschaften (AG, GmbH, KGaA, bergrechtliche Gewerkschaft) und Genossenschaften. Beeinflußt wird die Wahl der Unternehmensform durch den Kapital- und Finanzierungsbedarf, steuerrechtliche Gründe sowie Möglichkeiten der Haftungsbeschränkung.

Unternehmensforschung ↑Operations-research.

Unternehmensführung ↑Management.

Unternehmensverträge: zusammenfassender Begriff des Aktienrechtes im Bereich des Konzernrechtes für Verträge, die unter anderem für Beherrschung, Gewinnabführung oder Gewinngemeinschaften regeln. Der Abschluß eines Unternehmensvertrages bedarf der Zustimmung einer Dreiviertelmehrheit des in der Hauptversammlung vertretenen Grundkapitals und der Eintragung in das Handelsregister.

Unternehmenswert: der Gesamtwert eines Unternehmens; er wird benötigt z. B. bei der Veräußerung des Unternehmens, der Aufnahme oder dem Ausscheiden von Gesellschaftern, Fusionen, dem Verkauf ganzer Aktienpakete usw. Dabei sind weder die Handels- noch die Steuerbilanz geeignete Grundlagen, da dort gewisse Unter- und Überbewertungen möglich sind (↑Bewertung) und immaterielle Wirtschaftsgüter wie z. B. Markenzeichen nicht berücksichtigt werden. Deshalb wurden verschiedene Verfahren zur Ermittlung des Unternehmenswertes entwickelt. Der ↑ Substanzwert wird unter Berücksichtigung des originären ↑ Firmenwerts berechnet. Die Ermittlung des ↑ Ertragswerts enthält oft viele Mutmaßungen. Deshalb wird der Unternehmenswert häufig durch Bildung eines Mittelwertes aus beiden Werten ermittelt.

Unternehmensziele: von der Unternehmensführung in einem Entscheidungsprozeß festgelegte Vorgaben für betriebliches Handeln. Die am häufigsten verfolgten Ziele sind Stärkung der Unternehmenssubstanz, Erhaltung oder Erweiterung des Marktanteils, Gewinnmaximierung, angemessene Eigenkapitalrentabilität. Unternehmensziele können einander ergänzen (Zielharmonie, **komplementäre Ziele**) oder miteinander konkurrieren (Zielkonkurrenz, **konkurrierende Ziele**). Komplementäre Ziele können z. B. Produktionssteigerung in Verbindung mit der Steigerung der Wirtschaftlichkeit sein; dagegen konkurrieren Ziele miteinander, wenn z. B. Arbeitnehmer trotz rückläufiger Verkaufszahlen weiterbeschäftigt werden sollen, so daß das Ziel der Gewinnmaximierung nicht zu realisieren ist. Um als Richtlinien wirksam sein zu können, müssen die Ziele *operationalisierbar formuliert* sein, d. h. die Zielvorgabe muß den Zielinhalt, das Zielausmaß und eine bestimmte Zeitvorgabe enthalten.

Unternehmenszusammenschluß: Zusammenschluß von Unternehmen auf vertraglicher Basis entweder zur Marktbeherrschung oder gegenseitigen wirtschaftlichen Unterstützung (Kartelle, Konzerne) oder zu besonderen Zwecken (Arbeitsgemeinschaft, Gemeinschaftsunternehmen). Die Selbständigkeit von beteiligten Unternehmen kann dabei wie bei der Fusion verlorengehen.

Unternehmer: derjenige, der selbständig oder eigenverantwortlich ein Unternehmen leitet und hierüber zu umfassenden Entscheidungen befugt ist. Der selbständige Unternehmer ist meist auch Eigenkapitalgeber im Unterschied zum angestellten Manager.

Unternehmereinkommen: die Summe von Unternehmergewinn, Unternehmerlohn und Zinsen auf das Eigenkapital, soweit der Unternehmer zugleich Kapitalgeber ist.

Unternehmerlohn: der kalkulatorische Arbeitslohn des Unternehmers als Entgelt für seine reine Arbeitsleistung, wie er sie auch in einer abhängigen und weisungsgebundenen Stellung mit vergleichbarer Tätigkeit erbringen würde.

unter pari ↑ pari.

unvollkommener Markt ↑ Marktformen.

Urabstimmung ↑ Streik.

Urheberrecht: schützt den Schöpfer von Werken der Literatur, Wissenschaft und Kunst in seinen geistigen und persönlichen Beziehungen zu seinem Werk und in der wirtschaftlichen Nutzung seines geistigen Eigentums. Geschützt sind insbesondere Sprachwerke, Werke der Tanzkunst und der Pantomime, der Baukunst, Filme, wissenschaftliche und technische Zeichnungen; Übersetzungen sowie die Zusammenstellung von Sammelwerken, wenn sie eine persönliche geistige Schöpfung des Bearbeiters sind. Amtliche Werke, wie Gesetze, Entscheidungen und ähnliches, genießen keinen urheberrechtlichen Schutz. Der Schutz des *geistigen Eigentums* (Eigentum an den eigenen geistigen Schöpfungen) sichert die ideellen und materiellen Interessen des Urhebers. Zu den ideellen Interessen gehört das *Veröffentlichungsrecht,* wonach der Urheber allein darüber bestimmt, ob, wann und in welcher Form sein Werk der Öffentlichkeit zugänglich gemacht wird. Im Mittelpunkt der materiellen Interessen des Urhebers steht sein alleiniges *Verwertungsrecht* am Werk in Form der

Vervielfältigung, Verbreitung und Ausstellung. Vervielfältigung ist auch die Übertragung des Werkes auf Bild- oder Tonträger (Tonbänder, Kassetten). Bei Verwertung des Werks in unkörperlicher Form (z. B. Rundfunksendung) beschränkt sich das Recht des Autors auf die öffentliche Wiedergabe des Werkes, so daß dessen Wiedergabe im privaten Kreis (z. B. Vorlesen) frei ist. Das Verwertungsrecht des Autors erstreckt sich auf Bearbeitungen oder Umgestaltungen des Werkes (z. B. Übersetzungen, Verfilmungen).

Der bildende Künstler besitzt außerdem das *Folgerecht,* d. h. eine 5%ige Beteiligung am Erlös, den später ein Kunsthändler oder sonstiger Vermittler beim Weiterverkauf des Werkes erzielt. Dem Folgerecht des bildenden Künstlers entspricht die *„Bestsellerklausel“,* wonach ein Autor vom Verleger seines Werkes nachträglich eine angemessene Beteiligung am Ertrag des Werkes verlangen kann, wenn das ursprünglich vereinbarte Honorar in grobem Mißverhältnis zum tatsächlichen Ertrag steht. Ein Urheber ist vielfach weder willens noch in der Lage, seine Rechte selbst auszuwerten. Hier greift die Vermittlungsfunktion des *Verlegers* ein, dem der Autor durch den Verlagsvertrag sein Werk gegen Honorar zur Vervielfältigung und Verbreitung überläßt. Will der Autor dem Vermittler nicht das ganze, sondern nur ein begrenztes Werknutzungsrecht überlassen, so räumt er ihm statt des umfassenden Verlagsrechts eine begrenzte Nutzungserlaubnis, die *Lizenz,* ein. Neben den Verlegern sind als Helfer und Vermittler bei der Verwertung von Urheberrechten vor allem die Verwertungsgesellschaften tätig.

Die *Schranken* des Urheberrechts ergeben sich aus der Sozialbindung des Eigentums. Die wohl wichtigste Schranke ist die *zeitliche Begrenzung.* Nach dem Ablauf einer Schutzdauer von 70 Jahren, gerechnet vom Ende des Todesjahres des Urhebers, wird sein Werk gemeinfrei. Eine verkürzte Schutzdauer von 25 Jahren gilt u. a. für Werke der Photographie, für das Leistungsschutzrecht des ausübenden Künstlers und für Funksendungen. Zwar ist das Urheberrecht als solches nicht übertragbar, seine Vererbung ist aber unbeschränkt möglich. Wer das Urheberrecht verletzt, kann vom Verletzten auf Unterlassung oder Schadenersatz verklagt werden. Das Urheberrecht wird international geschützt durch das Welturheberrechtsabkommen.

Urlaub: von Berufspflichten freier, der Erholung dienender Zeitraum, insbesondere die dem Arbeitnehmer bei Fortzahlung des Arbeitsentgelts zu gewährende Arbeitsbefreiung *(Erholungsurlaub).* Rechtlich geregelt ist der Urlaub im Bundesurlaubsgesetz von 1963 sowie in zahlreichen Sondervorschriften, vor allem in Tarifverträgen.

Der Anspruch auf Urlaub besteht grundsätzlich für alle Arbeiter und Angestellten sowie für die zu ihrer Berufsausbildung Beschäftigten. Der *Mindesturlaub* beträgt 18 Werktage (alle Tage außer Sonntagen und den gesetzlichen Feiertagen). Der volle Urlaubsanspruch entsteht nach einer *Wartezeit* von 6 Monaten. Erwirbt ein Arbeitnehmer keinen vollen Urlaubsanspruch, weil die Wartezeit im Kalenderjahr nicht erfüllt wird oder er vor erfüllter Wartezeit aus dem Arbeitsverhältnis ausscheidet, so hat er Anspruch auf *Teilurlaub* als ein Zwölftel des Jahresurlaubs für jeden vollen Monat der Dauer des Arbeitsverhältnisses. Bei der zeitlichen Festlegung des Urlaubs müssen die Wünsche des Arbeitnehmers berücksichtigt werden. Davon und von der Vorschrift, daß der Urlaub nur zusammenhängend gewährt werden soll, darf in begründeten Ausnahmefällen, abgewichen werden. Der Urlaub muß bis spätestens Ende März des Folgejahres genommen sein, eine finanzielle Abgeltung ist nicht statthaft; sie darf nur dann erfolgen,

wenn der Urlaub wegen Beendigung des Arbeitsverhältnisses nicht mehr genommen werden kann.
Während seines Erholungsurlaubs darf der Arbeitnehmer keine dem Erholungszweck widersprechende Erwerbstätigkeit leisten.

Urlaubsgeld: eine zusätzliche Zahlung, die aus Anlaß des jährlichen Erholungsurlaubs gezahlt wird, um dem Arbeitnehmer eine bessere Gestaltung des Urlaubs zu ermöglichen. Es ist in der Regel eine freiwillige soziale Leistung des Arbeitgebers; jedoch kann in Tarifvertrag, Betriebsvereinbarung oder Arbeitsvertrag die Zahlung vereinbart werden. Das Urlaubsgeld zählt zu den Lohnnebenkosten.

Urproduktion: im Gegensatz zur Be- und Verarbeitung von Rohstoffen und Zwischenprodukten die Gewinnung materieller Güter unmittelbar aus der Natur, wobei unter Natur die gesamte naturgegebene Ausstattung eines Wirtschaftsraumes mit bestimmten Bodenqualitäten, Klima, Bodenschätzen, Fauna und Flora zu verstehen ist (z. B. Land- und Forstwirtschaft, Bergbau).

Ursprungsbezeichnung: gibt an, aus welchem Land (Ursprungsland) eine Ware stammt. Die Ursprungsbezeichnung erfolgt durch die Angabe „Made in ...“ mit dem Namen des Herkunftslandes. – Die zuerst 1887 von Großbritannien vorgeschriebene Ursprungsbezeichnung für Importe wurde rasch zu einer Art Markenzeichen, so daß schon 1891 das Madrider Abkommen zum Schutz vor falschen oder irreführenden Herkunftsangaben abgeschlossen wurde.

Ursprungszeugnis: ein von Zollämtern oder Handelskammern des Herkunftslandes ausgestelltes und beglaubigtes Dokument, das die tatsächliche Herkunft sowie Menge, Art und Beschaffenheit der Handelswaren eindeutig belegt. Es dient als *Ursprungsnachweis* bei der Inanspruchnahme außenhandels- und devisenrechtlicher Vergünstigungen im internationalen Warenverkehr.

Usancen [französisch y'zã:s...; zu lateinisch usus „Brauch, Sitte“]: Gepflogenheit im Geschäftsverkehr, ↑Handelsbrauch.

U-Schätze ↑Schatzanweisungen.

V

Valuta [italienisch, zu lateinisch valere „gelten, wert sein“]: 1. Währungsgeld (gesetzliches Zahlungsmittel) eines Landes, meist für ausländische Währungen angewandt; 2. ↑Wertstellung eines Postens auf dem Konto; 3. Kupon an Valutapapieren.

Valutapapiere: ausländische oder auf fremde Währung lautende Wertpapiere.

variable Kosten (veränderliche Kosten, beschäftigungsabhängige Kosten): der Teil der Gesamtkosten, der sich mit dem Beschäftigungsgrad ändert. Zu unterscheiden sind: 1. **proportionale Kosten,** die im selben Maße wie die Beschäftigung

Erzeugte Menge (Stück)	proportionale Gesamtkosten	konstante Stückkosten	unterproportionale Gesamtkosten	degressive Stückkosten	überproportionale Gesamtkosten	progressive Stückkosten
100	2 000,–	20,–	1 600,–	16,–	2 200,–	22,–
200	4 000,–	20,–	2 400,–	12,–	5 000,–	25,–
300	6 000,–	20,–	3 000,–	10,–	9 000,–	30,–

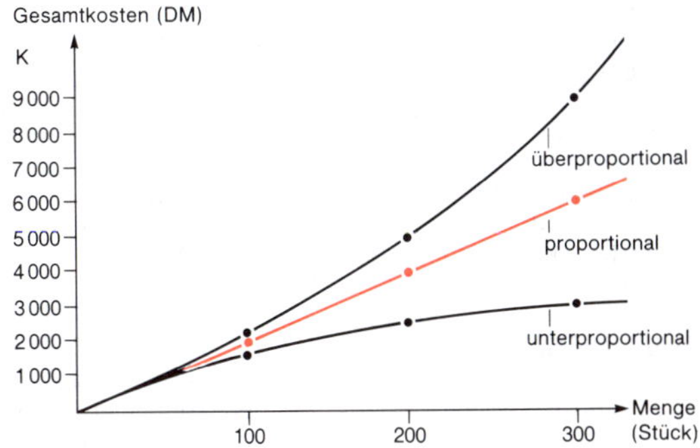

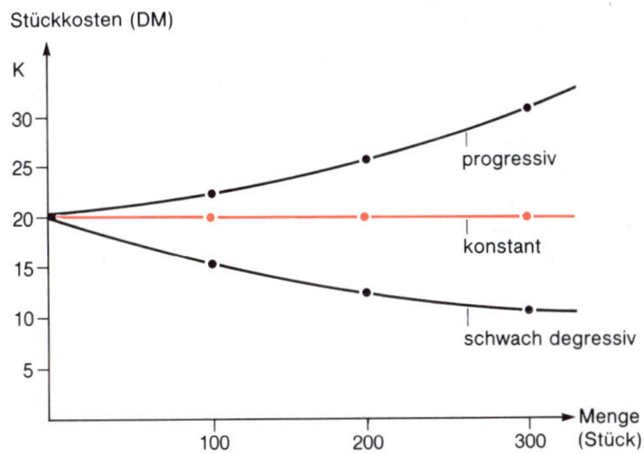

variable Kosten Anteil der variablen Kosten an Gesamtkosten (oben) und Stückkosten (unten)

(Produktionsmenge) steigen (z. B. Fertigungslöhne und Fertigungsmaterialkosten) und sich pro Stück konstant verhalten; 2. **unterproportionale Kosten,** die weniger stark als die Beschäftigung steigen (z. B. Stromkosten und Schmiermittelverbrauch), sie verhalten sich als Stückkosten schwach degressiv; 3. **überproportionale Kosten,** die stärker als die Beschäftigung steigen (z. B. Überstundenlöhne) und sich progressiv verhalten. Grundsätzlich sind variable Kosten keine eigene Kostenart, sondern entartete proportionale und unterproportionale Kosten. Man kann in der Praxis davon ausgehen, daß sich überproportionale und unterproportionale Kostenbestandteile in ihrer Wirkung aufheben, so daß sich die variablen Kosten insgesamt proportional verhalten.

Ein Sonderfall sind die **regressiven Kosten,** sie sinken mit zunehmender Auslastung, z. B. die Heizungskosten in einem Kino.

Veranlagung: ein förmliches steuerliches Verfahren, in dem die Besteuerungsgrundlagen ermittelt und die Steuer festgesetzt wird (↑Steuerbescheid). Dies geschieht vor allem bei der Einkommen-, Gewerbe-, Körperschaft- und Umsatzsteuer. Bei Einkommen aus nichtselbständiger Arbeit führt der Arbeitgeber den auf jede Lohn- und Gehaltszahlung entfallenden Steueranteil direkt an das Finanzamt ab (↑Lohnsteuer). Hier wird auf eine Veranlagung verzichtet, es sei denn, daß das Jahreseinkommen 27 000 DM bei Alleinstehenden, bzw. 54 000 DM bei zusammen veranlagten Ehepaaren übersteigt. Ehegatten können zwischen der *getrennten Veranlagung,* der meist günstigeren *Zusammenveranlagung* (↑Splittingverfahren) und – im Jahr der Eheschließung – der *besonderen Veranlagung* wählen (§ 26 EStG).

verarbeitendes Gewerbe (verarbeitende Industrie): Sammelbezeichnung für Industriebetriebe, die Rohstoffe und Zwischenprodukte umwandeln oder veredeln (↑ Industrie).

Verarbeitung: Herstellung einer neuen beweglichen Sache durch menschliche Arbeit mittels Umbildung eines oder mehrerer Stoffe.

Verbindlichkeiten: vorwiegend aus Warenlieferungen und Leistungen resultierende Verpflichtungen gegenüber Geschäftspartnern; in der Kontokorrentbuchhaltung als Kreditoren bezeichnet.

Verbrauch ↑privater Verbrauch, ↑ Staatsverbrauch.

Verbraucherforschung: Teilgebiet der ↑Marktforschung, das sich mit der Analyse der Bedürfnisse und des Bedarfs unterschiedlicher Verbrauchergruppen sowie der Kaufmotive und mit dem Vergleich der Meinungsbilder über konkurrierende Produkte befaßt.

Verbrauchermarkt: Großbetrieb des Einzelhandels („Discount-Warenhaus"), der in Selbstbedienung auf weiträumiger Verkaufsfläche ein warenhausähnliches Sortiment anbietet.

Verbraucherpolitik: Teilgebiet der Wirtschaftspolitik, hat neben der Wettbewerbspolitik als speziellen Ansatzpunkt die Haushalte und das Geschehen auf den Konsumgütermärkten und umfaßt: Förderung der Konsumentensouveränität durch Verbraucherbildung (langfristige Verbesserung des Informations-, Kauf- und Konsumverhaltens), Verbraucherinformationen (Unterstützung des Verbrauchers in Kaufprozessen, z. B. durch vergleichende Warentests und Beratungsstellen sowie ↑Verbraucherschutz.

Verbraucherpreise: die (Endverkaufs)preise für die Güter und Dienstleistungen, die vom Endverbraucher gekauft werden. Die Verbraucherpreise werden zur Ermittlung der verschiedenen Preisindizes für die Lebenshaltung (↑Preisindex) herangezogen.

Verbraucherschutz: die Gesamtheit der rechtlichen Vorschriften, die den Verbraucher vor Benachteiligungen im Wirtschaftsleben schützen sollen. Die im Rahmen des Verbraucherschutzes bestehenden Gesetze und Vorschriften können unterschieden werden in solche, die eine korrekte und möglichst umfassende Information des Verbrauchers als Grundlage seiner Kaufentscheidungen sichern (z. B. Lebensmittel-Kennzeichnungsverordnung, Preisauszeichnungspflicht), und solche, die dem einzelnen Verbraucher in bestimmten Rechtsgeschäften besonderen Schutz gewähren sollen (z. B. Abzahlungsgesetz).

Verbraucherverbände: Organisationen, deren satzungsgemäße Aufgabe die Vertretung der Interessen der Verbraucher ist. Vorwiegende Tätigkeit der Verbraucherverbände bzw. der *Verbraucherzentralen* ist die Information und Beratung.

Verbrauchsgewohnheiten (Konsumgewohnheiten): die Verhaltensweisen der Konsumenten in Hinsicht auf angebotene Güter und Dienstleistungen.

Verbrauchsteuern: indirekte Steuern, die den Verbrauch von Lebensmitteln (z. B. Zucker, Salz), Genußmitteln (z. B. Bier, Kaffee, Tabak, Tee, Branntwein), sonstigen Verbrauchsgütern (z. B. Mineralöl Leuchtmittel) besteuern und als Einfuhrumsatzsteuer bei Einfuhren erhoben werden. Die Steuerschuld entsteht, sobald eine Ware die Produktionsstätte verläßt oder in das Zollgebiet eingeführt wird. *Steuerträger* (↑Steuern) ist jedoch der Endverbraucher, der, da die persönliche wirtschaftliche Leistungsfähigkeit nicht berücksichtigt wird, relativ stärker belastet wird, je schlechter seine Einkommensituation ist. Verbrauchsteuern werden nicht immer ausschließlich zur Einnahmeerzielung erhoben; einige sind, wie die Salzsteuer, historisch begründet, andere verfolgen auch gesundheits- oder sozialpolitische Zwecke, wie z. B. die Steuern auf Tabak und Alkohol. Die meisten Verbrauchsteuern sind Bundessteuern und werden von den Hauptzollämtern verwaltet.

verbundene Unternehmen: rechtlich selbständige Unternehmen, die im Verhältnis zueinander in Mehrheitsbesitz stehende und mit Mehrheit beteiligte Unternehmen, abhängige und herrschende Unternehmen, Konzernunternehmen, wechselseitig beteiligte Unternehmen oder Vertragsteile eines Unternehmensvertrags sind.

Verbundwirtschaft: Zusammenschluß mehrerer Betriebe, der horizontaler oder vertikaler Art sein kann; er kann die rechtliche oder wirtschaftliche Selbständigkeit aufheben oder nur organisatorischer Art sein, wie z. B. in der europäischen Verbundwirtschaft für Energie, die so gestaltet ist, daß ein Ausgleich der unterschiedlichen regionalen oder territorialen Hauptbelastungen des Energienetzes herbeigeführt werden kann.

Verdienstbescheinigung: dem Arbeitnehmer vom Arbeitgeber auszuhändigende Bescheinigung, die Auskunft über die Höhe des Arbeitsentgelts, die vorgenommenen Abzüge sowie zusätzlich zum Arbeitsentgelt gewährte Beträge gibt.

Verdingungsordnungen: Bestimmungen für die Vergabe von Aufträgen und für den Inhalt der entsprechenden Verträge, enthalten in der *Verdingungsordnung für Bauleistungen (VOB)* und in der *Verdingungsordnung für* (andere) *Leistungen (VOL).* Die VOB ist eine vom Deutschen Normenausschuß herausgegebene Norm, die VOL eine vom Bundeswirtschaftsminister herausgegebene Verwaltungsanweisung für Behörden. Teil A der VOB bzw. VOL enthält Bestimmungen über die Vergabe der Leistungen (insbesondere die Ausschreibung), Teil B allgemeine Vertragsbedingungen für die Ausführung der Leistungen. Die VOB enthält noch einen Teil C („Allgemeine Technische Vorschriften für Bauleistungen“) mit zahlreichen DIN-Normen.

Verein: freiwilliger Zusammenschluß von Personen zu einem bestimmten Zweck mit einer von der Individualität der jeweiligen Mitglieder unabhängigen, den Bestand auf Dauer sichernden Organisation. Im weiteren Sinne umfaßt der Begriff Verein die Personengesellschaft, den Personenverein und die Kapitalgesellschaft. Im engeren Sinn ist Verein nur der Verein des bürgerlichen Rechts. Die Gründung eines Vereins geschieht durch Einigung der Gründer, die die Satzung mit Namen und Zweck des Vereins feststellen. Höchstes Organ des Vereins ist die Mitgliederversammlung. Sie wählt auch den Vorstand, der die Vereinsgeschäfte führt und ihn nach außen vertritt. Der *rechtsfähige Verein* ist ↑juristische Person, d. h. er ist selbst Träger von Rechten und Pflichten. Der rechtsfähige wirtschaftliche Verein ist auf einen wirtschaftlichen Geschäftsbetrieb gerichtet und erhält seine Rechtsfähigkeit durch staatliche Verleihung. Der rechtsfähige nicht wirtschaftliche Verein (Idealverein) erlangt die Rechtsfähigkeit durch Eintragung in das vom Amtsgericht geführte *Vereinsregister* (eingetragener Verein, „e. V.“). Voraussetzungen für die Eintragung sind: schriftliche Satzung mit dem gesetzlich vorgeschriebenen Inhalt (z. B. Name und Sitz des Vereins, Bestimmungen über Ein- und Austritt der Mitglieder), Mindestmitgliederzahl von 7 Personen und die Anmeldung durch alle Vorstandsmitglieder in öffentlich beglaubigter Form. Der *nichtrechtsfähige* (nichteingetragene) *Verein* hat keine eigene Rechtsfähigkeit, auf ihn finden Vorschriften über die Gesellschaft Anwendung.

Verfrachter ↑Frachtführer.

Vergleich: ein schuldrechtlicher Vertrag, durch den der Streit oder die Ungewißheit zwischen zwei Parteien über ein Rechtsverhältnis durch gegenseitiges Nachgeben beseitigt wird. Die Einigung kann *außergerichtlich,* oder während des Prozesses *(Prozeßvergleich)* erfolgen. Ein Stundungsvergleich **(Moratorium)** liegt vor, wenn die Gläubiger ihre Forderungen für längere Zeit stunden.

Vergleichsverfahren: das in der Vergleichsordnung vom 26. Februar 1935 geregelte gerichtliche Verfahren zur Abwendung des ↑Konkurses. Ziel des Vergleichsverfahrens ist es, einen Vergleich **(Akkord)** herbeizuführen, d. h. einen Vertrag zwischen dem Schuldner und der Gläubigermehrheit, der mit Wirkung für und gegen alle Gläubiger die anteilige Befriedigung der Gläubiger gegen den Erlaß der Restforderungen sicherstellen soll, damit das schuldnerische Unternehmen im Interesse von Schuldner, Gläubiger, der dort Beschäftigten und nicht zuletzt aus gesamtwirtschaftlichen Gründen fortgeführt und saniert werden kann. Der Antrag auf Eröffnung des Vergleichs kann nur vom Schuldner und nur bis zur Konkurseröffnung gestellt werden. Der Antrag muß einen *Vergleichsvorschlag* enthalten, der angibt, zu welchem Teil, d. h. zu welcher Quote *(Vergleichsquote)* – mindestens 35% – die Forderung der Gläubiger befriedigt werden. Diese Form des Vergleichs wird auch als *Erlaßvergleich* bezeichnet. Der hierbei vorgeschriebene Mindestprozentsatz der Vergleichsquote muß auch beim **Liquidationsvergleich** (Schuldner überläßt den Gläubigern sein Vermögen ganz oder teilweise mit der Abrede, daß der durch die Verwertung nicht gedeckte Teil der Forderungen erlassen sein soll) gewährleistet sein. Mit Antragstellung sind bis zur rechtskräftigen Beendigung des Vergleichsverfahrens einzelne Vollstreckungsmaßnahmen ausgeschlossen. Im Falle der Eröffnung des Vergleichsverfahrens bestellt das Gericht den Vergleichsverwalter und fordert die Gläubiger auf, ihre Forderungen anzumelden. Der Vergleich kommt durch die Annahme des Vergleichsvorschlags und die Bestätigung des Gerichts zustande. Lehnt das Gericht die Eröffnung des Vergleichsverfahrens oder die Bestätigung des Vergleichs ab oder stellt das Verfahren ein, hat es von Amts wegen über die Eröffnung des Konkursverfahrens zu entscheiden, wobei ein solcher *Anschlußkonkurs* voraussetzt, daß genügend Masse vorhanden ist.

Verjährung: der durch Zeitablauf eintretende Verlust der Durchsetzbarkeit eines Rechts. Die Verjährung dient der Wahrung des Rechtsfriedens. Ihr unterliegen grundsätzlich alle Ansprüche, dagegen nicht die sonstigen Rechte wie Persönlichkeitsrechte, das Eigentum, Gestaltungsrechte usw. Die *Verjährungsfrist* beträgt allgemein 30 Jahre, für Entgeltansprüche aus den häufigsten und praktisch wichtigsten Umsatz- und Dienstleistungsgeschäften, d. h. den Geschäften des täglichen Lebens, hingegen zwei Jahre, für Ansprüche aus unerlaubter Handlung drei Jahre. Die nach Fristablauf eingetretene Verjährung beseitigt den Anspruch als solchen nicht, gibt jedoch dem Schuldner ein einredeweise geltend zu machendes Leistungsverweigerungsrecht **(Einrede der Verjährung).** Die Verjährung beginnt in der Regel mit dem Tag der Entstehung des Anspruchs. Die **Hemmung der Verjährung** tritt ein, wenn die Leistung gestundet ist (d. h. der Lauf der Verjährungsfrist wird durch Stundung gehemmt) oder bei Stillstand der Rechtspflege (z. B. Verhinderung der Rechtsverfolgung durch höhere Gewalt, Kriegswirren). Die Verjährung wird unterbrochen **(Unterbrechung der Verjährung)** und muß von neuem beginnen im Falle des Anerkenntnisses (z. B. durch Abschlagszahlung, Sicherheitsleistung des Schuldners) sowie durch Klageerhebung.

Verkauf: die in direktem Kontakt mit dem Kunden durchgeführten Maßnahmen und Vorgänge bei der Veräußerung von Gütern und Dienstleistungen.

Verkäufermarkt: Marktsituation, in der die Verkäufer aufgrund des Nachfrageüberhangs das Marktgeschehen entscheidend beeinflussen können (vor allem durch Preissteigerungen). Gegensatz: ↑Käufermarkt.

Verkaufsförderung (Sales Promotion): absatzpolitische Maßnahmen zur Unterstützung der eigenen Verkaufsorganisation, der Verkaufstätigkeiten der Händler und der Beeinflussung der Käufer. Die wichtigsten Maßnahmen sind schulen (Seminare, Tagungen), informieren (Rundschreiben, Handbücher), ausstatten (Dekorations- und Display-Material), stimulieren der Konsumenten (Proben, Gutschein, Preisausschreiben) und der Händler (Nachlässe, Verkaufswettbewerbe).

Verkaufsorganisation ↑Absatzorganisation.

Verkehr (Verkehrswesen): Wirtschaftszweig, der dem Transport von Personen, Gütern und Nachrichten sowie dem Austausch wirtschaftlicher Leistungen dient. Für das Wirtschaftsleben ist Verkehr von grundlegender Bedeutung, da ohne ihn arbeitsteiliges Wirtschaften nicht möglich ist und andererseits Ortsveränderung von Nachrichten und Gütern notwendige Voraussetzung der Spezialisierung ist. Je nach Verkehrsweg wird unterschieden zwischen Straßen-, Schienen-, Wasser- und Luftverkehr. Als *Verkehrszwecke* lassen sich vor allem der Berufsverkehr (zwischen Wohnung und Arbeitsplatz), der Einkaufsverkehr (zwischen Wohnung und Geschäftsvierteln) sowie der Erholungs- und Freizeitverkehr feststellen. Darüber hinaus wird je nach der Entfernung zwischen Nah- und Fernverkehr unterschieden. Weiterhin unterscheidet man zwischen *Güter- und Personenverkehr.* Infolge seiner großen wirtschaftlichen Bedeutung hat sich die staatliche Planung besonders des Verkehrswesens angenommen. Dies betrifft vor allem die Bereiche des Schienenverkehrs, dessen Bedeutung für den *Nahverkehr* in den großen Ballungsgebieten durch den Zusammenschluß verschiedener Verkehrsbetriebe (Deutsche Bundesbahn, kommunale und private Verkehrsbetriebe) zu einem *Verkehrsverbund* (z. B. in Hamburg, im Ruhrgebiet, Rhein-Main-Gebiet, Stuttgart, München) beträchtlich gewachsen ist, und den Bereich des Straßenverkehrs.

Verkehrshypothek ↑Hypothek.

Verkehrspolitik: alle Maßnahmen des Staates und der öffentlichen Körperschaften im Zusammenhang mit der Raumüberwindung. In ordnungspolitischer Hinsicht befaßt sich die Verkehrspolitik mit der Regulierung des Verkehrs durch Verbesserung des Wettbewerbs, der Regulierung der Märkte (staatliche Kontrolle), der Beaufsichtigung und Angleichung der Preise und Kosten, soweit Differenzen in der Preishöhe nicht durch technische Verschiedenartigkeit bedingt sind. Eines der Hauptprobleme der Verkehrspolitik ist die Beeinflussung der Anteile der konkurrierenden Verkehrsträger am Verkehrsaufkommen. Im Vordergrund steht dabei neben der Konkurrenz beim Güterverkehr zwischen dem (öffentlich betriebenen) Schienenverkehr und dem (privatwirtschaftlichen) Straßenverkehr das Problem des das Straßennetz überlastenden Individualverkehrs.

Verkehrssitte ↑Treu und Glauben, ↑Handelsbrauch.

Verkehrsteuern: Steuern auf Vorgänge des Rechts- und Wirtschaftsverkehrs. Dazu gehören vor allem die Umsatzsteuer (ohne Einfuhrumsatzsteuer), Grunderwerbsteuer, Kraftfahrzeugsteuer, Rennwett- und Lotteriesteuer, Spielbankabgabe, Kapitalverkehr-, Versicherung-, Wechsel- und Feuerschutzsteuer.

Verkehrswert ↑gemeiner Wert.

Verkehrswirtschaft ↑Marktwirtschaft.

Verlustabzug: steuerrechtlicher Begriff für die Bestimmung des § 10 d EStG, nach der ein eventueller Jahresverlust von den positiven Einkünften vorangegangener bzw. eventuell zukünftiger Veranlagungszeiträume wie Sonderausgaben abgezogen werden kann. Ist in einem Veranlagungszeitraum die Summe der Einkünfte negativ, wird dieser Verlust bis zu einem Betrag von 10 Mill. DM wie Sonderausgaben vom positiven Gesamtbetrag der Einkünfte des vorletzten Veranlagungszeitraums abgezogen, bis dieser gleich null ist. Ein Verlust, der trotz dieses **Verlustrücktrags** übrigbleibt und der 10 Mill. DM übersteigende Verlust wird als **Verlustvortrag** auf die zukünftigen fünf Veranlagungszeiträume soweit verteilt, wie dies in jedem dieser Zeiträume möglich ist.

Verlustausgleich: im Einkommensteuerrecht die in der Regel mögliche gegenseitige Aufrechnung von Gewinnen und Verlusten, die bei verschiedenen Einkunftsarten innerhalb eines Veranlagungszeitraums entstanden sind.

Vermögen: die Summe aller meist

Vermögensbildung. Sparzulage und Anlageformen

Anlageart	Vertragsabschluß	Sparzulage und Förderungshöchstbetrag bis 1989	ab 1990
Sparvertrag[1]	bis zum 31. 12. 1988	16 % / 26 % auf 624 DM	10 % auf 624 DM
	nach dem 31. 12. 1988	16 % / 26 % auf 624 DM	entfällt
Sparvertrag über Wertpapiere (Erwerb von Aktien oder Investmentanteilen)	–	23 % / 33 % auf 936 DM	20 % auf 936 DM
Sparvertrag über Wertpapiere (Erwerb von Gewinn-Sparbriefen)	bis zum 31. 12. 1988	23 % / 33 % auf 936 DM	10 % auf 936 DM
	nach dem 31. 12. 1988	23 % / 33 % auf 936 DM	entfällt
Bausparvertrag[2] oder ähnliche Anlageformen	–	23 % / 33% auf 624 DM	10 % auf 936 DM
Vertrag über eine Kapitallebensversicherung	bis zum 31. 12. 1988	16 % / 26 % auf 624 DM	10 % auf 624 DM
	nach dem 31. 12. 1988	16 % / 26 % auf 624 DM	entfällt
Beteiligungsvertrag zum Erwerb von Geschäftsanteilen	–	23 % / 33 % auf 936 DM	20 % auf 936 DM

1) inkl. Erwerb von Wertpapieren wie Sparbriefe, Pfandbriefe, öffentl. Anleihen, Zertifikate von Rentenfonds, Immobilienzertifikate usw.
2) für Verträge, die mit einer Prämie nach dem Wohnungsbauprämiengesetz gefördert werden, beträgt die Prämie ab 1989 10 %.

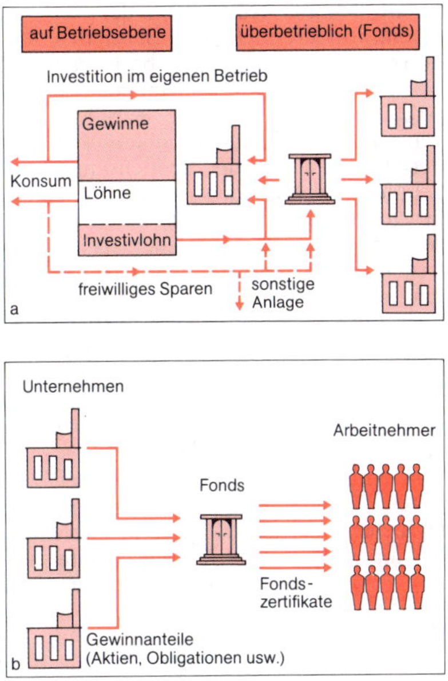

Vermögensbildung.
a Investivlohnmodell mit der Möglichkeit der Anlage im eigenen Betrieb oder über einen Fonds in anderen Betrieben; b Modell überbetrieblicher Gewinnbeteiligung

in Geld bewerteten Wirtschaftsgüter im Eigentum eines Wirtschaftssubjekts, in der Betriebswirtschaftslehre die auf der Aktivseite der Bilanz ausgewiesenen Vermögensgegenstände: Anlagevermögen, Umlaufvermögen; nach Abzug der Schulden ergibt sich das Reinvermögen. Vermögen gemäß dem Bewertungsgesetz ist die Summe der Einheitswerte des land- und forstwirtschaftlichen Vermögens, des Grund- und Betriebs- sowie des sonstigen Vermögens nach Abzug der Schulden und Lasten.

Vermögensbildung der Arbeitnehmer: die Umwandlung von Einkommen in Vermögen, besonders die durch Zulagen der Arbeitgeber und staatliche Zulagen geförderte breite Beteiligung der Arbeitnehmer am volkswirtschaftlichen Vermögen. Am bekanntesten sind das Spar-Prämiengesetz und das Vermögensbildungsgesetz. Nach dem 5. Vermögensbildungsgesetz haben die meisten Arbeitnehmer die Möglichkeit, 936 DM jährlich (= 78 DM monatlich) vermögenswirksam anzulegen. Danach erhalten die Arbeitnehmer für diese vermögenswirksame Leistung je nach Anlageform verschiedene Vergünstigungen (Einkommensgrenze 27 000 DM für Ledige, 54 000 DM für Verheiratete). – Tab. S. 384.

Vermögenspolitik: die Gesamtheit aller Maßnahmen, die auf eine Beteiligung vorwiegend einkommensschwacher und unselbständig beschäftigter Personen am Produktivvermögen einer Volkswirtschaft abzielen. Ansatz für V. ist die ungleichmäßige Vermögensverteilung. Instrumente sind der Investivlohn, die betriebl. und die überbetriebl. Gewinnbeteiligung sowie die staatliche Förderung der ↑Vermögensbildung.

Vermögensteuer: Besitzsteuer, durch die der mögliche Vermögensertrag, nicht aber die Vermögenssubstanz besteuert werden soll. Sie ergänzt die ↑Einkommensteuer insofern, als sie das Gesamtvermögen als Quelle der fundierten Einkommen zusätzlich belastet, da das Vermögen als ein Merkmal besonderer Leistungsfähigkeit und das daraus fließende Einkommen als besonders „müheloses und sicheres" Einkommen gilt. Die Vermögensteuer ist eine direkte Steuer, bei deren Festsetzung die persönlichen Verhältnisse des Steuerpflichtigen durch besondere Freibeträge berücksichtigt werden. Von der Vermögensteuer befreit sind einzelne Wirtschaftsgüter und verschiedene Körperschaften des öffentlichen Rechts (z. B. Bundespost, Bundesbahn, Bundesbank) sowie alle Körperschaften, die ausschließlich gemeinnützigen, mildtätigen oder kirchlichen Zwecken dienen.

Vermögensverteilung: die Verteilung (Distribution) der Verfügungsgewalt über Sachgüter und Rechtstitel unter den Mitgliedern einer Gesellschaft. Dabei interessiert im Zusammenhang mit der Vermögensverteilung vor allem das Vermögen, das für seinen Besitzer ein Einkommen abwirft; eine enge wechselseitige Beziehung besteht zwischen der Vermögensverteilung und der Einkommensverteilung, die ihrerseits über die Möglichkeit zur Bildung von Vermögen auf die Vermögensverteilung zurückwirkt. Beim Eigentum am Produktivvermögen zeigt sich eine Tendenz zu verstärkter Ungleichheit, die als **Vermögenskonzentration** bezeichnet wird. Korrekturen der vielfach als „ungerecht“ empfundenen ungleichen Verteilung des Reichtums unter die Mitglieder der Gesellschaft erfolgen im Rahmen einer marktwirtschaftlichen Ordnung in erster Linie als Vermögensumverteilung durch staatliche Maßnahmen, z. B. durch die Finanzpolitik, aber auch durch Maßnahmen, die die Bildung von Vermögen in den fast nur von Einkommen aus unselbständiger Arbeit lebenden Schichten fördern sollen.

vermögenswirksame Leistungen ↑Vermögensbildung der Arbeitnehmer.

Verrechnungseinheit: in internationalen Zahlungsabkommen wie auch im innerdeutschen Handel (bis zur Vereinigung 1990) vereinbarte Einheit, nach der zu leistende Zahlungen abgerechnet werden.

Verrechnungspreis: intern festgesetzter Preis z. B. für die innerbetriebliche Abrechnung des Materials, vor allem bei der Verarbeitung von Materialien, deren Einkaufspreis stark schwankt. Die Differenz zwischen Verrechnungspreis und Istkosten schlägt sich in Kostenüber- oder Kostenunterdeckungen nieder, die von einem *Verrechnungsergebnis* aufgenommen werden.

Verrechnungsscheck ↑Scheck.

Verrichtungsgehilfe: die weisungsabhängige Hilfsperson, der von einem anderen (dem Geschäftsherrn) eine Tätigkeit übertragen worden ist (z. B. Auszubildender, Arbeiter). Für unerlaubte Handlungen des Verrichtungsgehilfen hat derjenige, für den der Verrichtungsgehilfe tätig geworden ist (unabhängig von einem Verschulden des Verrichtungsgehilfen) Schadenersatz zu leisten, wenn die schädigende Handlung in einem inneren Zusammenhang mit der aufgetragenen Verrichtung steht. Der Geschäftsherr haftet für eigenes vermutetes Verschulden; er kann die Schadenersatzpflicht abwenden, indem er beweist, daß er bei der Auswahl oder Überwachung des Verrichtungsgehilfen oder bei der Beschaffung der nötigen Arbeitsmittel die erforderliche Sorgfalt hat walten lassen. Der Verrichtungsgehilfe ist vom ↑Erfüllungsgehilfen zu unterscheiden.

Versandanzeige: Mitteilung des Verkäufers an den Käufer, daß die bestellte Ware abgeschickt worden ist, gegebenenfalls unter Angabe von Art und Menge der Güter und der Versandart.

Versandhandel (Versandgeschäft): werbeintensive Verkaufsform des Einzelhandels, bei der die Ware mittels Katalog, Anzeige usw. angeboten wird. Die schriftlich bestellte Ware wird dem Käufer auf dem Versandwege (meist Postversand) zugestellt, nicht gefallende Ware wird zurückgenommen.

verschlossenes Depot ↑Depot.

Verschmelzung ↑Fusion.

Verschulden: im *Zivilrecht* die Beurteilung menschlichen Verhaltens als objektiv pflichtwidrig und vorwerfbar und damit als Schuld. Die beiden Formen des Verschuldens sind Vorsatz und ↑Fahrlässigkeit. Der Schuldner hat grundsätzlich für jedes Verschulden einzustehen, d. h. Schadenersatz zu leisten, es sei denn, ihm kann die Verletzung seiner Pflichten mangels Schuldfähigkeit nicht zugerechnet werden. Ein Verschulden des gesetzlichen Vertreters und des ↑ Erfüllungsgehilfen im Rahmen eines bestehenden Schuldverhältnisses hat der Schuldner wie eigenes Verschulden zu vertreten (§ 278 BGB). Im Recht der unerlaubten Handlungen wird grundsätzlich nur für eigenes Verschulden gehaftet (↑ auch Verrichtungsgehilfe). Das Verschulden bei Vertragsabschluß (↑ culpa in contrahendo) kann bei Verletzung des vertragsähnlichen Vertrauensverhältnisses zu Schadenersatz führen.

Verschuldungsgrenze: nicht absolut festzulegende Grenze, bis zu der sich der Staat verschulden kann. Mögliche Kriterien für die Beurteilung der Staatsverschuldung sind 1. die **Schuldenquote,** d. h. die Relation Staatsschuld zu Sozialprodukt; 2. die **Zins-Steuer-Quote,** d. h. das Verhältnis zwischen den Zinsverpflichtungen des Staates und dem Steueraufkommen.

Versender: 1. im Speditionsgeschäft derjenige, für dessen Rechnung der Spediteur die Versendung (Beförderung von Ort zu Ort) der Güter betreibt; 2. im Außenwirtschaftsrecht Person, die auf Weisung eines anderen (Exporteur) aufgrund vertraglicher Bindungen Waren an ausländische Abnehmer schickt.

Versendungskauf ↑ Erfüllungsort.

Versetzung: Zuweisung eines anderen Arbeitsplatzes (d. h. Aufgabenbereich) für eine längere Zeit als einen Monat oder unter erheblichen Änderungen der Arbeitsbedingungen. Dabei kommt es nicht auf die räumliche Zuordnung, sondern auf den durch die Aufgaben umschriebenen Arbeitsbereich an. Eine Beförderung ist nur dann eine Versetzung, wenn damit die Zuweisung eines anderen Aufgabenbereiches verbunden ist.

Versicherung (Assekuranz); die gegenseitige Deckung eines im einzelnen zufälligen, im ganzen aber schätzbaren Geldbedarfs durch eine Vielzahl gleichartig bedrohter Wirtschaftseinheiten. 1. Das Merkmal der *Gegenseitigkeit* grenzt die Versicherung von der sogenannten „Selbstversicherung" ab, bei der die Bedarfsdeckung innerhalb einer einzigen Wirtschaftseinheit erfolgt. Es bringt die Zusammenfassung mehrerer Wirtschaftseinheiten zum Ausdruck. 2. Die *Deckung eines Geldbedarfs* besagt, daß die materielle Entschädigung sich immer nur auf den Teil des Schadens beziehen kann, der in Geld meßbar ist. Mit wenigen Ausnahmen (Glas-, Rechtsschutzversicherung) wird dieser Teil des Schadens auch durch eine Geldleistung gedeckt. 3. Das Merkmal der *gleichartigen Bedrohung* wird vielfach nicht als notwendige Voraussetzung der Versicherung angesehen, da die Gleichartigkeit der Risiken innerhalb eines Versicherungsbestandes nicht gegeben sein muß. Wichtige Versicherungszweige sind u. a. Feuerversicherung, Haftpflichtversicherung, Hausratversicherung, Kraftfahrzeughaftpflichtversicherung, Krankenversicherung, Lebensversicherung, Unfallversicherung.

Versicherungsfreiheit: innerhalb der Sozialversicherung in der gesetzlichen Krankenversicherung (nicht in der Rentenversicherung) bestehende Möglichkeit der freiwilligen Selbstversicherung als freiwillige Höherversicherung oder auch als Weiterversicherung.

Versicherungsnachweisheft: seit Einführung der elektronischen Datenverarbeitung in der sozialen Rentenversicherung verwendetes Heft, das den *Versicherungsausweis* (mit der Versicherungsnummer), 7 *Versicherungskarten* (Bescheinigungen über die versicherungspflichtig oder freiwillig zurückgelegten Beschäftigungszeiten, Arbeitsverdienste, entrichteten Beiträge, Ersatz-, Ausfall- und Zurechnungszeiten) und Vordrucke zur An- und Abmeldung sowie zur Anforderung von neuen Versicherungsnachweisheften enthält.

Versicherungspflicht: 1. in der *Sozialversicherung* die kraft Gesetzes bewirkte Zugehörigkeit zu einem bestimmten Zweig der Sozialversicherung. Zur Herbeiführung des Versicherungsschutzes bedarf es, sofern die gesetzlichen Voraussetzungen der Versicherungspflicht erfüllt sind, der Mitwirkung des Versicherten nicht; 2. in der *Individualversicherung* die Pflicht zum Abschluß oder zur Aufrechterhaltung eines Versicherungsvertrages, so vor allem bei der Kraftfahrzeughaftpflichtversicherung.

Versicherungssumme: in der Summenversicherung derjenige Betrag, den der Versicherer im Versicherungsfall ohne Rücksicht auf die Höhe des entstandenen Schadens zu zahlen hat. In der Sachversicherung wird die Entschädigung bestimmt durch die Versicherungssumme, die Höhe des Schadens und den Versicherungswert. In der Haftpflicht- und Unfallversicherung stellt die Versicherungssumme grundsätzlich die Haftungsobergrenze dar.

Versicherungsunternehmen: Versicherungseinrichtungen der Individualversicherung. Das Bundesaufsichtsamt für das Versicherungswesen darf nur Aktiengesellschaften, Versicherungsvereinen auf Gegenseitigkeit und öffentlich-rechtlichen Anstalten und Körperschaften die Erlaubnis zum Betreiben aller Versicherungszweige erteilen.

Versicherungsverein auf Gegenseitigkeit (Abkürzung VVaG): typische Unternehmensform der Versicherungswirtschaft, die sowohl genossenschaftliche Züge als auch Merkmale des bürgerlich-rechtlichen Vereins trägt. Grundsätzlich sind die Versicherungsnehmer Mitglieder des Vereins, wie auch Mitgliedschaft in der Regel nur durch Versicherungsvertrag erworben werden kann. Der Unterschied zwischen VVaG und Genossenschaft besteht v. a. darin, daß die Mitgliedschaft nicht durch eine Kapitaleinlage, sondern durch die Teilnahme am Umsatz begründet wird. Das Risiko der Geschäftsführung liegt im Gegensatz zur Versicherungs-AG bei den Versicherten. Versicherer ist die Gesamtheit der Mitglieder; die Leitung des VVaG wird von Vorstand, Aufsichtsrat und der Mitgliederversammlung durchgeführt.

Versicherungsvertrag: ein gegenseitiger Vertrag zwischen einem Versicherungsunternehmen (VU) und dem Versicherungsnehmer (VN) zur Begründung eines privatrechtlichen Versicherungsverhältnisses. Das VU verspricht eine bestimmte, versicherte Gefahr zu tragen, d. h., die vertraglich vereinbarte Versicherungssumme bei Eintritt des Versicherungsfalles zu zahlen; dieser besteht in einem zukünftigen ungewissen Ereignis oder Zeitpunkt. Der VN hat als Gegenleistung die vereinbarte Prämie zu entrichten, die entweder für die gesamte Versicherungsperiode auf einmal oder in Teilbeträgen gezahlt werden kann. – Bei einer Gruppenversicherung ist eine Personenmehrheit durch einen Versicherungsvertrag bezugsberechtigt. Gruppenversicherungen werden v. a. von Firmen und Vereinen für ihre Arbeitnehmer bzw. Mitglieder abgeschlossen.

Der Versicherungsvertrag gehört ähnlich wie Bank- und Beförderungsverträge zu den Massenverträgen. Er wird angeboten durch privatrechtliche (Aktiengesellschaft, Versicherungsverein auf Gegenseitigkeit) oder öffentlich-rechtliche (Anstalt, Körperschaft) organisierte VU und häufig durch Vertreter vermittelt. Sein Abschluß ist nicht formbedürftig. Die Rechtsgrundlagen des Versicherungsvertrages sind im wesentlichen das Versicherungsvertragsgesetz und die staatliche Kontrolle unterliegenden Allgemeinen Versicherungsbedingungen (AVB). Der Versicherungsvertrag endet entweder nach Ablauf einer bestimmten Versicherungsdauer oder durch Kündigung. Aus Anlaß eines Schadenfalles stehen in der Schadensversicherung sowohl dem VU als auch dem VN ein Kündigungsrecht zu.

Versorgung: Vorsorge zur Sicherstellung des Lebensunterhalts durch Ruhegelder, Witwen-, Witwer- und Waisenrenten, Kinderzuschläge und gleichartige Leistungen, die durch den Staat erbracht werden. Diese Leistungen gründen auf gesetzlichen Ansprüchen (Beamtengesetze, Bundesversorgungsgesetz) und werden aus öffentlichen Mitteln ohne eigene Beiträge der zu Versorgenden gedeckt. Die Bedürftigkeit muß nicht geprüft werden. Für die Landwirte gibt es die Altershilfe für Landwirte, für die freien Berufe sowie für die Arbeitnehmer der Wirtschaft u. a. die Rentenversicherung.

Versorgungsausgleich: der bei der Ehescheidung vor Ausspruch der Scheidung durch das Familiengericht durchzuführende Ausgleich zwischen den Anwartschaften der Ehegatten auf eine voneinander unabhängige Versorgung wegen Alters, Berufs- oder Erwerbsunfähigkeit. Der Versorgungsausgleich beruht auf dem Grundgedanken, daß die während der Ehe erworbenen Vermögenswerte aus der Leistung beider Ehegatten resultieren. Er bezweckt, den Ehegatten, der während der Ehe nicht oder nicht voll erwerbstätig war und daher keine oder nur eine geringwertige eigene Altersversorgung aufbauen konnte, bei der Ehescheidung an den während der Ehezeit erworbenen Anwartschaften oder Aussichten gerecht zu beteiligen.

Versorgungswirtschaft: der Teil der Wirtschaft, der in Gemeinwesen die Versorgung mit Energie (Elektrizität, Gas, Fernwärme) und Wasser sowie den öffentlichen Nahverkehr betreibt. Die *Versorgungsbetriebe* haben den Charakter öffentlicher Wirtschaftsbetriebe; sie sind oft Gemeindeeigentum, sofern sie nicht eigene Rechtspersönlichkeit besitzen.

Verstaatlichung: Form der **Sozialisierung** (Überführung von Gütern in Gemeineigentum), bei der Rechtsträger der sozialisierten Güter der Staat (der Bund oder ein Land) ist. Art. 15 des Grundgesetzes läßt eine Sozialisierung prinzipiell zu, schränkt sie aber auf Grund und Boden, Naturschätze und Produktionsmittel ein. Von der Verstaatlichung zu unterscheiden ist die Enteignung, auch wenn sie zugunsten des Staates erfolgte.

Verstädterung: der Prozeß zunehmender Bevölkerungsverdichtung in städtischen Gebieten bei entsprechendem Rückgang der Bevölkerung in ländlichen Bereichen. Die Verstädterung ist eine Folge der Industrialisierung; die Konzentration von industriellen Produktionsstätten, von Handel und Gewerbe in den Städten begünstigt sowohl den Zuzug aus dem ländlichen Umland als auch eine Ausdehnung städtischer Kultur und Lebensformen auf die Bevölkerungsgruppen, die zwar weiterhin auf dem Land wohnen, aber in der Stadt arbeiten *(Pendler).*

verstärkter Personalkredit: Personalkredit, bei dem zusätzlich noch Sachen (z. B. aufgrund von Grundpfandrechten oder Sicherungsübereignung) oder Personen (aufgrund der ↑Bürgschaft) haften.

versteckte Mängel ↑Sachmängel.

Versteigerung (Auktion): öffentlicher Verkauf eines Gegenstandes an den Meistbietenden. Im Wechselspiel zwischen Versteigerer und mehreren Kaufinteressenten wird der Preis des zum Verkauf stehenden Gegenstandes durch Überbieten der Kaufinteressenten gesteigert. Durch Zuschlag an den Meistbietenden wird der Kaufvertrag geschlossen. Bei Waren, deren Beschaffenheit stets wechselnde und größere Unterschiede zeigt (Wolle, Häute, Gemüse, Fisch, Tabak), ist der Käufer auf genauen Augenschein angewiesen. Eine besondere Form der Versteigerung, v. a. von Lebensmitteln, ist der Abschlag (Veiling), bei dem der Preis vom Höchstangebot nach rückwärts ermittelt wird. Über den Kaufabschluß wird vom Makler eine Schlußnote ausgefertigt, die alle wichtigen Vereinbarungen des Kaufvertrages enthält.

Im *Schuldrecht* ist die Versteigerung zulässig beim Selbsthilfeverkauf, bei Fundsachen und bei der Pfandleihe sowie bei den zur Hinterlegung ungeeigneten Sachen. Die Versteigerung ist unter Angabe von Zeit und Ort öffentlich bekanntzumachen und wird durch den Gerichtsvollzieher oder einen öffentlich bestellten Versteigerer (Auktionator) durchgeführt.
In der *Zwangsvollstreckung* findet die Verwertung beweglicher Sachen meist durch öffentliche Versteigerung, die Verwertung von Grundstücken durch *Zwangsversteigerung* statt. Die öffentliche Versteigerung kann nur durch den Gerichtsvollzieher erfolgen; sie ist ein staatlicher Hoheitsakt.
Die Versteigerung kann auch *freiwillig* sein. Dient sie der Aufgabe des Geschäftsbetriebes, ist sie meist als Ausverkauf anzusehen und bei der zuständigen Behörde anzumelden.

Vertrag: zwei- oder mehrseitiges Rechtsgeschäft, das durch übereinstimmende Willenserklärungen zustandekommt. Die Willenserklärungen müssen an einen bestimmten Adressaten gerichtet sein und sind rechtlich verbindlich, es sei denn, die Verbindlichkeit wurde ausgeschlossen. Die Annahme muß ohne wesentliche Änderung des Inhalts erfolgen, andernfalls fehlt die Übereinstimmung.
Verträge, die nur einseitig eine Verpflichtung begründen, heißen einseitige Verträge (Schenkungsversprechen, Bürgschaft); Verträge, die für beide Teile sowohl Forderungen als auch Verpflichtungen begründen, heißen gegenseitige Verträge. Wichtigster gegenseitiger Vertrag ist der Kaufvertrag. Im Rahmen der Vertragsfreiheit ist die Ausgestaltung schuldrechtlicher Verträge weitgehend den Vertragsparteien überlassen.
An einen gültigen Vertrag sind die Beteiligten grundsätzlich gebunden. Sie können sich ihm nur unter bestimmten Voraussetzungen (insbesondere durch Anfechtung, Kündigung, Widerruf) entziehen. Ein Vertrag kommt regelmäßig durch Angebot und Annahme zustande. Die Auslegung erfolgt nach ↑Treu und Glauben mit Rücksicht auf die Verkehrssitte (↑Handelsbrauch). Verträge sind grundsätzlich formlos; nur in Ausnahmefällen ist Schriftform oder gar notarielle oder gerichtliche Beurkundung notwendig (§§ 145 ff. BGB). Im Wirtschaftsleben besonders häufig ist der Vertragsschluß durch Briefwechsel; soweit durch das Gesetz Schriftform vorgeschrieben ist, genügt Briefwechsel zur Wahrung der Form nicht (§ 126 BGB).

Vertragsfreiheit: die Freiheit des Einzelnen, darüber zu entscheiden, ob, worüber und mit wem ein Vertrag geschlossen werden soll. Der Grundsatz gilt, begrenzt durch gesetzliche Verbote und die guten Sitten, v. a. im Recht der Schuldverhältnisse.

Vertragshändler: selbständiger Unternehmer, der durch einen Rahmenvertrag mit einem Hersteller von Waren in dessen Vertriebsorganisation eingegliedert ist, aber im eigenen Namen und auf eigene Rechnung Waren des Herstellers einkauft und weiterveräußert.

Vertragsstrafe ↑Schadenersatz.

vertretbare Sachen: bewegliche Sachen, die im Verkehr nach Zahl, Maß oder Gewicht bestimmt werden, also jeweils durch andere gleicher Art vertreten werden können. Nicht vertretbare Sachen sind genau bestimmbare Einzelstücke.

Vertreter ↑Handelsvertreter.

Vertretung: das Handeln im Namen eines anderen, des Vertretenen. Rechtsgeschäfte des Vertreters gelten unmittelbar für und gegen den Vertretenen, sofern und soweit er die Befugnis zur Vertretung dem Vertreter gegeben hat. Die Vertretung kann vertraglich vereinbart (↑Vollmacht) oder gesetzlich festgelegt sein. Die Vertretung kann erfolgen durch eine Einzelperson **(Einzel-**

vertretung) oder durch mehrere Personen gemeinsam **(Gesamtvertretung).**

Vertretungsmacht: befugt zum rechtsgeschäftlichen Handeln im Namen eines anderen mit Wirkung für oder gegen diesen (↑Vertretung). Sie kann auf gesetzlicher Grundlage (gesetzlicher Vertreter) oder auf Rechtsgeschäft (Erteilung einer ↑Vollmacht) beruhen.

Vertrieb: zusammenfassende Bezeichnung für Vorbereitung, Anbahnung, Durchführung und Abwicklung absatzorientierter Tätigkeiten; häufig synonym gebraucht mit den Begriffen Absatz und Verkauf.

Vertriebsweg ↑Absatzweg.

Verursacherprinzip: Grundsatz in der Umweltpolitik, nach dem Kosten der Umweltbelastung von demjenigen zu tragen sind, der sie verursacht hat. In der praktischen Politik entstehen häufig Zurechnungsprobleme, weil der Verursacher nicht immer eindeutig identifiziert werden kann.

Verwaltungsgemeinkosten: ↑Gemeinkosten, die im allgemeinen Verwaltungsbereich (z. B. Geschäftsleitung, Telefonzentrale) entstehen, ohne unmittelbare Beziehung zu einer kalkulationsfähigen Leistung.

Verwaltungsgerichtsbarkeit: besonderer Zweig der Rechtspflege für alle öffentlich-rechtlichen Streitigkeiten, die nicht zur Zuständigkeit der Verfassungsgerichte gehören und nicht ausdrücklich einer anderen Gerichtsbarkeit zugewiesen sind. Das Verfahren vor den Verwaltungsgerichten regelt die Verwaltungsgerichtsordnung vom 21. 1. 1960. In den Ländern werden Verwaltungsgerichte und Oberverwaltungsgerichte (auch Verwaltungsgerichtshöfe genannt) errichtet; oberster Gerichtshof ist das Bundesverwaltungsgericht in Berlin (West). Als *Klagearten* sind die Anfechtungs-, Verpflichtungs- und Feststellungsklage zu unterscheiden. Darüber hinaus kann schon vor Klageerhebung der Antrag auf Erlaß einer einstweiligen Anordnung gestellt werden. Vor Erhebung der Klage sind Rechtmäßigkeit und Zweckmäßigkeit des Verwaltungsaktes in einem Vorverfahren nachzuprüfen, das durch den Widerspruch eingeleitet wird.

Verwertungskonsortium: Gelegenheitsgesellschaft in der Regel von Banken zur Übernahme von Wertpapieren, insbesondere bei Emissionen, zum Weiterverkauf.

Verzinsung: die Zahlung von (in Prozenten ausgedrückten) Teilbeträgen auf eine entliehene Summe als Preis für die Leihe. Wird die Verzinsung auf den Nennwert der ausgeliehenen Summe berechnet, so handelt es sich um eine Nominalverzinsung. Zur Ermittlung des wirklichen Betrags, der effektiven Verzinsung, müssen darüber hinaus der jeweilige Börsenkurs, Zinstermine sowie Agio bzw. Disagio berücksichtigt werden.

Verzug: im Schuldrecht ein Fall der Leistungsstörung. 1. **Schuldnerverzug (Leistungsverzug)** ist die Verzögerung der Leistung durch den Schuldner nach den §§ 284 ff. BGB (z. B. Lieferungsverzug, Zahlungsverzug). Er setzt voraus, daß die Leistung nachholbar (d. h. noch erfüllbar ist) und fällig ist, eine ↑Mahnung erfolgt ist (entfällt, wenn die Leistung nach dem Kalender bestimmt ist) und daß der Schuldner den Verzug zu vertreten hat. *Rechtsfolgen* des Schuldnerverzugs sind: der Schuldner bleibt in der Regel zur Leistung verpflichtet und hat darüber hinaus dem Gläubiger den durch den Verzug eingetretenen Schaden **(Verzugsschaden)** samt Verzugszinsen zu ersetzen. Hat der Gläubiger kein Interesse mehr an der Leistung, so kann er unter Ablehnung der Leistung Schadenersatz wegen Nichterfüllung des Vertrages verlangen. Bei einem gegenseitigen ↑Vertrag kann der Gläubiger die Leistung ablehnen bzw. vom Vertrag zurücktreten (↑Rücktritt) oder Schadenersatz wegen Nichterfüllung verlangen. Während des Verzugs hat der Schuldner jede Fahrlässigkeit zu vertreten und auch für den zufälligen Untergang der Sache zu haften; 2. **Gläubigerverzug (Annahmeverzug)** ist die Verzögerung der Annahme einer dem Gläubiger angebotenen Leistung oder der zur Erfüllung eines Schuldverhältnisses notwendigen Mitwirkungspflicht des Gläubigers (§§ 293 ff. BGB). Der Gläubiger gerät in Verzug, wenn ihm die Leistung am Leistungsort, zur Leistungszeit in der geschuldeten Art, Menge und Güte (Realangebot) tatsächlich angeboten wird. Ein wörtliches Angebot (Verbalangebot) genügt, wenn der Gläubiger erklärt hat, er werde die Leistung ablehnen. Ist für die Mitwirkungshandlung des Gläubigers eine Zeit nach dem Kalender bestimmt, so bedarf es keinerlei Angebots. *Rechtsfolgen* des Gläubigerverzugs sind: Die Haftung des Schuldners beschränkt sich auf Vorsatz und grobe Fahrlässigkeit, der Schuldner ist mit befreiender Wirkung zur Hinterlegung beim Amtsgericht des Leistungsorts befugt und behält seinen Vergütungsanspruch, auch wenn die Leistung unmöglich geworden ist. Ferner kann der Schuldner Ersatz der Mehraufwendung verlangen, die er für das erfolglose Angebot sowie für die Aufbewahrung und Erhaltung des geschuldeten Gegenstandes machen mußte. Im Arbeitsrecht behält der Schuldner seinen Vergütungsanspruch.

Verzugszinsen: vom in Verzug geratenen Schuldner eines Geldbetrags zu entrichtende Zinsen.

vinkulierte Namensaktien ↑Aktie, ↑Namenspapier.

Volksaktien ↑Aktie.

Volksbanken: gewerbliche Kreditgenossenschaften, Selbsthilfeeinrichtungen zur Kreditversorgung der kapitalschwachen gewerblichen Betriebe, in der Regel in der Rechtsform der eGmbH. Mitglieder sind vorwiegend Handwerker und Gewerbetreibende. – ↑auch Genossenschaften.

Volkseigener Betrieb (VEB): Namenszusatz der staatlichen Betriebe in der ehemaligen DDR. Ihre durch zentrale Planung stark eingeschränkte Selbständigkeit war in der DDR häufig Gegenstand von Diskussionen und Wirtschaftsreformen.

Volkseinkommen (Nationaleinkommen): Summe aller den inländischen Wirtschaftssubjekten aus dem In- und Ausland in einer Periode zufließenden Einkommen. Das Volkseinkommen erhält man als Bruttosozialprodukt vermindert um die Abschreibungen und die direkten Steuern zuzüglich der Subventionen; es ist identisch mit dem Nettosozialprodukt zu Faktorkosten. Das um die Gewinne der öffentlichen Unternehmen verminderte und um die staatlichen Transferzahlungen vermehrte Volkseinkommen ergibt das **private Einkommen.** Subtrahiert man von diesem die unverteilten Gewinne der Privatunternehmen, so erhält man das **persönliche Einkommen,** werden die direkten Steuern und die Sozialversicherungsbeiträge der privaten Haushalte abgezogen, ergibt sich das **persönlich verfügbare Einkommen.**

Volkswirtschaft: die Gesamtheit des wirtschaftenden Zusammenwirkens aller privaten und öffentlichen Wirtschaftssubjekte innerhalb des (mit dem Staatsgebiet zusammenfallenden) Wirtschaftsraumes. Dabei ergibt sich die Volkswirtschaft nicht allein als Summe ihrer Teile, sondern erhält durch ein einheitliches Wirtschaftssystem, eine einheitliche Geld- und Währungsordnung sowie die staatliche Wirtschaftspolitik und die gegebenen Rechts- und Gesellschaftsverhältnisse wie auch durch die natürliche Ausstattung des Wirtschaftsraums usw. ihr besonderes, sie von anderen Volkswirtschaften unterscheidendes Gepräge.

volkswirtschaftliche Gesamtrechnung (VGR): die kontenmäßige Erfassung der Güter- und Einkommensströme in einer Volkswirtschaft. Sie bezweckt, nach Abschluß einer Wirtschaftsperiode ein möglichst umfassendes, übersichtlich und gut gegliedertes quantitatives Ge-

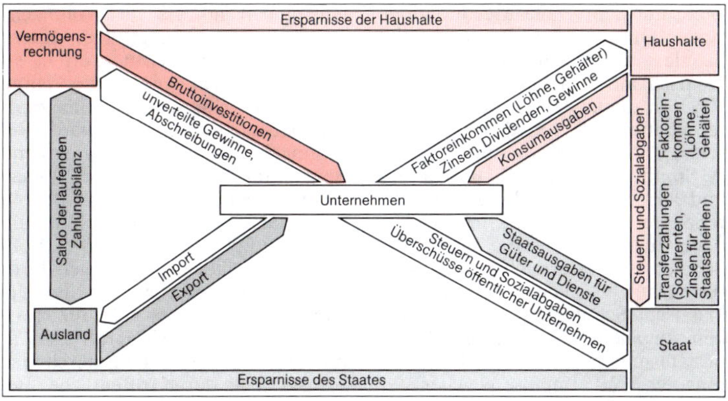

Volkswirtschaftliche Gesamtrechnung (VGR). Schema des Kreislaufs

samtbild des wirtschaftlichen Geschehens zu geben. Trotz der Schwierigkeiten, z. B. die notwendigen Informationen bei Haushalten und Unternehmen zu erheben, ist die volkswirtschaftliche Gesamtrechnung ein umfassendes Instrument der Wirtschaftsbeobachtung und damit wesentliche Grundlage für gesamtwirtschaftliche Analysen und Prognosen. Grundlage der volkswirtschaftlichen Gesamtrechnung ist die *Kreislauftheorie,* nach der die Vielzahl der Unternehmen und Haushalte in Sektoren zusammengefaßt (aggregiert) werden, die ihrerseits wiederum durch Güter-, Geld- und Leistungsströme miteinander verbunden sind. Da diese Ströme bei einer größeren Sektorenzahl nicht mehr anschaulich dargestellt werden können, werden die Zusammenhänge zwischen Produktion, Einkommensentstehung, -verteilung und -verwendung sowie den Finanzierungsvorgängen mit der Methode der Buchführung analysiert. Die volkswirtschaftliche Gesamtrechnung ermöglicht es, die wirtschaftlichen Tätigkeiten und Vorgänge nach Sektoren getrennt auszuweisen. Die volkswirtschaftliche Gesamtrechnung in der Bundesrepublik Deutschland unterscheidet den Unternehmenssektor, den staatlichen Sektor und die privaten Haushalte, die jeweils in Teilsektoren aufgespalten sind. Für jeden Teilsektor werden sieben Konten geführt, und zwar für die ökonomischen Aktivitäten Produktion, Einkommensentstehung, -verteilung, -umverteilung, -verwendung, Vermögensbildung sowie davon getrennt Konten für Kreditaufnahme und -gewährung. Hinzugefügt wird diesen Konten ein zusammengefaßtes Güterkonto sowie ein „zusammengefaßtes Konto übrige Welt".

Volkswirtschaftslehre (Nationalökonomie, VWL): Teilgebiet der Wirtschaftswissenschaften, dessen Objekt die gesamte Wirtschaft einer Gesellschaft ist, wobei neben der Analyse einzelwirtschaftlicher Phänomene die Beschreibung und Erklärung gesamtwirtschaftlicher Zusammenhänge und Prozesse im Rahmen der Volkswirtschaft und darüber hinaus Bedeutung haben. Kerngebiet der VWL ist die Wirtschaftstheorie; im weiteren Sinne zählen zur VWL auch die Wirtschaftspolitik, die Finanzwissenschaft und die Wirtschaftsgeschichte; Hilfswissenschaften sind Statistik und Ökonometrie. Die Geschichte der VWL beginnt mit dem ↑Merkantilismus und vor allem mit dem Tableau économique von F. Quesnay, dem Begründer der Schule der Physiokraten. In Deutschland entwickelte sich die VWL in dieser Zeit als Kameralwissenschaften. Als Vertreter der klassischen Nationalökonomie gelten A. Smith, D. Ricardo, T. R. Malthus und J. B. Say. In der Folgezeit differenzierte sich die VWL in verschiedene Schulen, z. B. die historische Schule, die österreichische Schule (Grenznutzenschule) und die neoklassische Schule. In neuerer Zeit haben vor allem J. M. Keynes (↑Keynesianismus) und der ↑Monetarismus der VWL Impulse gegeben.

Vollbeschäftigung: die volle Auslastung des volkswirtschaftlichen Produktionsapparates und voller Einsatz aller arbeitswilligen Wirtschaftssubjekte im Wirtschaftsprozeß. Von Vollbeschäftigung bzw. einem hohen Beschäftigungsstand wird ausgegangen, wenn die Arbeitslosenquote niedrig ist (z. B. unter 3%).

Vollkaufmann ↑Kaufmann.

vollkommene Konkurrenz: Marktform, bei der so viele Anbieter und Nachfrager auf dem Markt auftreten, daß Verhaltensänderungen den Marktpreis nicht beeinflussen.

Vollkostenrechnung: Kostenträgerrechnung, bei der alle Kosten, die zur Leistungserstellung erforderlich sind, den Kostenträgern zugerechnet werden.

Vollmacht: die durch einseitige (in der Regel formlos gültige) Erklärung erteilte Vertretungsmacht. Bei Grundstücksgeschäften ist der Nachweis der Bevollmächtigung in öffentlich beglaubigter Form gegenüber dem Grundbuchamt erforderlich.
Die Vollmacht erlischt durch Beendigung des zugrunde liegenden Rechtsverhältnisses, durch Widerruf und Tod des Bevollmächtigten. Ob der Tod des Vollmachtgebers die Vollmacht beendet, hängt vom Inhalt der Vollmacht oder beim Fehlen besonderer Bestimmungen von den Umständen ab. Ist die Vollmacht durch Erklärung gegenüber einem Dritten (Geschäftspartner) erteilt, so bleibt sie diesem gegenüber so lange in Kraft, bis ihm das Erlöschen vom Vollmachtgeber angezeigt wird. Bei Vollmachterteilung durch öffentliche Bekanntmachung bedarf der Widerruf derselben Form. Ist dem Bevollmächtigten eine besondere Urkunde ausgehändigt, so bleibt die Vollmacht gegenüber gutgläubigen Dritten so lange bestehen, bis die Urkunde zurückgegeben oder für kraftlos erklärt worden ist. Kraftloserklärung erfolgt auf Antrag durch das Amtsgericht durch öffentliche Bekanntmachung. – Besondere *Arten* der Vollmacht sind ↑Handlungsvollmacht und ↑Prokura. Man unterscheidet 1. nach dem Umfang: **Generalvollmacht** (für alle Geschäfte), Gattungsvollmacht (für einen größeren Geschäftskreis) und Spezialvollmacht (für bestimmte einzelne Geschäfte); 2. nach der Anzahl von Personen: Einzelvollmacht (steht einem allein zu) und Gesamtvollmacht (die Vertretungsmacht kann nur mit anderen gemeinsam ausgeübt werden).

Vollmachtstimmrecht ↑Depotstimmrecht.

Vollstreckungsbescheid ↑Mahnverfahren.

Vorausklage ↑Bürgschaft.

Vorgabezeit ↑Arbeitszeitstudie.

Vorkalkulation ↑Kalkulation.

Vorkaufsrecht: das gesetzliche oder vertragliche Recht eines dazu Berechtigten, in einen Kaufvertrag einzutreten, den der Eigentümer der Sache (Verpflichteter) mit einem Dritten geschlossen hat. Der Berechtigte tritt an die Stelle des Dritten unter den im Vertrag vereinbarten Bedingungen. Übt der Vorkäufer sein Vorkaufsrecht durch Erklärung gegenüber dem Verpflichteten aus, so erlangt er dadurch nur einen Anspruch gegen den Verkäufer auf Übereignung der verkauften Sache; ist diese bereits an den Dritten übereignet, kann der Vorkäufer nicht

Herausgabe von dem Dritten verlangen. Bei Grundstücken kann das Vorkaufsrecht durch Eintragung im Grundbuch als dingliches Vorkaufsrecht auch gegen Dritte wirken (§§ 1094 ff. BGB). Gesetzliche Vorkaufsrechte dienen insbesondere staatlich gelenkter Boden- und Siedlungspolitik (z. B. das Vorkaufsrecht der Gemeinden.)

Vorkostenstellen ↑Hilfskostenstellen.

Vorlegungsfrist: der Zeitraum, in dem ein Wechsel zur Annahme oder ein Wechsel oder Scheck zur Zahlung vorzulegen ist.

Vorleistung: in der Bilanz transitorische Posten der Rechnungsabgrenzung: im voraus geleistete Mieten, Beiträge, Versicherungen, Gebühren sind *aktive Posten,* im voraus erhaltene Mieten usw. sind *passive Posten* der Rechnungsabgrenzung.

Vormerkung: ein Vermerk im Grundbuch zur Sicherung des persönlichen (schuldrechtlichen) Anspruchs auf Eintragung einer dinglichen Rechtsänderung (z. B. Eigentumsübertragung, Bestellung einer Hypothek) hinsichtlich eines Grundstücksrechts. Mit der Vormerkung soll verhindert werden, daß der im Grundbuch eingetragene Eigentümer in der oft langen Zeit zwischen schuldrechtlichem Vertrag (z. B. Grundstückskaufvertrag) und der zum Eigentumsübergang notwendigen Grundbucheintragung als Buchberechtigter weitere wirksame Verfügungen über das Grundstück trifft.

Vormundschaft: die staatlich beaufsichtigte Fürsorge für Person und Vermögen eines Menschen, der außerstande ist, seine Angelegenheiten selbst zu besorgen (Mündel). Die Vormundschaft wird bei Volljährigen angeordnet, wenn sie entmündigt sind, bei Minderjährigen, wenn sie nicht unter elterlicher Sorge stehen. Die Vormundschaft beginnt mit ihrer Anordnung durch das Vormundschaftsgericht und endet mit Volljährigkeit oder Tod des Mündels, Aufhebung der Entmündigung oder Aufhebung der Vormundschaft durch das Gericht. Die Personen- und Vermögenssorge obliegt dem vom Gericht bestellten Vormund, der der Aufsicht des Vormundschaftsgerichtes unterliegt.

Vorruhestandsregelung: Bezeichnung für gesetzliche Maßnahmen als Rahmen für tarif- oder arbeitsvertragliche Vereinbarungen, die zur Entlastung des Arbeitsmarkts das vorzeitige Ausscheiden von Arbeitnehmern aus der Erwerbstätigkeit erleichtern sollen. Rechtliche Grundlage war insbesondere das vom 1. 5. 1984 bis 31. 12. 1988 befristete Vorruhestandsgesetz vom 13. 4. 1984 (mit Begleitgesetzen). Es sah vor, daß Arbeitgeber, die aufgrund eines Tarifvertrages oder einer Vereinbarung mit dem Arbeitnehmer an aus dem Betrieb ausgeschiedene Arbeitnehmer, die das 58. Lebensjahr vollendet hatten, ein *Vorruhestandsgeld* in Höhe von mindestens 65% des bisherigen Bruttoarbeitsentgelts zahlten, für ihre Aufwendungen unter bestimmten Bedingungen einen Zuschuß von 35% von der Bundesanstalt für Arbeit erhielten. Die Vorruhestandsregel wurde von der ↑Altersteilzeit abgelöst.

Vorsatz: im Zivilrecht eine Form des Verschuldens. Vorsatz ist gegeben bei Kenntnis der Pflichtwidrigkeit des Handelns und zumindest billigender Inkaufnahme des rechtswidrigen Erfolges.

Vorsorgeaufwendungen ↑Sonderausgaben.

Vorstand: leitendes Organ bei der ↑Aktiengesellschaft und anderen ↑juristischen Personen.

Vorsteuer ↑Umsatzsteuer.

Vorzugsaktie ↑Aktie.

VVaG: Abkürzung für ↑Versicherungsverein auf Gegenseitigkeit.

W

Wachstum ↑Wirtschaftswachstum.

Wagenladung: Gütersendung im Eisenbahnverkehr, die mindestens einen Wagen umfaßt (Mindestgewicht 5 Tonnen) und mit *einem* ↑Frachtbrief für diesen Wageninhalt versandt wird. Dagegen: ↑Stückgut, ↑auch Sammelgut.

Wagnisse: Risiken und Verlustgefahren, die sich aus der unternehmerischen Tätigkeit ergeben. 1. Das *allgemeine Unternehmerrisiko* läßt sich nicht kalkulieren, sondern muß durch den Gewinn abgegolten werden. 2. *Einzelwagnisse,* die mit der Leistungserstellung verbunden sind, z. B. Gewährleistungsrisiko, Forderungsausfälle und Lagerrisiko, werden im Rahmen der ↑kalkulatorischen Kosten kalkuliert. Für die Höhe der *kalkulatorischen Wagnisse* wählt man den aperiodischen Durchschnitt der eingetretenen Wagnisverluste der letzten 5 Jahre. Während die tatsächlichen Wagnisverluste als ↑neutrale Aufwendungen in die Gewinn- und Verlustrechnung eingehen, stehen die kalkulatorischen Wagnisse im Betriebsergebnis im Soll, werden aber als verrechnete kalkulatorische Wagnisse im ↑neutralen Ergebnis wieder ausgebucht.

Währung: 1. die Währungseinheit eines Landes, die gesetzliches Zahlungsmittel ist; 2. die Geldordnung und damit die Normen, die das Geldsystem eines Landes regeln. Der Außenwert der Währung ist die Kaufkraft der inländischen Währung im Ausland, die durch den ↑Devisenkurs festgelegt wird. Über den Devisenkurs ergibt sich die **Währungsparität,** d. h. das Verhältnis zweier Währungen zueinander. Das **Währungsgebiet** ist der Raum, in dem eine Währung gilt; es kann auch mehrere Länder umfassen.

In den Währungsgesetzen müssen u. a. die Recheneinheit, die Währungsbezeichnung, der Währungsstoff (Papierwährung, Metallwährung), die Stückelung und die gesetzlichen Zahlungsmittel festgelegt werden.

Man unterscheidet drei **Währungssysteme:** Metall-, Papier- und Indexwährung. Metallwährung: die Währung ist an ein Edelmetall gebunden, z. B. an Gold oder Silber (↑Goldwährung). Die Papierwährung (↑auch Papiergeld) bezeichnet man auch als freie Währung, da diese an kein Währungsmetall gebunden ist und auch in keinen anderen Währungsstoff eingelöst werden muß. Bei der Indexwährung wird der Wert des Geldes an Preisindexziffern gebunden. Veränderungen der Indexzahlen müssen durch eine Geldmengenpolitik korrigiert werden.

Währungspolitik: Teil der allgemeinen Wirtschaftspolitik, der alle geld- und kreditpolitischen Maßnahmen eines Staates und seiner Notenbank (↑auch Deutsche Bundesbank) zur Erreichung der gesteckten volkswirtschaftlichen Ziele umfaßt.

Währungsrechnen: das Rechnen mit ausländischen Währungen, das sich nach dem Kurs richtet. Der Kurs ist der Preis für 100 Einheiten ausländischen Geldes, ausgedrückt in der Inlandswährung. Ausnahme machen £ und $, die in Deutschland für eine Einheit notieren, und die italienischen Lire (Lit), deren DM-Kurs für 1 000 Lire gilt. Währungsrechnen ist Anwendung des ↑Dreisatzes. Faustregel: Ist einheimische Währung gegeben, muß man durch den Kurs teilen, hat man ausländische Sorten, muß man mit dem Kurs malnehmen.

Währungsreform: die gesetzliche

Neuordnung des Geldwesens eines Staates; sie ist erforderlich, wenn bei einer zurückgestauten ↑Inflation die Bevölkerung eines Landes in die eigene zerrüttete Währung jedes Vertrauen verloren hat und daher die währungspolitischen Maßnahmen von Notenbank und Staat zur Sanierung der Währung erfolglos bleiben. Ursachen einer solchen Geldzerrüttung sind Kriege, Mißwirtschaft, Mißernten usw. Deutschland hat in diesem Jahrhundert zwei Währungsreformen erlebt, nach der Inflation 1923 und 1948. Bei der Währungsreform, die 1948 in den westlichen Besatzungszonen und in den Westsektoren von Berlin durchgeführt wurde, wurde die Reichsmark von der Deutschen Mark abgelöst. Dabei wurden Altgeldguthaben im Verhältnis von 100:6,5 und Reichsmarkverbindlichkeiten im Verhältnis von 10:1 umgetauscht, Löhne und Gehälter, Miet- und Pachtzinsen sowie Renten und Pensionen im Verhältnis 1:1 umgestellt. 1948 wurde auch in der Sowjetischen Besatzungszone und im Sowjetischen Sektor von Berlin eine Währungsreform durchgeführt. Eine Währungsreform war auch die Einführung der Deutschen Mark in der ehemaligen DDR am 1. Juli 1990.

Wallstreet [englisch 'wɔ:l'stri:t]: Straße im New Yorker Stadtteil Manhattan mit Banken und Börsen, auch die Bezeichnung für die New Yorker Wertpapierbörse.

Wandelschuldverschreibung: ↑Schuldverschreibung einer Aktiengesellschaft (Form: Obligation, aber auch als Anleihe denkbar), die dem Eigentümer das Recht einräumt, sie zu einem bestimmten Zeitpunkt in einem vorgegebenen Umwandlungsverhältnis in Aktien dieser Aktiengesellschaft umzutauschen. Ein Rückzahlungsanspruch tritt dann ein, wenn der Eigentümer vom Umtauschrecht keinen Gebrauch macht. Wegen der Wandlungsmöglichkeit haben Wandelschuldverschreibungen in der Regel eine niedrigere Verzinsung als gewöhnliche Schuldverschreibungen. Der Umtausch erfolgt unter schon bei der Ausgabe festgelegten Bedingungen (u. a. meist Zuzahlung eines Wandlungspreises) und führt zu einer ↑bedingten Kapitalerhöhung, d. h. eine Wandelschuldverschreibung darf nur aufgrund eines Hauptversammlungsbeschlusses von mindestens 75% des vertretenen Grundkapitals ausgegeben werden.

Wandlung ↑Sachmängel.

Wareneingangsbuch: Nebenbuch der kaufmännischen Buchführung zur Erfassung der eingekauften Waren bei gewerblichen Unternehmen. Es muß über Art, Preis und Tag der Lieferung und Bezahlung der Ware Auskunft geben und ist 10 Jahre lang aufzubewahren. Das Wareneingangsbuch muß von allen Gewerbetreibenden geführt werden, die von der Führung von Handelsbüchern befreit sind. Großhändler, die Waren an Gewerbetreibende veräußern, sind verpflichtet, alle Warenausgänge in einem **Warenausgangsbuch** zu verbuchen.

Wareneinsatz: Summe der ↑Einstandspreise der verkauften Waren. Man erhält den Wareneinsatz, indem man auf dem Wareneinkaufskonto von den Einkäufen den Schlußbestand (Inventurbestand) abzieht. Da es sich beim Wareneinsatz um eigenen ↑Aufwand für die zu verkaufende Ware handelt, wird er auf dem GuV-Konto ins Soll gebucht; Buchungssatz: GuV an Wareneinkauf. Diese Umbuchung des Wareneinsatzes nennt man auch den **Warenübertrag,** der hier nach dem Bruttoverfahren (↑Bruttorechnung) erfolgt.

Warenhaus ↑Kaufhaus.

Warenkonto: Konto bei der doppelten Buchführung, das früher als „gemischtes Konto" geführt wurde, heute dem Kontenrahmen entsprechend in Wareneinkaufskonto und Warenverkaufskonto aufgeteilt ist. Das **Wareneinkaufskonto** ist ein Bilanzkonto, bei dem im Soll Waren-

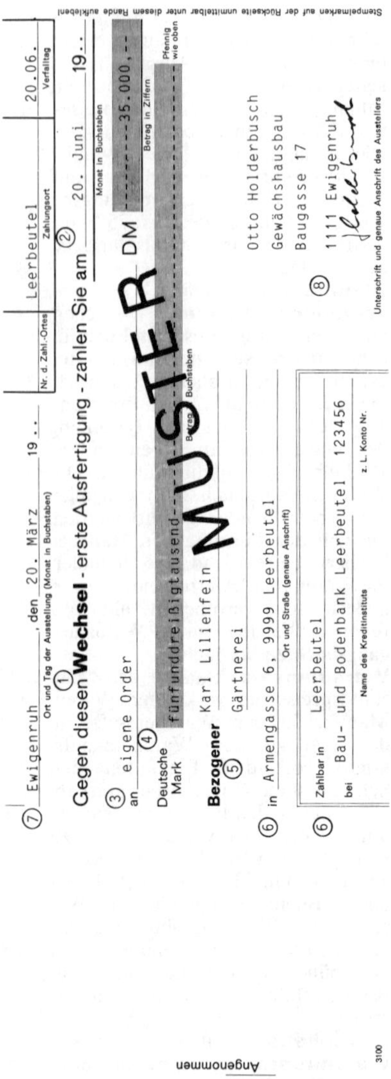

Stempelmarken auf der Rückseite unmittelbar unter diesem Rande aufkleben!
⑦ Ewigenruh, den 20. März 19.. | Nr. d. Zahl.-Ortes | Leerbeutel | 20.06.
Ort und Tag der Ausstellung (Monat in Buchstaben) | Zahlungsort | Verfalltag
① Gegen diesen **Wechsel** - erste Ausfertigung - zahlen Sie am ② 20. Juni 19..
Monat in Buchstaben
③ an eigene Order ④ DM ------35.000,--
Betrag in Ziffern
Deutsche Mark fünfunddreißigtausend------------------------------------ Pfennig wie oben
Betrag in Buchstaben
Bezogener ⑤ Karl Lilienfein
Gärtnerei
⑥ in Armengasse 6, 9999 Leerbeutel
Ort und Straße (genaue Anschrift)
⑥ Zahlbar in Leerbeutel
bei Bau- und Bodenbank Leerbeutel 123456
Name des Kreditinstituts | z. L. Konto Nr.
⑧ Otto Holderbusch
Gewächshausbau
Baugasse 17
1111 Ewigenruh
Unterschrift und genaue Anschrift des Ausstellers
MUSTER
Angenommen
3100

anfangsbestand und Warenzugänge zu Einkaufspreisen sowie die Bezugskosten, im Haben Rücksendungen an Lieferer, Nachlässe, Warenentnahmen für private Zwecke sowie der Einkaufswert der verkauften Waren gebucht werden. Das **Warenverkaufskonto** ist ein Erfolgskonto, bei dem im Soll Warenrücksendungen, Nachlässe sowie die verkauften Waren zum Einkaufswert, im Haben die Warenverkäufe zu Verkaufspreisen verbucht werden.

Warenkorb ↑Preisindex.

Warenübertrag ↑Wareneinsatz.

Warenwechsel (Handelswechsel): Wechsel, dem eine Warenlieferung zugrunde liegt.

Warenwertpapier: Wertpapier, das Rechte an Sachen (Waren) verkörpert, so ↑Konnossement, ↑Ladeschein und Lagerschein (↑Lagerhalter).

Warenzeichen ↑Markenschutz.

Wechsel: schuldrechtliches Wertpapier, das eine schriftliche, unbedingte, jedoch befristete Zahlungsverpflichtung in gesetzlich vorgeschriebener Form enthält. Der gezogene Wechsel (Tratte) stellt eine Anweisung des Ausstellers (Trassant) an den zahlungspflichtigen Bezogenen dar, an einem bestimmten Zeitpunkt (Verfalltag) eine bestimmte Geldsumme an den im Wechsel genannten Wechselnehmer (Remittent) zu zahlen. Der Wechsel ist ein geborenes ↑Orderpapier. Wenn der Bezogene auf dem Wechsel seine Schuld anerkennt, d. h. den Wechsel „akzeptiert" (↑Akzept), wird der Wechsel für ihn eine Zahlungsverpflichtung. Neben dem gezogenen Wechsel ist auch der eigene Wechsel (↑Solawechsel) gebräuchlich, bei dem der Aussteller die Zahlung verspricht, also gleichzeitig Bezogener ist.

Gesetzliche Bestandteile des Wechsels sind: 1. die Bezeichnung „Wechsel" im Text der Urkunde; 2. die Verfallzeit, sie kann angegeben sein a) als kalendarisch bestimmter Tag (Tagwechsel), b) als bestimmte Zeitspanne nach Ausstellung, z. B. „in drei Monaten" (Datowechsel), c) bei Vorlage (↑Sichtwechsel), d) als eine bestimmte Zeitspanne nach Vorlage und Annahme des Wechsels, z. B. 90 Tage nach Sicht (Nachsichtwechsel); 3. Name dessen, an den bezahlt werden soll (Wechselnehmer): a) der Aussteller kann sich als Wechselnehmer eintragen (Wechsel „an eigene Order") oder b) einen Dritten (Wechsel an fremde Order); 4. die unbedingte Anweisung, eine bestimmte Geldsumme zu zahlen; 5. Name des Bezogenen; 6. Angabe des Zahlungsorts; der Wechsel kann an einem anderen Ort als dem Wohnort des Bezogenen zahlbar sein (↑Domizilwechsel); fehlt die Angabe des Zahlungsorts, gilt der angegebene Wohnort des Bezogenen als Zahlungsort; 7. Ort und Tag der Ausstellung; 8. Unterschrift des Ausstellers.

Bedeutung des Wechsels: 1. Der Wechsel kann als *Sicherungsmittel* zur Absicherung einer Forderung verwendet werden. Er wird nur dann dem Bezogenen am Verfalltag vorgelegt, wenn dieser die Forderung nicht bezahlt. Aufgrund der ↑Wechselstrenge kann die Wechselforderung schnell und sicher durchgesetzt werden. 2. Der Wechsel kann vom Aussteller wie auch von jedem anderen Wechselinhaber als *Zahlungsmittel* (zahlungshalber) an Gläubiger gegeben werden. Die Weitergabe erfolgt durch ↑Indossament. Sobald der Aussteller den Wechsel weitergibt (in Umlauf bringt), ist der Wechsel zu versteuern (↑Wechselsteuer). Der Wechsel kann dabei gleichzeitig *Kreditmittel* sein, wenn er später als die Forderung fällig ist. 3. Der Wechsel kann an eine Bank verkauft werden (↑Diskontgeschäft). Die Bank gewährt dem Wechseleinreicher damit einen ↑Diskontkredit für die Zeit bis zur Fälligkeit des Wechsels. 4. Für die Kreditinstitute ist der Ankauf von Wechseln a) eine Form der Geldanlage; b) andererseits können die Kreditinstitute diese Wechsel an die Deutsche Bundesbank weiterverkaufen (↑Rediskontierung), wobei sie ihrerseits damit Kredit aufnehmen und sich bei der Deutschen Bundesbank *refinanzieren.* 5. Für die Deutsche Bundesbank ist der Ankauf von Wechseln ein Teil ihrer Geldpolitik (↑Diskontpolitik).

Einlösung des Wechsels: Der Wechsel muß innerhalb der Vorlegefrist, d. h. am Verfalltag (wenn dieser auf einen Samstag, Sonntag oder Feiertag fällt, am nächsten Werktag) oder einem der beiden darauffolgenden Werktage am Zahlungsort dem Bezogenen zur Einlösung vorgelegt und von diesem eingelöst werden. Verweigert der Bezogene die Zahlung, wird Protest mangels Zahlung erhoben (↑Wechselprotest).

Wechselakzept ↑Akzept.

Wechselavis ↑Avis.

Wechselbürgschaft ↑Avalakzept.

Wechselkurs: früher der an der Börse festgesetzte Kurs für Auslandswechsel. Da heute an den Devisenbörsen ausschließlich Auszahlungen auf ausländische Bankplätze gehandelt werden, ist der Begriff Wechselkurs gleichbedeutend mit dem des ↑Devisenkurses.

Wechsellombard: Beleihung von ↑Wechseln durch die Banken und die Deutsche Bundesbank (↑Lombardkredit). Zum Lombard an die Deutsche Bundesbank eingereichte Wechsel müssen wie diskontierte Wechsel ↑bundesbankfähige Wechsel sein.

Wechselobligo: Gesamtsumme aller bestehenden Wechselverpflichtungen 1. eines Unternehmens, 2. eines Bankkunden gegenüber seiner Bank. Banken setzen meist je Kunde einen Höchstbetrag fest, bis zu dem Wechsel von ihm angekauft (diskontiert) werden.

Wechselprolongation: Verlängerung der Wechsellaufzeit durch Ausstellung eines neuen Wechsels (Prolongationswechsel). Da ↑Wechselprotest und ↑Regreß dem Ansehen des Bezogenen wie auch dem des Ausstellers schaden, ist dieser meist bereit, wenn der Bezogene nicht bezahlen kann, den Wechsel zu prolongieren: 1. Hat der Aussteller das ursprüngliche Akzept noch, gibt er es nach Erhalt des neuen akzeptierten Wechsels (mit späterem Verfalltag) an den Bezogenen zurück. 2. Hat der Aussteller das ursprüngliche Akzept weitergegeben, diskontiert er den Prolongationswechsel und überweist den Gutschriftsbetrag dem Bezogenen zur Einlösung des alten Wechsels. Die Wechselsumme des Prolongationswechsels muß demnach den Betrag des alten Wechsels, Diskont und Wechselsteuer des Prolongationswechsels enthalten, damit der Gutschriftsbetrag der Bank ausreicht, den alten Wechsel einzulösen.

Wechselprotest: öffentliche Urkunde, daß der Wechsel zur rechten Zeit (innerhalb der Vorlegefrist), am rechten Ort (angegebener Zahlungsort) erfolglos zur Zahlung vorgelegt wurde. Wechselprotest kann von einem Notar oder von einem Gerichtsbeamten (im Auftrag des Wechselinhabers) aufgenommen werden; aber auch Postbeamte können Wechsel protestieren, wenn der Wechsel durch die Post (Höchstbetrag 3 000 DM) dem Bezogenen vorgelegt wird. Der Protest wird auf dem Wechsel oder auf einem besonderen, mit dem Wechsel verbundenen Blatt vermerkt. Der Wechselinhaber muß nun den Aussteller und den unmittelbaren Vormann in der Indossantenkette über die Protesterhebung benachrichtigen (↑Benachrichtigungspflicht), er kann dann auf Indossanten, Wechselbürgen oder den Aussteller Rückgriff (↑Regreß) nehmen, da sie alle dem Wechselgläubiger als Gesamtschuldner haften.

Wechselprozeß: ein Urkundenprozeß, der durch folgende Besonderheiten gekennzeichnet ist: 1. kurze Einlaßfrist (Frist zwischen Klageerhebung und mündlicher Verhandlung); sie beträgt 24 Stunden, wenn der Beklagte am Ort des zuständigen Prozeßgerichts seinen Wohnsitz hat, innerhalb des Bezirks des Prozeßgerichts 3 Tage, sonst 7 Tage; 2. als Beweismittel sind nur Urkunden (Wechsel, Protesturkunde, Rückrechnung) zugelassen; 3. beschränkte Einreden des Beklagten; 4. das Urteil ist sofort vollstreckbar. Die Klage im Wechselprozeß ist für alle Ansprüche aus einem ↑Wechsel zulässig (z. B. Ansprüche des Ausstellers gegenüber dem Bezogenen aus einem protestierten Wechsel).

Wechselreiterei: der Vorgang, daß zwei Personen gegenseitig aufeinander Gefälligkeitswechsel ziehen, um sich durch die Diskontierung dieser Wechsel billige Kredite zu beschaffen. Von den beiden Beteiligten ist der eine jeweils Aussteller und der andere Akzeptant. Diese Wechsel werden häufig durch Diskontierung neuer Wechsel eingelöst. Wechselreiterei ist Kreditbetrug und strafbar.

Wechselschicht ↑Arbeitszeit.

Wechselsteuer: Steuer, die für jeden ↑Wechsel fällig wird, sobald er im Inland in Umlauf gebracht wird, d. h. wenn der Aussteller den Wechsel weitergibt (als Zahlungsmittel oder zum Diskont). Sie beträgt 0,15 DM je angefangene 100 DM Wechselsumme. Die Wechselsteuer wird durch Wechselsteuermarken entrichtet, die auf der Rückseite des Wechsels angebracht und durch Eintragung des Datums der Versteuerung entwertet werden.

Wechselstrenge: besondere Merkmale beim Wechsel, aufgrund deren eine Wechselforderung schnell und sicher durchgesetzt werden kann: 1. gesetzliche Formvorschriften über die Bestandteile eines Wechsels; 2. alle Wechselverpflichteten haften gesamtschuldnerisch dem Wechselgläubiger; 3. Vorschriften über die Einlösung bzw. Nichteinlösung (↑Wechselprotest); 4. die Besonderheiten des ↑Wechselprozesses.

Weichwährungsländer: Länder, deren Währungen der Devisenbewirtschaftung unterliegen und daher nicht frei konvertierbar (↑Konvertibilität) sind.

Weihnachtsgratifikation: dem Arbeitnehmer zu Weihnachten zusätzlich zu seinem Arbeitsentgelt vom Arbeitgeber gezahlte Gratifikation (freiwillig oder aufgrund eines Tarifvertrages oder einer Betriebsvereinbarung).

Weisungssystem: Regelung der Über- bzw. Unterordnung der einzelnen Stellen innerhalb der betrieblichen ↑Aufbauorganisation. Dadurch werden von der Geschäftsleitung klare Anordnungswege vorgegeben. – ↑Einliniensystem, ↑Mehrliniensystem, ↑Stabliniensystem.

Weltbank (Internationale Bank für Wiederaufbau und Entwicklung; englisch International Bank for Reconstruction and Development, Abkürzung IBRD): 1944 mit dem ↑Bretton-Woods-Abkommen gegründete Sonderorganisation der UN (Sitz: Washington). Ihre erste Aufgabe war, den langfristigen Kapitalbedarf ihrer Mitgliedsländer für den Wiederaufbau in der Nachkriegszeit zu decken. Nachdem 1948 der Marshallplan (↑ERP) in Kraft getreten war, widmete sich die Weltbank ab 1950 überwiegend der wirtschaftlichen Förderung der Entwicklungsländer. Ihre Mittel erhält die Weltbank durch die eingezahlten Kapitalanteile der Mitgliedsstaaten sowie durch Auflegung von Schuldverschreibungen auf dem internationalen Kapitalmarkt. Vor der Vergabe von Krediten prüft die Weltbank unter rein wirtschaftlichen Gesichtspunkten die technische und wirtschaftliche Solidität der einzelnen Projekte. Der Zinssatz für die Darlehen orientiert sich am Kapitalmarktzins. *Hauptorgane* der Weltbank sind der Gouverneursrat und das Direktorium. Der Gouverneursrat besteht aus den Vertretern aller Mitgliedsländer, deren Stimmrecht entsprechend dem Anteil am Grundkapital differiert. Er trifft die Grundsatzentscheidungen mit Mehrheit. Dem Direktorium kommt die Verwaltungsführung zu.

Die **Internationale Entwicklungs-Organisation** (englisch: International Development Association, Abkürzung IDA), eine Tochtergesellschaft der Weltbank (gegründet 1959), soll für die finanziell schwächsten Entwicklungsländer die Kapitalhilfe zu wesentlich vorteilhafteren Bedingungen gewähren.

Die **Internationale Finanz-Corporation** (englisch: International Finance-Corporation, Abkürzung IFC), ein Schwesterinstitut der Weltbank (gegründet 1956), fördert dagegen privatwirtschaftliche Initiative in den Entwicklungsländern, indem sie sich ohne eine Regierungsgarantie des jeweiligen Landes mit privaten Kapitalgebern an der Finanzierung privater Investitionen für Entwicklungsprojekte durch Bürgschaften und Kreditgewährung beteiligt. Die **Multilaterale Investitions-Garantie-Agentur** (englisch: Multilateral Investment Guarantee Agency, Abkürzung MIGA), eine Tochtergesellschaft der Weltbank (gegründet 1988), soll private Investitionen in Entwicklungsländern gegen nichtwirtschaftliche Risiken absichern und das Investitionsklima für ausländische Investitionen in Entwicklungsländern verbessern.

Welthandelskonferenz (United Nations Conference on Trade and Development, Abkürzung UNCTAD): 1964 auf Wunsch von Entwicklungsländern durch die UN-Vollversammlung ins Leben gerufene Unterorganisation der UN (Sitz: Genf). Als Mitglied sind alle Staaten zugelassen, die bei den Vereinten Nationen oder deren Sonderorganisationen zugelassen sind. Oberstes Organ ist die Hauptversammlung, zwischen den Sitzungsperioden nimmt der Welthandels- und Entwicklungsrat die Aufgaben der Organisation wahr. Die UNCTAD befaßt sich auf ihren Konferenzen mit der Entwicklungsfinanzierung, mit internationalen Währungsfragen und mit der Verschuldungsproblematik der Entwicklungsländer. Besonderes Anliegen der Welthandelskonferenz ist die Förderung des Handels zwischen den Industrie- und den Entwicklungsländern durch Abbau von Einfuhrbeschränkungen und Zöllen sowie durch die Stabilisierung der Rohstoffpreise. Die Resolutionen der UNCTAD besitzen im Gegensatz zu den Beschlüssen des ↑GATT keinen rechtsverbindlichen Charakter.

Weltmarktpreise: Preise (v. a. für Rohstoffe), zu denen Waren im internationalen Handel ausgetauscht werden. Weltmarktpreise bilden sich an Warenbörsen.

Weltpostverein (französisch: Union Postale Universelle, Abkürzung UPU): Sonderorganisation der UN (seit 1948), Sitz: Bern; geht zurück auf eine 1874 von H. von Stephan gegründete Organisation, deren 21 Mitgliedsstaaten sich für eine ungehinderte Briefbeförderung zwischen den Staaten einsetzten; heutiger Name seit 1878. Die Vertragsländer gelten als einheitliches Postgebiet mit einheitlichem Gebührengefüge.

Weltwährungsfonds ↑Internationaler Währungsfonds.

Weltwährungssystem: die internationale Ordnung der Währungen, entsprechend den Erfordernissen der Abwicklung des internationalen Waren-, Dienstleistungs- und Kapitalverkehrs. Bis zum 1. Weltkrieg ergab sich das Weltwährungssystem von selbst dadurch, daß fast alle Länder Goldwährungen hatten; der Gesamtzusammenhang wurde damit durch das Gold hergestellt. Nach dem 1. Weltkrieg wurden Versuche mit einer Kombination von Gold und Devisen, dem sogenannten Gold-Devisen-Standard unternommen. Eine Neuordnung des Weltwährungssystems erfolgte 1944/45 mit dem ↑Bretton-Woods-Abkommen (↑auch Internationaler Währungsfonds), in dem die Rolle des Goldes begrenzt wurde und der US-Dollar zum Hauptelement des Weltwährungssystems wurde. Die USA verpflichteten sich, jederzeit Dollar gegen Gold zu tauschen und auch von den Zentralbanken Gold zu kaufen bzw. Gold zu verkaufen (Dollarstandard). Mit der offiziellen Einstellung dieser Verpflichtung durch die USA am 15. Aug. 1971, die durch dauernde und zunehmende Leistungsbilanzdefizite der USA erforderlich geworden war, endete dieses System. Seither hat sich ein System prinzipiell freier Wechselkurse etabliert, wobei sich die wichtigsten Industrieländer darauf verständigten, durch gemeinsame Währungspolitik starke Ausschläge der Devisenkurse zu verhindern. Der Dollar ist aber weiterhin noch ↑Leitwährung.

Weltwirtschaft: die Gesamtheit der wirtschaftlichen Beziehungen zwischen den am internationalen Waren-, Geld- und Kapitalverkehr beteiligten Volkswirtschaften. Die moderne Weltwirtschaft entstand im späten 18. Jahrhundert im Gefolge der in Großbritannien einsetzenden industriellen Revolution, die mit dem Übergang von der handwerklichen zur industriellen Erzeugung die Möglichkeit der Massenproduktion und durch Eisenbahn und Dampfschiff die Möglichkeit des kostengünstigen Massenguttransports schuf. Mittelpunkt der Weltwirtschaft war bis zur Mitte des 19. Jahrhunderts als erste Industrienation Großbritannien, das aus Ländern des westeuropäischen Kontinents und der weltwirtschaftlichen Peripherie im Austausch gegen industrielle Fertigwaren Rohstoffe und Nahrungsmittel einführte. Mit der Industrialisierung der USA bildete sich Ende des 19. Jahrhunderts ein zweiter Mittelpunkt der Weltwirtschaft, die sich durch die Bildung weiterer industrieller Kerngebiete (UdSSR, Japan) im 20. Jahrhundert schließlich zur polyzentrischen Weltwirtschaft weiterentwickelte. Die liberale Weltwirtschaft des 19. Jahrhunderts ist gekennzeichnet durch weitgehenden Freihandel und die Unterwerfung der Industriestaaten unter die Spielregeln des Goldautomatismus, die bei Verzicht auf eine eigenständige Konjunkturpolitik und auf ein konstantes Preisniveau den Ausgleich der Zahlungsbilanzen bei festen Wechselkursen und freiem Waren- und Kapitalverkehr gewährleisten. Die Ära der liberalen Weltwirtschaft, in der der Welthandel rasch zunahm, fand ihr endgültiges Ende in der ↑Weltwirtschaftskrise ab 1929, die eine Phase der Desintegration der Weltwirtschaft einleitete; das Volumen des Welthandels nahm stark ab, da alle hochentwickelten Industrieländer bestrebt waren, zur Schaffung zusätzlicher Arbeitsplätze im Rahmen der nun dominierenden Vollbeschäftigungspolitik Importe soweit wie möglich durch heimische Erzeugnisse zu ersetzen (Autarkiepolitik).

Nach dem 2. Weltkrieg wurden zahlreiche Versuche unternommen, die Desintegration der Weltwirtschaft zu überwinden. Das ↑Bretton-Woods-Abkommen mit der Einrichtung des ↑Internationalen Währungsfonds (IWF) drückt das Bemühen aus, die verlorengegangenen Vorzüge des Goldstandards als internationale Währung wiederherzustellen ohne Einschränkung der Nationalstaaten auf dem Gebiet der Konjunktur-, hier v. a. der Beschäftigungs- und Wachstumspolitik. Denn die Desintegration der Weltwirtschaft hatte mit ihren aus dem Verzicht auf die Vorteile der internationalen Arbeitsteilung resultierenden Produktivitätseinbußen das europäische Industriegebiet stärker getroffen als die USA und die UdSSR, da für diese die nationale Arbeitsteilung seit jeher dominierte. Die Havanna-Charta und das ↑GATT waren weitere Bemühungen globaler Integration, die im Gegensatz zum IWF, der die finanztechnischen Möglichkeiten einer Integration schuf, als Ziel den Abbau von Hemmnissen im güterwirtschaftlichen Bereich verfolgten. Der Erfolg der in Westeuropa, besonders in EWG und EFTA, eingeleiteten Integrationsprozesse hat den internationalen Handel abermals rasch wachsen lassen, dabei ist der Anteil des Warenaustausches der westlichen Industrieländer untereinander am gesamten Welthandel überdurchschnittlich gestiegen. Besondere Probleme der Weltwirtschaft ergeben sich bezüglich der unbefriedigenden Eingliederung der ↑Entwicklungsländer, und hier besonders der auf wenige oder ein Primärgut (Rohstoffe, Nahrungsmittel) spezialisierten Länder, mit Ausnahme der ölexportierenden Entwicklungsländer. So bestehen rund 95% der Exporte Sambias aus Kupfer, mehr als die Hälfte der Exporte Ghanas aus Kakao, Gütern also, deren Weltmarktpreise extremen Schwankungen unterworfen sind, die ihrerseits eine stetige wirtschaftliche Entwicklung dieser Länder unmöglich machen. Eine verstärkte Eingliederung in die Weltwirtschaft würde eine Veränderung der Spezialisierungsstruktur erfordern, wie dies z. B. erfolgreich bei Taiwan, Süd-Korea oder Singapur gelungen ist. Das Ungleichgewicht der Entwicklung läßt sich ebenfalls aus der Verteilung der Weltproduktion ablesen: Die westlichen Industrienationen beheimaten rund 25% der Weltbevölkerung und produzieren knapp 75% der Weltproduktion, die Entwicklungsländer mit rund 60% der Weltbevölkerung 10%, die Staatshandelsländer mit rund 15% der Weltbevölkerung 15%.

Zunehmende Chancen und Probleme ergeben sich aus der wachsenden Bedeutung der multinationalen Unternehmen, durch deren Direktinvestitionen zwar die Chance einer international angeglichenen Entwicklung gegeben ist (z. B. auch internationaler Technologietransfer, Kapitalhilfe bei günstigen Produktionskosten, eventuell auch verbesserte internationale Arbeitsteilung), jedoch können sie sich weitgehend nationalen Kontrollen entziehen; eine internationale Lenkung und Kontrolle existiert nicht.

Weltwirtschaftsgipfel: jährlich abgehaltene Konferenz der Staats- und Regierungschefs der führenden westlichen Industriestaaten (Bundesrepublik Deutschland, Frankreich, Großbritannien, Italien, Japan, Kanada, USA) mit dem Ziel, Probleme der Weltwirtschaft einer Lösung näher zu bringen; der erste Weltwirtschaftsgipfel fand 1975 statt.

Weltwirtschaftskrise: allgemein Bezeichnung für eine Wirtschaftskrise, die weltweit zumindest die wichtigsten Wirtschaftsmächte erfaßt; im engeren Sinne Bezeichnung für die Wirtschaftskrise, die sich nach dem New Yorker Börsenkrach am ↑Schwarzen Freitag des 25. Okt. 1929 global ausweitete, auf ihrem Höhepunkt zur Arbeitslosigkeit von rund 30 Millionen Menschen führte und z. T. erst im Gefolge der Aufrüstung der 2. Hälfte der 1930er Jahre überwunden wurde. Weltweite Ausbreitung, Schwere und Dauer der Weltwirtschaftskrise waren v. a. auf die mangelnde Fähigkeit Großbritanniens und die Abneigung der USA zurückzuführen, die Weltwirtschaft durch Erhaltung eines relativ offenen Marktes, durch die antizyklische Bereitstellung langfristiger Kredite und ausgiebige Diskontgewährung zu stabilisieren. Verschärfend hinzu kamen eine von den USA ausgehende Agrarkrise (Überproduktion) und die destabilisierenden Wirkungen der Reparationen und interalliierten Schulden aus der Zeit des 1. Weltkriegs. Die Weltwirtschaftskrise führte zu einer weitgehenden Auflösung der Weltwirtschaft in einzelne Nationalwirtschaften mit Autarkietendenzen, begünstigte mit ihren sozialen Folgeerscheinungen das Aufkommen und Anwachsen radikaler Massenbewegungen (in Deutschland des Nationalsozialismus) und trug erheblich zur Diskreditierung der liberalen Demokratie und des kapitalistischen Wirtschaftssystems bei.

Werbeagentur: Dienstleistungsunternehmen der Werbewirtschaft, dessen Tätigkeit v. a. die Werbeanalyse, die Planung und Durchführung von Werbemaßnahmen sowie die Kontrolle des Werbeerfolgs umfaßt. Dazu gehört auch die Vermittlung zwischen werbenden Unternehmen und den Werbeträgern, z. B. Vermittlung von Anzeigen, Sendezeiten bei Werbefunk und -fernsehen.

Werbeanalyse ↑Werbung.

Werbebrief ↑Werbemittel.

Werbeerfolgskontrolle: Messung der Wirksamkeit einer Werbemaßnahme. Die Umsatzveränderung als Maßgröße für den Werbeerfolg heranzuziehen, scheitert meist an der mangelnden Zurechenbarkeit der Einflußfaktoren (isolierte Betrachtung kaum möglich). Bei der Beurteilung des Werbeerfolges werden daher eine Reihe anderer Kriterien herangezogen, z. B. Berührungs-, Erinnerungs-, Beeindrukkungs- und Aktivierungserfolg.

Werbeetat (Werbebudget): Gesamtheit der für eine Planperiode veranschlagten Werbeausgaben eines Unternehmens. Diese orientieren sich an der Marktlage, der Nachfrage und der Konkurrenz. In der Praxis wird der Werbeetat als fester Prozentsatz einer bestimmten Bezugsgröße (meist erzielter oder erwarteter Umsatz) ermittelt.

Werbegrundsätze: qualitative Anforderungen an die Werbung. Werbung soll 1. *wahr* sein (keine unrichtigen Angaben), 2. *klar* sein (deutlich, natürlich und leicht verständlich), 3. *wirtschaftlich* sein (Aufwand in angemessenem Verhältnis zum Erfolg), 4. *wirksam* sein (originell, treffsicher, aktuell und einprägsam) und 5. *sozial verantwortbar* sein (darf den Verbraucher nicht irreführen).

Werbekosten: sämtliche Aufwendungen, die einem Unternehmen für Werbezwecke entstehen. Wie sich die Werbekosten zusammensetzen, hängt wesentlich davon ab, ob und in welchem Umfang das Unternehmen seine Werbung selbst durchführt oder auf ↑Werbeagenturen überträgt.

Werbemittel: konkrete Ausdrucksform einer Werbebotschaft. Werbemittel wirken mittels der **Werbeelemente** Text, Bild, Ton, Markenzeichen, emotionaler Appell oder rationale Argumentation auf die Umworbenen ein. Man unterscheidet 1. persönliche Werbemittel (Vortrag, Vorführung, Verkaufsgespräch), 2. graphische/literarische Werbemittel (Werbebrief, Katalog, Anzeige, Plakat, Werbefilm, Spots) und 3. gegenständliche Werbemittel (Schaufenster, Aufsteller, Warenproben, Werbegeschenke).

Werbeplanung: zeitlich gegliederte Aufstellung der Werbemaßnahmen, die ein Unternehmen für die Planungsperiode durchzuführen beabsichtigt. Die Werbeplanung gibt an, bei wem für welches Erzeugnis mit Hilfe welcher Werbemittel in welchem Gebiet geworben werden soll. Im Interesse einer wirtschaftlichen Absatzpolitik muß die Werbeplanung mit den übrigen absatzpolitischen Planungen abgestimmt werden. Zugleich beinhaltet Werbeplanung auch die Disposition über Werbeaufwendungen (↑Werbeetat).

Werbepsychologie: Teilgebiet der allgemeinen Psychologie. Die Erkenntnisse und Techniken der Psychologie, v. a. der Wahrnehmungs- (Aufmerksamkeit der Werbemittel), Lern- (Zusammenhang zwischen Lernerfolg und Vergessen), Motivations- (Einfluß von Bedürfnissen, Trieben und Werten) und Sozialpsychologie (Beziehungen von Individuen und Gruppen), werden auf die werbliche Praxis angewendet. Die Werbepsychologie untersucht Gefühle, Einstellungen, Motive, Vorurteile und Verhaltensgewohnheiten und deren Assoziationen. Sie stellt sich z. B. die Aufgabe, das voraussichtliche Verhalten der Umworbenen gegenüber einem Anzeigenentwurf, einem Werbetext oder einer Packungsgestaltung zu ermitteln.

Werbung: allgemein die absichtliche und zwangfreie Form der Beeinflussung menschlicher Willensentschließung und Meinungsbildung; bezieht sie sich auf wirtschaftliche Ziele, spricht man von Wirtschaftswerbung (ältere Bezeichnung Reklame), die unterteilt wird in Werbung um öffentliches Vertrauen (↑Öffentlichkeitsarbeit) und Absatzwerbung. Die **Absatzwerbung** (Werbung im engeren Sinn) gilt im Wirtschaftsbereich als wichtiges absatzpolitisches Instrument, das alle Maßnahmen der Herstellung, Anwendung und Verbreitung von ↑Werbemitteln umfaßt, die zum Kauf von Gütern bzw. Dienstleistungen anregen sollen. **Werbeträger,** wie Zeitungen, Zeitschriften, Litfaßsäulen, Hörfunk und Fernsehen, Verkehrsmittel, Sportlertrikots, veröffentlichen Werbemittel bzw. bieten sie als sogenannte Streumedien dar.

Nach möglichen **Werbezielen** werden Einführungs-, Erinnerungs- oder Stabilisierungs- und Expansionswerbung unterschieden. Den Unternehmen ist Werbung wichtig als Verbraucherinformation und als Mittel zur Förderung der Überschaubarkeit des Angebots (sogenannte Markttransparenz). Sie wird diesem Anspruch jedoch nur bei Produkten gerecht, die von den Verbrauchern als homogen betrachtet werden und bei denen eine Veränderung des Marktanteils nur über die Preisgestaltung erfolgen kann (v. a. landwirtschaftliche Produkte wie Fleisch, Obst) und für die deshalb auch häufig Gemeinschaftswerbung zugunsten der Gesamtbranche und zu Lasten konkurrierender Branchen (z. B. Milch gegen Bier) durchgeführt wird. Bei starker Produktdifferenzierung mit behaupteten Qualitätsunterschieden innerhalb derselben Branche ist es jedoch das einzige Werbeziel, den Marktanteil des eigenen Produkts zu erhöhen, so daß auch weiter geworben wird, wenn die Verbraucher bereits über Qualität und Preis des Produkts informiert sind. Statt einer informativen Werbung bedient sich das werbende Unternehmen nun einer suggestiven

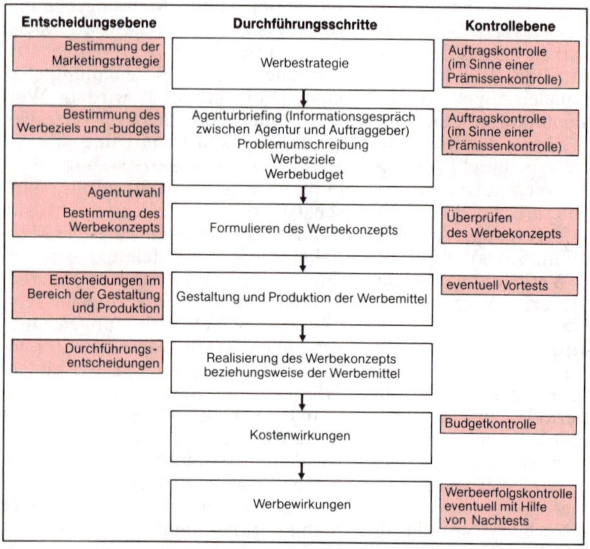

Werbung. Durchführung und Kontrolle einer Werbekonzeption

Werbung, die beim Verbraucher eine nicht oder nicht allein verstandesmäßige Willenswirkung auslösen soll. Dazu bedient sich die Wirtschaft der ↑Werbepsychologie, um Werbemittel so zu gestalten, daß im Verbraucher beim Erkennen des Produkts ein Kaufimpuls ausgelöst wird. Weitere Aufgaben einer Werbeabteilung oder einer speziellen ↑Werbeagentur sind die **Werbeanalyse** (Untersuchung der Verbrauchergewohnheiten, Marktlücken und möglicher Werbemittel auf ihre Brauchbarkeit), die ↑Werbeplanung und die Durchführung von Werbemaßnahmen sowie die ↑Werbeerfolgskontrolle. – ↑auch Werbegrundsätze.

Werbungskosten: steuerrechtlicher Begriff für Aufwendungen zur Erwerbung, Sicherung und Erhaltung von Einnahmen aus nichtselbständiger Arbeit, Kapitalvermögen, Vermietung und Verpachtung und aus sonstigen ↑Einkünften (Überschußeinkünfte). Ihnen entsprechen die ↑Betriebsausgaben bei den Gewinneinkünften. Die Werbungskosten werden unmittelbar von der Einkunftsart abgezogen, bei der sie konkret entstanden sind. Auf diese Weise werden die Reineinkünfte unter Berücksichtigung der Leistungsfähigkeit des Steuerpflichtigen ermittelt.
§ 9 EStG zählt einige Werbungskosten auf: 1. Schuldzinsen, Renten und dauernde Lasten; 2. Steuern vom Grundbesitz, sonstige öffentliche Abgaben und Versicherungsbeiträge; 3. Beiträge zu Berufsständen und Berufsverbänden; 4. Aufwendungen für Fahrten zwischen Wohnung und Arbeitsstätte (↑Kilometerpauschale); 5. Mehraufwendungen für doppelte Haushaltsführung; 6. Aufwendungen für Arbeitsmittel (Werkzeuge, Fachliteratur, Berufskleidung usw.); 7. Absetzung für Abnutzung und Absetzung für Substanzverminderung. Diese Aufzählung ist bei weitem nicht erschöpfend; es seien z. B. noch Bewerbungs-, Fortbildungs-, (beruflich be-

dingte) Umzugs- und Steuerberatungskosten genannt. Wenn nicht höhere Werbungskosten nachgewiesen werden, werden aus Vereinfachungsgründen Pauschbeträge berücksichtigt. So wurde ab 1990 der Werbungskosten-Pauschbetrag mit dem Arbeitnehmer- und Weihnachtsfreibetrag zum Arbeitnehmer-Pauschbetrag in Höhe von 2000 DM zusammengefaßt.
Nicht zu den Werbungskosten gehören die – nicht abzugsfähigen – Kosten der allgemeinen Lebensführung, selbst wenn diese (als sogenannte gemischte Kosten) der beruflichen Tätigkeit nutzen. Eine Abgrenzung ist nicht immer leicht. Manche Aufwendungen können gleichzeitig Werbungskosten und ↑Sonderausgaben sein. Sie werden dann, soweit eine anteilige Aufteilung nicht in Frage kommt, als Werbungskosten berücksichtigt, da Aufwendungen nur dann Sonderausgaben sein können, wenn sie weder Werbungskosten noch Betriebsausgaben sind.

Werklieferungsvertrag ↑Werkvertrag.

Werkstattfertigung ↑Fertigungsverfahren.

Werkverkehr: nach dem Güterkraftverkehrsgesetz die Beförderung von Gütern mit betriebseigenen Fahrzeugen für eigene Zwecke des Unternehmens. Geht der Werkverkehr über die Nahzone (50 km im Umkreis) hinaus (Werkfernverkehr), unterliegt er der Beförderungssteuer. Die Vorteile des Werkverkehrs liegen in der Dispositionsfreiheit, der Möglichkeit zur Ausstattung der Fahrzeuge mit Spezialvorrichtungen (Hebezeuge, Regale usw.) und in der Nutzung der Fahrzeuge als unentgeltliche Reklameflächen. Nachteil: Fixkosten des Fuhrparks bei möglicherweise geringer Auslastung der Fahrzeuge.

Werkvertrag: zwischen einem Unternehmer und einem Besteller geschlossener Vertrag, der den Unternehmer zur Herstellung eines Werks (z. B. Bau eines Hauses) verpflichtet, den Besteller zur Bezahlung des vereinbarten Preises. Auch ein anderer, durch Dienstleistung herbeizuführender Erfolg kann Gegenstand eines Werkvertrages sein (Beförderung von Personen oder Gütern, Anfertigung eines Gutachtens). Der Besteller hat die Pflicht, das vertragsmäßig hergestellte Werk abzunehmen. Von diesem Zeitpunkt ab laufen die Verjährungsfristen, z. B. 5 Jahre bei einem Bauwerk. Der Unternehmer haftet für die vertragsgemäße Herstellung des Werks. Der Besteller hat in Bezug auf Mängel ein Recht auf Nachbesserung, wenn die Beseitigung keinen unverhältnismäßigen Aufwand erfordert. Auch Wandlung oder Minderung (↑Sachmängel) sind nach Ablauf einer vom Besteller gesetzten Frist zur Beseitigung des Mangels möglich. Wenn der Unternehmer bei einem Werkvertrag auch die Materialien stellt, spricht man von einem **Werklieferungsvertrag.**

Wertanalyse: eine Rationalisierungstechnik mit folgenden Merkmalen: Durch systematische und interdisziplinäres Vorgehen werden in ganzheitlicher Problembetrachtung und unter Anwendung von Kreativitätsmethoden die betrieblichen Produkte, Leistungen und Abläufe untersucht auf Haupt-, Neben- und unnötige Funktionen sowie unter Wert- und Kostengesichtspunkten. Die Wertanalyse soll dazu beitragen, daß der Nutzen bzw. Funktionswert maximiert wird.

Wertaufholung: die Höherbewertung eines Wirtschaftsguts gegenüber dem Vorjahresansatz. Sie wird durch das Einkommensteuerrecht in bestimmten Fällen ermöglicht (§ 6 EStG), im Handelsrecht (§ 280 HGB) für Kapitalgesellschaften z. T. vorgeschrieben. Obergrenze sind die Anschaffungskosten bzw. Herstellungskosten.

Wertberichtigungen: Posten, die der Korrektur von zu hoch ausgewiesenen Aktiv- oder Passivposten der Bilanz dienen, z. B. beim Eigenkapital, beim Sach- und Finanzanlagevermögen (↑indirekte Abschreibungen) und bei Forderungen (Delkredere).

Wertbrief ↑Wertsendungen.

Wertpaket ↑Wertsendungen.

Wertpapier: Urkunde, die ein Vermögensrecht so verbrieft, daß es ohne die Urkunde weder geltend gemacht noch übertragen werden kann. Verlorene Wertpapiere müssen daher im ↑Aufgebotsverfahren für kraftlos erklärt werden. Man unterscheidet:
1. *nach der Art der Forderung:* a) Geldpapiere verbriefen eine Geldforderung oder einen in Geld bewerteten Anteil, z. B. Scheck, Wechsel, Banknote, Sparbuch, Aktie, Anleihe. b) Warenpapiere verbriefen eine Warenforderung, z. B. Lagerschein, Ladeschein, Konossement.
2. *nach der Vertretbarkeit:* a) nicht vertretbare Wertpapiere, z. B. Scheck, Wechsel, Hypothekenbrief. b) vertretbare Wertpapiere (↑Effekten), z. B. Schuldverschreibungen, Aktien, Investmentzertifikate.
3. *nach der Form der Übertragung* (des Eigentumsrechts): a) Inhaberpapiere: Da der Eigentümer nicht namentlich genannt ist, ist jeder Inhaber berechtigt. Die Eigentumsübertragung erfolgt durch Einigung und Übergabe (z. B. bei 90% aller Aktien, den meisten Investmentzertifikaten, vielen Schuldverschreibungen). b) Orderpapiere: Sie lauten auf den Namen des Eigentümers. Der Eigentumsübergang erfolgt durch Einigung und Indossament (d. h. durch schriftliche Erklärung auf der Rückseite des Papiers), z. B. Wechsel, Namensaktie. c) Rektapapiere: Sie lauten auch auf den Namen einer bestimmten Person, aber der Eigentumsübergang erfolgt neben der Einigung durch vertragliche Abtretung des Anspruchs (z. B. Hypothekenbrief, vinkulierte Namensaktie).
Umgangssprachlich sind mit der Bezeichnung „Wertpapiere" meist nur die Effekten gemeint.

Wertpapierbörse ↑Börse.

Wertpapieremission ↑Emission.

Wertpapierrechnung (Effektenrechnung): Berechnungen von Kauf und Verkauf, Rentabilität und ↑Effektivverzinsung von Wertpapieren. Dabei werden der ↑Kurswert berechnet, der ausmachende Betrag (Kurswert ± Stückzins, je nach dem, ob der Zinsschein mitverkauft oder einbehalten wird), die Spesen sowie die Geldanlage in Wertpapieren.

Wertpapiersammelbanken (Kassenvereine): Institute, die die Wertpapiersammelverwahrung und -verwaltung (insbesondere die Abtrennung und Einlösung der fälligen Zins- und Dividendenscheine) durchführen und den Effektengiroverkehr (Übertragung des Miteigentums am Wertpapiersammelbestand durch Umbuchung) abwickeln. 1990 haben sich die Wertpapiersammelbanken zum **Deutschen Kassenverein** zusammengeschlossen.

Wertschöpfung: einzelwirtschaftlich die Summe der in einem Unternehmen im Laufe einer Periode durch eigene Tätigkeit geschaffenen wirtschaftlichen Werte. Die Höhe der Wertschöpfung ergibt sich als Wert der Nettoproduktion aus dem Bruttoproduktionswert abzüglich sämtlicher Vorleistungen, Abschreibungen und indirekten Steuern, zuzüglich der staatlichen Subventionen. Der zusammengefaßte Wert aller Wertschöpfungsbeiträge der inländischen Wirtschaftsbereiche ergibt die **Wertschöpfung der Volkswirtschaft,** die dem Nettoinlandsprodukt zu Faktorkosten entspricht.

Wertsendungen: Briefe **(Wertbriefe)** und Pakete **(Wertpakete),** bei denen durch die Wertangabe des Absenders (Vermerk: „Wert ...") eine Sonderbehandlung während der Beförderung gesichert werden soll. Die höchste mögliche Wertangabe ist 100 000 DM, bei Luftpostsendungen 10 000 DM. Übersteigt der Wert 100 DM bei Briefen, 1 000 DM bei Paketen, muß die Sendung mit Siegelabdrücken verschlossen sein. Im Falle des Verlustes oder der Beschädigung von Wertsendungen entsteht ein Schadenersatzanspruch gegenüber der Post bis zur Höhe der Wertangabe, es sei denn, die Wertangabe war in betrügerischer Absicht zu hoch angesetzt.

Wertsicherungsklausel: dient als Schutz vor unerwünschten realen Einkommens- und Vermögensverlusten durch eine Inflation. Mit einer Wertsicherungsklausel wird der Wert einer Geldforderung an die Preisentwicklung eines Gutes (z. B. Gold) oder eines Güterbündels (z. B. Lebenshaltungskostenindex) gekoppelt. Während Wertsicherungs- oder Gleitklauseln in vielen Ländern frei vereinbar sind, ist ihre Verwendung in der Bundesrepublik Deutschland nach § 3 des Währungsgesetzes von 1948 einer Genehmigungspflicht durch die Deutsche Bundesbank unterworfen. Genehmigungen waren bisher die Ausnahme. Die Bundesbank beharrt darauf, daß Mark (gestern) gleich Mark (morgen) ist. Obgleich dieses Nominalwertprinzip dem beobachtbaren Kaufkraftschwund widerspricht, wird es vor allem mit der umstrittenen Vermutung verteidigt, Wertsicherungsklauseln würden eher zur Beschleunigung einer Inflation beitragen.

Wertstellung: Festsetzung des Tages, ab dem Gutschriften bzw. Belastungen auf dem Bankkonto verzinst werden. Entgegen der verbreiteten Praxis der Kreditinstitute, die Wertstellung nicht am Buchungstag/Zahlungstag vorzunehmen, erging 1989 ein Urteil des Bundesgerichtshofs, nach dem Bareinzahlungen dem Kunden noch am gleichen Tag gutzuschreiben sind. Seither hat sich die Wertstellungspraxis geändert; die Kontoführungsgebühren wurden allerdings erhöht.

Wettbewerb (Konkurrenz): die Rivalität zwischen den Wirtschaftssubjekten auf dem jeweiligen Markt, insbesondere zwischen Unternehmen auf dem Käufermarkt um Marktanteile. Der Wettbewerb erfüllt in einer Marktwirtschaft die Funktion der Steuerung des Wirtschaftsprozesses.
In der Geschichte der Nationalökonomie hat der Begriff Wettbewerb zentrale Bedeutung. In der klassischen Nationalökonomie ging die gegen die feudalen Fesseln gerichtete Forderung nach freiem Wettbewerb einher mit pessimistischen Betrachtungen über seine Einschränkung durch Monopole. In der anschließenden „Vulgarisierung" der klassischen Nationalökonomie wurden dem Wettbewerb geradezu wundersame Wirkungen im Sinne einer sich optimal, rasch und harmonisch entwickelnden Wirtschaft, sofern nur dieser freie Wettbewerb herrsche, zugeschrieben. Die Kritik an dem Konkurrenzsystem verband sich bald mit einer grundsätzlichen Kritik an der marktwirtschaftlichen Ordnung bzw. dem Kapitalismus. In der theoretischen Auseinandersetzung mit diesen sozialistischen Theorien, dann mit den entstehenden, das Konkurrenzsystem im Kern negierenden Planwirtschaften, v. a. aber aus dem Bestreben, eine Antwort auf die mit der zunehmenden Konzentration des ↑Kapitals einhergegangenen wirtschaftlichen Krisen zu finden, rückte der Wettbewerb erneut in den Mittelpunkt ordnungspolitischer Betrachtungen. Im System der ↑sozialen Marktwirtschaft wird dem Funktionieren des Wettbewerbs und dem ordnungspolitischen Eingreifen des Staates zu seiner Erhaltung große Bedeutung beigemessen.

Wettbewerbsbeschränkungen: Maßnahmen zur Verminderung oder Aufhebung des Wettbewerbs unter Anbietern oder Nachfragern auf einem Markt a) seitens des Staates, z. B. durch Importverbote, b) seitens der Konkurrenten durch ↑Unternehmenszusammenschlüsse, ↑Kartelle oder durch ↑abgestimmtes Verhalten.

Wettbewerbsklausel ↑Wettbewerbsverbot.

Wettbewerbspolitik: Gesamtheit der staatlichen Maßnahmen, die darauf ausgerichtet sind, einen funktionsfähigen Wettbewerb zu schaffen bzw. zu gewährleisten; sie erfolgt in drei Varianten: 1. Sie hat einen *konstitutionellen* Charakter, wenn sie darauf ausgerichtet ist, eine Wettbewerbsverfassung erst einmal herzustellen (z. B. Reprivatisierung einer verstaatlichten Industrie). 2. Sie hat *ordnungspolitischen* Charakter, wenn sie darauf ausgerichtet ist, Verfälschungen des Wettbewerbs zu verhindern (in der Bundesrepublik Deutschland z. B. durch das Gesetz gegen den unlauteren Wettbewerb). 3. Sie hat *prozeßpolitischen* Charakter, wenn sie darauf ausgerichtet ist, Wettbewerbsbeschränkungen laufend zu verhindern (z. B. Fusionskontrolle, ↑Fusion).

Wettbewerbsrecht: Gesamtheit der Rechtsvorschriften, die den freien Wettbewerb regeln und schützen sollen. Das Wettbewerbsrecht richtet sich insbesondere gegen alle den Wettbewerb einschränkenden Absprachen bzw. Verträge zwischen Unternehmen und gegen unrichtige oder täuschende Werbung. Die Vorschriften sind v. a. enthalten im sogenannten Kartellgesetz (Gesetz gegen Wettbewerbsbeschränkungen; ↑Kartell), im Gesetz gegen den unlauteren Wettbewerb, im Warenzeichengesetz, im HGB und im BGB.

Wettbewerbsverbot (Konkurrenzverbot): gesetzliches Verbot für bestimmte Personen, in Wettbewerb mit Unternehmen zu treten, an die sie bereits vertraglich gebunden sind. Wettbewerbsverbote gelten für Handlungsgehilfen (§ 60 HGB), persönlich haftende Gesellschafter einer OHG oder KG (§ 113, 122, 165 HGB) und Vorstandsmitglieder einer AG (§ 88 Aktiengesetz). Weitergehender Schutz kann durch die nur begrenzt zulässige **Wettbewerbsklausel** (Konkurrenzklausel) erreicht werden. Diese beinhaltet in der Regel Vereinbarungen zwischen dem Unternehmer und seinen Angestellten, die ersteren nach Beendigung des Dienstverhältnisses schützen sollen, den Angestellten jedoch in seiner gewerblichen Tätigkeit behindert.

Wiederbeschaffungskosten (Wiederbeschaffungspreis): Kosten, die notwendig sind, ein aus dem Betrieb ausgeschiedenes Wirtschaftsgut zu ersetzen. Allerdings ist eine Bewertung zu Wiederbeschaffungspreisen, wie es die organische Bilanztheorie fordert, nicht zulässig.

Willenserklärung: private Willensäußerung, die auf Erzielung einer Rechtsfolge gerichtet ist. Der Begriff der Willenserklärung ist eine Abstraktion des wichtigsten Bestandteils von ↑Rechtsgeschäften. Willenserklärungen können ausdrücklich oder stillschweigend abgegeben werden. Ausdrücklich sind mündliche, schriftlich formulierte oder durch Kopfschütteln abgegebene Willenserklärungen; stillschweigende Willenserklärungen werden unterstellt durch Rückschluß von einem bestimmten Verhalten (konkludentes, d. h. schlüssiges Verhalten) auf einen vorhandenen Willen. Die Willenserklärung muß in der Regel, um wirksam zu sein, an einen bestimmten Empfänger gerichtet und von diesem auch empfangen worden sein. Die meisten Willenserklärungen können formlos, d. h. in jeder beliebigen Form abgegeben werden. Die strengste Form ist die notarielle Beurkundung, bei der über die Erklärung eine öffentliche Urkunde errichtet wird, z. B. bei einer Willenserklärung in Bezug auf Rechtsänderungen an einem Grundstück.

Nichtig ist eine Willenserklärung, die keinerlei rechtliche Wirkung herbeiführt, z. B. die Willenserklärung eines Geschäftsunfähigen (↑Geschäftsfähigkeit). Ferner Willenserklärungen, die im Zustand vorübergehender Störung der Geistestätigkeit abgegeben wurden oder die nicht ernst gemeint waren. Der häufigste Mangel bei der Abgabe einer Willenserklärung ist der *Irrtum,* d. h.

ein dem Erklärenden unbewußter Widerspruch zwischen Wille und Erklärung, z. B. eine irrtümliche Bestellung von 100 Stück statt 10 Stück. Ein Irrtum begründet die *Anfechtung* einer Willenserklärung. Wird angefochten, gilt das auf ihr beruhende Rechtsgeschäft als von Anfang an nichtig. Der Anfechtende hat aber dem Geschäftsgegner den Schaden zu ersetzen, den dieser dadurch erlitten hat, daß er auf die Gültigkeit des Rechtsgeschäfts vertraute. Weitere Gründe für die Anfechtung einer Willenserklärung und damit die Auflösung des durch sie bedingten Rechtsgeschäfts sind *arglistige Täuschung* (Verschweigen eines versteckten Mangels durch den Vertragspartner) und widerrechtliche *Drohung.* Auch hier gelten die Rechtsgeschäfte als von Anfang an nichtig, auch ein Anspruch auf Schadenersatz kann begründet sein.

Windfall profits [englisch 'wɪndfɔːl 'prɔfɪts; eigentlich „Fallobstgewinne"]: Gewinne, die auf eher zufällige günstige Umstände auf einem Markt zurückzuführen sind und weniger auf eine besonders innovative unternehmerische Leistung, z. B. in der Mineralölindustrie als Folge der Verknappung des Rohstoffes Erdöl durch die Erzeugerländer.

Wirtschaft: Gesamtheit aller Einrichtungen und Maßnahmen menschlicher Daseinsgestaltung, die sich auf Produktion und Konsum sogenannter knapper Güter beziehen. Die Gesamtheit der laufenden Produktions- und Konsumvorgänge wird zusammenfassend als **Wirtschaftsprozeß** bezeichnet. Die Wirtschaft und insbesondere der aktuelle Wirtschaftsprozeß erhalten ihr historisch einmaliges Gepräge durch die sogenannten wirtschaftlichen Rahmenbedingungen oder Daten. Die wissenschaftliche Analyse der Wirtschaft als umfassender menschlicher Lebensbereich ist das Objekt der ↑Wirtschaftswissenschaften, die abstrakte Beschreibung und die Erklärung der spezifischen ökonomischen Vorgänge hingegen das Objekt der ↑Wirtschaftstheorie.

Wirtschaftlichkeitsprinzip ↑ökonomisches Prinzip.

Wirtschaftsausschuß: in Unternehmen mit mehr als 100 Beschäftigten – außer in ↑Tendenzbetrieben – zu bildendes Gremium, das wirtschaftliche Angelegenheiten mit dem Unternehmer zu beraten und den Betriebsrat zu unterrichten hat (§§106–110 Betriebsverfassungsgesetz). Zu den wirtschaftlichen Angelegenheiten gehören u. a. Veränderungen der Produktionsbedingungen (Rationalisierungsvorhaben, Einführung neuer Arbeitsmethoden), die Einschränkung oder Stillegung von Betrieben oder Betriebsteilen, die wirtschaftliche und finanzielle Lage des Unternehmens. Die mindestens drei und höchstens sieben Mitglieder des Wirtschaftsausschusses werden vom Betriebsrat bestimmt.

Wirtschaftsgüter: 1. gleichbedeutend mit ↑Güter; 2. im Steuerrecht selbständig bewertbare Teile des Betriebsvermögens, z. B. Maschinen und Werkzeuge, Rechte oder andere wirtschaftliche Werte (↑auch geringwertige Wirtschaftsgüter, ↑kurzlebige Wirtschaftsgüter).

Wirtschaftsgymnasium ↑kaufmännisches Schulwesen.

Wirtschaftsjahr: Zeitraum der abschließenden buchmäßigen Feststellung der Ergebnisse eines Betriebes. Steuerrechtlich entspricht das Wirtschaftsjahr dem Geschäftsjahr.

Wirtschaftskreislauf: grundlegende wirtschaftswissenschaftliche Modellvorstellung, mit deren Hilfe die Vielzahl der Tauschbeziehungen innerhalb einer Volkswirtschaft überschaubar gemacht werden soll. Aus diesem Grunde werden gleichartige Wirtschaftssubjekte, wie die privaten Haushalte, die Unternehmen, die öffentlichen Haushalte und die Auslandsbeziehungen zu Sektoren zusammengefaßt. Dazu kommt noch der Sektor Vermögensveränderungen, in dem alle Investitionen und Ersparnisse erscheinen. Bei der

Darstellung der Verflechtung der einzelnen Sektoren kann sich die Kreislaufanalyse verschiedener Methoden bedienen. Am einfachsten lassen sich die Beziehungen in einem Schaubild mit Richtungspfeilen verdeutlichen. Eine größere Genauigkeit erhält man jedoch bei der kontenmäßigen Darstellung. Auch in der Form der Matrix läßt sich der Wirtschaftskreislauf darstellen und analysieren. Ausgangspunkt aller Kreislaufbetrachtungen sind die Beziehungen zwischen den Sektoren private Haushalte und den Unternehmen. Die privaten Haushalte stellen den Unternehmen ihre Produktionsfaktoren (Arbeit, Kapital und Boden) zur Verfügung und erhalten dafür Erwerbs- und Vermögenseinkommen (Faktoreinkommen); dieses Einkommen wird wiederum für Konsumausgaben verwendet. Die dafür erforderlichen Güter produzieren die Unternehmen mit den bereitgestellten Produktionsfaktoren. Einem Güterstrom steht also ein Geldstrom gegenüber. Wird in einer Volkswirtschaft gespart und investiert, so laufen diese Ströme über das Vermögensänderungskonto, staatliche Aktivitäten (z. B. staatlicher Konsum, staatliches Einkommen) laufen über den Sektor öffentliche Haushalte und Auslandsbeziehungen über den Sektor Ausland. Aus Gründen der Übersichtlichkeit werden häufig nur die Geldströme zwischen den fünf Sektoren aufgezeigt. Aus der Analyse des Kreislaufmodells sollen Erkenntnisse über die Beziehungen und Abhängigkeiten der einzelnen Sektoren gewonnen werden. Die ↑volkswirtschaftliche Gesamtrechnung baut auf dem Modell des Wirtschaftskreislaufes auf.

Wirtschaftskriminalität: Bezeichnung für solche Straftaten, die durch Verstoß gegen Gesetze zur Regelung des Wirtschaftslebens begangen werden (Schätzungen über die durch Wirtschaftskriminalität angerichteten Schäden schwanken zwischen 4 Mrd. bzw. bis über 20 Mrd. DM jährlich). Wirtschaftsdelikte sind z. B. Steuerhinterziehung, Konkursdelikte, Kredit- und Versicherungsbetrügereien, Subventionsbetrug (betrügerische Erlangung von ↑Subventionen) und die **Computerkriminalität,** bei der durch unbefugtes Benutzen oder durch entsprechendes Programmieren von Computern ein anderer geschädigt wird.
Das gesellschaftliche Phänomen der Wirtschaftskriminalität wurde nach dem 2. Weltkrieg erstmals von dem Amerikaner E. Sutherland umschrieben. Nach ihm ist für die Wirtschaftskriminalität kennzeichnend, daß sie von Angehörigen der oberen Schichten (in der Regel haben nur diese Zugang zu den für die Begehung von Wirtschaftskriminalität erforderlichen beruflichen Positionen) unter Ausnutzung aller Auslegungs- und Interpretationsmöglichkeiten normativer Bestimmungen im Grenzbereich der Legalität begangen werden. Da die Wirtschaftskriminellen (sogenannte Weiße-Kragen-Täter) oft hohes Ansehen und Prestige genießen und bezüglich ihrer kriminellen Tätigkeit keinerlei Unrechtsbewußtsein haben (was sich als Gesellschaftsphänomen darin widerspiegelt, daß ihre Taten selten Emotionen zu Gunsten der Opfer hervorrufen), gestaltet sich die Ermittlungstätigkeit der Strafverfolgungsbehörden außerordentlich schwierig. Um die Voraussetzungen für eine effektivere Strafverfolgung zu schaffen, wurde 1976 das Gesetz zur Bekämpfung der Wirtschaftskriminalität in das StGB eingefügt. Schwerpunkt dieses Gesetzes sind die Neuordnung des Konkursstrafrechts (§§ 283 ff. StGB), eine gegenüber dem Betrugstatbestand eigenständige Regelung des Subventions- (§ 264 StGB) und Kreditbetrugs (§ 265 b StGB) sowie eine Zusammenfassung der Vorschriften gegen Wucher (§ 302 a StGB). – ↑Wirtschaftsstrafrecht.

Wirtschaftskrise: Störungen im Prozeß der ständigen Wiederherstellung der Reproduktionsfaktoren und -bedingungen warenproduzierender Gesellschaften. Nach der Konjunkturtheorie (↑Konjunktur) markieren Wirtschaftskrisen die Wendepunkte der periodischen Konjunkturzyklen. Nach marxistischer Lehre sind sie notwendige Erscheinungen der kapitalistischen Produktionsweise (↑Kapitalismus). Wirtschaftskrisen können auf einzelne Wirtschaftsbereiche beschränkt bleiben, eine nationale Wirtschaft erfassen in Form von Agrarkrisen, Strukturkrisen, Wachstums- und Währungskrisen, aber auch Teile der Weltwirtschaft erfassen oder als ↑Weltwirtschaftskrise auftreten. Wechselskursmanipulationen mit dem Ziel, binnenwirtschaftlichen Krisen durch Wettbewerbsvorteile im Außenhandel entgegenzuwirken, führen zu Störungen des außenwirtschaftlichen Gleichgewichts.

Wirtschaftsordnung: die Gesamtheit der Rahmenbedingungen, innerhalb derer der Wirtschaftsprozeß abläuft, dabei insbesondere die Art des Zusammenwirkens der einzelnen Wirtschaftssubjekte. Die entsprechenden das Wirtschaftsleben regelnden rechtlichen Normen bilden die **Wirtschaftsverfassung.** Unterschieden werden die Wirtschaftsordnungen v. a. nach der Art und Weise, wie die in einer arbeitsteiligen Wirtschaft notwendige Aufgabe, die Einzelpläne in Übereinstimmung zu bringen, gelöst wird. Dabei bestehen als Modellfälle zum einen die freie Marktwirtschaft mit Privateigentum an den Produktionsmitteln, in der die Koordination der Einzelwirtschaftspläne der Unternehmen und Haushalte über den Markt erfolgt, wobei der Preisbildungsmechanismus für den Ausgleich sorgen soll und dem Staat lediglich die Aufgabe der Herstellung der Rechtssicherheit zukommt, zum anderen die Zentralverwaltungswirtschaft (↑Planwirtschaft), bei der die Verfügungsgewalt in Händen einer Zentralstelle liegt, die einen Wirtschaftsplan aufstellt, in dem alle Entscheidungen enthalten sind, die in der freien Marktwirtschaft von den einzelnen Wirtschaftssubjekten getroffen werden. Zwischen diesen beiden idealtypischen Extremformen gibt es eine Reihe von Übergangsstufen (z. B. die ↑soziale Marktwirtschaft).

Wirtschaftspolitik: zusammenfassende Bezeichnung für alle Maßnahmen, mit denen die Träger der Wirtschaftspolitik versuchen, Wirtschaftsablauf, -struktur und -ordnung zu beeinflussen. Träger der Wirtschaftspolitik sind dabei alle Institutionen, die entsprechende Maßnahmen initiieren und durchführen, also insbesondere die Regierung, das Parlament, die Verwaltung und die Zentralbank. In ihrem Ausmaß kann sich die Wirtschaftspolitik auf die gesamte Volkswirtschaft (allgemeine Wirtschaftspolitik) oder Teilbereiche (spezielle Wirtschaftspolitik) erstrekken. Nach den Aufgaben der Wirtschaftspolitik in einer Marktwirtschaft können ordnungs-, verteilungs- und ablaufpolitische Ziele unterschieden werden. Wesentliches ordnungspolitisches Ziel ist ein funktionsfähiger Wettbewerb; verteilungspolitisch bedeutsam sind eine gerechte Vermögensverteilung und soziale Sicherheit. Ablaufpolitische Ziele sind v. a. stetiges Wirtschaftswachstum, hohes Beschäftigungsniveau, Preisniveaustabilität und außenwirtschaftliches Gleichgewicht (↑auch magisches Viereck).

Man unterscheidet wirtschaftspolitische Instrumente mit direkter Zielwirkung und solche zur Verhaltensbeeinflussung. Instrumente mit direkter Zielwirkung sind Maßnahmen von Trägern der Wirtschaftspolitik, bei deren Einsatz sich diese wie Marktteilnehmer verhalten, mit ihrem Verhalten jedoch das Marktergebnis im Interesse ihrer wirtschaftspolitischen Ziele zu beeinflussen suchen. Ein Beispiel ist die Erhöhung staatlicher Investitionsausgaben zur Konjunkturbelebung, wodurch die Höhe der gesamtwirtschaftlichen Nachfrage direkt beeinflußt wird.

Beim Einsatz eines direkten Instruments ist zu berücksichtigen, daß durch die veränderten Marktbedingungen andere Marktteilnehmer ebenfalls zu Anpassungsreaktionen veranlaßt werden können, z. B. wird die Erhöhung der Staatsausgaben eine verstärkte Gesamtnachfrage bewirken (Multiplikatorwirkung), da die von ihnen geschaffenen Umsätze bzw. Einkommen teilweise wieder zu Ausgaben führen, so daß auch an anderer Stelle neue Umsätze bzw. Einkommen entstehen. Instrumente zur Verhaltensbeeinflussung haben keine unmittelbare Zielwirkung, sie sollen zielgerechte Reaktionen der Marktteilnehmer bewirken.

Wirtschaftsprüfer (Abschlußprüfer, Bilanzprüfer): nach den Vorschriften des Gesetzes über eine Berufsordnung der Wirtschaftsprüfer vom 24. 7. 1961 öffentlich bestellte und vereidigte Person mit abgeschlossenem wirtschaftswissenschaftlichem oder juristischem Hochschulstudium und Berufserfahrung, die betriebswirtschaftliche Prüfungen, insbesondere von Jahresabschlüssen wirtschaftlicher Unternehmen, durchführt, Bestätigungsvermerke über die Vornahme und das Ergebnis solcher Prüfungen erteilt und Beratungen in Wirtschafts- und Steuerfragen durchführt.

Wirtschaftsprüfung: Durchführung von Jahresabschlußprüfungen (Bilanz, Gewinn- und Verlustrechnung, Geschäftsbericht) sowie von Sonderprüfungen (z. B. Gründungs-, Depot-, Unterschlagungs-, Wirtschaftlichkeits-, Kreditwürdigkeitsprüfung) durch Wirtschaftsprüfer bzw. Wirtschaftsprüfungsgesellschaften. Die Prüfung des Jahresabschlusses bezieht sich auf die Beurteilung der Ordnungsmäßigkeit der Buchführung, die zutreffende Gliederung von Bilanz und Gewinn- und Verlustrechnung sowie die richtige Bewertung der Bilanzposten. Auch die Erläuterungen des Jahresabschlusses im Geschäftsbericht sind zu prüfen. Das Prüfungsergebnis wird in einem Bestätigungsvermerk **(Testat)** zusammengefaßt.

Wirtschaftsrecht: Gesamtheit der Rechtsvorschriften, mit denen die Rechtsbeziehungen der am Wirtschaftsleben beteiligten Organisationen und Personen geregelt werden. Während im liberalen Staat das Prinzip der Vertragsfreiheit bestimmend war, greift der heutige soziale Rechtsstaat in vielfältiger Weise ordnend und lenkend in das Wirtschaftsleben ein. Zum Wirtschaftsrecht im klassischen Sinne gehören BGB, Handels- und Gesellschaftsrecht, Wertpapierrecht, Börsen- und Versicherungsrecht sowie der gewerbliche Rechtsschutz. Des weiteren zählen hierzu das Währungs-, Geld- und Münzwesen, das Steuerrecht, das Kartellrecht (Gesetz gegen Wettbewerbsbeschränkungen), das Kammerrecht, inbesondere der Industrie- und Handelskammern und der Handwerkskammern, und das Recht der Wirtschaftsaufsicht. Zur sozialen Marktwirtschaft gehören insbesondere das Individual- und Kollektivarbeitsrecht (z. B. Kündigungsschutzgesetz, Betriebsverfassungsgesetz, Mitbestimmungsrecht, Tarifrecht) sowie Regelungen zur Wirtschaftsförderung, z. B. Subventionierungen und Konjunkturprogramme. Wesentlicher Bestandteil des Wirtschaftsrechts ist des weiteren das Haushaltsrecht des Bundes und der Länder.

Wirtschaftsschule ↑kaufmännisches Schulwesen.

Wirtschaftsstrafrecht: Gesamtheit der Rechtsvorschriften, die zum Schutz eines geordneten Wirtschaftslebens und zur Sicherung der am Wirtschaftsprozeß Beteiligten bestimmte Verhaltensweisen verbieten und mit Strafe oder Bußgeld bedrohen. Zum Wirtschaftsstrafrecht gehören Vorschriften des StGB (Wirtschaftskriminalität), das Wirtschaftsstrafgesetz in der Fassung von 1975 (enthält Strafnormen für Verstöße gegen die Sicherstellungsgesetze und einzelne Ordnungswidrigkeitentatbestände für Verstöße z. B. gegen die Preisregelung) sowie Straf- und Ordnungswidrigkeitentatbestände in zahlreichen Einzelgesetzen auf dem Gebiet des Wirtschafts- und Wirtschaftsverwaltungsrechts (z. B. im Aktiengesetz, GmbH-Gesetz, Gesetz gegen den unlauteren Wettbewerb und in der Gewerbeordnung).

Wirtschaftsstufen: nach bestimmten (umstrittenen) Kriterien voneinander abgrenzbare Entwicklungsstadien in der Wirtschaftsgeschichte. Entwickelt wurde die Theorie der Wirtschaftsstufen v. a. von der historischen Schule der Nationalökonomie, insbesondere von F. List. Den Stufentheorien liegt die Auffassung zugrunde, daß die Wirtschaftsstufen jeweils organisch auseinander hervorgehen. Unter den neueren Stufentheorien erlangte v. a. die von W. W. Rostow Bedeutung, der fünf Wachstumsstadien (eine traditionelle Gesellschaft, ein Übergangsstadium, ein Startstadium, ein Reifestadium und schließlich die Massenkonsumgesellschaft) unterschied.

Wirtschaftssubjekt: allgemein jeder Teilnehmer am Wirtschaftsleben (Privatmann, juristische Person, öffentlich-rechtliche Körperschaft, Staat); im engeren Sinne der Wirtschaftstheorie der Mensch als Gestalter der Wirtschaft und Träger des Wirtschaftsprozesses.

Wirtschaftssystem: nach W. Sombart die durch die Grundbestandteile der Wirtschaftsgesinnung (z. B. wirtschaftliches Prinzip), die Wirtschaftsordnung (z. B. Wettbewerbswirtschaft) und die Technik der Wirtschaft (z. B. Automatisierung) geprägte Eigenart und historische Gestalt des Wirtschaftslebens.

Wirtschaftstheorie (Volkswirtschaftstheorie): Kerngebiet der Volkswirtschaftslehre, dessen Objekt die wissenschaftliche Beschreibung und Erklärung der Einzel- und insbesondere der gesamtwirtschaftlichen Prozesse ist. Die Wirtschaftstheorie wählt dabei entweder ein logisch-deduktives Vorgehen, bei dem auf dem Wege fortschreitender Abstraktion Modellvorstellungen mit dem Ziel, ein vereinfachtes Abbild der ökonomischen Realität zu gewinnen, erarbeitet werden, oder ein empirisch-induktives Verfahren, bei dem sie allgemeingültige Aussagen aus einer universalen Gesamtschau realer ökonomischer Phänomene zu gewinnen sucht.

Wirtschaftsverfassung ↑Wirtschaftsordnung.

Wirtschaftswachstum: Vergrö-

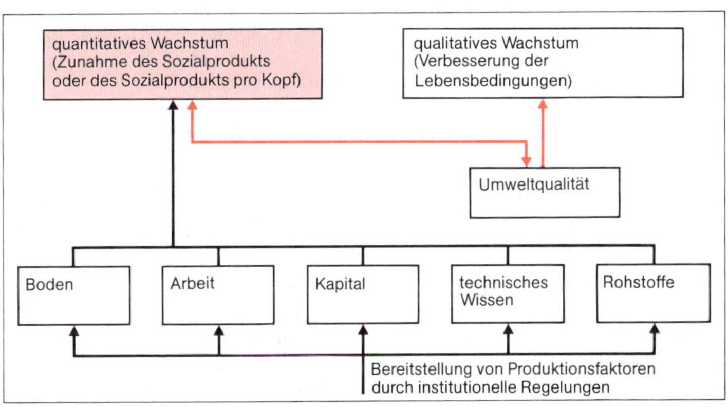

Wirtschaftswachstum. Schematische Darstellung

ßerung des realen Sozialprodukts in einer Abrechnungsperiode gegenüber der Vorperiode, meist in Prozent als Wachstumsrate ausgedrückt. Dabei kann z. B. die absolute Veränderung des Sozialprodukts, die Veränderung pro Kopf oder pro Arbeitsstunde betrachtet werden. Wirtschaftswachstum im Sinne eines wachsenden materiellen Wohlstandes ist nicht gleichzusetzen mit einer Erhöhung der Lebensqualität, da diese u. a. auch von der Einkommensverteilung, den Arbeits- und Lebensbedingungen und der Umweltsituation abhängig ist. Die Verbesserung des Wohlstandes wird als **qualitatives Wachstum** bezeichnet. Die Messung des qualitativen Wachstums bereitet allerdings erhebliche Schwierigkeiten (↑auch soziale Indikatoren).

Wirtschaftswissenschaften: Forschung und Lehre, die sich mit Wesen, Ordnung, Aufbau, Ablauf und Ziel der Wirtschaft beschäftigen; früher auch als Ökonomie bezeichnet. Zu den Nachbarwissenschaften, wie Psychologie, Soziologie und Arbeitswissenschaften, ist eine klare Abgrenzung möglich. Hauptgebiete sind ↑Betriebswirtschaftslehre (BWL) und ↑Volkswirtschaftslehre (VWL). Zur BWL gehören die Bereiche Management, Personalwesen, Beschaffung, Fertigung, Absatz, Finanzwirtschaft, Rechnungswesen; zur VWL zählen Wirtschaftstheorie, Finanzwissenschaft, Wirtschaftspolitik, Statistik, Ökonometrie, Wirtschaftsgeschichte, Wirtschaftsgeographie. Weiterhin werden spezielle BWL (z. B. Handels-, Industrie-, Bank-, Versicherungsbetriebslehre) und spezielle Wirtschaftstheorie und -politik (z. B. Konjunktur, Wachstum, Außenwirtschaft, Geld, Währung, Wettbewerb, Preis, Beschäftigung, Verteilung sowie Struktur, Stabilitäts- und Sozialpolitik) unterschieden. Innerhalb der wirtschaftswissenschaftlichen Theorie unterscheidet man heute zwischen Entscheidungstheorien und Erklärungstheorien. Die Entscheidungstheorien gehen von einem gegebenen rationalen Verhalten (z. B. Gewinnmaximierung) aus und fragen, wie dieses Ziel zu erreichen ist. Die Erklärungstheorien versuchen, bestimmte Erscheinungen der Wirklichkeit aus dem Verhalten der Wirtschaftssubjekte zu erklären.

Wohlfahrtsstaat: politischer Begriff zur Charakterisierung eines privatwirtschaftlich organisierten Staates, der zunehmend für die soziale Sicherheit und Chancengleichheit seiner Bürger sorgt. Die Sicherung der materiellen Existenz der Bürger (Daseinsvorsorge) wird zur umfassenden Aufgabe des Staates; ihr haben nicht nur Sozial- und Steuerpolitik, sondern auch Infrastruktur-, Bildungs-, Konjunktur- und Umweltpolitik usw. zu dienen. Verfassungsrechtlich wird dieser Zusammenhang im Begriff des Sozialstaats gefaßt.

Wohlfahrtstheorie (Wohlfahrtsökonomik, Wohlstandsökonomik): Untersuchung des Wirtschaftslebens unter dem Aspekt, den wirtschaftlichen Wohlstand für einzelne, Gruppen oder die Gesamtheit der Wirtschaftssubjekte zu maximieren. Dabei erhält der Begriff der Wohlfahrt einen bestimmten Inhalt erst durch die Nutzen-, Wert- und Wohlstandsvorstellungen der betroffenen Wirtschaftssubjekte. Ein solches Bündel von verschiedenen spezifischen Wohlfahrtszielen wird von der Wohlfahrtstheorie zu sogenannten Wohlfahrtsfunktionen zusammengefaßt, aus denen sich durch formalmathematische Behandlung die Situationen und die Bedingungen der sozialökonomischen Optima ableiten lassen. Zwar führt die Wohlfahrtstheorie zu wissenschaftlich wertvollen Erkenntnissen, ihre Aussagen sind jedoch utopischer Natur.

Wohngeld: zur Sicherung angemessenen und familiengerechten Wohnens auf Antrag gewährter Zuschuß zu den Aufwendungen für den Wohnraum. Wohngeld wird gewährt als *Mietzuschuß* an einen Mieter, einen Nutzungsberechtigten von Wohnraum oder einen Eigentümer eines Mehrfamilienhauses, der selbst darin wohnt, oder als *Lastenzuschuß* an den Eigentümer eines Eigenheims, einer Kleinsiedlung oder einer landwirtschaftlichen Nebenerwerbsstelle, einer Eigentumswohnung oder an den Inhaber eines eigentumsähnlichen Dauerwohnrechts sowie eines Erbbauberechtigten, sofern das Familieneinkommen bzw. die Miete oder Belastung die im Wohngeldgesetz festgelegten Sätze nicht übersteigen.

Wohnungsbau: die Erstellung von Wohnungen; zu unterscheiden ist zwischen dem öffentlich geförderten (↑sozialer Wohnungsbau), dem steuerbegünstigten und dem frei finanzierten Wohnungsbau. Für den steuerbegünstigten Wohnungsbau ist eine entsprechende Anerkennung der Wohnung Voraussetzung, die dann zu erfolgen hat, wenn es sich um eine neugeschaffene Wohnung handelt, für die keine öffentlichen Mittel eingesetzt wurden und die bestimmte Wohnflächengrenzen nicht überschreitet. Die Steuerbegünstigung besteht seit 1. 1. 1987 (Ablösung der bisherigen Förderung des Wohnungsbaus nach § 7b durch § 10e des Einkommensteuergesetzes) für selbstgenutztes Wohneigentum, das nach diesem Datum angeschafft oder errichtet wird, in einer auf acht Jahre begrenzten höheren Absetzung der Herstellungs- bzw. Anschaffungskosten (5% von höchstens 300 000 DM, ab 1991: 330 000 DM); für jedes Kind kann ein Abzug von jährlich 600 DM (ab 1991: 1000 DM) geltend gemacht werden („Baukindergeld"). – 1990 wurden in der Bundesrepublik Deutschland rund 257 000 Wohnungen fertiggestellt (zuzüglich rund 62 000 in den neuen Bundesländern); 1984 waren es noch rund 398 000, 1970 fast 478 000. Am stärksten machte sich der Rückgang beim Bau von Mehrfamilienhäusern bemerkbar.

Wohnungseigentum: das mit dem Miteigentumsanteil an einem Grundstück verbundene *Sondereigentum* an einer in sich abgeschlossenen (Eigentums-)Wohnung. Bei nicht Wohnzwecken dienenden (gewerblich genutzten) Räumen spricht man von *Teileigentum.* Das Sondereigentum ist untrennbar verbunden mit *Bruchteilseigentum* (Miteigentum nach frei vereinbarten Bruchteilen) an Grund und Boden sowie solchen Teilen des Gebäudes, die für dessen Bestand oder Sicherheit erforderlich sind oder dem gemeinschaftlichen Gebrauch der Wohnungseigentümer dienen (z. B. Außenmauern, Dach, Treppenhaus, Heizungsanlage). Die Möglichkeit, Wohnungseigentum zu begründen, ist als Ausnahme zur grundsätzlichen Unzulässigkeit der realen Teilung eines Gebäudes durch das Wohnungseigentumsgesetz (WEG) geschaffen worden. Das Wohnungseigentum wird begründet durch Vertrag der Miteigentümer an einem Grundstück oder (in der Praxis häufiger) durch Teilungserklärung des (vorherigen, alleinigen) Grundstückseigentümers (sogenannte *Vorratsteilung*) und Eintragung ins Grundbuch; es kann in entsprechender Weise wieder aufgehoben werden. Es ist wie Grundeigentum frei veräußerlich und vererblich sowie belastbar. Das Rechtsverhältnis der Wohnungseigentümer untereinander bestimmt sich zunächst nach den zwingenden Vorschriften des WEG, ferner nach den getroffenen Vereinbarungen und Beschlüssen der Wohnungseigentümer sowie nach den Vorschriften des BGB über Miteigentum und Gemeinschaft (§§ 1 008ff., 742 ff. BGB). Die Verwaltung des gemeinschaftlichen Eigentums obliegt dem Verwalter, dessen Bestellung zwingend vorgeschrieben ist, außerdem dem (fakultativen) dreiköpfigen Verwaltungsbeirat sowie den Wohnungseigentümern gemeinschaftlich (§§ 21 ff. WEG).

Z

Zahllast ↑Umsatzsteuer.

Zahlungsbedingungen ↑Konditionen.

Zahlungsbilanz: zusammengefaßte Gegenüberstellung der Werte aller Transaktionen zwischen Inländern und Ausländern in einer Periode. In der Zahlungsbilanz sind mehrere Teilbilanzen zusammengefaßt (konsolidiert); die Zahlungsbilanz selbst ist definitionsgemäß stets ausgeglichen; Salden treten nur in den Teilbilanzen auf. Die Teilbilanzen sind 1. **Handelsbilanz:** Gegenüberstellung von Warenexporten (Aktiva) und Warenimporten (Passiva); 2. **Dienstleistungsbilanz:** Gegenüberstellung der Exporte und der Importe von Dienstleistungen (Reiseverkehr, Transportleistungen, Lizenzen, Patente u. a.); 3. **Übertragungsbilanz** (Bilanz der unentgeltlichen Leistungen, Schenkungsbilanz): Gegenüberstellung der empfangenen (Aktiva) und der geleisteten (Passiva) Übertragungen (Entwicklungshilfe, Geldüberweisungen von Gastarbeitnehmern u. a.); 4. **Bilanz des langfristigen Kapitalverkehrs:** Gegenüberstellung der langfristigen Forderungen des Auslands (Aktiva) und derjenigen des Inlands (Passiva); 5. **Bilanz des kurzfristigen Kapitalverkehrs:** Gegenüberstellung der entsprechenden kurzfristigen Forderungen; 6. **Devisenbilanz:** Gegenüberstellung der Devisenzu- und -abgänge sowie der Veränderungen des Goldbestands; 7. **Restposten:** Ausgleichsposten für statistische Ermittlungsfehler und nicht erfaßte Posten. Die Handels- und die Dienstleistungsbilanz werden zusammengefaßt zur **Leistungsbilanz;** die Leistungsbilanz und die Übertragungsbilanz ergeben konsolidiert die **Bilanz der laufenden Posten,** deren Saldo die Veränderung der Nettoposition eines Landes angibt; die Bilanzen des kurzfristigen und des langfristigen Kapitalverkehrs sowie die Devisenbilanz werden zur **Kapitalverkehrsbilanz (Kapitalbilanz)** zusammengefaßt.

Zahlungsbilanzgleichgewicht ↑außenwirtschaftliches Gleichgewicht.

Zahlungsmittel ↑Geld.

Zahlungsunfähigkeit (Insolvenz): das Unvermögen, seine fälligen Geldverpflichtungen zu erfüllen; Grund für Konkurs- und Vergleichsverfahren.

Zahlungsverkehr: Gesamtheit aller Zahlungsvorgänge in einer Volkswirtschaft, die durch die Hingabe von Zahlungsmitteln zum Ausgleich fälliger Forderungen für empfangene Güter und Dienstleistungen abgewickelt werden.

Zahlungsverzug ↑Verzug.

Zeichnungsschein: Urkunde, in der sich ein Anleger verpflichtet, von einer Neuemission (↑Emission) einen bestimmten Betrag zu übernehmen und zum vorgesehenen Zeitpunkt zu bezahlen. Diese über die beteiligten Banken laufenden Urkunden enthalten im wesentlichen Name und Anschrift des Zeichners, Anzahl der gezeichneten Wertpapiere, Angaben über die Lieferung der Stücke.

Zeitlohn ↑Lohnformen.

Zeitwert ↑gemeiner Wert.

Zentralbank (Zentralnotenbank): zentrale Währungsbehörde eines Staates, die das alleinige Recht der Notenausgabe besitzt und deren wichtigste Aufgabe es ist, den Geldwert und die Währung stabil zu halten. Durch Gesetz wurde am 1. 8.

1957 die ↑Deutsche Bundesbank als Zentralnotenbank der Bundesrepublik Deutschland errichtet. – ↑auch Notenbank.

zentralbankfähiger Wechsel ↑bundesbankfähiger Wechsel.

Zentralbankgeld: Gesamtheit der im Umlauf befindlichen Banknoten und der bei der Zentralbank unterhaltenen Zentralbankguthaben (Sichteinlagen von Staat, Banken und Nichtbanken). Da die Deutsche Bundesbank auch die vom Staat geprägten Münzen in Umlauf bringt, werden diese vielfach auch zum Zentralbankgeld gerechnet.

Zentralbankgeldmenge: besteht aus dem gesamten Bargeldumlauf (Banknoten und Münzen) abzüglich der Kassenbestände der Kreditinstitute zuzüglich der bei der Deutschen Bundesbank unterhaltenen ↑Mindestreserven. Die Zentralbankgeldmenge ist für die Deutsche Bundesbank ein wichtiger Indikator für die Entwicklung und Veränderung der gesamten ↑Geldmenge. Die Notenbank kann mit ihren geldpolitischen Maßnahmen die Zentralbankgeldmenge direkt beeinflussen und somit die Geldmenge steuern (↑auch Geldschöpfung).

Zentralbankrat ↑Deutsche Bundesbank.

Zentraleinheit (Central processing unit): Bezeichnung für den aus Arbeitsspeicher, Leitwerk und Rechenwerk bestehenden Hauptbestandteil einer elektronischen Datenverarbeitungsanlage bzw. eines Computers. Im Rechenwerk werden die arithmetischen und logischen Operationen ausgeführt, die benötigten Daten werden über das Leitwerk (Steuerwerk) dem Rechenwerk zugeführt oder im Speicher wieder abgelegt.

Zentralverwaltungswirtschaft ↑Planwirtschaft.

Zerobonds [französisch 'ze:ro „null"] (Nullkupon-Anleihen): Anleihen, auf die während der Laufzeit kein Zins gezahlt wird. Statt dessen werden sie weit unter Nennwert emittiert (bei längeren Laufzeiten ein Disagio bis zu 30%) und zum Kurs von 100 (Nennwert) zurückgezahlt (↑Abzinsungspapiere), so daß an die Stelle des Zinsertrags der Kursgewinn tritt. Der Kauf von Zerobonds kann deshalb unter steuerlichen Aspekten interessant sein. Zerobonds haben in der Regel eine sehr lange Laufzeit und unterliegen im Vergleich zu normalen Anleihen stärkeren Kursschwankungen.

Zession [lateinisch]: vertragliche Abtretung einer Forderung (gegenüber dem sogenannten Drittschuldner) vom bisherigen Gläubiger **(Zedent)** auf einen neuen Gläubiger **(Zessionar).** Die Zession dient in den meisten Fällen zur Absicherung eines Bankkredits, wobei der Kreditnehmer (= Zedent) eine Forderung an die Bank (= Zessionar) abtritt. Abtretbar sind grundsätzlich alle bestehenden wie auch in Zukunft entstehende Forderungen, es sei denn 1. die Forderungsabtretung ist vertraglich ausgeschlossen, 2. es handelt sich um unpfändbare Forderungen (z. B. Lohn- und Gehaltsforderungen innerhalb der Pfändungsfreigrenzen), 3. der Inhalt der Forderung würde sich durch die Abtretung verändern (z. B. Ansprüche auf Dienstleistungen). Forderungen können entweder einzeln abgetreten werden (Einzelabtretung), oder aber in der Form der ↑Mantelzession oder ↑Globalzession als Gesamtheit bestehender oder zukünftiger Forderungen. Der Drittschuldner muß von der Abtretung nicht benachrichtigt werden *(stille Zession);* er zahlt dann weiterhin an den Zedenten, der wiederum verpflichtet ist, den Betrag an den Zessionar weiterzuleiten. Wird der Drittschuldner von der Abtretung benachrichtigt *(offene Zession),* muß er nun seine Schulden an den Zessionar zurückzahlen.

Zeugnis: bei Beendigung eines Dienstverhältnisses, insbesondere eines Arbeitverhältnisses, vom Arbeitgeber dem Arbeitnehmer auf Wunsch auszustellende schriftliche Bestätigung **(Arbeitszeugnis),** aus der Art und Dauer der Beschäftigung sowie (beim *qualifizierten Zeugnis*) auf besonderes Verlangen auch Führung und Leistungen des Arbeitnehmers hervorgehen. Auch während des Arbeitsverhältnisses kann der Arbeitnehmer – z. B. zum Zweck der Stellensuche – ein Zeugnis, das sogenannte *Zwischenzeugnis,* verlangen. Auszubildende haben nach Beendigung des Ausbildungsverhältnisses Anspruch auf ein Zeugnis mit Angaben über das Ziel der Berufsausbildung und die erworbenen Fertigkeiten und Kenntnisse. Die Angaben auf dem Zeugnis müssen der Wahrheit entsprechen, auch dann, wenn sie nicht nur positiv für den Arbeitnehmer sind. Für schuldhaft unwahre Angaben haftet der Arbeitgeber dem Arbeitnehmer wegen Verletzung des Arbeitsvertrages.

Ziehungsrechte: den Mitgliedsländern des Internationalen Währungsfonds (IWF) zustehende Rechte, Auslandswährung zu beziehen, wobei – im Unterschied zu den Sonderziehungsrechten – im Austausch eigene Währung an den Fonds gegeben werden muß.

Zielgruppe: Teil der Gesamtbevölkerung, der von einer publizistischen Aussage (z. B. Werbekampagne) erreicht werden soll und gemeinsame strukturelle Eigenschaften (z. B. demographische oder psychologische Merkmale) aufweist. Um optimale Reichweiten ohne „Streuverluste" zu erzielen, legen Werbungtreibende Wert auf möglichst exakte Beschreibung der Zielgruppen von Massenmedien. Entsprechende Daten liefert die (meist kommerzielle) quantitative Rezipientenforschung (Leseranalysen, Hörer- und Zuschauerforschung).

Zielkauf (Kauf auf Ziel) ↑Kauf.

Zinselastizität (Zinselastizität der Geldnachfrage): Meßziffer, die das Verhältnis zwischen einer relativen Änderung des Zinssatzes und der davon abhängigen relativen Änderung der Nachfrage nach Geld (Kredit) bezeichnet. Die theoretische Frage nach der Zinselastizität ist von großer praktischer Bedeutung für die Geldpolitik. So würde z. B. der Extremfall einer unendlichen Zinselastizität der Geldnachfrage bedeuten, daß geldpolitische Maßnahmen ohne Wirkung auf das Beschäftigungsvolumen blieben, also fiskalpolitische Maßnahmen vorzuziehen wären.

Zinsen [zu lateinisch census „Steuerkataster, Vermögen"]: in der *Volkswirtschaftslehre* Besitzeinkommen, das den Preis für die Überlassung von Kapital auf Zeit darstellt. Dabei handelt es sich meist um Geldkapital, gelegentlich auch um Sachkapital, z. B. bei der Überlassung einer Wohnung gegen Zahlung eines sogenannten Mietzinses. Zu unterscheiden sind: 1. *Realzinsen,* der Kaufkraftzuwachs, der sich unter Berücksichtigung inzwischen eingetretener Preisänderungen zwischen der Kaufkraft des Darlehensbetrages am Anfang einer Periode und der des Darlehensbetrages zuzüglich der Zinsen am Ende der Periode ergibt; 2. *Nominalzinsen,* der auf den Nennwert von Wertpapieren bezogene Zinssatz; 3. *Effektivzinsen,* der aus dem Verhältnis zwischen Zinserträgen und Kaufpreis eines Wertpapieres resultierende Zinssatz. – Eine weitere Unterscheidung ist die in Geldzinsen und natürliche Zinsen. *Natürlicher Zins* ist derjenige, der sich ergäbe, wenn Realkapitalien in natura ausgeliehen würden, nach anderen (gleichwertigen) Definitionen der Zins, bei dem das Preisniveau stabil bleibt, bzw. der Zins, bei dem Gleichheit zwischen dem Kapitalangebot aus Sparmitteln und der Kapitalnachfrage zu Investitionszwecken besteht.

In der *Betriebswirtschaftslehre* sind zwei Betrachtungsweisen der Zinsen zu unterscheiden: 1. in der Kostenrechnung die auf das betriebsnotwendige Kapital (also auch auf das Eigenkapital) verrechneten *kalkulatorischen Zinsen;* 2. in der Finanzbuchhaltung die in der Gewinn- und Verlustrechnung gesondert auszuweisenden *Aufwand-* und *Ertragszinsen,* die gewöhnlich mit ähnlichen Aufwendungen wie Kreditprovisionen und Wechseldiskonten zusammengefaßt werden. Im Bankwesen unterscheidet man auch *Aktiv-* bzw. *Sollzinsen* (die vom Kunden für Kredite zu zahlenden Zinsen) und *Passiv-* bzw. *Habenzinsen* (die von der Bank an die Kunden für Einlagen zu zahlenden Zinsen). – Ansprüche auf Zinsen verjähren in vier Jahren (§ 197 BGB).

Zinseszinsen: Zinsen, die entstehen, wenn fällige Zinsen nicht ausbezahlt, sondern dem Kapital hinzugefügt werden und mit diesem zusammen verzinst werden. Das Kapital nach Jahren ergibt sich entsprechend der **Zinseszinsrechnung** aus der Formel $K_n = K_0 q^n$; dabei bedeutet K_0 das Anfangskapital, $q = 1 + p/100$ den *Zinsfaktor (Aufzinsungsfaktor);* p ist der Zinsfuß. – Soll aus dem gegebenen Endkapital K_n das Anfangskapital $K_0 = K_n/q^n$ berechnet werden, so spricht man von *Diskontierung* oder *Abzinsung.* Eine Vereinbarung über die Zahlung oder Berechnung von Zinseszinsen ist unzulässig. Kreditinstitute können jedoch nicht ausbezahlte Zinsen am Ende des Jahres dem Kapital zuschlagen; sie gelten somit als neue verzinsliche Einlage.

Zinsfuß ↑Zinssatz.

Zinsgarantie: Verpflichtung eines Dritten (meist durch selbstschuldnerische Bürgschaft), die vertragliche Verzinsung von Schuldverschreibungen zu übernehmen, falls der Schuldner in Verzug gerät.

Zinspolitik: 1. Gesamtheit der Maßnahmen der Notenbank (↑Deutsche Bundesbank), das allgemeine Zinsniveau über die ↑Diskontpolitik, die ↑Lombardpolitik und die Geldmarktpolitik zu beeinflussen; zur Geldmarktpolitik gehört die Festlegung von Ankauf- und Abgabesätzen für ↑Geldmarktpapiere sowie der Zinssätze für ↑Pensionsgeschäfte; 2. alle Maßnahmen von Kreditinstituten, Soll- und Habenzinssätze so festzulegen, daß unter Berücksichtigung aller anderen Risiken ein maximaler Erfolg erzielt wird.

Zinsrechnung: die Berechnung des Zinses. Die Höhe der Zinsen richtet sich nach dem Kapital K, dem Zinsfuß p (in der Regel pro Jahr) und der Zeitdauer t. In der Zinsrechnung wird das Jahr i üblicherweise mit 360 Tagen *(Zinstage),* der Monat mit 30 Tagen angenommen. Die Zinsen berechnen sich für i Jahre nach der Formel:

$$Z = \frac{K \cdot i \cdot p}{100};$$

für t Tage nach der Formel:

$$Z = \frac{K \cdot p \cdot t}{360 \cdot 100}.$$

Sind Zinsen auf verschieden hohe Kapitalerträge zu berechnen, so werden bei gleichem Zinsfuß Zinszahlen angewendet. Steht ein Kapital K etwa t_T Tage zu p % auf Zinsen, so wird die Größe $K \cdot t_T/100$ als *Zinszahl* und $360/p$ als *Zinsdivisor* bezeichnet. Demnach berechnen sich die Zinsen gemäß

$$Z = \frac{K \cdot t_T}{100} : \frac{360}{p}$$

= Zinszahl : Zinsdivisor.

Für den Abrechnungszeitraum addiert man die auf ganze Zahlen gerundeten Zinszahlen und dividiert dieses durch den Zinsdivisor.

Zinssatz (Zinsfuß): Höhe der Zinsen, ausgedrückt in % des Kapitals; der Zinssatz bezieht sich in der Regel auf ein Jahr (angegeben durch den Zusatz p. a. [= pro anno]).

Zinsschein: Ertragsschein für ↑festverzinsliche Wertpapiere, der zum Einzug von fälligen Zinsen an den Zinsterminen berechtigt. – ↑auch Bogen.

Zinsspanne (Zinsmarge): die Differenz zwischen dem Haben-Zinssatz und dem höheren Soll-Zinssatz **(Bruttozinsspanne).** Nach Abzug des Verwaltungsaufwands ergibt sich die **Nettozinsspanne.** Die Differenz zwischen Brutto- und Nettozinsspanne ist die **Bedarfsspanne.**

Zinsstaffel ↑Kontokorrentrechnung.

Zinstermine: bei Anleihen die Termine, zu denen die Zinsen fällig werden. Die Zinstermine liegen in halbjährigem Abstand jeweils auf dem Ersten des betreffenden Monats; die Monate werden abgekürzt mit ihren Anfangsbuchstaben angegeben, z. B. für die Zinstermine Januar–Juli: J/J, Februar–August: F/A, März–September: M/S.

Zinstheorien: zusammenfassende Bezeichnung für die zahlreichen und unterschiedlichen Ansätze, in denen für Entstehung und Höhe des Zinses Erklärungen gesucht werden. Eine allgemein akzeptierte Zinstheorie gibt es bis heute nicht. Zu den bekanntesten Zinstheorien zählen: 1. die **Fruktifikationstheorie** von A. R. J. Turgot (* 1727, † 1781), die von der physiokratischen Auffassung ausgeht, daß der Boden der alleinige wertschaffende Faktor in der Volkswirtschaft ist; da durch Erwerb von Grund und Boden jederzeit ein Ertrag erzielt werden kann, muß auch für das Kapital in jeder anderen Verwendungsweise ein Zins in Höhe des Bodenertrages gezahlt werden, da sonst alles Kapital in Grund und Boden angelegt werden würde; 2. die **Residualtheorie** D. Ricardos (* 1772, † 1823), in der der Anteil der Profite am Sozialprodukt, nicht die Profitrate als Verhältnis zwischen Profiten und eingesetztem Kapital im Vordergrund steht; 3. die **Abstinenztheorie** von N. W. Senior (* 1790, † 1864), die den Zins als Prämie für den Konsumverzicht der Kapitalgeber entsprechend der Dauer der Kapitalüberlassung rechtfertigt; 4. die **Marxsche Theorie** der fallenden Profitrate, wobei bei K. Marx (* 1818, † 1883) Profitrate das Verhältnis zwischen Mehrwert und dem gesamten eingesetzten Kapital, bestehend aus variablem und konstantem Kapital, ist. Da nach Marx jedoch nur das (für den Kauf von Arbeitskraft eingesetzte) variable Kapital Mehrwert schafft, ergibt sich durch den relativen Anstieg des konstanten Kapitals bei gleichbleibendem Verhältnis zwischen Mehrwert und variablem Kapital, der Mehrwertrate, ein ständiger Abfall der Profitrate; 5. die **Agiotheorie** von E. von Böhm-Bawerk (* 1851, † 1914), nach der der Zins auf einer Minderschätzung zukünftiger Bedürfnisse gegenüber den höherbewerteten Gegenwartsgütern beruht; 6. die **Liquiditätstheorie** von J. M. Keynes (* 1883, † 1946), die auf der (unterschiedlich großen) Vorliebe der Wirtschaftssubjekte, Bargeld zu halten, statt es gewinnbringend anzulegen oder auszugeben, aufbaut; das Aufgeben dieser Vorliebe muß also durch Zinsen belohnt werden; 7. die **dynamische Zinstheorie** von J. A. Schumpeter (* 1883, † 1950), wonach der Zins der Anteil der vorübergehenden Unternehmergewinne ist, den die Unternehmer für die Kreditgewährung an die Kapitalgeber abführen.

Zivilgerichtsbarkeit: die rechtsprechende Tätigkeit der staatlichen Gerichte auf dem Gebiet des ↑Zivilrechts. Sie wird ausgeübt durch die Gerichte der ↑ordentlichen Gerichtsbarkeit, dagegen nicht durch die Gerichte für Arbeitssachen (↑Arbeitsgerichtsbarkeit), die einem selbständigen Zweig der Gerichtsbarkeit angehören.

Zivilrecht (Privatrecht): Rechtsgebiet, das die Beziehungen der Bürger als Privatpersonen untereinander regelt. Dazu gehören u. a. das bürgerliche Recht im engeren Sinne, das im ↑Bürgerlichen Gesetzbuch geregelt ist, das für Kaufleute geltende Handelsrecht und das Urheberrecht. Im Unterschied zum öffentlichen Recht, das stärker von einem Über- und Unterordnungverhältnis geprägt ist, geht das Zivilrecht von einer Gleichordnung der Rechtspersonen aus. Diese Unterscheidung ist im Streitfalle bedeutsam für die Gerichtszuständigkeit. Zivilrechtliche Streitigkeiten werden vor der Zivilgerichtsbarkeit ausgetragen, öffentlich-rechtliche v. a. vor den Verwaltungsgerichten.

Zoll ↑Zölle.

Zollabkommen: zwischenstaatliche Abkommen zur gegenseitigen Abstimmung und zum Abbau der Zölle. Das bedeutendste Zollabkommen ist das ↑GATT.

Zollager: Lagerräumlichkeiten zur zollfreien und zollsicheren Lagerung (↑Zollverschluß), entweder als öffentliches oder als privates Zollager geführt. Aus dem Zollager kann die Ware unverzollt wieder ausgeführt oder nach und nach, entsprechend dem Inlandsabsatz, entnommen und verzollt werden.

Zollanschlüsse ↑Zollgebiet.

Zollausland ↑Zollgebiet.

Zollausschlüsse ↑Zollgebiet.

Zölle: an die Staatskasse des zollerhebenden Landes zu leistende Abgaben auf grenzüberschreitende Waren; für die Zölle wird vom Staat keine direkte Gegenleistung erbracht.

Arten: Nach der Warenbewegung werden unterschieden: **Einfuhrzoll, Ausfuhrzoll, Durchfuhrzoll;** die beiden letzteren haben kaum mehr Bedeutung. Nach dem jeweiligen Zweck unterscheidet man **Finanzzoll** (zur Erzielung von staatlichen Einkünften) und **Schutzzoll** (zum Schutz der inländischen Produzenten vor ausländischer Konkurrenz). Schutzzölle werden untergliedert in: 1. **Kampfzoll** zur (vergeltenden) Abwehr gegen ausländische Zölle; 2. **Prohibitivzoll,** ein besonders hoher Zoll zur Abwehr von Einfuhren; 3. **Erziehungszoll** zum Schutz im Aufbau befindlicher inländischer Wirtschaftszweige; 4. **Erhaltungszoll** zum Schutz sonst nicht konkurrenzfähiger inländischer Wirtschaftszweige; 5. **Antidumpingzoll** (↑Dumping), gegen Importe aus einem bestimmten Land gerichteter Zoll, wenn dieses Land, z. B. aufgrund staatlicher Subventionen, Güter unter Marktpreis anbietet. Nach der Bemessungsgrundlage werden unterschieden: 1. **Wertzoll:** Bemessungsgrundlage ist der Preis des Importgutes, 2. **spezifischer Zoll:** Bemessungsgrundlage ist die Menge/das Gewicht **(Gewichtszoll)** des Importgutes, 3. **Mischzoll,** z. B. als Wertzoll kombiniert mit einem Gewichtsmindestzoll bei Gütern mit stark schwankenden Preisen.

Verfahren (beim Einfuhrzoll): Die zu importierende Ware muß zunächst an der Grenze der zollmäßigen Erfassung zugeführt werden (Gestellungspflicht). Dann erfolgt, nicht von Amts wegen, sondern nur entsprechend dem vom Importeur zu stellenden Antrag, die Zollbehandlung, das heißt, das Zollgut wird abgefertigt zum freien Verkehr oder zum besonderen Zollverkehr, z. B. zum Zollgutversand zu einer anderen Zollstelle, zur Zollgutlagerung (↑Zollager), zur Zollgutveredelung (und späteren Wiederausfuhr). Außerdem ist eine Zollerklärung (entspricht einer Steuererklärung) abzugeben, die Verzollungsgrundlage ist. Anschließend erfolgt die Zollbeschau, d. h. das Zollgut wird durch Augenschein (stichprobenartig) überprüft und gegebenenfalls freigegeben.

Wirkung: Wird die Einfuhr eines Gutes mit Zoll belegt, so wird der Preis im Inland um den Zollbetrag je Produkteinheit steigen, wenn der ausländische Anbieter nach Abzug des Zolls einen unveränderten Stückerlös erzielen will und die Nachfrage-/Angebotssituation dies zuläßt. Diese Preiserhöhung wirkt in der Regel dämpfend auf die Inlandsnachfrage nach dem betreffenden Produkt des ausländischen Herstellers und führt außerdem dazu, daß die inländischen Hersteller wegen der zollbedingten Verteuerung des Importgutes ihre Wettbewerbssituation verbessern und entsprechend mehr absetzen können.

Zollfahndungsdienst: Dienststelle bei den Hauptzollämtern, deren Aufgabe u. a. die Erforschung von Steuervergehen ist, die sich auf die von den Hauptzollämtern verwalteten Steuern beziehen.

Zollfreigebiete ↑Zollgebiet.

Zollgebiet: das von der Zollgrenze umschlossene Hoheitsgebiet; es wird vom Zollinland (das Hoheitsgebiet im engeren Sinne) und von den **Zollanschlüssen** (ausländische Staatsgebiete, die Teil eines inländischen Wirtschaftsgebietes sind) gebildet. Nicht zum Zollgebiet gehören die **Zollausschlüsse** (im Hoheitsgebiet liegende Gebiete, die einem anderen Zollgebiet angeschlossen sind) und die **Zollfreigebiete** (Teilgebiete eines Hoheitsgebietes, in denen Zolltarife nicht angewendet werden, z. B. Freihäfen). **Zollausland** sind alle Gebiete, die nicht zum Zollgebiet und zu den Zollfreigebieten gehören.

Zollgrenzbezirk: entlang der Zollgrenze sich erstreckender Bezirk im Zollgebiet in einer Entfernung bis zu 15 km von der Zollgrenze, in dem zur Sicherung des Zollaufkommens bestimmte Beschränkungen und Verpflichtungen gelten. So hat z. B. im Zollgrenzbezirk jedermann auf Verlangen der Zollbediensteten stehenzubleiben und sich über seine Person auszuweisen; auch gelten gewisse Beschränkungen des Warenverkehrs.

Zollgrenze: die Grenzlinie, die das Hoheitsgebiet mit den Zollanschlüssen (Zollgebiet), aber ohne die Zollausschlüsse und ohne die Zollfreigebiete umschließt. An der Küste bildet die jeweilige Strandlinie die Seezollgrenze.

Zollgut: Waren im Zollverkehr (Gegensatz: Freigut = Waren des freien Inlandsverkehrs). Eingeführte Waren werden (außer in gesetzlich geregelten Ausnahmefällen) Zollgut, bis sie nach Beendigung der Zollbehandlung Freigut werden, untergehen, vernichtet oder wieder ausgeführt werden.

Zollinhaltserklärung: Erklärung auf vorgeschriebenem Formular über den Inhalt von Postsendungen ins Ausland entsprechend den zollrechtlichen Bestimmungen des Empfängerlandes.

Zollkontingente: zollbegünstigte Warenmengen, unterteilt in autonome Zollkontingente aufgrund wirtschaftspolitischer Erwägungen eines einzelnen Staates und vertragliche Zollkontingente aufgrund eines Zollvertrages oder eines Zollabkommens. Für die Zollkontingente ermäßigt sich oder entfällt der Zoll. In der EG werden die Zollkontingente von den Organen der EG festgesetzt (Gemeinschaftszollkontingente). Die Aufteilung der Zollkontingente auf die Importeure erfolgt im Windhund-Verfahren (d. h. entsprechend der Reihenfolge der Anträge) oder aufgrund von Kontingentscheinen.

Zollkrieg: Form des Wirtschaftskrieges zwischen Staaten, wobei die Exportgüter des (wirtschaftlichen) Gegners mit hohen Importzöllen, unter Umständen auch eigene Exportgüter mit hohen Exportzöllen belegt werden. Solche Kampfzölle veranlassen den Kontrahenten in der Regel zu entsprechenden Gegenmaßnahmen, die bis zu einem völligen Erliegen oder Verbot der Handelsbeziehungen zwischen den beteiligten Staaten führen können.

Zollstrafrecht: derjenige Teil des Steuerstrafrechts, der sich auf Zölle bezieht; gesetzlich zusammen mit den Steuerstraftaten geregelt in den §§ 369 ff. Abgabenordnung. Hauptstraftaten sind Bannbruch, Schmuggel und als Form der Steuerhinterziehung die Zollhinterziehung.

Zolltarif: Zusammenstellung der Zollsätze für einen bestimmten Warenkatalog.

Zollunion: Form der Integration, die durch den Zusammenschluß von mehreren Staaten zur Errichtung eines gemeinsamen Marktes mit einheitlichem Außenzoll (im Unterschied zur ↑Freihandelszone) und den Abbau jeglicher Handelshemmnisse zwischen den Mitgliedern gekennzeichnet ist (Beispiel: Europäische Gemeinschaften).

Zollverschluß: Mittel der zollamtlichen Überwachung, z. B. durch Zollplomben oder Zollschlösser. Der zollbeteiligte Unternehmer hat Räume, Beförderungsmittel und Behältnisse, die zollamtlich verschlossen werden sollen, auf seine Kosten in der Weise zollsicher herzurichten, daß der Zollverschluß leicht angebracht und ohne Verletzung des Zollverschlusses Waren weder entnommen noch hinzugepackt werden können.

Zugabe: unentgeltliche Beigabe von Waren beim Kauf anderer Waren, mit dem Ziel, den Kaufanreiz zu erhöhen. Zugaben werden vom Handel als Muster, Proben oder geringwertige Werbegeschenke verteilt. Bis auf wenige Ausnahmen (Reklamegegenstände von geringem Wert, z. B. Kalender, handelsübliches Zubehör und Nebenleistungen, z. B. Kaffee in Aromadosen; Kundenzeitschriften) verbietet die Zugabeverordnung von 1932 grundsätzlich, daß Zugaben gemacht werden.

Zugewinngemeinschaft ↑eheliches Güterrecht.

Zug um Zug: bei Fehlen einer Vereinbarung vom Gesetz vorgesehene Abwicklung schuldrechtlicher Verpflichtungen, bei der Leistung und Gegenleistung unmittelbar aufeinanderfolgen.

Zunft: Bezeichnung für die im Mittelalter entstandenen, von der jeweiligen Obrigkeit anerkannten Organisationen von Handwerkern, Handeltreibenden u. a. Gruppen. Ihr Zweck war, den Mitgliedern die Ausübung des gemeinsamen Gewerbes zu ermöglichen und die wirtschaftlichen Verhältnisse zu regeln. Die Zünfte entwickelten sich in engem Zusammenhang mit der Entwicklung der Städte, in denen sie mehr und mehr politische Funktionen übernahmen. Die Zunftordnungen wurden von der Stadtobrigkeit bestätigt oder erlassen und regelten wirtschaftliche und organisatorische Fragen wie Betriebsgröße, Arbeitszeit und Rohstoffbezug. Die äußere Organisation beruhte auf der Gliederung in Meister, Gesellen und Lehrlinge. Nach dem Vorbild der Zünfte waren die

			DM	DM
1	Fertigungsmaterial		1 200,–	
	+ Materialgemeinkosten 10 % (von 1)		120,–	
	Materialkosten			1 320,–
2	Fertigungslöhne		1 000,–	
	+ Fertigungsgemeinkosten 150 % (von 2)		1 500,–	
	+ Sondereinzelkosten der Fertigung		180,–	
	Fertigungskosten			2 680,–
3	Herstellkosten			4 000,–
	+ Verwaltungsgemeinkosten 20 % (von 3)			800,–
	+ Vertriebsgemeinkosten 5 % (von 3)			200,–
	+ Sondereinzelkosten des Vertriebs			100,–
4	Selbstkosten			5 100,–
	+ Gewinnzuschlag $33\frac{1}{3}$ % (von 4)			1 700,–
5	Barverkaufspreis		98 %	6 800,–
	+ Skonto 2 % (im 100, von 6)		2 %	138,78
6	Zielverkaufspreis	90 %	100 %	6 938,78
	+ Rabatt 10 % (im 100, von 7)	10 %		770,98
7	Endgültiger Verkaufspreis	100 %		7 709,76

Zuschlagskalkulation. Beispiel

Gesellen seit dem 14. Jahrhundert vielfach in Gesellenbruderschaften zusammengeschlossen, um ihre Interessen gegenüber den Meistern zu wahren.
Grundgedanke des auf christlicher Grundlage aufgebauten Zunftwesens war, jedem Genossen ein gesichertes Dasein zu verschaffen; jedes Mitglied hatte ein Recht auf Arbeit, die Zahl der Gesellen und der Lehrlinge, die ein Meister halten durfte, war festgesetzt. Scharfe Kontrollen engten die unternehmerische Initiative zwar ein, verhinderten aber nicht auf Dauer eine Differenzierung innerhalb der Zünfte. Die Entstehung neuer Gewerbe und die Erschließung neuer Märkte führten zu einer Krise des Zunftwesens. Sein Ende wurde durch die Einführung der ↑Gewerbefreiheit im 19. Jahrhundert bewirkt. In den ↑Innungen blieb der Gedanke des beruflichen Zusammenschlusses lebendig.

Zurückbehaltungsrecht: Recht des Schuldners zur Verweigerung der Leistung oder des Besitzers zur Herausgabe einer Sache, wenn ihm aus demselben rechtlichen Verhältnis ein fälliger Gegenanspruch zusteht. Zwischen Kaufleuten muß dieser Anspruch nicht auf dem gleichen rechtlichen Verhältnis beruhen.

Zusammenveranlagung ↑Veranlagung, ↑Splittingverfahren.

Zusatzkosten ↑kalkulatorische Kosten.

Zuschlagskalkulation: Kalkulationsverfahren der Industriekalkulation, bei dem die ↑Einzelkosten dem Erzeugnis direkt zugerechnet werden können, und die ↑Gemeinkosten mit Hilfe von im ↑Betriebsabrechnungsbogen ermittelten Zuschlagsätzen auf die jeweiligen Zuschlagsgrundlagen (Ziffern 1–3 der Tab. S. 425) aufgeschlagen werden.
Da die Umsatzsteuer kein Kostenfaktor ist, wird sie im Kalkulationsschema nicht berücksichtigt, obwohl sie den endgültigen Verkaufspreis zum Bruttopreis erhöht.

Zustellung: die förmliche und in einer Zustellungsurkunde zu beurkundende Bekanntgabe des Inhalts eines Schriftstücks (z. B. Klageschrift, Ladung zum Termin). Die Zustellung soll dem Zustellungsadressaten mit Rücksicht auf die in der Regel damit in Lauf gesetzten Fristen (z. B. Rechtsmittelfristen) Gelegenheit zur Kenntnisnahme eines Schriftstücks verschaffen und für den Zustellenden den Nachweis sichern, daß gerade dieses Schriftstück zugestellt worden ist. Die Zustellung erfolgt meist von Amts wegen (die Parteizustellung ist noch vorgesehen im Verfahren der Zwangsvollstreckung sowie für private Willenserklärungen) durch den Gerichtsvollzieher, die Post, die zuständige Behörde selbst oder unmittelbar von Anwalt zu Anwalt, ferner ausnahmsweise durch Aufgabe zur Post (als gewöhnliche Briefsendung oder per Einschreiben). Bei unbekanntem Aufenthalt einer Partei kann die Zustellung in der Form der **öffentlichen Zustellung** (u. a. mittels Aushangs oder Veröffentlichung im Bundesanzeiger) erfolgen. Eine **Ersatzzustellung** ist zulässig, wenn der Empfänger nicht angetroffen wird; sie erfolgt dadurch, daß das Schriftstück bestimmten Personen übergeben oder, sofern auch dies nicht möglich ist, bei Gericht, der Post, der Gemeinde oder der Polizeibehörde niedergelegt und eine schriftliche Benachrichtigung über die Ersatzzustellung hinterlassen wird. Zur Nachtzeit sowie an Sonn- und Feiertagen darf die Zustellung nur mit besonderer Erlaubnis erfolgen. Bei verweigerter Annahme kann das zuzustellende Schriftstück einfach am Ort der Zustellung zurückgelassen werden.

Zuteilung ↑Repartierung.

Zwangsanleihe: Anleihe, deren Zeichnung vom Staat erzwungen wird. Dabei richtet sich der zu übernehmende Betrag in der Regel nach der Höhe des Vermögens oder Einkommens des Zeichnungsverpflichteten. Faktisch stellte sich als

Zwangsanleihe die 1983/84 von sogenannten Besserverdienenden erhobene Investitionshilfeabgabe dar, die aufgrund der Entscheidung des Bundesverfassungsgerichts vom 6. 11. 1984 zurückgezahlt wurde.

Zwangsvergleich: vom Konkursgericht bestätigter Vergleich zwischen Gemeinschuldner und nichtbevorrechtigten Konkursgläubigern zur Beendigung eines Konkursverfahrens (↑Konkurs). Der Gemeinschuldner kann den nicht bevorrechtigten Konkursgläubigern einen Vergleichsvorschlag machen, der zu einer gleichmäßigen Befriedigung von mindestens 20% ihrer Forderungen führen muß. Zur Annahme des Vorschlages ist die Zustimmung der in der Gläubigerversammlung anwesenden Gläubiger erforderlich, die wenigstens drei Viertel der Gesamtsumme der nichtbevorrechtigten Forderungen vertreten.

Zwangsversicherung (Pflichtversicherung): in der *Privatversicherung* die auf gesetzlichen Vorschriften beruhenden Haftpflichtversicherungen (z. B. für Kraftfahrzeughalter); in der *Sozialversicherung* die gesetzlich vorgeschriebene Kranken-, Unfall-, Arbeitslosen- und Rentenversicherung.

Zwangsversteigerung: die auf Antrag des Gläubigers durch gerichtlichen Versteigerungsbeschluß angeordnete Verwertung einer Sache, deren Erlös zur Befriedigung des Gläubigers dient. 1. Die Zwangsversteigerung *beweglicher Sachen* findet durch den Gerichtsvollzieher in der Gemeinde statt, in der die Sache gepfändet wurde, wobei Ort, Zeit und Gegenstand der Versteigerung öffentlich bekanntzumachen sind. Das Gebot muß mindestens die Hälfte des gewöhnlichen Verkaufswerts der Sache erreichen. Den Erlös hat der Gerichtsvollzieher dem Gläubiger abzuliefern, soweit dies zu dessen Befriedigung erforderlich ist. 2. Zwangsversteigerung zur *Aufhebung einer Gemeinschaft* (auch der Erbengemeinschaft) dient der Auseinandersetzung und Teilung des gemeinsamen Eigentums. 3. Zwangsversteigerung als gebräuchlichste Form der ↑Zwangsvollstreckung ist das *unbewegliche Vermögen,* bei der die Gläubiger aus dem Erlös des versteigerten Grundstücks befriedigt werden.

Zwangsvollstreckung: Verfahren zur Durchsetzung oder Sicherung von Ansprüchen durch staatlichen Zwang im Auftrag des Berechtigten. Neben der Verwaltungszwangsvollstreckung ist besonders die größtenteils in der Zivilprozeßordnung geregelte **gerichtliche Zwangsvollstreckung** von Bedeutung, die der Verwirklichung der im zivilen Erkenntnisverfahren (z. B. Prozeß) zuerkannten Ansprüche dient. Sie wird durch den Gerichtsvollzieher oder das Amtsgericht als Vollstreckungsgericht betrieben. Voraussetzung ist ein „vollstreckbarer Titel" (Urteil, Vollstreckungsbescheid, vollstreckbare Urkunde) und die Vollstreckungsklausel, eine Erklärung über die Erteilung der Zwangsvollstreckung.

1. Zwangsvollstreckung in das *bewegliche Vermögen* erfolgt durch ↑Pfändung und Verwertung des Pfandstücks. Bei der Pfändung von körperlichen Sachen nimmt der Gerichtsvollzieher Geld, Kostbarkeiten und Wertpapiere in Besitz, oder diese werden durch Aufkleben von Pfandsiegelmarken als gepfändet gekennzeichnet, wenn die Sachen zunächst im Besitz des Schuldners verbleiben. Bei der Pfändung von Geldforderungen wird durch den Pfändungs- und Überweisungsbeschluß dem Drittschuldner verboten, an den Schuldner zu bezahlen; das Gericht fordert ihn auf, das Geld an den Gläubiger zu überweisen. Dem Schuldner wird verboten, die Forderung einzuziehen. Bei einer Hypothekenforderung muß der Hypothekenbrief dem Gläubiger übergeben oder bei einer Buchhypothek die Pfändung im Grundbuch eingetragen werden. Pfändung von Miet-,

Pachtzins und Arbeitseinkommen (↑auch Lohnpfändung) sind nur in einem bestimmten Rahmen möglich.
2. Die Zwangsvollstreckung in das *unbewegliche Vermögen,* also in ein Grundstück, kann auf folgende Weise vorgenommen werden: a) Eintragung einer Sicherungshypothek in das Grundbuch. b) Zwangsversteigerung des Grundstücks, bei der der Gläubiger aus dem Erlös befriedigt wird. c) Zwangsverwaltung, bei der der Grundeigentümer sein Eigentumsrecht behält, die Verfügung darüber ihm solange entzogen wird, bis die Gläubiger befriedigt sind. Das Gericht bestellt einen Verwalter, der aus den Erträgen dic Kosten bestreitet und einen Überschuß an die Gläubiger abführt.
3. Zwangsvollstreckung zur *Erwirkung der Herausgabe von Sachen* erfolgt durch Wegnahme (bei beweglichen Sachen) oder sonstige Besitzenthebung (bei unbeweglichen Sachen insbesondere durch Räumung) durch den Gerichtsvollzieher und Übergabe an den Gläubiger.
4. Zwangsvollstreckung zur *Erwirkung von Handlungen und Unterlassungen* besteht, wenn diese nur vom Schuldner selbst vorgenommen werden können, in der Verhängung von Beugestrafen, bei vertretbaren Handlungen in der Ersatzvornahme durch Dritte auf Kosten des Schuldners.
5. Bei der *Verpflichtung zur Abgabe einer Willenserklärung* wird kein Zwang ausgeübt, vielmehr gilt die Erklärung, zu der der Schuldner verurteilt ist, als abgegeben, sobald das Urteil rechtskräftig ist.
Gegen unrechtmäßige Zwangsvollstreckung sind *Rechtsbehelfe* vorgesehen: für den Schuldner die Erinnerung gegen die Art und Weise der Zwangsvollstreckung; die Vollstrekkungsklage gegen den zugrundeliegenden Anspruch; für einen betroffenen Dritten die ↑Drittwiderspruchsklage mit der Behauptung, daß ihm am Vollstreckungsgegenstand ein die Veräußerung hinderndes Recht (z. B. Eigentum) zustehe. Bei allen Rechtsbehelfen kann die Zwangsvollstreckung einstweilen eingestellt werden.

Zweckaufwand (Grundkosten): kostengleicher Aufwand, wo im Gegensatz zum neutralen Aufwand in Buchhaltung und Kalkulation dieselben Werte verrechnet werden.

zweifelhafte Forderungen (Dubiosen): Forderungen, deren Eingang mehr oder weniger zweifelhaft (dubios) ist. Zur besseren Beobachtung werden sie aus dem Sammelkonto Forderungen herausgenommen und auf das Konto „zweifelhafte Forderungen" gebucht.

Zweikreisprinzip ↑Industriekontenrahmen.

Zwischenscheine (Interimsscheine): Anteilscheine, die eine AG bei der Gründung oder Kapitalerhöhung *vor* der Ausgabe der Aktien ausstellt. Sie müssen auf den Namen des Eigentümers lauten und gewähren Aktionärsrechte.